자폐 및 발달지연 아동을 위한 원서 2판

사회적 의사소통 중재 Ⅱ

부모 코칭 가이드

Teaching Social Communication to Children with Autism and Other Developmental Delays Second Edition

The Project ImPACT Guide to Coaching Parents

ImPACT
코치 매뉴얼

Brooke Ingersoll · Anna Dvortcsak 공저
윤나라 · 윤지민 · 차지은 · 최숲 · 한효정 공역

학지사

Teaching Social Communication to Children with Autism and Other Developmental Delays, Second Edition: The Project ImPACT Guide to Coaching Parents
by Brooke Ingersoll and Anna Dvortcsak

역자 서문

사회적 의사소통에 어려움이 있는 아이를 기르는 부모는 다양한 측면에서 어려움을 경험합니다. 특히 아이와의 상호작용 실패로 부모는 많은 좌절감을 느낍니다. 부모가 아이의 첫 번째 상호작용 파트너이자 가장 중요한 지원자임에도 불구하고, 자폐 스펙트럼 장애 및 발달지연을 가진 아이를 양육하는 부모는 아이의 감정과 욕구를 인식하고 그에 맞는 적절한 대응을 하며 상호작용하는 것이 쉽지 않습니다. 이러한 부모는 아이와 의사소통을 시도할 때 신중하고 민감하게 접근할 필요가 있습니다. 그러나 안타깝게도 이들 부모가 아이의 상호작용 특성을 이해하고 그에 맞는 방식으로 반응하기란 어렵습니다. 때문에, 아이와의 상호작용에 성공하고 아이의 능력을 향상하기 위해 부모에게 체계적이고 구체적인 행동의 지침을 알려 주어야 합니다.

우리나라에서는 부모를 가르쳐서 아이의 행동 변화를 모색하는 부모-매개 중재에 관한 인식이 아직 부족하고 널리 알려지진 않았지만, 최근에는 중재의 관점이 아이와 부모 그리고 그 가족으로 전환되는 추세입니다. ESDM(Early Start Denver Model)은 최근 Parent Implemented ESDM(PI-ESDM)이라는 형태로 발전하여, 치료사 중심에서 전문가가 부모를 코칭하고 부모가 일상에서 전략을 적용하는 방향으로 확장되었습니다. PEERS(Program for the Education and Enrichment of Relational Skills) 또한 초기에는 치료사가 중심이 되어 아동에게 사회적 의사소통 기술을 지도하였으나, 최근에는 부모 교육과 코칭을 강화하여 부모 아동 상호작용을 중재의 핵심으로 두고 있습니다. 즉, 아이에게 특정 기술을 가르쳐 변화를 모색하는 차원을 넘어, 부모와 그 가족까지 중재의 범위에 포함하여 아이의 변화뿐만 아니라 부모의 양육 효능감 증진과 가족 관계 개선까지 중재의 중요한 목표로 설정하는 흐름으로 이어지고 있습니다.

부모-매개 중재인 ImPACT 프로젝트 프로그램의 큰 장점은 부모(양육자)에게 초점을 둔다는 것입니다. ImPACT 프로젝트는 일상에서 부모에게 아이의 의사소통 기능을 촉진할 수 있는 구체적인 전략을 가르치고 부모가 이를 실천하도록 도움을 줍니다. 아이가 좋아하는 놀이, 식사 시간, 외출 등 의미 있는 활동 속에서 부모가 직접 사회적 참여와 의사소통, 놀이 기술을 끌어냅니다. 그 결과, 부모는 아이에게 도움이 되는 특정 전략과 기법을 익힐 뿐만 아니라 아이와의 관계 변화, 부모의 양육 효능감 회복, 가족 전체의 성장을 경험합니다.

이 책은 모방, 놀이, 사회적 참여, 의사소통 발달 영역을 촉진할 수 있는 구체적인 기법과 전략을 담고 있습니다. 다양한 분야의 전문가(아동 전문가, 언어재활사 특수교사, 행동 전문가, 임상 심리사, 사회복지사, 작업 치료사)는 코치로서 구체적이고 체계적인 가이드라인에 따라 부모를 가르칠 수 있습니다. 개별 부모 코칭뿐만 아니라 서로 연대할 수 있는 그룹 코칭 가이드라인도 제공하고 있어 폭넓게 활용할 수 있습니다. 이 책과 더불어 『자폐 및 발달지연 아동을 위한 사회적 의사소통 중재: 부모를 위한 ImPACT 프로젝트 매뉴얼』(이하 부모 매뉴얼)을 활용하면 부모가 배운 전략과 기법을 의미 있는 환경에서 적용하도록 가르치는 데 도움이 될 것입니다.

부족한 번역 솜씨이지만 이 책을 통해 ASD 및 발달지연 아동과 부모를 가르치는 다양한 분야의 전문가에게 도움이 되길 바라는 마음으로 이 책을 내놓습니다. 코치에게 배운 전략과 기법을 적용하여 부모가 아이와의 상호작용에서 긍정적인 변화를 끌어내고 효능감을 회복하는 데 도움이 되기를 바랍니다. 번역을 가능하게 해 주신 학지사 김진환 사장님과 꼼꼼하게 편집을 도와주신 편집부 선생님들에게도 감사의 마음을 전합니다.

윤나라, 윤지민, 차지은, 최숲, 한효정

저자 서문

『자폐 및 발달지연 아동을 위한 사회적 의사소통 중재 II: ImPACT 코치 매뉴얼』(이하 코치 매뉴얼)과 『자폐 및 발달지연 아동을 위한 사회적 의사소통 중재: 부모를 위한 ImPACT 프로젝트 매뉴얼』(이하 부모 매뉴얼)을 비롯한 모든 관련 자료에는 자폐 스펙트럼 장애(ASD)와 사회적 의사소통이 지연된 어린아이를 둔 가족을 위해 특별히 고안한 종합적인 부모-매개 중재 커리큘럼이 담겨 있다. 어린 나이부터 6세 정도까지의 아이를 대상으로 설계되었지만, 언어 및 인지 지연이 심각한 고학년 아이(최대 12세)에게도 적용할 수 있다. 이 책에서 설명하는 커리큘럼은 의미 있는 활동과 일상생활 루틴에서 아이의 사회적 참여, 의사소통, 모방, 놀이 기술을 높이기 위해 가족에게 자연적-발달 행동 중재(NDBI) 전략 사용을 가르치는 단계별 지침으로 구성되었다. 이 커리큘럼은 사회적 의사소통이 어려운 아이의 가족과 함께 일하는 전문가가 사용하도록 설계되었으며, 전문가에는 아동 전문가, 언어재활사, 특수교사, 행동 전문가, 임상 심리사, 사회복지사, 작업 치료사 등이 포함된다. 이 매뉴얼의 제1부에서 자세히 설명하였듯이 여기에서 제공하는 부모-매개 중재 프로그램인 ImPACT 프로젝트(부모를 의사소통 중재자로 성장시키기)는 발달 및 행동 문헌에서 다룬 중재 기법을 고유하게 조합한 것이다. 이러한 중재 전략은 ASD 및 관련 장애가 있는 아이의 사회적 의사소통 능력을 높이는 강력한 이론적 근거를 가진다(Schreibman et al., 2015 참조).

이 프로그램은 미국 전역의 수백 명의 가족을 대상으로 여러 조기 중재 현장에서 15년 이상 개발하고 실행한 결과물이다. 원래 이 프로그램은 오리건주 포틀랜드에 위치한 청각언어연구소의 개별 중재 세팅에서 자폐 아이를 가르치는 전문가가 아이와 부모를 가르치도록 설계되었다. 이후 포틀랜드 주립대학교와 오리건 교육부가 후원하는 주 전역의 지역 프로그램 자폐 교육 사이트(RPATS)와 협업하여 유아 특수교육 교실에서 프로그램을 진행할 수 있는 그룹 코칭 모델을 추가로 만들었다. 이 매뉴얼은 개별 및 그룹 모델 모두에서 부모를 코칭할 때 필요한 내용을 자세히 다룬다.

이 매뉴얼은 두 번째 버전으로, 원제목은 '자폐 아이를 위한 사회적 의사소통 중재'였다. 그러나 추가 연구와 지속적인 협업을 바탕으로 내용을 업데이트하였고, 자폐로 진단받지 않았지만 사회적 의사소통이 지연된 아이와 가족도 포함하게 되었다. 다양한 범위의 아이와 가족이 이 프로그램을 쉽게 접하고 참여하도록 만드는 데 중점을 두었고, 다양한 중재 환경에서 좀 더 유연하게 사용하는 데 중점을 두었다. 이 두 번째 버전에는 심각한 행동 문제를 겪고 있는 가족을 지원하는 데 사용할 수 있는 행동 관리를 선택 사항으로 두었다. 현재 버전의 프로그램에 포함한 내용은 다음과 같다.

1. 코치 매뉴얼에 담긴 개별 또는 그룹 코칭 상황에서 프로그램을 실행하는 방법 및 동반 웹사이트에 대한 가이드(차례 끝의 상자 참조)
2. 개별 또는 그룹 모델에서 사용하기 적합한 부모 매뉴얼
3. 다운로드 가능한 부모 및 코치 양식과 그룹 프레젠테이션용 파워포인트 슬라이드가 포함된 동반 웹사이트 액세스 권한
4. 부모가 아이와 함께 기술을 사용하는 비디오 클립을 내려받거나 스트리밍

코치 매뉴얼

코치 매뉴얼(이 책)은 사회적 의사소통이 지연된 어린아이의 부모와 함께 부모-매개 중재 프로그램을 진행하는 데 필요한 배경 정보와 자세한 절차를 다룬다. 그리고 총 세 부분과 부록으로 구성되어 있다. 제1부에서는 ImPACT 프로젝트에 대한 이론적 근거와 연구 지원 내용을 소개한다. 목표가 되는 핵심 사회적 의사소통 기술, 아이에게 이러한 기술을 가르칠 때 사용하는 전략, 부모 코칭에 사용하는 전략 등 프로그램 내용 전반을 설명한다. 그리고 지역사회 환경에서 ImPACT 프로젝트를 계획하고 실행하는 실제적인 방법도 다룬다.

제2부에서는 개별 부모 코칭 모델 수행을 위한 단계별 가이드를 제공한다. 이는 가정이나 치료실 환경에서 일대일 방식으로 가족과 함께 일하는 전문가를 위해 설계되었다. 7개의 기본 단위로 구성되어 있으며, 24회에 걸쳐 차례대로 부모에게 전략을 가르친다. 프로그램이 완료된 후에는 후속 회기를 권장하며, 후속 회기에 관한 단계별 지침은 7단원에서 확인할 수 있다. 마지막으로, 코치가 긍정적인 행동 지원 전략을 사용하여 부모가 아이의 도전적인 행동을 관리하도록 돕기 위해 프로그램의 어느 시점에서든 사용할 수 있는 5회기 선택 사항(8단원)을 수록하였다.

제3부에서는 그룹 부모 코칭 모델 진행을 위한 단계별 가이드를 제공한다. 이 모델은 주로 교실이나 기타 그룹 환경에서 아이에게 서비스를 제공하는 전문가에게 적합하다. 이 버전의 프로그램은 부모에게 동일한 전략을 가르치지만, 일대일 코칭을 위한 개별 6회기와 그룹 6회기를 번갈아 진행한다. 그룹 회기에는 부모가 아이에게 기법을 사용하는 모습을 보

여 주는 파워포인트 슬라이드와 비디오 예시라는 시각적 보조 자료를 활용한다. 그리고 코치는 그룹 프레젠테이션에서 다루어야 할 중요한 정보를 강조하는 메모와 해당 슬라이드의 샘플 스크립트를 제공한다. 슬라이드와 비디오는 모두 동반 웹사이트에서 찾을 수 있다.

부록의 〈표 A-1〉에는 평가 및 기타 데이터 수집 자료와 개별 및 그룹 코칭 모델에 사용되는 모든 지원 양식이 정리되어 있다. 〈표 A-2〉는 비디오 클립 목록이다.

부모 매뉴얼

부모 매뉴얼은 개별 또는 그룹 코칭 모델과 함께 사용할 수 있도록 고안되었다. 매뉴얼에는 각 중재 전략의 목적과 절차가 간단하고 명확하게 설명되어 있고, 도표와 실천계획표가 있다. 부모 매뉴얼의 추가 사본은 별도로 구매할 수 있다. 이 책과 부모 매뉴얼 전체에서 부모라는 용어는 사회적 의사소통이 지연된 아이를 돌보는 데 관여하는 모든 성인을 지칭한다. 그러나 자폐 아이를 위한 부모-매개 중재 프로그램에는 친부모 외에 양부모, 대가족, 법정후견인 등 다른 보호자도 참여할 수 있다. 한편, 샘플 스크립트와 예시를 제외하고 부모와 치료사를 지칭할 때는 '그녀'라는 대명사를, 아이를 지칭할 때는 '그'라는 대명사를 사용하였다. 이 규칙은 특정 성별을 나타내기 위한 것이 아니라 텍스트 전체에서 일관성과 명확성을 유지하기 위함이다.

동반 웹사이트 및 비디오 액세스

이 두 번째 버전의 ImPACT 프로젝트에는 평가 및 기타 데이터 수집 자료, 제3부에 설명한 6개의 그룹 회기용 파워포인트 슬라이드, 개별 및 그룹 코칭 모델에 사용되는 모든 지원 양식의 다운로드가 가능한 동반 웹사이트를 포함한다. 프로그램 구매자는 이러한 자료를 내려받아 가족과 함께 사용하는 권한을 갖는다. 부모가 아이와 함께 중재 기법을 사용하는 비디오 예시는 무료로 내려받거나 스트리밍할 수 있으며, 동반 웹사이트에 비디오 액세스 링크가 제공되었다(차례 끝에 있는 상자 참조). 이 책 부록 〈표 A-2〉에는 소개된 클립 목록과 기법 및 언어 수준이 나온다.

차례

제 3 부

그룹 부모 코칭 모델 가이드라인

이 책을 구매하면 www.guilford.com/ingersoll-materials에서 선택한 실습 도구를 다운로드하여 개인 용도나 부모 교육용으로 사용할 수 있다.

제1부

ImPACT 프로젝트 소개

제1장

ImPACT 프로젝트 개관

ImPACT 프로젝트(사회적 의사소통 중재자로 부모를 성장시키기)는 자폐 스펙트럼 장애(ASD) 및 사회적 의사소통 지연이 있는 어린아이를 위한 부모-매개 중재 프로그램이다. 이 중재 프로그램의 구체적인 목표는 지역사회 전문가가 부모-매개 중재를 가장 잘 실행할 수 있도록 지원하는 것이다. 사회적 의사소통 발달이 지연된 아이는 공동주의, 공동참여, 제스처 사용, 모방, 기능 및 상징적 놀이처럼 초기의 비언어적 의사소통 기술이 느리게 발달한다. 이러한 지연은 사회적 관계 및 음성 언어 발달에 부정적인 영향을 미칠 뿐만 아니라 짜증, 공격성, 적응 및 인지 기술 지연과 같은 행동 장애의 원인이 된다(Ingersoll, 2011; Paul, Chawarska, Cicchetti, & Volkmar, 2008; Rogers & Penningtn, 1991; Sigafoos, 2000). 제한적이고 반복적인 행동과 더불어 사회적 의사소통의 결함은 ASD의 특성이다(American Psychiatric Association, 2013). 따라서 ASD 아이를 위한 조기 중재는 아이의 사회적 의사소통 발달 촉진에 중점을 둔다(Zwaigenbaum, Bauman, Choueiri, & Kasari, 2015b). 사회적 의사소통 발달지연은 언어 장애가 있는 아이와 전반적 발달이 지연된 아이에게서도 나타나며, 이들을 위한 중재 목표로 사회적 의사소통 영역을 중요하게 다룬다(Lord & Pickles, 1996).

지난 20년 동안 ASD로 진단을 받은 아이의 수가 급격히 증가하였다(Van Naarden Braun et al., 2015). 현재 추정에 따르면 ASD는 미국의 미취학 아이 100명 중 1명 이상에게서 발생한다(Christensen et al., 2016). 이러한 증가 현상은 선별 및 진단검사 도구의 개선과 더불어 적용 대상의 평균 연령이 취학 연령에서 3세로 낮아진 부분에서 일부 비롯한다(Mandell, Novak, & Zubritsky, 2005). 2세 정도의 어린아이라도 ASD로 확실하게 진단될 수 있으며(Charman & Baird, 2002), 2세 이전의 사회적 의사소통 지연을 토대로 많은 아이들이 ASD 위험군으로 분류된다(Zwaigenbaum, Bauman, Choueiri, & Fein, 2015a).

부모-매개 중재의 근거

ASD를 가진 아이의 교육적, 행동적 요구가 매우 중요하기에 몇몇 전문가 검토단은 이들이 일 년 내내 주당 최소 25시간의 특별한 중재를 받아야 한다는 결론을 내렸다[Maglione, Gans, Das, Timbie, & Kasari, 2012; National Research Council(NRC), 2001]. 그러나 학교와 교육청이 이러한 유아 및 미취학 아동을 다루는 효율 수준의 강도를 맞추는 것은 어려운 과제이다. 때문에 많은 가족들이 상당한 재정 부담을 안으며 사교육 서비스를 추가로 찾는다. 많은 이들이 개별 서비스를 원하지만 비용이 많이 들거나 그들이 속한 지역사회에는 그러한 서비스가 부족해 받을 수 없다. 따라서 개별 치료를 추가하더라도 대다수의 가족은 ASD 자녀가 받는 중재 시간이 주당 25시간 미만이라 보고한다(Hume, Bellini, & Pratt, 2005; McIntyre & Zemantic, 2017).

부모-매개 중재는 아이가 받는 중재의 시간을 늘리고 아이와 가족 모두를 위한 결과를 장기적으로 개선하는 방법이다. 부모-매개 중재에는 부모가 자녀를 위해 설정한 특정 목표를 달성할 수 있도록 중재 전략에 대해 체계적으로 교수하는 내용이 담겨 있다. 그리고 부모-자녀 관계를 개선하고, 특정 발달 기술을 향상시키고, 아이의 행동을 관리하는 등의 내용도 포함된다(Bearss, Burrell, Stewart, & Scahill, 2015).

❖ 부모-매개 중재에 관한 연구

부모-매개 중재는 아이와 부모의 역량을 높이기에 효과적이다(Lang, Machalicek, & Rispoli, 2009; McConachie & Diggle, 2007; Patterson, Smith, & Mirenda, 2012; Roberts & Kaiser, 2011)(〈표 1-1-1〉 참조). 연구 결과에 따르면, 부모는 발달 및 행동 중재 전략을 충실하게 사용하는 방법을 배울 수 있으며, 부모가 이러한 전략을 사용하면 유아 및 미취학 아이의 사회적 의사소통 기술이 향상되고 도전 행동이 감소한다. 그리고 중재자-중심 모델에 비해 부모-매개 중재가 시간 및 비용 측면에서 효율적이고, 아이 기술의 일반화 및 유지가 쉽다. 이유는 아이가 가정과 지역사회의 다양한 자연환경에서 새로운 기술을 배우기 때문이다(Koegel, Schreibman, Britten, Burke, & O'Neill, 1982; Steiner & Koegel, 2012).

그리고 부모-매개 중재는 부모의 자기효능감과 가족 상호작용을 긍정적으로 증가시키고 부모의 스트레스와 우울을 감소시켜 가족의 기능과 삶의 질을 더욱 폭넓게 향상시킨다(Coolican, Smith, & Bryson, 2010; Estes, Vismara, Mercado, & Fitzpatrick, 2014; Ingersoll, Wainer, Berger, Pickard, & Bonter, 2016; Koegel, Bimbela, & Schreibman, 1996; Turner-Brown, Hume,

Boyd, & Kainz, 2016). 이러한 연구 결과는 ASD를 가진 아동의 가족에게 특히 중요한데, 이들의 부모가 스트레스와 정신 건강 문제를 경험할 위험이 높기 때문이다(Karst & Van Hecke, 2012).

<표 1-1-1> 사회적 의사소통이 지연된 아이를 위한 부모-매개 중재의 장점

- 부모는 충실도가 높은 전략의 실행 방법을 배울 수 있다.
- 아이는 사회적 의사소통 기술을 향상시키고 도전 행동을 줄인다.
- 중재는 시간과 비용 측면에서 효율적이다.
- 아이는 기술의 일반화와 유지를 경험한다.
- 부모는 자기효능감이 증가하고 양육 스트레스가 감소하는 것을 경험한다.
- 부모는 아이의 미래를 더욱 낙관적으로 바라보는 경험을 한다.
- 부모는 부모-매개 중재가 아이의 발달을 향상시키는 가장 효과적인 방법이라 여긴다.

더욱이, 아이에게 도움이 되는 기법을 훈련받은 부모는 아이의 발달에 영향을 주는 자신의 능력을 더욱 낙관적으로 바라보며(Koegel et al., 1982), 이러한 낙관적 시각은 시간이 지나도 계속해서 아이와 함께 노력하도록 도움을 준다(NRC, 2001). 부모는 이러한 장점을 인식하고 있으며, 부모-매개 중재가 아이의 발달(Hume et al., 2005) 그리고 최우선 순위의 가족 서비스(Mahoney & Filer, 1996) 측면에서 최상의 실제라 보고했다.

질적으로 수준이 높은 부모 집중 코칭은 부모와 전문가(provider)가 협력하여 ASD 및 사회적 의사소통이 어려운 아이에게 중재 서비스를 좀 더 집중적으로 제공할 수 있다. 부모-매개 중재가 ASD를 지닌 아이를 위한 집중 서비스의 대안으로 간주되어서는 안되지만, 좀 더 집중적인 서비스를 받기 위해 대기자 명단에 올라가 있는 가족에게는 중요한 '도약판(jump start)'이 될 수 있다. 더욱 중요한 점은, 부모에게 이러한 기술을 가르치는 것이 기술의 일반화와 유지를 증가시켜 아이의 학습을 극대화하고 가족의 행복도를 높일 수 있다는 것이다. 실제로, 전문가들은 부모-매개 중재가 ASD를 지녔거나 지닐 위험군에 속한 영유아에게 적용하는 최상의 실제라는 데 의견을 일치한다. 게다가 이는 ASD를 가지거나 ASD 위험군에 속한 어린아이를 대상으로 하는 광범위한 중재 프로그램에서도 필수 구성요소이다(Maglione et al., 2012; NRC, 2001).

ASD 및 사회적 의사소통이 지연된 어린아이를 가르치는 현장 전문가 대부분은 부모가 아이의 중재에 참여하는 것이 중요하다고 생각한다(Stahmer, Collings, & Palinkas, 2005). 실제로 다수의 전문가는 부모가 자녀와 상호작용하고 가르칠 때 도움이 되는 정보나 제안을 제

시하거나, 부모에게 책이나 유인물을 추천하거나, 자녀와 수업하는 동안 부모가 관찰하도록 권장하는 등의 비형식적 전략을 사용해 왔다. 그러나 이 방식의 부모-매개 중재는 연속적이고 체계적인 교육 및 코칭 형식이며 지역사회-기반 중재 프로그램에서의 활용도가 매우 낮다(Hume et al., 2005; Stahmer, 2007; Thomas, Ellis, McLaurin, Daniels, & Morrissey, 2007). 예를 들어, 노스캐롤라이나의 한 설문 조사에 따르면, 4세 이하 ASD를 가진 아동의 부모 중 7%만이 공식적인 부모 교육을 받았다(Thomas et al., 2007). 더욱이 사회경제적 지위가 낮은 부모들은 이러한 부모 교육이 충족할 수 없는 서비스 요구 사항으로 보고할 가능성이 높다(Pickard & Ingersoll, 2016).

지역사회 환경에서 증거-기반 부모-매개 중재 모델을 적용하기에는 몇 가지 어려움이 있다. 그러나 이러한 어려움을 해결하는 프로그램을 실행한다면 전문가는 지역사회 연습 환경에서 수준 높은 부모-매개 중재를 제공하고 ASD가 있는 아동의 가족에게 증거-기반 중재의 접근성을 높이도록 도울 수 있다. 우리는 이러한 목표를 염두에 두고 ImPACT 프로젝트를 개발하였다.

ImPACT 프로젝트의 핵심 요소

ImPACT 프로젝트는 자연적-발달 행동 중재(NDBI)이다. 이는 ASD가 있는 아이를 대상으로 하는 새로운 중재 유형으로 발달 및 의사소통 과학과 응용 행동 분석 분야에서 관련 문제를 다룬다(Schreibman et al., 2015). 이 프로그램을 개발하는 과정에서 우리는 부모, 전문가, 관리자와 긴밀히 협력하여 사회적 의사소통이 지연된 어린아이를 지원하는 다양한 지역사회 환경에서 프로그램이 효과적으로 활용될 수 있는 요소들을 확인하였다.

이번 장에서는 ImPACT 프로젝트의 핵심 요소와 이를 뒷받침하는 이론적, 경험적 기반에 관해 다룬다. 먼저 프로그램에서 다루는 사회적 의사소통의 핵심 기능과 사회적 의사소통이 어려운 아이에게 이를 가르치는 중요성에 대해 살펴본다. 그런 다음 부모가 자녀에게 사용하려고 배운 특정 증거-기반 중재 전략을 자세히 알아보고, 코치가 부모를 가르칠 때 사용하는 전략에 대해 알아본다. 그다음에, 다양한 지역사회 환경에서의 사용에 도움을 주는 이 프로그램의 주요 측면에 관해 논한다. 여기에는 개별 또는 그룹 모델로 코칭하는 옵션이 포함되며 이러한 모델에 관해 자세히 다룬다. 마지막으로 ImPACT 프로젝트의 효율성을 뒷받침하는 연구를 간략히 제시한다. 〈표 1-1-2〉에 ImPACT 프로젝트의 핵심 구성요소를 설명하였다.

❖ 사회적 의사소통의 핵심 기술

정상발달 아이에게 다수의 초기 사회적 의사소통 기술은 복잡한 사회, 언어 및 인지 기술을 발달시키기 위한 기초로서 공동주의와 공동참여(Bates, Benigni, Bretherton, Camaioni, & Volterra, 1979), 제스처 사용(Özçalşkan & Goldin–Meadow, 2005), 모방(Uzgiris, 1981), 상징 놀이(Shore, O'Connell, & Bates, 1984) 등이 이에 속한다. ASD 및 사회적 의사소통 지연이 있는 아이는 이러한 기술이 상당히 지체되며, 이로 인해 사회–인지 발달이 매우 어렵다(Ingersoll, 2011). 연구에 따르면 모든 아이는 능력과는 상관없이 유사한 발달 순서로 사회적 의사소통 기술을 익힌다(Gerber, 2003). 실제로 사회적 의사소통이 지연된 아이는 자신의 발달 수준보다 높은 기술보다는 자신의 발달 수준에 적합한 기술을 더 빨리 배운다(Lifter, Sulzer–Azaroff, Anderson, & Cowdery, 1993). 더욱이, ASD 및 관련 장애가 있는 아이에게 초기 사회적 의사소통 기술을 가르치면, 아이의 초기 사회적 의사소통 기술뿐만 아니라 이후의 복잡한 의사소통 기능도 발달한다(Ingersoll & Schreibman, 2006; Kasari, Gulsrud, Freeman, Paparella, & Hellemann, 2012; Kasari, Paparella, Freeman, & Jahromi, 2008; Whalen, Schreibman, & Ingersoll, 2006).

이 연구를 토대로 ImPACT 프로젝트는 발달의 틀 안에서 사회적 의사소통 기술의 네 가지 핵심 요소인 사회적 참여, 의사소통, 모방, 놀이에 목표를 둔다. 이제부터는 이러한 기술과 발달상의 중요성에 대해 알아보자.

<표 1-1-2> ImPACT 프로젝트의 핵심 구성요소

- 발달 체계에 있는 핵심 사회적–의사소통 기술을 목표로 설정
- 놀이와 일상생활에서 발달 및 행동 관련 증거–기반의 중재 기법을 혼용
- 부모가 중재를 배우고 사용하기에 유익하고 효과적인 부모 코칭 및 참여 전략 포함
- 지역사회에서의 활용에 도움이 되는 요소 포함: 가족 생활과 연계, 학습 난이도, 수준 높은 기법 지원, 모델 제공의 유연함

사회적 참여

사회적 참여에는 타인에게 반응하고 사회적 교감(social bids)을 개시하는 방식으로 타인과의 상호작용을 유지하는 능력이 포함된다. 사회적 의사소통 능력이 지연된 아이는 타인과의 상호작용 유지를 매우 어려워한다(Schreibman, 1988). 사회적 참여의 핵심 요소는 공동주의 사용이다. 공동주의란 사회적 의도를 가지고 대상물과 사람 사이의 주의를 조정하는 능

력을 의미하며, 보여 주기, 공유하기, 가리키기 등이 이에 속한다. 공동주의는 특히 중요한 기술인데 공동주의가 언어 기술 발달에 관여한다고 여겨지기 때문이다(Bates et al., 1979). 사회적 의사소통이 어려운 아이는 다른 사람과 공동주의를 시작하고 이에 반응하는 것을 어려워하고, 이로 인해 언어 학습이 손상될 수 있다(Loveland & Landry, 1986).

이 프로그램은 아이의 사회적 참여를 높이기 위해 부모를 가르치는 것부터 시작하는데 그 이유는 사회적 참여가 다른 모든 사회적 의사소통 기술의 기초가 되기 때문이다. 게다가 모든 아이가 적극적으로 참여할 때 학습의 가능성이 높아진다. 그리고 공동주의와 공동참여가 높아지면 ASD 아동의 언어, 놀이, 모방 등 다른 사회적 의사소통 능력이 향상된다(Kasari, Freeman, & Paparella, 2006; Kasari et al., 2008; Siller & Sigman, 2002; Whalen et al., 2006).

의사소통

언어는 내용, 형식, 사용이라는 세 가지 구성요소를 가지며(Bloom & Lahey, 1978), 구성요소에는 각각 수용 능력과 표현 능력이 포함된다. 내용은 어휘 또는 단어와 그 의미를 이해하는 것을 뜻한다. 형식은 구문(즉, 문장을 만들기 위해 단어를 배치하는 규칙)뿐만 아니라 문법과 언어의 소리에 관한 것이다. 사용 또는 화용론은 우리가 의사소통하는 이유를 다룬다(예: 거부하기, 요구하기, 주의 끌기, 주의 유지하기, 명명하기, 묘사하기, 질문에 응답하기, 인사하기, 지시하기, 문제 해결하기, 경험 공유하기, 감정과 관심 표현하기). 사용에는 의사소통을 둘러싼 사회적 규칙도 포함된다(예: 차례 주고받기, 주제 유지하기, 비언어적 단서를 읽고 사용하는 능력, 물리적 근접성, 청자의 반응과 요구에 따라 언어적 요소를 바꾸는 능력).

사회적 의사소통 능력이 지연된 아이는 언어의 세 가지 구성요소 모두 어려워하는 경우가 종종 있지만, 가장 추상적이라 할 수 있는 언어 사용을 특히 어려워하는 경우가 많다(Rogers & Pennington, 1991). 게다가 이들의 음성언어에는 종종 반향어(이전에 들은 말을 비기능적으로 반복), 대명사 반전, 자곤, 음성상동행동과 같은 특성이 나타난다(American Psychiatric Association, 2013). 언어 결함은 제스처 사용을 포함한 비언어적 기술까지 확장된다(Bartak, Rutter, & Cox, 1975). 따라서 이 프로그램 전체에서 우리는 음성 및 비음성 언어 기술을 모두 포함하는 의사소통이라는 용어를 사용하였다.

이 프로그램은 비언어적 의사소통(제스처)을 포함한 표현 언어 기술을 가르치는 데 중점을 두며, 그보다는 적지만 수용 언어 기술 교수도 포함한다. 아이의 의사소통 방법(내용 및 형식)과 의사소통 이유(사용) 능력을 높이는 전략을 부모에게 가르치는 내용도 다룬다. 그리고 자발적 의사소통 기술 가르치기에 중점을 두며, 아이가 촉진에 의존하는 것을 피하기 위해 부모가 주는 도움을 조절하는 방법도 가르친다.

모방

사회적 의사소통이 지연된 아이는 대상물, 제스처, 얼굴 표정, 발성, 음성언어 등 다양한 행동 모방도 어려워한다(Smith & Bryson, 1994; Williams, Whiten, & Singh, 2004). 모방은 초기에 출현하는 사회적 의사소통 전략(Meltzoff & Moore, 1977)으로, 언어(예: Bates, Bretherton, & Snyder, 1988), 놀이(Fiese, 1990; Uzgiris, 1991), 공동주의(Carpenter, Nagell, & Tomasello, 1998) 등 보다 복잡한 사회적 의사소통 기술의 발달에 중요한 역할을 한다. 연구에 따르면 사회적 의사소통이 지연된 아이의 모방 능력은 다른 사회적 의사소통 기술과 상관관계가 깊다(Curcio, 1978; Dawson & Adams, 1984; Stone, Ousley, & Littleford, 1997; Stone & Yoder, 2001). 이러한 연구 결과는 정상발달 아이에 비해 ASD를 가진 아이가 언어를 배우는 수단으로 모방에 더 많이 의존할 수 있음을 시사한다(Carpenter et al., 1998). 따라서 사회적 의사소통이 지연된 어린아이에게 새로운 기술을 가르칠 경우 모방을 목표로 삼는 것이 중요하며, 이는 언어 및 공동주의처럼 다른 사회적 의사소통 행동 발달에 도움이 될 수 있다(Carpenter, Pennington, & Rogers, 2002; Rogers & Bennetto, 2000). 실제로 어린아이에게 적용하는 대부분의 교수 전략은 아이에게 새로운 행동을 가르치기 위해 모방 방법을 사용한다.

모방의 기능은 두 가지이다. 첫 번째는 학습 기능으로, 영유아는 모방으로 새로운 기술과 지식을 습득한다. 두 번째는 사회적 기능으로, 타인과의 사회적, 정서적 교류에 참여한다(Uzgiris, 1981). 일반적으로 사회적 의사소통이 어려운 아이가 모방을 상당히 어려워하며(Smith & Bryson, 1994), 특히 모방의 사회적 기능이 손상될 수 있다(Ingersoll, 2008). 따라서 이 프로그램은 부모가 놀이 상호작용 중 아이의 사회적 모방 기능의 사용을 증가시켜 전반적인 사회적 의사소통 발달을 촉진하는 방법을 가르치는 데 중점을 둔다(Ingersoll & Schreibman, 2006).

놀이

사회적 의사소통이 지연된 아이는 기능적 놀이, 가상 놀이 또는 상징 놀이의 발달에도 상당한 결함이 있다(Jarrold, Boucher, & Smith, 1993). ASD를 가진 아이 중 많은 아이는 비기능적 놀이(예: 장난감 줄 세우기, 바퀴 돌리기)와 반복된 놀이(Lewis & Boucher, 1988)를 하며, 어떤 아이는 장난감에 관심을 보이지 않는다. 이들 중 일부는 매우 구조화된 환경에서 기능적이고 상징적인 놀이에 참여할 수 있지만, 자발적 놀이는 매우 제한되어 있다(Lewis & Boucher, 1988).

놀이가 사회적 의사소통 기술에 중요한 이유는 여러 가지이다. 상징적 사고(즉, 하나의 사물이 다른 사물을 나타낼 수 있다는 것을 이해)가 가상 놀이와 언어 모두에 필요하다는 점에서 놀이 기술은 언어 기술과 밀접하게 관련된다(Piaget, 1962). 그러므로 가상 놀이 또는 상징 놀이 기술을 가르치는 것은 사회적 의사소통이 지연된 아이의 보다 정교한 언어 기술 발달에 도움을 줄 수 있다(Kasari et al., 2006; Stahmer, 1995). 그리고 놀이는 문제 해결 기술(Sylva, Bruner, & Genova, 1976), 개념 및 상상 능력(Saltz, Dixon, & Johnson, 1977), 조망 수용 능력(Berk, 2002), 대소근육 기술 등을 기르도록 도움을 준다. 또한 사회성 발달에도 중요한 역할을 한다(Pelligrini & Smith, 1998). 초기 또래 상호작용은 놀이 활동을 중심으로 이루어지기 때문에(Piaget, 1962), 사회적 의사소통이 어려운 아이 중에서 놀이 기술이 상대적으로 나은 아이가 또래와의 활동에 더 적절하게 참여할 가능성이 크다. 이 프로그램에서는 장난감을 가지고 놀거나 사회적 놀이를 하는 자연스러운 환경에서 부모가 아이에게 놀이 기술을 가르치는 것을 돕는다.

❖ 증거-기반 중재 전략

어린아이의 사회적 의사소통 발달에는 부모 반응성과 환경 조건이 중요하다(Bornstein, Tamis-LeMonda, & Haynes, 1999; Petursdottir & Mellor, 2017). 반응성(Responsiveness)은 다양한 상호작용 구성요소를 지닌 복잡한 행동이며, 그 구성요소로 현재 아동의 레퍼토리 안에 있는 행동을 지원하기 위한 감수성, 호혜성, 정서, 아동의 발달 수준, 관심 및 행동 스타일 일치 등이 있다(Mahoney, Finger, & Powell, 1985). 연구에 따르면, 부모의 반응 수준과 자녀의 사회적 의사소통 발달 사이에는 상관관계가 있다(Bornstein et al., 1999; Hoff-Ginsberg & Shatz, 1982; Siller & Sigman, 2002). 더욱이 중재와 관련한 연구 결과들에 따르면, 부모에게 자녀의 행동에 대한 부모의 반응을 높이도록 가르치는 것이 사회적 의사소통 장애가 있는 아이의 사회적 참여와 의사소통 촉진에 도움을 준다(Karaaslan & Mahoney, 2015; Mahoney & Solomon, 2016).

그리고 행동 교수 전략 또는 응용 행동 분석(Applied Behavior Analysis: ABA)으로 사회적 의사소통 기술을 촉진할 수 있다. ABA는 환경적 우발 요인(선행사건 및 결과)의 체계적 조작에 관한 것으로, 촉진(특정 반응을 할 가능성이 높은 단서 제시), 연결(두 가지 이상의 복잡한 행동을 함께 연결), 소거(아이의 자발적인 반응을 증가시키기 위해 시간에 따라 촉진을 점차 줄여 나감) 등의 방법을 사용하여 현재 아이의 행동 레퍼토리 안에 없는 기술을 가르친다(Cooper, Heron, & Heward, 2007). 현재까지 ABA는 ASD 아동 치료에 가장 강력한 증거 기반 중재이다(Wong, Odom, Hume, Cox, & Fettig, 2015).

ABA는 성인 주도의 매우 구조화된 중재부터 아동 주도의 자연스러운 중재까지 그 구조와 성인-주도 수준이 매우 다양하다. ImPACT 프로젝트는 놀이, 일상 돌봄 루틴과 같이 의미 있는 활동의 맥락 안에서 수행되는 비구조화된(자연적) ABA이며, 아이가 주도하는 교육 에피소드와 자연스러운 강화를 포함한다. 이는 부모가 교육 훈련을 수행하기 위해 특별히 시간을 내지 않고도 하루 중 이러한 전략을 사용할 수 있음을 의미한다. 사회적 의사소통이 지연된 아이에게 이 기술을 가르치기 위해 비구조화된 ABA를 적용한 실증적 증거가 있다(Wong et al., 2015). 연구에 따르면, 구조화된 ABA 방식보다 자연적 행동 전략 적용이 기술의 일반화 및 유지를 더 잘 이루어지게 하며(Charlop-Christy & Carpenter, 2000; Delprato, 2001; McGee, Krantz, & McClannahan, 1985; Miranda-Linné & Melin, 1992), 자발적인 사회적 의사소통 기술을 가르치기 쉽다(Schwartz, Anderson, & Halle, 1989). 더욱이 이러한 접근법은 자연스러운 성인-아동 상호작용과 유사하므로 부모가 수용하여 구현하기가 더 쉽고, 부모와 자녀가 더 즐겁게 지낼 수 있다(Schreibman, Kaneko, & Koegel, 1991).

ImPACT 프로젝트는 발달 및 행동 중재 기법들을 독특하게 혼합하여 사용한다. 아이 행동에 대한 부모 반응성을 높이고, 일상생활 속 지속적인 상호작용 안에서 아이가 새로운 의사소통, 모방, 놀이 기술을 사용하게 가르치도록 설계되었다. 이 프로그램을 통해 부모는 먼저 성공적인 상호작용을 촉진하기 위해 가정에서 할 수 있는 전략을 배운다. 그런 다음, ImPACT 프로젝트 중재 전략인 ImPACT F.A.C.T.S.를 배운다. F.A.C.T.S.는 다섯 가지 전략의 약어로 **Focus on Your Child**(아이에게 집중하기), **Adjust Your Communication**(의사소통 방법 조절하기), **Create Opportunities**(새로운 의사소통 기회 만들기), **Teach New Skills**(새로운 기능 가르치기), **Shape the Interaction**(상호작용 형성하기)을 가리킨다. [그림 1-1-1]의 F.A.C.T.S. 피라미드에서 볼 수 있듯이, 이러한 중재 전략은 서로를 기반으로 한다. 각 전략에는 목표 달성을 위해 사용할 몇 개의 기법이 포함된다. 이러한 기법은 발달, 자연주의 및 행동에 관한 다양한 증거-기반 중재에서 찾아볼 수 있다(Schreibman et al., 2015). 다음으로는 중재 전략과 기법 그리고 이를 뒷받침하는 증거 기반을 기술적 언어로 설명하였다. 부모 매뉴얼과 본 매뉴얼의 안내 부분에서 우리는 부모의 학습을 촉진하기 위해 이러한 개념을 단순하고 전문적이지 않은 용어로 표현하였다.

이 책 전체에서 F.A.C.T.S. 이 다섯 가지 전략의 이름은 대문자와 굵고 진한 글씨체로 표기하였다. F.A.C.T.S.를 구성하는 특정 기법들의 이름은 **아이에게 집중하기** 위한 *아이의 주도 따르기*와 *아이 모방하기*처럼 굵은 글씨와 눕힌 글씨로 표기하였다.

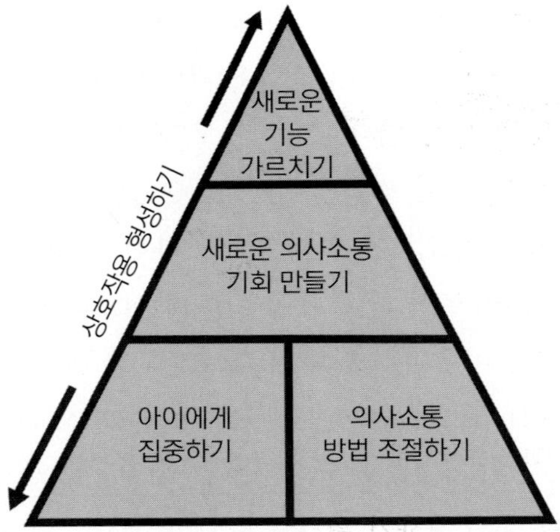

[그림 1-1-1] 다섯 가지 전략이 서로 어떻게 연관되는지를 나타내는 F.A.C.T.S. 피라미드

아이에게 집중하기

첫 번째 전략은 아이의 관심과 행동을 대하는 부모 민감도를 높여 아이 참여를 촉진하도록 고안되었다. 구체적인 기법과 이를 가르치는 순서는 다음과 같다.

- *아이의 주도 따르기* 부모는 아이의 관심사에 관심을 갖고 아이의 행동에 의미 있는 방식으로 반응하는 법을 배운다. 부모는 아이의 바뀐 관심사에 반응하고, 아이의 놀이를 보조하고, 아이의 의미 있는 의사소통 시도에 적절하게 반응하도록 배운다. 이 기법은 모든 자연스러운 중재 상황에서 사용되며, 아이의 사회적 참여와 동기를 증가시키기 위해 사용된다(예: Kaiser, Yoder, & Keetz, 1992).
- *아이 모방하기* 부모는 아이가 하는 발성, 제스처, 신체의 움직임, 사물을 가지고 하는 행동 등을 모방하도록 배운다. 이 전략은 아이의 사회적 참여를 늘리기 위해 사용되며, 이 전략을 통해 아이의 반응성을 높이고(Klinger & Dawson, 1992), 공동주의를 증가시키는 것으로 나타났다(Ingersoll & Schreibman, 2006).

의사소통 방법 조절하기

두 번째 전략은 아이가 의사소통에 참여하고 음성/비음성 언어를 사용하도록 격려하는 것으로, 부모는 아이의 의사소통 수준에 맞추어 언어적으로 촉진한다. 구체적인 기법과 이를 가르치는 순서는 다음과 같다.

- *애니메이션처럼 표현하기* 부모는 아이의 관심을 높이고 적절한 비음성적 의사소통 모델을 주기 위해 제스처나 얼굴 표정 그리고 음성을 과장하는 방법을 배운다(Elder, Valcante, Yarandi, White, & Elder, 2005).
- *모델링과 의사소통 확장하기* 부모는 아이가 관심을 두는 것에 관해 묘사할 목적으로 다양한 간접적 언어 자극 기법을 배운다(예: 설명적 대화, 확장). 이 기법은 아이의 언어 기술 비율과 복잡성을 증가시키는 데 효과적이다(예: Camarata, Nelson, & Camarata, 1994; Kaiser et al., 1996).

새로운 의사소통 기회 만들기

세 번째 전략은 상호작용을 장려하기 위해 사용된다. 이 전략은 아이가 의사소통을 시작하거나 다양한 기능의 의사소통을 할 기회를 만들다. 그리고 필요한 경우 아이의 주의를 끌기 위해 사용된다. 구체적인 기법과 이를 가르치는 순서는 다음과 같다.

- *놀이 방해하기* 부모는 아이와의 호혜성을 높이고 요구 또는 거부 행동을 하도록 격려하며 필요한 경우 아이의 관심을 끌기 위해 아이의 놀이를 장난스럽게 방해하는 방법을 배운다(Greenspan, Wieder, & Simons, 1998).
- *균형 잡힌 주고받기* 아이와의 호혜성을 높이고 아이가 요구하기 기능을 사용하고 새로운 놀이 모델을 관찰할 기회를 갖도록 부모는 균형 잡힌 주고받기 기법을 배운다(Wetherby & Woods, 2006).
- *의사소통 유혹하기* 아이가 다양한 기능의 의사소통을 개시하도록 격려하기 위해 부모는 다양한 방법으로 의사소통을 유혹하는 방식(예: 눈앞에 재미있는 물건을 놓되 손에 닿지 않게 하기, 조금씩 주기, 활동이나 물건의 한 부분 누락하기, 방해하기, 우스운 상황 만들기)을 배운다(Kaiser, Ostrosky, & Alpert, 1993).

새로운 기능 가르치기

네 번째 전략은 아이가 새로운 사회적 의사소통 기술을 사용하도록 도움을 주는 전략이다. 이 전략을 통해 부모는 특정 의사소통 행동, 언어 구조, 모방 및 놀이 행동을 목표로 자연스러운 맥락에서 촉진, 소거, 형성, 강화하는 방법을 배운다. 이 전략은 이전에 제시된 전략을 기반으로 한다. 예를 들어, 부모는 아이에게 집중하고 아이가 새로운 의사소통을 시작할 기회를 만들어 준다. 그런 다음, 부모는 여러 가지 촉진과 자연스러운 강화 방법을 사용하여 아이의 사회적 의사소통 행동의 복잡성을 증가시킨다. 구체적인 기법과 이를 가르치는 순서는 다음과 같다.

- *촉진과 보상* 우선 부모는 촉진, 소거, 형성 및 강화를 효과적으로 사용하는 기본 방법을 배운다. 아이에게 동기를 부여하기, 적절한 촉진을 명확하게 제시하기, 촉진 제공 후 기다리기, 아이가 올바르게 반응하도록 돕기 위해 도움의 정도가 가장 낮은 촉진에서 가장 높은 촉진으로 전환하기(최소–최대 촉진), 적절한 행동에 자연스러운 강화를 즉시 제공하기 등이 이에 속한다(예: Kaiser et al., 1992; Koegel, O'Dell, & Koegel, 1987). 그 후, 다음에 설명된 대로 부모는 아이의 수용 및 표현 언어 능력, 모방 기술, 놀이 기술을 향상시키는 특정 촉진 방법을 배운다.
- *의사소통 촉진하기* 아이에게 새로운 표현 언어 형식을 가르치기 위해 부모는 다양한 유형의 촉진(시간 지연, 질문하기, 문장 내 빈 부분 채우기, 선택형 질문하기, 언어 모방을 위해 모델링 제공하기, 일상적인 언어 표현 사용하기, 제스처 모방을 위해 모델링 제공하기, 신체적 도움)을 사용하는 방법을 배운다(예: Kaiser et al., 1993).
- *의사소통 이해 촉진하기* 아이가 지시어를 이해하여 따르고 부모가 아이의 수용 언어 능력을 향상시키기 위해 부모는 지시어, 제스처를 이용해 촉진하기, 아이가 모방할 수 있는 행동 모델 제시하기, 신체적 안내 제공하기 등을 배운다(예: Kaiser et al., 1992).
- *모방 촉진하기* 아이가 상호의 방식으로 장난감과 신체 놀이를 모방하도록 격려하기 위해 부모는 아이가 모방할 수 있는 행동 모델 제시하기와 신체적 안내를 제공하는 방법을 배운다(Ingersoll & Gergans, 2007).
- *놀이 확장 촉진하기* 아이에게 좀 더 다양하고 복잡한 형태의 놀이 기술을 가르치기 위해 부모는 다양한 유형의 촉진(아동의 활동 진술하기, 질문하기, 선택할 기회 주기, 구어로 지시하기, 아이가 모방할 수 있는 행동 모델 제시하기, 신체적 안내 제공하기) 사용법을 배운다(Stahmer, 1995).

상호작용 형성하기

다섯 번째이자 마지막 전략을 통해 부모는 언제 특정 전략을 차별적으로 사용하는지, 상호작용 동안 전략을 어떻게 전환하는지, 지역사회에서 이러한 전략을 어떻게 사용하는지 등을 포함해 앞서 다룬 전략을 모두 함께 사용하는 방법을 배운다.

❖ 부모 코칭 및 참여에 관한 효과적인 전략

성인 학습 이론에 따르면, 성인은 실제적이고 목표 중심이며, 자기 지시와 선택이 가능하고, 자신의 경험을 활용하고, 내적 동기가 주어지는 학습 경험에서 가장 효과적으로 배운다(Merriam, 2001). 부모-매개 중재 연구에 따르면, 다수의 코칭 전략은 효과적인 부모 학습에서 중요하게 여기는 이러한 원칙을 기반으로 한다. 이러한 코칭 전략에는 자녀 목표에 대한 부모의 선택(Brookman-Frazee, 2004), 중재 전략의 순차적이고 체계적인 교수 사용(Mahoney et al., 1999), 연습 및 피드백(Kaiser, Hemmeter, Ostrosky, Alpert, & Hancock, 1995), 지속적인 지원 및 문제 해결(NRC, 2001) 등이 있다. 그리고 아동 치료에 대한 부모 참여를 광범위하게 살펴본 연구에 따르면, 치료에 참여하고 시간에 따른 양육 변화를 이끌고 유지하는 능력을 향상시키는 전략은 다양하다(Ingoldsby, 2010). 치료 예후에 관한 부모의 기대를 조기에 논의, 가족 지원 강화, 참여를 방해하는 구체적인 장벽 문제 해결, 강력한 협력 관계 개발 등이 이러한 전략에 속한다. 그리고 이러한 전략은 부모 권한 부여 증가와 관련이 있으며(Brookman-Frazee, 2004), 특히 취약 가족의 양육 참여와 유지 증가에 영향을 미친다(Ingoldsby, 2010).

이러한 부모 코칭 및 참여 전략을 통해 부모는 부모의 권한을 강화하고 자녀와 상호작용하는 새로운 방식을 배운다. 부모 코칭과 참여 전략이 결합될 때 부모-자녀 상호작용은 효과적이며 장기적으로 긍정적인 변화를 가져올 수 있다.

❖ 지역사회에서의 활용에 도움되는 요소

지역사회에서 부모-매개 중재 프로그램을 진행하기에는 어려움이 많다. 첫 번째 어려움은 다수의 프로그램이 전통적인 치료사-중심 중재를 부모-매개 중재 모델 안에서 진행한다는 것이다. 즉, 부모와 치료사는 동일한 목표로 동일한 종류의 상호작용에서 동일한 전략을 사용한다. 그러나 이러한 접근 방식은 사회적 의사소통이 지연된 아이의 가족이 처한 고유한 상황을 고려하지 못한다. 해당 가족이 가지는 가치, 요구 사항, 일상생활과 다수의 부모 훈련 접근 방식에서 요구하는 사항 간의 불일치로 인해 부모는 이러한 프로그램을 쉽게 수용하지 않는다. 그러나 우리는 부모에게 ImPACT 프로젝트의 목표가 중요하다는 것을 인식시켰고 프로그램의 중재 전략이 가족의 일상생활과 연계될 수 있도록 부모와 긴밀히 협력해 왔다. 게다가 우리는 부모가 중재의 전략과 기법을 쉽게 배울 수 있도록 가족-친화적인 중재 용어, 중재 순서를 보여 주는 도표, 간편한 자료 등을 개발했다.

또 다른 어려움은 치료사에게 사회적 의사소통이 지연된 아동의 부모를 가르치는 방법을 훈련하는 경우가 드물다는 것이다(Mahoney et al., 1999; McCollum, 1999). 예를 들어, 치료사 훈련에서는 치료사가 아이를 직접 가르치기 위한 준비 과정을 중점으로 다룬다. 그러나 성인 학습 원리와 효과적인 코칭 전략을 아는 것은 부모-매개 중재 모델에서 반드시 갖춰야 할 기본 지식이다(Mahoney et al., 1999; McCollum, 1999). 그리고, 사용자 친화적인 매뉴얼과 기타 코칭 자료 같은 기술적인 지원이 부족하여 지역사회에서 부모-매개 중재를 시행하는 것이 어려울 수 있다(Carroll et al., 2007). 이러한 장애 요소를 해결하기 위해 우리는 치료사와 긴밀히 협력하여 가족과 함께 할 때 필요한 기술적인 지원이 무엇인지를 파악했다. ImPACT 프로젝트에는 아이에게 무엇을 가르칠지 뿐만 아니라 어떻게 부모를 가르칠지에 대해 설명하는 지침이 회기별로 나온다. 그리고 가족의 참여와 권한 부여뿐만 아니라 지역사회에서 ImPACT 프로젝트를 효과적으로 실행하는 데 필요한 필수 자료를 포함한다(예: 부모 매뉴얼, 슬라이드와 간단한 스크립트, 비디오 예제 및 서식).

마지막 어려움은 부모-매개 중재 프로그램의 구조와 기존의 치료 서비스 제공 모델의 구조 적합성이 부족하다는 것이다(Hoagwood, Bums, Kiser, Ringeisen, & Schoenwald, 2001). 예를 들어, 대부분의 증거 기반 부모-매개 중재는 부모, 자녀, 치료사와 함께 수개월에 걸쳐 주 1~2회 개별적으로 수행된다(Beaudoin, Sebire, & Gouture, 2014). 이 치료 서비스 제공 유형은 가정-기반 조기 중재 모델과 일치할 수는 있다. 그러나 3세 이상의 ASD 아이를 대상으로 하는 대부분의 중재 프로그램은 교사가 부모와 아동을 각각 개별적으로 만날 시간이 거의 없는 교실 환경에서 이루어진다(Bitterman, Daley, Misra, Carlson, & Markowitz, 2008). 따라서 교실 환경에서 아이에게 치료 서비스를 제공하는 다수의 치료사는 연습 환경에서 이러한 프로그램을 진행하는 것을 상상하기가 어렵다. 이 문제를 해결하기 위해 우리는 유연한 치료 제공 모델인 ImPACT 프로젝트를 개발했다. ImPACT 프로젝트는 개별 또는 그룹 코칭 형태로 진행할 수 있다. 그리고 우리는 이 프로그램이 사회적 의사소통이 어려운 아이를 위한 대부분의 지역사회 프로그램 구조에 적합할 수 있도록 이 두 가지 모델을 어떻게 적용할 수 있는지에 관한 방법도 제안하였다. 다음은 개별 및 그룹 코칭 모델에 대한 간략한 개요 설명이다.

개별 코칭 모델

개별 모델의 경우, 치료사는 주 2회 60~90분씩 12주 동안 부모와 자녀를 만난다. 24회기로 구성된 프로그램이 끝나면 후속 지원과 코칭을 위한 월별 회기를 진행하길 권한다. 필요한 경우 프로그램 기간을 수정할 수 있다.

처음 1~2회기에서 코치는 프로그램에 거는 부모의 기대치를 확인하고, 아이의 사회적 의사소통 기술을 평가하며, 부모와 아이를 위한 개별화된 사회적 의사소통 목표를 개발한다. 그런 다음 1~2회기에서 코치는 각 중재 기법을 진행한다. 프레젠테이션에 앞서 코치는 부모에게 부모 매뉴얼에 나온 기법을 읽게 한다. 그런 다음 모든 기법을 다음의 순서대로 가르친다. 즉, 아이 목표와 연결된 기법 설명과 논의, 코치가 아이에게 적용하는 기법 시연, 회기 중 부모의 기법 연습 및 코치의 피드백 제시 순서로 진행한다. 회기와 회기 사이에 진행하는 연습이 프로그램에서 중요한 부분이기 때문에 각 회기의 마지막 부분에 실천계획표 작성하기를 두었다. 코치는 부모가 자녀의 목표를 달성하기 위해 가정에서 이 기법을 언제 어떻게 사용할 것인지 브레인스토밍하도록 도움을 준다. 이런 논의 과정에서 코치는 아이의 목표, 연습 기회로 선택한 가정 활동, 부모가 사용해야 하는 구체적인 기법 등을 기록한다. 그리고 부모에게 기법에 대한 자녀의 반응을 기록하고 일주일 동안 드러나는 어려움을 기록하도록 지시한다. 실천계획표 양식은 부모 매뉴얼과 부모 매뉴얼을 지원하는 웹사이트(부모 매뉴얼의 부록 나온 웹 페이지 참조)에 있다.

F.A.C.T.S. 피라미드([그림 1-1-1] 참조)의 각 단계를 가르친 후에는 검토 회기를 갖는다. 활동 전반에 걸친 부모의 전략 사용 능력을 향상시키고, 전략에 시간을 더 할애해야 하는지를 결정하기 위해 시간을 갖는다. 그리고 환경이나 활동 전반에 걸친 부모의 전략 사용 및 연습을 평가할 수 있다. 네 번의 검토 회기를 가져 부모의 전략 사용과 아이의 기술 사용을 기록하고 평가하여 부모와 함께 검토한다. 필요한 경우, 선택 사항인 **아이의 도전 행동 다루기**를 5회기로 단원을 구성하여 프로그램에 추가할 수 있다.

프로그램 종료 시점에서 코치는 부모가 아이의 목표를 업데이트하고 성공을 지속하기 위한 계획을 세우도록 돕는다. 개별 코칭 모델에 관한 자세한 지침과 회기별 지침은 이 책의 제2부에서 다룬다.

그룹 코칭 모델

그룹 모델은 총 12주 동안 6번의 2시간짜리 그룹 코칭 회기와 1번의 1시간짜리 개별 코칭 회기로 진행된다. 그룹 모델은 빠르게 진행된다. 각 그룹 회기에서 하나 이상의 중재 기법을 다룬다. 그룹은 자녀 없이 부모 6~8명만으로 구성된다. 코칭 회기의 경우 각 부모-자녀 쌍은 코치와 개별적으로 만난다.

그룹 회기의 첫날, 코치는 프로그램에 거는 부모의 기대치를 확인하고, 중재 전략 전반에 관한 개요를 설명하며, 성공적인 상호작용을 위해 가정에서 사용할 전략을 논의한다. 이후 회기에서는 부모가 가정에서 사용할 여러 중재 전략을 논의한다. 그런 다음 코치는 파워포인트를 활용한 강의, 부모가 자녀에게 기법을 적용하는 영상을 담은 비디오 클립, 그룹 토론, 문제 해결 등의 방식을 활용하여 새로운 중재 전략을 소개한다. 각 그룹 회기의 마지막에 코치는 부모가 아이의 목표, 가정에서의 활동, 아이의 목표를 달성하기 위한 활동을 하는 동안 부모가 사용할 중재 기법 등이 들어간 실천계획을 짜도록 도움을 준다. 그런 다음 부모에게 다음 주까지 이 기법을 연습하고 아이가 어떻게 반응하는지를 기록하도록 안내하고, 부모 매뉴얼을 읽는 과제를 내어 준다.

개별 코칭 회기는 개별 모델의 회기와 유사하다. 첫 번째 코칭 회기에서 코치는 부모가 개별 목표를 설정하도록 돕고, 이후의 코칭 회기에서 부모 연습과 피드백을 제공한다. 그러나 코치는 중재 기법에 대해 깊이 있게 다루기보다는 간략하게 검토만 한다. 회기는 부모가 자녀와 함께 연습하고 코치에게 피드백을 받는 것으로 빠르게 진행된다. 그리고 코치는 부모가 각 코칭 회기에서 하나 이상의 중재 기법을 연습하도록 지시한다. 그룹 모델에 관한 자세한 지침과 회기별 지침은 이 책의 제3부에서 다룬다.

❖ ImPACT 프로젝트에 관한 연구

앞서 검토한 ImPACT 프로젝트의 구성요소를 뒷받침하는 증거 기반 외에도 여러 연구에서 부모-매개 중재 패키지로서 ImPACT 프로젝트를 평가하였다. 여러 연구 결과에 따르면, ImPACT 프로젝트의 개별 및 그룹 코칭 모델이 부모에게 중재 전략을 사용하도록 충실하게 가르치는 데 효과적이며 부모의 자기효능감을 증가시키고 양육 스트레스를 감소시킨다(Ingersoll & Wainer, 2013a, 2013b; Ingersoll et al., 2016; Stadnick, Stahmer, & Brookman-Frazee, 2015). 그리고, 부모-자녀 상호작용 관찰 결과 및 부모와 교사의 보고서에 따르면, 프로그램 참여 후 아이의 언어 사용이 향상되었다(Ingersoll & Wainer, 2013a, 2013b; Ingersoll et al., 2016). 이러한 이득은 부모의 반응성 증가 및 사회적 의사소통 기술에 대한 직접 교수와 관련이 있다. 그리고 우리가 제공한 훈련 모델의 결과로 지역사회-기반 중재 전문가가 프로그램을 충실하게 구현하는 방법을 배울 수 있음을 보여 주었다(Wainer, Pickard, & Ingersoll, 2017). 마지막으로, 이 프로그램은 ASD를 지닐 위험이 있는 유아의 가정 및 지역사회에서 중재를 받는 사회경제적 지위가 낮은 가정에게도 적용이 가능하다(Pickard, Kilgore, & Ingersoll, 2016; Stahmer et al., 2016).

다음 장에서는 연습 환경에서 ImPACT 프로젝트를 계획하고 실행하기 위해 고려해야 할 중요한 사항을 다룬다.

제2장

ImPACT 프로젝트 계획하기 및 실행하기

ImPACT 프로젝트 프로그램을 계획하고 실행할 때에는 고려해야 할 몇 가지가 있다. 프로그램이 지속되도록 계획하기, 중재 팀 확인하기, 대상 가족 확인하기, 연습 환경에서 프로그램 로직 결정하기, 부모 참여를 방해하는 문제 해결하기, 필요한 경우 프로그램 수정하기 등이 이에 속한다. 이번 장은 이러한 사안을 다룬다. 계획서(양식 1)를 활용하여 연습 환경에서 ImPACT 프로젝트를 진행하는 계획을 세울 수 있다. [그림 1-2-1]은 이 양식을 사용한 예시이다.

프로그램이 지속되도록 계획하기

전문가가 새로운 프로그램이나 연습 진행을 시작했지만 얼마 지나지 않아 중단시키는 경우가 종종 있다. 연습 효과가 없다면 중단하는 것이 낫다. 그러나 효과적인 많은 방법들이 시간이 지나면서 지속하기 어려워 포기되는 경우가 많으며 특히 자원이 제한된 환경에서는 더욱 그렇다. 연구와 임상 경험을 통해 우리는 ImPACT 프로젝트가 지속되기 위해서는 다음에 제시한 요소가 중요하다는 사실을 발견하였다. 초기에 이러한 요소를 고려한다면 특정 연습 환경에서 이 프로그램을 시작하고 시간이 지나도 계속 진행하기 쉬울 것이다.

❖ 관리자의 지원

ImPACT 프로젝트가 광범위한 서비스 지원 모델과 호환되도록 노력했음에도 불구하고 프로그램 진행을 지원하기 위해서는 추가 자원을 확보하거나 지원 모델을 변경해야 하는 경우가 종종 발생한다. 이러한 이유로 관리자의 지원은 매우 중요하다. 실제로 전문가가 소속된 기관에서 이 프로그램을 운영하면 시간이 지나도 ImPACT 프로젝트가 계속 진행될 가능성이 더 높다. 관리자는 프로그램 전문가가 훈련 프로그램을 시작하고 지속하는 데 드는 자원, 프로그램 자료, 지원품(매뉴얼, 장난감, 그룹 진행 시 아이 돌봄 또는 음식), 프로그램을 진행하는 전문가의 시간(업무 이동, 유연근무제, 휴식 시간, 초과근무 수당) 등을 지원할 자원이 충분한지 파악할 수 있다.

양식 1

계획서

프로그램이 지속되도록 계획하기: 프로그램을 시작하고 계속 진행하기 위해서는 어떤 자원이 필요한가? 우리는 특수교육 디렉터가 필요하다. 디렉터는 지역 본부에 있는 공간 중에서 그룹 모임 시 이용할 수 있는 공간(교실) 확보에 도움을 줄 것이다. 신규 가족을 위한 IFSP에 ImPACT 프로젝트를 어떻게 추가해 작성할지에 대해 상의한다. ImPACT 프로젝트를 소개하는 워크숍에 교사 2명을 파견한다.
중재 팀 확인하기: 누가 프로그램을 진행할 것인가? 언어재활사와 특수교사. 우리는 교대로 그룹 회기를 주도할 것이다. 우리는 각 코치와 해당 가족을 팀별로 나눌 것이다.
대상 가족 확인하기: 언제, 누구에게 프로그램을 제공하나? ASD 또는 유아기 발달지연 위험군 자녀를 둔 모든 신규 가족에게 매년 가을 이 프로그램을 제공한다.
프로그램 로직 결정하기: 프로그램을 어떻게 진행할 것인가? 우리는 그룹 코칭 모델을 이용할 것이다. 그룹 회기는 목요일 저녁 지역 본부에 있는 공간(교실)에서 진행할 것이다. 그리고 코칭은 금요일 낮 시간에 가정에서 진행할 것이다.
부모 참여를 방해하는 문제 해결하기: 가족이 참여하려면 어떤 지원이 더 필요한가? 가족은 그룹 회기 동안 자녀를 보살펴 줄 돌봄 서비스를 필요로 한다. 어떤 가족은 그룹 회기에 참석하기 위해 버스를 타야 할 수도 있다. 돌봄 서비스와 교통비 등의 부차적인 지원은 관리자에게 확인하자.
필요한 경우 프로그램 수정하기: 충실도를 유지하면서도 프로그램을 조정하는 방법은 무엇인가? 어떤 가족은 여행/육아 문제로 그룹 회기에 참석하지 못할 수 있다. 이러한 경우 그룹 회기를 실시간 스트리밍하는 방법을 알아보자. 그림 교환 의사소통 체계와 화장실 교육을 진행할 목적으로 두 회기를 프로그램 말미에 추가할 수 있을까?

[그림 1-2-1] 계획서(양식 1)의 완성된 예

❖ 스태프의 전문성 구축

연습 환경에서 스태프가 ImPACT 프로젝트에 관한 전문성을 가지고 있으면 도움이 된다. 이는 전문가가 프로그램을 이해하고 충실하게 진행하는 데 도움이 되며 프로그램 운영 계획과 관련한 업무(그룹 단위로 진행)의 일부를 공유할 수 있다. 특별한 요구를 가진 어린아이를 대하는 다수의 전문가는 업무를 바꾸기도 한다. 따라서 프로그램 실행 교육을 받은 전문가가 그 조직에 한 명 이상 근무한다면 프로그램을 진행하던 전문가가 일을 그만두더라도 프로그램을 계속 진행할 수 있다.

❖ 서비스 공식화

마지막으로, 프로그램 제공 서비스를 공식화하면 프로그램을 지속하기가 좀 더 수월하다. 가능하다면, 연습 환경에서 서비스를 제공받는 모든 대상 가족에게 부모 코칭을 정기적으로 실시할 것을 권고한다. 그리고 IFSP(개별화 가족 서비스 계획) 또는 IEP(개별화 교육 프로그램)와 같은 각 자녀의 교육적 지원 계획에 ImPACT 프로젝트(또는 부모 코칭)를 포함시키길 권고한다. 아이의 서비스 계획에 이 프로그램을 넣는다면 부모는 부모 코칭을 자녀의 중재 프로그램의 중요한 한 요소로 인식하여 참여율을 높일 수 있다.

중재 팀 확인하기

사회적 의사소통이 어려운 어린아이는 중재 전문가들로 구성된 팀 접근으로 서비스를 받는 경우가 많다. 팀 기반 서비스를 제공하는 경우, 어느 전문가가 부모 코칭을 진행할지 확인하는 것이 중요하다. 이제부터는 가족과 함께 이 프로그램을 효과적으로 진행하는 데 필요한 자격, 능력, 훈련에 관해 알아보자. 이는 다음의 〈표 1-2-1〉에 요약되어 있다.

❖ 코치 자격 및 능력

이 프로그램은 ASD 및 사회적 의사소통이 지연된 어린아이를 대상으로 임상 심리사, 사회복지사, 특수교사, 행동치료사, 언어재활사 또는 작업 치료사가 진행하도록 설계되었다. 가족을 효과적으로 코칭하는 데 필요한 배경지식과 임상 능력을 고려하면 코치는 해당 분

야에서 대학원 수준의 교육을 받아야 한다. 그리고, 부모 코치는 아동 발달에 대한 일반적인 지식과 사회적 의사소통 발달에 대한 구체적인 지식 그리고 행동 원리를 이해하고 있어야 한다.

가족 코칭 시작 전, 코치는 대상 아이에게 ImPACT 프로젝트 중재의 기법을 능숙하게 사용할 줄 알아야 한다(Kaiser & Hancock, 2003). 이러한 기법 중 다수가 다른 발달 및 자연적 행동 중재에서도 사용되기 때문에 사회적 의사소통이 지연된 어린아이를 가르치는 코치는 이미 해당 기법의 일부 또는 전체에 친숙할 것이다. 그러나 친숙함은 능숙함과 같지는 않다. 부모에게 이러한 기법을 효과적으로 수행하는 방법을 가르치기 위해 코치는 각각의 기법을 단독 또는 여럿으로 능숙하게 사용해야 한다(Kaiser, Hester, Alpert, & Whiteman, 1995). 더욱이, 아이가 갖는 증상의 수와 심각도가 경증에서 중증까지 다양하기에 코치는 아이에게 각 기법을 어떻게 적용할지 이해하고 있어야 한다.

<표 1-2-1> 코치의 자격 및 능력

• 대학원 수준의 훈련 • 아동 발달 및 행동 원리에 관한 지식 • ImPACT 프로젝트 중재 기법을 아이에게 능숙하게 구현하기 • 행동 관리 전략 숙지하기 • 부모와 협력 관계를 형성하는 능력 • 부모에게 피드백을 제공하는 능력 • 필요에 따라 프로그램을 유연하게 수정하는 능력

부모 코칭 시작 전, 코치는 능력이 서로 다른 여러 아이를 중재하며 표준 충실도에 제시된 기준을 충족해야 한다(F.A.C.T.S. 전략 전반에 걸쳐 척도 평균 4점 이상). 이를 위해서는 오랜 연습이 필요하다. 따라서 우리는 코치가 중재 방법을 배우는 동안 아이에게 직접 서비스 형식으로 제공하는 중재에서 시행할 것을 권고한다. 충실도 체크리스트(양식 4)에는 중재를 성실하게 진행하기 위해 반드시 해야 하는 각 전략의 핵심 요소가 요약되었다. 각 전략에는 여러 가지 기법들이 있으며 각각의 기법은 동일한 결과물을 끌어내기 위해 사용될 수 있음을 유념하자. 예를 들어, **새로운 의사소통 기회 만들기** 전략에는 세 가지 기법(*놀이 방해하기*, *균형 잡힌 주고받기*, *의사소통 유혹하기*)이 있고, 각 기법은 모두 아이가 모방하도록 돕는다. 그러므로 아이의 목표를 달성하기 위해 선택한 전략에서 최소한 하나의 기법을 성공적으로 적용하기만 한다면, 코치가 충실도를 확보하기 위해 모든 아이와의 모든 상호작용에

서 각 기법을 적용하는 것이 중요하지는 않다.

그리고 사회적 의사소통이 지연된 어린아이 중 다수가 짜증이나 공격성 등의 도전 행동을 보이기 때문에(Kaiser & Hancock, 2003) 코치는 기본적인 행동 관리 전략에 대해 잘 알아야 한다. 이러한 행동 문제는 부모가 ImPACT 프로젝트 전략을 배우고 적용하는 것을 방해하는 요소가 될 수 있다. 따라서 코치는 회기 동안 이러한 도전 행동을 관리할 능력을 갖추어야 한다. 그래서 우리는 부모가 가정과 지역사회에서 아이의 도전 행동을 해결하는 데 도움이 되는 행동 관리에 관한 내용을 이 책의 제2부 선택 사항으로 추가하였다.

그리고 코칭 과정이기는 하지만, 코치는 부모와 협력 관계를 형성하고 부모가 효과적으로 참여하고 역할을 수행하도록 도울 수 있어야 한다(Kaiser & Hancock, 2003). 코치는 각 부모가 가질 수 있는 의문과 우려 사항을 경청하고 민감하게 대응할 수 있어야 한다. 그리고 자녀의 목표를 결정하는 데 부모가 최대한 참여하는 것을 자연스럽게 받아들이고, 가족의 일상생활에서 중재하는 최상의 방법을 고려하며, 가족의 강점과 선호도, 가치관에 신경을 써야 한다(Brookman-Frazee, 2004). 또한 부모에게 중재의 개념적, 경험적 근거를 명확하게 알려 줄 수 있어야 한다. 즉, 각 기법의 이론적 근거와 핵심 요소, 각 기법이 다른 전략과 함께 사용되는 방식, 가장 효과적인 사회적 의사소통 목표 등을 설명할 수 있어야 한다(Kaiser & Hancock, 2003). 부모가 이러한 내용을 이해하고 있을 때 중재 목표를 달성하고자 중재에 더 열심히 참여하며, 온종일 중재 전략을 지속적으로 적용하려는 동기가 올라간다.

성인 학습의 중요한 요소 중 하나는 바로 피드백이다. 그러므로 코치는 부모가 자녀에게 하는 행동을 효과적으로 분석하고 긍정적이고 올바른 피드백을 줄 수 있어야 한다(Kaiser & Hancock, 2003). 우리와 함께 일했던 다수의 전문가는 이 능력을 부모 코칭의 가장 어려운 부분으로 여겼다. 전문가가 아동에게 중재 기술을 적용하는 방법은 직관적으로 알고 있지만, 이 정보를 부모에게 지지적인 방식으로 전달하고자 할 때는 여전히 어려움을 겪는다. 이러한 능력을 갖추기까지 오랜 연습이 필요하다. 그래서 우리는 코치가 부모에게 피드백을 주기 전에 다른 성인에게 피드백을 주는 방식의 연습을 충분히 하도록 권고한다. 피드백 능력을 높이는 방법 중 하나는 한 아이에게 진행한 각자의 내용에 관해 동료와 서로 피드백을 주고받는 것이다. 또는 사회적 의사소통이 어려운 아이를 대하는 부모나 다른 성인의 비디오를 보고 분석하여 피드백 주는 연습 방법이 있다. 우리가 확인한 바로는 코치의 부모 코칭 기술 구축뿐만 아니라 아이를 직접 다루는 전문가의 능력 향상에도 이러한 전략이 도움이 된다.

마지막으로, 코치는 각 아이와 부모의 개별 요구를 만족시키려 필요에 따라 프로그램을 유연하게 수정할 수 있어야 한다(Kaiser & Hancock, 2003). 모든 경우마다 프로그램을 설계할 때 코치는 아이의 능력 수준, 부모의 의사소통 및 학습 스타일, 가족의 역동성과 문화 등에 주의를 기울여야 한다. ImPACT 프로젝트에서 부모와 효과적으로 협력할 목적으로 적용하는 절차는 3장에서 자세하게 다루었다. 양식 5, 6, 7은 다양한 코칭 구성요소(공동 목표 설정, 코칭, 그룹 운영)를 다루는 충실도 양식이다.

❖ 전문가 준비

예비 코치가 프로그램을 효과적으로 진행하게 하기 위해서는 ImPACT 프로젝트 훈련을 받아야 한다. 앞에서 언급한 것처럼, 시간이 지나도 프로그램을 지속하려면 통상적으로 기관에 ImPACT 프로젝트를 훈련받은 전문가가 두 명 이상 있으면 도움이 된다. 전문가 훈련은 자기-주도적 온라인 학습, 워크숍, 상담 등을 결합한 방식으로 진행된다.

대상 가족 확인하기

이 프로그램이 어느 가족에게 도움이 될지를 결정할 때에는 다음 소개된 아동과 부모 특성을 고려하자.

❖ 아동 특성

ImPACT 프로젝트는 원래 6세 정도에 초기 진단을 받은 ASD 아동을 위해 개발되었다. 그러나 최근 몇 년 사이 이 프로그램은 ASD 위험군에 속하는 영유아에게도 적용 가능하도록 수정되었다. 그리고 프로그램 수정으로 인해 연령이 더 어린아이와 사회적 의사소통 능력은 지연되었지만 ASD로 진단받지 않은 아이에게도 적용 가능하게 되었다. 그리고 언어 및 인지 장애가 심각한 아이(12세 이하)에게도 적합할 수 있다.

이 프로그램의 중재 전략은 표현 언어 연령이 약 48개월까지인 초기 언어 발달 단계에 있는 아이에게 가장 적합하다. 언어가 조금 더 발달한 아이에게는 말 명료도를 높이거나 보다 복잡한 언어 관계(예: 과거 시제, 전치사, 대화 기술)를 가르치는 중재 전략이 도움이 될 것이다. 언어 발달에 관한 전문 지식이 없는 코치는 언어재활사와 협력하여 구체적인 말-언어 목표를 설정하고, 목표 달성을 위한 기법들을 선정할 수 있다. 그런 다음 부모에게 기법 사용을 가르칠 수 있다. 언어 능력이 좀 더 발달한 아이에게는 또래나 형제자매와의 상호작용

기술을 다루는 프로그램이 도움될 수 있다. 한편, 이 프로그램을 조금 수정하면 형제자매와 또래를 지도하는 데 사용할 수 있다. 이 문제를 다루는 추가 논의는 후반부에 있는 "필요한 경우 프로그램 수정하기" 부분의 형제자매 코칭하기에서 살펴보자.

사회적 의사소통이 어려운 어린아이 다수는 가족 삶의 질에 영향을 미치고 아이의 학습에도 부정적 영향을 줄 수 있는 반항, 짜증, 공격성, 파괴, 수면 또는 섭식 문제, 가출 등과 같은 도전 행동을 보인다(Schreibman, 1988). 대부분 이러한 행동의 수준은 경미하고, 부모에게 ImPACT 프로젝트 전략 사용 방법을 가르치는 동안에 이 문제는 해결될 수 있다. 그러나 어떤 경우에는 이러한 행동이 부모의 중재 학습 능력을 방해할 수도 있다. 만약 아이가 부모의 프로그램에 참여를 방해할 만큼 심각한 행동 문제를 보인다면, 코치는 선택 사항인 행동 관리 장부터 시작할 수 있다(본 매뉴얼 제2부 제8장 및 부모 매뉴얼 제8장 참조). 만약 아이의 행동이 매우 심각한 수준이라면, 행동치료사에게 의뢰하여 여러 환경에서 아이가 할 수 있는 효과적인 행동 방안을 모색할 수 있다.

❖ 부모 특성

조부모와 다른 가족 구성원을 포함한 아이와 연관된 양육자 모두가 아이의 사회적 의사소통 발달을 촉진하는 전략을 성공적으로 배울 수 있다. 양육자가 누구인지보다는 그들이 프로그램에 참여하기로 선택하는 것이 더 중요하다(Kaiser & Hancock, 2003). 참여 의지가 있는 사람은 중재 기법을 배우고 실행하는 데 전념할 가능성이 더 높다. 이는 부모-매개 중재가 단독으로 제공되는 서비스가 아니라 항상 중재에서 선택 사항이어야 함을 보여 준다.

자신의 노력이 자녀의 발달을 향상시킬 것이라 믿는 부모는 중재 전략을 배우고 실행할 가능성이 크다. 자녀를 위한 중재 참여를 우선순위로 정하는 부모도 이에 해당한다(Kaiser & Hancock, 2003). 부모 코칭에 전념할 수 있는 충분한 시간과 에너지가 있고 가족 지원이 충분한 경우, 부모가 성공할 가능성은 크다. 예를 들어 생각해 보자. 부모는 일정을 비우고 직장에 휴가를 내서 아이를 돌볼 준비를 할 수 있을까? 만약 부모가 프로그램 전체에 참여할 수 없다면 지금은 부모 코칭을 시작하기에 좋은 시기가 아닐 수도 있다. 부모가 전체 프로그램에 참여할 수 있을 때까지 기다리는 것이 더 나을 수도 있다.

사회경제적 지위가 낮고 인종, 전통, 문화, 언어 배경이 다양한 가족은 주류 문화를 배경으로 하는 가족에 비해 부모-매개 중재에 접근하기 쉽지 않으며 중재를 조기에 종료할 가능성이 더 높다(Haracbi, Catalano, & Hawkins, 1997). 소수 민족과 저소득층 가족은 돌봄이나 교통수단의 부족, 유연하지 못한 근무 일정, 낮은 사회적 지원, 언어 장벽, 지각 장벽은 물론 문화 또는 언어 차이 등 수많은 구조적 어려움에 직면한다. 또한 정신 건강 또는 학습 문제를 겪는 부모는 이 프로그램에 참여하기가 어려울 수 있다. 이번 매뉴얼은 다양한 부모 참여 전략을 소개하는데, 이는 배경이 다양한 부모가 이 프로그램에 효과적으로 참여하도록 돕는다. 이 장의 후반부("부모 참여를 방해하는 문제 해결하기")는 취약계층 가족이 이 프로그램을 접하고 완수할 가능성을 높여 주는 추가 지원에 대해 다룬다.

❖ 부모 코칭 시작 시기

아이에 대한 걱정이 생기기 시작한 시점부터 부모 코칭을 얼마나 빠르게 제안해야 할까? 여기에 대한 명확한 답은 없다. 한 가지 방법은 부모가 우려를 나타내거나 아이가 진단을 받은 후 가능한 한 빨리 부모 코칭을 제안하는 것이다. 여기에는 몇 가지 장점이 있다. 첫째, 가능한 한 빨리 부모에게 사회적 의사소통을 촉진하는 효과적인 전략을 가르치면 아이의 발달에 중요한 영향을 미칠 가능성이 크다(Wetherby & Woods, 2006). 둘째, 아이가 진단을 받고 필요한 서비스를 받기까지 오랜 시간을 기다려야 하는 이유로 많은 부모가 상당한 불만을 표출한다(Renty & Roeyers, 2006). 아이가 진단을 받은 후로부터 몇 주 이내 부모 코칭 서비스를 제안하면 아이의 이름이 집중적인 중재 서비스의 대기자 명단에 올라가 있는 동안 부모는 낮은 강도의 치료를 옵션으로 선택하여 받을 수 있다. 부모 코칭을 통해 부모는 ASD 및 관련 질환에 관한 정보를 얻고, 적절한 시기에 치료를 시작하며, 아이가 잘 참여하도록 효과적인 전략을 배움으로써, 부모의 양육 스트레스가 완화될 수 있다. 그룹 코칭으로 진행될 경우, 그룹에 새로 참여한 부모는 사회적 의사소통이 어려운 자녀를 둔 다른 부모를 만나 사회적 지지를 받는 경험을 한다.

한편, 자녀가 이제 막 진단을 받은 부모는 아직 관련 정보를 수용하고 이를 자녀에게 적용할 만큼 정서적으로 준비가 되지 않았을 수 있다(Whitaker, 2002). 이러한 부모는 부모-매개 중재 프로그램의 이득을 완전하게 누리기 이전에 슬퍼할 기간이 필요할 수 있다. 이 경우, 개별 코칭 모형으로 부모가 천천히 받아들이도록 한다.

이러한 상충된 입장을 고려할 때, 부모에게 어떤 프로그램을 제안하는 것이 최상인지 파악하는 것은 매우 어렵다. 가장 좋은 전략은 부모에게 가능한 한 빨리 프로그램에 참여할 기회를 주는 것이다. 이 프로그램은 나중에 다시 제공될 수 있다. 실제로, 아이의 능력이 향상되면 프로그램에서 가르친 기법을 다시 검토하는 과정이 필요할 수도 있다(NRC, 2001; Whitaker, 2002). 우리가 일하는 여러 세팅에서는 가을과 봄 각 한 번씩 총 1년에 두 번 가족을 초대해 그룹 코칭 프로그램을 진행한다. 개별 모델의 프로그램을 진행하는 경우, 치료가 시작되는 시점에 부모 코칭을 진행하는 것이 가장 효과적일 수 있다. 만약 가족이 마음의 준비가 아직 되지 않았다면 직접 서비스를 먼저 시작한 다음 몇 달 후 다시 부모 코칭을 제안할 수 있다.

프로그램 로직 결정하기

이 프로그램의 로직과 관련해 의사결정을 해야 할 것이 많다. 특정 환경에서 ImPACT 프로젝트를 실행하는 최상의 방법을 결정하는 데 필요한 여러 가지 고려 사항과 권고 사항을 알아보자.

❖ 코칭 모델 선택하기

개별 모델을 선택할지 아니면 그룹 모델을 선택할지는 연습 환경에 의해 결정된다. 예를 들어, 대상이 3세 어린아이인 경우, 조기 치료 전문가는 개별 부모 코칭으로 진행한다. 다수의 IFSP가 가정에서 부모와 아이가 하는 서비스로 구성되었기 때문이다. 그리고 치료실 환경에서 근무하는 전문가는 전형적인 치료실-기반 서비스 모형인 개별 회기를 운영한다. 반대로 교실 환경에서 아이를 만나거나 한 번에 최소 한 시간 동안 아이를 개별적으로 만나지 않는 전문가는 통상적으로 그룹 모델을 선택하여 진행하는 것이 더 적합하다. 이러한 환경에서는 각 아이의 개별 회기를 진행하기 위해 스케줄을 잡는 것이 어려울 수 있고, 그룹 코칭 모델에서는 개별 코칭 회기의 수가 적기 때문에 수집되는 정보의 수가 적다. 그리고 일부 부모는 상대적으로 높은 개별 치료 비용을 감당할 수 없기때문에 이 경우에는 그룹 치료가 그들에게 더 경제적인 선택일 수 있다.

만약 특정 모델로 제한하지 않고 적용 가능한 최적의 모델을 찾는다면, 두 가지 코칭 모델의 장점과 제한점을 충분히 검토하고 싶을 것이다. 〈표 1-2-2〉에는 이 두 가지 코칭 모델의 장점이 요약되어 있다. 개별 모델의 가장 분명한 장점은 코치가 각 부모-자녀의 강점과 약점에 초점을 두고 각 가족의 필요에 알맞도록 중재를 수정할 수 있다는 것이다. 개별 모델을 활용하면, 지도를 받는 동안 부모는 자녀와 함께 더 많은 시간을 연습할 수 있고 더 잘 배울 수 있다. 뿐만 아니라 부모들은 높은 만족도와 자녀의 행동 개선을 보고하며, 개별 부모 훈련 프로그램에 더 잘 참석하는 경향이 있다(Chadwick, Momcilovic, Rossiter, Stumbles, & Taylor, 2001). 그러나 개별 코칭 모델은 상대적으로 적은 수의 가족에게만 가능하며, 훈련 비용과 코치의 업무 강도가 높다.

그룹 코칭 모델의 장점은 코치의 업무시간 강도가 적고, 부모가 부담해야 하는 비용 대비 효율성이 높다는 것이다. 이러한 측면 때문에 여러 가족은 프로그램에 좀 더 쉽게 접근할 수 있다. 그리고, 부모들은 다른 가족들과 만나 서로 정보를 공유하고 사회적 지원을 받는 기회를 갖는 장점이 있는데, 이러한 장점은 부모의 행복감은 물론이고 부모가 중재 기법을 배우고 숙달하는 데 긍정적인 영향을 미친다(Stahmer & Gist , 2001). 그러나 학습 스타일이 다르거나, 훈련을 시작하는 능력 수준이 다르거나, 자녀의 능력이 크게 다른 부모의 요구사항을 충족하도록 프로그램을 맞춤화하는 것이 훨씬 더 어렵다는 단점이 있다. 그리고 부모가 자녀와 같이 그룹 회기에 참석하지 않기 때문에 가끔은 추가로 아이 돌봄이 필요하다는 제한점이 있다.

<표 1-2-2> 개별 대 그룹 코치 모델의 장점

개별	그룹
• 각 아이와 그 가족의 개별 요구에 부합되도록 코치는 프로그램을 맞춘다. • 부모는 더 많은 코칭을 받는다. • 개별 모델에 대한 부모 만족감이 크다.	• 코치는 더 많은 가족을 지원할 수 있다. • 부모에게는 그룹 형식이 비용-대비 효율적이다. • 부모는 다른 가족으로부터 사회적 지지를 받는다.

이러한 점에서 현재까지는 한 모델이 다른 모델보다 낫다고 결론지을 수 있는 자료는 없다. 그러나 연구 결과에 따르면, 부모가 그룹에서 배운 기법을 완전히 익히기 위해서는 아이와 함께하는 집중적인 개별 코칭 회기가 필요하다(Kaiser, Hemmeter, et al., 1995). 따라서 어떤 코칭 모델을 선택하느냐와는 관계없이 모든 가족은 코치 피드백이 진행되는 동안 자녀와 함께 기술을 연습할 수 있도록 개별 코칭 회기를 받아야 한다.

❖ 코칭 장소 선택하기

개별 코칭은 가정, 교실 또는 치료실에서 진행될 수 있다. 가정에서 부모와 자녀가 함께 받는 개별 코칭의 장점은 여러 가지이다. 자연스러운 환경에서 코칭하면 부모 기술의 일반화와 유지에 유리하다. 코치는 부모에게 식사, 옷 입기, 지역사회로의 외출 등 교실이나 치료실 환경에서는 일반적으로 발생하지 않는 일상의 루틴에서 중재를 적용하도록 가르친다. 그리고 해당 가족에게 특별한 의미를 지닌 루틴 안에서 기술을 가르친다. 마지막으로, 집이

아닌 장소에서 코칭 회기가 진행되면 참석할 가능성이 적은 형제자매나 조부모 등 더 많은 가족 구성원에게 참여할 기회를 준다.

한편 가정 코칭의 어려움 중 하나는 부모가 중재에만 집중하기 어렵다는 점이다. 또 다른 자녀, 전화 통화, 방문객, 일상생활에서 해야 하는 일 등 다양한 이유로 부모는 코칭 회기에서 이탈하기도 한다. 그리고 치료실이나 교실과는 다르게 구조화되지 않은 환경에서 아이가 중재에 참여하기 어려워할 수 있으며 도전 행동을 더 할 수도 있다. 따라서 가정에서 코칭하는 경우에는 아이 참여와 부모 학습을 최적화하고 코칭을 성공시키기 위해 코치는 중재 환경에 시간을 더 할애해야 할 수도 있다.

치료실이나 교실에서 코칭하는 것의 장점과 제한점은 가정에서와 정반대이다. 통상적으로 이러한 전문 치료 환경은 방해 요소를 최소화하고 참여를 촉진하도록 설계된다. 동기를 부여하는 가정에는 없는 장난감들과 활동들이 여기에는 준비되어 있다. 그리고 아이에게 이미 익숙한 환경이라면 아이는 중재 활동과 환경을 연결하고 협조적일 수 있다. 그리고 회기가 가정 밖에서 진행되면 부모는 가정에서 발생하는 일상생활의 번거로움과 방해를 피하고 코칭에 더욱 집중할 수 있다. 이러한 이유로 아이는 더 호의적으로 반응하고 부모는 중재 기법을 더 잘 적용해 볼 수 있다. 이러한 장점은 부모가 새로운 중재 기법을 사용하는 방법을 처음으로 배우는 시기인 프로그램 초기에 특히 중요할 수 있다. 그러나 프로그램이 점차 진행되면 부모는 앞에서 설명한 방해 요소 때문에 가정에서 전략을 일반화할 수 없다는 것을 알게 된다.

가정 밖에서 훈련하는 경우 일반화와 관련된 문제가 발생하는데, 코치는 이를 최소화하기 위해 몇 가지 기법을 사용할 수 있다. 부모가 집에서 장난감을 가져오거나 간식 시간처럼 가족 일상의 루틴을 치료 환경에서 수행하는 방법이 있다(제3장의 '독립성 향상' 하단 참조). 또는 부모 수행 능력과 자신감을 높여 줄 목적으로 코칭의 대부분을 치료 환경에서 진행한 후 일반화를 촉진할 목적으로 마지막 회기를 집에서 진행하는 방법도 있다.

❖ ImPACT 프로젝트를 기존의 커리큘럼에 맞추기

부모 코칭과 관련하여 자주 제기되는 질문 중 하나는 기존 서비스 제공 모델에 효과적으로 통합시키는 방법에 관한 것이다. 그러나 이 프로그램의 중재가 발달 및 행동치료 문헌에서 다룬 주요 요소를 모두 포함한다는 측면에서 볼 때, 이 중재는 사회적 의사소통이 지연된 어린아이에게 적용하는 여러 중재 접근 방식과 호환되며 직접 중재에 대한 아이의 반응을 크게 높일 수 있다.

치료실이나 가정-기반 프로그램처럼 일대일 환경에서 진행되는 경우, 개별 부모 코칭 모델은 기존의 서비스 전달 모델 안에서 비교적 쉽게 진행될 수 있다. 기존의 프로그램이 갖는 제약성에 따라 직접 서비스를 추가하거나 대신하는 방식으로 부모 코칭을 진행할 수 있다. 기존 프로그램에서 일주일에 1~2시간만 일대일 중재가 가능하다면 이 시간을 치료사-주도 중재보다 부모 코칭의 시간으로 활용하는 것이 아이의 유의미한 진전을 이끌 것이다. 이런 경우, 전문가는 부모 코칭을 진행하기 위해 치료사-주도 서비스 진행을 몇 달 동안 멈추고 ImPACT 프로젝트 프로그램이 끝난 후 다시 치료사-주도 서비스를 진행할 수 있다. 그러나 이 두 모델을 동시에 사용하는 것이 확실히 더 좋다.

부모 코칭을 교실-기반 서비스 전달 모델에 통합하는 것은 좀 더 까다롭다. 대부분의 교실-기반 프로그램은 하루에 여러 시간, 일주일에 며칠 동안 운영하도록 설계되었고 부모 코칭 회기를 위해 낼 수 있는 시간이 거의 없는 경우가 많다. 그러나 교실에서도 개인 코칭 모델을 적용할 기회가 없는 것은 아니다. 교실에서 코칭을 진행하고자 한다면, 모든 가족의 코칭 회기를 같은 날로 정하고 회기를 1시간 단위로 짤 수 있다. 이 일정대로면 10분의 시간 동안 코치는 메모하고 다음 가족을 대비해 준비할 수 있다. 만약 스태프의 수가 충분하다면 수업이 진행되는 동안 별도의 공간에서 코칭이나 그룹 회기를 진행할 수 있다. 스태프는 부모 코칭을 진행하거나 교사가 코칭하는 동안 교사가 하던 업무를 할 수 있다. 또 다른 방법은 아이가 참석하지 않거나 직접 중재의 일부를 부모 프로그램으로 대체하기로 계획한 날에 부모 코칭이나 그룹 회기를 진행하는 것이다. 다수의 프로그램에서 "중재 서비스 취소"의 결과를 우려하지만, 우리는 부모-매개 중재가 곧 중재임을 강조하는 바이다. IEP에 기록된 전문가의 직접 서비스가 어떻게 이루어지는지를 코칭 회기에서 설명할 수 있다.

부모 참여를 방해하는 문제 해결하기

다수의 부모는 부모-매개 중재 프로그램 참여에 어려움을 겪는다. 이러한 어려움은 문화와 언어가 다른 가족, 사회경제적 지위가 낮은 가족, 부모가 정신 건강이나 학습에 문제가 있는 가족에게서 두드러지는 경우가 많다. 이러한 어려움 때문에 부모가 프로그램에 등록하고, 회기에 빠지지 않고 출석하고, 모든 프로그램에 참여하는 것이 어렵다. 프로그램을 시작하기 전, 가족의 ImPACT 프로젝트 참여를 방해하는 요소가 무엇인지 확인하고 이를 해결하는 것이 중요하다. 지금부터는 부모의 이 프로그램 접근과 참여에 도움이 되는 다양한 지원에 대해 다룬다(〈표 1-2-3〉에 요약되어 있음). 다음에서 설명한 것처럼 이러한 어려움을 극복하는 열쇠는 유연함과 자원 활용에 있다.

❖ 문화 장애물

대부분의 부모-매개 중재 프로그램과 마찬가지로 ImPACT 프로젝트는 서부에 거주하는 중산층 백인 가족의 부모-자녀 상호작용을 다룬 연구에서 도출되었다(Forehand & Kotchick, 1996, 2002). 그러나 양육은 가족의 문화 가치, 민족성, 사회경제적 지위 등에 영향을 받는다(Forehand & Kotchick, 1996). 따라서 프로그램의 중재 기법이 소수 문화권의 가족이 사용하는 양육과 어울리지 않을 수 있다. 예를 들어, 아프리카계 미국인 문화권에서는 권위자를 향한 아이의 순종에 가치를 크게 부여한다(Forehand & Kotchick, 1996). 이러한 가치는 "아이의 주도 따르기"라는 전제에 기초한 중재 기법과 상충될 수 있다. 아시아계 미국인 문화권에서는 일반적으로 부모의 역할을 자녀의 교육자로 생각하며 놀이 상대자로 생각하지 않는다(Forehand & Kotchick, 1996). 일부 아시아계 미국인 부모는 자녀와 노는 것을 불편하게 느낄 수도 있다. 라틴계 문화권에서는 양육 책임이 대가족, 특히 조부모에게 있다(Forehand & Kotchick, 1996). 이 문화권 가족에게 프로그램에 부모만을 포함하면 부모 이외 중요한 가족 구성원을 무시하는 것이 된다.

코치는 가족의 문화적 규범, 가치, 신념, 관행을 인식하고 존중해야 한다. 그리고 동시에 가끔은 여러 문화권 사이보다 한 문화권 내에서의 다양성이 많음을 이해하고, 가족 문화 배경의 기준에 대한 고정관념은 피해야 한다(Forehand & Kotchick, 2002). 또 다른 문제는 가족의 언어이다. 많은 경우, 부모나 조부모가 영어를 유창하게 구사하지 못할 수도 있다. 이는 프로그램 참여에 심각한 방해물이 될 수 있다(Harachi et al., 1997). 이럴 땐 이중 언어를 쓰는 코치가 가족의 모국어로 코칭하는 것이 이상적이다(Harachi et al., 1997). 하지만 많은 경우 실현되기는 어려울 것이다. 이 문제의 대안은 통역사를 두는 것이다. 또 다른 대안은 부모-부모 훈련 모델로 진행하는 것으로, 코칭 받은 부모 중 이중 언어를 구사하는 부모가 코치의 도움을 받아 영어를 구사하지 못하는 다른 부모를 가르치는 것이다. 비영어권 가족의 경우, 부모의 모국어로 번역된 자료를 활용하고 통역 서비스를 지원하여 개별 코칭하는 것이 매우 효과적이다. 특히 통역사가 통역하기 전에 프로그램에 관한 개요를 사전에 받는 경우 더욱 그렇다.

이중 언어 가족을 대상으로 할 때 추가로 고려해야 하는 사항 중 하나는 ASD로 진단받은 아이에게 사용하는 부모의 언어이다. 아이가 ASD로 진단받을 때, 대다수의 이중 언어 가족은 아이에게 영어만 사용하라는 조언을 듣는다. 이 조언은 두 가지 언어를 사용하면 아이의 언어 발달이 더욱 지연될 수 있다는 우려에서 나온 것이다(Thordardottir, 2006). 그러나 선행 연구 결과에 따르면, 두 언어 모두를 가르치는 것은 ASD처럼 언어가 지연된 아이의 언어 습득을 방해하지 않는다(Bruck, 1982). 그리고 영어가 모국어가 아닌 많은 사람은 자녀가 모국어를 배우는 것에 큰 가치를 두어, 아이가 모국어로 가족과 의사소통하기를 바란다. 그리고 많은 부모가 자녀와 모국어로 대화하는 것을 더 편하게 느낀다. 그러므로 부모 코칭에서는 영어를 사용해야겠지만 반대로 집에서는 가장 편안하다고 느끼는 언어로 자녀와 함께하도록 권장할 수 있다.

<표 1-2-3> 부모 참여를 방해하는 문제를 해결하기 위한 지원

문화 장애물

- 가족의 문화 규범, 가치, 신념, 관행을 존중하자.
- 문화 집단 내 개인의 다양성을 이해하자.
- 가능하다면 이중 언어가 가능한 코치를 배치하자.
- 통역 서비스와 번역된 자료를 제공하자.
- 각 가정에서 부모와 자녀가 선호하는 언어를 사용하도록 권장하자.

구조 장애물

- 그룹 회기로 진행 시, 돌봄 서비스를 제공하자.
- 스케줄을 유연하게 제공하자.
- 필요한 경우, 교통수단을 제공하자.
- 가정 또는 인근의 지역사회에서 코칭하자.
- 코칭 전달 방식을 수정하자.

개념 장애물

- 프로그램에 대한 기대를 공유하자.
- 부모와 협력 관계를 맺자.
- 출석 인센티브를 주자.

부모의 정신 건강 및 학습 문제

- 지원 그룹과 프로그램을 결합하자.
- 부모에게 도움이 될 수 있는 서비스를 소개하자.
- 개별 코칭 모델을 활용하며 천천히 교육하자.
- 문자 텍스트는 줄이고 그래픽/그림 활용은 늘리자.
- 비디오와 확장된 역할극의 사용을 늘리자.
- 일반화를 지원하기 위해 가정에서 코칭하자.

❖ 구조 장애물

부모-매개 중재에 접근하고 참여하는 부모의 능력에 영향을 주는 구조 장애물에는 아이 돌봄, 업무 스케줄, 교통, 가족 부양, 생활 스트레스 등이 있다(Harachi et al., 1997). 돌봄 부족은 부모 참여를 방해하는 문제 중 하나이다. 개별 코칭 모델에서는 이것이 큰 문제가 되지 않지만, 그룹 코칭 모델에 참여하려는 부모에게 돌봄 부족은 큰 구조 장벽이 될 수 있다. 아이 돌보미를 구하는 것이 ASD 및 관련 문제가 있는 아이의 부모에게는 특히 어려울 수 있다. 돌봄 비용을 낼 능력이 있는 부모라도 자녀를 기꺼이 돌봐 줄 돌봄전담사나 임시 보호자를 찾는 것이 어려울 수 있다. 연습 환경에서 ASD 및 관련 문제가 있는 아이를 감독할 수 있는 돌봄전담사를 준비해야 할 수도 있다. 우리의 경우, 그룹 코칭 모델이 적용된 다수의 프로그램을 제공하는 기관들과 협업한 경험이 많았지만, 실제로 그 기관 중 일부는 돌봄 서비스를 지원하고 일부는 그렇지 않았다. 아이 돌봄 서비스가 지원되는 경우, 부모가 프로그램에 출석하는 비율이 훨씬 높았다. 돌봄 지원은 보조교사가 무료로 봉사하거나 추가 근무수당을 받고 아이 돌봄을 담당하는 형식이었다. 따라서 그룹 프로그램을 계획하는 경우, 저렴한 비용(예: 아이 한 명당 5달러의 비용 지출)으로 보조교사가 아이를 돌보는 서비스를 부모가 선택할 수 있도록 옵션을 만들 수 있다. 보조교사는 아이에 대해 이미 알고 있기에 부모 대부분은 보조교사가 아이를 맡는 것을 편안해 할 것이다.

어린아이가 대상인 중재 서비스는 보통 평일 근무시간에 진행된다. 다수의 맞벌이 부모는 근무시간 동안 여러 회기에 참석하기 어렵다. 저녁 시간과 주말에 회기를 진행하는 등 일정을 유연하게 조정한다면 부모 참여율을 크게 높일 수 있다(특히 작업 일정 변경이 거의 불가능하고 사회경제적 지위가 낮은 맞벌이 부모의 경우). 우리가 확인한 바에 따르면, 그룹 모델에서 그룹 회기는 저녁에 진행하고 코칭 회기는 아이가 활동하는 낮에 진행하면 부모의 참여가 높아진다.

그 외 장애물은 교통이다. 어떤 가족은 회기에 참석하기 위한 교통수단을 안정적으로 마련하는 데 어려움을 겪을 수 있고, 대중교통을 이용하며 공공장소에서 자녀의 행동을 통제하기 어려운 가족의 경우 특히 더하다. 이 경우, 교통수단을 제공하거나 가정 또는 교회, 어린이집 등 인근의 지역사회에서 코칭을 진행하면 참여도를 높일 수 있다(Harachi et al., 1997). 어떤 가족은 치료 장소와 거주지가 너무 멀어 매주 오기 불가능할 수도 있다. 이 경우, 프로그램 전문가는 코칭 회기 기간을 몇 주 줄이거나 단기간 훈련을 고려하는 방식으로 훈련의 강도나 기간을 조정할 수 있다. 또 다른 방법은 화상 회의로 코칭하는 것이다. 이러한 수정 방법은 다음에 자세히 설명하였다.

❖ 개념 장애물

개념 장애물 또한 프로그램에 참여하려는 부모의 의지를 감소시킬 수 있다. 프로그램 서비스가 부모의 기대치에 못 미치거나 부모가 중재 전략을 불편해한다면, 부모가 회기에 참여하거나 집에서 연습하길 꺼릴 것이다. 그런데 연구에 따르면, 코치와 부모 관계의 질이 부모의 만족도 그리고 궁극적으로 출석과 참여도에 주요한 영향을 미친다(Alexander, Barton, Schiaro, & Parsons, 1976). 따라서 초기부터 부모와 강력한 협력 관계를 형성하고 프로그램에 대한 기대치와 치료 목표를 공유하여 부모의 동기를 높이고 전념하도록 만들자. 부모와 협력 관계를 맺는 전략은 제3장에서 확인할 수 있다.

그리고 부모의 회기 참석 동기를 높이는 방법으로 다양한 방식의 인센티브를 고려할 수 있다. 예를 들면, 저녁 식사를 저렴한 비용으로 제공할 수 있다. 저녁에 진행하는 부모 그룹에 비용이 저렴한 저녁 식사를 제공한 것이 많은 가족에게 효과적인 강화 요인으로 작용하였다. 또는 부모가 프로그램에 참여하고 진전을 이룬 부모에게 장난감 가게 상품권과 같은 어떤 보상을 제공할 수 있다(Forehand & Kotchick, 2002). 또 다른 방법은 부모에게 프로그램 등록 보증금을 받은 다음 부모가 회기에 참석할 때마다 보증금 일부를 돌려주는 것이다(Forehand & Kotchick, 2002).

❖ 부모의 정신 건강 및 학습 문제

어떤 부모는 정신 건강 문제나 학습 문제 때문에 프로그램에서 긍정적 효과를 얻는 데 어려움을 겪는다(Forehand & Kotchick, 2002). 우울증은 전문가가 ASD 아이의 가족과 일할 때 직면할 가능성이 가장 큰 일반적인 정신 건강 문제이다(Bitsika & Sharpley, 2004). 정신 건강 문제를 가진 부모는 자녀의 진단 결과를 받아들이기 어려워하는데, 이런 경우에는 부모 코칭 프로그램과 부모 지원 그룹을 결합하여 진행하는 것이 도움이 될 수 있다. Stahmer와 Gist(2001)의 연구 결과에 따르면, 개별 부모 코칭을 받는 동시에 지원 그룹에도 참석하는 부모는 부모 코칭만 받은 부모보다 중재 기술을 더 효과적으로 배운다. 부모를 치료하는 것은 코치의 역할이 아니다. 그러나 그들에게 필요한 사항을 파악하고 적절한 서비스를 추천하기 위해서는 정신 건강 문제에 관한 일부 지식을 알고 있는 것이 도움이 된다. 어느 시점에서든 부모가 아이를 학대하거나 효과적으로 돌볼 수 없다는 우려가 있는 경우, 해당 당국에 연락해야 한다.

부모 자신의 학습 문제나 낮은 문해 능력으로 인해 중재 기법을 배우기 힘들어하는 경우도 있다. 실제로 우리와 했던 다수의 부모는 학습 장애나 ASD를 가지고 있었다. 부모에게 학습의 문제가 있다면 개별 모델로 코칭하는 것이 가장 좋은데, 그렇게 하면 부모가 느린 속도로라도 기술을 배울 수 있기 때문이다. 부모의 문해 능력이 낮다면, 코치는 부모 매뉴얼 전체를 복사하는 대신 각 장의 첫 번째 또는 두 번째 쪽만 복사해 사용할 수 있다. 해당 장의 개요와 관련 그래픽으로 내용을 이해하는 것이 더 쉬울 수 있다. 부모가 중재 기법을 이해하고 기억하는 데 도움이 되도록 다른 그림이나 그래픽을 사용할 수도 있다(집에 전시할 수도 있음)(Feldman, Ducharme, & Case, 1999). 우리는 비디오를 활용하여 중재 기법을 알려 주고 피드백을 주고 코치와 확장된 역할 놀이를 진행하는 방법으로 부모에게 도움을 주었다. 학습 문제가 있는 사람의 다수가 일반화에서도 어려움을 보이기 때문에 가정에서 진행하는 코칭 회기가 치료실이나 학교에서보다 더 성공적일 수 있다(Tymchuk & Andron, 1992).

필요한 경우 프로그램 수정하기

사회적 의사소통이 지연된 아이를 위한 대부분의 지역사회 세팅 구조에 맞추기 위해 ImPACT 프로젝트는 개인과 그룹 코칭 모델을 모두 포함한다. 그러나 모든 지역사회 프로그램 구조가 이러한 모델 중 하나를 지원하는 것은 아니다. 따라서 이 경우는 ImPACT 프로젝트를 지원하기 위해 코칭 모델이나 지역사회 세팅 구조(또는 둘 다)를 수정할 필요가 있다.

기억해야 할 점은 증거-기반 중재를 수정하면 그 효과가 바뀔 수 있다는 것이다. ImPACT 프로젝트처럼 증거-기반 중재 대부분은 핵심 구성요소(중재에 없어서는 안 될 요소)와 부수적 요소(수정 가능)를 가진다(Damschroder et al., 2009). 중재의 핵심 구성요소를 변경하거나 제거하면 그 효과가 저하될 수 있다. 그러나 프로그램의 부수적 요소를 변경하면 중재와 연습 세팅의 적합성이 향상되어 궁극적으로 결과가 향상될 수 있다. ImPACT 프로젝트를 수정할 경우, 핵심 요소를 유지하고 개별 가족의 강점과 요구 사항 및 실무 환경을 충분히 고려하여 수정하는 것이 중요하다.

양식 4, 5, 6에 프로그램 충실도에 필요한 세 가지 구성요소를 요약하였다. 즉, (1) 중재의 핵심 내용(즉, 각 F.A.C.T.S. 전략에서 적어도 최소 하나의 기법), (2) 공동 목표 설정, (3) 부모 코칭 절차 활용이다. 만약 이러한 구성요소 중 하나라도 없다면 해당 프로그램을 ImPACT 프로젝트로 볼 수 없다. 이러한 구성요소는 부모-매개 중재에 관한 우리의 연구 외에 다른 연구에서도 유효한 성분이다. 이 외의 부수적 요소는 특정 연습 환경에 더 잘 맞도록 잠재적으로 수정될 수 있다. 우리는 본 매뉴얼에 소개한 코칭 모델이 부모 학습에 최적이라고 믿는다. 다음은 연구와 임상 경험을 토대로 여러 수정 사항들을 정리한 가이드이다. 이 가이드는 ImPACT 프로젝트의 완결성을 손상시키지 않는다(〈표 1-2-4〉 요약 내용을 참조).

❖ 회기 수

개인 코칭 모델은 주 2회씩 12주 동안 총 24회기를 진행하도록 설계되었다. 연구 결과에 따르면, 다수의 부모가 매주 1시간씩 12회기로 전략을 효과적으로 사용하는 방법을 익혔다 (Ingersoll & Wainer, 2013a). 따라서 본 매뉴얼의 제2부에 24회기 또는 12회기 동안 다룰 분량의 권장 가이드를 제시하였고, 각 장에는 시간 제약이 있는 경우에 특정 전략과 기법을 수정하는 방법을 제시하였다.

<표 1-2-4> 수정 가능한 프로그램 내용

- 12주 회기 동안 개별 코칭 모델 진행
- 회기 수를 줄이거나 늘려 진행
- 단기간에 집중적으로 코칭
- 비디오 피드백 활용
- 원격 코칭 이용
- 유아 그룹 진행
- 형제자매 코칭

❖ 프로그램 기간

회기 수를 조정하지 않고도 회기를 덜 또는 더 자주 진행하는 방식으로 프로그램 기간을 조정할 수 있다. 일주일에 한 번만 부모를 만날 수 있는 전문가는 24주에 걸쳐 주 1회 총 24회 개별 회기를 진행할 수도 있고, 더 적은 횟수로 장기간(예: 한 달에 두 번) 진행할 수도 있다. 유사하게, 우리는 그룹 모델의 중재 프로그램 몇 개를 24주 동안 격주로 운영했다. 주초에 그룹 회기를 진행하고 같은 주 후반에 같은 주제로 개별 코칭을 진행하는 방식으로 그룹 모델을 수정하였으며, 그 결과로 6주에 걸쳐 더 자주 그룹 모형 중재가 진행되는 성과를 거두었다.

코칭 받기 위해 장거리를 이동해 와야 하는 가족에게는 두 모델을 수정하여 좀 더 집중적으로 운영할 수 있다. 예를 들어, Koegel, Symon과 Koegel(2002)은 훈련 센터에서 지리적으로 멀리 떨어진 곳에 거주하는 가족을 위한 효과적인 부모 훈련 모델을 개발했다. 그들은 자연적 교수 기법을 일주일 동안 하루에 여러 시간씩 개별 코칭 방식으로 진행했다. 부모는 중재 기법을 배울 수 있었고 집에서 아이에게 중재 기법을 적용하여 이를 일반화할 수 있었다. 한편, 프로그램 기간을 줄이면 아이가 프로그램에서 얻을 수 있는 이득이 제한될 수 있기에 아이의 목표를 그에 따라 설정해야 한다.

❖ 비디오를 활용한 피드백

ImPACT 프로젝트에서 부모 코칭은 주로 각 부모가 자녀와 함께 연습하는 동안 실시간으로 피드백을 준다. 실시간 피드백의 장점은 즉각성(immediacy)이다. 부모는 자신의 행동을 즉시 교정할 수 있기에 기법을 잘못 실행하지 않는다. 코치는 언제든지 부모-아이의 상호작용에 개입하여 기법을 올바르게 사용하도록 모델링할 수 있다. 그러나 실시간 피드백은 자녀와 함께하는 동안 부모의 주의를 산만하게 할 수 있다. 이에 대한 대안으로 비디오 피드백을 사용할 수 있다. 비디오를 보면서 피드백을 주는 방식의 장점은 부모가 한 번에 주의를 기울여야 하는 정보의 양은 줄고 상호작용에 더 집중할 수 있다는 점이다. 부모는 다양한 환경에서 적용해 본 중재 기법을 기록하고 코칭 회기 밖에서 발생한 상호작용에 피드백을 받을 수 있다. 그리고 코치는 부모와 아이의 행동에 관해 상의하는 시간을 더 많이 가지며, 아이가 없을 때 비디오를 검토할 수 있다. 비디오 피드백이 녹화된 상호작용과 구두 피드백의 속도를 모두 늦출 수 있기 때문에 학습에 어려움이 있거나 영어를 제2외국어로 사용하는 부모에게 특히 도움이 될 수 있다. 비디오를 활용한 피드백 제공 전략은 제2부의 검토 회기에서 자세히 다룬다.

❖ 원격 코칭

최근 연구 결과에 따르면, 화상 회의를 통해서도 코칭을 효과적으로 전달할 수 있다(Ingersoll et al., 2016). 원격 코칭은 교통 문제, 아이 돌봄 부족, 유연하지 못한 근무 일정 등의 이유로 전통적 코칭 프로그램에 참여하기 어려운 가족의 부모-매개 중재 참여 가능성을 높이는 방법이다. 부모는 중재에서 배운 것을 가정에서 자녀에게 해 보는 것에 관해 피드백을 받을 수 있으며 넓은 지역에 걸쳐 부모에게 서비스를 제공하는 지역사회 프로그램에 더 비용 효율적일 수 있다. 하지만 원격 코칭에서 코치는 아이에게 기술을 모델링할 수는 없다. 따라서 코치가 그룹 회기에서 사용되는 기법을 비디오로 녹화하고 이를 부모에게 보여 줄 것을 권한다.

❖ 유아 그룹

유아 그룹은 일부 연습 환경에서 추가로 사용할 수 있는 중재 형식이다. 유아 그룹은 부모 교육이 진행되는 동안 아이를 교실 그룹 활동에 참여시키는 형식으로 진행한다. 이 그룹은 일반적으로 소수의 아이와 그들의 부모 그리고 중재 전문가 2명으로 구성된다. 회기는 주 1~2회 60~90분 동안 진행한다. 그룹 활동은 보통 유치원이나 특수교육 조기 교실에서 진행하고, 발달에 적합한 다양한 교실-기반의 활동(예: 인사하기, 감각 운동 활동, 대근육 활동, 음악, 자유 놀이, 간식, 테이블 활동, 마무리 인사하기)을 한다. 일반적으로 전문가가 활동을 주도하고, 부모는 아이의 보조자 역할을 한다.

개별 코칭 모델은 한 교사가 한 가족을 개별적으로 코칭하는 동안 두 번째 교사가 그룹 활동에서 다른 가족을 이끄는 방식으로 수정할 수 있다. 교실 스케줄은 여러 가족이 돌아가며 참여하도록 짧은 시간에 할 수 있는 여러 가지 활동(예: 15분)으로 구성한다. 개별 코칭을 받을 때와 마찬가지로 소그룹 활동에서 부모는 자녀의 발달 목표를 위해 자녀를 돕는다. 각 부모 코칭 회기가 다른 모델보다 훨씬 짧다는 점을 고려한다면, 코치는 부모의 기법 숙달을 위해 각 기법을 두 번 이상의 회기에서 진행할 가능성이 크다.

〈표 1-2-5〉는 유아 그룹이 진행되는 동안 부모 코칭을 실시하기 위해서 시간과 교대를 나누는 방법을 보여 준 예시이다. 교사 2명, 아이 5명, 그들의 부모로 구성된 90분짜리 유아 그룹에서 이 모델을 사용하였다. 이 모델을 활용하려면 명확하게 구분되는 두 개의 공간이 필요하다. 프로그램은 코칭과 소그룹 활동이 교대로 진행되는데, 코칭 시간에는 교사가 각 부모에게 코칭을 하고, 소그룹 활동 시간에는 교사가 주도적인 역할을 맡고 부모는 아이를 관찰하며 보조한다. 전체 그룹 활동에서는 한 명의 교사가 활동을 주도하고 다른 교사와 부모가 아이들을 보조한다.

이러한 방식으로 수정하면 프로그램에 참여한 시기가 가족마다 달라도 등록 시점부터 부모 훈련을 시작할 수 있다. 이 모델을 사용하면 아이가 그룹을 시작하는 시기에 따라 다양한 가족이 프로그램에서 서로 다른 지점에 있을 것으로 예상한다. 만약 모든 아이가 동시에 그룹을 시작하는 경우라면, 아이와 함께하지 않는 그룹의 형태에서 부모에게 정보를 제시하는 것이 더 실용적일 수 있다. 유아 그룹 시간을 개별 코칭 시간으로 사용할 수도 있다.

한 가지 이상의 활동을 하는 경우, 청각 및 시각적 자극의 수가 증가해 아이의 주의가 산만해질 수 있다. 그리고 그로 인해 그룹 환경에서 아이 코칭이 어려울 수 있다. 이러한 우려를 해결하기 위해 시각적, 물리적 방해요소를 없애고 환경에서 오는 자극을 제한하자. 물리적 환경을 구성하거나 공간을 설정하기 위해서는 성공을 위한 가정환경 만들기에 설명된 것과 동일한 원칙을 따른다.

<표 1-2-5> 90분 유아 그룹 활동 시간표의 예시

시간	교사 1	교사 2
8:30-8:35	전체 그룹 - 인사말(인사)	전체 그룹 - 인사말(보조)
8:35-8:50	소그룹 - 감각 운동 활동	코칭 - 자유 놀이(가족 1)
8:50-9:05	코칭 - 자유 놀이(가족 2)	소그룹 - 음악
9:05-9:15	소그룹 - 간식	코칭 - 간식(가족 3)
9:15-9:30	코칭 - 자유 놀이(가족 4)	소그룹 - 미술 활동
9:30-9:40	전체 그룹 - 대근육 활동(보조)	전체 그룹 - 대근육 활동(진행)
9:40-10:55	소그룹 - 테이블 활동	코칭 - 자유 놀이(가족 5)
9:55-10:00	전체 그룹 - 마무리(진행)	전체 그룹 - 마무리(보조)

❖ 형제자매 코칭

사회적 의사소통이 어려운 아이는 형제자매를 포함하여 다른 아이와의 사회적 상호작용을 매우 어려워하는 경우가 많다(Schreibman, 1988). 가끔 부모는 형제자매와의 긍정적 상호작용 촉진을 중요한 목표로 삼는 경우가 있는데, 이 경우 형제자매 코칭이 이 목표를 달성하기 위한 효과적인 방법이 될 수 있다(Shivers & Plavnick, 2015; Tsao & Odom, 2006). 정상발달하는 형제자매는 사회적 의사소통이 지연된 형제나 자매와 노는 데 관심은 있지만, 상호작용에 효과적인 전략을 모르는 경우가 많다(El-Ghoroury & Romanczyk, 1999). 우리가 확인한 바에 따르면, 정상발달하는 아이가 형제나 자매의 치료에 참여하는 기회를 반겼고, 형제자매 코칭 프로그램 참여 시 받는 성인의 관심에 매우 긍정적으로 반응했다.

형제자매 코칭은 일반적으로 사회적 의사소통이 지연된 아이가 사회적 상황에 반응하고 공격적인 행동을 보이지 않을 때 가장 효과적이다. 형제자매의 사회적 기술이 잘 발달하고, 참여에 관심을 보이고, 부모와 함께 코칭 회기에 참석해야 할 필요가 있는 경우 도움이 된다. 그런데 4세 정도의 어린 형제자매에게 사회적 의사소통에 문제가 있는 형제나 자매와 성공적으로 상호작용하는 몇 가지 전략을 사용하도록 가르칠 수는 있지만, 이들이 전략을 익혀 독립적으로 사용하기에는 어려움이 있다. 보통은 학령기 형제자매(7세 이상) 정도가 되

어야 전략을 익힌 후 더 많이 독립적으로 사용할 수 있다(Shivers & Plavnick, 2015). 한편, 형제자매를 코칭하는 전략은 부모를 코칭하는 전략과 매우 유사하다. 그러나 아이에게는 추가 지원과 연습이 필요한 경우가 많으며, 형제자매의 관심을 유지하려면 코칭 회기를 더 짧게(10~15분) 할 수도 있다. 형제자매의 나이와 능력 수준에 따라 코치는 부모 프로그램의 모든 중재 전략을 가르치거나 수를 제한하여 형제자매의 상호작용 증가에 가장 큰 영향을 미칠 수 있는 전략을 선택할 수 있다. 〈표 1-2-6〉에 형제자매 훈련에 가장 효과적이라 밝혀진 중재 기법(이름을 아동 친화적인 언어로 변환)을 나열했다. 형제자매가 아이와 함께 연습하기 전에 역할 놀이를 하는 것은 동생과 할 때 특히 도움이 된다. 그리고 부모와 코치는 형제자매가 시간이 지나도 기법을 계속 활용할 수 있도록 강화해야 할 수도 있다.

<표 1-2-6> 형제자매를 위한 중재 기법

ImPACT 프로젝트 중재 기법	아동-친화적인 표현
아이의 주도 따르기	형제/자매 관심 따라가기, 도와주기
아이 모방하기	형제/자매 따라하기
모델링과 의사소통 확장하기	형제/자매에게 놀이에 관해 이야기하기
균형 잡힌 주고받기	형제/자매와 차례로 주고받기
의사소통 촉진하기	형제/자매에게 이야기하라고 요구하기
모방 촉진하기	형제/자매가 따라하도록 하기

요약하면, 다양한 지원을 제공하고 프로그램을 수정하여 개별 가족을 위한 프로그램의 성공을 높이고 중재 환경과 전문가 범위를 넓혀 프로그램을 이용할 수 있다. 프로그램 성공의 열쇠는 유연하고 창의적이며 가족 참여에 대한 강력한 철학적 헌신에 있다. 다음 장에서는 부모에게 ImPACT 프로젝트 사용을 가르치는 절차에 대해 구체적으로 언급한다.

제3장

부모와 협력하여 ImPACT 프로젝트 진행하기

ImPACT 프로젝트는 다양한 증거-기반 전략을 사용하여 부모에게 아이를 위한 중재 기법을 사용하도록 가르친다. 이번 장에서는 부모를 참여시키고 그들에게 힘을 실어주고 공동의 목표를 설정하고 부모를 코칭하고 부모 그룹 회기를 운영할 목적으로 전문가가 사용하는 ImPACT 프로젝트 핵심 요소에 관한 이론적 근거와 개요를 다룬다. 부모에게 중재 기술을 가르치기 위해 이러한 핵심 요소를 어떻게 사용해야 하는지는 본 매뉴얼의 제2부와 제3부에 기술된 회기 지침에서 자세히 다룬다.

부모 참여 및 역량 강화

전문가가 사회적 의사소통이 지연된 아이의 가족과 상호작용하는 방식은 아이와 가족의 성과를 올리거나 방해할 수 있다. 코치로서 무엇을 하느냐가 아니라 어떻게 하느냐가 중요하다. 부모와 코치 간 파트너십의 질은 어린아이를 위한 중재 프로그램의 성공에 핵심 요소이며 부모의 중재 참여를 강화하고 부모의 역량을 높인다.

부모와 협력 파트너십을 강력히 구축하도록 돕는 몇 가지 전략을 알아보자. 이러한 전략은 ImPACT 프로젝트에 사용된 코칭 전략과 결합할 때 부모, 특히나 치료를 조기 종료할 위험이 있는 부모를 적극적으로 참여시키고 부모의 역량을 높이도록 돕는다.

협력 파트너십은 (1) 신뢰와 존중 구축하기, (2) 중재 목표 함께 세우기, (3) 전문 지식 공유와 의사결정 인식, (4) 문화적으로 반응하기, (5) 강점-기반 접근 방식 사용하기, (6) 문제 해결 협력하기 등의 전략으로 형성된다. 가족과의 상호작용을 통해 협력 파트너십을 끈끈하게 맺도록 노력해야 한다.

❖ 신뢰와 존중 구축하기

신뢰와 존중을 키우는 것이 부모와의 효과적인 파트너십을 형성하는 시작점이다. 즉, 전문 영역에 대한 경계를 명확히 구분하는 동시에 부모와 아이를 향한 진정한 관심과 공감을 전달한다.

부모에게 개방형으로 질문하고, 부모의 말을 방해하지 않고 주의 깊게 들어주고, 부모가 한 말 중에서 중요한 측면을 되짚어 보고, 부모의 반응에 기반하여 부모가 자신에게 중요한 문제에 대해 공개적이고 솔직하게 말할 수 있도록 격려하자(눈을 마주치고 고개를 끄덕이며 "맞아요, 그렇군요."라고 말함).

부모와 아이 모두의 경험에 진심으로 공감하자. 부모는 자신의 죄책감, 슬픔, 좌절감을 표현할 수도 있고, 부모에게 심각한 스트레스를 유발하는 다른 아이와 관련된 문제가 있을 수도 있다. 중재 프로그램 진행을 지속하는 것도 중요하지만, 때로는 부모의 감정을 듣고 인정하는 것이 부모를 위해 할 수 있는 최선의 방법이다.

코치로서 아이를 직접 중재할 때보다 훨씬 더 많이 부모와 상호작용하게 될 것이다. 부모는 코치를 친구, 신뢰할 수 있는 사람, 또는 치료사로 인식하고 자신의 개인적인 문제를 상의할 수 있다. 따라서 처음부터 전문적인 경계를 설정하는 것이 적절하다. 부모가 개인 문제(예: 결혼/부부 문제, 의료 또는 정신 건강 문제)를 나누려는 경우에는 해당 문제가 코치의 업무 범위에서 벗어나는 것임을 알리고 필요한 경우 적절한 추천을 하자. 마찬가지로 자신의 개인적인 문제를 공유하지 말자.

양쪽 부모 모두 이 프로그램에 참여할 수 있다는 것은 멋진 일이며, 양쪽 부모 모두 지원을 받아야 한다. 만약 양쪽 부모의 의견이 일치하지 않는 일이 자주 발생하더라도, 한쪽 부모의 편을 들지 말자. 또는 부모 간의 상호작용을 구조화할 수 있다. 예를 들어, 부모가 서로를 향해 끊임없이 비난하는 것을 피할 목적으로 치료사로서 줄 수 있는 피드백에 관한 방침을 세워 두자. 부모 중 한 사람이 부모-아이 상호작용을 지배하는 상황을 방지하려면 각 부모가 일정 시간 동안 아이와 독립적으로 활동하도록 하자.

❖ 중재 목표 함께 세우기

협력 파트너십은 중재에 관한 상호 합의된 기대치와 목표 세우기부터 시작된다. 치료가 시작되기 전 프로그램의 목표와 요구 사항에 관한 기대를 공유하고 부모의 역할과 코치의 역할을 명확히 하자. 초기상담 회기(제1부 제4장 참조) 시간에는 치료에 거는 부모의 기대를 이해할 수 있을 것이다. 부모가 중재를 통해 얻고자 하는 바에 맞추어 프로그램을 설명하자.

아이의 목표는 부모에게 의미 있고 중요한 것으로 정하자. 이 장의 뒷부분에서 자세히 다루는 공동 목표 설정을 아이를 위한 부모의 목표와 일치시킨다.

❖ 전문 지식 및 의사결정 공유하기

협력 파트너십은 전문가로서의 제공자 모델(provider-as-expert model)에서 코치는 중재의 '전문가'가 되고 부모는 아이에 대한 '전문가'가 되는 전문 지식 공유 모델(shared-expertise model)로 전환된다. 이 모델에서 코치는 부모에게 아이의 목표 달성에 도움이 되는 전략을 가르친다. 그리고 부모는 중재가 가족의 일상생활에 어떻게 통합되어야 하는지를 결정한다.

가족에 관한 부모 전문성, 보호자로서 장점, 목소리를 내고 참여하려는 부모의 노력을 인정하자. 아이의 발달 문제를 고려할 때, 이 단계에서 부모는 아이를 돌보는 노력에 대해 다른 사람들로부터 긍정적인 피드백을 받지 못할 수도 있다.

부모가 아이와 함께 중재를 실행하는 것뿐만 아니라 가정에서 중재를 수행하는 최선의 방법을 선택하는 데에도 능동적으로 참여하도록 격려하자. 이는 ImPACT 프로젝트가 가족의 일상생활에 적합하고 부모가 일관되게 실행할 가능성을 높인다.

아이의 주의를 끌어 상호작용에 참여시키는 부모의 능력을 파악하자. 한편, 부모가 하는 아이와의 상호작용보다 훨씬 더 잘 하지 않도록 주의하자. 이는 프로그램 시작 시기에 특히 중요하다. 부모는 아직 아이를 상호작용에 참여시키는 기술을 익히지 못했을 것이며 아이가 코치에게 더 잘 반응한다면 낙담할 수 있다.

❖ 문화적으로 반응하기

협력 파트너십은 부모의 신념, 가치, 문화 등에 반응한다. 문화는 아이 문제의 원인, 적절한 부모-아이 상호작용, 아이 독립에 대한 기대, 규율에 대한 가족의 믿음, 가족의 구조, 역할, 의사소통 스타일 등에 영향을 미칠 수 있다. 자신이 속한 문화가 직업적 견해에 어떤 영향을 미쳤는지 알아 두자.

부모가 가진 가치관과 추측들을 이해하고 그것이 코치 자신의 가치관과 어떻게 다른지 인식하자. 제시하는 권고 사항이 문화적으로 민감하고 가족의 가치 체계와 일치하는지 확인하자.

부모의 견해가 현재 증거와 일치하지 않는 경우, 부모의 신념이나 가치를 비판하기보다 대안적인 견해를 모색하도록 격려하자.

❖ 강점-기반 접근 방식 사용하기

부모와 아이가 긍정적인 결과에 도달하도록 돕기 위해 강점-기반 접근 방식을 사용하면 협력 파트너십은 촉진된다. 따라서 아이에게 성공적으로 도움을 준 일에 초점을 맞추자. 부모는 아이를 참여시키기 어려울 수 있으며 패배감을 느낄 수도 있다. 따라서 특히 초기에는 긍정 피드백과 격려의 비율을 높이면 부모가 아이를 지원하는 능력에 대한 자신감을 키우는 데 도움이 될 수 있다.

그리고 아이와 함께하는 경우도 강점-기반 접근 방식을 취한다. 아이가 할 수 없는 것보다는 아이가 현재 가지고 있는 기술과 그가 배울 가능성이 있는 다음의 기술에 초점을 맞추자.

❖ 문제 해결 협력하기

협력 파트너십에서 코치는 부모를 위해 문제를 직접 해결하기보다 부모가 문제를 해결하려 할 때 마주하는 어려움을 돕는다. 잠재적인 장벽과 어려움이 발생하기 전에 이를 식별하여 부모가 이를 예상하고 문제 발생 시 처리할 방법을 계획하도록 도와주자. 해결방안을 제안하기 전에 부모가 가능한 해결책을 생각하게 하자.

목표 설정 협력하기

ImPACT 프로젝트의 시작은 아이의 목표를 부모와 함께 설정하는 것에서 출발한다. 목표가 중요한데, 부모가 아이와 할 때 공략해야 하는 기술을 이해하는 데 도움이 되기 때문이다. 부모와 함께 아이의 진행 상황을 추적하여 중재가 효과적인지 확인할 수 있다. ImPACT 프로젝트에서는 아이의 목표를 부모와 함께 공동으로 세운다. 이는 아이의 현재 능력에 대한 정보를 모으고 목표를 선택하여 작성하는 데 부모가 적극적인 역할을 한다는 것을 의미한다. 이러한 방식으로 부모와 협력하여 아이 목표를 설정하면 부모와의 관계를 발전시키고 부모에게 권한을 부여하며 프로그램에 대한 부모의 동기 부여 및 참여를 높일 수 있다.

목표 설정을 위한 협력 과정의 각 단계 개요와 근거를 알아보고, 네 가지 핵심 영역 각각에서 구체적이고 측정 가능한 목표의 예를 살펴보자. 본 매뉴얼의 제2장과 제3장은 개별 및 그룹 모델 지침 내용을 다루며 개별 단계를 구현하는 방법에 대해 자세히 설명한다. 목표 설정에 드는 시간과 정보가 제시되는 방식은 개인 코칭 형식과 그룹 코칭 형식에 따라 다르다. 그러나 다음에 설명된 주요 절차를 일관되게 유지하고 충실도를 달성하려면 두 모델 모두에서 완료해야 한다. 마지막 부분에 두 가지 사례 연구를 담았고, 각 사례 연구에는 공동 접근 방식을 사용한 목표 개발 방법을 보여 주는 대화의 예시를 수록했다.

목표 설정 협력하기 과정은 네 가지 주요 단계 즉, (1) 사회적 의사소통 발달 설명하기, (2) 아이 기능에 관한 정보 수집하기, (3) 아이 목표 정하기, (4) 충실도 모니터링 단계로 완성된다. 먼저 부모, 아이 모두와 라포를 형성하고 난 후 부모에게 목표를 세우는 방법을 이해시키자. 전통적인 평가 모델과는 다른 형식으로 목표를 세우기 때문에 이러한 측면은 중요하다. 일반적으로 부모는 이 과정에 참여하려는 동기를 갖는다. 그러나 부모가 망설인다면, 아이에게 적합하고 가족에게 가장 긍정적으로 영향을 줄 목표를 세우기 위해선 부모의 의견이 중요하다는 점을 알려 주자. 부모는 당신보다 아이에 대해 더 잘 알고 있으며 여러 환경에서 아이가 기술을 어떻게 사용하는지에 관한 더 많은 정보를 줄 수 있다. 그리고 부모는 아이의 일상생활에 어떤 기술이 필요한지 더 잘 알고 있다.

이 과정이 끝날 때까지 코치와 부모는 (1) 아이를 위한 부모 목표에 부합하고, (2) 아이의 현재 능력에 따라 발달 단계를 따르고, (3) 구체적이고 측정 가능하며, (4) 프로그램 기간 내에 충족될 수 있는(〈표 1-3-1〉 참조) 핵심 사회적 의사소통 영역의 목표에 의견을 같이해야 한다.

❖ 사회적 의사소통 발달 설명하기

ImPACT 프로젝트에서 목표로 정한 특정 기술("아이가 배우게 될 기술"로 설명)과 그 발달 순서를 설명하자. 이는 부모가 아이의 발달에 필요한 사항과 사회적 의사소통 기술이 어떻게 발달하는지를 이해하도록 돕는다. 그리고 코치가 설정하려는 목표 유형을 부모가 이해하고 그 과정에서 좀 더 적극적인 파트너가 되도록 돕는다.

<표 1-3-1> 목표 선택 기준

- 목표는 아이를 위한 부모의 목표와 일치한다.
- 목표는 아이의 현재 능력 수준에서 시작하며 발달 순서를 따른다.
- 목표는 구체적이고 측정 가능하다.
- 목표는 프로그램 진행 기간 내에 달성될 수 있다.

❖ 아이 기술에 관한 정보 수집하기

다음으로 부모 보고서, 아이와의 상호작용, 부모-아이 상호작용 관찰을 조합하여 아이의 현재 기술에 관한 정보를 모은다. 정보 수집 과정에 부모를 참여시키면 가장 정확한 정보를 수집할 수 있다. 그리고 부모가 목표 설정 과정에서 적극적이고 협력적인 파트너가 되는 데 도움이 된다.

사회적 의사소통 체크리스트 살펴보기(부모 버전)

사회적 의사소통 체크리스트(부모 버전 SCC, 양식 8)는 ImPACT 프로젝트의 네 가지 핵심 영역, 즉 (1) 사회적 참여, (2) 의사소통, (3) 모방, (4) 놀이에서 아이의 기술 수준을 알아보는 질문으로 구성된 발달 체크리스트이다. 나열된 기술은 일반적인 발달 순서대로다. SCC를 참고하면 부모가 인식하는 아이의 능력에 관한 정보를 모을 수 있다. 이 정보는 여러 환경에서 아이의 기술을 결정하는 데 핵심이 된다. 그리고 아이의 발달에 대한 부모의 이해 정도를 알 수 있다. SCC는 프로그램 종료 시 아이의 진전을 측정하는 데 활용할 수 있다.

아이와 상호작용하기

부모가 SCC를 작성하는 동안, ImPACT 프로젝트 전략을 사용하여 아이와 놀아 주자. 아이를 놀이에 몰입하게 하고 아이와 라포를 형성할 수 있다. 그리고 다양한 수준으로 도움을 줄 때 아이가 할 수 있는 기술에 관한 정보와 어떤 기법이 효과적일 수 있는지에 관한 정보를 수집할 수 있다.

10분간 부모-아이 상호작용 관찰하여 기록하기

부모가 SCC 작성을 완료하면 가정에서 하듯이 아이와 놀아달라고 요청하자. 이들의 상호작용을 관찰하면 아이가 부모와 함께 사용할 수 있는 기술과 부모의 상호작용 스타일을 이해할 수 있다. 아이의 기술을 관찰하고 이를 바탕으로 코치용 SCC(양식 9)를 작성하자.

❖ 아이 목표 정하기

아이의 치료 목표를 부모가 중요하다고 여기는 것으로 정하기 위해 코치가 부모와 협력하는 경우, 부모의 만족도는 더 올라간다(Brookman-Frazee, 2004). 부모가 목표를 달성하려는 동기가 높을수록 가정에서 전략을 사용할 가능성은 올라간다. 목표 설정 양식(양식 10)을 활용하여 공동의 목표를 설정하고 ImPACT 프로젝트 목표 선택 기준을 준수하는지 확인하자.

부모 목표 확인하기

초기상담지(양식 3)로 확인한 부모 목표에 대해 논의하고, 설정한 목표가 아이를 위한 목표로 적합한지 확인하자. 부모 목표는 구체적이고 측정 가능한 것이 아닌 "내 아이가 말을 하길 원해요."와 같이 광범위할 수 있다. 부모는 무발화 아이가 대화하길 바라는 등 아이에게 비현실적으로 기대한다. 하지만 괜찮다. 코치로서 당신의 역할은 부모가 이 목표를 달성하기 위해 아이에게 필요한 기술을 배우도록 돕는 것이다. 기술이 발달하는 일반적인 발달 순서를 알려 주면 부모가 필요한 기술의 구성요소를 이해하도록 도움을 줄 수 있다. 만약 부모 목표에 자기관리기술, 학업 준비, 또래 상호작용 기술 등 프로그램에서 다루지 않는 기술을 포함한다면, ImPACT 프로젝트에서는 해당 기술을 구체적으로 가르치지 않는다는 점을 부모에게 알려 주자. 그러나 부모가 이러한 기술을 지원하는 데 필요한 사회적 의사소통 목표를 확인하도록 도와줄 수 있다.

장기 목표 확인하기

다음으로, 부모 목표와 SCC(부모 버전)를 활용하여 부모가 네 가지 핵심 영역 각각에서 장기 목표를 확인하도록 돕는다. 이러한 과정을 통해 부모와의 의사결정 과정을 촉진하고 부모의 동의를 장려한다. 특정 기술 영역의 목표에 대해 부모의 의견을 구하자. 예를 들어, 사회적 참여 영역의 중재를 시작하는 경우, 부모에게 "아이가 어떻게 부모와 소통하거나 상호작용하기를 원하세요?"라고 물어보자. 부모가 목표를 확신하지 못한다면 당신이 제안할 수도 있다. 장기 목표는 설정된 목표와 부모가 어떤 방식으로든 관련되어야 한다.

아이의 현재 능력(기술) 이해하기

부모가 다루고 싶어 하는 사회적 의사소통 기술에 관한 아이디어가 있다면 SCC(부모 버전)와 SCC(코치 버전)을 활용하자. 그래서 당신이 목표로 설정한 각 영역에서의 아이 현재 기술을 이해하자. 이 과정은 부모에게 적절한 수준의 기대치를 갖게 만든다. 그리고 목표는 아이의 현재 기술 수준에서 시작해 발달 순서를 따르도록 하자.

코치가 수집한 아이의 현재 기술 수준에 대한 정보는 부모의 것과 일치해야 한다. 그런데 보고서 내용과 차이가 나는 경우가 있다. 이는 아이가 새로운 환경에서 참여하고 의사소통하는 것이 어려워 기술을 제대로 발휘하지 못하거나, 부모와 아이를 관찰하거나 녹화하는 동안 부모의 상호작용 스타일이 평소와 다르거나, 부모가 아이의 기능 수준이나 자신이 제공하는 지원을 제대로 인식하지 못하는 경우이다. 아이의 기술을 이해하는 정도를 일치시키기 위해 개방형 질문을 사용하여 당신과 부모 간 인식 차이를 살펴보자. 이 과정을 거치면 부모는 아이의 현재 기술과 적절한 수준의 기대치를 더 잘 이해할 수 있다.

단기 목표 확인

아이의 기술을 명확하게 이해하고 있을 때, 코치는 부모가 아이의 장기 목표를 단기 목표로 세분하는 것을 도울 수 있다. 단기 목표는 프로그램 기간 내에 목표를 달성할 수 있도록 아이가 현재 스스로 하는 단계보다 한 단계 더 올려야 한다. 그리고 프로그램이 제대로 작동하는지 확인하기 위해 코치와 부모가 아이의 진전 상황을 추적할 수 있도록 구체적이고 측정 가능해야 한다. 부모가 설정한 목표의 진전을 확인할 수 있다면 부모는 계속해서 중재 전략을 사용할 가능성이 크다.

〈표 1-3-2〉에서 〈표 1-3-5〉까지는 각 핵심 영역에 세워진 구체적이고 측정 가능한 단기 목표의 예시들이다. 목표의 범위는 발달 수준에 따라 다양하다.

이 과정의 각 단계에서 제안하는 목표에 부모가 동의하는지를 확인하는 것이 중요하다. 만약 부모가 아이에게 필요한 목표로 보지 않는다면 가정에서 이 기술을 목표로 삼을 동기를 갖지 못한다.

<표 1-3-2> 사회적 참여 목표의 예

상호작용 유지하기

- 아이는 최소한 3차례의 주고받기 동안 간단한 사회적 게임(까꿍 놀이, 잡기 놀이, 짝짜꿍 놀이)에 참여한다.
- 아이는 눈 맞춤, 얼굴 표정, 제스처 등의 방식으로 성인과의 사회적 게임에 최소 2분 동안 적극적으로 참여한다.
- 아이는 장난감 놀이 동안 눈 맞춤, 얼굴 표정, 의사소통 상대자의 행동 관찰 등의 방식으로 최소 10분 동안 놀이 상대자와 소통한다.

공동주의 반응하기

- 대상 또는 대상물로 아이의 시선을 끌려는 성인의 시도에 아이는 5분 동안 4회 반응(예: 손가락으로 가리키기, 구어 사용, 시선 전환)한다.
- 상호작용 동안 아이는 성인에게 3~4회 차례를 허용한다.

공동주의 개시하기

- 성인과의 놀이 상호작용이 중단되었을 때 아이는 놀이를 지속하기 위해 눈 맞춤, 얼굴 표정, 제스처, 발성 등을 5분 동안 4회 실시한다.
- 아이는 적어도 상호작용 시간의 50% 이내 요구하기 기능을 개시할 때 의사소통 상대자에게 눈 맞춤을 한다.
- 아이는 5분 동안 4회 어른에게 장난감을 건네주거나 행동, 제스처, 단어로 표현하여 활동을 시작하거나 다른 사람과 논다.
- 아이는 5분 동안 3회 공유 목적으로 성인에게 물건을 가리키거나 보여 준다.
- 아이는 5분 동안 3회 차례 주고받기 중에 성인에게 차례를 제안한다.

❖ 충실도 모니터링

가족과 함께 목표를 설정하는 경우 공동 목표 설정 충실도 체크리스트(Collaborative Goal-Setting Fidelity Checklist, 양식 5)를 활용하여 앞에 설명된 핵심 절차의 충실도를 모니터해야 한다. 즉, 협력 모델을 이용하여 목표를 개발하고, 그 목표가 이전에 언급한 ImPACT 프로젝트 목표 선택 기준을 충족하는지 확인한다.

다음의 사례 연구에서는 아직 구어를 사용하지 않는 아이 Brianna와 단단어 수준의 자발화와 구 수준의 모방 발화를 하는 Sam을 위한 목표를 첫 번째 부모 코칭 회기에서 어떻게 설정하는지를 보여 준다.

❖ 사례 연구 1: Brianna와 Elena

Brianna는 최근에 ASD를 진단받은 3세 소녀이다. 코치는 첫 번째 코칭 회기를 진행하기 위해 가정을 방문했다. Brianna는 거실 바닥에 앉아 두 개의 뭉툭한 공을 들고 있고, 아이의 엄마 Elena와 코치는 프로그램에 관해 이야기하고 있다. Brianna는 엄마나 코치가 이야기하는 동안 그들과 상호작용하려 들지 않았다. 코치는 Elena와 사회적 의사소통 기술이 어떻게 발달하는지 이야기를 나눈 후 Brianna의 현재 기술에 관한 정보를 수집한다.

<표 1-3-3> 의사소통 목표의 예

구어 전 단계

- 아이는 5분 동안 4회 가리키기, 눈 맞춤 또는 적절한 발성으로 두 가지 항목 중 한 가지를 명확하게 선택할 수 있다.
- 아이는 5분 동안 4회 대상물과 행동을 요구하기 위해 가리키기 행동을 할 수 있다.
- 아이는 상호작용 5분 동안 5회 의사소통 상대자에게 요구하거나 거부하기 위해 발성할 수 있다.

첫 낱말

- 아이는 5분 동안 4회 단단어 또는 단어와 비슷하게 행동이나 사물을 요구할 수 있다.
- 아이는 상호작용 10분 동안 언어적 모델에 대한 반응으로 최소한 서로 다른 5개의 단단어를 사용할 수 있다.
- 아이는 5분 동안 3회 원하는 물건이나 행동을 요구하기 위해 단단어를 자발적으로 사용할 수 있다.
- 아이는 5회 중 3회의 간단한 지시를 따를 수 있다.
- 아이는 단단어 또는 두 단어("다 했어요." "아니요." "그만.")로 적절하게 거부할 수 있다.

낱말 조합

- 아이는 언어적 촉구에 대한 반응으로 적어도 세 가지 화용적 기능(예: 요구하기, 거부하기, 응답하기, 명명하기, 설명하기, 논평하기)을 하는 두세 단어(예: "우유 따르기")를 조합하여 말할 수 있다.
- 아이는 5분 동안 3회 요구하기 기능을 위해 최소한 두 단어를 자발적으로 조합할 수 있다.
- 아이는 간단한 의문사인 "무엇"과 "어디" 질문에 75% 정확히 대답할 수 있다.
- 아이는 일상생활 중 10회 중 8회 한 단계 또는 두 단계의 지시를 따를 수 있다.

문장

- 아이는 10회 중 7회 문장 전치사, 정확한 동사 시제, 대명사를 사용할 수 있다.
- 아이는 5분 동안 최소 3회 구어로 의견 진술하기, 도움 요청하기, 아이디어 공유하기를 할 수 있다.
- 아이는 의문사 "누구" "왜" "어떻게" 질문에 10회 중 6회 대답할 수 있다.
- 아이는 10회 중 7회 무언가가 어디에 있는지 또는 무엇인지 모를 때, 정보를 얻기 위해 질문을 할 수 있다.
- 아이는 일상생활에서 10회 중 8회 두 단계 지시를 따를 수 있다.
- 아이는 과거의 사건을 회상하여 다시 말할 수 있다.

복잡한 문장

- 아이는 10회 중 8회 시작, 중간, 끝이 있는 간단한 이야기를 말할 수 있다.
- 아이는 적어도 3회의 주고받기 동안 성인이 시작한 대화에 참여할 수 있다.
- 아이는 일상생활에서 여러 단계의 지시를 따를 수 있다.

<표 1-3-4> 모방 목표의 예

즉각적 모방

- 아이는 5회 중 3회 노래나 일상생활의 익숙한 행동의 신체 동작 또는 행동을 모방할 수 있다.
- 아이는 10회 중 7회 익숙하고 관습적인 제스처(예: 손 흔들기, 박수치기, 뽀뽀 날리기)를 흉내 낼 수 있다.
- 아이는 10회 중 8회 익숙한 놀이 동작을 자발적으로 모방할 수 있다.

지연모방

- 아이는 5분 상호작용 동안 언어적 지시 없이 최소한 세 가지의 서로 다른 놀이 동작을 모방할 수 있다.
- 아이는 5분 동안의 상호작용에서 장난감을 가지고 복잡한 놀이 동작(두 단계 또는 그 이상의 단계가 필요한)을 4회 모방할 수 있다.

상호교환적 모방

- 아이는 놀이 파트너와 함께 최소 5회 이상 주고받는 물체 모방에 참여한다.
- 아이는 놀이 상호작용 동안 최소한 5회 이상 새로운 제스처와 판토마임 동작(예: 자동차를 운전하는 시늉, 전화 통화하는 시늉)을 자발적으로 모방할 수 있다.

<표 1-3-5> 놀이 목표의 예

탐험 놀이

- 아이는 5분간의 상호작용 동안 최소한 5개의 장난감을 관찰하고 만져 보면서 관심을 보일 수 있다.

조합 놀이

- 아이는 5분 상호작용 동안 4회 장난감과 물건을 함께 놓거나, 장난감을 겹치게 하거나 쌓거나, 용기에 물건을 넣을 수 있다.

인과 놀이

- 아이는 5회 중 3회 팝업 장난감을 가지고 놀거나 버튼을 눌러 장난감을 작동시킬 수 있다.

기능적 놀이

- 아이는 5분의 상호작용 동안 의도한 목적에 따라 미니어처 장난감을 4회 가지고 놀 수 있다(예: 자동차 밀기, 전화기를 귀에 대기).
- 아이는 상호작용 중에 장난감을 최소한 세 가지의 서로 다른 기능으로 가지고 놀 수 있다.
- 아이는 5분 상호작용 동안 3회 장난감을 대상으로 가상 놀이 행동(예: 인형에게 음식 주기, 인형을 침대에 눕히기)을 연출할 수 있다.

상징 놀이

- 아이는 촉진에 대한 반응으로 5회 중 4회는 하나의 사물을 다른 사물인 것처럼 표현하거나 사물이 살아 있는 척 할 수 있다.
- 아이는 촉진을 받아 놀이를 하는 중에 이야기를 전개하기 위해 적어도 세 가지 행동을 연계할 수 있다.
- 아이는 놀이 상호작용 중에 촉진 없이도 장난감을 가지고 최소한 세 가지 다른 상징적 행동을 할 수 있다.

극적인 놀이

- 아이는 놀이 중에 하나 또는 두 가지 상상의 역할을 할 수 있다.
- 아이는 놀이 상대자와 상상의 역할을 맡으며 함께 이야기를 확장해 만들어 갈 수 있다.
- 아이는 이야기를 들려줄 때, 감독의 역할로 놀이에 참여하거나 다른 사람의 생각을 따를 수 있다.

코치: 우리가 상의했던 사회적 의사소통의 네 가지 영역 각각에서 Brianna의 현재 기술에 대한 긍정적인 아이디어부터 모아 보죠. 어머님은 사회적 의사소통 체크리스트(SCC)를 작성해 주세요. 여기에 나온 사회적 의사소통의 네 가지 영역은 Brianna에게 도움이 되는 특정 기술이 하위로 분류되어 있습니다. 내용을 작성할 때에는 Brianna가 이 기술을 스스로 어떻게 사용하는지 생각해 보세요. 어머님이 SCC를 작성하는 동안 저는 Brianna와 상호작용하며 아이에 대해 좀 더 알아보겠습니다.

Brianna의 엄마가 SCC를 작성하는 동안 코치는 아이와 놀이를 한다. 코치는 아이가 좋아하는 물건을 향해 손을 뻗는 것을 감지했다. 그리고 코치는 Brianna에게 장난감 작동법을 보여 주었을 때 아이가 상호작용에 참여하여 놀이 동작을 모방한다는 것을 알아챘다. Brianna가 보이는 관심이 길지 않았기 때문에 이런 일이 자주 일어나지는 않았다. 약 1분 정도가 지나자 아이는 활동에서 벗어났다. 코치는 놀이 방해하기와 애니메이션처럼 표현하기 기법이 Brianna의 반응을 유도하고 주의를 끌 수 있는 효과적인 전략임을 확인했다. 아이는 코치의 구어 또는 제스처 촉진에는 반응하지 않는 것 같지만, 가리키기에는 반응하는 것 같았다. 그리고 원하는 물건이 있을 때 소리를 내는 것 같았다. Brianna의 엄마가 SCC 작성을 끝마치고는 코치에게 건네준다. 다음으로 코치는 Brianna의 엄마에게 Brianna와 약 10분 동안 상호작용하게 하였다.

코치는 부모-아이 상호작용을 관찰한다. 상호작용 동안 Brianna는 엄마 옆에서 약 1분 동안 놀다가 다른 활동을 하기 위해 엄마 곁을 떠난다. 아이는 스스로 장난감에 접근할 수 없는 경우를 제외하고는 엄마와 의사소통을 하지 않는다. 이런 경우에 Brianna는 엄마의 손을 잡고 장난감 쪽으로 데리고 간다. Brianna가 "더 많이"라는 사인을 보내는 것이 두 번 관찰되었지만, 아이가 무엇을 더 원하는지는 명확하지 않았다. Brianna는 장난감을 얻고 나서 장난감을 줄 세워 늘여놓거나 바닥으로 떨어뜨렸다.

SCC의 사회적 참여 부분에서 Brianna의 엄마는 Brianna가 '적어도 2분 동안 장난감을 적극적으로 가지고 논다'라는 문항에는 '가끔'에 체크했지만, '사회적 게임이나 5분 동안 장난감을 가지고 논다'는 '아직 아니다'에 체크했다. 의사소통의 경우 Brianna의 엄마는 '사물이나 행동을 요구하기 위해 제스처를 사용한다'는 '보통' '엄마를 원하는 곳으로 데리고 간다'에는 '주로' '엄마의 말소리나 언어를 모방한다'는 '가끔'에 체크했다. '자발적으로 한 단어를 사용한다'에는 '아직 아니다'에 표기했다. 모방 기술의 경우, 아이의 엄마는 Brianna가 가끔 "안녕"을 의미하는 손짓을 모방하지만 다른 제스처나 놀이는 모방하지 않는다고 보고했다. 놀이 기술의 경우, Brianna의 엄마는 Brianna가 보통 장난감을 만지거나, 입에 대 보거나, 냄새를 맡거나, 살펴보는 등의 탐색 방식으로 장난감을 가지고 놀며 가끔은 물건을 함께 조합하며 놀지만 아직은 의도를 가지고 장난감을 이용하지 않는다고 보고했다.

Brianna의 현재 기술에 관한 초기 정보를 수집한 후, 코치는 Elena가 작성한 초기설문지를 검토하고 엄마가 생각한 Brianna의 목표에 대해 물어보며 Elena와 함께 사회적 의사소통 목표를 정한다.

코치: Brianna를 위해 설정한 목표가 어머님에게도 중요한 것인지 확인해 보려 해요. 초기상담지를 보니 어머님은 Brianna와 대화하길 원한다고 하셨어요. 그 외 Brianna와 함께하고 싶은 다른 목표가 있나요?

부모: 네, 저는 정말로 Brianna와 대화를 나누고 싶어요. 하지만 Brianna가 아직 말을 하지 못하니 결코 그럴 수 없을 것 같아요. 또 다른 바람은 Brianna가 오가는 사람에게 인사를 할 수 있으면 좋겠어요. Brianna는 다른 사람의 방문이 못마땅할 때 말고는 다른 사람의 방문 사실조차 알지 못하는 것 같아요.

코치: 힘드셨겠어요. Brianna에게 아주 좋은 목표가 될 것 같습니다(양식 10, 아동의 목표의 "부모 목표" 칸에 이 목표를 기록). Brianna가 프로그램에 참여하는 3개월 동안 이 목표를 달성할 수 있도록 하고 싶어요. 그래서 저는 Brianna가 다른 사람과 이야기하고 노는 방법을 익히는 프로그램이 진행되는 동안, 이 목표도 이루어지게 특정 기술도 함께 알려 드릴게요. 진전 상황을 측정하려면 작은 목표로 시작하는 것이 도움이 됩니다. 이러한 목표를 달성하기 위해서 Brianna는 사회적 상

호작용에 참여하고, 의사소통을 이해하고 이를 상호작용에 사용하고, 창의적인 방법으로 장난감을 가지고 노는 방법을 배워야 해요. 그리고 모방도 중요한데, 모방을 통해서 Brianna가 다른 사람에게 관심을 보이고 새로운 기술을 배우기 때문입니다. 이러한 목표를 달성하는 데 도움이 되는 기술을 찾기 위해 SCC를 살펴보죠. Brianna와 함께하고 싶은 사회적 참여 목표가 있나요?

부모: (자신이 작성한 SCC를 살펴본다) 네. 저는 아이가 저와 좀 더 오랫동안 놀기를 바라지만, 아이는 노는 것을 좋아하지 않는 것 같아요.

코치: 힘드셨겠어요. 저도 어머님과 똑같이 느꼈어요. 때론 아이가 장난감을 가지고 놀거나 사람과 상호작용하는 것을 어려워할 수 있어요. 우리는 이 프로그램에서 두 가지 목표를 모두 달성할 수 있고 두 기술 모두 Brianna가 말하고 상호작용하는 데 도움이 될 거예요. 사회적 참여 영역에서 상호작용 시간 늘이기를 목표로 잡는거 어떠세요?

부모: 그러면 좋을 것 같아요. (코치는 이것을 “장기 목표” 칸에 적는다)

코치: Brianna가 현재 어머님과 얼마나 오랫동안 노는지 SCC를 보죠. 어머님은 Brianna가 가끔은 적어도 2분 동안 적극적으로 참여한다고 쓰셨네요. Brianna와 놀면서 저도 확인했는데, Brianna는 대개 상호작용에서 벗어나기 전 약 1분 동안은 함께 했지만 가끔은 조금 더 오래 하기도 했었어요. 집에서 어머님과 노는 전형적인 방식인가요?

부모: 네.

코치: “현재 기술” 부분에 Brianna는 현재 1~2분 동안 놀이를 한 후 상호작용이 끝난다고 적을게요. 이것은 나중에 Brianna가 진전을 보이는지 확인할 때 유용할 거예요. 아이의 현재 놀이 기술에 대해서는 놀이 목표를 기록하면서 좀 더 자세히 이야기할게요. 다음은 새로운 기술을 확인하고 진전 상황을 측정할 수 있는 단기 목표 작성에 관한 것입니다. “Brianna는 적어도 5분은 놀이 상대자와 사회적 놀이나 장난감 놀이를 할 수 있다.” 이 목표에 대해 어떻게 생각하시나요? Brianna가 참여하고 있다는 것은 눈 맞춤, 얼굴 표정, 제스처, 발성 등으로 측정할 수 있어요.

부모: 좋은 것 같네요. 하지만 저는 아이가 우리와 더 오래 하면 좋겠어요.

코치: 저도 같은 생각이에요! 당분간은 최소 5분으로 정하고, Brianna가 점점 목표에 다가가면 시간을 늘리기로 해요(“단기 목표” 칸에 목표를 기록).

코치는 계속해서 이러한 협력 스타일로 모든 핵심 영역의 목표를 정한다. 그리고 코치는 이러한 목표가 Brianna의 대화와 놀이 능력 향상이라는 Elena에게 굉장히 중요한 목표에 어떻게 적용되는지도 설명한다. Elena가 이 목표에 동의하면 코치는 [그림 1-3-1]과 같이 아동의 목표(양식 10)에 이를 기록한다. 모든 목표는 Brianna와 대화하고 놀 수 있기를 바란다는 Brianna 엄마의 초기상담 내용과 연관된다. 이러한 방식으로 부모의 목표와 연계하면 부모가 동기를 갖고 가정에서 기술을 연습할 가능성이 올라간다.

코칭이 끝나면 부모는 부모 매뉴얼 36쪽에 있는 목표 설정 양식(양식10)에 단기 목표를 작성한다. 이는 부모가 가정에서 기술을 연습할 때 단기 목표를 기억하도록 돕는다.

양식 10

목표 설정 양식

아이: Brianna 부모: Elena 날짜: 2017. 4. 10

부모 목표: 말하기/대화, 함께 놀기, 집에 온 손님에게 Brianna가 "안녕"하며 오가는 인사하기

장기 목표	현재 기술	단기 목표
사회적 참여		
놀이 중 상호작용 시간 늘리기	상호작용에서 벗어나기 전 1~2분 동안은 놀이 대상자와 교류	눈 맞춤, 얼굴 표정, 제스처, 발성 등의 방식으로 적어도 5분 동안 놀이 상대자와 대화하거나 놀기
의사소통		
필요와 요구를 좀 더 일관된 방식으로 표현하기	무언가를 요구하기 위해 가끔은 제스처(손을 잡아 끌고 가거나 때로는 "조금 더" 의미의 사인을 표현)로 표현하거나 발성	동기를 가진 활동에 참여하는 동안 적어도 3번 이상 가리키기, 발성, 단단어로 자발적 요청하기
모방		
의미 있는 상호작용 동안 다른 사람 모방하기	때때로 사물을 가지고 친숙한 놀이 동작을 모방 가끔은 헤어질 때 하는 손동작을 모방	6번 중 3번 새로운 놀이 행동을 모방 친숙한 사람을 만나거나 헤어지는 상황의 80%에는 손인사를 모방
놀이		
기능적 놀이 늘리기	장난감을 탐색(나란히 줄 세우기, 떨어뜨리기, 냄새 맡기, 맛보기, 쥐기)하여 놀기	놀이 상호작용 동안 최소 5번 장난감과 사물을 조합하거나 장난감을 쌓거나 물건을 정리함에 넣기

[그림 1-3-1] 사례 연구 1(Brianna 와 Elena)의 목표 설정 양식(양식 10) 작성 예시

❖ 사례 연구 2: Sam과 Molly

Sam은 ASD를 진단받은 4세 소년이다. Sam과 그의 엄마 Molly는 첫 번째 부모 코칭 회기에 참석하려 치료실을 방문했다. 코치가 Sam의 엄마와 프로그램에 대해 상담하는 동안 Sam은 함께 방에 들어와 자동차 세트를 가지고 혼자 중얼거리며 놀았다. 엄마는 아이가 중얼거리는 말이 그가 가장 좋아하는 영화 〈Cars〉의 대사임을 알았다.

Sam과의 상호작용에서 코치는 그가 관심 있는 사물(자동차, 거품)을 요구하려고 자발적으로 한 단어를 사용한다는 것을 파악했다. 그러나 아이가 구를 자발적으로 표현하는 것은 보지 못했다. 그리고 코치는 Sam이 자동차로 반복해서 놀지만, 자동차가 없을 때는 봉제 인형을 가지고 친숙한 가상 놀이 동작을 모방할 수 있다는 것을 확인했다. 효과적인 기법 측면에서 코치는 Sam이 눈 맞춤과 미소로 *애니메이션처럼 표현하여 아이 모방하기* 기법에 더 잘 반응한다는 점을 확인했다. 그리고 Sam은 관심을 끌기 위한 여러 가지 *의사소통 유혹하기* 기법에 잘 반응했다. 그러나 아이는 *균형 잡힌 주고받기* 기법은 어려워했다. 아이는 직접 질문(direct questions)에 한 단어로 답할 수 있었고, 2~3개 단어로 이루어진 구를 모방할 수 있었다. 그러나 아이는 자발적으로 구문을 표현하지 않았다.

다음으로 코치는 Sam과 엄마가 함께 놀게 하고 그 모습을 지켜본다. 상호작용 동안 Sam은 엄마 옆에서 놀았다. 아이는 주로 장난감 차를 잡아 정리하며 놀았지만 가끔은 바닥에 원을 그리듯 밀며 놀기도 한다. 아이는 주기적으로 장난감 차 하나를 엄마에게 들고 가 이름을 말했다(이름은 모두 영화 〈Cars〉에서 온 것이다). 이러한 의사소통이 엄마를 향한 것으로 보이기는 하지만 아이는 엄마와 눈을 마주치지 않았다. Sam의 엄마는 아이가 가지고 놀고 있는 자동차 하나를 차례대로 가지려 몇 번 시도했지만 그때마다 Sam은 소리를 지르며 엄마의 손을 밀쳐 냈다. 그러나 아이는 각 자동차의 색깔과 수를 묻는 엄마의 질문에는 대답했다. Sam의 엄마는 이러한 상호작용이 가정에서 노는 보통의 모습이며, Sam이 특정 루틴(자동차 관련)을 중심으로 언어(색깔, 캐릭터 이름, 수 세기)를 사용한다고 보고했다.

SCC에서 사회적 참여에 관한 Molly의 보고에 따르면, Sam은 보통 장난감 놀이에 최소 10분 동안 적극적으로 참여한다. 그리고 가끔은 엄마와 함께하는 활동이나 놀이를 시작하고, 가끔은 엄마의 물건 중 관심 있는 것을 가리키거나 보여 준다. 한편 코치는 Sam이 보통 자신과 주고받기를 한다는 Molly의 응답에 의문을 가졌다. 왜냐하면 아이가 부모-아이 상호작용과 코치-아이 상호작용에서 차례 주고받기를 거부했기 때문이다. 의사소통 기술에 대한 Molly 보고에 따르면, Sam은 일반적으로 사물과 행동을 명명하고, 단어를 결합하여 간단한 문구로 만들고, 단어로 사물을 설명할 수 있다. 그리고 그는 의사소통하려고 가끔은 다양한 시제와 문장을 활용하지만 이미 일어난 사건이나 단순한 스토리를 이야기하거나, 정보를 묻는 질문을 아직 할 수 없다. 모방 기술에 관한 Sam의 엄마 보고에 따르면 Sam은 가끔은 장난감으로 새로운 놀이를 모방하지만 아직은 좀 더 길게 모방하거나 상호작용하지 않는다. 그리고 Sam은 보통 목적에 맞게 장난감을 가지고 놀고, 때로는 자신과 다른 사람을 대상으로 기본적인 가상 놀이를 연출한다. 아이는 아직 한 행동이 다른 행동을 나타내는 척하지는 않는다.

초기상담지와 SCC(부모 버전)를 검토한 후 코치는 Sam의 엄마에게 엄마가 선택한 목표에 관해 질문하는 목표 선정 절차를 진행한다.

코치: 초기상담지를 보니 어머님은 Sam과 대화하고 싶다고 하셨어요. Sam을 위해 생각하신 다른 목표가 또 있나요?

부모: 아이와 대화가 가능하면 좋겠고, 또 아이가 남동생과 함께 놀 수도 있으면 좋겠어요. 보셔서 아시겠지만, Sam이 저에게는 말을 걸지만 동생과 놀 때는 밀거나 때리기도 하고, 말을 거의 안 해요. Sam의 남동생은 Sam과 함께 놀고 싶어 해요.

코치: 정말 좋은 목표네요. Sam이 놀려고 하지 않을 때면 어머님과 동생 모두 힘들겠어요. Sam이 남동생과 대화나 놀이를 하는 것을 목표로 하죠. 그리고 불만을 단어로 표현하고 차례를 지킬 수 있도록 도와주는 거예요("부모 목표" 칸에 이를 적는다). 우리가 어떤 기술을 갖게 도와줄 수 있는지 잠깐 살펴보죠. Sam이 엄마와 대화하고 동생이랑 놀 때 도움이 될 만한 사회적 참여, 의사소통, 모방, 놀이 영역의 모든 기술을 살펴보고 싶어요. 먼저 사회적 참여부터 보죠. 다른 사람과 의사소통하기 위해서는 먼저 상호작용을 유지할 수 있어야 해요. 제가 봤을 때 Sam은 어머님 근처에서 놀고 가끔 어머님에게 물건을 보여 주더라구요. 차례로 주고받으며 놀고 싶지는 않은 것 같아요. Sam이 가정에서 주로 이런 방식으로 노나요?

부모: 아니요, 아이는 항상 저와 차례대로 번갈아 가며 놀아요. 공을 주고받기도 좋아하고 낚시 놀이도 좋아해요.

코치: 좋네요. 그럼 아마 Sam은 구조화된 활동에서 주고받기는 가능할 것 같아요. 하지만 오늘은 장난감 차 주고받기는 원치 않는 것 같아요. 이게 일반적인가요?

부모: 글쎄요, 아이는 장난감 공유를 좋아하지 않아요.

코치: 아, 알 것 같아요. 장난감이 자신에게 명확히 돌아오는 놀이라면 차례 주고받기가 가능하지만, 좋아하는 물건을 공유하거나 교대로 사용해야 한다면 어렵군요. 형제자매와의 놀이가 가능하도록 Sam의 능력을 올리는 방법은 장난감을 공유하고 교환하는 능력을 높이는 것이에요. 그리고 차례 주고받기도 상호작용을 배울 때 도움이 되는데, 이 상호작용은 대화 시 차례대로 말하는 데 필요한 능력이에요. 어른과의 장난감 공유나 교환을 힘들어하니 우선 우리와 차례 주고받기부터 시작하는게 좋겠어요. 그런 다음 동생과 하는 것으로 진행하죠. 어떠세요?

부모: 괜찮을 것 같지만, 아이가 정말 좋아하는 장난감이면 힘들 것 같아요.

코치: 좋은 지적이세요. "장기 목표" 칸에 차례 주고받기라 쓰고, 아이의 현재 기술 수준을 살펴보죠.

코치는 협력 모델을 통해 사회적 참여 영역의 목표를 설정한다. 그런 다음 코치는 Sam의 엄마에게 의사소통 영역에서 원하는 목표가 무엇인지 묻는다.

부모: Sam이 쓰는 문장이 더 길면 좋겠어요.

코치: 정말 좋은 목표인 것 같네요. Sam이 의사소통에서 사용하는 단어의 수를 늘리고 싶다고 말씀하시는 거죠?

부모: 그러면 정말 좋을 것 같아요. 특히 동생과 함께 할 때요.

코치: 그럼 이를 "장기 목표"에 적고 그런 다음 SCC를 살펴보며 Sam이 현재 어떻게 소통하는지 알아보죠. 아이가 어머님께는 보통 간단한 구로 표현한다고 적으셨네요. 그런데 저에게는 주로 단단어로 표현했어요. 왜 그런지 궁금한데요?

부모: 저도 모르겠어요. 제가 "'크래커를 더 주세요.'라고 말해야지."라 말하면 "크래커를 더 주세요."라고 말할 거예요. 아니면 제가 "간지럼 태워 줘."라 말하면 아이도 그렇게 말할 거예요.

코치: 아, 그렇군요. 아이에게 문장으로 말하면 아이가 그것을 모방할 수 있군요. 저도 이건 파악했어요. 제가 고려하는 부분은 어머님이 아이에게 어떤 도움을 주지 않아도 아이 스스로 말하는 것이에요. 이렇게 해야 아이가 남동생을 포함한 다른 사람과 대화하는 데 도움이 될 수 있어요. 어떠세요?

부모: 네, 그러면 좋겠어요. 아이는 저하고만 이야기하는데 답답해요.

코치: 알 것 같아요. "현재 기술" 칸에 Sam은 단단어로 요구하고 2~3개 단어로 된 구를 모방한다 라고 적을게요. 우리가 아이에게 어떤 말을 들려주지 않고도 아이가 무언가를 말할 수 있는지 확인하고, 아이가 한 말에 단어 하나를 추가해서 들려주는 방식으로 아이가 자신의 언어를 사용하도록 도움을 줄 수 있어요. 만약 아이에게 더 긴 구를 말하도록 시킨다면, 아이는 각 단어의 의미를 배우지 못할 수도 있고, 그러면 스스로 그 단어를 사용하는 게 어려울 거예요. "요구하고, 거부하고, 공유하기 위해 Sam은 2~3개의 단어로 구성된 구를 자발적으로 사용할 수 있다." 이 목표에 대해 어떻게 생각하시나요? 우리가 아이에게 거부의사를 표현하는 다른 방법을 알려 줄 수 있다면(남동생에게 멈추라고 말함), 아이가 남동생을 때리는 일을 줄이는 데 도움을 줄 수 있어요.

Sam의 엄마가 이에 동의하고 코치는 [그림 1-3-2]처럼 Sam을 위한 아동의 목표에 기록한다. 추가 질문을 통해 코치는 Sam의 엄마가 Sam이 좀 더 창의적인 놀이를 하길 원함을 확인한다. 현재의 놀이 기술을 토대로 부모와 코치는 Sam의 가상 놀이 능력을 향상시키는 데 도움이 되는 제스처 모방 목표와 놀이 목표를 추가했다.

각 아이의 개별 목표 측면에서 코치가 Brianna와 Sam 그리고 그들의 엄마에게 중재 기법을 어떻게 설명하는지는 이 책의 제2부와 제3부의 회기별 지침에 나온다.

부모 코칭

아이의 목표가 설정되면 부모를 코칭하여 중재 전략을 가르친다. 코칭은 효과적인 부모 중재의 핵심 요소이므로 코칭 회기는 ImPACT 프로젝트의 개별 및 그룹 형식 모두에서 필수이다. 코칭의 목표는 부모의 강점과 노력을 인식하고, 아이와 함께 전략을 연습하고 피드백을 받는 기회를 부모에게 주며, 부모가 직면한 어려움을 확인하여 이를 해결하고, 일상생활과 아이와의 상호작용에서 전략 사용의 부모 독립성을 높이는 것이다.

이번 섹션은 ImPACT 프로젝트의 코칭 절차의 개요를 다룬다. 이러한 일반 절차는 개인 또는 그룹 형식으로 진행되는 모든 코칭 회기에 적용된다. 이 섹션의 마지막 부분에 Brianna와 아이의 엄마를 대상으로 한 사례 연구가 나오며 코칭 회기 전반에 걸쳐 절차를 어떻게 진행하는지 보여 준다.

적절한 준비 이후 코칭 회기를 (1) 회기 진행목록을 점검하여 설정하고, (2) 실천계획표를 검토하며, (3) 부모에게 새로운 기술을 소개하고 그것이 아이의 독표를 어떻게 해결할 것인지 설명하고, (4) 기법을 간략하게 보여 주고, (5) 부모를 연습시키고 이에 대해 피드백을 주며, (6) 부모가 연습한 것을 되돌아보고 연습을 계획하도록 돕고, (7) 충실도를 모니터하고 데이터를 모으는 순서로 진행한다. 프로그램이 끝날 무렵 부모는 가족의 일상생활 전반에 걸쳐 새로운 상황에서 도움 없이 중재 전략을 사용할 수 있어야 한다. 따라서 부모의 독립성을 높이는 기회를 회기 전반에 걸쳐 마련하는 것도 중요하다.

❖ 코칭 회기 준비하기

회기를 시작하기 전에 주의가 산만해지지 않도록 코칭 공간을 정돈한다. 그렇게 하면 아이가 부모에게 주의를 기울이도록 만들 수 있다. 가정에서 코칭을 진행한다면 부모가 성공을 위한 가정환경 만들기(제2부, 1단원, 3회기, 제3부, 1단원, 1회기) 중 놀 수 있는 공간을 마련하도록 돕는다.

가장 선호하는 장난감이나 기타 놀이 재료가 있는지 확인하자. 아이의 가정으로 가는 경우, 회기와 회기 사이 가족에게 장난감을 빌려 주지 않는 한 코치가 직접 가져가는 것보다 부모가 가정에 있는 재료 중 아이가 좋아하는 재료가 무엇인지 살펴보도록 하는 것이 낫다.

부모의 중재 충실도 체크리스트(양식 4), 아이의 목표 및/또는 회기 메모, 부모의 실천계획표 등을 활용하여 이전 회기와 관련한 정보를 검토한다.

양식 10

목표 설정 양식

아이: Sam 부모: Molly 날짜: 2017. 8. 23

부모 목표: 남동생과 대화하고 함께 놀기

장기 목표	현재 기술	단기 목표
	사회적 참여	
차례 주고받기	좋아하는 장난감은 부모와 번갈아 가지고 놀지 않음 게임이나 공놀이와 같은 구조화된 활동에서는 성인과 차례 주고받기가 가능	좋아하는 장난감을 5분 동안 5번, 놀이 상대자에게 차례를 허용하고, 상대자의 차례를 지켜보고, 자신의 차례를 묻는 방식으로 번갈아 가며 놀이
	의사소통	
의사소통에 사용되는 단어의 수 늘리기	단단어로 요구 음성적 모델링이 주어질 때 2~3개 낱말의 구문 사용	5분 동안 4회 요청하기, 거부하기, 공유하기 기능을 위해 2~3 단어로 이루어진 문장(예: "우유를 부어 주자")을 자발적으로 사용
	모방	
놀이 행동 모방	사물이 갖는 몇 가지 기본 상징 행동을 모방 묘사 제스처(discriptive gestures)는 아직 모방하지 않음	6번 중 3번 놀이 도중 묘사 제스처(discriptive gestures) 모방
	놀이	
상징놀이 늘리기	주로 상징놀이를 함 모델링에 대한 반응으로 기본 상징 행동을 할 수 있음	모델링 없는 5분 동안 장난감 또는 놀이 상대자에게 상징 놀이 행동(인형에게 음식을 먹이는 시늉, 사람을 차에 태우기)을 5회 자발적으로 실시

[그림 1-3-2] 사례 연구 2(Sam과 Molly)의 목표 설정 양식(양식 10) 작성 예시

❖ 체크인 및 회기 진행목록 정하기(회기의 5%)

코칭 회기는 부모와 전 주에 대해 간략하게 점검하고 이번 회기 진행목록을 정하는 것으로 시작한다. 이는 가족과 연계하여 공통의 회기 목표를 정하도록 돕는다. 통상적으로 이 상호작용은 간단하다. 그러나 부모가 가족 위기나 심각한 안전 문제를 언급한다면 가족의 요구 사항을 해결하기 위해 회기를 조정해야 할 경우가 많다. 필요하다면 아이는 놀이 활동을 하게 하고 잠시 시간을 내어 부모와 대화를 나눌 수 있다.

회기 진행목록을 간략하게 소개하여 부모가 회기의 목표와 구조를 이해하고 두 사람 모두 올바른 방향으로 진행할 수 있도록 하자. 도입부에는 회기 구조를 상기시켜 부모가 편안하

게 아이와 함께 연습할 수 있게 한다. 실천계획표를 검토하고, 새로운 기법을 소개하고 시연하며, 부모를 연습시키고, 피드백을 주고, 부모가 한 연습을 되돌아보고 계획하도록 돕는다. 시간이 지나면 회기 구조에 대한 설명은 건너뛸 수 있다.

회기 내용에 관한 질문이 있거나 토론하고 싶은 다른 주제가 있는지 부모에게 물어보자. 만약 다른 주제가 있다면 이를 회기 진행목록에 추가하자. 주제나 우려 사항이 당신의 전문 분야가 아닌 경우에는 적절한 추천을 하자.

❖ 실천계획표 검토하기(회기의 15%)

개별 형식 코칭 처음 세 회기를 제외한 나머지 회기는 회기와 회기 사이 가정에서 연습이 어떻게 이루어졌는지 점검하는 것으로 시작한다. 코치는 부모의 성공과 어려움을 공유하고 부모가 이 기법을 사용하는 데 필요한 추가 지원을 확인할 수 있다. 이 과정은 부모가 되돌아보기(reflection)를 작성하지 않아도 반드시 진행해야 한다.

먼저 이전 회기에서 작성한 실천계획표를 검토하고 나서 가정에서 어떠했는지 부모에게 질문하자. 부모가 느꼈던 성공과 어려웠던 점 그리고 아이가 어떻게 반응했는지 알려 달라고 하자. 긍정 피드백과 격려를 많이 해 주자. 부모가 기법 적용이 어려웠다고 답하면 어려움의 원인을 파악하기 위해 추가로 질문하자. 또는 아이나 코치와의 역할극에서 부모가 어려웠던 점을 간략하게 표현해 보게 한다.

부모에게 질문하고 제안하여 부모가 기법의 효과를 더욱 명확하게 만드는 문제 해결 방식을 갖도록 도와주자. 각 기법이 갖는 일반적인 어려움과 해결책은 개별(제2부)과 그룹(제3부) 모델 모두의 회기별 지침에 나온다.

부모가 기법을 실천하지 않는 경우, 부모와 협력하여 시간 부족이나 기타 가족 돌봄 책임과 같은 실질적인 어려움을 파악하고 문제 해결 방법을 찾자. 가끔 부모는 기법 사용에 대해 자기효능감이 낮거나 중재에 동의하지 않는 이유로 연습을 하지 않는다. 부모의 자기효능감이 낮다면 가정에서 기법을 적용하기 전에 짧은 기간 동안 도움을 주어 기법을 연습시킴으로써 자신감을 가지게 한다. 부모의 지지율이 낮다면 해당 기법의 근거를 다시 설명하고 부모 목표 해결에 해당 기법이 어떻게 적용되는지 알려 준다.

❖ 새로운 기법 소개하기(회기의 15%)

다음 단계로 새로운 기법의 근거와 핵심 요소를 다루는 설명적 교수를 실시한다. 개별 형식에서는 코칭 회기에서 기법을 소개한다. 그룹 형식에서는 그룹 회기 이전에 소개한다. 따라서 기법을 소개하는 데 소요하는 시간은 그룹 형식의 코칭 회기에서 제외할 수 있다.

기법이 사용되는 이유와 그것이 아이 목표를 어떻게 해결할 수 있는지에 대한 이론적 근거부터 제시하자. 이는 부모의 낮은 지지율을 높일 수 있고 새로운 상황에서 이 기법을 사용하는 데에도 도움이 될 것이다. 대다수 부모에게는 부모 매뉴얼에 있는 간략한 근거만으로 충분할 것이다. 그러나 일부 부모에게는 아이와 부모의 개별적인 필요 사항과 아이의 목표에 따라 정보를 추가하는 것이 유익할 수 있다. 각 기법의 이론적 근거를 특정 가족의 필요에 맞게 조정하는 방법은 개별 형식의 회기 지침(제2부)에 나온다.

부모 매뉴얼을 활용하여 기법의 핵심 요소를 알려 주는 동시에 아이 행동의 예시도 보여주자. 특정 가족의 필요에 따라 핵심 요소의 설명을 개별화하는 방법은 개별 코칭 모형(제2부) 회기 지침에 각 기법을 제시했다.

'생각해 보세요!'를 물어보자. 이 질문은 아이에게 이 기법을 어떻게 사용할지, 그리고 아이가 어떻게 반응할지 부모가 되돌아보도록 돕는다. 그리고 해당 기법에 관한 부모의 이해 정도를 평가하도록 돕는다.

부모가 기법을 이해하지 못하면 역할극을 시도할 수 있다. 기법을 시연하는 동안 부모가 아이 역할을 한다. 그런 다음 역할을 바꾼다.

❖ 기법 시연하기(회기의 10%)

기법을 소개하고 나서 아이에게 이를 어떻게 적용하는지 간단하게 시범을 보이자. 시연은 부모가 활동에서 사용되는 기법을 눈으로 익히고 아이의 반응을 확인하도록 돕는다. 시연은 상대적으로 짧게(약 5분 이내) 하고 해당 부모가 연습해야 할 기법만 소개하는 것이 중요하다.

시연 전에 코치는 부모에게 이 기법이 어떻게 사용되고, 아이가 어떻게 반응하고, 아이의 행동에 어떻게 반응하는지 관찰하라고 지시한다. 예를 들면, "이제 균형 잡힌 주고받기 기법을 해 볼게요. 제가 하는 행동을 잘 관찰하고 Brianna가 어떻게 반응하는지 살펴보세요."라 말한다.

시연하는 동안에도 무엇을 하고 있는지, 왜 하는지 설명하자. 이는 부모가 기법과 아이의 반응 방식을 확인하도록 돕는다. 예를 들면, "지금 제가 Brianna의 차를 가지고 있어요. 이제 Brianna가 저를 보았네요. 그럼 저는 아이 차례이기 때문에 Brianna에게 차를 돌려줄 거예요."

시연 후에는 부모가 자신이 관찰한 내용을 되돌아볼 수 있도록 질문을 받자. "상호작용 과정에서 발견한 것이 있나요?"처럼 개방형 질문부터 하자. 개방형 질문에서 부모가 핵심을 답하지 않으면 "제가 의사소통을 어떻게 조정했는지 알아채셨나요?"나 "제가 과장된 제스처를 했을 때 아이는 어떻게 반응했나요?"처럼 보다 구체적으로 추가 질문하자. 부모가 핵심 요소를 알아채지 못하면 기법을 다시 알려 주자.

❖ 부모의 연습 및 피드백 제공하기(회기의 35%)

부모 코칭에서 가장 중요한 단계는 부모를 연습시키고 부모에게 피드백을 주는 것이다. 피드백은 부모가 기법 사용을 개선하는 방법을 확인하고 아이가 어떻게 반응하는지 파악하고, 자신 능력에 자신감을 높이고, 장기적인 행동 변화에 동기를 부여한다. 피드백을 받으며 연습하는 것이 성인 학습 및 행동 변화에 중요한 역할을 한다는 점을 고려하면 회기의 상당 부분 동안 피드백이 이루어져야 한다. 양쪽 부모 모두가 참여하는 경우라면 부모별로 연습하고 피드백을 받는 시간을 갖게 하자. 다음에 오는 전략은 연습과 피드백을 성공적으로 진행하도록 돕는다.

먼저, 전환을 명확히 알려 부모가 연습할 시간임을 인지하도록 하자. 예를 들어, "이제는 어머님이 Brianna와 놀이를 하고 저는 뒤에 앉아 관찰하면서 피드백을 드릴께요."라 말한다. 부모가 코치 앞에서 아이와 상호작용하는 것을 주저하는 경우에 특히 중요하다. 부모의 뒤나 옆에 자리 잡아 부모에게 방해가 되지 않으면서 필요한 경우 도움을 준다.

부모가 연습할 행동을 구체적으로 제시하자. 예를 들면, "활동에서 Brianna의 리드를 따라가는 것을 기억하세요. 아이가 공을 가지고 놀면, 아이 앞에 앉아 아이와 놀아 주세요." 필요한 경우, 이전에 다룬 기법을 부모에게 상기시키자.

준비물과 코칭 공간을 관리하자. 그러면 부모는 아이와의 상호작용에 집중할 수 있다. 필요한 준비물을 부모에게 건네주고 주의를 산만하게 하는 준비물은 치운다. 아이가 부모 대신 코치와 대화하려는 경우, 부모에게 놀잇감을 주고 부모가 그것을 아이에게 주도록 하자. 예를 들면, "나 기차 가지고 있어! 아빠도 하나 갖고 계시네!"라 말한다. 필요하다면 상호작용이 성공하기 위해 코칭 공간을 재배열한다.

긍정 피드백을 주어 부모가 아이의 변화에 긍정적으로 영향을 주는 능력이 있다는 자신감이 들도록 만든다. 교정 피드백으로 부모의 기법 사용 능력을 높이는 구체적 방안을 제시한다. 두 가지 유형의 피드백 모두 부모 행동과 아이 반응 중 구체적인 사항에 초점을 둔다. "좋아요!" 또는 "정말 잘하고 있어요!" 같은 일반적인 코멘트보다 피드백이 더 효과적이다.

구체적인 피드백은 부모가 아이의 행동에 영향을 주는 기법을 어떻게 사용하는지 이해하고 새로운 상황에서 기법을 사용하여 일반화하는 데 도움이 된다.

코칭에는 항상 교정 피드백보다 긍정적인 내용이 더 많아야 한다. 코칭 초기에 긍정 피드백에 초점을 맞추는 것이 특히 중요하며, 아이와의 상호작용을 불안해하거나 자신감이 부족한 부모의 경우에는 더욱 중요하다. 부모가 이미 기법을 성공적으로 사용하고 있더라도 계속해서 긍정으로 피드백을 주는 것이 중요한데, 부모가 자신의 행동이 아이에게 어떤 긍정적인 영향을 미치는지 알지 못할 수도 있기 때문이다.

교정 피드백을 주는 방식은 여러 가지이다. 어떤 전략은 부모에게 무엇을 해야 하는지 직접 설명하거나 보여 준다. 또 어떤 전략은 질문이나 관찰 등 간접적으로 부모가 자신의 행동이 어떻게 바뀌는지 파악하도록 한다. 간접 피드백 방식은 부모가 이행하기에 조금 어려울 수 있지만, 더 나은 문제 해결자가 되도록 만든다. 일반적으로 처음에는 직접 피드백을 주다가 점차 부모의 기법 사용 능력이 향상되면 간접 피드백을 주는 것이 좋다. 부모가 간접 전략에 반응하기 어렵다면 직접 방식으로 피드백하자.

〈표 1-3-6〉에 나온 효과적인 긍정 피드백과 교정 피드백을 제공하는 여러 방법을 확인하자. 교정 피드백은 직접적인 것부터 간접적인 순으로 나열했다.

기법의 수를 제한하고 그에 대해서만 자주 피드백하자. 많은 것을 한 번에 피드백하면 부모는 무엇에 초점을 둘지 파악하기 어려울 수 있다. 프로그램이 진행되면서 부모가 이미 배운 기법을 잊지 않도록 "복습" 피드백을 줄 수 있다.

코멘트는 짧게 하고 상호작용을 방해하지 않도록 자연스럽게 멈출 때까지 기다리자. 어떤 부모는 아이와 상호작용하는 동안 피드백을 받으면 부담감을 느낄 수 있다. 또 어떤 부모는 교정 피드백을 받을 때 자신의 능력에 대해 자신감을 잃거나 방어적일 수 있다. 피드백에 대한 부모의 비언어적 반응을 반드시 살피자. 부모가 교정 피드백에 "침묵"하거나 방어적으로 반응하면 상호작용을 잠깐 관찰한 후에 긍정 피드백의 비중을 더 늘리거나 피드백 빈도를 줄이거나 아니면 되돌아보기 피드백을 줄 수 있다.

ImPACT 프로젝트에서 피드백은 실시간으로 주어진다. 한편 비디오 피드백은 개별 형식의 검토 회기에서 진행하도록 권장하지만, 부모의 학습 스타일에 따라 다른 시간에도 사용할 수 있다. 부모가 아이와 함께 연습하는 상황(예: 2~3분)을 비디오로 녹화하고 부모와 함께 녹화 내용을 살펴보고 피드백을 주기 위해 주기적으로 일시 정지한다. 비디오 피드백의 장점은 부모가 한 번에 집중하는 정보의 양은 적고 부모가 상호작용에 더 집중할 수 있다는 점이다. 그리고 비디오를 통해 부모는 자신의 행동을 평가할 수 있으며 이는 강력한 행동 변화의 도구가 될 수 있다. 제2장에서 언급했듯이 비디오 피드백은 학습에 어려움이 있거나 영어를 제2언어로 사용하는 부모에게 특히 도움이 된다. 상호작용과 구어 피드백의 속도를 늦출 수 있기 때문이다.

<표 1-3-6> 피드백 예시

피드백 유형	예시
긍정 피드백	
부모의 노력 인정하기	"Carlos의 리드를 따르려고 정말 열심히 노력하시네요."
부모가 바르게 한 부분 짚어 주기	"Jimmy가 원하는 것이 무엇인지 묻기도 전에 아이의 관심을 끌 수 있어서 정말 좋았어요."
부모가 하는 행동에 아이가 어떻게 반응하는지 알려 주기	"Lucy는 부모님이 자기 행동을 모방할 때 무척 고무적이었어요."
아이가 특정 방식으로 반응하는 이유를 설명하기	"장난감이 부모님의 눈 선상에 있으니까 Peter가 아주 멋지게 눈 맞춤을 하네요."
교정 피드백	
모델링하고 부모가 모방하도록 하기	"Jerome이 지시를 따르도록 어떻게 촉진하는지 보여 드릴게요. 그런 다음 부모님이 해 보세요."
다음 기회를 위해 전략 제안하기	"다음번엔 Scott이 공을 잡으려고 손을 뻗을 때 잠깐 몇 초 기다렸다가 아이에게 원하는 것이 무엇인지 물어보세요."
부모에게 기법 상기시키기	"Brian이 하는 행동을 한두 낱말로 묘사해야 한다는 걸 기억하세요."
부모가 해야 할 것을 알려 주기	"Carly가 차를 가져가지 못하도록 뒤에 두세요."
관찰을 통해 부모가 처한 문제를 해결하도록 도움 주기	"제가 파악하기론 부모님이 짧은 문장으로 말할 때 Carson은 단어를 더 많이 쓰네요." "Jason이 차를 가지고 놀고 있네요."
아이가 어떻게 반응하는지 짚어 주기	"부모님이 애니메이션처럼 표현할 때 Mark가 부모님을 더 많이 보는 것 같아요."
부모의 문제 해결에 도움이 되는 질문하기	"어떻게 Olivia가 부모님을 보게끔 하나요?"

❖ 부모의 되돌아보기를 돕고 실천계획표 작성하기(회기의 20%)

코칭 과정의 마지막 단계는 부모가 회기 중에 한 연습을 되돌아보게 하고 회기 사이에 연습할 계획을 세우도록 돕는 것이다. 이는 부모-매개 중재의 중요한 구성요소이며 부모가 아이의 일상생활 전반에 걸쳐 독립적으로 기술을 사용할 수 있는 능력을 개발하도록 돕는다. 연습 계획을 함께 짜고 잠재적인 문제를 해결하여 부모가 "참여"하고 있는지 확인하고 성공 가능성을 높일 수 있다.

잠시 시간을 내어 부모가 회기 중에 한 연습에 대해 생각하도록 도와주자. 질문하고 관찰한 내용을 제시하여 부모가 자신과 아이에게 가장 효과적인 것이 무엇이고, 가정에서 시도해 보고 싶은 것이 무엇인지 알게 하자. 예시 질문은 각 회기의 되돌아보기 부분에 나온다.

부모와 협력하여 회기 사이에 언제 무엇을 연습할지 계획하자. 부모가 선택한 아이의 목표 한두 가지를 해당 회기의 실천계획표 양식에 기록하자. 각 기법이 지향하는 목표는 부모 매뉴얼에 나온다. 회기 중에 소개된 기법의 목표 중에서 가장 적절한 것을 부모가 선택하도록 도와주자.

부모는 기법을 연습할 놀이 활동과 일상생활 활동을 적어도 하나씩 택해야 한다. 매일 하는 활동 스케줄(양식 11)과 아이, 부모 및 목표에 관한 사전지식을 활용하여 부모가 활동을 선택하도록 도와주자. 아이가 즐기는 활동은 아이가 이미 그 활동에 동기를 가지기 때문에 이것에서 시작하는 것이 좋다. 부모가 놀이 중에 연습하길 주저한다면 즐거운 일상에서 선택하도록 도와주자. 마찬가지로, 부모가 일상 활동 중 연습하길 주저한다면 놀이 활동에서 두 가지를 선택하도록 도와주자. 프로그램을 진행하면서 기술 일반화에 도움이 되도록 부모를 다양한 활동과 일상에서 연습시키자.

실천계획표 양식에 나온 도표를 이용하여 부모가 택한 일상생활 활동에서 아이에게 기법을 어떻게 사용할 것인지 예를 들어 설명한다. 도표는 아이의 목표를 해결하기 위해 기법이 어떻게 적용되는지 보여 주는 좋은 예로 활용된다.

먼저 부모에게 어떤 기법을 사용할 것인지 물어보자. 그런 다음 부모가 사용할 기법의 특정 요소가 무엇인지 물어보자. 예를 들어, 부모는 아이에게 집중하기 중 아이와 얼굴을 마주보기 기법을 선택하거나 의사소통 촉진하기 중 질문하기를 선택할 수 있다. 다음으로, 아이에게서 어떤 반응을 기대하는지 물어보자. 마지막으로 부모에게 아이의 행동에 어떻게 반응할지 물어보자. 그리고 질문에 대한 부모의 반응을 기록하자.

부모가 무엇을 어떻게 연습할지 결정한 후에는 주중에 실천계획표 대로 이행하는 동안 일어날 수 있는 잠재적 문제를 부모와 함께 해결하자. 잠재적 문제로는 아이의 반응, 기법을 사용하려는 부모의 능력이나 의지, 실제적인 장벽(연습할 시간이나 공간을 찾기 어려움, 배우자 지원 부족 등)에 대한 우려 등을 들 수 있다. 부모가 제기하는 문제에 대해 가능한 해결책을 함께 모색하자. 그리고 이를 실천계획표에 기록하자. 일반적인 어려움과 잠재적 해결책을 각 회기의 실천계획표 상단에 위치한 "계획하기" 칸에 적고, 개별 모델과 그룹 모델(제2부와

제3부)의 각 회기에서 다룬다.

회기 사이에 진행한 연습 내용을 실천계획표의 “되돌아보기” 부분에 기록하게 하자. 그리고 가정에서 기법을 사용할 때 잘된 점과 어려운 점을 기록하게 하자. 다음 어떻게 연습했고 어떤 어려움이 발생했는지는 회기 초반부에 살펴보자고 안내하자. 다음 회기를 검토할 수 있도록 계획서를 복사해 놓자. 다음 기법을 진행할 준비가 되면 부모에게 부모 매뉴얼의 해당 부분을 읽게 하자.

❖ 충실도 모니터링 및 데이터 수집하기

ImPACT 프로젝트를 성공적으로 구현하기 위해 코칭 절차에 관한 충실도를 모니터링하고 각 회기가 끝날 때 부모의 기술 사용과 아이의 기술 사용에 대한 데이터를 모아야 한다. ImPACT 프로젝트에는 각 영역의 데이터를 모으는 양식이 있다.

각 코칭 회기 후에 코칭 충실도 체크리스트(양식 6)를 작성하여 코칭 절차에 관해 모니터링하자. 이 절차는 코칭 회기를 충실하게 진행하도록 도움을 준다.

중재 충실도 체크리스트(양식 4)를 활용하여 코칭 회기 동안 부모가 사용한 기법에 점수를 매기자. 이 정보는 프로그램 속도를 조절하여 부모 학습을 극대화하도록 도움을 준다. 그러나 점수를 부모와 공유하지 않기를 권한다. 5점 리커트 척도를 사용하는 부모 중재 충실도 체크리스트는 부모의 전반적인 전략 사용과 전략의 질을 나타낸다. 새로운 전략을 도입하기 전에 부모가 전략에 대해 최소 3점을 받을 것을 권장한다(“성인은 전략을 절반까지 효과적으로 구현하지만 많은 기회를 놓치거나 효과가 일관되지 않는다”). 회기 기록지(양식 12)에 부모가 사용한 기술과 다음 회기에도 알고 있어야 하는 내용을 요약해서 기록한다. 이는 회기 진행 목록을 조정해야 하는 경우 다음 회기에서 잊지 않도록 알림 역할을 한다.

프로그램 전반에 걸쳐 아이의 목표 달성 과정에 관한 데이터를 자주 수집하는 것이 중요하다. 이는 아이의 성공을 문서로 남기고, 아이가 어려워하는 영역을 확인하고, 아이의 개별 요구 사항에 맞게 프로그램을 수정하도록 돕는다. 회기 기록지(양식 12)를 사용하여 아이의 진행 상황을 추적하고 회기를 기록할 수 있다. 아이의 진전을 살피는 다른 데이터 수집 시스템이 있다면 자유롭게 사용해도 무방하다. 그런데 해당 시스템에 아이의 기법 사용, 활동 및 행동에 대한 정보, 부모의 기법 실행, 다음 회기에 대한 알림 등을 기록할 수 있는지는 확인하자.

회기가 진행되는 동안 데이터를 실시간으로 수집하는 것이 매우 중요하지만 때로는 자연스러운 중재 상황에서 양질의 데이터를 모으기 어렵다. 이러한 이유로 주기적으로 회기 비디오를 녹화하길 권장한다. 나중에 회기 기록지(양식 12)를 사용하거나 아이와 부모의 행동 변화를 보다 심층적으로 분석하여 채점할 수 있다.

부모의 독립성 높이기

이 프로그램의 궁극적인 목표는 지원 없이도 부모가 일상생활 및 아이와의 상호작용에서 기법을 사용하는 것이다. 따라서 프로그램이 시작되는 순간부터 부모가 기법을 독립적으로 사용하도록 만들기 위해 노력해야 한다. 부모의 독립성을 키우는 핵심은 부모가 기법을 연습하고 다양한 일상 환경에서 피드백을 받는 것이다.

부모가 주저하더라도 처음부터 연습시키자. 프로그램이 진행될수록 부모의 연습 시간을 늘리자. 프로그램이 끝날 때까지 부모는 다수의 회기 동안 연습해야 하며, 코치는 피드백과 지원의 양을 점차 줄여야 한다.

초반부 연습을 계획하고 회기에서 연습하는 중에 코치는 부모에게 구체적인 내용을 제안할 수도 있다. 프로그램이 점차 진행되면 부모가 독자적으로 문제를 해결할 수 있도록 코치는 제안에서 관찰과 질문으로 점차 방식을 전환하자.

부모가 간식 시간, 낮잠 시간, 형제자매와 함께 노는 시간 등 다양한 활동에서 연습하고 피드백 받도록 하자. 프로그램의 핵심 내용을 다루는 동안에는 가정에서 최소한 몇 차례의 회기를 진행하길 권장한다. 가정으로 갈 수 없는 경우라면 부모에게 가정에서 장난감을 가져오게 하거나 코칭 장소에서 가정에서 하는 일(옷 입기, 간식 시간 등)을 하도록 계획을 세우자. 그리고 부모에게 다양한 환경에서 중재하고 이를 비디오에 녹화하게 한 뒤 비디오 피드백을 제시하자.

24회기로 구성된 개별 코칭 모델에서 부모의 독립성을 구축하기 위해 프로그램의 여러 주요 지점을 녹화한 비디오를 검토한다. 코치는 간단한 부모-아이 상호작용을 녹화한 후 비디오 검토 양식(양식 19~22)을 사용하여 부모와 함께 검토한다. 이 과정을 통해 부모는 자신이 사용한 전략과 그것이 아이의 행동에 미치는 영향을 객관적으로 평가하고 아이에게 가장 효과적인 기법을 파악한다. 제2부 개별 회기 지침에서 이 과정을 자세히 다룬다.

특히 프로그램의 후반부는 가족이 주기적으로 가는 지역사회 환경(공원, 유치원, 놀이 그룹, 식료품점 등)에서의 코칭 회기를 계획하자.

❖ 사례 연구 1: Brianna와 Elena

다음의 사례 연구는 이 장의 "공동 목표 설정" 부분에서 소개한 Brianna와 아이의 엄마

Elena와의 코칭 회기이다. 이들은 14번째 코칭 회기를 받기 위해 치료실에 들어온다. 코치는 Brianna가 가장 좋아하는 장난감 몇 가지를 미리 배치했고 아이는 장난감을 탐색한다. 코치는 Brianna와 Elena에게 인사를 하고 Elena에게 한 주간 어떻게 지냈는지 묻는다. Elena는 Brianna가 이번 주 초에 감기에 걸렸었지만, 그 외에는 괜찮았다고 말한다. 중요하게 고려해야 할 사항이 없기에 코치는 회기 진행목록을 검토한다.

코치: 오늘은 Brianna의 의사소통 기술의 복잡성과 자발성을 높이기 위해 사용하는 다양한 촉진과 보상에 대해 이야기하죠. 먼저 지난주 실천계획표부터 검토할게요. 그런 다음 의사소통하기 위해 사용되는 촉진의 핵심 사항을 검토하고 나서 어머님이 궁금해하시는 사항에 대해 알아보아요. 그리고 제가 Brianna와의 상호작용에서 Brianna에게 적용하는 *의사소통 촉진하기 기법*을 어머님께 간단하게 시범 보여 드릴게요. 그런 다음 어머님께서 이를 연습하시고 Brianna가 어떻게 반응하는지 함께 살펴보죠. 다음 주까지 일상적인 상호작용에서 Brianna와 의사소통하기 위해 촉진과 보상을 사용하는 가장 좋은 방법이 무엇인지 알아볼 계획이에요. 오늘 회기에 관해 궁금한 점이나 추가로 다루고 싶은 부분이 있나요?

부모: 아니요.

코치: 네, 그럼 시작하겠습니다.

코치는 지난주 Brianna 엄마가 작성한 실천계획표를 살펴본다.

코치: 지난 회기에서 어머님은 Brianna가 어머님과의 상호작용에 참여하그 요구하기 기능을 시작하는 걸 돕기 위해 적절한 시기에 의사소통을 촉진하기 위한 기법을 시도한다고 하셨어요. 잘 되었나요?

부모: 네, 사실 정말 잘 됐어요. Brianna는 뭉툭한 공을 가지고 노는 것을 정말 좋아해요. 그래서 저는 아이와 의사소통하기 위해 *놀이 방해하기* 기법 중 *아이의 활동을 재미있게 방해하기* 요소를 적용해 보았어요.

코치: 아이의 반응은 어땠나요?

부모: 처음에는 제가 옆에 있는 것을 거의 눈치채지 못했어요. 하지만 제가 강아지 인형을 이용해 공을 가져오자 아이는 웃으며 공에 손을 뻗곤 했어요.

코치: 잘하셨어요! 정말로 상호작용이 이루어졌네요. 오늘 의사소통 촉진하기 기법에 관해 알아보는 좋은 시간이 될 거예요. 다른 활동에 **새로운 의사소통 기회 만들기** 전략의 기법을 사용해 보셨나요?

부모: 네. 간식 시간에도 했어요. 하지만 아이는 제가 강아지 인형으로 간식을 가져가는 걸 좋아하지 않아 그게 조금 어려웠어요.

코치: 아이가 무언가를 먹고 있을 때 *아이의 활동을 재미있게 방해하기*를 해보는 것이 어려울 수 있어요. 간식 시간에 아이가 요청하기 기능을 해보도록 기회를 만들 방법이 있을까요?

부모: 간식을 줄 때 한 번에 조금씩 주면 좋을 것 같아요.

코치: 좋은 생각이에요! 간식 시간처럼 활동 중에 조금씩 주기는 효과가 좋아요.

실천계획표에 관해 언급한 후 코치는 **의사소통 촉진하기** 전략을 소개한다. 코치는 의사소통 촉진하기의 이론적 근거를 제시한 다음 그 핵심 요소를 설명한다. 그러면서 코치는 Elena에게 부모 매뉴얼에 나오는 '생각해 보세요(Think About It!)' 질문에 대한 답을 생각하라고 제안하는데, 이는 Elena가 Brianna와의 의사소통을 어떻게 촉진할 수 있는지 고민하도록 도움을 준다. Elena의 대답을 근거로 코치는 Elena가 핵심 사항을 이해하고 있다고 판단하여 시연을 시작한다.

코치: 저는 이제 Brianna와 함께 놀 거예요. 그리고 Brianna가 공에 손을 뻗을 때 저는 아이가 모방할 언어를 모델링할 거예요. 어머님은 이를 잘 관찰해 주세요. 만약에 아이가 언어 모델링에 반응하지 않으면 저는 아이가 따라할 수 있는 제스처를 모델링할 거고, 필요한 경우에는 신체적 안내도 할 거예요. 제가 사용하는 촉진에 Brianna가 어떻게 반응하는지 지켜보세요. 질문 있으세요?

부모: 아니요.

코치: 네, 좋아요. Brianna가 공을 가지고 놀고 있네요. 그래서 저는 아이의 얼굴을 마주 보며 그 활동을 따를 거예요. *아이의 활동을 재미있게 방해하기*를 사용해서 아이와의 의사소통 기회를 만들어 볼게요……. 아이가 제 말에 반응하지 않아서 저는 강아지 인형으로 공을 가져갔어요. 아이가 공에 손을 뻗네요. 저는 "공"이라고 말했어요. 아이의 반응이 없어서 저는 다시 "공"을 말하고 가리키기를 모델링했어요. 아이가 가리키기를 모방하지 않아서 저는 아이가 가리키도록 도움을 줄 거예요……. 제가 도움을 주어 아이가 공을 가리켰지만, 저는 아이에게 공을 주며 "공"이라고 다시 단어를 들려줬어요. 이렇게 하면 아이는 가리키기로 자신이 원하는 것을 가질 수 있다는 사실을 배울 거예요……. 이제 아이가 장난감 블록으로 갔네요. 그래서 저는 다시 아이를 따라가며 아이가 의사소통할 기회를 갖도록 아이가 블록에 접근하는 것을 통제할게요. 아이가 블록을 바라보고 있어서 저는 "블록"이라고 말했어요. 아이가 단어를 모방하지 않으니 저는 가리키기를 모델링할게요. 아이가 가리키기를 모방했네요! 멋지네요! …… 저는 아이에게 보상으로 블록을 주면서 "블록"이라고 다시 말하며 확장해 주었어요.

몇 분 후 코치는 시연을 멈추고 Elena를 점검한다.

코치: 상호작용 중에 무엇을 발견했나요?

부모: Brianna가 가리키기를 한 번 했어요. 잘하네요!

코치: 아이가 가리키기는 동작을 했을 때 저는 무엇을 했나요?

부모: 코치님이 아이에게 공을 주셨고 아이는 행복해했어요!

코치: 맞아요. 그리고 또 저는 "공"이라고 단어를 말했는데 이건 아이가 가져야 하는 기능이에요.

부모: 그렇군요. 저도 기억하고 한 단어로 말해야겠어요.

코치: 잘 관찰하셨어요. 어머님 스스로에게 이미 피드백을 주시다니 정말 잘하고 계시네요. Brianna와 놀며 아이를 촉진해서 아이가 한 단어로 말하도록 해보세요. 잊지 다세요, 먼저 이전에 배운 기법을 사용해서 기회를 만드셔야 해요. 아이가 쳐다보거나 손을 뻗을 때가 아이가 모방할 단어를 모델링하는 좋은 타이밍이에요. Brianna의 반응이 없으면 가리키기를 모델링한 다음에 신체적 안내로 아이가 가리키도록 도움을 주세요.

아이는 Elena에게 강아지 인형을 주고 옆으로 간다. Elena는 Brianna를 따라 블록으로 간다. Elena가 연습하는 동안 Brianna는 자주 장난감을 바꿨다. 아이는 장난감 하나를 집어 떨어뜨리고는 다른 장난감으로 옮겨 갔다. 코치가 파악하기론 Elena는 Brianna가 장난감에 접근하지 못하도록 통제하지 못했다. 코치는 놀잇감 대부분을 치운 후, Elena에게 Brianna에게 보여 줄 놀잇감 하나를 건네주어 Elena가 상호작용을 계속할 수 있도록 도왔다. 코치는 Elena의 끈기와 F.A.C.T.S. 피라미드에 기반한 기법 사용에 중점을 두고 긍정적인 피드백을 많이 주었다. 몇 분 후 Brianna는 자동차 놀이에 정착하여 자동차를 앞뒤로 밀며 놀기 시작했다. 코치는 Elena에게 다른 차를 주었고 Elena는 이 차로 아이의 놀이를 모방했다.

이 시점에서 코치는 Elena에게 몇 가지 교정 피드백을 주고 Elena가 의사소통 기회를 만들어 촉진 기법을 사용하도록 돕는다.

코치: Brianna가 지금 자동차 놀이에 꽤 빠져 있고, 어머님이 자기를 모방하는 걸 보고 있어요. 아이가 어머님과 놀이 상호작용을 하도록 어떤 도움을 줄 수 있을까요?

Elena는 "내 차례야."라고 말하고 Brianna의 차를 가져온다. Brianna는 차로 손을 뻗었고, Elena는 아이에게 차를 건넨다. 코치는 Brianna가 어떻게 시작했는지, 그리고 아이가 차를 받았을 때 어떻게 반응했는지 짚어 주었고, Elena는 긴장을 조금 풀었다. 그런 다음 코치는 Elena가 촉진을 사용할 수 있도록 좀 더 직접적으로 피드백을 주었다.

코치: Brianna의 상호작용 개시하기 기능에 도움이 되는 *아이의 놀이를 재미있게 방해하기*를 정말 잘 해내셨어요. 아이가 어머님을 응시했고, 어머님은 차를 건네주는 방식으로 아이의 응시에 보상을 주셨어요. 다음번에는 "차"라고 단어를 모델링하는 건 어떠실까요? 만약에 아이가 반응하지 않으면 가리키기를 모델링한 다음 신체적 안내 방법을 사용해서 아이가 가리킬 수 있도록 도와주세요.

그런 다음 20분 동안 코치는 긍정 피드백과 교정 피드백의 균형을 맞추며 두 유형의 피드백을 Elena에게 주었고, 이후 Elena의 상태를 체크하였다.

코치: 어떠셨어요?

부모: 처음에는 정말 힘들었어요. Brianna는 아무것에도 관심이 없었고 저는 아이를 따라다닌다는 느낌만 들었어요.

코치: 네, 저도 그렇게 보았어요. 하지만 어머님이 정말 끈기 있게 지속하셨고 결국에는 아이가 자동차 놀이에 정착했어요. 아이가 돌아다닐 때는 정말 힘들 수 있어요. 하지만 아이가 놀이 상호작용에 참여하면 새로운 의사소통 기회를 만들고 좀 더 복잡한 의사소통 기능을 사용하도록 촉진하는 게 좀 더 쉬워져요. 그리고 정말 훌륭하게도 어머님은 그런 지원을 잘 제공하셨어요. 어머님이 생각하시기에 아이가 돌아다닐 때와 장난감에 정착할 때 뭐가 달라졌었나요?

부모: 장난감을 치운 거요. 아이가 꺼낼 수 있는 장난감을 치워야 한다는 걸 꼭 기억해야겠어요. 시작할 땐 방에 여러 장난감이 놓여 있어서 약간 어수선했어요.

코치: 어머님 의견이 맞다고 생각해요. 앞으로는 놀이 시간에 사용할 수 있는 장난감의 수를 줄일게요. 가정에서도 그렇게 할 수 있나요?

부모: 네. 장난감을 정리해서 넣어 둘 상자가 더 필요하겠네요!

코치: 좋아요. 실천계획표(양식 34 및 [그림 1-3-3] 참조)를 검토하고 다음 주까지 가정에서 의사소통을 어떻게 촉진할 수 있는지 이야기해 보아요. 무엇을 목표로 잡고 싶나요?

부모: 저는 아이가 무엇인가를 갖고 싶을 때 말로 표현하면 좋겠어요. 오늘 보신 것처럼 아이는 종종 손을 뻗거나 붙잡거든요.

실천계획표 — 새로운 기술 가르치기

Date: 6/11/17

계획

목표(들): 무언가를 원(요청)할 때 한 낱말 사용하기

활동(들): 간식

예상되는 어려운 점은 무엇일까요? 모든 간식을 한 번에 갖지 못하면 화를 냄

해결 방법: 한 번에 1개 대신 3개를 준다. 가장 지원이 많은 촉진(가리키도록 촉진)부터 진행해 아이가 즉시 간식을 갖게 한다.

타깃: 단어 또는 촉진

집중하기와 조절하기	새로운 의사소통 기회 만들기	기다리기	촉진	보상과 확장
찬장에서 간식을 선택할 수 있도록 한다. "크래커"라 모델링한다.	아이의 접근을 제한한다(한 번에 작은 조각만 가지도록).	아이가 의사소통할 때까지 기다린다(보통은 손을 뻗어 가져간다).	1. 단어 모델링 ("크래커") 2. 단어와 가리키기 모델링 3. 가리키도록 돕는다	도움을 받아 가리키기를 했더라도 즉시 아이에게 크래커를 준다.

되돌아보기

잘된 점은 무엇인가요?

어려운 점은 무엇인가요?

해결 방법:

[그림 1-3-3] 사례 연구 1(Brianna와 Elena)의 실천계획표-**새로운 기술 가르치기**(양식 34) 작성 예

코치: 좋아요. 이 기법 사용과 함께 목표로 정하기에 아주 좋은 목표네요. 어떤 활동에서 해보고 싶나요?

부모: 글쎄요. 오늘 자동차를 가지고 놀 때 효과가 정말 좋았지만, 가정에서는 간식 시간이 좀 더 수월하겠어요. 아이를 하이체어에 앉히면 제가 간식을 쥐고 통제할 수 있으니까요.

코치: 간식 시간이 좋으시겠어요? 어머님 말씀을 들으니 Brianna에겐 동기가 생기고 어머님은 아이의 접근을 제어할 수 있는 시간이네요.

부모: 네. 그런 것 같아요.

코치: 그러면 간식 시간에 어떻게 적용할지 생각해 보시죠. 먼저, 아이의 어떤 관심을 따르고, 의사소통 방식을 어떻게 조정하시겠어요?

부모: 찬장에 간식이 몇 개 있는데 이걸 이용해서 아이에게 선택하도록 할 수 있어요.

코치: 좋은 아이디어네요. "Brianna는 찬장에서 간식을 선택하고, 어머니는 **아이에게 집중하기**와 **의사소통 방법 조절하기**를 위해 단어를 모델링한다."라고 적을게요. 기회를 마련하기 위해 어떤 기법을 사용할 생각이세요?

부모: 아이를 하이체어에 앉히고 간식을 줄 때 한 번에 조금씩만 주려고요. 아이는 보통 초콜릿 크래커

를 선택하니까 저는 아이에게 한 번에 하나씩 줄 생각이에요.

코치: 좋네요. Brianna는 어떻게 반응할까요?

부모: 글쎄요, 아마도 잡으려 손을 뻗을 것 같지만, 저는 아이가 단어로 말하면 좋겠어요.

코치: 맞아요. 그러면 좋을 것 같아요! 실천계획표에 있는 도표의 "기다리기" 칸에 "Brianna가 손을 뻗거나 제스처나 발성으로 의사소통할 때까지 기다린다."라 쓰고 타깃 아이콘 옆에 "단어 또는 가리키기"라 적을게요. 어머님이 가정에서 연습할 때는 "기다리기" 칸 아래에 있는 아이 아이콘 옆에 Brianna가 실제로 어떻게 반응하는지 기록하시면 돼요. 목표에 도달하고 나서 아이가 더 복잡한 기술을 쓰도록 도움을 주려면 어떤 촉진을 써야 할까요?

부모: 글쎄요……. 저는 "크래커"라 말한 다음에 아이가 가리키는 걸 도와줄 수 있을 것 같아요.

코치: 멋지네요! 단계적으로 차근히 생각하는 어머님의 방식이 참 좋아요. 어머님이 말씀하신 방법에는 세 가지 유형의 촉진이 있어요. 단어 "크래커"를 들려주는 방법, 아이에게 가리키기를 시범 보이는 방법, 그리고 마지막으로 아이가 가리키도록 손을 잡아 신체적으로 도움을 주는 방법이에요. 아이가 반응하면, Brianna에게 도움이 필요하더라도 아이에게 즉시 크래커를 주는 것을 잊지 마세요.

부모: 네, 알겠어요.

코치: 좋아요. 가정에서 연습할 때 Brianna가 세 가지 촉진에 따라 어떻게 반응하는지 적어 보세요. 아이 반응에 도움이 된 촉진 유형을 적거나 동그라미 체크를 하셔도 됩니다. 가정에서 Brianna와 해보기 어려우실까요?

부모: 글쎄요. 가끔씩 Brianna가 화를 내며 크래커를 모두 먹고 싶어 하는데, 그럴 때 저는 어떻게 해야 할지 모르겠더라고요.

코치: 맞아요. 아이에게 크래커를 얻는 방식을 알려 주고 싶지만 아이가 피우는 야단법석에 보상할 수도 없을 때면 정말 난감하죠. 저는 이것에 대해 기록할게요. 이를 다루는 방법에 대한 아이디어가 있으세요?

부모: 음……. 아이가 진정되면 크래커를 모두 줄 수도 있겠어요.

코치: 네, 그럴 수 있어요. 한 번에 한 개 말고 몇 개씩 주시는 건 어떠세요? 아니면…… 아이가 가리키도록 신체적 안내를 해서 오래 기다리지 않게 할 수도 있어요. 그런 다음 세 번째는 줄일 수 있는데, 지금은 여기에 두 가지 제시법을 모두 쓸게요. Brianna가 소란을 피울 때 둘 중 하나를 시도해 도움이 되는지 확인할 수 있어요. 가정에서 시도해 본 후에는 "되돌아보기" 칸에 어떻게 진행되는지 꼭 적어 다음 시간에 함께 검토해요.

그런 다음 코치는 Elena에게 부모 매뉴얼 제5장에 나온 의사소통 이해 촉진하기 부분을 읽도록 당부한 후 Elena와 Brianna에게 작별 인사를 한다.

그룹 운영

ImPACT 프로젝트 그룹 모델에서 부모는 여섯 번의 그룹 회기에 걸쳐 다른 부모와 함께 중재 기법을 배운다. 각 그룹 회기가 끝나면 부모는 아이와 함께 개별 코칭 회기를 진행하여 코치에게 기법을 배우고 피드백을 받는다. 그룹 회기의 목표는 중재 전략 소개하고, 공통되는 어려움을 파악해 해결하고, 부모가 서로의 경험을 공유하고 지원하도록 촉진하는 것이다. 다음은 그룹 회기를 운행하는 이론적 근거와 일반적인 절차에 관한 설명이다.

성공적인 그룹은 프로그램에 대한 기대치를 명확하게 정하고, 그룹 구성원 간의 결속력을 구축하고, 서로 지지해 주는 분위기의 그룹 토론을 형성하는 것부터 시작한다. 그룹의 리더는 그룹 토론 전반에 걸쳐 강점-기반 접근 방식을 사용하고 그룹 구성원 간의 상호작용을 효과적으로 관리해야 한다. 각 회기를 준비한 후, (1) 회기 전 필요한 사항을 점검하고 회기 진행목록을 정하며, (2) 회기 간 부모의 연습을 검토하고, (3) 비디오 예시를 보여 주고 토론을 촉진하며, 새로운 기술을 소개하고, (4) 부모의 연습과 코칭 계획을 세우도록 돕는다. 각 회기가 끝나면 충실도를 모니터링한다.

❖ 그룹 회기 준비

각 그룹 회기를 진행하기 전에 교육 및 토론을 촉진할 수 있는 공간을 마련하고 적절한 자료를 준비해야 한다.

그룹 토론을 장려하기 위해 모든 부모가 코치와 프레젠테이션은 물론 서로를 동등하게 잘 볼 수 있도록 그룹 공간을 마련하자. 모든 부모가 메모할 부분이 있는지 확인하자. 이상적인 배치는 직사각형 테이블을 U자 형태로 놓고 주변에 의자를 놓는 것이다.

그룹 형식의 ImPACT 프로젝트 교육 자료는 인터넷에서 내려받을 수 있다(자세한 내용은 부록 참조). 토론을 위한 파워포인트 프레젠테이션과 비디오 클립 등이 있다. 오늘 진행할 회기의 프레젠테이션 슬라이드와 스크립트를 검토하고 사용할 비디오 샘플을 선택하자. 스크립트에는 프레젠테이션에 필요한 모든 정보가 들어있지만, 자신만의 말로 표현된 자신만의 예시를 만들어 사용하길 권장한다. 이 방법은 프레젠테이션을 풍부하게 하고 개별화시킬 수 있다.

슬라이드와 비디오 재생에 적합한 장비와 메모할 수 있는 화이트보드가 있는지 확인하자. 모든 부모는 부모 매뉴얼의 사본을 소지해야 한다. 그리고 파워포인트 슬라이드를 출력하여 유인물로 만들고 복사해서 사용할 수 있다. 아이 목표와 부모의 실천계획표를 포함한 이

전 코칭 회기와 관련된 정보를 검토한다.

❖ 체크인 및 회기 진행목록 정하기(회기의 5%)

첫 번째 그룹 회기는 그룹을 소개하고 그룹 기대치를 공동으로 만드는 시간이다. 프로그램에 대한 기대치를 모아 공동의 기대치를 설정하고 부모가 연결되어 서로를 지원하도록 돕는다. 뒤이은 회기에서는 공통의 계획을 마련하기 위해 부모의 근황을 살피고 회기 진행목록을 정한다. 부모가 들어오면 따뜻하게 맞아 주자. 그룹 프로그램을 시작하기 전에 서로를 확인하는 시간을 갖자. 회기의 목표와 구조에 대한 정보를 주기 위해 회기 진행목록을 간략히 검토한다. 초반부에는 부모에게 회기 구조를 주지시키자. 여기에는 (1) 그룹의 실천계획표를 모두 검토하고, (2) 강의, 비디오, 그룹 토론 등의 방법으로 새로운 기법을 소개하며, (3) 연습 및 코칭 계획을 세우는 과정이 들어간다. 회기 동안 부모가 볼 수 있도록 이 구조를 화이트보드에 적어 둘 수도 있다.

❖ 실천계획표 검토하기(회기의 10%)

첫 번째 그룹 회기를 제외하고 각 그룹 회기는 각 부모의 실천계획표에 관한 그룹 토의로 시작한다. 이는 부모의 연습에 도움을 주기 위함이다. 그리고 부모가 성공과 어려움을 공유하고, 각자 이 기술을 사용하는 데 필요한 추가 지원이 무엇인지 결정하도록 도움을 준다.

화이트보드에 "잘 되었던 점은 무엇인가요?" "어려웠던 점은 무엇인가요?" "해결 방법"이라 적고 각각의 열을 만든다. 모든 부모가 화이트보드를 잘 볼 수 있도록 하자. 방안을 돌아다니며 지난 회기에서 작성한 실천계획표가 어떠했고, 가정에서 어떻게 작용했는지 잘된 점과 어려웠던 점을 포함하여 간략하게 말하게 하자. 각 부모가 발표하면 화이트보드의 해당 열에 정보를 간단히 쓰자. 그룹 부모의 경험에서 공통점을 찾도록 도움을 주자.

각 부모의 보고가 끝난 후, 부모가 경험한 하나 이상의 일반적인 문제를 확인하자. 그룹에서 문제를 해결하도록 돕기 위해 질문을 하고 제안을 하자. "어려웠던 점은 무엇인가요?" 열의 특정 과제 옆에 있는 "해결 방법" 열에 잠재 가능성이 가장 큰 해결책을 적는다. 각 회기와 관련된 일반적인 과제와 해결 방법은 제3장 각 단원 후반부의 문제 해결 팁 표에 설명했다.

연습을 검토하는 동안 부모는 서로에게 제안하도록 독려한다. 그러나 제안이 긍정적이고, 주제에 맞고, 모범 사례와 일치하는지 확인하자. 부모가 지나치게 부정적이거나, 주제에서 벗어나거나, 중재나 모범 사례의 적절한 구현과 일치하지 않는 제안을 반복하는 경우 토론에 더 많은 구조를 추가하자. 예를 들어, 좋은 제안은 많지만, 시간이 제한되는 경우라면 이후부터는 코치만 제안하는 구조로 진행할 수 있다. 부모가 연습하지 않은 경우라면 그룹 회기가 끝날 때나 다음 코칭 회기에서 연습 계획을 세우는 시간에 부모와 협력하여 시간 부족이나 기타 가족 돌봄 문제와 같은 구체적인 어려움이 있는지 파악하고 문제 해결 방법을 찾자.

❖ 새로운 기법 소개하기(회기의 70%)

다음 단계로 새로운 기법을 소개한다. 앞에서 언급했듯이 이는 강의, 비디오 예제 및 그룹 토론 등의 방식으로 진행된다. 정보를 알려 줄 때는 반드시 큰소리로 천천히 말하자. 그리고 각 부모가 듣고 있는지 확인하기 위해 청중을 둘러보고 수줍음이 많은 부모의 참여를 격려하자. 어떤 부모는 그룹 앞에서 말하는 것이 불편할 수 있고, 특히 처음에는 질문에 대답하는 데 약간의 시간이 걸릴 수 있다. 그러므로 질문을 한 후에는 부모가 대답할 수 있는 충분한 시간을 주자.

파워포인트 슬라이드를 활용하여 기법의 이론적 근거를 설명하고 핵심 요소를 토의하도록 이끌고, 참여하는 가족과 자신의 경험을 바탕으로 예를 들어 설명하자. 제3부 회기에는 필요한 경우 정보를 알려 주는 데 사용할 수 있는 샘플 스크립트가 있다.

프레젠테이션의 관련 지점에서 기법에 대한 비디오 예시를 보여 준다. 그룹 내 아이들의 기술에 기초한 가장 적절한 클립을 고르려면 비디오 클립을 사전 선별해야 한다. 예를 들어, 그룹이 영유아의 부모로만 구성된 경우면 더 어리거나 언어 이전기 아이의 클립만 선택해 보여 줄 수 있다.

각 클립을 보여 주기 전에 부모에게 클립에 나오는 부모가 기술을 어떻게 사용하고 아이가 어떻게 반응하는지 관찰하도록 안내하자. 각 영상이 끝나면 질문을 하여 부모가 관찰한 내용을 되돌아볼 수 있도록 하자. "그 상호작용에서 알아낸 것이 있나요?"처럼 개방형으로 먼저 질문하자. 상호작용의 중요한 요소를 확인하지 못하는 경우, "부모는 의사소통을 어떻게 조절하나요?" 또는 "엄마가 제스처를 과장해서 표현했을 때 아이는 어떻게 반응했나요?"와 같이 보다 구체적으로 질문하자. 각 비디오 클립의 핵심 요소에 대한 안내는 제3부 그룹 회기 텍스트에 있다.

부모가 핵심 요소를 알아채지 못하면, 무슨 일이 일어나고 있는지 설명하거나 클립의 관련 지점에서 일시 정지하여 내용을 다시 틀자. 이는 부모가 기법과 아이의 반응을 알아보도록 도울 수 있다.

부모가 '생각해 보세요!' 질문에 답하게 하자. 이는 프레젠테이션 관련 지점에서 질문하면 부모가 아이에게 기법을 적용하고 활발하게 토론하도록 돕는다. 각 질문당 부모가 생각할 시간을 1~2분 정도 주자. 그룹의 규모, 부모의 편안한 정도, 사용 가능한 시간 등을 고려하여 전체 그룹 또는 짝을 지어 답변을 토론하게 한다. 대그룹 앞에서 말하기가 덜 불편한 부모에게 짝 토론은 효과적인 전략이다. 부모를 둘씩 짝지어 그들의 답을 가지고 토론하게 하자. 시간이 된다면 둘 중 하나 또는 두 개의 답을 그룹과 공유하자. 토론하는 동안 부모에게 이 기법이 아이에게 가장 적합한 방법인지 깊이 생각해 볼 수 있도록 질문하고 제안하자.

부모가 혼란스럽거나 이해되지 않는 부분에 관해 명확한 답을 찾도록 질의 시간을 짧게 갖자. 한 부모가 질문하면 모든 부모가 듣고 이해할 수 있도록 이를 반복하자. 질문이 주제에서 약간 벗어난 경우라면 해당 질문을 현재 자료와 연계해서 설명하자. 질문이 주제와 상당히 벗어난 경우라면 휴식 시간이나 회기 후에 부모와 문제를 논의하겠다고 제안하자.

프레젠테이션 중간에 휴식 시간을 짧게 가져 부모가 정보를 수용하고, 다른 부모를 만나고, 더 긴 질문을 할 수 있도록 하자. 제3부의 각 그룹 회기에서는 휴식을 위해 쉬는 시간을 가지라 제안한다. 그러나 프레젠테이션에는 다른 관점으로 보는 것이 더 나을 수도 있다.

❖ 연습 및 코칭 계획하기(회기의 15%)

각 그룹 회기의 마지막 단계는 부모가 가정에서 기법을 연습하고 개별 코칭 회기를 준비하도록 돕는 것이다. 그룹에서 실천계획표를 작성하면 부모는 서로에게서 배우고 도움을 줄 수 있다. 이 시간이 부족하다면 그룹 토의 시간을 줄일 수도 있다. 그러나 최소한 부모는 방을 나가기 전까지 해당 회기 실천계획표의 목표, 활동, 도표 칸을 채워야 한다.

부모가 회기 사이에 연습할 시기와 방법을 계획하도록 하자. 부모에게 실천계획표에 (1) 목표로 선택하고 싶은 한두 가지 목표, (2) 연습을 시행할 놀이 활동과 일상을 적도록 몇 분의 시간을 준다.

그리고 도표를 활용하여 해당 기법을 어떻게 사용할 것인지 긍정적으로 적게 하자. 예를 들면, (1) 부모가 사용할 기법, (2) 부모가 기대하는 아이의 반응, (3) 아이에게 어떻게 반응할 것인지 등이다.

부모 스스로 도표를 완성하기는 어려울 수 있다. 따라서 부모 중 한 분에게 그룹 앞으로 나와 도표를 완성하는 시범을 보이도록 요청할 수 있다. 부모에게 어떤 기술을 사용할 것인지 물어보자. 그런 다음 아이에게서 어떤 반응을 기대하는지, 아이의 반응에 부모는 어떻게 반응할 것인지 물어보고 화이트보드에 부모가 한 답을 쓰자.

부모가 연습 방법과 시기를 결정하고 나면 주중 연습 동안 발생할 수 있는 잠재적인 문제를 해결하도록 도와주자. 무엇이 어려울지 부모가 생각하는 시간을 2분 정도 주고 이를 실천계획표에 기록하자. 시간이 얼마나 남았느냐에 따라 짝 또는 전체 그룹으로 가능한 해결책을 토의할 수 있다. 문제 해결에 도움이 되도록 질문하고 의견을 제시하자. 일반적인 과제와 잠재적인 해결책은 실천계획표의 "계획하기" 부분에 작성하고 그룹 형식(제3부) 회기 지침에서 다룰 수 있다.

마지막으로 되돌아보기와 읽기에 시간을 할당하자. 실천계획표의 "되돌아보기" 칸에 연습이 어떻게 진행되었는지 쓰게 하자. 다음 코칭 회기가 시작될 때 연습이 어떻게 진행되었는지 검토하고 문제가 발생하면 문제를 해결할 것임을 상기시키자. 다음 회기를 검토할 수 있도록 계획서 사본을 챙기자. 회기에서 다루었던 내용과 관련된 부모 매뉴얼 부분을 읽게 하자.

❖ 충실도 모니터링

각 그룹 회기가 끝난 후 그룹 충실도 체크리스트(양식 7)를 작성하여 그룹 코칭 절차를 모니터하자. 이 과정은 그룹 회기를 충실하게 구현하도록 돕는다.

제4장

ImPACT 프로젝트 초기상담

가족의 ImPACT 프로젝트를 시작하기 전에, ImPACT 프로젝트가 아이와 가족에게 권장할 만한 적절한 치료인지를 결정하고, 치료를 통해 기대하는 사항을 확인하고, 가족의 참여를 방해하는 문제를 해결하기 위해 초기상담의 시간을 가져야 한다. 개별 코칭 모델과 그룹 코칭 모델의 초기상담 과정은 같다. 한편, 차이점은 다음과 같다.

중재 환경에 따라 초기상담 회기는 대면 또는 전화로 진행할 수 있다. 그리고 이 프로그램이 아이와 가족에게 도움이 될 것이라는 판단이 들면 평가가 끝난 후 프로그램에 대한 정보를 제공할 수 있다. 이때 아이는 참석할 필요는 없다.

초기상담이 진행되는 시간과 이때 사용하는 자료는 신규 참여 부모인지 기존 참여 부모인지, 부모-매개 중재에 대한 부모의 친숙도와 동기 부여 수준, 부모 참여가 방해받는 정도에 따라 달라진다. 그리고 가능하다면 15분 정도의 시간에 핵심 정보를 주고받을 수 있다. 어디서부터 시작해야 할지에 관한 결정은 아이와 부모의 정보에 따라 달라진다. 면담지(양식 2)를 활용하면 초기상담 시간에 정보를 얻을 수 있다. [그림 1-4-1]은 면담지(양식 2)의 일부를 작성한 예시이다.

가족 정보가 부족한 경우에는 먼저 아이와 가족에게 필요한 사항이 무엇인지 파악하고 나서 프로그램 적합 여부를 판단해야 할 것이다. 보고서를 활용할 수 없는 경우라면 초기 평가 일정을 잡아야 할 수도 있다. 가족에 대해 이미 잘 알고 있다면 프로그램에 대한 기대치를 부모와 공유하는 것부터 시작할 수 있다. 부모가 프로그램에 큰 관심을 보인다면 프로그램에 대한 기대치를 공유하는 과정을 생략하고, 첫 번째 회기에서 다루는 ImPACT 프로젝트 개관 내용인 프로그램의 이론적 근거와 부모와 코치의 역할 그리고 프로그램 형식에 대해 더 많은 시간을 할애할 수 있다.

양식 2

면담지

아이 이름: Sam　　부모 이름: Molly　　날짜: 2017년 8월 1일

1. 서비스를 통해 무엇을 이루고 싶은가요? 아이의 주요 목표는 무엇입니까?
   Sam과 대화가 가능해지면 좋겠다. 그리고 Sam이 남동생과 함께 놀 수 있으면 좋겠다.

2. 아이가 진단 평가를 받은 적이 있습니까? 만약 그렇다면 진단 결과는 무엇인가요?
   네.- 2살 때 언어 평가를 받았고, 결과는 언어지연으로 나왔습니다. 2세 6개월 때 소아과 의사가 자폐로 진단했습니다.

3. 현재 아이는 다음 중 어떤 것을 어려워하나요?
   - ☐ 혼자 노는 것을 선호함
   - ☐ 말을 되풀이하거나 같은 말을 반복적으로 함
   - ☑ 눈을 마주치기 어려움
   - ☑ 말하는 내용을 이해하거나 지시를 따르기가 어려움
   - ☑ 공유하거나 번갈아 가며 행동하기 어려움
   - ☐ 말이나 행동의 모방이 어려움
   - ☑ 제스처, 단어, 단어 조합을 배우는 속도가 느림
   - ☐ 장난감이나 기타 놀잇감에 관심이 제한됨
   - ☑ 다양한 목적으로의 의사소통이 어려움
   - ☑ 특이한 방식으로 또는 같은 방식으로 반복해서 놀이함

4. 아이가 부모와 어떤 방식으로 의사소통합니까?
   Sam은 저와 단어와 문구로 의사소통합니다. 주로 저에게 말을 하지만 형만큼 하지는 않습니다.

[그림 1-4-1] 사례 연구 1(Sam과 Molly)의 면담지(양식 2) 일부 작성 예

ImPACT 프로젝트 초기면담 회기

회기 목표

- 가족이 프로그램에 적합한지 결정하기
- 프로그램에 대한 기대치 공유하기
- 참여를 방해하는 문제 해결하기
- 치료 준비하기

회기 진행목록

- 가족의 요구 사항 확인하기
- 프로그램에 거는 기대 공유하기
- 참여를 방해하는 문제 해결하기
- 프로그램 준비

준비물

- 이전 평가 결과지(가능한 경우)
- 면담지(양식 2)
- 초기상담지(양식 3)
- 부모 매뉴얼

가족의 요구 사항 확인하기

ImPACT 프로젝트가 가족의 요구 사항에 적합한지를 파악하기 위해 몇 가지 질문을 한다고 부모에게 설명한다. 면담지(양식 2)를 이용하여 필요한 정보를 알아내자. 그리고 필요한 경우에는 추가 질문을 하자. 부모의 답변을 기록하여 필요할 때 다시 참고하자.

❖ 아이가 프로그램에 적합한지 판단하기

아이의 능력이 이 프로그램에 적합한지, 프로그램이 부모의 목표를 달성할 수 있는지를 확인하기 위해 부모에게 면담지(양식 2) 1-4번 문항을 질문하고 이전 평가 결과를 검토한다. ImPACT 프로젝트는 언어 발달의 초기 단계이고 사회적 참여, 의사소통, 모방 및/또는 놀이 영역에서 어려움이 있는 아이에게 적합하다. 이 프로그램에 가장 적합한 아이의 특성에 대한 추가 정보는 이 책의 제1부 제2장에서 확인할 수 있다.

아이의 수용 및 표현 언어 능력이 잘 발달한 경우에는(예: 대화 수준) 프로그램 시행에 대해 언어재활사와 상담하는 것이 적절할 수 있다. 아이의 능력이 적절하지 않거나 부모가 원하는 목표가 ImPACT 프로젝트를 통해 이룰 수 없는 경우에는 다른 프로그램을 추천하자.

❖ 다른 중재가 필요한지 판단하기

부모에게 면담지(양식 2) 5번 문항을 질문하여 프로그램 이전 또는 프로그램과 함께 해결해야 할 행동 문제가 있는지 확인하자. 아이가 자신이나 다른 사람을 다치게 하는 공격적인 행동을 하거나, 식사, 옷 입기, 목욕하기, 외출 등의 중요한 일상 활동에 방해가 되는 심각한 행동 문제를 보일 수 있다. 이런 경우에는 제8장에서 다루는 **아이의 도전 행동 다루기**(선택 사항)를 활용하여 문제 행동을 해결할지 아니면 가족이 행동 전문가에게 의뢰하도록 할지를 결정하자.

프로그램에 거는 기대 공유하기

프로그램의 목표와 요구 사항에 대해 거는 기대치를 공유하는 것은 중재 시작부터 부모와의 협력적 관계를 단단하게 만드는 기반이 된다.

❖ 치료에 거는 부모의 기대 이해하기

> 부모의 참여 동기나 능력을 가정하지 말자. 치료 옵션에 관해 열린 마음으로 대화하고 부모가 ImPACT 프로젝트 참여 여부를 결정하도록 하자.

부모에게 면담지(양식 2) 6~8번 문항을 질문하여 과거 중재에서 쌓은 부모의 경험과 아이 치료에서 자신의 역할에 거는 현재의 기대치를 알아보자. 부모의 과거 경험과 현재의 기대치를 이해하면 이에 맞춰 프로그램을 설명하고, 치료에 대해 잘못 인식하고 있는 부분을 해결하고, 부모가 더 잘 수용할 수 있게 만드는 추가적인 정보 제공에 도움이 된다. 부모가 자신이 아닌 다른 사람이 아이와 가장 많은 시간을 보낸다고 말하면, 다른 보호자가 프로그램에 참여해야 하는지를 결정하자.

❖ ImPACT 프로젝트의 이론 설명하기

부모가 아이의 일상 활동 전반에 걸쳐 이 프로그램의 전략을 사용하면 아이의 사회적 의사소통 기술이 향상되고 도전 행동이 줄어든다는 점을 설명하자. 아이는 가정 안에서의 자연스러운 상호작용과 일상생활 속에서 기술을 배우고 연습하기 때문에, 시간이 지나면서 아이가 새로운 상황에서 기술을 사용하도록 돕는다. 이러한 전략을 배우면 부모는 아이에게 도움을 주는 자신의 능력에 더 큰 자신감을 가지며, 양육 스트레스가 줄어들고 아이와 긍정적으로 더 많이 상호작용을 한다.

부모가 직접 중재가 아닌 부모-매개 중재를 주저한다면, 다음의 문장을 강조하여 ImPACT 프로젝트의 이론적 근거를 설명하자. 이 프로그램은 "육아" 프로그램이 아니며, 부모 때문에 아이의 사회적 의사소통 문제가 발생한다고 가정하지 않는다. 부모는 전략을 배워 전문가처럼 사용할 수 있다. 부모는 전문가보다 더 많은 시간 아이의 하루를 함께한다. 부모-매개 중재의 장점을 보고한 연구는 제1부 제1장에서 자세히 다루었다.

이 프로그램에 관한 연구 자료를 더 읽고 싶어 하는 부모에게는 부모 매뉴얼 후반부에 실린 "참고문헌" 목록을 추천하자.

❖ 부모와 코치의 역할 의논하기

부모의 역할이 가정과 지역사회에서 아이와 상호작용하며 일상생활에서 중재 전략을 배우고 사용하는 것임을 알려 주자. 코치의 역할은 부모와 협력하여 목표를 설정하고, 부모가 아이에게 중재 전략을 사용하여 아이의 목표 달성에 도움을 주는 방법을 익히도록 돕는 것이다.

이 프로그램에서 가르치는 전략들은 서로를 바탕으로 한다. 그러므로 모든 회기에 동일한 부모가 참석하는 것이 중요하다. 다른 가족 구성원은 일정이 가능한 경우, 부모와 함께 회기에 참석할 수 있다. 그러나 부모 없이 참석하는 것은 권하지 않는다. 다른 가족 구성원은 이전에 다룬 기법을 배우지 못했기 때문이다.

❖ 프로그램 형식 설명하기

회기 형식과 구조에 대한 개요를 부모에게 간략하게 설명하자. 프로그램 목표는 아이의 사회적 의사소통 기술 향상을 위해 사용할 수 있는 부모 중재 전략을 가르치는 것이며, 코치의 역할은 부모가 전략을 배우는 데 필요한 도움을 주는 것임을 다시 강조하자.

개별 코칭 모델

개인 코칭 모델은 12주 동안 주 2회(24회기) 실시하도록 설계했지만, 필요한 경우 주 1회(12회기)로 조정할 수 있다. 각 회기에는 부모와 아이가 참석해야 한다. 추천하는 회기 수와 기간을 알려 주자.

문서, 기법에 관한 간략한 설명, 아이에게 하는 기법 시연, 피드백을 제공하는 동안 부모의 기법 연습 등의 방법을 활용하여 각 회기마다 최소한 하나의 중재 기법을 알려 줄 것이라고 설명하자. 각 회기의 마지막에는 부모가 회기와 회기 사이에 작성할 실천계획표를 작성하도록 돕는다. 회기의 진행 속도는 부모와 코치가 함께 결정할 것임을 안내하고, 부모가 진행 속도가 너무 빠르거나 느리다고 느낀다면 코치와 소통하도록 격려하자.

그룹 코칭 모델

그룹 코칭 모델은 2시간짜리 그룹 회기 여섯 번과 1시간 코칭 회기 여섯 번을 진행하도록 설계했으며, 약 12주 동안 번갈아 진행된다. 그룹 회기 중에는 부모만 참석한다. 각 코칭 회기에는 부모와 아이가 함께 참석해야 한다.

강의, 비디오, 그룹 토론 등을 결합한 방식으로 각 그룹 회기에서 하나 이상의 중재 기법을 소개한다. 이어지는 코칭 회기에서는 아이에게 이 기법을 사용하는 방법을 시연하며, 부모에게 아이와 함께 기법을 연습할 기회를 주고 피드백을 제공한다. 각 회기가 끝나면 부모가 회기 사이에 수행할 실천계획표를 작성하도록 돕는다.

❖ 프로그램 등록에 대한 부모의 관심 확인하기

ImPACT 프로젝트 참여에 관심이 있는지 부모에게 물어보자. 부모가 부모와 코치의 역할 및 프로그램의 형식이나 구조에 대해 질문하고 염려하는 부분을 표현할 기회를 주자. 부모가 프로그램 참여에 관심이 없다면 대체 서비스를 논의하거나 적절한 중재를 추천하자.

참여를 방해하는 문제 해결하기

면담지(양식 2)의 9~10번 문항을 질문하여 부모의 참여를 어렵게 만드는 문제가 있는지 확인하자. 번역 자료, 통역사, 형제자매를 위한 돌봄, 기타 일정 및 교통 요구 사항 등 부모에게 도움이 되고 부모가 참여할 수 있도록 하는 구체적인 지원 방법을 확인한다. 취약계층의 가족이 프로그램에 참여하도록 도움을 주는 지원방안은 제1부 제2장을 참고하자.

프로그램 준비

❖ 첫 번째 회기 스케줄

프로그램 등록, 회기 스케줄, 비용 지불과 관련한 모든 문제를 반드시 상의하자.

❖ 부모가 부모 매뉴얼을 받을 수 있도록 준비하기

부모 매뉴얼을 갖는 방법을 부모에게 안내하자. 치료기관에서 부모 매뉴얼 복사본을 배부한다면 첫 번째 회기에 참석하기 전에 미리 부모에게 복사본을 주자. 부모가 부모 매뉴얼을 구매해야 한다면 The Guilford Press 웹사이트(www.guilford.com)와 학지사 웹사이트(www.hakjisa.co.kr)에서 직접 도서를 주문하는 방법을 안내하자.

❖ 부모가 작성한 초기상담지 준비하기

초기상담지(양식 3)와 [그림 1-4-2]를 부모에게 주자. 그리고 부모가 이를 작성한 후 첫 회기가 시작하기 전에 우편 또는 이메일로 보내거나 첫 번째 회기 시간에 가져오도록 안내하자. 이 양식을 작성하는 목적은 (1) 아이와 자신을 위해 이루고 싶은 부모 목표에 관한 정보를 얻고, (2) 해당 아이가 받을 수 있는 다른 서비스에 대해 알아보기 위해서이다. 이러한 사전지식은 첫 번째 또는 두 번째 회기에서 부모에게 친숙한 언어로 프로그램을 설명하도록 돕는다. 가능하다면 첫 번째 회기가 시작되기 전까지 부모에게 부모 매뉴얼 제1장에 있는 *ImPACT 프로젝트 개관* 부분을 읽어 보도록 제안하자. [그림 1-4-2]는 사례 연구 1(Brianna와 Elena)의 초기상담지(양식 3) 일부를 작성한 예시이다.

양식 3

초기상담지

아이 이름: Brianna　　부모 이름: Elena　　날짜: 2017년 4월 2일

이 양식을 작성한 후 첫 번째 중재 회기 전까지 제출하시기 바랍니다.

1. 아이는 주중에 누구와 시간을 보냅니까?
   아이는 일주일에 25~30시간 ABA 치료실 치료사 5명과 함께 시간을 보낸다. 그리고 나머지 시간은 나, 아빠, 할아버지와 함께 보낸다.

2. 아이에게 형제자매가 있습니까?
   만약 있다면, 형제자매의 이름과 나이를 모두 적어 주세요.
   Robbie - 6세

3. 아이에게 바라는 목표가 있다면 적어 주세요.
   Brianna가 말을 하면 좋겠다.

4. 자신에게 바라는 목표가 있다면 적어 주세요.
   나는 그녀와 같이 놀고 싶다. 다른 치료사들은 Brianna가 더 오랫동안 놀 수 있을 때까지 기다려야 한다고 말했지만, 실은 아이와 함께 놀 수 있으려면 내가 무엇을 해야 하는지 배우고 싶다.

5. 아이가 좋아하는 활동을 모두 써 주세요.
   Brianna는 달리기, 점프하기, 그네 타기, 오르기, 간지럼 타기 등 모든 신체 놀이를 좋아한다. 동물, 공, 거품을 좋아하고, 마블런을 가지고 노는 것을 좋아한다. 물론 아이패드도 좋아한다. 또 물을 좋아한다.

[그림 1-4-2] 사례 연구 1(Brianna 및 Elena)의 초기상담지(양식 3) 일부 작성 예

제2부

개별 부모 코칭 가이드라인

제2부는 부모 코칭 프로그램을 수행할 수 있도록 단계별로 지침을 제공하고 있다. 이 모델은 가정이나 치료실에서 일대일 방식으로 가족을 코칭하는 이들에게 가장 적합하다. 또한 이 모델은 각 기법을 설명하는 부모 매뉴얼인 ImPACT 프로젝트와 함께 사용할 수 있도록 설계되어 있다.

ImPACT 프로젝트를 수행하기 전에 제1부(ImPACT 프로젝트 소개)를 읽는다. 제1부는 부모와 관계를 맺고 격려하기, 공동 목표 세우기, 효율적인 코칭 전략과 코칭을 수행할 때 따라야 할 단계를 알려 준다. 이것은 ImPACT 프로젝트가 설계된 대로 반드시 따라야 할 중요한 요소들이다. 첫 번째 회기를 시작하기 전에(제1부 제4장 참조) 면담지(양식 2)를 작성해야 한다.

프로그램과 회기 기간

이 개별 모델은 60분 또는 90분짜리 24회기로 구성되며, 12주 등안 주 2회 실시하는 것이 가장 이상적이다. 부모와 아이의 학습을 최적화하기 위한 시간으로 24회기를 강력하게 추천한다. 그러나 만약 필요하다면 최소한의 회기로 조정할 수 있다(제1부 제2장 참조).

프로그램 완료 후 최대 6개월 동안 한 달에 한 번씩 가족과 예약하여 후속 회기를 진행한다. 후속 회기에서는 부모가 중재 전략을 유지하도록 돕고, 새롭게 우려되는 사항을 해결하며, 새로운 목표를 달성하기 위한 기법을 보여 준다.

부모 참여 조건

이 프로그램에서 가르치는 전략은 서로를 기반으로 구축되어 있다. 그래서 모든 회기에 동일한 양육자(주 양육자)가 참여하는 것이 필수이다. 다른 가족 구성원은 일정이 허락하는 한 주 양육자와 함께 참여할 수 있다. 그러나 다른 가족 구성원은 이전 기법을 배우지 못했기 때문에 주 양육자 없이 참여하는 것은 추천하지 않는다.

단원의 순서

개별 모델은 서로를 기반으로 7개 단원으로 이루어져 있으며 다음의 순서대로 소개해야 한다.

1. **시작하기**
2. **아이에게 집중하기**
3. **의사소통 방법 조절하기**
4. **새로운 의사소통 기회 만들기**
5. **새로운 기능 가르치기**
6. **상호작용 형성하기**
7. **앞으로 나아가기**

각 단원에는 한 개 혹은 그 이상의 기법을 가르치는 여러 회기가 포함되어 있다. 각 단원 내에서 개별 기법의 순서는 프로그램의 위상을 손상시키지 않고 가족의 필요에 따라 조절될 수 있다. 〈표 2-1-1〉은 단원, 기법 그리고 24회기 프로그램을 위해 권장되는 순서가 나와 있다. 만약 치료실 상황에서 이 프로그램을 한다면 3회기, *성공을 위한 가정환경 만들기*는 가정에서 가르치고 검토할 것을 제언한다. 더 나아가 지역사회 상황에서 일반화를 돕기 위한 22회기인 *지역사회에서 ImPACT 프로젝트 사용하기*는 지역사회 상황에서 가르치길 제언한다.

〈표 2-1-2〉는 12회기 프로그램을 위한 기법과 권장하는 순서이다. 횟수가 더 적은 회기로 진행하려면 가르쳐야 할 기법을 간소화하고 축소한다. 각 전략에 소요되는 시간은 가족과 아이의 필요에 따라 조절되어야 한다. 각 단원에 대한 소개와 각 기법에 대한 근거는 12회기 형식을 사용할 때 고려해야 할 사항에 대한 정보를 제공한다.

회기의 진행 속도는 각 가정에 맞출 수 있다. 부모의 스타일, 이전 훈련 경험, 교육적인 배경에 따라 각 전략과 기법에 쓰는 시간을 다양하게 조정할 수 있다.

회기 형식

각 회기는 회기 목표, 필요한 준비물, 회기 진행목록, 그 기법의 핵심 요소를 나타내는 개요로 시작한다. 그 기법을 가르치는 방법, 부모와 함께 사용하는 언어의 예, 그리고 토론을 촉진할 수 있는 질문들이 이어진다. 회기는 문제 해결 팁으로 마무리한다.

면담지 작성과 1회기를 제외하고(24회기 중 2회기) 회기 진행은 표준적인 형식을 따른다.

각 항목에 소요되는 대략적인 시간 비율이 다음과 같이 나열되어 있다.

1. **체크인과 회기 진행목록 정하기**(회기의 5%)
2. **실천계획표 검토하기**(회기의 15%)
3. **새로운 기법 소개하기**(회기의 15%)
4. **기법 시연하기**(회기의 10%)
5. **부모의 연습 및 피드백 제공하기**(회기의 35%)
6. **부모의 되돌아보기와 실천계획표 작성하기**(회기의 20%)

<표 2-1-1> 24회기 개별 프로그램, 후속 회기와 선택 사항

	1단원. 시작하기
1회기	*ImPACT 프로젝트 개관*
2회기	*목표 세우기와 성공을 위한 준비*
3회기	*성공을 위한 가정환경 만들기*(가정)
	2단원. 아이에게 집중하기
4회기	*아이의 주도 따르기*
5회기	*아이 모방하기*
	3단원. 의사소통 방법 조절하기
6회기	*애니메이션처럼 표현하기*
7회기	*모델링과 의사소통 확장하기*
8회기	**아이에게 집중하기**와 **의사소통 방법 조절하기** 복습(가정)
	4단원. 새로운 의사소통 기회 만들기
9회기	*놀이 방해하기*
10회기	*균형 잡힌 주고받기*
11회기	*의사소통 유혹하기*
12회기	**새로운 의사소통 기회 만들기** 복습(가정)
	5단원. 새로운 기능 가르치기
13회기	*촉진과 보상*
14회기	*의사소통 촉진하기*
15회기	*의사소통 이해 촉진하기*

16회기 *의사소통 촉진하기* 복습(가정)
17회기 *모방 촉진하기*
18회기 *놀이 확장 촉진하기*
19회기 *모방 촉진하기*와 *놀이 확장 촉진하기* 복습(가정)

6단원. 상호작용 형성하기

20회기 *상호작용 형성하기*
21회기 *상호작용 형성하기*(가정)
22회기 *지역사회에서 ImPACT/프로젝트 사용하기*(지역사회)

7단원. 앞으로 나아가기

23회기 *아이의 목표 업데이트하기*
24회기 *지속적인 성공을 위해 계획하기*
후속 회기

8단원. (선택 사항) **아이의 도전 행동 다루기**

1회기 *아이의 도전 행동 이해하기–정보 수집하기*
2회기 *아이의 도전 행동 이해하기–패턴 파악하기*
3회기 *도전 행동 예방하기*
4회기 *결과 변화시키기*
5회기 *대체 기술 가르치기*

<표 2-1-2> 12회기 개별 프로그램

1단원. 시작하기

1회기 *ImPACT 프로젝트 개관, 목표 세우기*와 *성공을 위한 준비*
2회기 *성공을 위한 가정환경 만들기*(가정)

2단원. 아이에게 집중하기

3회기 *아이의 주도 따르기*와 *아이 모방하기*

3단원. 의사소통 방법 조절하기

4회기 *애니매이션처럼 표현하기*와 *모델링과 의사소통 확장하기*

4단원. 새로운 의사소통 기회 만들기

5회기 *놀이 방해하기*와 *균형 잡힌 주고받기*

6회기 *의사소통 유혹하기*

5단원. 새로운 기능 가르치기

7회기 *촉진과 보상*
8회기 *의사소통 촉진하기*
9회기 *의사소통 이해 촉진하기*
10회기 *모방과 놀이 확장 촉진하기*

6단원. 상호작용 형성하기

11회기 *상호작용 형성하기*

7단원. 앞으로 나아가기

12회기 *아이의 목표 업데이트와 성공을 유지하기 위해 계획하기*

각 요소에 대한 자세한 내용은 제1부 제3장에서 찾아볼 수 있다. 부모 매뉴얼에 있는 각 전략에는 개별 기법과 마찬가지로 전략의 실천계획표가 있다. 각 회기에서 소개하는 전략 혹은 기법에 부합하는 실천계획표를 사용하도록 한다. 실천계획표는 ImPACT 프로젝트 동반 웹사이트(website)에서 양식을 제공하고 있다(차례 마지막에 있는 상자 참조).

부모의 전략 사용 방법을 모니터링하고 다음 단원을 소개해도 되는지 결정하기 위해 중재 충실도 체크리스트(양식 4)를 사용한다. 만약 부모가 전략에서 3점 이하를 받는다면 다음 단원을 소개하기 전에 피드백을 통해 연습하는 데 더 많은 시간을 할애해야 할 수도 있다.

아이의 진전에 관한 정보를 수집하기 위해 회기 기록지(양식 12)를 사용할 수 있다. 다음 수업을 진행하기 전에 회기 기록지를 이용해 부모에게 전달한 정보를 정리할 수 있다. 설계된 대로 ImPACT 프로젝트 코칭 절차를 수행하는지 확인하기 위해 코칭 충실도 체크리스트(양식 6)를 사용한다.

1단원

시작하기

1단원의 목표는 ImPACT 프로젝트의 개관을 제공하는 것이다. 아이를 위한 목표를 설정하고 프로그램을 준비하도록 돕기 그리고 성공을 위한 가정환경 만들기를 위해 부모를 돕는다. 만약 부모가 프로그램의 이론적 배경을 이해하고, 목표를 세우는 데 참여하며, 그 목표를 다루는 데 사용하는 단계들을 이해한다면 가정에서 중재를 더 잘 수행할 것이다. 부모가 효율적으로 배울 수 있도록 ImPACT 프로젝트 전략을 한 번에 한 개씩 가르치는 것이 특히 중요하다. 만약 부모가 아이가 참여하고 배울 수 있는 가정환경을 만들 수 있다면 좀 더 성공적일 것이다.

이번 단원에서는 네 가지 주제를 다룬다. *ImPACT 프로젝트 개관*, *목표 세우기*, *성공을 위한 준비*, *성공을 위한 가정환경 만들기*이다. 프로그램의 개관을 제공하는 것으로 시작하고, 부모가 아이를 위해 목표를 세우고 프로그램을 시작할 수 있도록 돕는다. 이 과정에서 핵심 단계의 수행을 모니터하기 위해 공동 목표 설정 충실도 체크리스트(양식 5)를 사용한다. 부모와 함께 목표를 세운 후에는 아이와 더 쉽게 상호작용하고 아이를 가르칠 수 있는 *성공을 위한 가정환경 만들기*를 가르친다. 그리고 ImPACT 프로젝트를 실천하기 좋은 매일 활동과 루틴을 찾도록 도와준다.

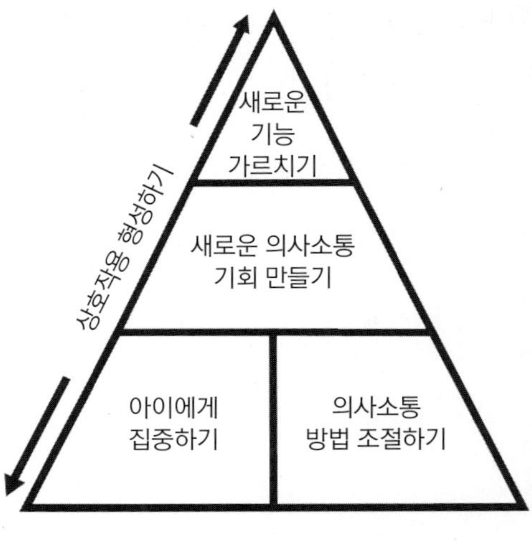

- 만약 24회기로 프로그램을 완료한다면, 이번 단원에서는 3개의 회기를 끝낸다. 1, 2회기에서는 *ImPACT 프로젝트 개관, 목표 세우기, 성공을 위한 준비* 그리고 3회기에서

는 *성공을 위한 가정환경 만들기*로 진행할 것을 추천한다.

- 만약 12회기로 프로그램을 완료한다면, 이번 단원에서는 2개의 회기를 끝낸다. 어떠한 핵심 요소도 생략하지 않으면서 설명을 간소화할 필요가 있다. 1회기에서는 첫 세 가지 주제를 진행하고 다음 회기에서 *성공을 위한 가정환경 만들기*를 진행하길 추천한다.

사회적 의사소통 목표를 세우고 부모가 성공적인 상호작용을 위해 가정환경 만들기를 배웠다면 **아이에게 집중하기**를 소개할 준비가 된 것이다.

1회기
ImPACT 프로젝트 개관

회기 목표

- 부모가 ImPACT 프로젝트의 유익한 점을 이해하도록 돕기
- 부모에게 ImPACT 프로젝트 개관 제공하기
- 각각의 네 가지 핵심 영역에서 아이의 기능에 대한 정보 모으기

준비물

- 부모 매뉴얼
- 초기상담지(양식 3)
- 좋아하는 장난감
- 사회적 의사소통 체크리스트(부모 버전, 양식 8)
- 사회적 의사소통 체크리스트(코치 버전, 양식 9)
- 비디오 녹화를 위한 부모 동의서
- 공동 목표 설정 충실도 체크리스트(양식5)

회기 진행목록

- 체크인 및 회기 진행목록 정하기
- 초기상담지 검토하기
- *ImPACT 프로젝트 개관* 소개하기
  - 읽기 및 회기 연습 사이의 기대치 설정하기
  - 프로그램이 가족에게 주는 유익한 점 설명하기
  - 부모와 코치의 역할 토의하기
  - 코치가 진행하는 회기 형식 설명하기
  - 아이가 배워야 할 기능 소개하기: 사회적 참여, 의사소통, 모방, 놀이
- 아이가 할 수 있는 기능에 대한 정보 모으기
  - 부모가 사회적 의사소통 체크리스트(부모 버전) 완성하게 하기
  - 아이와 상호작용하고 사회적 의사소통 체크리스트 완성하기
  - 10분 동안 부모-아동 상호작용 관찰하고 기록하기
- 부모의 되돌아보기를 돕고 읽기 과제 제시하기

체크인 및 회기 진행목록 정하기

❖ 가족과 인사하기

> 라포를 형성하기 위해 코멘트하고 질문한다.

첫 시간이라면 부모와 아이에게 자신을 소개한다. 아이와 몇 분간 놀이에 참여하여 친밀감을 형성하는 것부터 시작하는 것이 종종 도움이 된다. 부모에게 짧게 아이와 상호작용하는 것으로 시작하려 한다고 말하고 회기 목표와 진행목록을 설명한다. 치료실이라면 아이와 상호작용을 유도하기에 적절한 장난감을 준비한다.

부모가 걱정으로 시작한다면 걱정을 말하고 듣는 시간을 갖는다. 만약 그 걱정이 코치의 전문 영역이 아니라면 도움을 받을 수 있는 적절한 곳을 제공하고, 진행목록을 완성할 수 있도록 다시 진행한다.

❖ 회기 목표와 진행목록에 대해 설명하기

이번 회기에서는 ImPACT 프로젝트 개관을 제공하고 아이의 현재 기능에 대한 정보를 수집한다.

부모가 완성한 기능 체크리스트를 사용할 거라고 알려 주고, 정보 수집을 위해 아이와 상호작용해 보고 부모와 아이의 상호작용도 관찰한다.

비디오 녹화는 첫 번째 회기에서 부모와 자녀의 상호작용을 녹화하는 것부터 시작하여 프로그램의 여러 지점에서 사용된다. 부모와 아이를 녹화하기 전에 치료실의 비밀서약에 부합하게 반드시 부모가 서명한 동의서를 받아야 한다. 만약 부모가 망설인다면, 부모가 영상을 가지고 있거나 영상을 검토한 즉시 폐기할 것이라고 제언한다.

처음 몇 회기에는 연속적으로 회기를 진행하기보다 더 많은 논의가 이루어진다는 것을 부모에게 알려 준다. 왜냐하면 충분한 논의를 거쳐야 함께 목표를 세우고 프로그램의 성공적인 수행을 준비할 수 있기 때문이다.

초기상담지 검토하기

첫 회기를 시작하기 전에 부모는 초기상담지(양식 3)를 완성해야 한다. 초기상담지는 부모가 아이와 자신을 위한 목표를 이해하고, 아이에게 다른 서비스가 필요하진 않은지 발견하며, 라포를 형성하는 데 사용된다. 부모와 함께 양식을 검토하여 제공한 정보가 중요하고, 프로그램 전반에 걸쳐 사용될 것임을 알려 준다. 구체적이지 않거나 이해하기 어려운 답변들을 명백하게 하는 데 시간을 할애한다.

만약 부모가 양식을 완성하지 못한다면, 기록하는 동안 질문에 구두로 답변하게 한다. 다음 프로그램의 요소들을 논의하면서 이 정보들을 활용한다.

ImPACT 프로젝트 개관 소개하기

❖ 읽기 및 회기 연습 사이의 기대치 설정하기

부모 매뉴얼에 있는 제1장 *ImPACT 프로젝트 개관* 부분을 읽었는지 질문한다. 만약 읽었다면, "멋져요!" 혹은 "좋은 출발을 하셨어요."라고 긍정적인 코멘트를 한다. 이 회기에서는 그 정보들에 대해 함께 논의할 것이라고 알려 준다.

만약 부모가 읽지 않았다면, 읽기가 문제가 되진 않는지 확인한다. 이때 다음과 같이 말할 수 있다. "각 회기를 시작하기 전에 우리가 함께 논의할 정보에 대해 읽었는지 확인할 거예요. 이 방법이 도움이 될 것 같나요?" 만약 부모가 정기적으로 할 수 있을지 우려를 표현하거나 부모의 문해력에 의문이 생긴다면, 이 부분을 기록하고 각 회기에서 다루는 기술에 대해 좀 더 자세히 설명한다.

❖ 프로그램이 가족에게 주는 유익한 점 설명하기

사회적 의사소통에 어려움이 있는 아이들은 종종 다른 사람과 사회적 상호작용에 참여하고 시작하기, 의사소통 배우기, 의미 있는 방법으로 언어를 사용하기, 다른 사람을 모방하기 그리고 장난감을 창의적으로 가지고 놀기에 어려움을 겪는다. 이 아이들은 소리, 낱말 그리고 행동을 반복하고 도전 행동을 나타낸다. 부모는 매일의 활동 속에서 이 프로그램의 전략과 기법을 사용함으로써 아이의 도전 행동을 줄이고 사회적 의사소통 기술을 증진하는 데 도움을 줄 수 있다. 이 프로그램은 아이들에게 배우고 연습할 수 있는 많은 시간을 제공해 준다. 자연스러운 상호작용 활동과 매일의 루틴에서 기술을 가르치는 것은 새로운 환경에서도 기술을 사용할 수 있도록 도와준다. 이러한 전략들을 배우면 부모는 아이를 도울 수 있다는 자신감을 갖고 양육에 스트레스를 덜 받으며 좀 더 긍정적인 부모–아동 상호작용을 할 수 있다. 전문가보다 부모는 아이와 더 많은 시간을 보낸다. 따라서 기술을 일반화하고 유지하는 데 직접적인 중재보다 부모–아동 중재가 더 효과적이다. 부모는 또한 이 기술들을 조부모나 형제인 다른 가족에게 가르쳐 줄 수 있고, 이들은 부모와 아이에게 도움을 줄 수 있다.

이 프로그램의 연구에 대해 더 읽기를 원하는 부모에게는 부모 매뉴얼 마지막에 있는 '읽으면 좋을 책들'을 추천한다.

❖ 부모와 코치의 역할 토의하기

부모의 역할은 중재 전략을 배우고 일상 루틴과 가정 그리고 지역사회에서 상호작용하는 동안에 중재 전략을 사용하는 것이다. 코치로서 당신의 역할은 부모와 협력하여 목표를 세우고, 부모가 아이와 함께 중재 전략을 사용하여 목표에 도달할 수 있도록 돕는 것이다. 부모는 회기를 시작하면서 그 역할을 인지해야 한다. 동일한 사람이 모든 회기에 참여해야 한다는 것을 다시 한번 알려 준다. 왜냐하면 그 기법들은 서로의 토대가 되기 때문이다.

만약 부모가 부모–매개 중재에 참여하는 것에 장벽을 느낀다면 성공을 위한 준비에 관련된 정보를 논의하는 것이 도움이 될 수 있다(2회기 참조)

❖ 코치가 진행하는 회기 형식 설명하기

기법은 한 번에 한 개씩 부모에게 소개한다. 각각의 전략 혹은 기법에 소요되는 시간은 아동의 목표와 능력, 부모의 학습과 자신감 그리고 전체 진행 회기(12회기 혹은 24회기 그 이상)에 따라 다양할 것이다. 코치와 부모는 각 회기의 속도를 결정하기 위한 팀으로서 함께 할 것이다. 각 회기는 동일한 일반 구조를 따른다.

1. *실천계획표 검토하기.* 모든 회기는 회기 사이에 가정에서 연습이 어땠는지 검토하는 것으로 시작하게 된다. 무엇이 잘되었는지 그리고 부모가 경험했던 어려움이 무엇이었는지를 검토한다. 코치는 그 어려움을 해결할 수 있도록 부모를 돕는다.
2. *새로운 기법 소개하기.* 부모는 각 회기에 일반적으로 한 개 또는 그 이상의 새로운 기법을 배운다. 코치가 준비하는 회기 전에 부모는 새로운 기법에 대해 읽는다. 회기 동안 코치는 그 기법에 대해 자세히 논의하고, 질문에 답하고 부모가 언제, 어떻게 아이

에게 사용할 수 있을지 결정하도록 돕는다.

3. *새로운 기법 시연하기.* 코치가 몇 분 동안 아이와 함께 그 기법을 시연하면, 부모는 아이와 함께하는 그 기법을 관찰한다.
4. *부모의 연습 및 피드백 제공하기.* 부모는 관찰한 그 기법을 아이와 함께 연습해 보고 코치는 피드백을 제공한다.
5. *부모의 되돌아보기를 돕고 실천계획표 작성하기.* 회기 마지막에 회기에 했던 연습을 부모가 되돌아보도록 도와준다. 그리고 회기 사이에 가정에서 아이와 그 기법을 실천할 수 있도록 목표와 활동을 선택하는 데 도움을 준다.

부모와 코치의 역할 그리고/혹은 프로그램의 형식과 구조에 대해 질문할 수 있는 기회를 제공한다.

❖ 아이가 배워야 할 기능 소개하기

> 가정에서 뭔가 잘되지 않았을 때 코치에게 이야기하는 것이 중요하다는 것을 알게 한다.

아이가 배울 수 있는 기능을 기술한 부모 매뉴얼을 사용한다.

사회적 참여

사회적 참여는 사회적 의사소통 기술의 발달을 위한 기초가 된다. 사회적 참여는 다른 이들과 흥미를 나누고 눈 맞춤, 얼굴 표정, 제스처 그리고 낱말을 사용하여 집중하는 것을 포함한다. 사회적 의사소통에 어려움이 있는 아이들은 종종 사회적 참여에 어려움을 겪는데 이러한 어려움은 다른 이들로부터 배우는 데 방해가 된다. 이 프로그램의 시작점은 다른 이들과 참여하는 아이의 능력을 증진시키는 것이다. 부모가 현재 아이의 발달 단계를 근거로 사회적 참여를 위한 목표를 세울 수 있도록 돕는다.

부모 매뉴얼의 발달 차트를 이용하여 간단하게 주요한 사회적 참여 발달의 단계를 검토한다(〈표 1-1〉).

의사소통

의사소통은 이해(수용 언어)와 다양한 이유 혹은 기능에 따라 비구어적, 구어적 언어를 사용(표현 언어)하는 것을 포함한다. 아이들은 구어적 언어 사용을 시작하기 전에 눈 맞춤, 소리, 제스처를 사용하면서 비구어적으로 의사소통을 시작한다. 사회적 의사소통에 어려움이 있는 아이들은 자신의 필요를 표현할 때 구어적, 비구어적 언어를 사용하는 데 어려움을 겪는다. 이러한 어려움은 자신들이 필요한 것을 얻기 위해 도전 행동을 보이는 것으로 나타나게 된다. 코치는 아이의 현재 의사소통 기술을 바탕으로 아이의 의사소통의 복잡성을 증가시키고 아이가 의사소통하고자 하는 이유를 확장할 수 있도록 부모가 목표를 세우는 데 도움을 줄 수 있다. 이 프로그램은 아이가 언어를 자발적으로 사용할 수 있도록 돕는 것에 중점을 두고 있다.

부모 매뉴얼의 발달 차트를 이용하여 간단하게 주요한 의사소통 발달 단계를 검토한다(〈표 1-2〉).

모방

모방은 발달에 중요하다. 왜냐하면 아이들은 새로운 정보를 배우고(관찰학습), 다른 사람에게 관심을 전달하는 데 모방을 사용하기 때문이다(사회적 모방). 사회적 의사소통에 어려움이 있는 아이들은 다른 사람을 모방하는 데 어려움을 겪는 경우가 많아 관찰과 사회적 상호작용을 통한 학습이 부족할 수 있다. 코치는 부모가 학습과 참여를 목표로 하는 자연적인 환경에서 모방 능력을 증진시키기 위한 목적을 세우도록 돕는다.

부모 매뉴얼의 〈표 1-3〉을 이용하여 간단하게 주요한 모방 발달 단계를 검토한다.

놀이

놀이는 즐거움을 위해 사물과 활동에 참여하는 것을 포함한다. 놀이 기술은 아이들이 놀이를 통해 새로운 언어와 사회적 기술을 개발하고 연습하기 때문에 중요하다. 놀이는 또한 문제 해결 능력, 조망 수용 능력(perspective taking), 상상력, 그리고 소근육과 대근육 운동기술을 기르는 데 탁월한 방법이다. 언어와 놀이 모두 상징적 사고(예: 한 가지가 다른 것을 대신할 수 있다고 이해하는 것)를 요구하기 때문에 가상 놀이(pretend paly)를 가르치는 것은 아이들이 좀 더 정교한 언어 기술을 발달시키는 데 도움이 된다. 코치는 아이의 놀이 발달 단계에 기반하여 부모가 다양하고 복잡한 놀이 기술을 발달시키는 데 목표를 세우도록 돕는다.

부모 매뉴얼의 〈표 1-4〉를 이용하여 간단하게 주요한 놀이 발달 단계를 검토한다.

아이가 할 수 있는 기능에 대한 정보 모으기

코치는 부모가 완성한 사회적 의사소통 체크리스트(부모 버전 SCC, 양식 8), 코치가 아이와 상호작용한 내용 그리고 부모-아이 상호작용을 관찰한 내용으로 아이의 기능에 대한 정보를 모을 수 있다. 이러한 방식으로 정보를 수집하면 아이의 기능에 대한 부모의 인식, 아이에 대한 부모의 목표, 아이와 가족의 개별화된 요구 사항을 고려한 목표를 세울 수 있다.

❖ 부모가 사회적 의사소통 체크리스트(부모 버전) 완성하게 하기

가정에서 관찰되는 아이의 사회적 참여, 의사소통, 모방 그리고 놀이 기술에 대한 정보를 모으기 위해 부모 버전 SCC(양식 8)를 완성하도록 요청한다. 만약 부모가 문해력이 낮거나 내용을 이해하는 데 어려움이 있다면 SCC를 사용해 인터뷰할 수 있다. 부모에게 기술이 일반적으로 발달하는 순서대로 나열되어 있다고 알려 준다. 그러나 사회적 의사소통에 어려움을 겪는 아동의 경우 나중에 발달하는 기술은 일부 갖추고 있지만 일찍 발달하는 기술은 일부 결여되어 있는 경우도 종종 있다. SCC는 다양한 발달 수준을 다루기 때문에 일부 기술은 아이의 연령에 맞지 않을 수 있다.

각 기술에 대해 아이가 '일반적으로(적어도 75% 이상)' '때때로, 그러나 일관적이지 않는' '거의 사용하지 않거나 아직'으로 표시할 수 있다. 32~36번 항목의 경우, 아이가 '주로' 또는 '때때로' 기술을 사용한다면 부모에게 자녀가 의사소통을 위해 사용하는 행동 유형을 표시해 달라고 요청한다. 이것은 비구어적(제스처) 또는 구어적(낱말과 문장) 의사소통이 될 수 있다. 만약 아이가 행동을 사용했지만 지금은 더 복잡한 기술을 사용하기 때문에 더 이상 사용하지 않는 경우 부모에게 '주로'에 체크하도록 안내한다.

부모가 함께 참석할 때 SCC를 함께 완성하길 원하는지 아니면 독립적으로 완성하길 원하는지 묻는다. 실제로 아이는 엄마, 아빠에게 다른 기술을 사용할 수 있으므로 부모가 아이의 기술에 대해 서로 다른 관점을 갖는 것은 괜찮다. 어떠한 질문에도 답할 수 있도록 준비하고 광범위하거나 해석하기 어려운 반응은 명확하게 한다.

❖ 아이와 상호작용하고 사회적 의사소통 체크리스트 완성하기

부모가 SCC를 완료하는 동안, 아이와 상호작용을 통해 아이가 지원이 있을 때와 없을 때 사용할 수 있는 기술, 그리고 아동에게 가장 효과적일 수 있는 기술에 대해 간략하게 이해한다. 부모에게 다음과 같이 말한다.

"부모님께서 SCC를 작성하는 동안 저는 Sam과 상호작용하면서 Sam에 대해 조금 더 알아

> 보려고 합니다. 또한 제가 부모님께 가르쳐 드릴 몇 가지 전략을 시도해 보겠습니다. 이를 통해 아이가 스스로 그리고 더 많은 지원이 있을 때 자신의 기능을 어떻게 사용하는지 볼 수 있고 어떤 기능에 가장 잘 반응하는지 알 수 있습니다."

아이의 기능을 평가하기 전에 아이와 라포를 형성하기 위한 기법으로 시작한다. 이것은 **아이에게 집중하기**와 **의사소통 방법 조절하기** 기법을 포함한다. 만약 **아이에게 집중하기**와 **의사소통 방법 조절하기** 기법에 아이가 반응하지 않거나 시작하지 않는다면 **새로운 의사소통 기회 만들기** 전략을 사용한다. 이러한 기법은 아이가 기술의 복잡성을 높이기 위해 촉진 없이 무엇을 할 수 있는지 보여 줄 것이다.

아이의 자발적인 기능을 확인하면, 도움을 주었을 때 아이가 무엇을 할 수 있는지 알아보기 위해 **새로운 기능 가르치기**의 촉진을 사용한다. 예를 들어, 아이가 의문사 질문 '무엇'에 답하지 않는다면, 문장 내 빈 부분 채우기 혹은 선택형 질문하기를 사용했을 때에는 아이가 답할 수 있는가? 아이가 장난감으로 기능적인 놀이에 참여하지 않는다면, 아이에게 지시하거나 새로운 기능을 모델링해주었을 때 아이가 할 수 있는가?와 같은 것을 살펴볼 수 있다.

SCC 코치 버전(양식 9)에 아이가 코치와 함께 했을 때 사용한 기능과 부모와 함께 했을 때 사용한 기능에 대한 정보를 기록한다. 이 체크리스트는 관찰되지 않는 기능을 표시하기 위한 추가적인 자료가 된다. 또한 프로그램 진행 과정에서 사회적 의사소통 능력의 진전을 측정하기 위해 SCC 점수를 측정하는 방법에 대한 정보도 제공한다. 프로그램이 끝나면 점수를 비교하기 위해 또 다른 SCC를 완료하게 된다.

❖ 10분 동안 부모-아동의 상호작용 관찰하고 기록하기

다음으로 부모와 상호작용하는 아이의 사회적 의사소통 기술에 대한 정보를 얻기 위해 부모가 아이와 상호작용하는 것을 관찰하겠다고 말한다. 부모는 가정에서 하던 방법으로 아이와 놀거나 상호작용해야 한다. 부모가 이미 사용하고 있는 ImPACT 프로젝트 기법과 이에 대한 아이의 반응을 기록한다. 이 정보는 다음 회기에서 전략을 설명할 때 유용하다. 부모와 아동의 상호작용을 관찰하면 부모의 상호작용 스타일뿐 아니라 부모와 상호작용할 때의 아이의 기능에 대한 정보를 얻을 수 있다. 이때 부모에게 다음과 같이 말한다.

> "이제 저는 10분 정도 어머니께서 Brianna와 함께 노는 것을 관찰하려고 합니다. 이것은 Brianna가 어머니와 무엇을 할 수 있는지 그리고 아이의 사회적 의사소통을 지지하기 위

> 해 어머니께서 이미 하고 있는 것이 무엇인지 알 수 있게 해 줍니다. 이렇게 하면 어머니와 Brianna가 이미 하고 있는 일을 기반으로 도움을 드릴 수 있습니다. 제가 기록하는 동안 가정에서처럼 아이와 놀아 주세요."

만약 가족의 집이 아니라면, 가정에서 아이가 노는 장난감 혹은 자료 유형에 대한 의견을 부모에게 물어야 한다.

부모가 함께 참여하면 엄마, 아빠가 아이와 5분 정도 개별적으로 상호작용하도록 한다. 각각 아이와 상호작용할 때 전환을 명확하게 알려 준다. 명확한 전환 안내는 프로그램 내내 부모를 분리하는 선례가 되어 엄마, 아빠가 한명씩 연습하고 피드백을 받을 시간을 갖도록 해 준다.

> "Molly, Sam과 놀아 보세요. Jim은 제 옆에서 상호작용을 관찰해 보세요……. 고마워요, Molly. Jim, 이제 당신이 Sam과 놀 차례예요. Molly, 제 옆에서 Jim과 Sam이 노는 것을 관찰하세요."

부모가 동의한 경우, 부모-아동 상호작용을 비디오 녹화한다. 이렇게 하면 되돌아보고 검토하여 추가적인 기초선 데이터를 수집할 수 있다.

이후에 부모에게 아이와의 상호작용이 일반적으로 가정에서 이루어졌던 놀이였는지 질문한다. 만약 다르다면 다른 점을 설명하게 한다. 이 정보는 코치와 부모가 목표를 세우기 전에 확보하는 것이 중요하다. 부모와 아동이 상호작용하는 동안 발생하는 일반적인 어려움에 대한 제언은 2회기의 마지막 표인 문제 해결 팁 목록에서 찾아볼 수 있다(127쪽).

부모의 되돌아보기를 돕고 읽기 과제 제시하기

첫 번째, 이번 회기에 다루었던 정보를 되돌아보게 한다. 부모가 하는 질문에 답해 주거나 완전히 이해하지 못한 *ImPACT 프로젝트 개관*을 명백하게 해 준다.

다음으로 다음 회기에서 구체적이고 측정 가능한 목표를 세우고 프로그램을 효율적으로 진행하기 위한 지원을 알려 줄 것이라고 설명한다. 부모가 *ImPACT 프로젝트 개관*과 *성공을 위한 준비* 내용이 있는 부모 매뉴얼 제1장을 읽도록 한다.

> 만약 정보를 수집하는 것이 끝나고 여유 시간이 있다면, 2회기 내용을 계속 진행할 수 있다.

2회기
목표 세우기와 성공을 위한 준비

회기 목표

- 부모가 적절한 사회적 의사소통 목표를 세울 수 있도록 돕기
- ImPACT F.A.C.T.S. 프로젝트 소개하기
- 프로그램의 성공을 위해 부모에게 필요한 지원이 무엇인지 확인하기

준비물

- 부모 매뉴얼
- 좋아하는 장난감
- 목표 설정 양식(양식 10)
- 공동 목표 설정 충실도 체크리스트(양식 5)
- 완성된 사회적 의사소통 체크리스트 (부모 버전, 양식 8)
- 완성된 사회적 의사소통 체크리스트 (코치 버전, 양식 9)

회기 진행목록

- 체크인 및 회기 진행목록 정하기
- 부모가 아이의 목표를 세우도록 도와주기
  - 장기 목표 확인하기
  - 아이의 현재 기능 이해하기
  - 단기 목표 확인하기
- ImPACT F.A.C.T.S. 프로젝트 소개하기
- *성공을 위한 준비* 소개하기
- 부모의 되돌아보기를 돕고 실천계획표 작성하기

핵심 요소: *성공을 위한 준비*

- 연습할 시간 만들기
- 필요한 사항을 코치에게 말하기
- 주변 사람들로부터 도움받기
- 어려운 일은 미리 계획하기
- 가족의 성취를 인정하기

체크인 및 회기 진행목록 정하기

❖ 가족과 인사하기

마지막 회기 이후로 어떤 일이 있었는지 개방형으로 질문한다. 라포 형성을 위해 잠시 아이와 상호작용한다.

❖ 회기 목표와 진행목록 설명하기

이번 회기에서는 구체적이고 측정 가능한 목표를 세우고, ImPACT 프로젝트 중재 전략에 대한 개관을 설명하고 프로그램을 완료하기 위해 부모에게 도움이 되는 필요한 지원에 관

해 논의한다.

지난 회기에서 수집한 정보를 검토하고 목표를 설정하면서 오늘 더 많은 시간을 대화에 할애할 것임을 알려 준다. 중재를 시작하기 전에 구체적이고 측정 가능하고 정확한 목표를 세우는 것은 중요하다. 그래야 진전을 추적할 수 있다.

부모에게 "오늘 회기에 대해 질문이 있나요? 혹은 부모님께서 추가로 다루고 싶은 주제가 있나요?"하고 질문한다. 만약 부모가 염려한다면 회기 진행목록을 조정할 필요가 있다.

부모가 아이의 목표를 세우도록 도와주기

목표를 세우는 데 협력적 접근을 한다. 목표는 (1) 부모의 목표에 부합해야 하고, (2) 아이의 현재 기능 단계에서 발달적으로 나아가야 하며, (3) 구체적이고 측정 가능하고, (4) 프로그램 동안에 이루어져야 한다.

부모는 아이를 가장 잘 알고 있고, 어떤 목표가 가족에게 가장 긍정적인 영향을 미칠 것인지 알고 있기 때문에 부모와 함께 목표를 세울 것이라고 말한다. 코치의 역할은 광범위한 부모의 목표를 달성하기 위해 필수적인 기능에 대한 피드백을 제공하는 것이다.

부모의 목표와 장기 목표를 파악하고, 자녀의 현재 기능을 확인하고, 측정할 수 있는 구체적인 단기 목표를 기록함으로써 사회적 의사소통 목표를 세울 수 있다. 다음 영역으로 넘어가기 전에 한 기능 영역의 전체 과정을 완료한다.

제1부 제3장에 나와 있는 ImPACT 프로젝트 목표 기준 개요와 일관되게 부모와 협력하여 목표를 세웠는지 확인하려면 공동 목표 설정 충실도 체크리스트(양식 5)를 사용한다.

❖ 부모의 목표 확인하기

초기상담지(양식 3) 혹은 이전에 논의한 부분 그리고 필요하다면 추가 질문을 함으로써 부모의 목표를 다시 설명하는 것으로 시작한다. 이 단계는 구체적이고 측정 가능한 목표가 *아이를 위한 부모의 목표와 맞는지* 확인하는 것이다. 부모가 목표를 달성하려는 동기가 강할수록 가정에서 전략을 사용할 가능성이 높아진다. 이러한 목표들을 시작점으로 사용하고, 목표에 도달하기 위해 필요한 구체적인 기술들을 확인한다.

부모에게 다음과 같이 질문하면서 시작한다. "초기상담지에서 Brianna가 말을 했으면 좋겠다고 하셨어요. Brianna와 하고 싶은 다른 목표가 있을까요?"

부모의 목표는 구체적이고 측정 가능하기보다 "저는 아이가 말을 하길 원해요."처럼 광범위할 수 있다. 부모는 무발화 아동이 대화를 했으면 좋겠다는 현실적이지 않는 기대를 가질 수 있다. 괜찮다. 코치의 역할은 이러한 장기 목표를 달성하기 위해 부모가 아이에게 필요한 기술을 배울 수 있도록 돕는 것이다. 일반적인 기술 발달 순서에 대한 토론은 부모가 필요한 기술의 구성요소를 파악하는 데 도움이 될 수 있다.

아이의 현재 기능들을 검토한 후에 코치는 부모가 구체적이고, 측정 가능하고, 발달적으로 적절한 목표를 세울 수 있도록 돕는다.

목표 설정 양식(양식 10)에서 '부모 목표(Parent Goal)' 옆에 목표를 쓴다.

❖ 장기 목표 확인하기

부모가 각각 네 가지 핵심적인 영역에서 장기 목표를 확인하도록 부모의 목표와 부모가 완성한 SCC를 사용한다. 다음과 같이 말할 수 있다.

> "사람들이 집에 왔을 때 말하기, 함께 놀기, 안녕, 잘 가라고 인사하기는 Brianna에게 큰 목표예요. 프로그램을 3개월 이상 진행했을 때 이 목표를 달성할 수 있도록 돕고자 합니다. SCC를 통해 이러한 목표를 달성하는 데 도움이 될 수 있는 기능에 대해 생각해 보겠습니다."

각 기능 영역에서 아이를 위한 목표에 대해 부모의 의견을 구한다. 예를 들어, 만약 코치가 사회적 참여를 목표로 시작한다면 부모에게 질문한다. "Brianna와 하고 싶은 사회적 참여에 대한 목표가 있나요?" 만약 부모가 목표를 확인하는 데 어려움이 있다면, 코치가 제안할 수 있다. 이때 코치의 제안에 부모가 동의하는지 꼭 확인한다.

> "어머니께서 Brianna와 놀 때 아이가 종종 상호작용을 하지 않는 것을 확인했어요. 이 부분이 다루고 싶은 문제일까요?…… 사회적 참여를 위해 상호작용 시간을 늘리는 것을 목표로 하는 건 어떻게 생각하세요?"

부모가 이러한 목표에 동의하면 목표 설정 양식(양식 10)의 '장기 목표' 아래 적는다.

❖ 아이의 현재 기능 이해하기

다음은 각 영역에서 부모가 아이의 현 단계를 이해하도록 돕는 것이다. 이 단계에서는 *아이의 현 기술 단계에서 발달적으로 나아갈 수 있는* 단기 목표를 세우도록 돕는다. 목표를 세우는 영역에서 아이의 현재 기술을 더 잘 이해하기 위해 코치와 부모가 완성한 SCC(부모의 보고, 아이와 코치가 상호작용한 내용 그리고 코치가 관찰한 부모와 아이가 상호작용한 내용 포함)를 사용한다. 이렇게 시작할 수 있다.

> "SCC를 확인하세요. 그리고 현재 얼마나 오랫동안 Brianna가 어머니와 놀 수 있는지 보세요. Brianna가 어머니와 장난감을 가지고 노는 동안 일반적으로 적어도 2분 동안은 놀이에 참여한다고 SCC에 기록했어요. 가정에서 이런 식으로 놀까요? (부모가 끄덕인다) '현재 기능' 아래 저는 Brianna가 1~2분 정도 놀이에 참여한 후 상호작용을 하지 않는다고 기록하겠습니다."

부모와 아이의 현재 기능에 대해 의견이 일치하면 목표 발달 양식의 '현재 기능' 아래에 이 내용을 기록한다. 만약 다르다면, 목표를 세우기 전에 조정할 필요가 있다.

개방형으로 질문하고 질문들을 살피면서 코치의 SCC와 부모의 SCC 사이의 차이점을 찾아본다. 이러한 질문들은 부모의 대답을 명확하게 해 주고 코치가 관찰한 것이 아이의 수행을 대표하는 것인지 정보를 준다. 여기 몇 가지 예들이 있다.

> "이것이 아이와 집에서 일반적으로 노는 모습인가요? 만약 아니라면 어떻게 다른가요?"
> "어머니께서는 아이가 집에서 두세 단어 조합을 사용한다고 보고했습니다. 그런데 오늘은 정말로 조용하게 보이네요. 아이가 집에서 사용하는 언어의 예를 몇 개 말씀해 주시겠어요?"
> "오늘은 아이가 들었던 말을 반복하는 모습을 보이네요. 어머니께서 먼저 말씀하지 않으면 아이가 말하는 것을 듣지 못해서요. 가정에서도 그런가요?"
> "아이가 답을 알고 있는 때에도 질문을 하는 것처럼 보여요. 가정이서도 그런가요?"

아이의 현재 기능에 동의하면 목표 발달 양식의 '현재 기능' 아래 기록하고 그 기능을 부모의 목표와 연결한다.

❖ 단기 목표 확인하기

부모가 장기 목표를 측정할 수 있는 단기 목표로 분리하는 것을 돕기 위해 코치가 수집한 정보를 사용한다. 이 단계는 *아이의 현재 기능으로부터 발달적으로 나아갈 수 있는 목표를* 세울 수 있게 하고 *이 프로그램을 진행하는 동안 목표에 도달하게 해 준다*. 부모의 목표를 시작점으로 삼아서 측정할 수 있는 구체적인 목표로 각 내용을 다시 말해 준다.

> "다음 단계는 우리가 진전을 측정할 수 있는 목표를 기록하는 거예요. 어머니는 Brianna가 말하기 원한다고 말씀하셨습니다. 여기 SCC의 '현재 기능'란에, Brianna가 때때로 요구하기 위해 제스처와 발성을 사용한다고 적었습니다. 다음 목표는 뭐라고 생각하세요? 'Brianna는 동기가 되는 활동을 하면서 적어도 세 번 요구하기를 위해 가리키기, 발성, 혹은 한 낱말을 사용한다.' 이 기능은 아이가 좀 더 쉽게 필요로 하고 원하는 것을 의사소통하도록 도와줄 것입니다. 그리고 말하기를 위한 장기 목표를 향하여 가게 되는 거예요."

부모의 목표와 합의가 되면 목표 설정 양식(양식 10)의 '단기 목표' 아래 기록한다. 단기 목표는 코치가 자료를 모으는 방법과 일관되어야 한다. 그래야 아이의 진전을 기록할 수 있다.

부모 매뉴얼의 제1장에 있는 아동의 목표에 부모 목표를 기록하게 한다. 부모가 부모 매뉴얼을 가지고 있지 않는 회기를 대비하여 아동의 목표 양식을 복사하여 가지고 오게 한다. 코치는 실천계획표를 완성할 때 이러한 목표들을 언급한다. 이 목표는 부모의 개별적인 학습 스타일에 맞게 기록돼야 한다. 어떤 부모들은 앞에 적힌 예처럼 구체적이고 측정 가능한 목표를 선호하고, 어떤 부모들은 'Brianna가 요구할 것이다.' 혹은 'Brianna가 가리키고, 소리 내거나 단어를 사용할 것이다.'처럼 좀 더 일반적인 목표를 선호한다. 만약 선호도를 확신할 수 없으면 부모로부터 정보를 얻는다. 각 기법을 소개할 때 그리고 각 회기 마지막에 실천계획표를 작성할 때 이러한 목표를 언급할 거라고 부모에게 알려 준다. 제1부 제3장의 〈표 1-3-2〉에서 〈표 1-3-5〉까지는 각 핵심 영역에서 구체적이고, 측정 가능한 목표를 제공하고 있다.

목표를 세우며 만나게 되는 일반적인 문제점들은 이 단원 마지막에 있는 문제 해결 팁 목록에서 찾아볼 수 있다(134쪽).

ImPACT F.A.C.T.S. 프로젝트 소개하기

ImPACT 프로젝트는 근거-기반 자연적-발달 행동 중재이다(evidence-based Naturalistic Developmental Behavioral Intervention: NDBI). 이것은 발달적 중재와 응용 행동 분석(ABA) 요소들을 결합한 것이고 많은 요소들을 다른 NDBI와 공유한다는 것을 의미한다. 만약 관련이 있다면, ImPACT 프로젝트가 아동이 받은 다른 서비스와 어떤 관련이 있는지 설명한다.

다른 발달 프로그램처럼 ImPACT 프로젝트는 발달 구조 내에서 기술을 가르치고 부모의 반응성을 늘리며, 아이 중심 활동을 통해 학습 기회를 만들어 내는 데 초점을 두고 있다.

ABA 프로그램처럼 ImPACT 프로젝트는 아이 중심 활동 내에서 구체적인 기술을 가르치기 위해 촉진하기, 형성하기 그리고 강화하기를 사용한다.

❖ ImPACT F.A.C.T.S. 프로젝트 설명하기

다음의 내용을 설명하기 위해 부모 매뉴얼(15쪽)에 있는 F.A.C.T.S. 피라미드 그림을 사용한다.

부모는 첫 글자가 약어 F.A.C.T.S.를 형성하는 다섯 가지 전략 세트를 사용하는 방법을 배우게 된다. 아이에게 집중하기(Focus on Your Child), 의사소통 방법 조절하기(Adjust Your Communication), 새로운 의사소통 기회 만들기(Create Opportunities), 새로운 기능 가르치기(Teach New Skills), 그리고 상호작용 형성하기(Shape the Interaction)이다. 이 전략들은 서로를 기반으로 아이가 목표를 달성할 수 있도록 도와준다. F.A.C.T.S. 피라미드는 이 전략이 어떻게 서로 작용하는지 부모가 기억할 수 있도록 프로그램 전반에 사용된다. 성공적인 학습을 위해 한 번에 한 가지씩 배우게 된다.

첫 번째, 부모는 피라미드 기초가 되는 전략을 배운다. **아이에게 집중하기**와 **의사소통 방법 조절하기**이다. 이 전략들은 부모와 활동에 대한 아이의 참여도를 늘리기 위해 사용된다. 이것은 성공적인 상호작용을 위한 시작점이 된다. 다음으로, 부모는 피라미드의 중간 단계를 배운다. **새로운 의사소통 기회 만들기**이다. 이 전략 세트는 아이가 스스로 상호작용을 시작하지 않는 경우 부모와 상호작용을 시작하도록 돕고, 새로운 기술을 가르치기 전에 아이의 주의를 끌기 위해 사용된다. 다음으로 부모는 피라미드 꼭대기에 있는 전략 세트를 배운다. **새로운 기능 가르치기**이다. 이 전략은 전 단계 위에 세워지게 된다. 구체적인 언어, 모방, 놀이 기술을 가르치기 위해 촉진과 보상을 사용한다. 마지막으로, 부모는 어떻게 아이가 반응하느냐에 따라 피라미드 위와 아래를 오고 가며 **상호작용 형성하기**를 배우게 된다. 이 목표는 아이에게 새로운 기능을 가르치는 동안 아이가 상호작용에 최적으로 참여하게 하는 것이다.

❖ F.A.C.T.S. 기법에 대해 간단하게 설명하기

F.A.C.T.S. 기법을 간단하게 설명하여 부모가 프로그램의 전 과정에서 무엇을 배울 수 있는지 알 수 있도록 도와준다. 이때 어떤 전략을 사용하고 있는지, 그리고 그 전략이 아이의 목표를 어떻게 달성할 수 있는지 간략하게 설명한다. 프로그램의 마지막에 아이가 목표를 달성할 수 있도록 함께 전략을 사용하게 될 것이라는 것을 알게 한다.

> "Brianna의 목표 중 하나는 더 오랜 시간 동안 상호작용에 참여하는 것입니다. 이제 저는 Brianna가 저와 함께 놀이에 참여할 수 있도록 피라미드의 기초가 되는 전략을 사용하려고 합니다……. 아이는 즐거워하는 것처럼 보이지만 진심으로 참여하진 않습니다. 그래서 기회를 만들려고 합니다……. 기회를 만들어서 Brianna가 저를 보게 했네요. 지금은 좀 더 활동적으로 참여하네요."

성공을 위한 준비 소개하기

부모가 아이에게 도움을 주기 위해 기울이는 노력과 시간을 인정한다. 프로그램을 완성하는 데 문제가 되거나 프로그램의 효율성을 감소시키는 어려움들을 브레인스토밍하도록 돕는다.

부모 매뉴얼을 사용하여 *성공을 위한 준비*의 핵심 요소를 논의한다. 이때 부모가 정보를 적용하도록 부모 매뉴얼의 제1장에 있는 '생각해 보세요!'를 요청한다.

❖ 연습할 시간 만들기

부모가 전략을 배우면 매일의 활동 내에서 좀 더 자연스럽고 쉽게 사용하게 된다. 그러나 처음에는 전략을 연습하도록 한다. 또한 연습을 통해 부모는 가정에서 어떤 기법이 가장 효율적인지 알고 어려움을 보고하는 시간을 가질 수 있다.

적어도 하루에 15~20분은 연습해야 한다고 강조한다. 만약 부모가 이것이 어렵다고 한다면 부모가 도움을 받을 수 있는 방법에 대해 이야기 나눈다. 다음 회기에서 부모의 일상 활동을 살펴보고 이미 하고 있는 일상 활동 중 기법을 연습할 수 있는 하나의 활동을 찾는 데 시간을 할애할 것이라고 알려 준다.

❖ 필요한 사항을 코치에게 이야기하기

> 프로그램의 성공을 위해선 열린 의사소통이 필요하다. 부모가 질문하는 것을 '나쁘다'라고 느끼면 안 된다.

부모의 학습 유형을 고려하여 질문하고 걱정되는 점을 이야기하도록 격려하는 것이 중요하다. 부모에게 "어떻게 하면 가장 잘 배울 수 있나요?" 하고 질문한다. 만약 확실하지 않다면, "읽기, 듣기, 보기 중 선호하는 학습 방법은 무엇인가요?"와 같이 구체적으로 질문한다.

만약 부모가 질문이나 걱정을 말하는 것을 망설이는 것처럼 보인다면 부모가 아이를 가장 잘 알고 있다는 것을 상기시킨다. 만약 어떤 것이 잘되지 않는다면, 부모는 그 어려움이 설명이 부족해서인지 아니면 아이에게 맞게 조정할 필요가 있는 기법 때문인지 도움이 필요한 부분에 대해 이야기한다.

❖ 주변 사람들로부터 도움받기

지원해 주는 팀을 갖는 것은 부모에게 연습할 시간을 주고, 어떤 경우에는 휴식을 취할 수 있도록 하는 데 중요하다. 코치로서 다른 서비스 제공자들과 협력하여 모두 같은 생각을 갖도록 하는 것이 중요하다. 부모에게 "이 프로그램을 완료할 수 있도록 누구에게 도움을 요청할 수 있나요?"라고 질문한다. 다른 이들에게 도움을 요청하는 것이 어려울 수 있음을 인정한다. 부모에게 가족 구성원과 대화하는 가장 좋은 방법에 대해 생각해 볼 수 있도록 도움을 줄 수 있음을 알려 준다.

또한 다른 서비스 제공자들과 협력하는 것이 중요함을 논의한다. 만약 부모가 원할 경우 다른 서비스 제공자에게 연락할 수 있도록 필요한 동의서와 공개 양식을 작성해 달라고 요청한다. 부모에게 지원 시스템이 없는 경우 일시적인 돌봄 프로그램과 같은 도움이 될 수 있는 추가 서비스를 알아본다. 또한 부모를 위한 부모 지원 그룹을 찾는 것도 도움이 될 수 있다.

❖ 어려운 일은 미리 계획하기

잠재적인 어려움을 해결하면 문제가 발생했을 때 더 쉽게 극복할 수 있고 부모의 자기효능감을 키우는 데 도움이 된다. 부모에게 "이 프로그램을 완료하기 어려운 이유는 무엇일까요?" 하고 질문한다. 부모가 제기하는 우려 사항에 대한 해결책을 브레인스토밍 할 수 있도록 도와준다. 만약 부모가 제기하는 우려 사항이 코치의 전문 영역을 벗어난다면, 부모에게 관련 지원 기관을 소개해 준다. 프로그램 진행 중 언제든지 우려 사항을 제기할 수 있음을 알려 준다.

❖ 가족의 성취를 인정하기

상호작용하는 새로운 방법을 배우는 것은 도전적인 일이다. 아이가 사회적 의사소통에 어려움이 있는 경우, 아이가 이미 배운 기술보다 어떤 기술을 배워야 하는지 알아차리는 것이 더 쉬울 수 있다. 부모의 동기를 높이기 위해 성취에 집중하는 것이 중요하다. 부모가 매일 자녀의 성공과 좋은 점을 기록하도록 격려한다. 부모에게 실패가 아닌 성공을 기록하도록 상기시킨다!

부모의 되돌아보기를 돕고 실천계획표 작성하기

❖ 부모가 되돌아볼 수 있도록 돕기

부모가 ImPACT F.A.C.T.S. 프로젝트의 목표 또는 성공을 위한 준비 방법에 대해 하는 모든 질문에 답한다.

❖ 읽기 과제와 매일 하는 활동 스케줄 할당하기

사회적 의사소통 목표 설정이 끝나면 부모에게 부모 매뉴얼 제1장의 *성공을 위한 가정환경 만들기* 부분을 읽도록 요청한다. 또한 부모 매뉴얼 37쪽의 매일 하는 활동 스케줄(코치를 위한 온라인 양식 11)을 작성해 달라고 요청한다. 다음 회기에서는 최적의 학습 환경을 조성하기 위한 가정환경을 만드는 데 시간을 할애할 것이라고 설명한다. 만약 가능하다면 다음 회기는 가정에서 진행하도록 한다.

아이의 목표 세우기 문제 해결 팁

만약 부모가……	코치는……
목표에 대한 의견 제공을 망설인다면	• 인내심을 갖고 과정을 주도하지 않는다. 일부 부모는 전문가의 의견을 따르는 데 익숙하며 적응할 시간이 필요하다. • 아이와 가족에 대한 부모의 전문성을 강조한다. • 부모가 다른 가족 구성원과 상의하여 회기 후에 목표를 적도록 한다. • 가정 내 일과 중 어려움을 파악하고 도움이 될 수 있는 목표를 제안하게 한다.
코치가 관찰한 것보다 더 혹은 덜 발달된 아이의 기능을 보고한다면	• 아이가 다른 상황에서 다른 기능을 사용한다는 것을 인정한다. • 사회적 의사소통 발달에 대해 추가적으로 설명한다. • 아이가 가정에서 사용하는 구체적인 기능의 예를 요청한다. • 가정에서 아이가 사용하는 기능을 비디오로 찍어서 가져오라고 제안한다. • 아이가 그 기능을 사용하도록 어느 정도 도움을 주었는지 부모에게 질문한다. • 쉬운 목표부터 시작하여 아이가 회기에 익숙해지면 몇 주 후에 더 도전적인 목표를 설정하도록 제안한다. • 아이가 코치 또는 부모와 상호작용하는 동안 사용한 기능을 언급한다.
코치가 중요하다고 생각하는 목표에 대한 동기가 부족하다면	• 부모의 관점을 이해하기 위해 질문한다. • 해당 목표가 부모가 아이를 위한 다른 목표를 해결하는 데 어떻게 도움이 되는지 정보를 제공한다. • 부모의 관점을 수용하기 위해 노력한다. 기억하자. 부모는 중요하다고 생각하지 않는 목표를 위해 연습하려고 하지 않을 것이다. • 부모가 어느 정도 성공하고 나면, 몇 주 후에 목표를 추가할 것을 제언한다.
이 프로그램에서 제공되지 않는 목표를 정하고자 한다면 (예: 화장실 문제)	• 사회적 의사소통 목표가 어떻게 아이가 다른 기능을 성취하도록 도울 수 있는지 제언한다(예: 아이가 독립적으로 화장실 사용을 시작할 필요가 있다). • 이 프로그램이 끝난 이후에 다른 목표를 적용할 것을 제언한다. • 협력하여 치료할 수 있도록 의뢰한다.
부모-아동 상호작용 동안 의욕을 잃게 된다면	• 부모가 아이와 상호작용할 때 관찰된 긍정적인 행동에 대해 언급한다. • 자녀가 할 수 있는 기능 중 부모가 참고할 수 있는 기능을 언급한다. • 부모가 힘들어하거나 아이가 매우 화를 내는 경우, 부모와 자녀의 상호작용을 일찍 끝낸다.

3회기
성공을 위한 가정환경 만들기

회기 목표

- 필요하다면 아이의 목표 마무리하기
- 부모에게 가정환경의 구조와 예측 가능한 루틴을 만드는 것이 왜 중요한지 가르치기
- 부모에게 가정환경을 정리하는 방법과 교육할 활동을 파악하는 방법을 가르치기

회기 진행목록

- 체크인 및 회기 진행목록 정하기
- 사회적 의사소통 목표 검토하기
- 매일 하는 활동 스케줄 검토하기
- *성공을 위한 가정환경 만들기* 소개하기
- 부모의 되돌아보기를 돕고 실천계획표 작성하기

준비물

- 부모 매뉴얼
- 부모 매뉴얼의 아동의 목표
- 아이가 집중할 수 있는 선호도 높은 장난감
- 매일 하는 활동 스케줄(양식 11)
- 실천계획표-*성공을 위한 가정환경 만들기* (양식 29)
- 코칭 충실도 체크리스트(양식 6)

핵심 요소: *성공을 위한 가정환경 만들기*

- 예측할 수 있는 루틴 만들기
- 매일 연습할 활동 정하기
- 놀이 시간 만들기
- 놀이 공간 준비하기
- 집중하는 데 방해되는 것들을 제한하기
- 장난감과 자료들을 교대로 사용하기

체크인 및 회기 진행목록 정하기

❖ 가족 체크인

마지막 회기 이후로 어떻게 진행되었는지 개방형 질문을 하며 체크인한다. 잠시 시간을 내어 아이와 친밀감을 쌓을 수 있는 활동에 참여한다.

❖ 회기 목표와 회기 진행목록 설명하기

오늘 부모는 아이가 더 의미 있는 학습 기회를 갖고 놀이에 더 쉽게 참여할 수 있도록 가정환경을 조성하는 방법을 배우게 된다. 또한 매일 하는 활동 스케줄(양식 11)을 검토하고 어떤 활동이 교육에 가장 효과적인지 논의한다. 이 회기의 형식은 향후 회기에서 사용되는

표준 형식과 다르다. 이후 회기에서는 논의가 줄고 아이와의 상호작용이 늘어날 것임을 부모에게 알려 준다.

부모에게 "오늘 회기에 대해 궁금한 점이 있거나 추가로 다루고 싶은 주제가 있나요?"라고 질문한다. 부모가 염려하는 경우 회기 진행목록을 조정할 필요가 있다.

사회적 의사소통 목표 검토하기

이전 회기에서 발전시킨 목표들을 검토한다. 필요하다면 목표들을 명확하게 하고 조정하는 시간을 갖는다.

매일 하는 활동 스케줄 검토하기

매일 하는 활동 스케줄(DAS)을 완성했는지 질문한다. 완성했다면, "좋은 출발을 하고 있습니다."와 같은 긍정적인 말로 강화해 준다. 그렇지 않은 경우에는 회기 시간에 부모와 함께 매일 하는 활동 스케줄을 작성한다. 완성된 일정표를 통해 부모가 가족의 일일 루틴과 아이가 현재 어떻게 참여하고 있는지 더 잘 이해할 수 있다고 설명해 준다. 이 정보를 사용하여 일과를 예측 가능하게 만들고 연습할 일일 활동을 파악하는 방법을 논의한다. 완성된 DAS를 복사한다. 이 복사본을 각 회기가 끝난 후 실천계획표를 작성할 때 사용한다.

중요한 활동이 어떻게 구성되어 있는지, 얼마나 자주 발생하는지, 아이가 각 루틴에 어떻게 참여하는지 더 이해하기 위해 질문을 한다. 예를 들어, 아이가 가족과 함께 저녁 식사를 즐긴다고 표시하면 다음과 같이 질문할 수 있다.

> "누가 저녁 식사 준비를 하나요? 접시를 식탁에 가져가기 전에 음식을 준비하나요? 식사가 끝나면 누가 식탁을 정리하나요? 식사하는 동안 모두 하루 동안 무엇을 했는지 같은 특별한 주제에 대해 이야기하나요? Sam은 일반적으로 어떻게 참여하나요?"

성공을 위한 가정환경 만들기 소개하기

❖ 회기 간 읽기 및 연습에 대한 기대치 설정하기

부모에게 부모 매뉴얼의 제1장 *성공을 위한 가정환경 만들기*를 읽었는지 질문한다. 읽었다면 "훌륭해요!" 또는 "좋은 출발을 하고 있군요."와 같은 긍정적인 말로 강화한다. 아직 읽지 않았다면 이 기법을 소개하기 전에 이 장을 읽게 한다. 설명하는 데 필요한 시간을 줄여 주기 때문에 회기 전에 각 기법에 대한 내용을 읽는 것이 중요하다는 점을 강조한다.

❖ 이론 설명하기

오늘 회기에서는 부모가 아이에게 더 의미 있는 학습 기회를 제공하고 아이가 부모와 더 잘 소통할 수 있도록 가정환경을 조성하는 방법을 알려 준다. 사회적 의사소통에 어려움을 겪는 아이는 다른 사람들과 오랜 시간 동안 상호작용하는 것을 어려워하는 경우가 많다. 일일 루틴의 시간과 가정의 물리적 환경 배치는 부모 및 다른 사람들과 참여하는 아이의 능력에 긍정적인 영향을 미친다.

아이들은 놀이 시간, 식사 시간, 목욕 시간 및 옷을 입는 의미 있는 일상의 활동에서 가장 잘 배운다. 일일 루틴과 가정환경을 조금 조정함으로써 하루 동안 아이의 의미 있는 학습 기회를 늘릴 수 있고 ImPACT 프로젝트 전략을 더 효과적으로 배우고 사용할 수 있다.

*성공을 위한 가정환경 만들기*는 루틴의 변화에 쉽게 동요하고, 청각 및 시각 자극에 주의가 산만해지며, 활동에서 활동으로 또는 장소에서 장소로 빠르게 이동하는 것을 선호하는 아이에게 특히 효과적이다.

부모에게 이 기법을 통해 자녀의 개별 목표를 어떻게 달성할 수 있는지 설명한다. 예를 들면 다음과 같다.

> "Brianna는 놀이 중에 어머니와 상호작용하는 시간을 늘리려는 목표를 가지고 있습니다. 놀이를 위해 앉는 시간과 놀이 공간을 설정하는 방법을 조금만 바꾸면 Brianna가 어머니와 더 오래 상호작용하는 데 도움이 될 수 있습니다."

❖ 핵심 요소에 대해 이야기 나누기

부모 매뉴얼을 사용하여 *성공을 위한 가정환경 만들기*의 핵심 요소를 설명한다. 이때 부모 매뉴얼의 '생각해 보세요!' 질문을 통해 부모가 정보를 자신의 상황과 아이에게 적용할 수 있도록 도와준다.

예측할 수 있는 루틴 만들기

사회적 의사소통에 어려움이 있는 아이들은 예측할 수 없을 때 어려움을 겪는다. 매일 거의 같은 시간에 주요한 집안일을 정하고 매번 같은 방식으로 진행함으로써 부모는 아이가 다음에 일어날 일을 예상할 수 있도록 도와줄 수 있다. 이렇게 하면 아이의 불안 수준을 낮추어 부모와 함께 참여하는 것을 늘릴 수 있다.

가족의 일일 루틴이 얼마나 예측 가능한지 확인하기 위해 부도의 DAS를 검토한다. 가족에게 일관적인 루틴이 없다면 부모가 아이의 하루를 더 일관성 있게 만드는 방법을 결정할 수 있도록 도와준다. 이 검토를 통해 다양한 환경에서 아이의 기술에 대한 더 많은 정보를 얻을 수 있다.

아이가 중요한 일일 루틴에 상당한 어려움을 겪고 있다면, 부모 매뉴얼의 아이의 도전 행동 다루기에 관한 장(제8장)에 있는 정보를 부모와 함께 검토하는 것이 도움이 될 수 있다.

매일 연습할 활동 정하기

ImPACT 프로젝트 기법을 사용하기에 가장 좋은 활동은 아이에게 친숙하고 의미 있으며 부모가 관리하기 쉬운 활동이다. 기존 활동에 5~10분만 추가하여 ImPACT 프로젝트 전략을 활용하면 부모는 돌봄의 역할을 크게 변경하지 않고도 학습 기회를 추가로 가질 수 있다.

부모에게 "어떤 활동이 아이를 가르치는 데 가장 효과적이라고 생각하시나요?"라는 질문으로 대화를 시작한다. 부모와 함께 DAS를 검토하고 중재 기법을 사용하여 연습할 수 있는 몇 가지 일일 활동을 아이와 함께 할 수 있도록 도와준다. 부모가 '(아이가) 좋아함'으로 표시한 활동은 아이가 이미 이러한 활동으로부터 동기를 부여받고 있으므로 시작하기에 좋다.

놀이 시간 만들기

사회적 의사소통에 어려움이 있는 아이들은 다른 이들과 함께 참여하고 노는 시간에도 어려움을 겪는다. 부모는 바쁜 일정 때문에 하루 일과에서 놀이를 하기 어려운 경우가 많다. 이 프로그램의 전략을 연습하고 사용할 시간을 갖기 위해 부모가 아이와 놀아 줄 시간을 찾도록 격려한다.

부모에게 "매일 언제 아이와 놀아 줄 시간을 따로 마련할 수 있나요?"라고 질문한다. 부모와 함께 DAS를 검토하고 아이와 놀아 줄 수 있는 15~20분(또는 매일 2~3회 5분씩 할 수 있는 경우)을 찾아본다. 매일 예측 가능한 시간에 놀이 시간을 정하면 아이는 부모와 함께 노는 데 익숙해지고 부모는 아이와 노는 데 더 익숙해질 수 있다.

놀이 공간 준비하기

사회적 의사소통에 어려움이 있는 아이들은 한 공간에서 머무르는 것이 어렵고 다른 사람이 들어오면 그 공간을 떠날 수 있다. 부모와 아이가 서로 가까이 할 수 있는 장소를 만드는 것은 상호작용을 더 쉽게 만들어 준다.

"가정에서 아이와 놀 수 있도록 만들 수 있는 공간은 어디인가요?" 하고 부모에게 물어본다. 그런 다음 부모가 아이에게 최적의 공간을 조성하기 위해 환경을 정리할 수 있는 방법을 찾도록 도와준다. 예를 들어, 다른 사람들이 상호작용을 시도할 때 뛰어다니는 아이에게는 통로가 없는 명확한 물리적 경계가 유용하다. 어떤 아이들에게는 빈백(beanbag) 의자나 의자와 테이블 등 앉을 곳이 정해져 있는 것이 도움이 될 수 있다. 집을 보지 못하는 경우, 부모가 사진이나 대략적인 집의 환경 지도를 그려서 가져오면 도움을 줄 수 있다.

집중하는 데 방해되는 것들을 제한하기

사회적 의사소통에 어려움이 있는 아이들은 종종 소리, 냄새, 빛 그리고 어지럽혀진 환경적인 자극에 매우 방해를 받는다. 또한 TV, 태블릿, 스마트폰, 혹은 컴퓨터 게임과 같은 전자 기기에 과도하게 집중할 수도 있다. 자극, 어지럽혀진 환경, 그리고 전자 기기를 제한하는 것은 아이가 부모와 함께하는 상호작용에 더 쉽게 참여할 수 있게 한다.

부모에게 "어떤 소리, 광경 또는 물건이 아이의 주의를 산만하게 하거나 함께 놀기 어렵게 만드나요?"라고 질문한다. 그런 다음 부모가 놀이 공간을 포함하여 집안의 주요 공간에서 주의를 산만하게 하는 요소를 파악하도록 도와준다. 특히 놀이 시간 동안 이러한 방해 요소를 제한할 수 있는 방법에 대해 논의한다.

자극의 영향은 아이마다 다를 수 있다. 예를 들어, 부드러운 배경 음악은 어떤 아이에게는 조절에 도움이 되지만 어떤 아이에게는 산만하게 느껴질 수 있다. 부모와 협력하여 아이의 학습에 가장 도움이 되는 환경 유형을 파악한다. 만약 코치가 그 집에 있다면, 시간을 내어 부모가 아이에게 긍정적인 학습 환경을 조성하도록 도와준다.

장난감과 자료들을 교대로 사용하기

가정에서 아이가 자유롭게 사용할 수 있도록 장난감을 교대로 사용하는 것은 장난감에 대한 아이의 흥미를 유지하고 참여도를 높이는 데 도움이 된다.

부모에게 "장난감을 교대로 사용하기 위해 어머니는 어떤 장난감을 세트에 넣을 수 있나요?"라고 질문한다. 그리고 부모가 집에서 장난감을 어떻게 정리하고 교대로 사용할지(예: 2~3주마다) 결정하도록 도와준다. 좋아하는 장난감을 교대로 사용하는 장난감들 사이에서 고르게 분배해야 한다.

어떤 아이들에게는 부모와 함께 놀 때만 사용하는 특별한 장난감 세트를 갖는 것이 도움이 될 수 있다. 이것이 아이와 부모의 상호작용을 높일 수 있다고 생각되면 부모가 아이에게 가장 동기를 부여하는 장난감을 1~2개 선정하게 하고, 아이와 상호작용하는 시간에 이 장난감을 사용하여 아이의 동기를 높일 수 있는 방법을 설명해 준다. 아이가 부모와 상호작용하지 않을 때는 이러한 특별한 장난감에 대한 접근을 제한해야 한다.

부모의 되돌아보기를 돕고 실천계획표 작성하기

❖ 부모의 되돌아보기

가정환경에서 변화를 만들어 낸 것에 대해 질문한다. 이 시간은 부모의 질문에 답하거나 *성공을 위한 가정환경 만들기*의 핵심 요소를 명확하게 하는 시간이다. 코치는 또한 이러한 질문을 할 수 있다.

> "오늘 논의한 내용 중 몇 가지를 집에서 적용하는 것에 대해 상상허 보시겠어요?"
> "제안한 내용 중 너무 어려워 보이는 것이 있나요? 이러한 변화 중 일부를 더 쉽게 만들 수 있을까요?"
> "오늘 이야기한 몇 가지 변화에 대해 아이가 어떻게 반응할 것 같나요? 아이가 부모님과 더 쉽게 소통하는 데 도움이 될 것 같나요?"

❖ 가정환경을 위해 구체적인 변화를 선택할 수 있도록 돕기

부모에게 부모 매뉴얼의 제1장 마지막에 있는 실천계획표(코치를 위한 온라인 양식 29)에 기법을 어떻게 실천할지 기록하도록 요청한다. 예를 들어, '집중하는 데 방해되는 것들을 제한하기'에 "주방에서 놀기 전에 식기세척기를 끄고 다른 모든 소리를 줄인다."라고 표시할 수 있다. 아이가 특정 장소에서 놀 필요가 없는 경우에는 해당 기법을 지우고 부모에게 해당 전략이 필요하지 않다고 알려 준다.

부모가 언제 놀이 시간을 만들 것인지 표시하고 다음 회기가 시작되기 전에 놀이를 시작하게 한다.

❖ 잠재적 문제를 해결하도록 돕기

부모에게 실천계획을 변경하는 데 어떤 점이 어려운지 질문한다. 시간을 내어 해결책을 브레인스토밍한다. 이 회기의 마지막에 있는 문제 해결 팁 목록(하단)에 잠재적인 문제와 가능한 해결책이 나열되어 있다.

❖ 되돌아보기 및 읽기 과제 제시하기

부모에게 가정환경을 바꾼 후 잘된 점을 실천계획표에 적도록 요청한다. 또한 '무엇이 어려웠나요?' 항목에 어려운 점도 적어 달라고 요청한다. 다음 회기가 시작될 때 이 내용을 검토할 것이라고 알려 준다. 부모에게 부모 매뉴얼의 제2장 *아이의 주도 따르기*를 읽게 한다. 12회기로 프로그램을 완료하는 경우에는 전체 장을 읽게 한다.

성공적인 가정환경 만들기 문제 해결 팁

만약 부모가……	코치는……
일상생활에서 놀이 시간을 확보하는 데 어려움이 있다면	• 어려움을 인정하고 놀이의 중요성을 강조하며 부모가 짧은 시간 동안 놀 수 있는 시간을 정하도록 돕는다. • 목욕 시간과 같은 기존 활동으로 놀이를 계획할 수 있는지 DAS를 검토 한다. • 식사 준비나 설거지(물에 손 넣기)와 같이 아이가 참여할 수 있는 활동을 파악하도록 돕는다. • 아이가 좋아하는 활동(예: 풍선, 비눗방울)을 찾아서 주요 일과 후(예: 설거지하기 전, 식사 후 5분)에 할 수 있도록 돕는다.

일관된 일정이 없다면	• 매일 일어나는 일의 윤곽을 잡고 특정 루틴이 같은 시간에 이루어져야 하는지 확인하도록 돕는다. • 자녀와 함께 좋아하는 활동 한 가지를 선택하고 그 활동을 매일 하도록 제안한다. • 루틴 중 하나를 매일 같은 방식으로 수행할 수 있는 방법이 있는지 질문한다.
놀이할 공간을 정하기 어렵다면	• 공간 만들기를 창의적으로 생각할 수 있도록 돕는다(예: 텐트, 드레스 룸, 테이블 아래). • 공간을 관찰하고 문제를 해결하기 위해 가정에 방문한다. • 부모에게 집의 환경을 그리게 한다.
장난감이 너무 많거나 집 안이 어수선하다면	• 작은 놀이 공간에서 어수선함을 줄이기 위해 자료를 보관하는 방법을 찾아내도록 돕는다. • 아이가 장난감을 정리하고 상자에 넣을 수 있도록 돕는다.
집에 적절한 놀잇감이나 장난감이 없다면	• 꼭 장난감으로 놀이할 필요는 없다고 알려 준다. • 아이와 놀 수 있는 다른 자료들을 찾아내도록 돕는다. • 아이가 즐길 수 있는 장난감을 제안한다.
형제가 같이 있어서 아이와 상호작용하기 어렵다면	• 형제가 놀이에 참여할 수 있는지 여부를 결정한다. • 아이들을 분리하여 10분 정도 놀 수 있도록 제안한다. • 형제의 바쁜 때를(예: 낮잠 잘 때, 학교에 갔을 때, 다른 활동을 할 때) 찾도록 돕는다. • 놀이하는 동안 형제를 봐 줄 수 있는 가족이나 친구가 있는지 찾아본다.
제안한 변화들을 수행하기 너무 힘들다면	• 가장 큰 영향을 줄 기법을 선택한다. • 프로그램을 진행하면서 점차적으로 변화를 만들 수 있도록 돕는다. • 제안한 변화들을 만들어 낼 수 있도록 가정에 방문하여 돕는다.

2단원

아이에게 집중하기

아이에게 집중하기는 ImPACT 프로젝트의 기초가 되는 F.A.C.T.S. 중 F이다. 이것은 ImPACT 프로젝트의 성공적인 수행을 위한 첫 번째 단계이다. **아이에게 집중하기**의 주요 목표는 놀이와 일상 활동에서 부모와 아이의 사회적인 참여를 증진시키는 것이다. 두 번째 목표는 부모가 아이의 흥미, 의사소통을 시작할 때 아이가 사용하는 행동(예: 눈 맞춤, 제스처, 단어), 왜 아이가 의사소통하고자 하는지 이유를 인지하고 아이의 행동에 반응할 수 있게 하는 것이다. 이것은 언어 발달에서 전 의도적인(preintentional) 단계, 언어 이전의 아이에게는 특별히 중요하다. 또한 부모가 의사소통을 돕기 위해 아이에게 제공해야 하는 지원을 잘 인지하지 못할 수 있으므로 촉진에 의존적인(prompt-dependent) 아동에게 중요하다.

부모가 사용할 수 있는 **아이에게 집중하기** 기법은 두 가지가 있다. *아이의 주도 따르기*와 *아이 모방하기*이다. 두 가지 기법은 부모와 놀이를 하는 동안 아이가 활발하게 참여할 수 있도록 도와주고 함께 놀 수 있는 시간을 늘려 준다. 그 기법은 활동에 의존한다. 첫 번째 기법을 소개하기 전에 *아이의 주도 따르기*에 대해 4회기에 설명된 대로, F.A.C.T.S. 피라미드를 사용하여 **아이에게 집중하기**를 부모에게 소개해야 한다.

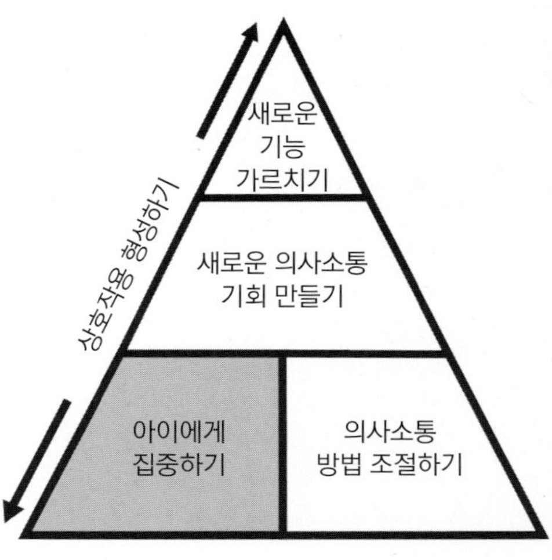

- 만약 부모 훈련 프로그램을 24회기로 완료한다면, 2회기는 **아이에게 집중하기**로 진행한다. 각 기법은 1회기로 진행하기를 추천한다.
- 만약 12회기로 완료한다면, 이 장에 나와 있

는 정보를 1회기에 가르치면 된다. 기법들을 함께 가르칠 것을 추천한다. *아이의 주도 따르기*에 대한 개관을 가르치고 덧붙여 *아이 모방하기*에 대한 이론과 핵심 요소를 가르친다. 각 기법에서 특정 요소를 단순화하고 선택하여 강조하고 지도해야 할 수도 있다. *아이 모방하기*는 부모가 자녀의 놀이에 참여할 수 있는 대우 구체적인 방법 중 하나이다(*아이 주도 따르기*의 핵심 요소). 만약 부모가 아이의 놀이에 참여하는 데 어려움을 겪거나 지시적인 성향이 강한 경우, 아이의 놀이에 참여하는 기본 방법으로 *아이 모방하기*를 가르칠 수 있다.

중재 충실도 체크리스트(양식 4)의 **아이에게 집중하기**에서 3점 이상의 점수를 받으면 **의사소통 방법 조절하기**로 진행한다.

4회기
아이의 주도 따르기

회기 목표

부모가 다음의 기술을 사용하도록 돕는다.

- 아이의 행동에 대한 반응성 높이기
- 아이와 노는 동안 아이의 참여 증가시키기
- 함께 놀 수 있는 시간 늘리기
- 아이의 개시 빈도 늘리기

준비물

- 부모 매뉴얼
- 실천계획표-**아이에게 집중하기**(양식 30)
- 부모 매뉴얼의 아동의 목표와 부모가 완성한 매일 하는 활동 스케줄(양식 11)
- 좋아하는 장난감
- 회기 기록지(양식 12)
- 중재 충실도 체크리스트(양식 4)
- 코칭 충실도 체크리스트(양식 6)

회기 진행목록

- 체크인 및 회기 진행목록 정하기
- 실천계획표 검토하기
- **아이에게 집중하기** 소개하기
- *아이의 주도 따르기* 소개하기
- *아이의 주도 따르기* 시연하기
- 부모의 연습 및 피드백 제공하기
- 부모의 되돌아보기를 돕고 실천계획표 작성하기

핵심 요소: *아이의 주도 따르기*

- 아이와 얼굴 마주보기
- 아이가 활동을 주도하게 하기
- 아이의 놀이에 참여하기
- 질문과 지시 피하기
- 민감하기 그러나 지속하기
- 한계 정하기
- 아이의 반응을 기다리고 관찰하기
- 아이의 모든 행동에 반응하기

체크인 및 회기 진행목록 정하기

❖ 가족 체크인

지난 회기 이후로 어떤 일들이 있었는지 질문한다. 부모와 대화하는 동안 잠시 아이가 혼자 집중할 수 있는 활동에 참여하게 한다.

❖ 회기 목표와 회기 진행목록에 대해 설명하기

부모는 **아이에게 집중하기** 기법, 아이가 참여하고 개시하는 데 도움을 주는 *아이의 주도 따르기*를 배우게 된다. 프로그램을 시작할 때 부모가 프로그램에 대한 기대치를 명백하게 할 수 있도록 회기 진행목록을 검토하는 것이 좋다.

부모에게 "오늘 회기에 대해 질문이 있거나 추가로 다루고 싶은 주제가 있나요?" 하고 질문한다. 부모가 우려를 나타내는 경우 회기 진행목록을 조정할 필요가 있다.

실천계획표 검토하기

부모에게 *성공을 위한 가정환경 만들기*를 어떻게 진행했는지, 그리고 주변 사람들로부터 지원을 받을 수 있었는지 질문한다. 무엇이 잘 되었고 무엇이 힘들었는지 논의한다. 가정에서 실천하는 동안 직면했던 문제를 해결하도록 도와준다. 일반적인 문제들과 가능한 해결책은 3회기의 문제 해결 팁 목록에 기술되어 있다(134쪽). 만약 부모가 놀 수 있는 공간을 만들고, 집중하는 데 방해되는 것들을 제한하고, 가정에서의 루틴을 확인하는 데 심각한 어려움을 보고 한다면, 부모를 돕기 위해 가정에 방문할 계획을 고려한다.

> 부모가 가정에서 변화를 만들어 내기 위해 긍정적인 피드백과 격려를 많이 제공해야 한다.

아이에게 집중하기 소개하기

❖ 이론 설명하기

F.A.C.T.S. 피라미드와 부모 매뉴얼(43쪽)에 있는 도표(sequence graphic)를 사용하여 **아이에게 집중하기**를 소개한다. **아이에게 집중하기**는 ImPACT F.A.C.T.S. 프로젝트의 F로 이 프로그램에서 사용하는 모든 전략의 기초를 제공한다. 부모와의 놀이 시간에 아이가 활동적으로 참여할 수 있도록 격려하며, 아이의 동기를 높이고, 아이의 행동에 대한 부모의 반응성을 높이게 된다.

❖ 기법 소개하기

아이에게 집중하기 위해 부모는 두 가지 기법을 사용할 수 있다. *아이의 주도 따르기*와 *아이 모방하기*이다. 두 가지 기법 모두 놀이 중에 재미있는 방식으로 아이와 함께하는 것을 포함한다. 사용되는 기법은 활동과 사용 가능한 재료에 따라 달라진다.

이 프로그램을 하는 동안 부모는 항상 아이에게 집중함으로써 상호작용을 시작하고 아이의 반응을 기다리고 관찰한다. 여기에서 중요한 점은 아이는 어떤 방식으로든 반응할 수 있다는 것이다. 그런 다음 부모는 이러한 행동에 순차적으로 대응하여 아이에게 자신의 행동이 의미 있고 반응을 얻는다는 것을 가르친다. 부모는 자녀와의 상호작용 전반에 걸쳐 이 전략을 사용한다.

아이의 주도 따르기 소개하기

❖ 이론 설명하기

부모 매뉴얼의 F.A.C.T.S. 피라미드를 사용하여 *아이의 주도 따르기*에 대한 이론을 설명한다.

사회적 의사소통에 어려움이 있는 많은 아이들은 타인과 함께 참여하고 상호작용하는데 어려움을 겪는다. *아이의 주도 따르기*에서 부모는 아이의 관심사, 놀이 중 무엇을 할지에 대한 생각, 감정을 따라가며 아이의 반응을 기다리고 지켜본 다음 순차적으로 아이의 행동에 반응할 수 있다.

*아이의 주도 따르기*는 아이에게 상호작용을 지시해도 괜찮은 모든 활동에서 사용할 수 있다. 이를 통해 아이에게 동기를 부여하고 부모와 아이의 참여도를 높이며 함께 노는 시간을 늘릴 수 있다.

> 코치가 있는 공간을 정리하고, 적절한 장난감을 두거나, 이전 회기에서 사용한 자료를 검토하여 회기를 준비한다.

부모에게 아이의 개별 목표를 달성하기 위해 *아이의 주도 따르기*를 어떻게 사용할 수 있는지 설명한다. 이때 다음과 같이 말할 수 있다.

> "Brianna가 놀이 중에 어머니와 상호작용하는 시간을 늘리는 것이 목표입니다. 이 기법은 Brianna가 좋아하는 일에 함께 참여함으로써 그 목표를 직접적으로 해결합니다."

❖ 핵심 요소에 대해 이야기 나누기

부모 매뉴얼을 다시 사용하여 *아이의 주도 따르기*의 요소들을 설명한다. 진행하면서 부모 매뉴얼의 '생각해 보세요!' 질문을 통해 부모가 자녀에게 정보를 적용할 수 있도록 도와준다.

아이와 얼굴 마주보기

부모를 위한 첫 번째 단계는 아이의 눈높이에 자리를 잡고 아이와 얼굴을 마주 보는 것이다. 아이의 놀이에 참여하도록 도와주고 아이가 보고 있는 곳을 인지하며 아이가 느끼는 것에 반응하도록 도와준다. 또한 아이가 부모가 하는 것을 더 쉽게 볼 수 있고, 부모의 표정을 보고, 눈을 마주칠 수 있다.

어떤 아이들은 부모의 무릎에 앉아 있는 것을 더 선호하거나 부모가 얼굴을 마주보고 움직일 때 활동을 통제하길 원하거나 부모가 무엇을 할 것인지 확신이 없기 때문에 멀리 가버릴 수도 있다. 부모가 아이와 얼굴을 마주보고 상호작용할 수 있는 방법을 찾도록 도와줄 거라고 알려 준다.

아이가 활동을 주도하게 하기

사회적 의사소통에 어려움이 있는 아이들은 부모가 주도하는 활동에 흥미가 없고 부모가 일반적이지 않다고 생각하는 활동에 흥미가 있을 수 있다. 아이가 활동을 주도하게 하면 부모는 아이가 무엇에 관심이 있는지 알 수 있고, 아이는 스스로 즐기면서 부모와 소통할 수 있다.

부모에게 "아이가 좋아하는 놀이 방법이 있나요?" 하고 질문한다. 만약 부모가 아이가 노는 것을 안 좋아한다고 보고하면, 부모의 말을 확인하고 아이가 어떻게 노는지 관찰한 내용을 제공한다. 이때 다음과 같이 말할 수 있다.

"Brianna가 장난감에 관심이 없는 것은 맞아요. 하지만 Brianna는 뛰어다니는 것을 좋아해요. 연습할 때 아이와 함께 달리기를 해 보세요."

아이의 놀이에 참여하기

아이가 무엇을 어떻게 놀고 싶어 하는지 파악하면 부모는 놀이에 필요한 부분이 되어 활동에 참여해야 한다. 여기에는 아이를 돕거나, 놀이를 추가하거나, 아이와 신체 놀이 또는 감각 놀이에 함께 참여하는 것이 포함될 수 있다.

부모에게 "아이의 놀이에 참여할 수 있는 방법에는 어떤 것이 있나요?" 하고 질문한다. 만약 부모가 잘 모르겠다고 하면 다음과 같은 구체적인 예를 들어 설명한다.

"만약 Brianna가 원을 그리면서 뛴다면, 함께 원을 그리며 뛰면 됩니다."

이 기법에서는 아이가 리더임을 부모에게 상기시킨다. 그리고 부모의 역할은 아이의 놀이를 '올바르게'하는 것이 아니라 놀이에 함께 참여하는 것이다.

질문과 지시 피하기

아이에게 질문하고 지시하는 것은 아이가 주도하지 못하게 하고 아이에게 자발적으로 시작할 기회를 주지 않는다. 그래서 부모는 질문과 지시를 피하는 대신에 아이가 하고 있는 것에 흥미를 가지고 있다는 것을 보여 주기 위해 아이의 놀이를 언급한다. 부모가 아이의 언어 수준에 맞게 아이의 놀이에 관심이 있다는 것을 보여 주는 언급의 예를 제시한다.

민감하기 그러나 지속하기

어떤 아이들은 혼자 노는 것을 선호하거나 자기 조절 혹은 안정을 위해 짧게 상호작용하는 경우가 있다. 만약 아이가 방어하거나 멀리 가 버리면, 부모는 아이에게 다시 참여할 수 있는 순간을 제공해야 한다. 만약 아이가 스스로 하지 않는다면 부모는 아이가 주도하는 새로운 활동을 따르고 다시 아이와 참여하도록 시도해야 한다. 부모가 아이의 놀이에 참여할 수 있는 방법을 찾도록 도와주겠다고 알려 주어 함께 즐거운 시간을 보낼 수 있도록 한다.

한계 정하기

비록 부모가 아이의 주도를 따르더라도, 아이에게 괜찮은 행동이 무엇인지 결정하고 필요한 경우에는 한계를 정해야 한다. 놀이를 하는 동안 허용되어서는 안 되는 행동과 허용되는 행동이 무엇인지 부모가 결정하도록 돕기 위해 코치의 임상적인 판단을 사용한다. 한 가지 가장 중요한 원칙은 소유물을 파괴하거나 아이나 다른 사람을 다치게 하는 어떤 행동도 허락되어서는 안 된다. 예외적으로 허락되는 행동은 가정마다 다양할 수 있다.

비기능적이고, 일반적이지 않거나 반복적인 놀이일지라도 안전하다면 아이의 놀이에 참여하는 것이 좋은 이유를 부모가 이해할 수 있도록 돕는다. 행동이 심각하게 우려되는 경우 다음의 사항을 고려한다. 프로그램을 재개하기 전에 몇 회기 동안 부모와 함께 선택으로 주어진 아이의 도전 행동 다루기 단원을 검토하는 것이 적절한지 고려한다(부모 매뉴얼 제8장 및 본 '코치' 매뉴얼의 8단원 참조).

아이의 반응을 기다리고 관찰하기

아이의 주도를 따른 후, 부모는 아이가 참여하거나 부모와 의사소통하려는 신호를 기다리고 관찰한다. 아이의 반응은 분명하거나 미묘할 수 있으며 부모를 쳐다보거나, 몸자세를 바꾸거나, 표정을 바꾸거나, 제스처를 사용하거나, 목소리를 내는 등 다양할 수 있다.

부모가 아이의 주도를 따를 때 만약 아이가 반응하지 않더라도 괜찮다는 것을 부모가 알게 한다. 이 프로그램 후반에 아이가 반응하도록 돕는 추가적인 전략을 배우게 된다. 이러한 전략이 효과적이려면 부모가 먼저 *아이의 주도 따르기*를 배워야 한다.

부모가 상호작용에 참여하는 동안 의사소통의 미묘한 차이를 모두 파악하기는 어려울 수 있다. 코치가 부모와 한 팀이 되어 아이와 서로의 상호작용을 관찰하고, 아이의 의사소통 유형과 목적을 파악하기 위해 함께 노력할 것임을 부모에게 알려 준다.

아이의 모든 행동에 반응하기

아이의 행동이 비의도적으로 보일지라도 부모는 아이의 행동에 순차적으로 반응해야 한다. 이것은 아이에게 자신의 행동이 의미가 있고 다른 이들과 의사소통하는 데 사용될 수 있다는 것을 가르친다.

부모에게 "아이의 행동에 어떤 방법으로 반응할 수 있나요?" 하고 질문한다. 부모가 아이의 모든 행동에 반응하는 것을 주저하는 경우, 아이가 지원을 받으면 더 복잡한 기술을 사용할 수 있기 때문에 처음에는 아이의 모든 행동에 반응하는 것이 중요하다는 점을 강조하고 프로그램 후반에 기술의 복잡성을 높이는 기술을 배울 수 있음을 알려 준다.

❖ *아이의 주도 따르기* 단계 설명하기

부모 매뉴얼(48쪽)의 도표를 사용하여 *아이의 주도 따르기* 단계를 살펴보고, 이를 아이의 목표 중 하나와 연결한다. 부모에게 질문할 기회를 준다. 이때 다음과 같이 말할 수 있다.

"아이가 어머니와 놀이를 하는 동안 놀이 시간을 늘리는 것이 Brianna의 목표입니다. 이 목표를 위해 얼굴을 마주 보고 아이가 좋아하는 것에 참여할 거예요. 그리고 기다리면서 아이가 어떻게 반응하는지 봅니다. 아이가 제스처, 시선, 혹은 몸의 위치 바꾸기로 반응하면 우리는 그 행동을 의미 있는 것처럼 반응합니다. 이 기법을 사용하면 아이가 자신의 행동에 의미가 있다는 것을 알게 되면서 자신의 욕구를 표현하는 데 도움이 될 수 있습니다. 만약 아이가 반응하지 않더라도 괜찮습니다. 이후에 새로운 의사소통 기회 만들기에 대한 기법을 배우게 될 거예요. 이 시간을 활용하여 아이가 무엇에 관심이 있는지, 어떻게 스스로 노는지 살펴볼 수 있습니다. 연습하기 전에 질문이나 우려되는 점이 있나요?"

아이의 주도 따르기 시연하기

❖ 시연 준비하기

코치는 시연을 하면서 부모에게 *아이의 주도 따르기* 기법을 어떻게 사용하는지, 아이가 어떻게 반응하는지 그리고 아이의 행동에 어떻게 반응하는지 관찰하라고 요청한다.

"Brianna가 콩을 가지고 노는 동안 제가 Brianna의 주도를 어떻게 따라가는지 지켜봐 주세요. 제가 Brianna에게 콩을 더 건네주면 Brianna가 어떻게 반응하는지 지켜보세요. 아이가 멀리 가거나, 더 달라고 손을 뻗거나 혹은 다른 행동을 하나요? 제가 질문이나 지시를 하지 않을 때 Brianna가 그 활동을 더 오래 하나요? 제가 어떻게 아이의 행동에 반응하는지 관찰하세요."

❖ 무엇을 하고 있는지 설명하기

아이와 함께 *아이의 주도 따르기*를 시연할 때, 아이가 의사소통을 위해 사용하는 행동과 그 이유를 언급한다. 반응하기 전에 부모는 아이의 의사소통을 인지하고 해석할 필요가 있다.

> "Brianna가 공을 가지고 움직이네요. 그러면 저는 아이의 활동을 따르고 얼굴을 마주 볼게요. 어떻게 아이가 반응하는지 기다리고 있어요……. 저를 보네요. 그래서 저는 아이의 놀이를 언급하면서 아이의 행동에 반응합니다. "공이구나……." 이제 Brianna가 차 쪽으로 움직입니다. 저도 아이를 따라 차 쪽으로 가서 다시 얼굴을 마주 봅니다……. 아이가 우리와 함께 참여할 수 있도록 끈질기게 노력해야 한다는 것을 기억하세요."

시연을 끝낸 후 부모에게 "상호작용을 하는 동안 무엇을 주목하셨나요?" 하고 질문한다. 만약 부모가 답하기 어려워하면 좀 더 구체적으로 질문한다.

> "Brianna가 저와 함께 논 시간과 의사소통을 보고 어떤 점을 느꼈나요?"
> "제가 얼굴을 마주했을 때 Brianna는 어떻게 했나요?"

부모의 연습 및 피드백 제공하기

연습은 코칭에서 가장 중요한 단계이다. 프로그램 시작부터 회기당 15분 이상의 연습 시간을 확보한다.

❖ 부모의 연습을 격려하기

부모가 아이와 함께 *아이의 주도 따르기*를 연습할 때, 아이의 현재 놀이를 기반으로 구체적인 예를 들어 부모가 따라야 할 단계를 상기시켜 준다.

❖ 물리적 환경 관리하기

방해가 되는 것은 제거하거나 부모에게 아이가 가지고 놀고 있는 장난감의 일부를 건네주어 아이의 놀이에 참여하게 한다.

❖ 피드백 제공하기

부모의 *아이의 주도 따르기*를 사용하는 방법과 아이의 반응에 대해 피드백을 제공한다. 부모가 이 기법을 연습하는 동안 발생하는 일반적인 문제에 대한 피드백은 이 회기의 마지막에 있는 문제 해결 팁 목록(147쪽)에서 확인할 수 있다.

> "Brianna와 놀이에 아주 잘 참여하셨어요! 아이는 어머니를 바라보는 것으로 의사소통하였어요. 이것은 어머니에게 놀이에 다시 참여해 달라는 요구로 보입니다(아이가 의사소통하려는 이유)."

부모의 되돌아보기를 돕고 실천계획표 작성하기

❖ 부모의 되돌아보기

연습한 것에 대해 질문한다. 개방형 질문으로 시작하고 필요하다면 좀 더 구체적인 질문으로 넘어간다. 부모와 아이의 상호작용을 바탕으로 질문을 선택해야 한다. 다음은 몇 가지 질문의 예이다.

> "어머니께서 아이의 주도를 따랐을 때 어떤 기분이 들었나요?"
> "정기적으로 아이와 그렇게 상호작용하는 것을 상상할 수 있나요? 그렇지 않다면 불편한 점은 무엇인가요? 어떻게 하면 더 쉽게 할 수 있을까요?"
> "아이가 선택한 활동에 참여했을 때 아이가 어떻게 반응했나요? 더 오래 놀았나요? 아니면 활동을 더 많이 바꾸었나요?"
> "아이가 어머니와 어떻게 소통하나요? 제스처, 눈 맞춤, 발성 또는 단어를 사용하나요?"

❖ 부모의 목표와 활동 선택을 돕기

부모가 회기 사이의 목표와 활동을 선택할 수 있도록 부모 매뉴얼에 있는 아동의 목표와 완성된 매일 하는 활동 스케줄(양식 11)을 사용한다. 부모가 실천계획표–**아이에게 집중하기**(양식 30)에 선택 사항을 기록하게 한다.

이 기법의 좋은 목표는 눈 맞춤, 얼굴 표정, 놀이 파트너를 바라보거나 제스처나 단어를 사용하는 것이다. 어른에게 장난감을 건네거나 제스처를 사용하거나 단어를 말함으로써 활동을 시작하는 것, 더 오랜 시간 함께 놀아 주는 것 등 아이가 사회적 놀이 또는 장난감 놀이에 더 많이 참여하는 것이 포함된다.

이 기법을 적용하기 좋은 활동은 장난감이나 활동적인 놀이 또는 목욕 시간처럼 놀이가 루틴의 일부가 되는 일일 루틴이다. *아이의 주도 따르기*는 아이가 좋아하는 놀이나 활동 중에 연습할 때 가장 효과적이다. 부모가 *아이의 주도 따르기*를 통합하는 추가 기법을 배우면 다른 일일 루틴에서도 사용할 수 있다. 부모 매뉴얼의 '가정에서 해 보기!' 표(54쪽)에는 놀이 및 일상 활동 중에 *아이의 주도 따르기*를 사용하는 방법의 예시가 있다.

❖ 부모의 도표 작성 돕기

부모가 선택한 활동 중에 *아이의 주도 따르기*를 사용한 긍정적인 예를 부모에게 말해준다. 그리고 부모에게 실천계획표의 도표 관련 칸에 집중할 핵심 요소를 적어 보게 한다.

*아이의 주도 따르기*를 하면서 아이에게 집중할 부분이 무엇인지 부모에게 질문한다. 예를 들어, 블록을 가지고 활동한다면 부모는 '마주 보고 앉아 블록을 쌓아 올린다.'라고 기록할 수 있다.

부모가 아이의 주도를 따르고 기다릴 때 아이가 어떻게 반응할 것이라고 생각하는지 물어보고 '기다리기' 칸에 적어 보게 한다. 아이는 낱말, 구어 표현, 시선, 제스처, 몸자세 변화 등 다양한 방식으로 반응할 수 있음을 부모에게 상기시켜 준다. 부모에게 '기다리기' 칸 아래에 있는 아이 아이콘 옆에 연습 중에 아이가 어떻게 반응하는지 적을 수 있다고 알려 준다.

다음으로 부모가 아이에게 어떻게 반응할지 질문한다. 아이의 행동에 따라 부모의 반응이 결정된다. 예를 들어, 아이가 부모를 쳐다보면 부모는 계속 놀거나, 인사하거나, 언급하기 등의 반응을 보일 수 있다. 아이가 다른 곳으로 이동하면 부모는 "다 했구나!" 또는 "잘 가!" 하고 반응할 수 있다. 부모 매뉴얼의 〈표 2-1〉에는 아이의 행동에 순차적으로 대응하는 방법의 예시가 있다.

부모 매뉴얼의 도표는 부모가 특정 활동 중에 아이와 함께 이 기법을 어떻게 사용할 수 있는지 개별화된 예시를 제공한다. 아이에게 가장 효과적인 기법의 요소, 아이의 반응, 아이에게 반응할 수 있는 방법을 부모가 파악할 수 있도록 질문하고 제안한다. 이러한 협력적 과정은 부모와 함께 잠재적인 문제를 해결하는 데도 도움이 된다.

❖ 잠재적 문제에 대한 해결 지원하기

가정에서 *아이의 주도 따르기*를 사용할 때 어려웠던 점을 질문한다. 시간을 내어 가능한 해결책을 브레인스토밍한다. 이 기법에 대한 일반적인 문제와 해결 방법은 문제 해결 팁 목록(하단)에 나와 있다.

❖ 되돌아보기 및 읽기 과제 제시하기

부모에게 매일 집에서 15~20분간 연습하고 잘된 점과 어려웠던 점을 적도록 상기시켜 준다. 다음 회기가 시작될 때 이 내용을 복습할 것이라고 알려 준다. 부모에게 부모 매뉴얼의 제2장 *아이 모방하기* 부분을 읽게 하자. 이것은 부모가 **아이에게 집중하기**의 일부로 사용하도록 배우게 될 또 다른 기법이다.

아이의 주도 따르기 문제 해결 팁

만약 부모가……	코치는……
얼굴을 마주 보는 것이 어렵다면	• 부모와 아이가 앉을 수 있는 특정 공간을 추천한다. • 마주 보고 앉아서 게임하기를 제안한다. • 부모와 아이가 마주 앉을 수 있도록 가구를 재배치한다. • 아이가 움직일 때 부모도 아이를 따라 움직이도록 격려한다. • 서로 마주 보지 않고도 부모와 아이가 눈 맞춤할 수 있도록 거울을 제공한다.
아이가 주도하게 하는데 어려움이 있다면	• 함께 참여하기 전에 몇 분 동안 아이가 어떻게 노는지 관찰하도록 요청한다. • 아이가 활동을 변경할 때 부모도 변경하도록 격려한다. • 아이의 놀이를 지시하는 것은 아이를 반응하는 역할로 대치하고 아이가 시작하도록 허락하지 않는다는 것을 상기시킨다. • 이 프로그램 후반에 아이가 놀이를 확장하도록 도울 수 있다는 것을 알게 한다.
아이의 놀이에 참여하는 것에 어려움이 있다면	• 아이의 놀이에 참여할 수 있는 구체적인 방법을 알려 준다. • 놀이에 참여하는 데 사용할 수 있는 물품을 준다. • 특정 활동에서 아이의 놀이에 어떻게 참여할 수 있을지 질문한다.

질문을 많이 한다면	• 아이가 스스로 시작할 수 있도록 기다리고 관찰해야 한다는 것을 상기시킨다. • 프로그램 후반에 질문하고 언어를 촉진하도록 도와줄 것이라고 알려준다. • 부모가 질문을 언급하기로 바꿀 수 있도록 모델링해 준다. • 하루에 두어 번 5분 동안 질문 없이 언급하기에만 집중하도록 요청한다. 아이와 함께 차까지 걸어가거나 잠자리에 들 준비를 할 때, 또는 놀이 시간 중에 할 수 있다.
기다리고 관찰하는 것이 어렵다면	• 언급하거나 아이와 놀이에 다시 참여하려고 시도한 후 머릿속으로 5까지 세라고 제안한다.
순차적으로 아이의 활동에 반응하는 것이 어렵다면	• 아이의 행동과 그 행동에 담긴 의미를 설명한다. • 부모에게 "지금 아이가 무슨 말을 한다고 생각하세요?" 하고 질문한다. • 주변 환경의 단서를 활용하여 아이의 의사소통의 의미를 해석할 수 있도록 돕는다.

만약 아이가……	코치는……
전 의도적이라면	• 아이가 의사소통하기 위해 사용하는 행동을 언급한다. • 몇 분간 상호작용을 녹화하고 아이가 의사소통하는 방법을 인지할 수 있도록 부모와 비디오를 검토한다.
장난감을 가지고 놀지 않는다면	• 감각 탐색을 위한 다양한 자료를 제공한다. • 대근육 운동 혹은 활동적인 놀이를 제안한다. • 놀이에 장난감이 포함될 필요는 없다는 것을 부모에게 알려 준다. • 아이가 좋아하는 다른 놀이 방법을 알 수 있도록 돕는다.
활동을 빈번하게 옮겨 다닌다면	• 아이가 전환할 수 있는 장난감 개수를 제한한다. • 아이가 옮겨 다닐 수 있는 공간을 제한하기 위해 더 작은 공간을 찾을 수 있도록 돕는다. • 아이가 좀 더 오래 앉아 있을 수 있도록 아이에게 딱 맞는 의자나 빈백(beanbag) 의자를 제공한다.
부모가 놀이에 참여할 때 화내거나 자리를 뜬다면	• 힘든 일임을 인정한다. 아이에게 잠시 진정할 수 있는 시간을 주고 다시 시도해 보길 제안한다. • 부모가 놀이에 참여할 수 있는 다른 방법을 제안한다. • 아이와 쉽게 나눌 수 있는 자료나 장난감을 제안한다.
이러한 기법에도 아이의 참여가 늘지 않는다면	• 앞으로 할 회기에서 상호작용하며 놀 수 있는 기법에 초점을 둘 거라고 설명한다. • 아이가 지원을 받아 의사소통하는 방식을 파악할 수 있도록 부모를 돕는 데 집중한다.

5회기
아이 모방하기

회기 목표

부모가 기법을 사용할 수 있도록 돕는다.
- 놀이에 참여할 수 있도록 아이의 능력을 증진시키기
- 아이와 놀 수 있는 시간을 늘리기
- 아이의 자발적인 발성과 언어 늘리기
- 아이가 사용하는 다른 놀이 활동 개수 늘리기

회기 진행목록

- 체크인 및 회기 진행목록 정하기
- 실천계획표 검토하기
- *아이 모방하기* 소개하기
- *아이 모방하기* 시연하기
- 부모의 연습 및 피드백 제공하기
- 부모의 되돌아보기를 돕고 실천계획표 작성하기

준비물

- 부모 매뉴얼
- 실천계획표-**아이에게 집중하기**(양식 30)
- 부모 매뉴얼의 아동의 목표와 부모가 완성한 매일 하는 활동 스케줄(양식 11)
- 선호도가 높은 장난감 쌍
- 회기 기록지(양식 12)
- 중재 충실도 체크리스트(양식 4)
- 코칭 충실도 체크리스트(양식 6)

핵심 요소: *아이 모방하기*

- 아이의 제스처, 얼굴 표정, 몸의 움직임을 모방하기
- 아이의 발성을 모방하기
- 장난감이나 물건을 가지고 노는 아이의 놀이를 모방하기
- 오직 긍정적인 행동만 모방하기

체크인 및 회기 진행목록 정하기

❖ 가족 체크인

어떻게 지냈는지 질문하고 잠시 아이와 활동한다.

❖ 회기 목표와 진행목록에 대해 설명하기

부모는 아이가 놀이에 참여하도록 아이를 모방하는 것을 배우게 된다. 이것은 아이와 함께 노는 시간을 늘리고, 아이의 자발적인 발성과 언어를 증진시키며, 아이가 사용하는 놀이 활동의 개수를 늘릴 수 있도록 돕는다. 이것은 부모가 아이에게 집중하는 또다른 방법이다.

부모에게 "오늘 회기에 대해 질문이 있나요? 아니면 해결하고 싶은 다른 주제가 있을까요?" 하고 질문한다. 부모가 질문이 있거나 오늘 해결하고 싶은 주제가 있다면 회기 진행목록을 조정한다.

실천계획표 검토하기

부모와 가정에서 어떻게 *아이의 주도 따르기*를 실천해 보았는지 이전 회기의 실천계획표에 대해 이야기한다. 아이의 반응, 무엇이 잘되었고, 어려웠던 점은 무엇인지 논의한다.

집에서 연습하는 동안에 부모가 당면한 어려움을 해결하도록 도와준다. *아이의 주도 따르기*에 대한 일반적인 문제와 해결 가능한 방법은 4회기의 마지막에 있는 문제 해결 팁 목록(147쪽)에 있다.

연습은 중요하다! 만약 부모가 연습하지 않는다면, 문제를 해결하고 브레인스토밍한다. 일반적인 문제와 해결책은 제1부 제3장을 참고한다.

아이 모방하기 소개하기

❖ 이론 설명하기

*아이 모방하기*에 대해 설명하고 *아이의 주도 따르기*와 함께 사용하는 방법을 설명한다. 필요하다면 부모 매뉴얼의 F.A.C.T.S. 피라미드를 사용한다.

사회적 의사소통에 어려움이 있는 많은 아이들은 다른 이와 함께 참여하고 노는 데 어려움을 겪는다. *아이 모방하기*에서 부모는 먼저 *아이의 주도 따르기*를 한다. 그런 다음 아이의 놀이에 참여하기 위한 방법으로 아이의 행동을 모방한다. 아이가 반응할 때까지 계속 기다린 후 순차적으로 아이의 행동에 반응한다.

*아이 모방하기*는 같거나 비슷한 장난감으로 놀 때 그리고 아이가 장난감을 가지고 놀지 않을 때 가장 도움이 된다. 이 기법은 아이의 참여도와 상호작용 시간을 늘리는 데 도움이 될 수 있다. 많은 아이들은 모방하는 것을 좋아하며 부모가 자신을 모방하는지 확인하기 위해 더 많은 발성이나 언어를 사용하고 다양한 놀이 행동을 시도한다. 아이의 개별적인 목표를 달성하기 위해 *아이 모방하기*를 어떻게 사용할 수 있는지 설명한다. 이때 다음과 같이

말할 수 있다.

> "*아이 모방하기*는 Brianana의 사회적 참여 목표 중 하나인 놀이 중에 부모님과 상호작용 하는 시간을 늘리는 데 사용할 수 있습니다."

❖ 핵심 요소에 대해 이야기 나누기

부모 매뉴얼을 사용하여 *아이 모방하기*의 핵심 요소를 논의한다. 부모 매뉴얼의 '생각해 보세요!' 질문을 통해 부모가 아이에게 이 기법을 어떻게 사용했는지 되돌아볼 수 있도록 도와준다.

아이의 제스처, 얼굴 표정 그리고 몸의 움직임을 모방하기

아이의 제스처, 얼굴 표정 그리고 몸의 움직임을 모방함으로써 이러한 비언어적인 행동들이 의미가 있고 부모의 행동 방식에 영향을 준다는 것을 아이에게 가르쳐 줄 수 있다. 부모가 어떤 목적을 가지고 이 움직임들을 모방할 필요는 없다.

부모에게 "모방할 수 있는 아이의 제스처, 얼굴 표정 또는 몸의 움직임은 어떤 것이 있을까요?" 하고 질문한다. 부모가 잘 알지 못한다면 부모와 함께 아이의 행동을 관찰하고 모방할 수 있는 제스처, 표정 그리고 몸의 움직임의 구체적인 예를 제공한다.

목적 없이 돌아다니는 경향이 있거나 장난감을 잘 가지고 놀지 않는 아이들에게 특별히 유용한 전략이 될 수 있다.

아이의 발성을 모방하기

아이의 소리와 낱말을 모방하는 것은 아이의 주의를 끌 뿐 아니라 자신의 발성이 의미가 있고 부모가 자신의 메시지를 수용하고 있다는 것을 배울 수 있도록 도와준다. 또한 아이가 더 많은 발성을 하도록 격려할 수도 있다. 발성 모방은 아이의 발성과 자발적인 언어를 향상시키는 데 사용된다.

부모에게 "부모님께서 모방할 수 있는 아이의 발성은 무엇인가요?" 하고 질문한다. 부모가 잘 알지 못한다면, 모방할 수 있는 구체적인 예를 제공한다. 만약 아이가 아직 낱말을 사용하지 않는다면, 부모는 아이가 만들어 내는 어떤 소리든 모방해야 한다. 만약 아이가 낱말 혹은 문장을 사용한다면, 부모는 함께하고 있는 활동과 관련된 언어를 모방해야 한다.

장난감과 물건을 가지고 노는 아이의 놀이를 모방하기

장난감이나 다른 물건을 가지고 노는 아이의 놀이를 따라하는 것도 아이의 놀이에 동참하는 또 다른 방법이다. 또한 부모가 자신을 따라하는지 확인하기 위해 새롭거나 다른 놀이 행동을 사용하도록 격려할 수도 있다. 이 방법은 같은 물건이 두 개 있을 때 가장 효과적이다.

부모에게 "부모님께서 모방할 수 있는 아이의 놀이 활동은 무엇이 있나요?" 하고 질문한다. 잘 알지 못하면, 부모가 모방할 수 있는 놀이 활동의 예를 제공한다. 독특한 방법으로 놀더라도 안전하다면 아이가 장난감으로 하는 무슨 놀이든 모방할 수 있다. 시간이 지남에 따라, 부모는 비기능적인 놀이를 좀 더 적절한 놀이 활동으로 만들어 줄 수 있다.

오직 긍정적인 행동만 모방하기

아이를 모방하면 모방하는 행동이 늘어날 수 있다. 그래서 부모는 안전하지 않거나 파괴적인 행동을 모방하면 안 된다. 대신 아이의 행동을 모방하면서 아이가 트럭을 던지면 부드러운 공을 던지는 등 아이에게 더 적절한 놀이 방법을 보여 줄 수 있다. 또한 행동 대신 아이의 감정을 따를 수도 있다.

만약 부모가 아이의 일반적이지 않거나 자기 자극적인 행동(self-stimulatory behavior)을 모방하는 것에 대해 염려한다면 지금은 사회적 참여를 늘리는 것이 목표이며 이후 프로그램에서 적절한 놀이를 확장하는 데 초점을 둘 것이라고 알려 준다.

만약 아이의 자기 자극적인 행동을 모방하는 것이 아이의 참여를 늘린다면(예: 눈 맞춤, 긍정적인 정서) 부모는 아이를 계속 모방해야 한다. 그러나 만약 아이가 자기 자극적인 행동을 사용하여 부모의 관심을 끈다면, 부모는 아이가 적절한 행동을 할 때만 모방하고 다른 방식으로 아이의 놀이에 참여하려고 시도해야 한다.

❖ *아이 모방하기* 단계 설명하기

부모 매뉴얼의 도표(53쪽)를 사용하여 아이에게 구체적인 예로 *아이 모방하기* 단계를 설명한다. 부모에게 질문할 기회를 준다.

아이 모방하기 시연하기

❖ 시연 준비하기

*아이 모방하기*를 사용하는 방법, 아이의 반응 그리고 코치가 어떻게 아이의 행동에 반응하는지 관찰하도록 부모에게 요청한다. 이때 다음과 같이 말할 수 있다.

> "Brianna가 공을 가지고 놀고 있네요. 저는 아이가 공을 가지고 무엇을 하든지 모방할 거예요. 또한 아이가 참여하고 있다는 표시로 어떤 반응을 하는지 찾아낼 거예요. 이것은 눈맞춤, 몸의 자세 변화, 또는 소리를 포함할 수 있습니다."

❖ 무엇을 하고 있는지 설명하기

*아이 모방하기*를 시연할 때, 코치가 모방하는 행동, 아이가 반응하는 방식 그리고 코치가 아이에게 어떻게 반응하는지를 설명해야 한다.

> "이제 저는 Brianna의 발성을 모방하고 아이가 어떻게 반응하는지 기다리려고 합니다. (코치는 모방하고 기다린다. 아이는 발성한다. 코치는 모방한다.) 아이가 다시 발성하네요. 저는 다시 아이를 모방함으로써 반응합니다."

부모에게 "이 상호작용 동안에 당신은 무엇을 인지했나요?" 하고 질문한다. 만약 부모가 대답하기 어려워하면, 좀 더 구체적으로 질문한다. "제가 Brianna가 장난감을 가지고 노는 것을 모방했을 때 어머니께선 무엇을 알게 되셨나요?"

부모의 연습 및 피드백 제공하기

❖ *아이 모방하기*를 연습하도록 격려하기

아이의 놀이와 기능 단계에 따라 구체적인 예를 들어 *아이 모방하기*를 위해 부모가 따라야 할 단계를 상기시켜 준다. 아이가 참여하는 것에 따라 부모는 놀이, 제스처 또는 발성을 모방하도록 선택할 수 있다. 다음의 예와 같이 부모가 아이를 모방한 후 아이가 어떻게 하는지 지켜보도록 요청한다.

> "이제 제가 뒤에 앉아 피드백을 제공하는 동안 Brianna와 상호작용해 주세요. Brianna의 장난감 놀이를 따라하는 것부터 시작하겠습니다. Brianna가 장난감을 가지고 하는 모든 행동을 따라하고 Brianna가 어떻게 반응하는지 지켜봅시다."

❖ 물리적 환경 관리하기

아이를 모방할 수 있도록 동일한 장난감을 제공한다. 방해가 되는 물품은 정리하거나 치운다.

❖ 피드백 제공하기

기법의 사용을 개선하기 위한 제언과 함께 긍정적인 피드백을 많이 해 준다. 부모의 *아이 모방하기* 방법과 아이의 반응에 대해 언급한다. 일반적인 문제에 대한 피드백은 문제 해결 팁 목록(156쪽)에서 확인할 수 있다.

부모의 되돌아보기를 돕고 실천계획표 작성하기

❖ 부모의 되돌아보기

연습한 내용을 질문한다. 이 시간을 사용하여 부모의 질문에 답하고 *아이 모방하기*의 핵심 요소를 명확히 설명한다. 다음은 몇 가지 질문의 예이다.

> "Brianna를 모방하면서 어떻게 느끼셨나요?"
> "집에서 저렇게 노는 것을 상상할 수 있나요? 만약 아니라면 무엇이 불편하게 느껴졌나요? 더 쉽게 하려면 무엇을 해야 할까요?
> "어머니께서 Sam을 모방했을 때 Sam은 어떻게 반응하나요? 아이가 어머니를 보고, 웃고, 발성하고 행동을 반복하고 어머니를 봤나요? 아니면 활동을 바꾸었나요?"

❖ 부모의 목표와 활동 선택을 돕기

부모가 회기 사이에 목표와 활동을 선택할 수 있도록 부모 매뉴얼의 아동의 목표와 완성된 매일 하는 활동 스케줄(양식 11)을 사용한다. 부모가 선택 사항을 **아이에게 집중하기**(양식 30)의 실천계획표에 기록하게 한다.

이 기법의 좋은 목표는 아이가 오랫동안 참여하는 시간을 늘리는 것을 포함한다. 부모를 바라보거나 제스처나 낱말을 사용하는 것, 행동을 바꿈으로써 부모에게 반응하는 것, 발성 횟수를 늘리는 등 부모가 모방하는 행동을 더 자주 사용하기 또는 부모를 모방하기 등이 있다.

*아이 모방하기*의 좋은 활동은 장난감과 활동적인 놀이를 포함한다. 아이를 모방하는 것은 매일 하는 일상 활동 혹은 놀이 중에 할 수 있다. 부모 매뉴얼의 '가정에서 해 보기!' 표(54쪽)에는 놀이와 일상 활동에서 아이를 모방할 수 있는 예들이 포함되어 있다.

❖ 부모의 도표 작성 돕기

부모가 선택한 활동 중에서 *아이 모방하기*의 긍정적인 예를 부모에게 이야기한다. 실천계획표에 있는 관련 도표 상자에 활동을 하며 중점을 두었던 핵심 요소를 적게 한다. 필요에 따라 질문하고 제안하는 것을 기억한다.

부모에게 *아이의 주도 따르기*와 *아이 모방하기*를 위해 무엇을 할 것인지 질문한다. 예를 들어, 만약 활동적인 놀이를 하면서 아이의 제스처와 몸의 움직임을 모방하고자 한다면 '집중하기(Focus)' 아래 이것을 적으면 된다.

부모에게 *아이 모방하기*를 한 후 기다릴 때 아이가 어떻게 반응할 것이라고 생각하는지 질문한다. 만약 부모가 아이가 다른 방식으로 반응할 수 있다고 생각하면, 이 예들을 이야기하고 '기다리기' 아래에 긍정적인 반응을 적는다. 만약 부모가 부정적인 반응을 보고한다면 '어려운 점은 무엇인가요?' 아래 적고 몇 분 안에 이 어려움에 대한 해결을 논의할 것이라고 부모에게 알려 준다. '기다리기' 칸 안에 있는 아이 아이콘 옆에 연습하는 동안 아이의 반응을 기록할 수 있다고 부모에게 알려 준다.

*아이 모방하기*에서 아이의 반응이 어떨 것 같은지 물어본다. 조한 부모가 아이에게 어떻게 반응할지 물어본다. 아이의 행동이 부모의 반응을 유도해야 한다. 예를 들어, 아이가 행동을 바꾸면 부모는 이를 따라하고, 아이가 미소로 반응하면 부모도 미소를 지으며 그 행동을 계속 따라하는 식으로 반응해야 한다.

❖ 잠재적 문제에 대한 해결 지원하기

가정에서 *아이 모방하기*를 할 때 어려웠던 점이 무엇인지 질문하며 브레인스토밍하는 시간을 갖는다. 일반적인 문제와 해결책은 문제 해결 팁 목록(하단)에 있다. 되돌아보는 동안 논의되었던 문제를 다시 검토한다.

❖ 되돌아보기 및 읽기 과제 제시하기

가정에서 매일 15~20분간 연습하고 연습 중 잘된 부분과 어려웠던 부분을 기록하도록 상기시켜 준다. 다음 회기가 시작될 때 이 내용을 검토할 것이라고 알려 준다. **의사소통 방법 조절하기**로 넘어갈 준비가 되었다면 부모 매뉴얼의 제3장 일부 또는 전체를 읽어 보도록 요청한다. 일반적으로 *애니메이션처럼 표현하기*로 시작하지만, 도움이 된다면 *모델링하고 의사소통 확장하기*를 소개하도록 선택할 수 있다. 12회기로 프로그램을 완료하는 경우, 부모는 전체 장을 읽어야 한다.

아이 모방하기 문제 해결 팁

만약 부모가……	코치는……
아이의 제스처나 움직임을 모방하는 데 어려움이 있다면	• 매우 미묘한 움직임을 관찰하고 과장된 방식으로 모방하도록 요청한다. • 모방할 행동을 구체적으로 설명해 준다.
아이의 발성을 모방하는 데 어려움이 있다면	• 부모가 똑같이 할 수 있도록 단서를 주기 위해 아이의 발성을 모방한다.
아이의 장난감 놀이를 모방하는 데 어려움이 있다면	• 부모에게 비슷한 장난감을 준다. • 부모가 모방할 수 있도록 아이가 하고 있는 구체적인 행동을 묘사한다.
비기능적이거나 반복적인 행동을 모방하는 것을 불편해 한다면	• 목표는 참여하기와 주의를 늘리는 것임을 상기시켜 준다. 이후에 부모는 기능적 놀이를 늘리는 방법을 배우게 된다. • 이 기법이 아이의 참여도를 높이는지 확인해 보라고 격려한다. 효과가 있다면 계속 모방해야 한다. 아이가 엄마를 무시한다면 다른 방식으로 놀이에 참여하도록 노력한다. • 행동을 약간 변경하여 더 적절하게 만들면서 아이의 감정을 모방하도록 제안한다.

만약 아이가……	코치는……
장난감을 가지고 놀지 않는다면	• 과장된 방식으로 아이의 모든 움직임과 발성을 모방하라고 격려한다. • 다른 재미있는 자료를 제공한다.
부모가 아이를 모방할 때 화를 낸다면	• 아이의 다른 행동을 모방하라고 제언한다. • 부모가 놀이에 참여할 수 있는 다른 방법을 알려 준다.
아이의 놀이를 모방하려고 할 때 아이가 부모의 장난감을 가지고 간다면	• 아이와 장난감을 교환하도록 격려한다.

3단원

의사소통 방법 조절하기

의사소통 방법 조절하기는 ImPACT F.A.C.T.S. 프로젝트의 A이다. 이것은 피라미드의 기초가 되는 두 번째 전략이다. 이 전략은 아이의 참여를 격려하고 아이의 행동에 대한 부모의 반응성을 늘리며 아이가 비구어적, 구어적 언어를 사용하고 이해할 수 있도록 돕는데 사용된다. 이는 **아이에게 집중하기**와 함께 사용된다.

부모가 할 수 있는 **의사소통 방법 조절하기**의 기법에는 두 가지가 있다. *애니메이션처럼 표현하기*와 *모델링과 의사소통 확장하기*이다. 두 가지 기법은 부모와 함께 놀이를 하는 동안 아이가 활동적으로 참여할 수 있도록 도와준다. 각 기법은 조금 다른 목표를 달성할 수 있다. *애니메이션처럼 표현하기*는 개시(initiations)를 격려하고 아이가 비구어적인 의사소통을 이해하고 사용할 수 있도록 돕는다. *모델링과 의사소통 확장하기*는 구어적 의사소통을 이해하고 사용할 수 있도록 도와준다. 첫 번째 기법을 소개하기 전에 6회기에 *애니메이션처럼 표현하기*를 개관한 것처럼 ImPACT F.A.C.T.S. 프로젝트를 사용하여 **의사소통 방법 조절하기**를 소개한다.

- 만약 코치가 24회기로 프로그램을 완료한다면, 이번 단원의 정보는 3회기에 걸쳐 다룬다. 첫 번째 회기에서는 *애니메이션처럼 표현하기*, 두 번째 회기에서는 *모델링과 의사소통 확장하기*, 세 번째 회기에서는 피라미드의 기본이 되는 전략을 검토하는 것이 좋다.
- 만약 코치가 12회기로 프로그램을 완료한다면, 이번 단원의 정보를 다루는 회기는 1회기이다. *애니메이션처럼 표현하기*와 *모델링과 의사소통 확장하기* 사용방법에 대한 설명을 통합한다. 각 기법을 단순화하고 강조해야 할 특정 요소를 선택하여 코치해야 할 수도 있다는 것을 기억한다. 부모는 감정 변화가 별로 없는데 아이가 과장된 제스처와 표정에 잘 반응하는 경우, *애니메이션처럼 표현하기*에 더 많은 시간을 할애하여 코칭

할 수 있다. 부모가 너무 많이 또는 너무 적게 말을 하는 경우에는 *모델링과 의사소통 확장하기*에 집중한다. 부모와 아이의 상호작용에 가장 긍정적인 영향을 미칠 수 있는 기법을 기준으로 선택한다.

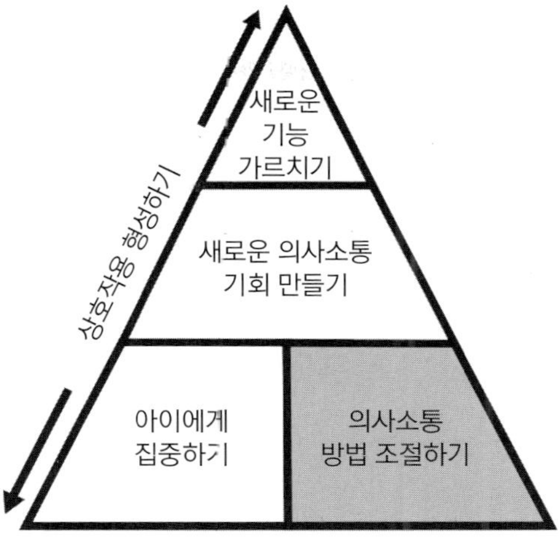

아이에게 집중하기와 **의사소통 방법 조절하기**의 중재 충실도 체크리스트(양식 4)에서 부모가 3점 이상의 점수를 받으면 코치는 다음 단원인 **새로운 의사소통 기회 만들기**로 넘어갈 수 있다.

6회기
애니메이션처럼 표현하기

회기 목표

부모가 다음의 기술을 사용하도록 돕는다.

- 아이와 즐거움 나누기
- 아이가 개시하는 빈도 늘리기
- 제스처, 얼굴 표정, 몸의 자세와 같은 비구어적 언어 능력 늘리기

준비물

- 부모 매뉴얼
- 실천계획표-**의사소통 방법 조절하기**(양식 31)
- 부모 매뉴얼의 아동의 목표와 부모가 작성한 매일 하는 활동 스케줄(양식 11)
- 좋아하는 장난감
- 회기 기록지(양식 12)
- 중재 충실도 체크리스트(양식 4)
- 코칭 충실도 체크리스트(양식 6)

회기 진행목록

- 체크인 및 회기 진행목록 정하기
- 실천계획표 검토하기
- **의사소통 방법 조절하기** 소개하기
- *애니메이션처럼 표현하기* 소개하기
- *애니메이션처럼 표현하기* 시연하기
- 부모의 연습 및 피드백 제공하기
- 부모의 되돌아보기를 돕고 실천계획표 작성하기

핵심 요소: *애니메이션처럼 표현하기*

- 활동에 흥미를 갖게 하기
- 제스처를 과장하여 표현하기
- 얼굴 표정을 과장하기
- 목소리 질을 과장하기
- 주의를 끄는 낱말을 사용하기
- 아이가 적절한 각성 상태를 유지할 수 있도록 애니메이션을 조절하기
- 아이가 반응하길 기대하며 기다리기

체크인 및 회기 진행목록 정하기

❖ 가족 체크인

아이와 어떻게 지냈는지 질문하고 필요하다면 잠깐 아이와 활동한다.

❖ 회기 목표와 진행목록에 대해 설명하기

부모는 **의사소통 방법 조절하기** 전략 세트와 그 전략의 요소 중 하나인 *애니메이션처럼 표현하기* 기법을 배우게 된다. 부모는 이 기술을 사용하여 제스처, 표정, 몸의 자세와 같은 언어의 비구어적 측면을 이해하고, 즐거움을 공유하고, 시작하고, 이해하는 아이의 능력을 향상시킬 수 있다.

부모에게 "오늘 회기에 대해 질문이 있나요? 혹은 추가적으로 해결하고 싶은 주제가 있나요?" 하고 질문한다. 만약 부모가 염려한다면 회기 진행목록을 조정할 필요가 있다.

실천계획표 검토하기

> 이전 회기의 노트를 검토한다.

지난 회기에 기록한 실천계획표를 검토한다. 가정에서 *아이 모방하기*를 어떻게 사용했는지 이야기하도록 질문한다. 만약 12회기로 프로그램을 종결한다면, 아이에게 집중하기 위해 선택한 기법을 어떻게 사용했는지 이야기한다. 잘된 점과 어려웠던 점을 논의한다. 가정에서 연습하는 동안 당면한 문제를 해결하도록 도와준다. 문제 원인을 파악하는 데 도움이 되는 질문을 한다. 일반적인 문제들과 해결책은 5회기 마지막에 있는 문제 해결 팁 목록(156쪽)에 나와 있다.

의사소통 방법 조절하기 소개하기

❖ 이론 설명하기

부모 매뉴얼(59쪽)에 있는 도표와 F.A.C.T.S. 피라미드를 사용하여 **의사소통 방법 조절하기**를 소개한다. **의사소통 방법 조절하기**는 ImPACT F.A.C.T.S. 프로젝트의 A, 피라미드 기초가 되는 두 번째 전략 세트이다. 이것은 사회적 참여를 격려하고 아이가 구어적, 비구어적 의사소통을 이해하도록 돕기 위해 **아이에게 집중하기**와 함께 사용된다.

❖ 기법 소개하기

의사소통 방법을 조절하기 위해 사용되는 두 가지 기법이 있다. *애니메이션처럼 표현하기*와 *모델링과 의사소통 확장하기*이다. 각 기법은 서로 다른 목표를 해결하는 데 사용할 수 있지만, 피라미드의 기초가 되는 다른 기법과 마찬가지로 상호작용 전반에 걸쳐 사용할 수 있다.

부모는 의사소통 방법을 조절하는 동안 아이에게 계속 집중한다. 부모는 아이가 반응하길 기다리고, 순차적으로 아이에게 반응한다. 다음으로 부모는 아이의 반응을 확장한다. **아이에게 집중하기**와 마찬가지로 **의사소통 방법 조절하기** 전략 세트는 아이와 상호작용하는 전반에 걸쳐 사용할 수 있다.

애니메이션처럼 표현하기 소개하기

❖ 이론 설명하기

사회적 의사소통에 어려움이 있는 아이들은 다른 이들과 함께 참여하기, 개시하기 및 비구어적 의사소통을 해석하고 사용하는 데 종종 어려움을 겪는다. *애니메이션처럼 표현하기*를 사용하는 동안 부모는 제스처, 표정, 목소리에 에너지를 더하거나 덜 주면서 아이에게 집중한다. 아이의 반응을 기다리며 지켜본 다음 순차적으로 아이의 행동에 반응한다.

*애니메이션처럼 표현하기*는 활동을 하는 동안 다른 기법들과 함께 사용한다. 이 기법은 아이가 즐거움을 나누고, 시작하고 비구어적인 의사소통(제스처, 얼굴 표정, 몸의 자세와 같은)

을 이해할 수 있도록 도와준다. 또한 부모의 행동과 말이 아이에게 더 분명하게 전달되기 때문에 다른 기법의 효과도 높아지게 된다.

부모에게 *애니메이션처럼 표현하기*를 사용하여 아이의 개별 목표를 어떻게 달성할 수 있는지 설명한다. 다음과 같이 말할 수 있다.

> "Sam이 언급할 때 항상 부모님을 보는 것은 아니에요. *애니메이션처럼 표현하기* 기법은 상호작용하는 동안 아이의 참여와 눈 맞춤을 늘릴 수 있도록 도와줄 거예요."

❖ 핵심 요소에 대해 이야기 나누기

*애니메이션처럼 표현하기*를 논의할 때 부모 매뉴얼을 사용한다. 진행하면서 부모 매뉴얼의 '생각해 보세요!'의 질문을 통해 부모가 아이에게 정보를 적용할 수 있도록 도와준다.

> *애니메이션처럼 표현하기*는 때때로 가르치기 어려울 수 있다. 왜냐하면 성인의 상호작용 스타일이 매우 다르기 때문이다. 이 회기의 마지막에 있는 문제 해결 팁 목록(168쪽)에 있는 정보를 활용한다.

활동에 흥미를 갖게 하기

부모가 아이와 흥미를 공유할 때 눈 맞춤과 얼굴표정을 통해 공유할 수 있도록 격려한다. 부모는 눈을 맞추고, 적절할 때 웃고 미소 지으며, 큰 몸짓과 표정을 통해 아이의 관심 활동에 동참하여 흥분을 표현할 수 있다.

제스처를 과장하여 표현하기

아이와 의사소통할 때 제스처를 과장하여 표현하는 것은 해석하기에 미묘하고 어려운 비구어적 의사소통에 집중할 수 있게 해 주고 아이가 부모의 구어적 의사소통을 더 쉽게 이해할 수 있도록 도와준다.

부모에게 "부모님께서 과장할 수 있는 제스처는 무엇이 있나요?" 하고 질문한다. 만약 부모가 과장해야 하는 제스처를 잘 알지 못한다면, 크게 제스처를 표현하는 방법의 예를 제공한다. 예를 들면, 손동작을 과장하기, 놀람을 나타내는 제스처(손으로 입을 막기), 가리키기, 물건의 크기를 표현하는 제스처(손을 벌려 "크다") 또는 흥분하는 박수치기이다.

얼굴 표정을 과장하기

얼굴 표정을 과장하는 것은 아이가 참여하고, 해석하고 부모의 얼굴 표정에 반응할 수 있도록 도와준다. 만약 아이가 집중하는 데 어려움이 있다면 부모는 부모의 얼굴 표정을 아이가 인지할 수 있도록 제스처를 사용할 수 있다.

다음은 얼굴 표정을 과장할 수 있는 예들이다.

- 만약 아이가 다쳤다면, 부모는 입술을 아래로 내리고 찡그리며 슬픈 표정을 만들 수 있다.
- 놀랐을 때는 눈썹을 올리고 입 모양을 동그랗게 만들 수 있다.

목소리 질을 과장하기

말의 속도, 음도, 음량, 음색을 과장하면 아이가 부모의 목소리 변화가 메시지의 의미를 어떻게 변화시킬 수 있는지 이해하는 데 도움이 된다.

목소리 질이 의사소통의 의미를 어떻게 변화시키는지 예를 제시한다. 예를 들어, 입술을 내리면서 느리고 부드러운 음도로 슬픔을 표현하는 데 사용할 수 있다. 눈을 맞추고 크게 미소 지으면서 빠르고 올라간 음도는 흥분 혹은 즐거움을 표현하는 데 사용할 수 있다.

부모가 목소리의 질을 과장할 수 있는 방법을 찾을 수 있도록 돕는다. 부모가 어려워하면 다양한 발성 변화를 보여 주고 질문과 의견 또는 긍정적이거나 부정적인 감정의 차이를 들어보게 한다.

아이가 목소리 질의 변화를 이해할 수 있도록 부모가 구어적 의사소통뿐만 아니라 비구어적 의사소통의 목소리 질을 변화시키도록 도와준다.

주의를 끄는 낱말을 사용하기

사회적 의사소통에 어려움이 있는 아이는 부모가 언어의 비구어적 측면을 과장할 때 부모에게 집중하지 않을 수 있다. 주의를 끄는 낱말 혹은 소리를 사용하는 것은 부모가 제스처나 표정을 과장하기 전에 아이에게 공유할 내용이 있다는 단서를 주어 아이의 주의를 끌 수 있는 한 가지 방법이다.

부모에게 "부모님께서 사용할 수 있는 주의를 끄는 낱말을 두엇인가요?" 하고 질문한다. 만약 부모가 잘 알지 못하면 "오~" "안돼" "와우" 혹은 큰 소리로 숨을 쉬는 것과 같은 예들을 제공한다.

아이가 적절한 각성 상태를 유지할 수 있도록 애니메이션을 조절하기

아이는 너무 위축되거나 과도하게 흥분되지 않는 조절된 상태에서 가장 잘 배운다. 만약 아이가 조용하거나 위축되어 있다면, 아이가 각성할 수 있도록 부모는 제스처, 얼굴표정, 목소리 질을 과장할 수 있다. 부모가 과장하여 애니메이션처럼 표현할 때 아이가 과도하게 흥분한다면, 부모는 과도한 제스처와 얼굴 표정을 조절하고 말의 속도와 목소리 크기를 줄인다.

애니메이션처럼 표현하는 것에 아이가 어떻게 반응하는지에 따라 부모가 이 기법을 얼만큼 사용해야 하는지 안내한다.

아이가 반응하길 기대하며 기다리기

사회적 의사소통에 어려움이 있는 아이들에게는 종종 개시하고 반응하는데 추가적인 시간이 요구된다. 너무 많은 청각적 정보를 제시하는 것은 아이가 상호작용하는 것을 멈추거나 그 자리를 떠나게 하는 원인이 될 수 있다. 기다리고 관찰할 때 과장된 제스처와 기대하는 눈빛을 더하는 것은 아이가 정보를 처리할 수 있도록 시간을 주는 동시에 부모가 반응을 기대하고 있다는 단서를 줄 수 있다. 특히 부모가 주의를 끄는 낱말을 사용했을 때 아이가 응답할 가능성이 높아진다.

부모가 기대하면서 기다려야 하는 시간은 아이에 따라 다양하게 고려될 수 있다. 대략 2초에서 30초까지 기다릴 수 있다. 부모에게 기다려야 하는 시간을 대략적으로 알려 준다.

아이가 부모에게 반응하지 않을 가능성에 대해서도 논의한다. 괜찮다. 부모는 아이를 따라 다른 활동을 하고 이 기법을 다시 시도할 수 있다.

❖ *애니메이션처럼 표현하기* 단계 설명하기

애니메이션처럼 표현하기 단계를 설명하고 아이의 목표에 이 기법을 맞추기 위해 부모 매뉴얼(63쪽)에 있는 도표를 사용한다. 부모에게 질문할 수 있는 기회를 준다.

애니메이션처럼 표현하기 시연하기

❖ 시연 준비하기

*애니메이션처럼 표현하기*를 어떻게 사용하는지, 아이가 어떻게 반응하고, 아이의 행동에 어떻게 반응하는지 지켜보도록 부모에게 요청한다. 이때 다음과 같이 말할 수 있다.

> "Brianna가 공을 가지고 놀고 있을 때, 저는 공놀이에 참여해 공을 잡으려고 제스처를 크게 할 거예요. 그리고 저는 마치 공을 던질 것처럼 공을 들고 기대하는 모습으로 기다릴 거예요. Brianna가 어떻게 반응하는지 관찰하시면 좋겠어요. Brianna가 어떤 의사소통 신호를 보내는지 기다리세요. 아이가 저를 쳐다보거나, 몸의 자세를 바꾸거나, 몸짓이나 제스처를 취하거나 소리를 내나요? 제가 아이에게 어떻게 반응하는지 지켜봐 주세요."

❖ 무엇을 하고 있는지 설명하기

아이에게 *애니메이션처럼 표현하기*를 시연할 때 사용하는 핵심 요소와 각 요소에 대한 아이의 반응을 설명한다.

> "Sam이 풍선을 보고 있네요. 저는 풍선을 조금 불고 얼굴 표정을 과장하여 기대하는 모습으로 기다립니다. 그리고 Sam에게 집중합니다. (코치는 기다린다. 아이는 발성한다. 코치는 풍선을 분다.) Sam이 '불어.'라고 말합니다. 저는 풍선을 부는 것으로 반응합니다."

만약 부모가 이전 기법에 어려움이 있으면, 필요에 따라(*애니메이션처럼 표현하기*와 함께) 이 기법들을 복습하고, 시연하고, 부모에게 연습하게 한다.

시연을 끝낸 후 부모에게 "상호작용하는 동안 알게 된 것은 무엇인가요?" 라고 질문한다. 만약 부모가 답하는 데 어려움이 있으면, 다음과 같이 좀 더 구체적으로 질문한다.

> "제가 제스처를 과장했을 때 Brianna가 어떻게 반응했나요?"
> "제가 기대하는 모습을 했을 때 아이가 무엇을 했나요?"

부모의 연습 및 피드백 제공하기

❖ 부모의 연습을 격려하기

아이의 현재 놀이에 기반하여 구체적인 예시를 제공함으로써 *애니메이션처럼 표현하기* 시 지켜야 할 단계를 알려 준다. 부모에게 큰 제스처를 사용하거나 목소리의 질을 변화시키는 등 의사소통을 조절하는 데 사용할 수 있는 구체적인 기법을 알려 준다. 아이의 행동에 가장 긍정적인 영향을 미칠 것으로 생각되는 기술을 선택한다.

❖ 물리적 환경 관리하기

자료를 제공하고 방해가 되는 물건을 치운다.

❖ 피드백 제공하기

부모가 연습한 *애니메이션처럼 표현하기*와 아이의 반응에 대해 언급한다. 이 기법을 연습할 때 흔히 발생하는 문제에 대한 피드백은 이 회기의 마지막 부분에 있는 문제 해결 팁 목록(168쪽)에서 확인할 수 있다.

부모의 되돌아보기를 돕고 실천계획표 작성하기

❖ 부모의 되돌아보기

이 회기의 연습과 관련하여 부모에게 질문한다. 개방형 질문으로 시작해서 필요에 따라 더 구체적인 질문으로 넘어간다. 부모와 아이의 상호작용을 바탕으로 질문을 선택한다. 다음은 몇 가지 질문 예이다.

> "어머니께서 애니메이션을 사용하셨을 때 어떻게 느꼈나요?"
> "아이와 정기적으로 그렇게 상호작용하는 것을 상상할 수 있나요? 그렇지 않다면, 어떤 점이 불편하게 느껴지나요? 어떻게 하면 더 쉽게 할 수 있을까요?"
> "어머니께서 제스처와 얼굴 표정을 과장하고 기대하는 모습으로 기다렸을 때 아이가 어떻게 반응하나요? 이 기법이 아이가 스스로를 통제하고 학습할 준비를 하는 데 도움이 되었다고 느끼셨나요?"

❖ 부모의 목표와 활동 선택을 돕기

부모 매뉴얼의 아동의 목표와 부모가 작성한 매일 하는 활동 스케줄(양식 11)을 사용하여 부모가 회기의 목표와 활동을 선택할 수 있도록 돕는다. 부모가 선택한 내용을 **의사소통 방법 조절하기**(양식 31)의 실천계획표에 기록하게 한다.

이 회기의 좋은 목표는 아이가 부모를 바라보기, 제스처, 소리 혹은 낱말을 사용하기, 상호작용 시간 늘리기, 부모의 얼굴 표정이나 제스처 사용에 반응하는 것으로 참여를 늘리는 것을 포함한다.

좋은 활동은 놀이 혹은 일상 루틴을 포함한다. *애니메이션처럼 표현하기*는 선호하는 활동과 선호하지 않는 활동을 하는 동안에 사용될 수 있다. 부모 매뉴얼의 '가정에서 해 보기!'(65쪽) 목록에는 다양한 활동을 하면서 *애니메이션처럼 표현하기*를 사용하는 방법에 대한 예시가 제공되어 있다.

❖ 부모의 도표 작성 돕기

부모가 선택한 활동 중에 *애니메이션처럼 표현하기*를 사용한 긍정적인 예시를 실천계획표의 도표를 활용하여 부모에게 이야기한다. 실천계획표의 관련 칸에 부모가 집중할 핵심 요소를 적게 한다.

아이에게 집중하기와 *애니메이션처럼 표현하기*를 할 때 어떻게 할 것인지 부모에게 질문한다. 예를 들어, "배를 문지르고 크게 웃으며 '맛있어'라고 말하기"와 같이 부모가 식사를 하는 동안 시도하고 싶은 것을 쓰게 한다.

기다릴 때 무엇을 하고(예: 기대감과 큰 제스처로 기다리기) 아이가 어떻게 반응할 것 같은지 질문한다. 아이가 다른 방식으로 반응할 수 있다고 생각한다면, 부모는 그 예들을 이야기하고 긍정적인 예를 도표에 적는다.

다음으로 부모가 아이에게 어떻게 반응할지 물어본다. 예를 들어, 아이가 부모를 쳐다본다면 부모는 계속 놀이를 하면서 아이가 원한다고 생각되는 물건을 주거나 행동을 한다.

❖ 잠재적 문제 해결 도와주기

가정에서 *애니메이션처럼 표현하기*를 사용할 때 어려운 점이 무엇일지 질문한다. 시간을 내어 해결책에 대해 브레인스토밍한다. 이 기법에 대한 일반적인 문제와 해결책은 문제 해결 팁 목록(168쪽)에 제시되어 있다.

❖ 되돌아보기 및 읽기 과제 제시하기

부모에게 매일 가정에서 15~20분 동안 연습하고, 연습하는 동안 잘된 점과 어려웠던 점을 기록하게 한다. 다음 회기가 시작될 때 이 내용을 검토할 것이라고 알려 준다. 다음 기법으로 넘어갈 준비가 되면, 부모 매뉴얼 제3장 *모델링과 의사소통 확장하기*를 읽게 한다. 이 기법은 부모가 의사소통을 조절할 수 있는 다른 기법이다.

애니메이션처럼 표현하기 문제 해결 팁

만약 부모가……	코치는……
정서가 단조롭거나 애니메이션처럼 표현하는 것을 불편해하면	• 행동을 과장하는 것이 정말 우습다고 느낄 수 있지만 다른 사람들에게는 자신이 느끼는 것처럼 어리석어 보이지 않는다는 것을 인지하게 한다. • 잘 듣지 못하는 길 건너편에 있는 사람과 대화하는 척하게 한다. • 얼굴 표정과 제스처를 더 크고 보기 쉽게 만드는 구체적인 방법을 제안한다. 예를 들어, 눈썹을 올리고 입을 ○자 모양으로 만들어 놀라움을 과장할 수 있다. • 몇 분 동안 표정과 제스처를 작게 유지했다가 몇 분 동안 크게 만들어 아이가 반응하는 데 도움이 되는지 확인해 보라고 제안한다.
기다리는 것이 어렵다면	• 아이가 시작하고 반응하도록 기다리는 시간이 중요하다는 것을 설명한다. • 반응하기 전에 다섯을 세라고 제안한다.
이 기법을 사용할 수 있는 활동을 확인하는 데 어려움이 있다면	• 매일 하는 활동 스케줄을 검토하고 그 활동에서 사용할 수 있는 제스처와 감정을 확인한다.

만약 아이가……	코치는……
기대를 가지고 기다리는 데 반응하지 않으면	• 기대를 가지고 기다리기 전에 주의를 끄는 낱말과 과장된 제스처를 사용하도록 상기시킨다. • 간지럽히기나 잡기놀이처럼 동기가 높은 활동을 할 때 사용하도록 부모를 격려한다.
부모가 애니메이션처럼 표현할 때 너무 흥분하면	• 아이가 조절에 어려움이 있다는 점을 언급한다. • 부모에게 작은 제스처, 부드러운 목소리, 느린 말 속도를 사용하도록 제안한다.

7회기
모델링과 의사소통 확장하기

회기 목표

부모가 다음과 같은 기법을 사용하도록 돕는다.
- 아이가 새로운 제스처, 낱말 혹은 문장을 사용할 수 있도록 말하는 방법 바꾸기
- 의사소통하는 이유를 확장하도록 돕기

준비물

- 부모 매뉴얼
- 실천계획표-**의사소통 방법 조절하기**(양식 31)
- 부모 매뉴얼의 아동의 목표와 부모가 작성한 매일 하는 활동 스케줄(양식 11)
- 아이가 좋아하는 장난감
- 회기 기록지(양식 12)
- 중재 충실도 체크리스트(양식 4)
- 코칭 충실도 체크리스트(양식 6)

회기 진행목록

- 체크인 및 회기 진행목록 정하기
- 실천계획표 검토하기
- *모델링과 의사소통 확장하기* 소개하기
- *모델링과 의사소통 확장하기* 시연하기
- 부모의 연습 및 피드백 제공하기
- 부모의 되돌아보기를 돕고 실천계획표 작성하기

핵심 요소: *모델링과 의사소통 확장하기*

- 아이가 보고, 듣고, 하고 있는 것을 말해 주기
- 간단한 언어를 사용하기
- 제스처와 시각적인 단서를 사용하기
- 느리게 말하고 천천히 행동하기
- 중요한 낱말은 강조하기
- 반복하기
- 질문 피하기
- 아이의 의사소통을 확장하기

체크인 및 회기 진행목록 정하기

❖ 가족 체크인

지난 회기 이후에 가족이 어떻게 지냈는지 물어보고, 필요하다면 잠시 시간을 내어 아이와 활동에 참여하는 시간을 갖는다.

❖ 회기 목표와 진행목록에 대해 설명하기

이번 회기에서 부모는 아이가 새로운 제스처, 낱말 및 문장을 배울 수 있도록 *모델링과 의*

*사소통 확장하기*에 대해 배운다. 이 기법은 부모의 의사소통을 조절하는 다른 방법이다.

부모에게 "이번 회기에 대해 궁금한 점이나 추가로 다루고 싶은 주제가 있나요?"라고 질문한다. 부모가 걱정하면, 회기 진행목록을 조정할 필요가 있다.

실천계획표 검토하기

지난 회기에 작성한 실천계획표를 검토한다. *애니메이션처럼 표현하기*를 가정에서 어떻게 사용했는지 부모에게 물어본다. 잘된 점과 어려웠던 점에 대해 이야기 나눈다. 가정에서의 연습 중에 발생한 문제를 해결할 수 있도록 부모를 돕는다. *애니메이션처럼 표현하기*에서 나타나는 일반적인 문제와 가능한 해결책은 6회기 마지막 부분인 문제 해결 팁 목록(168쪽)에 제시되어 있다.

모델링과 의사소통 확장하기 소개하기

❖ 이론 설명하기

사회적 의사소통에 어려움이 있는 아이들은 종종 언어를 이해하고 배우는 데 어려움이 있다. *모델링과 의사소통 확장하기*는 아이가 새로운 제스처, 낱말 혹은 문장을 배우도록 도울 수 있다. 또한 이 기법은 아이의 의사소통 기능 혹은 이유를 확장한다(예: 요구하기, 인사하기, 저항하기, 언급하기).

*모델링과 의사소통 확장하기*를 하는 동안 부모는 아이에게 집중하면서 간단한 언어를 사용하여 아이의 관심사에 대해 이야기한다. 아이의 반응을 기다린 다음 제스처, 단어 또는 문장을 모델링하여 순차적으로 반응하고 확장한다.

*모델링*과 *의사소통 확장하기* 기법으로 아동의 개별 목표를 어떻게 이룰 수 있는지 설명한다. 이때 다음과 같이 말할 수 있다.

> "Brianna의 목표는 활동이나 물건을 요구하기 위해 가리키기, 발성 또는 한 단어를 사용하는 것입니다. 아이가 물건을 요구하려 손을 뻗을 때 우리는 물건을 가리키고 이름을 말할 수 있습니다. 또 아이에게 요구할 때 사용하는 새롭고 복잡한 기술을 보여 줄 수 있습니다."

"Sam의 목표는 언급하고, 요구하고 저항하기 위해 두세 단어로 이루어진 구(phrases) 사용을 늘리는 것입니다. 아이가 스스로 한 단어를 사용할 때 우리는 구나 문장을 만들기 위해 낱말을 덧붙여 아이의 언어를 확장할 수 있습니다. 그리고 아이가 의사소통할 수 있도록 좀 더 복잡한 기술을 보여 줄 수 있습니다."

❖ 핵심 요소에 대해 이야기 나누기

부모 매뉴얼을 사용하여 *모델링과 의사소통 확장하기*의 핵심 요소에 대해 이야기를 나눈다. 부모 매뉴얼의 '생각해 보세요!' 질문을 통해 부모가 해당 정보를 아이에게 적용할 수 있도록 돕는다. 어떤 부모에게는 코치가 설명한 각 요소를 간단하게 시연하는 것이 도움이 될 수 있다.

아이가 보고, 듣고, 하고 있는 것을 말해 주기

아이들은 자신이 관심을 기울이고 있는 대상이나 행동에 대한 새로운 단어를 배울 가능성이 더 높다. 그래서 부모는 아이가 보고, 듣고, 행동하는 것에 대해 이름 붙이고, 묘사하거나 언급해야 한다.

부모에게 "아이의 관심사를 중심으로 어떤 언어를 모델링할 수 있나요?" 하고 질문한다. 부모가 잘 모르는 경우, 특정 활동 내에서 이름을 붙일 수 있는 모든 대상(예: 명사), 동작(예: 동사) 및 속성(예: 설명어 descriptive words)을 부모와 함께 브레인스토밍한다. 언어를 사용하는 아이를 위해서는 활동을 하며 모델링할 수 있는 감정에 대해 논의할 수 있다. 부모 매뉴얼 〈표 3-1〉에는 활동하는 동안 모델링할 수 있는 언어의 예들이 제공되어 있다.

아이가 의사소통하는 이유(예: 저항하기, 요구하기, 이름 붙이기, 언급하기, 주목받기, 관심 끌기, 정보 나누기)를 확인할 수 있도록 부모를 돕고, 확장하기 위해 모델링하는 방법의 예를 제시한다. 예를 들어, 어떤 아이들은 개시하기 위해 이미 알고 있는 답을 질문할 수 있다(예: "그 차는 무슨 색이에요?"). 만약 아이가 질문에 대한 답을 알고 있다는 것을 부모가 알고 있다면, 부모는 아이가 대신 개시하기 위해 사용할 수 있는 언급하기를 모델링할 수 있다(예: "내 빨간 차를 봐.").

간단한 언어를 사용하기

사회적 의사소통에 어려움이 있는 아이들은 화자가 너무 많은 말을 하면 종종 의사소통을 이해하는 데 어려움을 겪게 된다. 아이가 혼자서 의사소통하는 방법보다 조금 더 복잡한 언어를 사용하도록 부모를 격려한다. 이를 통해 아이는 더 쉽게 새로운 의사소통 기술을 이해하고 사용할 수 있게 된다.

부모에게 "아이를 위해 모델링할 수 있는 의사소통 유형은 무엇일까요?" 하고 질문한다. 만약 부모가 잘 알지 못하면 부모 매뉴얼에 있는 〈표 3-1〉을 언급한다. 이 표에는 아이의 언어 수준에 맞게 부모의 언어를 간단하게 할 수 있는 구체적인 예들이 제시되어 있다.

이때 아이는 부모의 구어적 혹은 비구어적 의사소통을 모방하지 않을 수 있다. 목표는 아이의 자발적인 의사소통에 계속 반응하면서 더 복잡한 기술의 모델을 제공하는 것이다.

제스처와 시각적인 단서를 사용하기

제스처와 시각적 단서를 언어와 함께 사용하는 것은 아이가 구어적 의사소통을 이해하도록 도와준다. 이것은 추가적인 정보와 보완대체 의사소통 방법의 모델링을 제공하기 때문에 아직 말을 하지 못하는 아이들에게 특히 중요하다.

부모와 함께 모델링할 수 있는 제스처를 브레인스토밍한다. 가리키기는 요구하기를 가르칠 수 있는 가장 좋은 제스처이다. 다른 제스처는 관습적인 제스처(예: "열어."의 의미로 물건을 가볍게 두드리기) 또는 특정 물건이나 행동을 나타내는 간단한 표시를 포함한다.

가족의 문화적 배경을 고려한다. 왜냐하면 문화적 배경은 부모가 모델링할 수 있는 제스처의 유형을 선택하는 데 영향을 줄 수 있기 때문이다. 예를 들어, 많은 미국인들은 손가락으로 가리키는 것을 무례하다고 생각하고 머리나 입술로 제스처를 취한다.

느리게 말하고 천천히 행동하기

사회적 의사소통에 어려움이 있는 아이들은 종종 정보를 처리하는 데 더 많은 시간을 요구한다. 제스처를 과장하여 천천히 말하면 아이가 부모의 언어에 더 쉽게 집중하고 이해할 수 있다.

중요한 낱말은 강조하기

문장에서 중요한 낱말을 강조하면 아이의 주의를 끌 수 있고 아이가 그 낱말을 사물이나 행동과 연관시킬 가능성을 높인다. 부모는 중요한 낱말을 말할 때 낱말과 그 낱말의 의미를 강조하기 위해 제스처를 함께 사용할 수 있다. 이 기법은 문장을 사용하지만 단어를 생략하거나 서술어를 사용하지 않는 아이들에게 특히 유용하다.

아이의 기능 단계와 목표를 고려하여 강조해야 할 낱말과 제스처에 대한 구체적인 예를 제공한다.

반복하기

아이들은 여러 번 들었을 때 더 잘 배운다. 부모는 중요한 낱말과 언어 개념(예: 동사), 문법 구조(예: 과거형), 또는 기능(예: 인사하기)을 하루 동안 여러 번 사용함으로써 가르칠 수 있다. 언어 이전 단계의 아이에게는 구어적 루틴(verbal routines)(예: "준비, 시작, 출발" "간지럽힌다.")을 반복하여 사용할 수 있다. 이 기법은 프로그램 후반부에 언어를 촉진할 때 사용될 수 있다.

부모가 아이의 언어 목표에 따라 반복적으로 사용할 낱말이나 언어 개념을 파악할 수 있도록 도와준다.

질문 피하기

부모는 질문을 계속하지 않는다. 왜냐하면 아이로부터 주도권을 빼앗고 상호작용을 촉진하지 않기 때문이다. 대신에 부모는 물건 이름과 행동을 말해 주며 언급한다.

만약 부모가 너무 많은 질문을 한다면 부모 매뉴얼의 〈표 3-3〉을 참고하여 질문을 언급하기로 바꿔 말할 수 있는 방법을 생각하도록 도와준다.

부모가 질문하지 않는 것을 어려워하면 **새로운 기능 가르치기**로 넘어갈 때 반응을 이끌어 내고 상호작용 의사소통을 촉진하기 위한 질문을 하는 방법에 대해 논의할 것이라고 알려 준다.

아이의 의사소통을 확장하기

아이가 반응한 이후에 부모는 아이가 말한 것을 다시 기술하고 새로운 낱말 혹은 적절한 문법을 덧붙여 주어야 한다.

부모에게 "아이의 의사소통을 어떻게 확장할 수 있나요?" 하고 질문한다. 만약 부모가 알지 못하면 부모 매뉴얼의 〈표 3-4〉와 〈표 3-5〉를 언급하고 아이의 언어를 확장하는 방법을 인지할 수 있도록 도와준다.

❖ *모델링과 의사소통 확장하기* 단계 설명하기

부모 매뉴얼(72쪽)의 도표를 사용하여 단계를 검토하고, 이를 아이의 목표 중 하나와 연결한다. 부모가 모델링하는 것을 때때로 아이가 모방할 수 있다는 것을 알게 한다. 그러나 만약 아이가 부모를 모델링하지 않더라도 부모는 아이의 모든 의사소통에 반응해야 한다. 부모에게 질문할 기회를 제공한다.

모델링과 의사소통 확장하기 시연하기

❖ 시연 준비하기

부모에게 *모델링과 의사소통 확장하기*하는 방법을 관찰하도록 요청한다. 부모의 상호작용 스타일과 아이의 필요에 따라 사용할 구체적인 요소를 알려 준다. 아이가 어떻게 반응하는지 그리고 아이의 행동에 코치가 어떻게 반응하는지 관찰하도록 부모에게 요청한다.

❖ 무엇을 하고 있는지 설명하기

*모델링과 의사소통 확장하기*를 아이에게 시연했을 때 기법과 아이의 반응에 대해 언급한다. 이때 다음과 같이 말할 수 있다.

> "Brianna는 공을 가지고 놀고 있어요. 저는 아이의 놀이에 참여하고 있습니다. 그리고 한 낱말로 '공'이라고 여러 번 모델링합니다. 또 저는 이름을 말할 때 공을 가리킵니다……. Brianna가 공을 봤어요. 그래서 저는 공을 아이에게 주었어요. 그리고 '공'이라고 다시 말함으로써 아이의 의사소통을 확장해 주었습니다."

시연이 끝나면 "상호작용하는 동안 당신은 무엇을 알게 되었나요?"라고 부모에게 질문한다. 부모가 답하기 어려워하면 다음과 같이 좀 더 구체적으로 질문한다.

> "제가 간단한 언어를 사용했을 때 Brianan는 어떻게 반응했나요?"
> "제가 어떤 유형의 언어로 모델링하였나요?"

부모의 연습 및 피드백 제공하기

❖ 부모의 연습을 격려하기

*모델링과 의사소통 확장하기*를 사용하기 위해 따라야 할 단계를 부모에게 상기시킨다. 아이의 놀이와 기능 단계를 기반으로 구체적인 예를 사용한다. 사용할 수 있는 구체적인 예들

과 모델링할 수 있는 언어 유형을 부모가 인지할 수 있도록 돕는다.

❖ 물리적 환경 관리하기

부모에게 아이와 놀 수 있도록 장난감을 제공하고, 아이가 장난감을 요구하면 부모가 그 장난감을 아이에게 건네주도록 한다. 아이가 더 이상 사용하지 않는 장난감을 치워 산만함을 줄일 수 있도록 계속 도와준다.

❖ 피드백 제공하기

모델링과 의사소통 확장하기 기법 사용과 아이의 반응에 대해 피드백을 제공한다. 이 기법을 연습할 때 흔히 발생하는 문제에 대한 피드백은 이 회기의 마지막 부분에 있는 문제 해결 팁 목록(177쪽)에서 확인할 수 있다.

부모의 되돌아보기를 돕고 실천계획표 작성하기

❖ 부모의 되돌아보기

이 회기의 연습과 관련하여 부모에게 질문한다. 이 시간에 부모가 한 질문에 답하고 *모델링과 의사소통 확장하기*의 핵심 요소를 명확하게 설명한다. 다음은 부모에게 질문할 수 있는 몇 가지 예들이다.

> "모델링하고 아이의 의사소통을 확장할 때 어떻게 느끼셨나요?"
> "그러한 방법으로 가정에서 놀고 있는 것을 상상할 수 있나요? 그렇지 않다면, 어떤 점이 불편하게 느껴졌나요? 어떻게 하면 더 쉽게 할 수 있을까요?"
> "제스처와 간단한 언어를 사용하여 아이가 무엇을 하고 있는지 이야기할 때 아이가 어떻게 반응했나요?"

❖ 부모의 목표와 활동 선택을 돕기

부모 매뉴얼의 아동의 목표와 부모가 작성한 매일 하는 활동 스케줄(양식 11)을 사용하여 부모가 회기의 목표와 활동을 선택할 수 있도록 돕는다. 부모가 선택한 내용을 **의사소통 방법 조절하기**(양식 31)의 실천계획표에 기록하게 한다.

이번 회기의 좋은 목표는 제스처, 소리, 낱말 혹은 문장을 다양한 이유로 이해하고 사용하는 것이다. 예를 들어, 아이가 원하는 물건을 향해 손을 뻗거나 원하지 않는 것을 밀어내는 것이다.

*모델링과 의사소통 확장하기*를 위한 좋은 활동은 놀이와 일상 활동을 포함하는 것이다. 부모 매뉴얼(74쪽)의 '가정에서 해 보기!' 목록에는 다양한 활동을 하며 *모델링과 의사소통 확장하기*를 사용하는 방법에 대한 예시가 제공되어 있다.

❖ 부모의 도표 작성 돕기

부모가 선택한 활동 중에 *모델링과 의사소통 확장하기*를 사용한 긍정적인 예를 부모에게 이야기한다. 실천계획표 도표의 관련 칸에 부모가 집중할 핵심 요소를 적게 한다.

부모에게 **아이에게 집중하기**와 *모델링과 의사소통 확장하기*를 어떻게 사용할 것인지 질문한다. 예를 들어, 아직 한 낱말을 사용하지 않는 아이에게 부모가 과자를 먹는 간식 시간에 이 기법을 사용한다면 "'과자'라고 말하기"라고 적게 한다.

다음으로 부모가 *모델링과 의사소통 확장하기*를 사용한 후 기다릴 때 아이가 어떻게 반응할 것 같은지 질문한다. '기다리기(Wait)' 칸 아래에 있는 아이 그림 옆에는 가정에서 연습하는 동안 나타나는 아이의 반응을 적을 수 있다고 알려 준다. 부모에게 아이가 그 언어를 반복할 필요가 없음을 상기시켜 준다.

그런 다음, 부모가 어떻게 반응하고 아이의 반응을 확장할 것인지 질문한다. 부모가 사용할 구체적인 제스처, 낱말, 구, 문장을 생각해 보도록 돕는다.

❖ 잠재적 문제에 대한 해결 지원하기

가정에서 *모델링과 의사소통 확장하기*를 사용할 때 어려운 점이 무엇일지 질문한다. 시간을 내어 해결책에 대해 브레인스토밍한다. 이 기법에 대한 일반적인 문제와 해결책은 문제해결 팁 목록(177쪽)에 제시되어 있다.

❖ 되돌아보기 및 읽기 과제 제시하기

부모에게 매일 가정에서 15~20분 동안 연습하고, 연습하는 동안 잘된 점과 어려웠던 점을 기록하게 한다. 다음 회기가 시작될 때 이 내용을 검토할 것이라고 알려 준다.

만약 24회기로 프로그램을 완료하면 부모에게 다음 회기에는 F.A.C.T.S. 피라미드의 기본인 **의사소통 방법 조절하기**와 **아이에게 집중하기** 전략을 검토할 것이라고 말해 둔다. 부모가 아이와 함께 사용하는 기술을 녹화하고 검토하는 것이 포함된다. 다음 회기에서 연습하고 녹화에 사용할 루틴을 부모와 함께 결정한다. 가능하면 가정에서 검토하도록 계획하고 아이가 활동하는 자연스러운 상황에서 피드백을 제공한다. 가능하지 않다면, 부모에게 다음 회기를 위해 클리닉에 가져오고 싶은 장난감이나 연습하고 싶은 특정 루틴이 있는지 질문한다. 또한 부모가 가정에서의 일상을 담은 동영상을 가져오도록 하여 동영상을 검토할 수도 있다. 이를 통해 부모는 루틴 전반에 걸쳐 자신의 전략 사용에 대한 피드백을 받을 수 있다.

만약 12회기로 완료한다면, 검토할 시간이 없을 것이다. 부모에게 **새로운 의사소통 기회 만들기**의 *놀이 방해하기*와 *균형 잡힌 주고받기*에 대한 내용을 읽게 한다(부모 매뉴얼 제4장). 아이에게 가장 유용한 기법이 무엇인지 생각하도록 부모에게 질문한다.

모델링과 의사소통 확장하기 문제 해결 팁

만약 부모가……	코치는……
아이가 무엇을 하고 있는지 말하는 것이 어렵다면	• 아이의 놀이를 모방한 다음, 아이가 하는 행동에 따라 언어를 모델링해 보라고 제안한다. • 언어를 모델링하기 전에 몇 분간 아이가 어떻게 노는지 관찰하라고 요청한다.
너무 복잡한 언어를 사용한다면	• 뭐라고 말해야 하는지 예시를 준다. 예를 들어, "이 활동에서는 '공'이라는 단어를 사용할게요."라고 말한다. • 사용할 수 있는 간단한 언어를 모델링해 준다.
너무 조용하고 간헐적으로 언어를 모델링한다면	• 더 편안하게 말할 수 있도록 다른 기법을 사용하거나 언어를 단순화할 필요 없이 아이의 놀이 내레이션을 혼자서 연습해 보라고 제안한다. • 부모가 사용하는 언어를 모델링한다.

너무 많은 질문을 한다면	• 질문을 언급하기와 새로운 정보를 모델링하는 것으로 어떻게 바꿀 수 있는지 질문한다. • 부모의 질문하기를 언급하기로 다시 말해 주면서 언어를 모델링해 준다. • 아이가 반응하지 않을 때 어려울 수 있다는 것을 인정한다. 아이가 너무 반응이 없을 때 질문을 사용할 수 있다. • 프로그램 후반부에서 서로 주고받을 수 있는(back-and-forth) 의사소통을 위한 질문을 할 수 있도록 도와줄 것이라고 알려 준다. • 하루에 두어 번 5분 동안 질문 없이 언급하기에만 집중하도록 요청한다. 차를 타러 갈 때, 잘 준비를 할 때, 놀이 시간에 실천할 수 있다.
자주 아이에게 좀 더 복잡한 언어를 사용하도록 촉진한다면	• 개시 횟수를 늘리는 데 집중하도록 상기시킨다. 이후 프로그램에서 복잡한 언어를 가르치는 데 초점을 둘 것이다.
핵심 요소를 함께 사용하는 데 어려움이 있다면	• 한 번에 한두 가지 요소만 사용할 수 있도록 제안한다.

만약 아이가……	코치는……
아직 구어 전 단계라면	• 한 단어와 제스처를 사용하도록 상기시킨다. • 가리키기, 두드리기, 보여 주기와 같은 자연스러운 제스처를 사용하도록 제안한다.
말을 잘한다면	• 모델링할 수 있는 언어의 구체적인 형식과 기능을 제안한다.

8회기
아이에게 집중하기와 의사소통 방법 조절하기 복습

회기 목표

부모가 다음의 기법을 사용하도록 돕는다.

- 아이의 참여와 의사소통을 늘리기 위해 두 개의 기법을 함께 사용하기
- 기법 사용이 아이의 반응에 어떤 영향을 미치는지 인지하기
- 아이와 참여하는 것을 돕기 위해 어떤 기법에 추가적인 시간을 써야 하는지 결정하기

준비물

- 부모 매뉴얼
- 실천계획표-**의사소통 방법 조절하기**(양식 31)
- 부모 매뉴얼에서 작성한 아동의 목표와 매일 하는 활동 스케줄(양식 11)
- ImPACT F.A.C.T.S. 검토 기록지-**아이에게 집중하기**와 **의사소통 방법 조절하기**(양식 14)
- 비디오 검토 양식-**아이에게 집중하기**와 **의사소통 방법 조절하기**(양식 19)
- 회기 기록지(양식 12)
- 중재 충실도 체크리스트(양식 4)
- 코칭 충실도 체크리스트(양식 6)
- 좋아하는 장난감
- 몇 개의 장난감 두 쌍
- 동영상 녹화 및 시청 장비

회기 진행목록

- 체크인 및 회기 진행목록 정하기
- 실천계획표 검토하기
- **아이에게 집중하기**와 **의사소통 방법 조절하기** 복습하기
- **아이에게 집중하기**와 **의사소통 방법 조절하기** 시연하기
- 부모의 연습 및 피드백 제공하기
- 부모-아이 상호작용 동영상 녹화 및 검토하기
- 부모의 되돌아보기를 돕고 실천계획표 작성하기

체크인 및 회기 진행목록 정하기

가족 체크인

지난 회기 이후에 가족이 어떻게 지냈는지 물어보고, 부모와 대화하는 동안 잠시 시간을 내어 아이가 스스로 집중할 수 있는 활동에 참여하게 한다.

❖ 회기 목표와 진행목록에 대해 설명하기

이번 회기에서는 F.A.C.T.S. 피라미드의 기초에서부터 전략을 복습한다. 부모가 이 전략을 함께 사용하고, 아이의 반응에 영향을 주기 위해 그 전략들을 어떻게 사용할지 인지하고, 아이와 함께 참여할 수 있도록 어떤 전략에 추가적인 시간을 써야 할지 결정하도록 돕는다.

기법에 대한 간단한 개요를 제공하고 그 기법들을 시연한다. 부모는 다른 가정 루틴에서 사용하는 데 어려움이 있는 피라미드 기초의 핵심 요소를 연습하고 피드백을 받을 수 있다. 만약 코치가 가정에 방문할 수 없다면, 이전 회기에 선택한 루틴으로 연습할 수 있다.

부모–아동의 상호작용을 짧게 녹화한다. 부모와 함께 동영상을 검토한다. 아이의 반응뿐 아니라 부모가 사용한 전략을 논의하고 어려움이 있다면 문제를 해결한다. 부모가 아이의 참여를 늘리기 위해 어떻게 전략을 사용해야 하는지 인지하도록 돕는다. 코치가 가정에 방문할 수 없다면 회기 동안 녹화를 하는 대신에 부모가 가정 루틴을 찍고 가져온 녹화본을 검토할 수 있다.

부모에게 "오늘 회기에 대해 질문이 있나요? 혹은 추가적으로 해결하고 있는 문제가 있나요?" 하고 질문한다. 만약 부모가 질문이 있거나 해결하고자 하는 주제가 있다면 필요에 따라 회기 진행목록을 조정할 수 있다.

실천계획표 검토하기

지난 회기에 작성한 실천계획표를 검토한다. *모델링과 의사소통 확장하기*를 가정에서 어떻게 사용했는지 부모에게 물어본다. 아이의 반응, 잘된 점과 어려웠던 점에 대해 이야기 나눈다.

가정에서 연습하는 동안 발생한 문제를 해결할 수 있도록 부모를 돕는다. 일반적인 문제와 가능한 해결책은 7회기 마지막 부분인 문제 해결 팁 목록(177쪽)에 제시되어 있다.

아이에게 집중하기와 의사소통 방법 조절하기 복습하기

❖ 이론 복습하기

부모가 보고하는 어려움은 복습하는 회기에서 도와줄 수 있다.

이 전략들은 전체적인 중재의 기초가 되기 때문에 이 두 가지 전략이 F.A.C.T.S. 피라미드의 기초가 된다는 것을 설명한다. **아이에게 집중하기**와 **의사소통 방법 조절하기**는 상호작용을 재미있게 만들고 다양한 활동에서 부모와 함께 참여하는 것을 증진시킬 수 있다. 부모에게 각 상호작용에서 이러한 기법을 통해 참여를 높이고 피라미드의 중간과 상단에 있는 전략을 효과적으로 사용할 것임을 상기시킨다.

❖ 간략하게 기법의 핵심 요소와 단계 복습하기

아이와 관련된 기법의 예를 검토하기 위해 ImPACT F.A.C.T.S. 검토 기록지-**아이에게 집중하기**와 **의사소통 방법 조절하기**(양식 14)를 사용한다. 부모에게 질문할 기회를 준다. 각 기법 옆의 상자에 상호작용에 가장 큰 영향을 미칠 수 있는 핵심 요소를 적는다. 예를 들어, 부모는 문장을 사용하는데 아이는 한 낱말 모델링에서 도움을 받는다면, '한 낱말 사용하기' 혹은 '간단한 언어 사용하기'라고 *모델링과 의사소통 확장하기* 양식 옆의 상자 안에 적는다.

아이에게 집중하기와 의사소통 방법 조절하기 시연하기

❖ 시연 준비하기

기법의 핵심 요소를 어떻게 사용하는지, 아이는 어떻게 반응하는지, 그리고 아이의 행동에 어떻게 반응하는지 관찰하라고 부모에게 요청한다.

❖ 무엇을 하고 있는지 설명하기

시연을 할 때 다른 기법의 핵심 요소를 어떻게 함께 사용하고 있는지 그리고 아이가 어떻게 반응하는지 언급해야 한다. 부모가 수행하기에 어려웠던 기법을 시연하는 시간을 갖는다. 여기 두 가지 예가 있다.

"Brianna는 차를 앞뒤로 굴리고 있어요. 저는 다가가서 아이와 얼굴을 마주 보고 아이 옆에서 다른 차를 굴릴 거예요. 아이가 저를 보네요! 그래서 저는 차를 더 굴리면서 반응하고 '굴려.'라고 말합니다."

"Sam이 차를 줄 세우고 있네요. 저는 아이와 함께 차를 줄 세웁니다. 자동차를 추가할 때마다 자동차를 가리키며 '자동차가 더 있네.'라고 말합니다. 저는 간단한 언어와 애니메이션을 많이 사용하고 있습니다."

시연이 끝나고 "상호작용을 하는 동안 무엇을 알게 되셨나요?"라고 부모에게 질문한다. 부모가 대답을 어려워하면 다음과 같이 구체적으로 질문한다.

"제가 Brianna가 장난감을 가지고 노는 모습을 모방할 때 무엇을 알게 되셨나요?"
"제가 간단하고 반복적인 언어를 쓸 때 아이가 어떻게 반응했나요?"

부모가 대답하기 어려워하면, 한 가지 요소에 집중하라고 요청한 후 다시 그 기법을 시연한다.

"제가 **아이에게 집중하기**를 위해 어떤 기법을 쓰는지 관찰하세요. 제가 사용한 기법은 무엇인가요? 아이는 어떻게 반응하나요?"

이렇게 하는 것은 구체적인 기법이 어떻게 아이의 사회적 의사소통 기술에 영향을 주는지 관찰할 수 있도록 도움을 준다.

> 만약 부모가 다른 기법의 중요한 요소를 이해하는 데 어려움이 있다면 몇 분 동안 모델링할 수 있는 한 가지 기법만 선택한다.

부모의 연습 및 피드백 제공하기

❖ 부모의 연습을 격려하기

부모에게 각 단계에서 사용할 기법을 파악하고 구체적으로 설명해 달라고 요청한다. 다음과 같이 말할 수 있다.

> "어머니께선 아이에게 어떻게 집중하시나요?"
> "어머니께서 모델링할 수 있는 의사소통 유형은 무엇인가요?"

부모가 답하기 어려워하면 각 단계에서 검토 기록지를 사용하여 각 단계에 적합한 기법을 선택할 수 있도록 도와준다.

❖ 물리적 환경 관리하기

부모에게 사용할 수 있는 물건(예: 좋아하는 장난감, 모방할 수 있는 동일한 장난감)을 제공한다. 사용하지 않거나 방해가 되는 놀잇감을 치워서 부모가 상호작용에 좀 더 집중할 수 있도록 돕는다.

❖ 피드백 제공하기

부모가 사용한 기법과 아이의 반응에 대해 피드백을 제공한다. 이 기법을 연습할 때 흔히 발생하는 문제에 대한 피드백은 4~7회기의 마지막 부분에 있는 문제 해결 팁 목록에서 확인할 수 있다. 부모는 코치의 피드백에 따라 적어도 5분 정도 연습하거나 그 전략을 성공적으로 함께 사용할 수 있을 때까지 연습해야 한다. 부모가 아이디어를 찾거나 힘들어하는 것처럼 보이면, 다음과 같이 추천할 수 있다.

> "어머니께서 Sam에게 블록을 넣은 덤프트럭을 주면 무슨 일이 일어날지 궁금하네요. 아이가 어머니를 쳐다보는지 아니면 어머니와 놀이를 할지 살펴볼게요."

부모-아이 상호작용 동영상 녹화 및 검토하기

❖ 5분간 부모-아이 상호작용 녹화하기

부모와 아이가 편안하게 상호작용하면 5분 정도 상호작용을 녹화한다. 만약 엄마와 아빠가 참여하면 한 번에 한 명씩 녹화한다.

부모-아동 상호작용 동안에 구어적 피드백은 자제한다. 그러나 부모가 아이와 참여하는 데 어려움이 있으면, 사용할 수 있는 물건(예: 좋아하는 장난감, 모방을 위한 동일한 장난감)을 제공해 도와줄 수 있다. 또는 사용하지 않거나 방해가 되는 놀잇감을 제거하여 부모가 상호작용에 좀 더 쉽게 집중할 수 있게 한다. 뿐만 아니라 녹화를 중단하고 피드백을 제공한 다음 다시 녹화를 시작할 수 있다. 부모에게 긍정적인 피드백을 제공하는 것이 중요하다.

대안으로 앞에서 언급했듯이 부모가 가정에서 일과 중에 녹화한 이전 동영상을 사용하여 동영상 검토를 수행할 수도 있다.

❖ 부모와 함께 비디오 검토하기

비디오 검토의 목표는 부모가 사용한 전략을 평가하고 아이의 행동에 영향을 준 부분을 기록하며 아이에게 가장 효율적인 기법을 찾는 것이다. 이것을 위해 비디오 검토 양식-**아이에게 집중하기**와 **의사소통 방법 조절하기**(양식 19)을 사용한다.

부모에게 비디오 검토 양식을 제공하는 것으로 시작한다. 동영상을 함께 보면서 **아이에게 집중하기** 또는 **의사소통 방법 조절하기**를 사용한 예를 찾고 아이가 어떻게 반응하는지 관찰할 거라고 설명한다. 부모는 비디오 검토 양식에 그 기법을 사용했을 때 '부모가 사용한 기법'란에 표시하고 '아이의 반응'란에는 어떻게 아이가 반응했는지 기록한다. 이 양식을 사용하여 메모를 작성하고 부모와 함께 검토할 수 있다.

부모가 특정 상호작용을 관찰하거나 검토하고 싶을 때마다 주기적으로 녹화를 일시 정지할 것이라고 부모에게 말한다. 2분 후에도 부모가 일시 정지하라고 말하지 않으면 녹화를 일시 정지하고 부모에게 관찰한 상호작용을 되돌아볼 수 있도록 질문을 한다. 개방형 질문으로 시작하고 만약 필요하다면 좀 더 구체적인 질문으로 넘어간다. 부모와 아이의 상호작용이 질문 선택의 기준이 되어야 한다. 다음은 할 수 있는 질문의 예들이다.

"아이에게 집중하면서 부모님은 무엇을 했나요?"

"아이에게 모델링한 언어 유형은 무엇인가요?"

"얼굴을 마주 보았을 때 아이는 어떻게 반응했나요?"

"아이가 부모님과 참여하는 데 가장 도움이 된 기법은 무엇인가요?"

부모가 대답하지 못하면 동영상을 볼 때 구체적인 행동을 찾을 수 있도록 하고 부모가 그 행동을 인지할 때 잠시 중지한다. 비디오 검토 양식을 사용하여 다음의 질문을 한다. 같은 부분을 여러 번 보는 것은 도움이 될 수 있다. 예를 들어 다음과 같이 말할 수 있다.

"동영상을 보겠습니다. 그리고 부모님께서 과장된 제스처를 사용하고 Sam이 어떻게 반응하는지 기대하는 모습으로 기다릴 때 잠시 일시 정지할게요. 제가 일시 정지해야 할 때를 알려 주세요."

동영상을 검토하는 동안 피드백은 주로 긍정적이어야 한다. 그러나 부모가 구체적인 기법을 사용하는 데 어려움이 있고 잘 알고 있다고 생각되지 않으면 동영상은 피드백을 제공하는 데 사용될 수 있다. 또한 부모의 행동 차이에 따라 아이의 반응에 차이가 있다는 것을 파악하도록 하여 부모가 스스로 피드백하도록 격려할 수도 있다.

"Brianna는 눈 맞춤을 하며 부모님과 함께 잘 참여하고 있는 것처럼 보여요. 아이가 잘 반응할 때 그리고 잘 반응하지 않을 때 부모님께서 하는 것에 차이가 있는지 알아보기 위해 그 부분을 보도록 할게요. 여기서는 어떤 점이 달라져서 아이의 참여를 돕고 있다고 생각하시나요?"

부모의 되돌아보기를 돕고 실천계획표 작성하기

❖ 부모의 되돌아보기

이번 회기 연습과 동영상 검토에 대해 질문한다. 부모가 잘못 이해하고 있는 것을 명확히 하고 부모가 배운 것을 가정에서 어떻게 사용해야 하는지 스스로 생각할 수 있도록 부모를 돕는다. 실천계획표에는 상호작용에 가장 큰 영향을 미칠 수 있는 기술 전반의 핵심 요소를 기록한다. 예를 들어, 부모가 아이의 놀이를 지시하면 집중하기와 조절하기 아래 '아이의 놀이에 참여하기'와 '아이의 놀이 모방하기'라고 기록한다. 부모가 하는 어떤 질문에도 답하는 시간을 갖는다. 다음은 코치가 할 수 있는 몇 가지 질문의 예이다.

> "오늘 연습한 기법 중 아이의 참여를 돕는 데 가장 효과적이었던 것은 무엇인가요?
> "좀 더 성공적으로 상호작용할 수 있도록 부모님은 가정에서 무엇을 해야 하나요?"
> "여전히 어려운 점은 무엇인가요?"

❖ 부모의 목표와 활동 선택을 돕기

부모 매뉴얼의 아동의 목표와 부모가 작성한 매일 하는 활동 스케줄(양식 11)을 사용하여 부모가 회기의 목표와 활동을 선택할 수 있도록 돕는다. 부모가 선택한 내용을 실천계획표의 의사소통 방법 조절하기(양식 31)에 기록하게 한다.

이번 단원의 좋은 목표는 놀이를 하는 동안 활동적으로 참여하고 놀이 혹은 의사소통, 활동 시작하기, 주고받기를 하며 눈 맞춤을 하는 것이다.

> 매일 놀이 시간을 만들 것을 상기시킨다. 만약 15분이 너무 길다면 아이에게 집중하고 의사소통 방법을 조절할 수 있는 짧은 시간을 확인할 수 있도록 도와준다.

아이에게 집중하기의 좋은 활동은 장난감, 활동적인 놀이 그리고 옷 입기, 식사 시간, 목욕하는 시간과 같은 일상 루틴을 포함하는 것이다. **아이에게 집중하기**는 일반적으로 아이가 활동을 즐길 때만 효과적이다. **의사소통 방법 조절하기**는 선호하는 활동과 선호하지 않는 활동을 할 때 모두 효과적이다. 부모 매뉴얼에 있는 '가정에서 해 보기!' 표는 다른 활동을 하며 그러한 기법을 어떻게 사용하는지에 대한 제안이다.

❖ 부모의 도표 작성 돕기

부모가 선택한 활동을 하며 사용한 한 개 혹은 그 이상의 기법에 대한 긍정적인 예를 이야기한다. 실천계획표 도표의 관련 칸에 부모가 집중할 핵심 요소를 적게 한다.

부모에게 **아이에게 집중하기**와 **의사소통 방법 조절하기**의 어떤 요소가 부모가 파악한 아이의 목표와 활동에 가장 효과적일지 질문한다.

그런 다음 부모에게 어떻게 기다릴 것인지, 아이가 어떻게 반응할 것이라고 생각하는지 질문한다. 아이는 많은 방법으로 반응할 수 있다는 것을 상기시킨다. 가정에서 연습하는 동안 아이가 어떻게 반응하는지 실천계획표의 '기다리기' 칸 아래 있는 아이 아이콘에 기록하라고 이야기한다.

마지막으로 부모가 어떻게 반응하고 아이의 반응을 확장할 것인지 질문한다. 아이의 반응이 부모의 반응을 유도해야 한다.

❖ 잠재적 문제에 대한 해결 지원하기

가정에서 이 기법을 사용할 때 어려운 점이 무엇인지 질문하고 가능한 해결책을 위해 브레인스토밍한다. 이 기법에 대한 일반적인 문제와 해결책은 각 회기 마지막에 있는 문제 해결 팁 목록에 제시되어 있다.

❖ 되돌아보기와 읽기 과제 제시

회기 사이에 가정에서 한 연습이 어땠는지 기록하도록 요청한다. 가정에서 연습할 때 잘된 점과 어려웠던 점을 기록하도록 한다. 다음 회기를 시작할 때 이 내용을 검토할 것이라고 알려 준다. 다음 회기 전에 부모 매뉴얼 제4장에 있는 *놀이 방해하기*를 읽게 한다.

4단원

새로운 의사소통 기회 만들기

새로운 의사소통 기회 만들기는 ImPACT F.A.C.T.S. 프로젝트의 C로 피라미드의 중앙에 위치한다. **새로운 의사소통 기회 만들기**의 목적은 아이가 자발적으로 의사소통을 시작하도록 돕거나, 필요한 순간에 아이의 주의를 끌기 위한 것이다. 이 단계는 **아이에게 집중하기**와 **의사소통 방법 조절하기** 이후에 사용된다.

부모가 활용할 수 있는 **새로운 의사소통 기회 만들기**에는 *놀이 방해하기, 균형 잡힌 주고받기, 의사소통 유혹하기* 등의 세 가지 기법이 있다. 각 기법은 서로 다른 목표를 위해 사용할 수 있으며, 특정 루틴에서는 다른 기법에 비해 더욱 효과적일 수 있다. 첫 번째 기법을 소개하기 전에 9회기 *놀이 방해하기*에서 설명한 F.A.C.T.S. 피라미드를 사용하여 **새로운 의사소통 기회 만들기**를 소개한다.

- 24회기 프로그램을 진행하는 경우, 4회기 동안 **새로운 의사소통 기회 만들기**를 가르친다. 각 기법에 대해 한 회기씩 다루며, 남은 한 회기에서는 **새로운 의사소통 기회 만들기**에 대해 복습한다. 세 가지 기법에 대해 소개하는 순서는 아이와 부모에게 가장 적합한 것이 무엇인지에 따라 달라질 수 있다. 하지만 다양한 활동과 목표 성취를 위해 사용할 수 있는 여러 가지 기법은 부모에게 반드시 제공해야 한다.
- 12회기 프로그램을 진행하는 경우, 2회기 동안 **새로운 의사소통 기회 만들기**를 가르친다. 한 회기에서는 *놀이 방해하기*와 *균형 잡힌 주고받기*에 대해, 또 다른 회기에서는 *의사소통 유혹하기*에 대해 가르친다. 그러나 아이의 개별화된 목표, 각 기법에 대한 이론, 부모가 실행하는 활동 내용에 따라 기법을 선택할 수 있다. 부모에게 모든 기법에 대해 읽어 보도록 권장하고, 아이에게 가장 효과적이고 가장 편하게 사용할 것으로 판단되는 기법에 대해 의견을 제시하게 한다.

부모는 새로운 기능을 가르치는 방법을 배우기 전에 효과적으로 의사소통의 기회를 만들 수 있어야 한다. 부모가 이 전략적인 기법들을 효과적으로 실행할 수 없는 경우에는(중재 충실도 체크리스트의 **새로운 의사소통 기회 만들기** 항목에서 3점 이하), **새로운 기능 가르치기**를 소개하기 전에 이에 대해 코칭할 추가 시간이 필요하다.

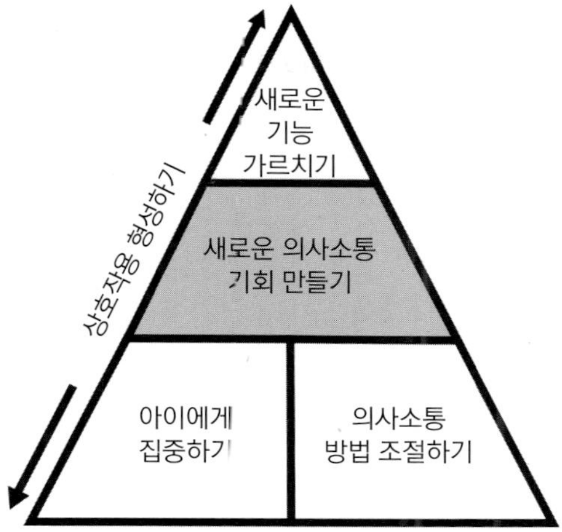

9회기
놀이 방해하기

회기 목표

부모가 다음의 목표를 위해 기법을 사용하도록 돕는다.

- 주고받는 상호작용 늘리기
- 아이가 요구하거나 거부하도록 도움 주기
- 아이의 관심 얻기

준비물

- 부모 매뉴얼
- 실천계획표-**새로운 의사소통 기회 만들기**(양식 32)
- 부모 매뉴얼의 아동의 목표와 부모가 작성한 매일 하는 활동 스케줄(양식 11)
- 아이가 좋아하는 장난감
- 놀이를 방해하는 데 사용할 수 있는 인형과 다양한 물건
- 회기 기록지(양식 12)
- 중재 충실도 체크리스트(양식 4)
- 코칭 충실도 체크리스트(양식 6)

회기 진행목록

- 체크인 및 회기 진행목록 정하기
- 실천계획표 검토하기
- **새로운 의사소통 기회 만들기** 소개하기
- *놀이 방해하기* 소개하기
- *놀이 방해하기* 시연하기
- 부모의 연습 및 피드백 제공하기
- 부모의 되돌아보기를 돕고 실천계획표 작성하기

핵심 요소: *놀이 방해하기*

- 아이가 방해를 예상하게 하기
- 아이의 활동을 재미있게 방해하기

체크인 및 회기 진행목록 정하기

❖ 가족 체크인

지난 회기 이후에 가족이 어떻게 지냈는지 물어보고, 필요하다면 잠시 시간을 내어 아이를 활동에 참여시키는 시간을 갖는다.

❖ 회기 목표와 진행목록에 대해 설명하기

이번 회기에서 부모는 **새로운 의사소통 기회 만들기** 전략에 대해 배운다. 또한 *놀이 방해하기*를 사용하여 상호작용 주고받기를 늘리고, 아이가 요청하거나 거부할 수 있는 기회를 제공하며, 아이의 관심을 끄는 방법을 배운다.

부모에게 "이번 회기에 대해 궁금한 점이나 추가로 다루고 싶은 주제가 있나요?"라고 질문한다. 부모가 걱정을 드러낸다면, 회기 진행목록을 조정할 필요가 있다.

실천계획표 검토하기

지난 회기에 작성한 실천계획표를 검토한다. 부모에게 가정에서 *모델링과 의사소통 확장하기*를 어떻게 사용했는지 물어본다. 잘된 점과 어려웠던 점에 대해 이야기 나눈다. 가정에서의 실행 중에 발생한 도전 행동을 해결할 수 있도록 부모를 돕는다. *모델링과 의사소통 확장하기*에서 나타나는 일반적인 문제와 가능한 해결책은 7회기 마지막의 문제 해결 팁 목록(177쪽)에 제시되어 있다. 8회기에서 복습한 후에도 어려움이 발생한다면, 2단원과 3단원의 문제 해결 팁 목록을 참조하여 가능한 해결 방법을 찾는다.

> 부모가 연습하지 않는다면, 제1부 3단원에서 논의한 대로 현실적인 문제를 먼저 해결한다.

새로운 의사소통 기회 만들기 소개하기

❖ 이론 설명하기

부모 매뉴얼(79쪽)에 있는 F.A.C.T.S. 피라미드와 도표를 사용하여 **새로운 의사소통 기회 만들기**를 소개한다. ImPACT F.A.C.T.S. 프로젝트의 C인 **새로운 의사소통 기회 만들기**는 피라미드의 중앙에 위치한다. 이 단계는 아이가 의사소통을 시작하고 부모에게 집중하도록 돕기 위해 사용된다.

❖ 기법 소개하기

아이에게 새로운 의사소통의 기회를 만들어 주기 위해 부모는 *놀이 방해하기, 균형 잡힌 주고받기, 의사소통 유혹하기* 등 세 가지 기법을 사용할 수 있다. 각 기법은 서로 다른 목표를 위해 사용할 수 있으며, 특정 루틴에서는 다른 기법들보다 훨씬 도움이 될 수 있다.

부모는 피라미드의 가장 아래에 있는 전략(**아이에게 집중하기**와 **의사소통 방법 조절하기**)에서 시작해야 한다. 아이가 먼저 소통을 시작하지 않거나 혹은 부모가 아이의 주의를 끌 필요가 있다면, 지금이 의사소통의 기회를 만들어야 할 때이다. 일단 부모가 의사소통의 기회를 만든 후에는 계속해서 아이의 반응을 기다리며, 순차적인 방식으로 아이의 행동을 확장한다. 이 전략은 해당 시간의 2/3 정도만 사용해야 한다.

놀이 방해하기 소개하기

❖ 이론 설명하기

사회적 의사소통 문제가 있는 많은 아이들은 어떤 활동에 참여할 때, 사람들과 함께 참여하거나 소통을 시작하는 데 어려움을 겪는다. *놀이 방해하기*는 부모가 아이의 활동에 참여한 다음 장난스러운 방식으로 방해하여, 아이가 방해에 대해 거부하거나 활동을 계속하도록 요청하려는 동기를 제공한다.

*놀이 방해하기*는 아이가 차례 주고받기를 할 준비가 되지 않았거나, 부모의 차례에 화를 내거나, 장난감을 가지고 놀지 않을 때 유용하다. 이 기법은 아이의 요청 능력과 거부 능력

을 향상시킬 수 있다. 요구가 증가하면 아이가 더 좌절할 수 있는데, 부모에게 이것이 괜찮다는 것을 알려 줄 필요가 있다. 또한 연습하는 동안 아이의 좌절감을 줄이기 위해 함께 노력한다.

*놀이 방해하기*가 어떻게 아이의 개별 목표 성취를 돕는지에 대해 부모에게 설명한다. 다음과 같이 설명할 수 있다.

> "*놀이 방해하기*는 Brianna가 부모님과 함께 하는 놀이 시간을 늘리는 데 사용할 수 있는 기법이에요. 이 기법은 Brianna의 사회적 참여를 목표로 해요."

> "의사소통에서 사용하는 단어 수를 늘리는 것이 Sam의 목표에요. *놀이 방해하기*를 사용하면 Sam이 무언가를 요청하거나, 부모님의 행동에 대해 거부할 수 있는 다양한 기회를 만들어 줄 수 있어요."

❖ 핵심 요소에 대해 이야기 나누기

부모 매뉴얼을 사용하여 *놀이 방해하기*의 핵심 요소에 대해 이야기를 나눈다. 부모 매뉴얼의 '생각해 보세요!' 질문을 통해 부모가 해당 정보를 아이에게 적용할 수 있도록 돕는다.

아이가 방해를 예상할 수 있도록 돕기

아이들은 예고 없이 놀이가 중단되면 좌절할 수 있다. 놀이가 중단되기 전에 예상 문구(phrase)를 사용하는 것은 아이에게 무언가 변화된다는 것을 알려 주고, 변화가 일어나기 전에 의사소통할 수 있는 기회를 제공한다. *애니메이션처럼 표현하기*와 예상 문구를 함께 사용하면 더욱 분명한 표현이 된다.

부모에게 "아이가 중단을 예상할 수 있도록 돕기 위해 사용할 수 있는 일관된 문구에는 무엇이 있을까요?"라고 질문한다. 부모가 잘 모르겠다고 하면, 아이가 즐겨 하는 활동에 가장 적합한 문구를 생각하도록 돕는다.

만약 예상 문구에 대해 아이가 거부하는 반응을 보이면, 부모는 적절하게 대응하면서 "안 돼." 또는 "싫어."와 같은 더 복잡한 반응을 모델링해야 한다. 아이가 예상 문구에 대해 거부할 때, 부모가 사용할 수 있는 제스처, 단어, 구, 문장 등에 대해 브레인스토밍한다.

장난스럽게 아이의 활동 방해하기

아이가 하는 활동을 장난스럽게 방해하면 아이의 주의를 끌 수 있고, 아이가 요청하거나 거부할 수 있는 기회를 만들 수 있다. 부모가 인형, 담요, 여러 장난감을 사용하여 방해하는 것이 더 재미있고, 아이를 덜 좌절하게 한다. 만약 아이가 이유 없이 돌아다니거나 왔다갔다 뛰어다니면, 부모는 아이가 지나가는 것을 방해할 수도 있다.

부모에게 "아이의 놀이를 장난스럽게 방해하는 방법에는 무엇이 있을까요?"라고 질문한다. 부모가 대답에 어려움을 보이면, 아이가 즐기는 놀이 활동을 재미있게 방해하는 방법에 대한 구체적인 예시를 보여 준다.

❖ *놀이 방해하기* 단계 설명하기

부모 매뉴얼(79쪽)의 도표를 사용하여 *놀이 방해하기*의 단계를 검토하고, 이를 아이의 목표 중 하나와 연결한다. 이와 관련하여 부모에게 질문할 기회를 준다.

놀이 방해하기 시연하기

❖ 시연 준비하기

부모에게 *놀이 방해하기*를 어떻게 사용하는지, 아이가 어떻게 반응하고, 아이의 행동에 어떻게 반응하는지 지켜보게 한다.

❖ 무엇을 하고 있는지 설명하기

아이와 함께 *놀이 방해하기*를 시연할 때는 방해에 대해 거부하거나 혹은 반응하는 아이의 행동에 주목해야 하며, 특히 미묘한 행동으로 거부하는 경우에는 더욱 그러하다. 부모가 아이의 의사소통을 인식하고 해석할 수 있어야 아이가 이에 반응할 수 있기 때문이다. 예를 들어, 다음과 같이 말할 수 있다.

> "Sam이 방에서 뛰어다니고 있네요. 저는 '내가 잡을게.'라고 말하고, Sam을 잡으려고 해요……. 저는 Sam이 하는 것을 보려고 기다리고 있어요……. Sam이 '놔(go).'라고 해서,

놓아주려고 해요……. '날 놓아줘.'라고 말하면서 의사소통을 확장했어요."

시연이 끝나면 부모에게 "상호작용 중에 무엇을 알게 됐나요?"라고 질문한다. 부모가 대답하기 어려워한다면, 다음과 같이 좀 더 구체적인 질문을 한다.

"Brianna가 저와 의사소통을 할 때 어떤 점을 알아챘나요?"
"제가 인형과 큰 제스처를 사용하면서 Brianna가 중단을 예상할 수 있도록 도와주었을 때, Brianna는 어떤 반응을 보였나요?"

부모의 연습 및 피드백 제공하기

❖ 부모의 연습을 격려하기

아이의 현재 놀이에 기반한 구체적인 예를 들어 *놀이 방해하기*의 단계에 대해 부모에게 설명한다. 부모가 사용할 수 있는 예상 문구와 아이의 놀이를 방해하는 방법에 대한 구체적인 예를 제시한다.

"Brianna가 공을 가지고 노는 것을 방해하기 위해 *놀이 방해하기*를 사용하면 어떻게 되는지 살펴보지요. *애니메이션처럼 표현하기*를 사용해서 "내가 공을 가져올 거야."라고 말하고, 공을 가져가기 전에 거부할 기회를 주는 것을 기억하세요."

❖ 물리적 환경 관리하기

인형이나 여러 장난감 등 아이의 놀이를 방해할 수 있는 물건을 부모에게 제공한다. 또는 방해되는 물건을 치워서 아이를 돕는다.

❖ 피드백 제공하기

부모의 *놀이 방해하기* 사용과 아이의 반응에 대해 피드백을 제공한다. 이 기법을 실행할 때 흔히 발생하는 문제 행동에 대한 피드백은 이 회기의 마지막에 있는 문제 해결 팁 목록

(197쪽)에서 확인할 수 있다.

부모의 되돌아보기를 돕고 실천계획표 작성하기

❖ 부모의 되돌아보기

이 회기의 연습과 관련하여 부모에게 질문한다. 개방형 질문으로 시작해서 필요에 따라 더 구체적인 질문으로 넘어간다. 부모와 아이의 상호작용을 바탕으로 질문을 선택한다. 다음은 몇 가지 질문 예시이다.

"*놀이 방해하기*를 사용했을 때 기분이 어땠나요?"

"아이와 정기적으로 이렇게 상호작용하는 것을 상상할 수 있나요? 그렇지 않다면, 어떤 점이 불편하게 느껴졌나요? 어떻게 하면 더 쉽게 할 수 있을까요?"

"예상 문구를 사용했을 때 아이가 어떻게 반응했나요? 계속하길 바랐나요, 거부했나요, 아니면 반응하지 않았나요?"

"장난감 놀이나 운동 놀이를 방해했을 때 아이가 어떻게 반응했나요?"

❖ 부모의 목표와 활동 선택을 돕기

부모 매뉴얼의 아동의 목표와 부모가 작성한 매일 하는 활동 스케줄(양식 11)을 사용하여 부모가 회기의 목표와 활동을 선택할 수 있도록 돕는다. 부모가 선택한 내용을 실천계획표-**새로운 의사소통 기회 만들기**(양식 32)에 기록하게 한다.

이 회기의 좋은 목표에는 놀이 중에 부모를 바라보거나, 언어적 혹은 비언어적 의사소통을 사용하여 요청하거나 거부하게 하는 적극적인 참여가 포함된다. 예를 들어, 아이가 몸짓을 사용하여 거부하거나 한 단어로 요청하는 것이다.

이 회기에 적합한 활동으로는 장난감 놀이와 활동적인 놀이, 혹은 목욕 놀이처럼 일상적 루틴의 놀이 등이 있다. 부모는 아이의 관심을 얻기 위해 하루 종일 *놀이 방해하기*를 사용할 수도 있다. 부모 매뉴얼(84쪽)의 '가정에서 해 보기!' 목록에는 놀이와 일상 활동 중에 *놀이 방해하기*를 사용하는 방법에 대한 예시가 제공되어 있다.

❖ 부모의 도표 작성 돕기

부모가 선택한 활동 중에 *놀이 방해하기*를 사용한 긍정적인 예시를 실천계획표의 도표를 활용하여 부모에게 이야기한다. 도표의 관련 칸에 부모가 집중할 핵심 요소를 적게 한다.

부모에게 **아이에게 집중하기**와 **의사소통 방법 조절하기**를 어떻게 사용할 것인지 질문한다.

아이가 방해를 예상하도록 어떻게 도울 것인지, 필요한 경우 어떻게 놀이를 방해할 것인지 질문한다. 이러한 측면은 활동과 관련된 구체적인 내용이어야 한다. **새로운 의사소통 기회 만들기** 칸에 부모가 사용할 구체적인 예상 문구와 놀이를 방해하는 방법을 적는다.

*놀이 방해하기*를 사용하고 기다릴 때, 아이가 어떻게 반응할 것 같은지 부모에게 물어본다. 아이가 예상 문구에 거부하는 반응을 보일지, 아니면 방해하는 동안 요청하는 반응을 보일지 표시하게 한다. 아이가 부정적으로 반응하거나 응답하지 않을 것이라고 부모가 보고하면, 문제 해결 과정 중에 이에 대해 이야기 나눈다. 기다리는 시간에 나타날 수 있는 아이의 반응과 부모가 기다릴 때 사용해야 하는 전략을 "기다리기" 칸에 적는다. 여기에는 예상 문구를 말한 후에 기다리기 또는 방해한 후에 기다리기 등이 포함될 수 있다. "기다리기" 칸 아래에 있는 아이 아이콘 옆에는 가정에서 실행하는 동안 나타나는 아이의 반응을 적을 수 있다고 알려 준다.

그런 다음, 부모가 어떻게 반응하고 아이의 반응을 확장할 것인지 질문한다. 아이의 반응은 부모 반응의 지침이 되어야 한다. 아이가 예상 문구에 대해 거부하면, 부모는 '방해를 멈추고 아이의 반응을 확장할 것'이라고 적을 수 있다. 예를 들어, 부모가 "인형이 온다."라고 말할 때 아이가 장난감을 빼앗는다면, 부모는 방해하기를 멈추고 "안 돼." 또는 "장난감 가져가지 마."라고 모델링해 주는 것이다.

아이의 반응을 확장하기 위해 사용할 제스처, 단어, 구, 문장을 적게 한다(예: 아이에게 장난감을 주면서 "트럭"이라고 단어를 말하거나, 또는 "나에게 트럭을 줘."라는 문장을 말한다). 이렇게 하면 아이의 자발적인 의사소통이 한 단계 더 복잡해진다는 점을 기억해야 한다.

이는 아이의 반응이 아이에 대한 부모의 반응에 어떤 영향을 미치는지 알 수 있도록 돕는다.

❖ 잠재적 문제에 대한 해결 지원하기

가정에서 *놀이 방해하기*를 사용할 때 어려운 점이 무엇일지 질문한다. 시간을 내어 해결책에 대해 브레인스토밍한다. 이 기법에 대한 일반적인 문제 행동과 해결책은 문제 해결 팁 목록(197쪽)에 제시되어 있다.

❖ 되돌아보기 및 읽기 과제 제시하기

부모에게 매일 가정에서 15~20분 동안 연습하고, 연습하는 동안 잘된 점과 어려웠던 점을 기록하게 한다. 다음 회기가 시작될 때 이 내용을 검토할 것이라고 알려 준다. 부모 매뉴얼 제4장 **새로운 의사소통 기회 만들기**의 다음 기법인 *균형 잡힌 주고받기*를 읽어 오게 한다.

놀이 방해하기 문제 해결 팁

만약 부모가……	코치는……
예상 문구를 사용하지 않는다면	• 사용할 특정 문구에 대한 예를 제시한다. • 예상 문구를 사용하면 아이의 좌절감을 줄이고, 아이가 방해를 거부하도록 할 수 있다는 점을 상기시킨다.
아이의 놀이를 방해할 때 망설이거나 혹은 방해 기법을 잘 모른다면	• 손으로 놀이를 방해하는 방법을 제안한다. • 놀이 방해에 사용할 수 있는 인형이나 다른 장난감을 제공한다. • 의사소통은 신체 움직임의 변화, 제스처, 순간적 눈 맞춤, 단어 등의 형태로 이루어질 수 있음을 상기시킨다. 아이 행동의 미묘한 부분에 반응하면, 아이에게 자신의 행동이 의미 있고, 반응을 이끌어 낼 수 있다는 것을 가르칠 수 있다.
아이의 거부에 반응하지 않는다면	• 의사소통의 시작을 늘리는 데 초점을 맞추고 있음을 상기시킨다. 놀이를 방해하기 전에 아이가 의사소통을 하면, 방해하기를 멈추고 "그만해." 또는 "안 돼."라고 모델링해야 한다. • 아이가 어떻게 거부하는지 알아볼 수 있도록 돕는다.
이 기법을 너무 자주 사용한다면	• *놀이 방해하기*는 상호작용의 2/3 정도만 사용해야 한다는 점을 상기시킨다. 너무 자주 사용하면, 아이가 좌절할 수 있다. • *놀이 방해하기*를 사용한 후에는 다시 **아이에게 집중하기**로 돌아가야 한다는 것을 기억하게 한다.

만약 아이가……	코치는……
좌절한다면	• 부모가 놀이를 방해하기 위해 손을 대신해서 인형이나 장난감을 사용하게 한다. • 예상 문구와 방해하기 사이의 시간을 늘려서 아이가 이에 거부할 수 있는 충분한 시간을 줄 것을 제안한다. • 방해하기를 더 재미있게 만들거나, 놀이의 일부로 만드는 방법에 대해 질문한다.

10회기
균형 잡힌 주고받기

회기 목표

부모가 다음의 목표를 위해 기법을 사용하도록 돕는다.

- 주고받을 수 있도록 돕기
- 요구하는 것을 가르치기
- 아이에게 새로운 놀이 방법을 보여주기

준비물

- 부모 매뉴얼
- 실천계획표-**새로운 의사소통 기회 만들기**(양식 32)
- 부모 매뉴얼의 아동의 목표와 부모가 작성한 매일 하는 활동 스케줄(양식 11)
- 자동차, 공, 골대 등과 같이 주고받기에 좋은 장난감
- 회기 기록지(양식 12)
- 중재 충실도 체크리스트(양식 4)
- 코칭 충실도 체크리스트(양식 6)
- 선택 사항: 놀이 활동 아이디어(양식 13)

회기 진행목록

- 체크인 및 회기 진행목록 정하기
- 실천계획표 검토하기
- *균형 잡힌 주고받기* 소개하기
- *균형 잡힌 주고받기* 시연하기
- 부모의 연습 및 피드백 제공하기
- 부모의 되돌아보기를 돕고 실천계획표 작성하기

핵심 요소: *균형 잡힌 주고받기*

- 아이가 차례를 기대하도록 도와주기
- 차례 지키기
- 부모의 차례일 때 놀이를 모델링해 주기

체크인 및 회기 진행목록 정하기

❖ 가족 체크인

지난 회기 이후에 가족이 어떻게 지냈는지 물어본다. 부모와 이야기하는 동안 잠시 시간을 내어, 아이를 활동에 참여시키는 시간을 갖는다.

❖ 회기 목표와 진행목록에 대해 설명하기

부모는 *균형 잡힌 주고받기*를 사용하여 아이가 차례를 지키도록 돕고, 아이에게 요청하는

방법을 가르치며, 아이에게 새로운 놀이 방법을 보여 주는 방법을 배운다. 이것은 의사소통의 기회를 만들기 위해 부모가 사용할 수 있는 또 다른 기법이다.

부모에게 "이번 회기에 대해 궁금한 점이나 추가로 다루고 싶은 주제가 있나요?"라고 질문한다. 부모에게 질문이 있거나 오늘 다루고 싶은 주제가 있으면, 필요에 따라 회기 진행 목록을 조정한다.

실천계획표 검토하기

지난 회기에 작성한 실천계획표를 검토한다. 부모에게 가정에서 *놀이 방해하기*를 어떻게 사용했는지 질문한다. 아이의 반응, 잘된 점과 어려웠던 점에 대해 이야기 나눈다.

> 부모에게 가정에서의 연습과 시도에 대한 긍정적인 피드백을 제공해야 한다.

가정에서의 실행 중에 발생한 도전 행동을 해결할 수 있도록 부모를 돕는다. 9회기 마지막에 있는 문제 해결 팁 목록(197쪽)에 *놀이 방해하기*의 일반적인 문제와 가능한 해결책이 제시되어 있다. 이러한 문제 행동은 가정에서 더 심해지는 경우가 많은데, 이는 아이가 부모의 놀이 방해에 익숙하지 않기 때문이다. 문제가 명확하지 않은 경우에는 문제를 파악하기 위해 부모가 기법을 사용하는 방식을 살펴보는 것이 도움이 될 수 있다.

균형 잡힌 주고받기 소개하기

❖ 이론 설명하기

사회적 의사소통 문제가 있는 아이들은 장난감을 공유하거나 다른 사람과 차례를 주고받는 것에 어려움을 겪는다. 또한 장난감을 가지고 적절하게 놀이를 시작하거나 놀이를 지속하는 데 어려움을 겪을 수도 있다. *균형 잡힌 주고받기*를 사용하면, 부모는 아이에게 집중하면서 아이의 장난감이나 활동을 차례로 주고받는다. 부모의 차례에 부모는 놀이 모델링을 보여 주고 아이의 반응을 기다릴 수 있다. 아이 차례가 되면 아이에게 장난감을 돌려주고, 의사소통을 확장하는 방식으로 반응한다.

*균형 잡힌 주고받기*는 차례 주고받기에 적절한 물건을 사용하거나 차례 주고받기를 목표

로 할 때 유용하다. 아이가 새로운 놀이 방법을 접할 수 있는 장점도 있다. *균형 잡힌 주고받기*는 아이의 의사소통을 이끌어 낼 가능성이 높다는 점에서 *놀이 방해하기*와 유사하다. 그러나 아이가 거부하더라도 부모가 짧은 주고받기를 이어간다는 점에서는 *놀이 방해하기*와 다르다. *균형 잡힌 주고받기*는 아이가 차례를 이해하고 지키도록 돕고, 놀이와 언어에서 중요한 주고받는 상호작용(back-and-forth interaction)을 증가시키며, 아이에게 새로운 놀이 방법을 보여 준다. **새로운 의사소통 기회 만들기**의 다른 기법들과 마찬가지로 이 기법도 해당 시간의 2/3 정도만 사용해야 한다.

아이의 개별 목표를 이루기 위해 *균형 잡힌 주고받기*를 어떻게 사용할 수 있는지 설명한다. 주고받기는 아이가 성장하면서 발달하는 기능이다. 만약 아이가 장난감으로 주고받을 준비가 되지 않았다면, 사회적 게임(social games)이나 구조화된 활동을 통해 주고받기를 모델링하게 한다. 부모에게 다음과 같이 말할 수 있다.

> "우리는 *균형 잡힌 주고받기*를 사용해서 Brianna가 상호작용 시간을 늘리고(참여도), 요청하도록 도울 수 있으며(언어 목표), 새로운 놀이 방법 또한 보여 줄 수 있어요(기능적 놀이 목표)."

> "Sam의 목표는 주고받기를 늘리고, 가상 놀이에 참여하는 거예요. *균형 잡힌 주고받기*는 두 가지 목표를 모두 해결해 줄 수 있어요. 부모님의 차례가 되면 가상 놀이 행동을 모델링할 수 있는데, 이것은 Sam의 가상 놀이를 발달시키는 데 도움이 될 수 있어요."

❖ 핵심 요소에 대해 이야기 나누기

부모 매뉴얼을 사용하여 *균형 잡힌 주고받기*의 핵심 요소에 대해 이야기 나눈다. 부모 매뉴얼의 '생각해 보세요!' 질문을 통해 부모가 아이와 *균형 잡힌 주고받기*를 어떻게 사용할지 논의한다.

아이가 차례를 기대하도록 도와주기

부모는 제스처와 함께 같은 문구를 사용하여 아이에게 자신의 차례라는 신호를 보낸다. 이는 *놀이 방해하기*에서 예상 문구를 사용하는 것과 유사하며, 아이에게 무언가가 곧 바뀔 것이라는 신호를 준다. *애니메이션처럼 표현하기*를 사용하면 아이가 문구에 집중하는 데 도움이 될 수 있다.

부모에게 "아이가 자신의 차례를 예상하도록 돕기 위해 어떤 단어나 문구, 제스처를 사용할 수 있을까요?"라고 질문한다. 부모가 잘 모르겠다고 하면, 아이의 기능 수준에 따라 활동 중에 사용할 수 있는 짧고 일관된 문구를 찾아내도록 돕는다. 아이가 대명사를 이해하지 못하는 경우에는 이름을 사용하여 차례를 알려 주게 한다(예: "엄마 차례야." "Brianna 차례야.").

차례 지키기

아이가 자신의 차례를 예상할 수 있도록 도와준 후에는 부모의 차례가 된다. *놀이 방해하기*와는 달리, 아이가 거부하거나 도망가더라도 부모는 자신의 차례를 지켜야 한다.

부모에게 "어떤 활동이나 장난감으로 주고받기를 하면 좋을까요?"라고 질문한다. 부모가 잘 모르겠다고 하면, 아이가 좋아하는 활동을 생각하도록 돕고, 주고받기에 잘 어울리는 활동을 고르도록 격려한다.

부모가 적절한 자기 차례 시간을 파악할 수 있도록 돕는다. 어떤 경우에는 부모의 차례가 순식간에 지나가서, 다음 단계인 새로운 놀이 행동 모델링을 하지 못할 수도 있다.

아이가 자신의 차례를 기다릴 때 크게 좌절할 것 같다면, 부모는 하나의 장난감을 사용하는 대신 비슷한 장난감을 아이에게 주고 차례를 기다리게 할 수도 있다. 이후 아이가 상호작용 방식에 익숙해지면, 하나의 장난감을 가지고 번갈아 가며 놀이한다.

부모와 차례를 주고받을 때마다 아이가 흥미를 잃는 것처럼 보인다면, 장난감을 돌려받을 수 있다는 사실을 모르기 때문일 수 있다. 이 경우, 부모가 장난감을 돌려주어 장난감을 되찾을 수 있다는 것을 가르쳐야 한다.

부모의 차례일 때 놀이를 모델링해 주기

아이가 차례를 주고받을 수 있게 되면, 부모는 자신의 차례에 놀이를 모델링하여 아이에게 장난감을 가지고 놀이하는 새로운 방법을 보여 줄 수 있다. 아이가 아직 기다리지 못할 때는 새로운 놀이 행동을 모델링하면 안 된다.

부모에게 "부모님의 차례가 되면 어떤 새로운 놀이 기능을 모델링해 줄 수 있을까요?"라고 질문한다. 부모가 잘 모르겠다고 하면, 아이의 흥미와 관련이 있고 아이의 기능 수준에 맞는 기능을 찾을 수 있도록 돕는다. 필요한 경우, 부모 매뉴얼의 모델링에 도움이 되는 놀이 유형 목록을 검토한다(부모 매뉴얼 〈표 4-2〉 참조).

부모가 놀이 활동에 대해 브레인스토밍하도록 돕는다. 놀이 활동 아이디어(양식 13)를 사용하여 부모가 장난감을 이용한 다양한 놀이 활동에 대해 생각해 볼 수 있도록 돕는다. 아이가 가지고 놀길 원하는 장난감의 이름을 양식의 한가운데 있는 "장난감" 칸 중 하나에 적게 한다. 그런 다음, 부모가 모델링할 수 있는 다양한 행동으로 주변의 빈칸을 채운다. 여기에는 놀이에 필요한 물건 가져오기, 물건 조합하기, 가상 놀이, 상징 놀이 행동 등이 포함될 수 있다.

❖ *균형 잡힌 주고받기* 단계 설명하기

부모 매뉴얼(79쪽)의 도표를 사용하여 단계를 검토하고, 이를 아이의 목표 중 하나와 연결한다. 부모에게 이와 관련하여 질문할 기회를 준다.

균형 잡힌 주고받기 시연하기

❖ 시연 준비하기

부모에게 *균형 잡힌 주고받기*를 어떻게 사용하는지 지켜보게 한다. 아이의 필요에 따라 어떤 요소를 사용할지 구체적으로 알려 준다. 여기에는 각 차례 사이의 시간 간격, 주고받기나 장난감 교환하기의 여부, 모델링할 놀이 유형 등이 포함될 수 있다. 아이가 어떻게 반응하는지, 아이의 행동에 어떻게 반응하는지를 부모가 지켜보게 한다.

> "Brianna가 공을 가지고 노는 동안 제가 어떻게 *균형 잡힌 주고받기*를 사용하는지 지켜보세요. 제가 공을 잡을 차례라는 것을 어떻게 알려 주는지, 제 차례에 시간은 얼마나 걸리는지를 집중해서 보세요. 제 차례가 되었을 때, Brianna가 어떻게 반응하는지 살펴보지요. 또 아이가 좌절할 때, 대신 공을 교환하면 어떤 일이 일어나는지 살펴볼 수 있어요."

❖ 무엇을 하고 있는지 설명하기

아이와 *균형 잡힌 주고받기*를 시연할 때 장난감을 주고받는다면, 주고받는 시간의 길이와 모델링하는 놀이의 유형을 알려준다.

> "Sam이 자동차를 가지고 놀고 있네요. 저는 '내 차례야.'라고 말하고, 자동차를 가져와서 Sam의 놀이를 잠깐 흉내 내고, 다시 Sam이 어떻게 반응하는지 지켜볼 거예요. *(코치가 이*

렇게 행동한다.) Sam이 저를 쳐다봤어요. 그래서 저는 자동차를 돌려주는 것으로 이 의사소통에 반응했어요."

시연이 끝나면 "상호작용 중에 무엇을 알게 됐나요?"라고 부모에게 질문한다. 부모가 대답을 어려워한다면, 다음과 같이 좀 더 구체적인 질문을 한다.

"제 차례가 되었을 때 Brianna는 무엇을 했나요?"
"제가 어떤 유형의 놀이를 모델링했나요?"

부모의 연습 및 피드백 제공하기

❖ 부모의 연습을 격려하기

*균형 잡힌 주고받기*에서 부모가 따라야 할 단계를 아이의 놀이와 기능 수준에 따라 구체적인 예를 들어 상기시킨다.

"Brianna가 기차를 잡고 있네요. '엄마 차례야.'라고 말하면서 기차를 가지고 빠르게 차례를 바꾸면, Brianna가 어떻게 반응하는지 살펴보지요. Brianna가 어떻게 반응하는지 지켜본 다음에 다시 기차를 돌려주세요."

❖ 물리적 환경 관리하기

차례 주고받기에 적합한 장난감을 제공한다. 아이가 좌절한다면 더 구조화된 활동이나 부모가 아이와 교환할 수 있는 유사한 장난감을 제공하고, 방해되는 장난감은 치운다.

❖ 피드백 제공하기

부모의 *균형 잡힌 주고받기* 사용과 아이의 반응에 대해 피드백을 제공한다. 일반적인 문제 행동에 대한 피드백을 제공하기 위한 제안은 이 회기의 마지막에 있는 문제 해결 팁 목록 (206쪽)에서 확인할 수 있다.

부모의 되돌아보기를 돕고 실천계획표 작성하기

❖ 부모의 되돌아보기

이 회기의 연습과 관련하여 부모에게 질문한다. 이 시간을 활용해서 부모의 질문에 답하고 *균형 잡힌 주고받기*의 핵심 요소를 명확히 설명한다. 질문할 수 있는 몇 가지 예시는 다음과 같다.

> "*균형 잡힌 주고받기*를 사용할 때 기분이 어땠나요?"
> "가정에서도 이렇게 놀이하는 것을 상상할 수 있나요? 그렇지 않다면 어떤 점이 불편했나요? 어떻게 하면 더 쉽게 할 수 있을까요?"
> "어머니의 차례가 되었을 때, 아이가 어떻게 반응하나요? 차례를 인정하거나, 자리를 뜨거나, 좌절감을 표현하거나, 자신의 차례라고 하나요?"
> "아이가 활동 중에 몇 번이나 주고받기를 할 수 있을까요?"

❖ 부모의 목표와 활동 선택을 돕기

부모 매뉴얼의 아동의 목표와 부모가 작성한 매일 하는 활동 스케줄(양식 11)을 사용하여 부모가 회기의 목표와 활동을 선택할 수 있도록 돕는다. 부모가 선택한 내용을 실천계획표-**새로운 의사소통 기회 만들기**(양식 32)에 기록하게 한다.

이 회기의 좋은 목표에는 장난감 공유하기, 차례 주고받기, 놀이에 적극적으로 참여하기, 언어적 또는 비언어적 의사소통을 사용하여 요청하기, 더 복잡한 놀이 기능(예: 기능적 놀이 또는 가상 놀이) 사용하기 등이 포함된다. 예를 들어, 아이는 장난감을 향해 손을 뻗거나 장난감의 이름을 부르며 자신의 차례라는 표현을 한다.

*균형 잡힌 주고받기*에 적합한 활동에는 장난감 놀이와 활동적인 놀이가 포함된다. 일부 아이의 경우, 이 기법은 구조화된 활동을 통해 연습해야 할 수도 있다. *균형 잡힌 주고받기*는 식사 시간(부모와 아이가 번갈아 가며 음료를 마시거나 음식 먹기) 또는 목욕 시간(장난감을 가지고 번갈아 가며 놀기)과 같은 일상생활 중에도 사용할 수 있다. 부모 매뉴얼(89쪽)의 '가정에서 해 보기!' 목록에는 놀이 시간 혹은 일상 활동 중에 *균형 잡힌 주고받기*를 사용하는 방법에 대한 예시가 제공되어 있다.

❖ 부모의 도표 작성 돕기

부모가 선택한 활동 중에 *균형 잡힌 주고받기*를 사용한 긍정적인 예를 들어 이야기한다. 실천계획표 도표의 관련 칸에 핵심 요소를 적게 한다.

부모에게 **아이에게 집중하기**와 **의사소통 방법 조절하기**를 위해 무엇을 할 것인지 질문한다.

아이가 자신의 차례를 예상하고 자신의 차례에 무언가를 할 수 있도록 어떻게 도울 것인지 질문한다. 아이에게 가장 효과적인 핵심 요소를 파악할 수 있도록 부모를 돕는다. 여기에는 짧은 차례 주고받기, 장난감 교환하기, 특정 유형의 놀이 모델링 등이 포함될 수 있다.

*균형 잡힌 주고받기*를 사용하면서 기다릴 때 아이가 어떻게 반응할 것 같은지 부모에게 질문한다. 부모가 "기다리기" 칸에 아이의 반응과 기다릴 시간을 적게 한다. 부모의 차례를 짧게 유지하고 필요한 경우 즉시 장난감을 돌려줌으로써 아이에게 차례를 가르칠 수 있다는 것을 상기시킨다. "기다리기" 칸 아래에 있는 아이 아이콘 옆에는 가정에서 실행하는 동안 나타나는 아이의 반응을 적을 수 있다고 알려 준다.

그런 다음, 부모가 어떻게 반응하고 아이의 반응을 확장할 것인지 질문한다. "내 차례야." "Brianna 차례야.", 가슴 두드리기 등과 같이 부모가 사용할 구체적인 제스처, 단어, 문구, 문장을 결정할 수 있도록 돕는다.

❖ 잠재적 문제에 대한 해결 지원하기

부모에게 가정에서 *균형 잡힌 주고받기*를 사용할 때 어려운 점이 무엇일지 질문한다. 시간을 내어 해결책에 대해 브레인스토밍한다. 일반적인 문제 행동과 해결책은 문제 해결 팁(206쪽) 목록에 제시되어 있다. 가정에 아이가 좋아하는 장난감이 있으면 도전 행동이 더 심해지는 경우가 많다. 부모가 가정에서 장난감을 사용하는 데 어려움이 있다고 보고하면, 연습할 장난감 한두 가지를 다음 회기에 가져오도록 제안한다. 다음 회기가 시작될 때, 이 점에 유의해서 연습할 시간을 확보한다.

❖ 되돌아보기 및 읽기 과제 제시하기

부모에게 매일 가정에서 15~20분 동안 연습하고, 연습하는 동안 잘된 점과 어려웠던 점을 기록하게 한다. 다음 회기가 시작될 때 이 내용을 검토할 것이라고 알려 준다. 부모 매뉴얼 제4장 마지막에 있는 **새로운 의사소통 기회 만들기**의 기법 전략 중 *의사소통 유혹하기*를 읽어 오게 한다.

균형 잡힌 주고받기 문제 해결 팁

만약 부모가……	코치는……
아이의 차례 요청에 응답하지 않는다면	• 아이에게 장난감을 돌려주면서 모든 유형의 적절한 의사소통 방식으로 반응하게 한다. • 아이가 어떻게 요청하는지 알아차리도록 돕는다.
더 복잡한 언어나 놀이 기능을 요구한다면	• 의사소통의 시작을 늘리는 데 초점을 맞추고 있음을 상기시킨다. 더 복잡한 기능은 프로그램 후반부에서 배우게 될 것이다.

만약 아이가……	코치는……
부모의 차례가 될 때마다 자리를 뜨거나 좌절한다면	• 아이가 자신의 차례를 예상할 수 있도록 돕는 예상 문구를 사용하게 한다. • 부모가 자신의 차례를 더 짧게 유지하게 한다. 바로 장난감을 돌려주면서 시작할 수도 있다. • 부모가 장난감 한 개를 가지고 차례를 기다리는 대신, 똑같거나 비슷한 장난감으로 교환하게 한다. • 사용할 수 있는 장난감의 개수를 제한하여 부모의 차례에 대한 아이의 집중을 높인다. • 공이나 풍선을 앞뒤로 던지거나 굴리는 등 차례를 주고받을 수 있는 구조화된 활동을 찾도록 돕는다. • 아이가 흥미를 잃더라도 부모가 장난감을 돌려주게 한다. 이를 통해 아이에게 물건을 되찾는 방법이 있다는 것을 가르친다. • 아이가 다시 놀이에 참여할 때까지 **아이에게 집중하기**로 돌아가게 한다.
부모가 차례를 갖지 못하게 한다면	• 부모가 차례 주고받기에 적합한 구조화된 활동을 찾도록 돕는다(앞에서 언급된 활동 참조). • 부모가 인형을 사용하여 차례 주고받기를 하도록 제안한다.
부모가 새로운 방식으로 장난감을 가지고 놀 때 좌절한다면	• 부모가 차례를 짧게 유지하고, 그중 절반만 놀이 모델링을 하도록 제안한다. • 부모가 자신의 차례에 아이의 놀이를 따라 하게 한다. • 부모가 "내 차례야."라고 말하면서 *놀이 방해하기*를 사용한 다음, 빠르게 장난감을 아이에게 돌려주게 한다.

11회기
의사소통 유혹하기

회기 목표

부모가 다음의 목표를 위해 기법을 사용하도록 돕는다.
- 아이가 시작할 수 있는 기회 늘리기
- 아이의 관심 끌기
- 아이가 의사소통할 이유들을 확장하기

준비물

- 부모 매뉴얼
- 실천계획표-**새로운 의사소통 기회 만들기** (양식 32)
- 부모 매뉴얼의 아동의 목표와 부모가 작성한 매일 하는 활동 스케줄(양식 11)
- 활동에 필요한 장난감(비눗방울, 풍선, 팽이 등)
- 여러 조각이나 부품들로 구성된 장난감
- 조금씩 나누어 줄 수 있는 아이가 좋아하는 간식
- 투명한 용기
- 회기 기록지(양식 12)
- 중재 충실도 체크리스트(양식 4)
- 코칭 충실도 체크리스트(양식 6)

회기 진행목록

- 체크인 및 회기 진행목록 정하기
- 실천계획표 검토하기
- *의사소통 유혹하기* 소개하기
- *의사소통 유혹하기* 시연하기
- 부모의 연습 및 피드백 제공하기
- 부모의 되돌아보기를 돕고 실천계획표 작성하기

핵심 요소: *의사소통 유혹하기*

- 눈앞에 재미있는 물건을 두되 손이 닿지 않는 곳에 두기
- 아이가 좋아하는 물건을 가지고 있기
- 조금씩 주기
- 부모의 도움이 필요하도록 물건을 사용하기
- 활동이나 물건의 한 부분을 누락하기
- 우스운 상황 만들기

체크인 및 회기 진행목록 정하기

❖ 가족 체크인

지난 회기 이후에 가족이 어떻게 지냈는지 물어본다. 필요하다면 잠시 시간을 내어 아이를 활동에 참여시키는 시간을 갖는다.

❖ 회기 목표와 진행목록에 대해 설명하기

부모는 *의사소통 유혹하기*를 사용하여 아이가 소통을 시작하고, 아이의 관심을 끌고, 의사소통할 이유를 확장할 수 있도록 돕는 방법에 대해 배운다. 이 회기에는 다양한 유혹(temptation) 기법들이 포함되어 있다. 어떤 부모에게는 몇 가지 기법들을 가르치고 소개, 시연, 코칭할 수 있지만, 또 어떤 부모와는 한 번에 한 가지 기법만 다룰 수도 있다. 부모에게 더 바람직한 방식으로 알려주는 것이 좋다.

부모에게 "이번 회기에 대해 궁금한 점이나 추가로 다루고 싶은 주제가 있나요?"라고 질문한다. 필요한 경우에는 회기 진행목록을 조정하여 부모의 걱정을 해소한다.

실천계획표 검토하기

지난 회기에 작성한 실천계획표를 검토한다. 부모에게 *균형 잡힌 주고받기*를 가정에서 어떻게 사용했는지 물어본다. 아이의 반응, 잘된 점, 어려웠던 점에 대해 이야기 나눈다.

실행 시에 발생한 도전 행동을 해결할 수 있도록 부모를 돕는다. *균형 잡힌 주고받기*의 일반적인 문제 행동과 가능한 해결책은 10회기 마지막에 있는 문제 해결 팁(206쪽)에 제시되어 있다. 부모가 차례 주고받기에 어려움을 느낀 장난감에 대해 이야기하거나, 가정에서 장난감을 가지고 온 경우에는 잠시 시간을 내어 부모와 함께 연습하고 피드백을 제공한다.

의사소통 유혹하기 소개하기

❖ 이론 설명하기

사회적 의사소통에 문제가 있는 아이들은 무언가를 원하거나 필요로 할 때, 상호작용을 시작하거나 다른 사람을 찾는 데 어려움을 겪는 경우가 많다. *의사소통 유혹하기*를 사용하기 위해서, 부모는 먼저 아이에게 집중하고 아이의 의사소통 방법을 조절한다. 그런 다음, *의사소통 유혹하기*를 사용하고 아이가 반응할 때까지 기다린다. 일단 아이가 반응하면, 부모는 순차적인 방식으로 아이의 행동에 반응하고 아이의 반응을 확장한다.

*의사소통 유혹하기*에 포함된 다양한 개별 전략은 거의 의사소통을 시작하지 않는 아이,

부모가 놀이를 방해할 때 좌절하는 아이에게 유용하다. 이는 아이가 다른 사람과 의사소통을 시작하거나 이끄는 데 있어 여러 가지 도움이 될 수 있다. 또한 이러한 기법들은 일상 루틴에서 쉽게 사용할 수 있다. *놀이 방해하기*나 *균형 잡힌 주고받기*와는 다르게 몇 가지 *의사소통 유혹하기*는 사용할 수 있는 상황이 미리 설정되어 있어서, 아이는 좋아하는 물건이나 활동에 접근하기 위해 부모를 찾게 된다. **새로운 의사소통 기회 만들기**의 다른 기법들과 마찬가지로 *의사소통 유혹하기*도 전체 시간의 2/3 정도만 사용해야 한다.

*의사소통 유혹하기*가 어떻게 아이의 개별 목표 성취를 돕는지 부모에게 설명하고, 아이의 의사소통 동기를 확장시킬 수 있는 방법에 대해 강조한다. 여기에는 요청하기, 거부하기, 대화 수정하기, 관심 끌기, 질문을 사용하여 정보 얻기 등이 포함된다. 부모에게 다음과 같이 말할 수 있다.

> "Brianna의 목표는 가리키거나, 소리를 내거나, 한 단어를 사용해서 요청하는 것이에요. *의사소통 유혹하기*를 사용하면 Brianna가 부모님과 의사소통을 시작하는 기회를 늘릴 수 있어요."

❖ 핵심 요소에 대해 이야기 나누기

부모 매뉴얼을 사용하여 *의사소통 유혹하기*의 핵심 요소에 대해 이야기를 나눈다. 진행하면서 '생각해 보세요!' 질문을 통해 부모가 아이에게 해당 정보를 적용할 수 있도록 돕는다.

눈앞에 재미있는 물건을 두되 손이 닿지 않는 곳에 두기

사회적 의사소통에 문제가 있는 아이는 다른 사람에게 집중하거나 도움을 요청하는 데 어려움을 겪는 경우가 많다. 물건을 눈앞에 보이지만 손이 닿지 않는 곳에 두면, 아이가 부모와 함께 놀이를 시작할 수 있는 기회가 생긴다. 이 기법은 자신의 놀이가 중단될 때 좌절하는 아이에게 유용하다.

부모에게 "어떻게 하면 아이가 좋아하는 물건을 눈앞에 보이지만 손이 닿지 않는 곳에 놓아둘 수 있을까요?"라고 질문한다. 부모가 잘 모르겠다고 하면, 아이가 좋아하는 물건 중에 선반이나 투명한 용기에 넣을 수 있는 것을 찾도록 돕는다. 좋아하는 물건을 가정에서 보관할 수 있는 방법에 대해 부모와 논의하여, 아이가 소통을 시작할 수 있는 기회를 늘리는 동시에 안전하지 않은 행동으로 물건에 접근하는 것을 예방한다.

아이가 좋아하는 물건을 가지고 있기

아이가 좋아하는 물건을 부모가 가지고 있게 한다. 이렇게 하면 아이의 관심을 끌 수 있고, 아이가 원하는 것을 요청하는 데 도움이 된다. 부모는 아이가 볼 수 있게 가까운 곳에서 물건을 들고 있으면서, 아이와 눈을 마주치며 부모를 살펴보도록 유도할 수 있다.

아이가 물건을 만지거나 쳐다보는 등 물건을 원한다는 신호를 보내면, 부모가 이를 잘 알아차릴 수 있도록 돕는다. 아이가 소통하려는 행동을 하면 부모는 물건을 건네지만, 아이가 손에서 물건을 빼앗지는 못하게 한다.

아이가 이 기법에 좌절한다면, 부모는 물건을 눈에 잘 띄지만 손이 닿지 않는 곳에 두는 것이 더 나을 수 있다.

조금씩 주기

아이가 요청한 물건의 일부 또는 적은 양만 제공하면, 아이는 더 많은 것을 요구할 수 있다. 이러한 유혹 기법은 특히 간식을 먹거나 좋아하는 음식을 먹을 때 효과적이다. 아이가 더 달라고 요청하는 것을 알아차리려면, 부모는 항상 얼굴을 마주 보고 있어야 한다.

부모에게 "아이가 좋아하는 물건 중에서 여러 부분으로 이루어진 것이 있나요?"라고 질문한다. 부모가 잘 모르는 경우, 아이가 좋아하는 물건 중에서 일부만 나누어 제공할 수 있는 것에 대해 생각하도록 돕는다.

부모의 도움이 필요하도록 사물을 사용하기

또 다른 *의사소통 유혹하기*는 아이에게 도움이 필요한 물건이나 활동을 제공하는 것이다. 이것은 아이가 도움을 요청하도록 유도할 수 있다. 이 유혹 기법은 부모가 자신의 놀이를 방해하려고 할 때 매우 좌절하는 아이에게 특히 유용하다.

부모에게 "아이가 가장 좋아하는 물건이나 활동 중에 부모님의 도움을 필요로 하는 것에는 무엇이 있을까요?"라고 질문한다. 부모가 적절한 예를 떠올리는 데 어려움을 겪는다면, 주스 팩, 포장된 간식, 비눗방울, 풍선, 팽이, 태엽을 감는 장난감, 간지럼 태우기, 잡기 놀이, 공놀이 등 아이가 좋아할 만한 간식, 장난감, 활동 중에서 도움이 필요한 것을 생각하도록 돕는다.

활동이나 물건의 한 부분을 누락하기

좋아하는 활동의 일부 또는 한 조각을 빼놓으면 아이는 누락된 조각을 요청할 수 있다. 아이가 자발적으로 요청하지 않으면, 부모는 빠진 조각을 아이에게 보여 준다. 아이가 특정 조각이 누락된 것을 알아차리지 못하는 경우에는 대신에 조각을 조금씩 주면서 소통한다. 이 전략은 "(　　)가 어디에 있지?"와 같은 질문을 가르치는 데 특히 효과적이다.

부모에게 "물건의 일부를 빼놓을 수 있는 활동에는 무엇이 있을까요?"라고 질문한다. 부모가 잘 모르는 경우, 아이가 좋아하는 활동 중에 일부러 누락시킬 수 있는 부분에 대해 브레인스토밍할 수 있도록 돕는다.

우스운 상황 만들기

익숙한 루틴을 웃기거나 잘못된 방식으로 수행해 보라고 부모에게 제안한다. 이는 아이가 올바른 방법에 대해 소통하도록 유도할 수 있다. 아이가 반응하지 않으면, 부모는 그 상황이 왜 잘못되었는지 설명한 다음 원래대로 루틴을 마무리한다.

아이가 활동을 완수하는 올바른 방법과 잘못된 방법에 대한 개념이 없는 경우, 이러한 유혹 기법은 적절하지 않다.

❖ *의사소통 유혹하기* 단계 설명하기

부모 매뉴얼(79쪽)의 도표를 사용하여 *의사소통 유혹하기* 단계를 검토하고, 이를 아이의 목표 중 하나와 연결한다. 이와 관련하여 부모에게 질문할 기회를 준다.

의사소통 유혹하기 시연하기

❖ 시연 준비하기

부모에게 *의사소통 유혹하기*를 구체적으로 어떻게 사용하는지, 아이가 어떻게 반응하고, 아이의 행동에 어떻게 반응하는지 지켜보게 한다. 아이에게 가장 도움이 될 것으로 생각되는 특정 *의사소통 유혹하기*에 집중한다. 필요하다면, 아이가 선호하는 물건을 눈에 잘 띄되 손이 닿지 않는 곳에 둘 수 있도록 환경을 구성하는 방법을 부모에게 보여 준다. 이때 다음과 같이 말할 수 있다.

> "Brianna가 장난감을 가지고 노는 동안, 제가 Brianna에게 사용하는 *의사소통 유혹하기* 기법을 잘 살펴보세요. Brianna가 먼저 의사소통을 시작할 때까지 제가 어떻게 기다리는

지에 주목해 보세요. Brianna가 가장 좋아하는 공을 손이 닿지 않는 곳에 두었을 때, 어떤 일이 일어나는지 살펴보지요."

❖ 무엇을 하고 있는지 설명하기

아이와 함께 이 기법을 시연하면서 특정한 유혹 기법을 선택하고, 각각의 기법에 대한 아이의 반응을 확인한다.

"저는 Sam에게 크래커를 두 개만 주고, Sam이 어떻게 반응하는지 기다리는 방식으로 조금씩 주기를 사용하고 있어요. *(코치가 시연한다.)* Sam이 '크래커'라고 말했어요. 그래서 저는 크래커를 좀 더 주고, '크래커 먹어.'라고 말하면서 Sam의 언어를 확장하고 있어요."

시연이 끝나면 부모에게 "상호작용 중에 무엇을 알게 됐나요?"라고 질문한다. 필요한 경우, 다음과 같은 좀 더 구체적인 탐색 질문을 할 수 있다.

"Brianna가 가장 좋아하는 장난감을 손이 닿지 않는 곳에 두었을 때 Brianna는 어떻게 반응했나요?"
"기차 장난감 세트에서 기차를 빼놓았을 때 Sam이 어떻게 했나요?"

부모의 연습 및 피드백 제공하기

❖ 부모의 연습을 격려하기

부모가 *의사소통 유혹하기*를 연습할 때, 장난감(눈에 보이지만 손이 닿지 않는 곳에 있는), 간식(소량의), 아이의 재킷과 신발(도움이 필요한 물건이나 우스운 상황)을 가지고 놀기 등을 회기 마지막 부분에서 연습할 수 있다. 아이의 활동에 따른 구체적인 예를 사용하여 부모가 따라야 하는 단계를 상기시킨다. 루틴에서 가장 효과적일 수 있는 *의사소통 유혹하기* 기법을 파악하도록 돕는다. 예를 들어 다음과 같이 말할 수 있다.

"Brianna의 눈에 보이되 손이 닿지 않는 곳에 물건을 두는 것을 잊지 마세요. 그리고

Brianna가 어머니와 의사소통할 때까지 기다리세요."

❖ 물리적 환경 관리하기

부모가 물건을 눈에 잘 띄되 손이 닿지 않는 곳에 두도록 돕는다. 아이가 좋아하지만 사용하려면 도움이 필요한 장난감을 부모에게 주고, 부모가 장난감을 가지고 있게 한다.

❖ 피드백 제공하기

부모의 *의사소통 유혹하기* 사용과 아이의 반응에 대해 피드백을 제공한다. 연습하는 동안 흔하게 발생하는 일반적인 문제 행동에 대한 피드백은 이 회기의 마지막에 있는 문제 해결 팁 목록(215쪽)에서 확인할 수 있다.

> 아이의 긍정적인 반응을 이끌어 내기 위해 부모가 사용하는 기법에 대한 긍정적인 피드백을 제공한다.

부모의 되돌아보기를 돕고 실천계획표 작성하기

❖ 부모의 되돌아보기

이 회기의 연습과 관련하여 부모에게 질문한다. 이 기회를 통해 부모가 잘못 이해하고 있는 부분을 명확히 하고, 가정에서 사용하고 싶은 구체적인 *의사소통 유혹하기*를 파악할 수 있도록 돕는다. 다음은 몇 가지의 질문 예시이다.

"*의사소통 유혹하기*를 사용했을 때 기분이 어땠나요?"

"일상 루틴 중에 이러한 유혹 기법을 사용하는 것을 상상할 수 있나요? 그렇지 않다면, 어떤 점이 불편하게 느껴졌나요? 어떻게 하면 더 쉽게 할 수 있을까요?"

"*의사소통 유혹하기* 중 하나를 사용할 때 아이가 어떻게 반응하나요? 아이가 어머니를 쳐다보거나 제스처, 단어, 문장을 사용하나요?" (필요한 경우, 눈에 보이지만 손이 닿지 않는 곳, 도움이 필요한 물건과 같은 특정 기법에 대해 질문한다.)

"아이가 소통을 시작하도록 돕는 데에 어떤 *의사소통 유혹하기*가 가장 효과적이었나요?"

❖ 부모의 목표와 활동 선택을 돕기

부모 매뉴얼의 아동의 목표와 부모가 작성한 매일 하는 활동 스케줄(양식 11)을 사용하여 부모가 회기의 목표와 활동을 선택할 수 있도록 돕는다. 부모가 선택한 내용을 실천계획표-**새로운 의사소통 기회 만들기**(양식 32)에 기록하게 한다.

이 회기의 좋은 목표에는 놀이에 적극적으로 참여하기, 제스처, 단어, 문구를 사용하여 요청하거나 거부하기, 제스처, 소리, 단어를 사용하여 관심을 끌거나 질문하고 대화 수정하기 등이 포함된다.

> 부모가 아이의 의사소통을 향상시키기 위해 일상 루틴 중에 이러한 전략을 사용하는 시간을 계획할 수 있게 한다.

이 회기에 적합한 활동에는 놀이뿐만 아니라 식사 시간, 옷 입기, 목욕 시간 등의 일상 루틴이 포함된다. 이러한 전략은 아이가 활동을 즐길 때만 효과적이다. 부모가 이러한 전략을 사용할 수 있도록 아이가 좋아하는 루틴을 최대 세 개까지 찾아내도록 돕는다. 부모 매뉴얼(94쪽)의 '가정에서 해 보기!' 목록에는 다양한 활동 중에 사용할 수 있는 *의사소통 유혹하기*가 제시되어 있다.

❖ 부모의 도표 작성 돕기

부모가 활동 중에 *의사소통 유혹하기* 전략을 사용한 긍정적인 사례에 대해 부모와 이야기를 나눈다. 실천계획표 도표의 관련 칸에 부모가 집중할 핵심 요소를 적도록 돕는다.

부모에게 **아이에게 집중하기**와 **의사소통 방법 조절하기**를 어떻게 사용할 것인지 질문한다.

부모가 파악한 목표와 활동에 가장 효과적이라고 생각되는 구체적인 *의사소통 유혹하기*가 무엇인지 질문한다.

부모가 *의사소통 유혹하기*를 사용하고 기다릴 때, 아이의 반응이 어떠할지 질문한다. 기다리는 시간에 아이가 어떻게 반응할지, 기다릴 때 부모가 사용해야 할 전략은 무엇인지를 "기다리기" 칸에 적게 한다. "기다리기" 칸 아래에 있는 아이 아이콘 옆에는 가정에서 실행하는 동안 나타나는 아이의 반응을 적을 수 있다고 알려 준다.

그런 다음, 부모가 어떻게 반응하고 아이의 반응을 확장할 것인지 질문한다. 아이가 시작하는 모든 행동에 대해 부모가 반응해야 한다는 것을 상기시킨다. 구체적인 반응을 촉진하는 방법은 추후에 배울 예정이다.

❖ 잠재적 문제에 대한 해결 지원하기

가정에서 *의사소통 유혹하기*를 사용할 때 어려운 점이 무엇일지 부모에게 질문한다. 해결책에 대해 브레인스토밍 하는 시간을 가진다. 일반적인 문제 행동과 해결책은 이 회기의 마지막에 있는 문제 해결 팁(하단)에 제시되어 있다.

❖ 되돌아보기 및 읽기 과제 제시하기

부모에게 이 회기에 대한 연습 진행 상황을 기록하게 한다. 부모에게 매일 가정에서 15~20분 동안 연습하고, 연습하는 동안 잘된 점과 어려웠던 점을 적게 한다.

24회기 프로그램으로 진행하는 경우, 다음 회기에서는 **새로운 의사소통 기회 만들기** 전략을 복습한다. 이때는 부모가 아이와 함께 기법을 사용하는 동영상을 녹화하고 검토하게 될 것이다. 부모에게 다음 회기에 숙달하고 싶은 루틴에 대해 생각해 보게 한다. 가정에서의 일상 루틴 중에 배운 내용을 실행할 수 있도록 격려한다. 가정 방문이 불가능하다면, 부모에게 다음 회기에 사용할 물건을 가정에서 가져오게 한다. 여기에는 음식, 옷, 장난감 또는 일상생활에서 이러한 기법을 연습하는 데 도움이 되는 모든 물건이 포함될 수 있다. 또한 부모가 가정에서의 루틴을 촬영한 동영상을 가져오게 하여 비디오 검토를 진행할 수도 있다. 이를 통해 부모는 루틴 전반에 걸쳐 자신이 사용하는 전략에 대한 피드백을 받을 수 있다.

12회기 프로그램으로 진행하는 경우에는 복습 시간을 가질 수 없다. 복습 회기를 진행할 수 없는 경우, 부모에게 부모 매뉴얼 제5장의 첫 번째 부분인 **새로운 기능 가르치기**를 읽어 오게 한다.

의사소통 유혹하기 문제 해결 팁

만약 부모가……	코치는……
더 복잡한 언어로 촉진하려고 한다면	• 의사소통의 시작을 늘리는 데 초점을 맞추고 있음을 상기시킨다. 복잡한 언어는 프로그램 후반부에서 가르치게 될 것이다. • 아이가 소통을 시작할 때까지 기다렸다가 반응하게 한다. • 아이의 의사소통 방식을 알아볼 수 있도록 돕는다.
반복적이라는 이유로 상호작용을 중단한다면	• 이것은 어려운 과정이고, 학습을 위해서는 반복이 중요하다는 것을 강조한다. 아이가 관심을 나타내는 동안 계속해서 전략을 사용해야 한다는 점을 상기시킨다.

가정에서의 루틴 중에 기법을 사용할 시간을 갖지 못한다면	• 활동 초반에 유혹 기법을 1~2분 정도 추가할 수 있는 다른 루틴을 선택하게 한다. • 간단한 간식 먹기 루틴, 옷 입기 루틴(신발 신기와 같은) 등을 연습하게 하여, 많은 시간을 들이지 않고도 유혹 기법을 사용할 수 있게 한다.
기법 사용에 어려움을 겪는다면	• 기법을 한 번에 하나씩만 소개하고, 각 기법을 개별적으로 연습하게 한다. • 아이에게 가장 도움이 될 것으로 생각되는 기법에 대해 복습한다.

만약 아이가……	코치는……
눈에 보이지만 손이 닿지 않는 곳에 있는 물건을 잡으려고 기어오른다면	• 아이가 열 수 없는 투명한 용기에 물건을 넣게 한다. • 물건을 보관하는 찬장이나 냉장고에 자물쇠를 사용하여 잠그도록 제안한다. 아이는 이에 접근하기 위해 부모와의 의사소통을 시작할 수 있다.
부모로부터 장난감을 빼앗으려고 한다면	• 부모가 일어서거나 혹은 아이의 손이 닿지 않는 곳에 물건을 두도록 한다.
자신이 원하는 물건을 가지고 있는 부모에게 좌절한다면	• 부모가 눈에 잘 띄되 손이 닿지 않는 곳에서 물건을 사용하게 한다. • 부모에게 물건을 넣을 수 있는 투명한 용기를 제공한다.
도움이 필요한 물건에 대해 의사소통을 시작하지 않는다면	• 부모에게 장난감을 한 번 작동시켜 달라고 요청하고 아이의 손이 닿는 곳에 놓아둔 후, 아이가 의사소통을 시작하는지 지켜보게 한다. • 아이가 열 수 없는 투명한 용기에 담긴 물건을 건네주고, 아이가 의사소통을 시작하는지 확인하게 한다.
일부를 누락시킨 물건에 대해 의사소통을 시작하지 않는다면	• 부모가 누락시킨 조각을 아이에게 보여 주고, 아이의 손이 닿는 곳에 놓아둔 뒤, 아이가 의사소통을 시작하는지 지켜보게 한다. • 대신 아이에게 조각을 조금씩 제공해 볼 것을 제안한다.

12회기
새로운 의사소통 기회 만들기 복습

회기 목표

다음을 위해 부모를 돕는다.

- 아이의 소통 시작을 늘리고 아이의 관심을 끌 수 있도록 **새로운 의사소통 기회 만들기** 전략 사용하기
- 부모의 전략 사용이 아이의 반응에 어떤 영향을 미치는지 인식하기
- 아이의 의사소통 시작을 돕기 위해서 어떤 기법에 연습이 더 필요한지 결정하기

준비물

- 부모 매뉴얼
- 실천계획표-**새로운 의사소통 기회 만들기**(양식 32)
- 부모 매뉴얼의 아동의 목표와 부모가 작성한 매일 하는 활동 스케줄(양식 11)
- ImPACT F.A.C.T.S. 검토 기록지-**새로운 의사소통 기회 만들기**(양식 15)
- 비디오 검토 양식-**새로운 의사소통 기회 만들기**(양식 20)
- 회기 기록지(양식 12)
- 중재 충실도 체크리스트(양식 4)
- 코칭 충실도 체크리스트(양식 6)
- 의사소통 기회를 만들 수 있는 아이가 좋아하는 장난감이나 물건
- 동영상 녹화 및 시청 장비

회기 진행목록

- 체크인 및 회기 진행목록 정하기
- 실천계획표 검토하기
- **새로운 의사소통 기회 만들기** 복습하기
- **새로운 의사소통 기회 만들기** 시연하기
- 부모의 연습 및 피드백 제공하기
- 부모-아이 상호작용 동영상 녹화 및 검토하기
- 부모의 되돌아보기를 돕고 실천계획표 작성하기

체크인 및 회기 진행목록 정하기

❖ 가족 체크인

지난 회기 이후에 가족이 어떻게 지냈는지 물어본다. 부모와 대화하는 동안 잠시 시간을 내어 아이를 활동에 참여시키는 시간을 갖는다.

❖ 회기 목표와 진행목록에 대해 설명하기

이번 회기에서는 **새로운 의사소통 기회 만들기** 전략, 즉 F.A.C.T.S. 피라미드의 중앙에 있

는 C에 대해 복습한다. 부모가 이 전략을 이전 전략들과 함께 사용하고, 이러한 전략을 사용하는 것이 아이의 반응에 어떤 영향을 미치는지 인식하도록 돕는다. 또한 **새로운 기능 가르치기**를 시작하기 전에 아이의 의사소통 시작이나 관심 끌기를 돕기 위해 연습이 더 필요한지를 결정한다.

새로운 의사소통 기회 만들기 전략에 대해 간략하게 요약하고 시연한다. 다양한 루틴에서 이 전략의 핵심 요소에 대한 어려움을 겪는다면, 부모는 이에 대해 연습하고 피드백을 받을 수 있다. 가정 방문을 할 수 없는 경우, 이전 회기에서 선택한 루틴으로 연습할 수 있다.

그런 다음, 부모와 아이의 간단한 상호작용을 녹화한다. 부모와 함께 비디오를 검토하고, 부모의 전략 사용과 아이의 반응에 대해 이야기를 나누며, 필요에 따라 문제를 해결한다. 가정에 직접 방문하지 못하는 경우라면, 회기 중에 영상을 녹화하는 대신에 부모가 가정에서의 루틴을 녹화한 동영상을 가지고 와서 검토할 수 있다.

> 부모에게 모든 **새로운 의사소통 기회 만들기** 전략을 정확하게 가르치지 못했더라도 괜찮다! 부모가 이 기법 중 하나 이상을 효과적으로 사용하여 아이의 관심을 끌 수 있다면 **새로운 기능 가르치기**로 넘어갈 수 있다.

부모에게 "오늘 회기에 대해 궁금한 점이 있거나 추가로 다루고 싶은 주제가 있나요?"라고 질문한다. 부모가 질문이 있거나 다루고 싶은 주제가 있는 경우, 필요에 따라 회기 진행목록을 조정한다.

실천계획표 검토하기

> 부모가 보고한 어려움들은 복습 회기를 지도하는 데 지침이 된다.

지난 회기에 작성한 실천계획표를 검토한다. 부모에게 가정에서 *의사소통 유혹하기*를 어떻게 사용했는지 물어본다. 아이의 반응, 잘된 점과 어려웠던 점에 대해 이야기 나눈다.

가정에서 연습하는 동안 발생한 도전 행동을 부모가 해결하도록 돕는다. 일반적인 문제 행동과 가능한 해결책은 11회기 마지막에 있는 문제 해결 팁 목록(215쪽)에 나와 있다.

새로운 의사소통 기회 만들기 복습하기

❖ 이론 복습하기

F.A.C.T.S. 피라미드를 사용하여 어떻게 **새로운 의사소통 기회 만들기**가 이전 전략들과 함께 사용되는지 설명한다. 부모가 **새로운 의사소통 기회 만들기**에서 사용할 수 있는 기법에는 *놀이 방해하기, 균형 잡힌 주고받기, 의사소통 유혹하기*가 있다. 이러한 전략들은 아이가 피라미드의 가장 하단에 있는 전략에 반응하지 않을 때, 참여하고 소통할 수 있도록 도와준다. 부모는 새로운 기능을 가르치기 전에 **새로운 의사소통 기회 만들기** 기법 중 하나를 사용하여 아이의 관심을 끌 수 있다.

❖ 기법의 핵심 요소와 단계 복습하기

ImPACT F.A.C.T.S. 검토 기록지–**새로운 의사소통 기회 만들기**(양식 15)를 사용하여 아이에게 적합한 기법에 대해 복습한다. 부모에게 질문할 기회를 주고, 각 기법 옆의 빈칸에 상호작용에 가장 큰 영향을 미칠 수 있는 핵심 요소를 적는다. 예를 들어, 부모가 예상 문구를 사용하지 않고 놀이를 방해하는 경우, *놀이 방해하기* 칸 옆에 "예상 문구 사용하기"라고 적는다. 부모가 사용할 수 있는 예상 문구의 예를 적어 두는 것도 도움이 될 수 있다.

새로운 의사소통 기회 만들기 시연하기

❖ 시연 준비하기

부모에게 기법의 핵심 요소들을 어떻게 사용하는지, 아이가 어떻게 반응하고, 아이의 행동에 어떻게 반응하는지 지켜보게 한다.

❖ 무엇을 하고 있는지 설명하기

시연을 하면서 사용 중인 기법과 그에 대한 아이의 반응을 설명한다. 부모가 연습하길 원하거나, 사용하는 데 어려움을 겪고 있는 기법은 반드시 강조한다. 예는 다음과 같다.

> "Sam이 기차를 가지고 놀고 있어요. 저는 기찻길을 집어 들고, Sam이 소통을 시작할 때까지 기다릴 거예요……. Sam이 저를 쳐다보며 '기찻길 더'라고 말했어요. 저는 Sam에게 기찻길 하나를 건네주고, '기찻길을 더 줘.'라고 말하면서 의사소통을 확장했어요."

시연이 끝나면 부모에게 "상호작용 중에 무엇을 알게 됐나요?"라고 질문한다. 부모가 대답할 수 없으면, 좀 더 구체적인 질문을 한다.

> "Sam이 저와 의사소통하는 횟수에서 어떤 점을 알아챘나요?"
> "제가 기찻길을 손에 들고 기대에 찬 표정으로 기다릴 때, Sam은 무엇을 하고 있었나요?"

부모가 대답을 어려워하면, 한 가지 요소에 집중하게 하고 그 기법을 다시 시연한다.

> 부모가 여러 기법을 연습하길 원하면, 한 번에 하나씩 시연하고 부모가 중간중간 연습하게 한다.

> "Sam이 의사소통하는 기회를 만들기 위해 제가 어떤 기법을 사용하는지 보세요. 제가 어떤 기법을 사용했나요? Sam은 어떻게 의사소통을 했나요?"

이렇게 하면 특정 기법이 아이의 사회적 의사소통 능력에 미치는 영향을 부모가 관찰하는 데 도움을 준다.

부모의 연습 및 피드백 제공하기

❖ 부모의 연습을 격려하기

치료실 환경에서는 아이가 장난감을 가지고 놀거나, 간식을 먹고, 회기가 끝날 때 재킷과 신발을 착용하는 등의 연습을 할 수 있다. 가정환경에서는 다양한 돌봄 루틴을 포함시킬 수 있다. 독립성을 높이기 위해, 부모에게 각 단계마다 기법을 확인하게 한다. 예를 들면 다음과 같다.

> "아이에게 어떻게 집중하시겠어요?"
> "의사소통 기회를 만들기 위해 어떤 기법을 사용하시겠어요?"

부모가 대답하지 못하는 경우, 검토 기록지를 사용하여 각 단계에 맞는 기법을 선택할 수 있도록 돕는다.

❖ 물리적 환경 관리하기

아이가 사용할 수 있는 물건(예: 좋아하는 장난감, 모방할 수 있는 비슷한 장난감)을 부모에게 준다. 부모가 상호작용에 더 쉽게 집중할 수 있도록 사용하지 않거나 방해가 되는 물건은 치워 둔다.

❖ 피드백 제공하기

부모의 기법 사용과 아이의 반응에 대한 피드백을 제공한다. 이러한 기법을 연습하는 동안 발생하는 일반적인 문제 행동에 대한 피드백은 각 회기의 마지막에 있는 문제 해결 팁 목록에서 확인할 수 있다. 부모는 적어도 5분 이상 또는 **아이에게 집중하기**, **의사소통 방법 조절하기**, **새로운 의사소통 기회 만들기** 전략을 성공적으로 사용할 수 있을 때까지 피드백을 받으며 연습해야 한다. 부모가 아이디어를 찾고 있거나 이에 어려움을 겪는다면, 다음과 같이 제안할 수 있다.

> "크래커를 눈에 보이지만 손이 닿지 않는 곳에 두면 어떤 일이 일어나는지 살펴보지요. Sam의 눈에 보이되 손이 닿지 않는 곳에 크래커 상자를 놓고, Sam이 부모님과 의사소통할 때까지 기다려 보세요."

부모-아이 상호작용 동영상 녹화 및 검토하기

❖ 5분간 부모와 아이의 상호작용 녹화하기

부모와 아이가 편안하게 상호작용할 때 5분 정도 상호작용을 녹화한다. 부모가 두 명인 경우, 한 번에 한 부모만 녹화한다.

부모와 아이가 상호작용하는 동안에는 언어적 피드백을 자제한다. 그러나 부모가 아이와 상호작용하는 데 어려움을 겪고 있다면, 아이가 사용할 수 있는 물건(예: 좋아하는 장난감, 놀이를 방해할 때 사용할 인형)을 제공하거나, 사용하지 않는 놀이 재료나 방해하는 물건을 치워 부모가 상호작용에 더 쉽게 집중하도록 도움을 줄 수 있다. 녹화를 중단하고 피드백을 제공한 다음, 다시 녹화를 시작할 수도 있다. 부모와 함께 검토할 때는 긍정적인 예시를 제시하는 것이 중요하다.

또는 앞에서 언급한 것처럼, 부모가 가정에서의 루틴을 촬영한 동영상을 사용하여 비디오 검토를 할 수도 있다.

❖ 부모와 함께 비디오 검토하기

비디오 검토의 목적은 부모가 전략 사용에 대해 스스로 평가하고, 아이의 행동에 미치는 부모의 영향에 주목하며, 아이에게 가장 효과적인 기법을 파악하는 데 도움을 주기 위한 것이다. 이를 위해 비디오 검토 양식-**새로운 의사소통 기회 만들기**(양식 20)를 사용한다.

부모에게 비디오 검토 양식을 제공하며 시작한다. 녹화된 내용을 함께 보면서 **새로운 의사소통 기회 만들기**를 사용한 예를 찾고 아이의 반응을 관찰할 것이라고 설명한다. 부모가 해당 기법을 사용하면 비디오 검토 양식의 "부모가 사용한 기법" 칸에 체크하고, "아이의 반응" 칸에는 아이가 어떻게 반응했는지 기록한다. 이 양식을 사용하여 부모와 함께 검토할 메모를 작성할 수도 있다.

부모가 관찰한 내용을 논의하거나 특정 상호작용을 검토하길 원한다면, 주기적으로 녹화를 일시 정지할 수 있다고 설명한다. 2분이 지나도 부모가 일시 정지를 요청하지 않으면, 녹화를 일시 정지하고, 부모가 관찰한 상호작용에 대해 생각해 볼 수 있도록 질문한다. 개방형 질문으로 시작한 다음, 필요한 경우 보다 구체적인 질문으로 넘어간다. 부모와 아이의 상호작용이 질문 선택의 기준이 되어야 한다. 다음은 몇 가지 질문의 예시이다.

> "부모님은 아이가 의사소통을 시작하는 기회를 어떻게 만들어 주셨나요?"
>
> "그 기법을 사용했을 때 아이가 어떻게 반응했나요?"
>
> "아이가 소통을 시작하도록 돕는 데 어떤 기법이 가장 효과적이었던 것 같나요?"

부모가 응답하지 못하는 경우에는 동영상을 보면서 구체적인 행동을 찾아서 제시하고, 부모가 그러한 행동을 발견할 때 잠시 동영상을 정지한다. 예를 들어 다음과 같이 말할 수 있다.

> "동영상을 함께 보다가, 어머니가 *놀이 방해하기*를 사용할 때마다 일시 정지해 보지요. 그

런 다음, Sam이 어떻게 반응했는지 이야기해 볼 수 있어요. 언제 일시 정지해야 하는지 말해 주세요."

비디오 검토 시에 피드백은 주로 긍정적인 것이어야 한다. 그러나 부모가 특정 기법에 대해 어려움을 겪고 있고 부모가 이를 인지하지 못하고 있다고 판단되는 경우, 동영상을 사용하여 피드백을 제공할 수 있다. 또한 부모의 행동에 따른 아이의 반응 차이를 파악하게 하여, 부모가 직접 피드백하게 할 수도 있다.

"자신의 놀이를 방해할 때 Brianna가 가끔 화를 내는 것을 발견했어요. 하지만 여기서는 정말 잘 견디고, *놀이 방해하기*를 사용할 때만 어머니를 쳐다보네요. Brianna가 화를 내지 않게 하려면 어떻게 해야 할까요? 아이가 화를 내는 이전 동영상을 보고, 여기서 어떤 점을 다르게 하면 아이가 잘 반응할지 살펴보지요."

부모의 되돌아보기를 돕고 실천계획표 작성하기

❖ 부모의 되돌아보기

이 회기의 상호작용 연습과 관련하여 부모에게 질문한다. 이 기회를 통해 부모가 잘못 이해하고 있는 부분을 명확히 하고, 배운 내용을 가정에서 어떻게 활용할지 부모 스스로 아이디어를 낼 수 있도록 돕는다. 실천계획표의 각 기법 아래에 아이의 행동에 가장 긍정적인 영향을 미칠 수 있는 핵심 요소를 적는다. 예를 들어, 의사소통의 기회를 만든 후에 부모가 기다리지 않는다면, "기다리기" 칸에 부모가 얼마나 기다려야 하는지 적는다. 이와 관련하여 부모의 질문에 답하는 시간을 갖는다. 다음은 몇 가지의 질문 예시이다.

"오늘 연습한 기법 중에서 아이가 의사소통을 시작하도록 돕는 데 가장 효과적이었던 것은 무엇인가요?"
"아이의 주의를 더 쉽게 끌기 위해 가정에서 시도해 볼 수 있는 방법에는 무엇이 있을까요?"
"여전히 어려운 점은 무엇인가요?"

❖ 부모의 목표와 활동 선택을 돕기

부모 매뉴얼의 아동의 목표와 부모가 작성한 매일 하는 활동 스케줄(양식 11)을 사용하여 부모가 회기의 목표와 활동을 선택할 수 있도록 돕는다. 부모가 선택한 내용을 실천계획표–**새로운 의사소통 기회 만들기**(양식 32)에 기록하게 한다.

이 단원의 좋은 목표에는 다양한 의사소통의 시작과 반응을 위해 놀이에 적극적으로 참여하기, 차례 주고받기, 제스처, 소리, 단어, 문장을 사용하여 물건 요청하기, 거부하기, 말하기, 관심 끌기, 정보 요청하기 등이 포함된다.

> 이러한 전략을 사용하여 아이의 의사소통을 향상시키기 위해서는 일상 루틴 중 추가 시간을 계획할 필요가 있음을 상기시킨다.

이 단원에 적합한 활동으로는 장난감 놀이, 활동적인 놀이와 식사, 옷 입기, 목욕 시간 등의 일상 루틴이 있다. 이러한 전략은 아이가 활동을 즐길 때만 효과적이다. 다양한 활동 중에 **새로운 의사소통 기회 만들기** 전략을 사용하는 방법은 부모 매뉴얼의 '가정에서 해 보기!' 목록을 참조한다.

❖ 부모의 도표 작성 돕기

부모가 파악한 활동 중 하나 이상에서 사용할 수 있는 긍정적인 기법의 예를 설명한다. 실천계획표 도표의 관련 칸에 집중할 핵심 요소를 기록하게 한다.

아이에게 집중하기와 **의사소통 방법 조절하기** 전략을 어떻게 사용할 것인지 부모에게 물어본다.

부모가 확인한 목표와 활동에 가장 효과적이라고 생각하는 **새로운 의사소통 기회 만들기** 전략이 무엇인지 질문한다.

의사소통의 기회를 만든 후 기다릴 때, 아이가 어떻게 반응할 것 같은지 부모에게 질문한다. 실천계획표의 "기다리기" 칸에 아이가 기다리는 시간에 어떻게 반응할지, 기다릴 때 어떤 전략을 사용해야 할지 적게 한다. 아이가 다양한 방식으로 반응할 수 있음을 상기시킨다. "기다리기" 칸 아래에 있는 아이 아이콘 옆에는 가정에서 연습하는 동안 나타나는 아이의 반응을 적을 수 있다고 알려 준다.

부모가 어떻게 반응하고 아이의 반응을 확장할 것인지 질문한다. 아이의 반응은 부모 반응의 지침이 되어야 한다.

❖ 잠재적 문제에 대한 해결 지원하기

가정에서 이 기법을 사용할 때 어떤 점이 어려울지 질문하고, 가능한 해결책을 함께 브레인스토밍한다. 각 기법과 관련된 일반적인 문제 행동은 각 회기의 마지막에 있는 문제 해결 팁 목록에 제시되어 있다.

❖ 되돌아보기 및 읽기 과제 제시하기

부모에게 가정에서의 연습 진행 상황을 기록하게 한다. 연습할 때 잘된 점과 어려웠던 점을 적게 한다. 다음 회기가 시작될 때 이 내용을 검토할 것이라고 알려 준다. 다음 회기 전에 부모 매뉴얼 제5장 *촉진과 보상*을 읽어 오게 한다.

5단원

새로운 기능 가르치기

새로운 기능 가르치기는 ImPACT F.A.C.T.S. 프로젝트의 T로 피라미드의 가장 상단에 위치한다. **새로운 기능 가르치기**의 목적은 아이의 의사소통, 모방, 놀이 기능의 복잡성을 높이는 것이다. 지금까지 이 프로그램의 주요 초점은 아이의 참여와 의사소통의 시작을 늘리는 데 있었다. 하지만 프로그램의 후반부에서는 *촉진과 보상*을 사용하여 아이의 언어, 모방, 놀이 기능의 복잡성을 높이는 데 중점을 둔다. *촉진*은 아이가 더 복잡하고 새로운 반응을 보이도록 돕는 신호가 된다. *보상* 또는 *강화*는 아이가 새롭고 더 복잡한 기능을 사용한 후에 제공되는 긍정적인 결과로, 보상은 아이가 그 기능을 다시 사용할 가능성을 높여준다.

새로운 기능을 가르치기 위해 부모는 *의사소통 촉진하기*, *의사소통 이해 촉진하기*, *모방 촉진하기*, *놀이 확장 촉진하기*라는 네 가지 촉진 전략을 배운다. 구체적인 촉진 전략을 소개하기 전에 **새로운 기능 가르치기**를 소개하고, 시작 회기에서 *촉진과 보상*에 대해 가르친다.

- 24회기 프로그램을 진행하는 경우, 7회기 동안 **새로운 기능 가르치기** 전략을 다룬다. *촉진과 보상*에 대해 가르치는 회기로 시작한 다음, 각 유형의 촉진 방법에 대해 최소 1회기씩 다룬다. 회기의 진행 순서는 *의사소통 촉진하기*, *의사소통 이해 촉진하기*, *의사소통 촉진하기 복습*, *모방 촉진하기*, *놀이 확장 촉진하기*, *모방과 놀이 확장 촉진하기* 복습의 순서로 진행할 것을 추천한다. 필요한 경우에는 순서를 바꾸거나 특정 유형의 촉진 전략에 더 많은 시간을 할애할 수 있다.
- 12회기 프로그램을 진행하는 경우, 4회기 동안 **새로운 기능 가르치기** 전략을 다룬다. 권장하는 순서는 *촉진과 보상*, *의사소통 촉진하기*, *의사소통 이해 촉진하기*, *모방 촉진하기*, *놀이 확장 촉진하기*의 순서이다. 그러나 *촉진과 보상*을 복습한 후에 아이와 부모의 목표에 따라 각 촉진 전략에서 사용할 시간을 조정할 수 있다. 일부 아주 어린아이

의 경우에는 *놀이 확장 촉진하기*를 통해 지시 따르기와 수용 언어를 높일 수 있다.

부모는 **상호작용 형성하기**를 배우기 전에 **새로운 기능 가르치기** 전략을 효과적으로 사용할 수 있어야 한다. 부모가 새로운 기능을 효과적으로 가르칠 수 없는 경우(중재 충실도 체크리스트의 새로운 기능 가르치기 항목에서 3점 이하), **상호작용 형성하기**를 소개하기 전에 **새로운 기능 가르치기**에 추가 시간을 갖는 것이 좋다.

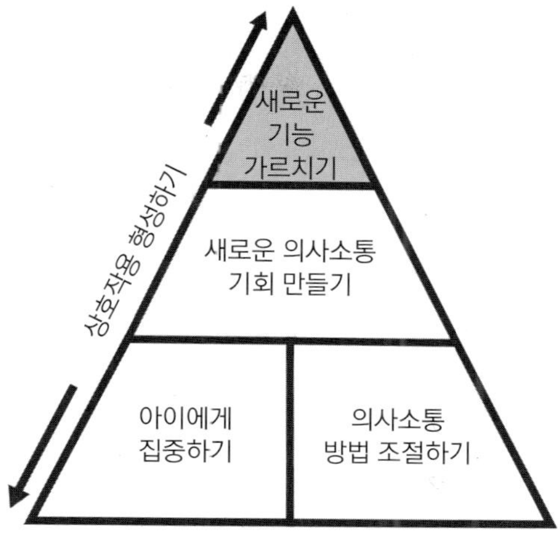

13회기
촉진과 보상

회기 목표

다음을 위해 부모를 돕는다.

- 효과적으로 촉진하는 방법 배우기
- 효과적으로 보상하는 방법 이해하기
- 새로운 기능을 가르치는 단계 이해하기

준비물

- 부모 매뉴얼
- 실천계획표-*촉진과 보상*(양식 33)
- 부모 매뉴얼의 아동의 목표와 부모가 작성한 매일 하는 활동 스케줄(양식 11)
- 의사소통 기회를 만들 수 있는 아이가 좋아하는 장난감이나 간식 등의 물건
- 회기 기록지(양식 12)
- 중재 충실도 체크리스트(양식 4)
- 코칭 충실도 체크리스트(양식 6)

회기 진행목록

- 체크인 및 회기 진행목록 정하기
- 실천계획표 검토하기
- **새로운 기능 가르치기** 소개하기
- *촉진과 보상* 소개하기
- *촉진과 보상* 시연하기
- 부모의 연습 및 피드백 제공하기
- 부모의 되돌아보기를 돕고 실천계획표 작성하기

핵심 요소: *촉진과 보상*

- 아이에게 동기가 부여되었는지 확인하기
- 아이가 현재 하고 있는 행동과 관련된 더 복잡한 기능 촉진하기
- 촉진을 명확하게 제시하기
- 촉진 제공 후 기다리기
- 필요한 경우 추가 지원하기
- 시간 경과에 따라 지원 줄이기
- 요구한 것을 아이가 하도록 만들기
- 즉시 보상하기
- 자연스러운 보상 사용하기
- 긍정적인 행동에만 보상하기

체크인 및 회기 진행목록 정하기

❖ 가족 체크인

지난 회기 이후에 가족이 어떻게 지냈는지 물어본다. 부모와 대화하는 동안 잠시 시간을 내어 아이를 활동에 참여시키는 시간을 갖는다.

❖ 회기 목표와 진행목록에 대해 설명하기

이번 회기에서 부모는 **새로운 기능 가르치기**를 위해 *촉진과 보상*을 효과적으로 사용하는 방법을 배우게 된다. 특정 촉진 방법을 효과적으로 사용하려면 *촉진과 보상*의 핵심 요소를 먼저 배워야 하기에, 이 회기에서는 더 많은 논의가 이루어질 것이다. 이 회기의 연습 부분에서는 촉진할 기회를 찾아내고, 좋은 촉진 기술을 구별하는 방법에 초점을 맞출 것이다.

부모에게 "오늘 회기에 대해 궁금한 점이나 추가로 다루고 싶은 주제가 있나요?"라고 질문한다. 부모가 걱정을 드러낸다면, 회기 진행목록을 조정해야 할 필요가 있다.

실천계획표 검토하기

지난 회기에 작성한 실천계획표를 검토한다. 부모에게 가정에서 **새로운 의사소통 기회 만들기** 전략을 어떻게 사용했는지 질문한다. 잘된 점과 어려웠던 점에 대해 이야기 나눈다. 가정에서 연습하는 동안 발생한 도전 행동을 해결할 수 있도록 부모를 돕는다. **새로운 의사소통 기회 만들기** 전략의 일반적인 문제와 가능한 해결책은 9~11회기의 마지막에 있는 문제 해결 팁 목록에 제시되어 있다.

> 부모가 **새로운 의사소통 기회 만들기**를 효과적으로 사용할 수 없다면, **새로운 기능 가르치기**를 시작하기 전에 이 전략에 대해 추가 코칭을 제공할 필요가 있다.

새로운 기능 가르치기 소개하기

❖ 이론 설명하기

부모 매뉴얼(99쪽)에 있는 F.A.C.T.S. 피라미드와 도표를 사용하여 **새로운 기능 가르치기**를 소개한다. **새로운 기능 가르치기**는 ImPACT F.A.C.T.S. 프로젝트 피라미드의 가장 상단에 있는 T에 해당한다. **아이에게 집중하기**, **의사소통 방법 조절하기**, **새로운 의사소통 기회 만들기**는 아이의 참여와 소통의 시작을 증가시키는 데 도움이 된다. 그러나 때로 이러한 전략만으로는 아이의 기능 복잡성을 높이는 데 충분하지 않을 수 있다. **새로운 기능 가르치기**는 피라미드의 가장 하단과 중앙에 있는 기법으로 아이의 기능이 향상되지 않을 때 사용된다.

❖ 기법 소개하기

부모가 **새로운 기능 가르치기**에서 사용할 수 있는 촉진 전략에는 *의사소통 촉진하기, 의사소통 이해 촉진하기, 모방 촉진하기, 놀이 확장 촉진하기* 등의 네 가지가 있다. 각 촉진 전략은 해당 영역에서 아이의 기능 복잡성을 높이는 데 사용된다.

다시 말하면, 부모는 피라미드의 가장 하단에 있는 기법(**아이에게 집중하기**, **의사소통 방법 조절하기**)으로 시작하는데, 아이가 스스로 시작하지 않는 경우에는 **새로운 의사소통 기회 만들기** 전략을 사용하여 아이의 관심을 끌 수 있다. 아이가 소통을 시작하거나 반응하면, 부모는 아이의 초기 반응에 반응하기보다는 촉진과 보상을 사용하여 아이에게 새롭고 더 복잡한 기술을 가르친다. 아이가 더 복잡한 기능을 사용한 후에는 부모가 보상을 주고 반응을 확장한다. **새로운 기능 가르치기** 전략은 아이에게 더 많은 것을 요구하기 때문에 아이의 좌절감이 커질 수 있다. 부모에게 이러한 점이 괜찮다는 것을 알려 주고, 연습하는 동안 아이의 좌절감을 줄이기 위해 함께 노력한다. 이 전략은 해당 시간의 1/3 정도만 사용해야 한다.

촉진과 보상 소개하기

이론 설명하기

사회적 의사소통에 어려움이 있는 아이들은 언어, 모방, 놀이 기능이 지연되는 경우가 많다. *촉진과 보상*은 이러한 영역의 발달을 촉진하는 가장 효과적인 방법이다. 부모는 구조화된 환경이 아닌 자연스러운 환경에서 아이의 관심사와 관련된 *촉진과 보상*을 사용한다. 이는 아이가 새로운 상황에서 이러한 기능을 사용할 가능성을 높이고(일반화), 시간이 지나도 기능을 계속 사용하도록(유지) 할 수 있다.

*촉진*은 아이가 새롭고 더 복잡한 반응을 나타내도록 돕는 신호가 된다. *보상* 또는 *강화*는 새롭고 더 복잡한 반응을 사용한 후에 아이에게 제공되는 긍정적인 결과물이다. *보상*은 아이가 그 기능을 다시 사용할 가능성을 높인다.

*촉진과 보상*은 아이의 동기가 높고, 새로운 기능을 배워야 하며, 촉진을 따를 시간이 있을 때 효과적이다. 부모에게 *촉진과 보상* 기법이 아이의 개별 목표 성취를 어떻게 돕는지 설명한다. 다음과 같이 말할 수 있다.

> "촉진과 보상은 Brianna가 손가락으로 가리키거나 단어를 사용해서 요청하는 능력을 향상시키고, 제스처 모방 능력을 높여 주며, 장난감 놀이를 발달시키는 데 사용할 수 있어요."

> "촉진과 보상은 Sam이 다양한 동기를 가지고 자연스럽게 두세 단어를 사용하는 능력을 향상시키고, 제스처 모방 능력을 높여 주며, 가상 놀이를 발달시키는 데 사용할 수 있어요."

핵심 요소에 대해 이야기 나누기

부모 매뉴얼을 사용하여 *촉진과 보상*에 대해 살펴본다. 부모 매뉴얼의 '생각해 보세요!' 질문을 통해 부모가 아이에게 해당 정보를 적용할 수 있도록 돕는다.

아이에게 동기가 부여되었는지 확인하기

아이의 동기 수준은 부모가 언제 촉진하는 것이 가장 좋은지, 얼마나 어려운 응답을 요구할 수 있는지, 얼마나 많은 지원이 필요한지를 알려 준다. 아이의 동기가 높다면, 더 어려운 작업을 유도하더라도 활동을 계속 이어나갈 가능성이 높아진다. 새로운 기능을 촉진하기에 가장 좋은 시기는 아이가 활동에 대한 동기가 있거나 기분이 좋을 때이다. 아이가 활동에 흥미를 잃거나 기분이 좋지 않고 피곤하거나 아플 경우, 촉진을 받으면 활동에서 벗어날 수 있다.

부모에게 "아이가 새로운 기능을 사용하도록 촉진하려면 어떤 활동이 좋을까요?"라고 물어본다. 부모가 잘 모르겠다고 반응하면, 평소에 아이의 동기 수준이 높은 활동에 대해 파악하도록 돕는다. 활동에는 일반적으로 좋아하는 놀이와 간식 등이 포함된다. 아이가 활동에 동기를 느끼지 못할 때는 다른 활동을 제공하거나 아이에게 집중하는 등 부모가 아이의 동기를 높일 수 있는 방법을 찾도록 돕는다.

아이가 현재 하고 있는 행동과 관련된 더 복잡한 기능 촉진하기

새로운 기능이 현재 발달 수준보다 약간 더 복잡하거나 아이가 사용하는 물건, 장난감, 참여하고 있는 활동과 관련이 있는 경우, 아이가 새로운 기능을 성공적으로 사용할 가능성이 높다.

부모에게 "아이가 사용하길 바라는 언어나 놀이 기능은 무엇인가요?"라고 질문한다. 아이가 동기가 높은 활동을 할 때, 부모가 촉진할 수 있는 언어, 놀이 기능에 대해 생각해 볼 수 있도록 돕는다. 이러한 기능은 프로그램을 시작할 때 설정한 측정 가능한 목표와 일치해야 한다. 아이가 이러한 목표 중 일부를 달성했다면 발달 차트를 참조한다. 촉진을 시작하기에 좋은 기능은 부모가 그동안 모델링해 온 기능들이다.

촉진을 명확하게 제시하기

아이가 올바르게 반응하려면 자신에게 기대되는 것이 무엇인지에 대해 이해해야 한다. 명확하게 촉진을 제시하면, 아이가 좌절하지 않도록 도울 수 있다. 촉진이 명확하려면 부모는 아이의 관심을 끌어야 하며, 아이가 자신에게 요구되는 것을 이해하는지 확인해야 한다. 부모는 "이 블록 갖고 싶어?" "내가 어떻게 할까?" "'블록을 갖고 싶어'라고 말해 보자."와 같이 서로 다른 응답을 요구하는 여러 개의 촉진을 동시에 사용해서는 안 된다.

촉진 제공 후 기다리기

또 다른 촉진을 제공하기 전에 아이가 응답할 시간을 주고 기다리는 것이 중요하다. 아이에게 너무 많은 청각 정보를 제공하면, 오히려 반응하지 못하고 촉진 단어에 "귀 기울이지 않기" 시작할 수 있다. 반대로 부모가 너무 오래 기다리면 기회를 놓칠 수도 있다. 시간은 아이의 기능, 동기, 기분에 따라 2초에서 30초까지 크게 달라질 수 있다.

아이의 능력에 따라, 촉진 사이에 필요한 적절한 기다리는 시간을 파악할 수 있도록 부모를 돕는다.

필요한 경우 추가 지원하기

아이가 새로운 기능을 사용하도록 가르치려면, 부모는 아이가 반응하고 보상받는 데 필요한 최소한의 지지를 제공해야 한다. ImPACT 프로젝트에는 "세 가지 촉진 규칙"이라는 대략적인 가이드라인이 있는데, 여기서는 아이가 성공적으로 반응하고 보상을 받기 전에 부모가 제공하는 촉진의 횟수를 제한한다. 아이가 첫 번째 촉진에 반응할 수 없다면, 부모는 아이가 성공할 때까지 추가적인 지원을 한다. 이는 아이의 좌절감을 줄이고, 아이가 활동을 계속하여 보상을 받을 수 있게 한다. 정확한 촉진 횟수는 아이의 기능, 동기, 기분에 따라 달라진다. 다양한 상황에서 아이에게 사용할 수 있는 최적의 촉진 횟수를 생각할 수 있도록 부모를 돕는다.

아이에게 새로운 기능을 가르치기 위해 어떻게 추가 지원을 할 수 있는지 예를 들어 부모에게 설명한다. 특정한 촉진을 가르칠 때는 시작하기에 가장 적절한 촉진 수준을 파악하고, 언제 어떻게 지원을 추가할지 결정할 수 있도록 돕는다.

시간 경과에 따라 지원 줄이기

아이가 새로운 기능을 자발적으로 사용할 수 있으면, 부모는 시간 경과에 따라 지원 수준을 낮춰야 한다. 아이가 한 가지 촉진 수준에서 성공적으로 반응할 수 있게 되면, 부모는 지원 수준을 낮추기 시작한다.

새로운 기능을 자연스럽게 사용하는 아이에게 점차 지원을 줄이는 방법에 대한 예시를 보여 준다. 부모가 언제 어떻게 지원을 줄여야 하는지 파악할 수 있도록 돕는다.

요구한 것을 아이가 하도록 만들기

부모가 아이에게 특정 기능을 사용하도록 촉진할 때는 아이가 성공적으로 기능을 사용하거나 좋은 시도를 할 때까지 보상을 제공하면 안 된다. 이를 통해 아이는 기능을 사용하면 보상을 받을 수 있다는 것을 배우게 된다. 아이가 촉진에 반응하지 않으면, 부모는 추가로 촉진을 제공하거나 아이가 성공할 수 있도록 지원을 늘린다.

이 요소는 아이가 더 복잡한 반응을 사용하도록 촉진을 받을 때만 특별히 적용되며, 이는 해당 시간의 1/3 정도만 활용해야 한다는 것을 부모에게 설명한다. 나머지 시간에는 아이의 자발적인 기능에 대해 계속해서 반응한다.

즉시 보상하기

부모는 아이가 촉진에 대해 반응한 후에 즉시 보상을 제공해야 한다. 이렇게 하면 아이가 자신의 행동과 그 결과(보상 또는 강화)를 연결하는 데 도움이 된다.

자연스러운 보상 사용하기

자연스러운 보상은 아이의 행동, 활동, 의사소통과 관련이 있다. 자연스러운 보상은 아이가 일상적인 활동 중에 새로운 기능을 사용할 가능성을 높인다. 아이의 행동이나 언어와 관련된 것이라면, 아이가 좋아하는 무엇이든 보상이 된다.

부모에게 "일상 활동이나 놀이 중에 새로운 기능을 사용한 아이에게 보상하는 방법에는 어떤 것이 있을까요?"라고 질문한다. 필요하다면, 동기가 높은 활동 중에 새로운 기능을 사용할 때 부모가 제공할 수 있는 자연스러운 보상을 찾도록 돕는다. 아이가 싫어하는 활동으로 가르치는 경우에는 추가 보상을 사용하는 방법을 배울 필요가 있다.

긍정적인 행동에만 보상하기

보상은 아이가 어떤 행동을 할 가능성을 높인다. 따라서 부모는 적절한 행동에만 보상을 주고 적절하지 않은 행동에는 보상하지 않도록 주의해야 한다.

부모에게 "보상을 제공하지 않아야 하는 행동에는 무엇이 있을까요?"라고 질문한다. 특히 아이가 적절한 행동과 부적절한 행동을 동시에 자주 사용하는 경우(예: 아이가 "자동차"라고 말하면서, 부모를 때리는 경우)와 같이 부모가 보상해서는 안 되는 경우를 파악하도록 돕는다.

❖ *촉진과 보상* 단계 설명하기

부모 매뉴얼의 도표(99쪽)를 사용하여 단계를 검토하고, 이를 아이의 목표 중 하나와 연결한다. 부모에게 이와 관련하여 질문할 기회를 준다.

촉진과 보상 시연하기

❖ 시연 준비하기

부모에게 촉진을 제공하기 좋은 시기와 촉진할 기능을 살펴보고, 아이의 자발적인 기능에 대해 즉시 보상하는 방법을 관찰하게 한다. 이때 다음과 같이 말할 수 있다.

> "저는 놀이 중에 Brianna가 의사소통을 시작하도록 돕기 위해 *놀이 방해하기*를 사용하려고 해요. Brianna가 소통을 시작할 때가 촉진하기에 좋은 시기에요. Brianna가 언제 의사소통을 시작하는지 관찰하고, 더 복잡한 어떤 기능을 촉진하면 좋을지 생각해 보세요. 예를 들어, Brianna가 손을 뻗어 요청한다면, 손가락으로 가리키거나 한 단어로 말하는 것이 좋은 촉진이 될 수 있어요."

❖ 무엇을 하고 있는지 설명하기

아이와 함께 시연하면서, 촉진하기에 좋은 시기와 촉진할 기능을 알려 준다.

> "Sam이 자동차를 가지고 놀고 있어요. 저도 Sam을 따라 자동차를 가지고 놀 거예요. 저는 *균형 잡힌 주고받기*를 사용해서 Sam이 소통을 시작하도록 하고 있어요. Sam이 저를 보면서 '자동차'라고 말했어요. 지금이 촉진하기에 좋은 시기에요. 저는 '빨간 차'를 모델링했어요. 이것은 우리가 *의사소통 촉진하기*에 대해 논의한 후에 촉진할 기능이에요. 여기서 저는 즉시 자동차를 돌려주면서 보상을 주었어요."

시연이 끝나면 부모에게 "상호작용 중에 무엇을 알게 됐나요?"라고 질문한다. 부모가 대답하기 어려워한다면, 다음과 같이 좀 더 구체적인 질문을 한다.

> "어떤 기법이 아이가 의사소통을 시작하거나 주의를 끌도록 돕는 데 효과적이었나요?"
> "촉진하기에 좋은 시기가 언제였다고 생각하세요?"
> "제가 촉진한 기능은 무엇이었나요?"

부모의 연습 및 피드백 제공하기

❖ 부모의 연습을 격려하기

촉진하기에 좋은 시기와 촉진할 수 있는 기능을 파악하도록 돕는다. 부모가 적당한 시기와 기능을 파악할 수 있게 되면, 보상을 제공하는 데 초점을 두어 코칭한다.

❖ 물리적 환경 관리하기

주의를 산만하게 하는 물건을 치우거나, 아이가 원하는 물건을 부모에게 제공한다.

❖ 피드백 제공하기

촉진하기에 좋은 시간과 촉진할 기능을 파악한 것에 대해 부모에게 피드백을 제공한다. 이 기법을 연습하는 동안 발생하는 일반적인 문제 행동과 이에 대한 피드백은 이 회기의 마지막에 있는 문제 해결 팁 목록(237쪽)에서 확인할 수 있다. 또한 보상을 주는 방법에 대해 피드백을 제공할 수도 있다. 부모는 적절한 반응에 대해 자연스럽고 즉각적인 보상을 제공해야 한다.

> 부모가 이전에 배운 기법을 어떻게 사용하는지에 따라 시연과 연습 시간이 달라질 수 있다. 부모가 아이의 관심을 끌고, 촉진할 기능을 파악하고, 즉각적이고 일관적인 강화를 제공할 수 있다면 시연과 연습을 짧게 할 수 있다.

부모의 되돌아보기를 돕고 실천계획표 작성하기

❖ 부모의 되돌아보기

이 회기의 연습과 관련하여 부모에게 질문한다. 이 기회를 통해 부모가 *촉진과 보상*에 대해 오해하고 있는 부분이 있다면 명확히 설명한다. 다음은 몇 가지 질문의 예이다.

"가정에서 새로운 기능을 가르치는 것에 대해 어떻게 생각하세요? 걱정되는 점이 있나요?"

"새로운 기능을 가르치는 데 어떤 활동이 좋을까요?"

"새로운 기능을 가르칠 기회를 만드는 데 어떤 기법이 가장 효과적이라고 생각하세요?"

"아이가 이러한 활동을 할 때 더 복잡한 기능을 사용한다면, 어떻게 보상할 수 있을까요?"

부모가 가정에서 *촉진과 보상*을 사용하는 것에 대해 걱정하는 경우, 가능한 해결책을 브레인스토밍하는 시간을 가진다. 일반적인 문제 행동과 해결 방법은 이 회기의 마지막에 있는 문제 해결 팁 목록(237쪽)에 나와 있다.

❖ 부모의 목표와 활동 선택을 돕기

부모가 아직 촉진에 대해 배우지 않았으므로, 이 회기 이후의 연습은 **새로운 의사소통 기회 만들기**와 동일한 순서를 따른다. 차이점은 부모가 촉진하고자 하는 더 복잡한 기능에 대해 생각한다는 것이다. 부모 매뉴얼의 아동의 목표와 작성된 매일 하는 활동 스케줄(양식 11)을 사용하여 부모가 회기의 목표와 활동을 선택할 수 있도록 돕는다. 부모가 실천계획표-*촉진과 보상*(양식 33)에 선택한 내용을 기록하게 한다.

이 회기의 좋은 목표에는 네 가지 핵심 영역 중에서 아이가 사용하길 바라는 기능들이 포함된다. 부모가 목표 설정에 어려움을 겪는다면, 아동의 목표를 살펴보고 해결하고 싶은 목표가 있는지 질문한다.

이 회기에 적합한 활동으로는 아이가 좋아하는 놀이 활동과 일상 루틴이 있다. 부모가 아이에게 동기를 부여할 수 있는 여러 활동을 통해 연습할 수 있도록 격려한다.

❖ 부모의 도표 작성 돕기

부모에게 F.A.C.T.S. 피라미드 하단과 중앙에 있는 전략을 사용한 긍정적인 예를 들어 설명한다. 실천계획표 도표의 관련 칸에 집중할 핵심 요소를 적게 한다.

부모에게 **아이에게 집중하기**와 **의사소통 방법 조절하기**를 어떻게 사용할 것인지 질문한다.

새로운 의사소통 기회 만들기 전략을 어떻게 사용하여 아이가 소통을 시작하고 관심을 끌도록 도울 것인지 물어본다.

새로운 의사소통 기회 만들기 전략을 사용한 후 기다릴 때, 아이가 어떻게 반응할 것 같은지 질문한다. "기다리기" 칸 아래에 있는 아이 아이콘 옆에는 가정에서 연습하는 동안 나타나는 아이의 반응을 적을 수 있다고 알려 준다.

다음으로, 부모에게 아이의 현재 기능을 살펴보고 활동 중에 촉진할 수 있는 기능에 대해 생각하게 한다. 이 내용을 "더 복잡한 기능 제시하기" 칸에 적게 한다.

부모가 아이의 자발적인 기능에 대해 어떻게 보상하고 아이의 반응을 확장할지 질문한다. 확장된 기능은 부모가 "더 복잡한 기능 제시하기" 칸에 적었던 기능이어야 한다.

❖ 잠재적인 문제에 대한 해결 지원하기

부모에게 가정에서 피라미드 하단과 중앙에 있는 전략을 사용할 때 어떤 점이 어려울 것 같은지 질문한다. 가능한 해결책을 브레인스토밍하는 시간을 가진다. 이러한 전략에 대한 일반적인 문제 행동과 해결책은 회기의 마지막에 있는 문제 해결 팁 목록에 나와 있다.

❖ 되돌아보기 및 읽기 과제 제시하기

되돌아보기 시간에는 부모에게 잘된 점과 어려웠던 점을 기록하게 한다. 또한 적합한 활동과 촉진할 기능에 대해 생각해 볼 수도 있다. 부모에게 부모 매뉴얼 제5장에 있는 다음 전략에 대해 읽게 한다. 일반적으로 이 부분은 *의사소통 촉진하기*이지만, 부모가 먼저 해결해야 할 다른 목표가 있다면 해당 부분을 먼저 읽을 수 있다.

촉진과 보상 문제 해결 팁

만약 부모가……	코치는……
*촉진과 보상*에 대한 규칙 이해에 어려움이 있다면	• 한두 가지의 *의사소통 촉진하기*를 선택해서 시연하고, 부모가 연습하게 한다.
촉진하기에 좋은 시기를 파악하는 데 어려움이 있다면	• 아이와 함께 **새로운 의사소통 기회 만들기** 전략을 시연하면서, 부모에게 언제, 무엇을 촉진해야 하는지 알려 달라고 한다. • 부모에게 **새로운 의사소통 기회 만들기** 전략을 연습하게 하고, 아이가 소통을 시작하거나 아이의 주의를 끌면 이를 기록하게 한다. • 매일 하는 활동 스케줄(양식 11)을 살펴보고, 아이가 좋아하는 활동을 파악한다.
촉진하기를 주저하거나 보상을 미룬다면	• 어른이 "규칙을 바꾸면" 아이가 좌절하는 것은 흔한 일이며, 이는 괜찮다는 것을 알려 준다. 시간이 지나면 아이는 더 높은 기대치에 익숙해지고 좌절감은 점차 줄어들 것이다.
보상을 즉시 제공하지 않는다면	• 아이가 더 복잡한 기능을 사용하는 즉시 보상을 제공하도록 상기시킨다.

만약 아이가……	코치는……
좌절한다면	• 어른이 "규칙을 바꾸면" 아이들이 좌절감을 느끼는 것은 일반적이라는 사실을 부모에게 알려 준다(상단 참조).

14회기
의사소통 촉진하기

회기 목표

부모가 다음의 목표를 위해 촉진과 보상을 사용하여 아이를 도울 수 있도록 가르친다.

- 제스처 제시하기
- 구어 사용하기
- 비구어 및 구어 함께 사용하기
- 다양한 동기로 의사소통하기

회기 진행목록

- 체크인 및 회기 진행목록 정하기
- 실천계획표 검토하기
- *의사소통 촉진하기* 소개하기
- *의사소통 촉진하기* 시연하기
- 부모의 연습 및 피드백 제공하기
- 부모의 되돌아보기를 돕고 실천계획표 작성하기

준비물

- 부모 매뉴얼
- 실천계획표-**새로운 기능 가르치기**(양식 34)
- 부모 매뉴얼의 아동의 목표와 부모가 작성한 매일 하는 활동 스케줄(양식 11)
- 의사소통 기회 만들기에 사용할 아이가 좋아하는 장난감 또는 간식 등의 물건
- 회기 기록지(양식 12)
- 중재 충실도 체크리스트(양식 4)
- 코칭 충실도 체크리스트(양식 6)

핵심 요소: *의사소통 촉진하기*

- 시간 지연
- 질문하기
- 완전하지 않은 문장(fill-in-the-blank sentence) 사용하기
- 선택형 질문하기
- 언어 모방을 위한 모델링 제공하기
- 언어적 루틴(verbal routine) 사용하기
- 제스처 모방을 위한 모델링 제공하기
- 신체적 안내 제공하기

체크인 및 회기 진행목록 정하기

❖ 가족 체크인

지난 회기 이후에 가족이 어떻게 지냈는지 부모에게 물어본다. 필요하다면 잠시 시간을 내어 아이를 활동에 참여시키는 시간을 갖는다.

❖ 회기 목표와 진행목록에 대해 설명하기

이번 회기에서 부모는 아이의 표현적 의사소통 능력의 자발성과 복잡성을 높이기 위해 다

양한 유형의 촉진과 보상을 사용하는 방법을 배우게 된다. 이러한 촉진은 아이의 제스처, 구어, 비구어 사용을 늘리고, 아이의 의사소통 동기를 확장하는 데 사용할 수 있다.

부모에게 "이번 회기에 대해 궁금한 점이 있거나 추가로 다루고 싶은 주제가 있나요?"라고 질문한다. 부모가 걱정하는 경우에는 회기 진행목록을 조정해야 할 수도 있다.

실천계획표 검토하기

지난 회기에 작성한 실천계획표를 검토한다. 촉진하기에 좋았던 시간과 더 복잡한 기능을 촉진했으면 좋았을 것 같은 상황에 대해 부모가 이야기하게 한다. 잘된 점과 어려웠던 점에 대해 이야기 나눈다. 가정에서 연습하는 동안 발생한 도전 행동을 해결하도록 부모를 돕는다. *촉진과 보상*에 대한 일반적인 문제 행동과 가능한 해결책은 13회기 마지막에 있는 문제 해결 팁 목록(237쪽)에 나와 있다.

의사소통 촉진하기 소개하기

❖ 이론 설명하기

사회적 의사소통 문제가 있는 아이들은 종종 언어로 다른 사람과 의사소통하는 데 어려움을 겪으며, 부모의 신호에 의존하게 될 수 있다. 아이에게 새로운 언어 형식과 기능을 사용하도록 가르치는 한 가지 방법은 촉진과 보상을 사용하는 것이다. 다양한 수준의 지원을 제공하는 촉진은 아이가 보다 자발적으로 언어를 사용하는 데 도움이 된다. *의사소통 촉진하기*를 사용하면 부모는 피라미드의 가장 하단에 있는 기법(**아이에게 집중하기**)에서 시작해서 아이가 동기를 부여받도록 할 수 있다. 그런 다음, **새로운 의사소통 기회 만들기** 전략을 사용하고 아이가 소통을 시작할 때까지 기다린다. 이후에는 촉진을 사용하여 아이가 새롭고 더 복잡한 기능을 사용할 수 있도록 돕는다. 일단 아이가 새로운 기능을 사용하면, 이에 보상하고 아이의 반응을 확장한다.

*의사소통 촉진하기*는 아이가 즐기는 놀이와 일상 루틴 중에 사용할 수 있다. 다시 말하지만, 부모는 상호작용을 하는 동안 1/3 정도만 촉진을 사용해야 한다. 촉진을 너무 자주 하면, 아이가 좌절하거나 촉진에 의존한 의사소통하게 될 가능성이 있다.

*의사소통 촉진하기*가 어떻게 아이의 개별 목표 성취를 돕는지 설명한다. 이때 다음과 같이 말할 수 있다.

> "Brianna의 의사소통 목표는 가리키기, 한 단어 사용하기, 소리 내어 말하기 등을 통해 요청 능력을 높이는 것이에요. 오늘은 Brianna가 이러한 새로운 기능을 사용하는 데 도움이 되는 구체적인 촉진을 배울 것입니다."

> "Sam의 의사소통 목표는 다양한 기능을 위해 두세 단어로 된 구문을 자연스럽게 사용하는 능력을 높이는 것이에요. 오늘은 Sam이 이러한 새로운 기능을 배우는 데 도움이 되는 구체적인 촉진을 배우게 될 것입니다."

❖ 핵심 요소에 대해 이야기 나누기

부모 매뉴얼을 사용하여 *의사소통 촉진하기*의 핵심 요소를 검토한다. 진행하면서 부모 매뉴얼의 '생각해 보세요!' 질문을 통해 부모가 아이에게 해당 정보를 적용할 수 있도록 돕는다.

부모에게 "아이가 현재 사용할 수 있는 기능보다 조금 더 복잡성을 높이려면, 어떤 새로운 의사소통 기능을 촉진할 수 있을까요?"라고 질문한다. 부모가 기능을 알아내는 데 어려움을 겪는다면, 아동의 목표를 확인하거나 아이가 모델링하는 기능에 대해 물어본다.

시간 지연

시간 지연은 가장 낮은 수준의 도움을 제공하는 촉진이다. 아이가 소통을 시작한 후, 부모는 아이가 스스로 더 복잡한 의사소통 기능을 사용할 때까지 기대에 찬 표정으로 기다린다. 이는 기대감을 가지고 기다리는 것과는 약간 다른데, 부모는 지금 아이의 첫 번째 의사소통 이후 더 복잡한 추가적인 반응을 기다리고 있는 것이기 때문이다.

이 촉진은 어떤 반응을 보여야 하는지에 대한 구체적인 정보를 제공하지 않기 때문에 아이가 더 높은 수준의 도움을 제공하는 촉진에 여러 번 성공적으로 반응한 후에 사용하는 것이 가장 효과적이다. 아이의 자발적인 의사소통을 늘리기 위해, 더 많은 도움을 주는 촉진에서 시간 지연으로 전환할 때를 부모가 파악할 수 있도록 돕는다.

아이가 반응에 어려움을 보이면, 기대에 찬 표정과 함께 시각적 단서(예: 아이가 이름을 말하려고 하는 물건을 가리키기)를 함께 제시하여 아이 스스로 단어를 찾을 수 있게 돕는다.

질문하기

질문은 아이가 어휘를 확장하고 새로운 문장 구조를 사용하며, 활동의 다양한 측면에 대해 의사소통하는 데 도움이 될 수 있다.

아직 단어를 사용하지 못하는 아이에게는 제스처를 사용하여 "무엇"과 "어디"에 대한 질문에 답하도록 가르칠 수 있다. 언어 능력이 좀 더 발달한 아이에게는 좀 더 추상적인 질문에 답하도록 가르칠 수 있다. 부모가 아이에게 어떤 유형의 질문을 사용해야 하는지 파악하도록 돕는다.

"예-아니요"로만 대답하는 질문은 아이의 어휘력을 확장시키지 못하기 때문에 특별한 목적이 아니라면 가능한 한 피해야 한다.

완전하지 않은 문장 사용하기

또 다른 유형의 촉진은 완전하지 않은 문장을 사용하는 것이다. 부모가 문장을 시작하고, 아이가 메시지를 완성할 수 있게 기다린다. 아이가 문장을 완성하는 데 어려움을 겪는 경우, 부모는 시각적 단서(예: 문장을 완성하는 데 도움이 되는 물건을 가리키기)를 사용하여 아이가 적절하게 답할 수 있도록 도울 수 있다. 언어적 루틴과는 다르게 두 개 이상의 답이 있을 수 있으며, 문맥적 단서에 따라 답이 바뀔 수도 있다.

이러한 유형의 촉진은 질문에 대한 반응으로 단어를 생각해 내는 데 어려움을 겪는 언어장애 아동과 언어 모델을 모방할 수는 있지만, 자발적으로 단어를 사용할 수 없는 아이에게 효과적이다. 아이의 현재 능력에 맞게 어떤 유형의 질문을 사용해야 하는지 파악하도록 부모를 돕는다.

선택형 질문하기

부모는 아이에게 질문에 답할 수 있는 두 가지 선택지를 제시할 수도 있다. 아이가 선택에 어려움을 겪는 경우, 부모는 선호도가 높은 항목과 낮은 항목을 사용해야 한다. 이는 다양한 단어를 모방하지만, 자발적으로 단어를 사용하는 데 어려움을 겪는 아이에게 효과적인 촉진이다.

아이가 마지막에 제시된 단어를 반복하는 경향이 있는 경우, 부모는 선호도가 높은 단어를 먼저 제시하고 선호도가 낮은 단어를 두 번째로 제시하여 아이가 선택에 주의를 기울이는 방법을 배울 수 있도록 돕는다. 선호하지 않는 항목일지라도 부모는 아이가 이름을 말한 물건을 즉시 제공함으로써 아이에게 반응하고 보상해야 한다. 아이가 원하지 않는 물건의 이름을 말하면, 부모는 더 많은 지원을 제공하여 결국 아이가 원하는 것을 얻을 수 있도록 해야 한다.

언어 모방을 위한 모델링 제공하기

부모는 아이가 모방할 수 있는 단어나 구(phrase)를 모델링할 수 있다. 부모가 촉진으로 언어 모델을 사용하면, 아이는 이를 모방하게 된다. 이러한 유형의 촉진은 이제 막 단어나 소리를 모방하기 시작했거나, 가끔 두 단어를 조합하는 아이에게 특히 유용하다.

부모는 말이 많은 아이에게 이러한 유형의 촉진을 남용하는 경향이 있는데, 아이가 즉각적으로 반응하는 경우가 많기 때문이다. 아이가 언어 모델을 쉽게 모방하는 경우, 부모는 선택형 질문하기, 완전하지 않은 문장 사용하기 등을 통해 지원의 수준을 낮춰야 한다.

언어적 루틴 사용하기

언어적 루틴은 아이가 여러 번 들어본 의미 있는 문구를 말한다. 언어적 루틴을 촉진으로 사용하려면, 부모가 먼저 문구를 시작하되 마지막 단어는 생략하고 기대하는 표정으로 기다린다. 언어적 루틴은 반복적이고 일관성이 있기 때문에, 아직 말을 하지 못하는 아이와 이제 막 말하기 시작한 아이에게 유용하다.

제스처 모방을 위한 모델링 제공하기

부모는 아이가 따라 할 수 있는 제스처를 모델링할 수 있다. 부모가 제스처 모델을 촉진으로 사용하면, 아이는 이를 모방하게 된다.

제스처 촉진은 아직 말을 하지 못하는 아이에게 유용하다. 또한 말은 할 수 있지만, 제스처를 사용하여 의사소통하지 않는 아이에게도 사용할 수 있다. 부모와 협력하여 특정 사물, 행동, 사람을 나타내는 데 사용할 수 있는 제스처를 파악한다.

신체적 안내 제공하기

신체적 안내는 가장 높은 수준의 도움을 제공하는 촉진 방법이다. 부모는 손가락으로 가리키기와 같은 제스처를 사용하여 신체적으로 아이를 돕는다. 아이가 제스처를 사용하기 시작하면 신체적 도움을 줄일 수 있다. 예를 들어, 가리키기를 가르칠 때 부모가 처음에는 아이의 손을 들어 손가락으로 가리키기를 돕는다. 시간이 지나면, 부모는 아이의 팔꿈치를 신체적으로 지지하여 가리키기를 유도할 수 있다.

신체적 안내는 아직 언어나 제스처를 모방하지 못하는 아이에게 가장 적합하다. 제스처는 대화를 연결해 주는 역할을 할 수 있다.

❖ *의사소통 촉진하기* 단계 설명하기

아이의 의사소통 목표 중 하나에 대해 부모 매뉴얼(99쪽)의 도표를 사용하여 설명한다. 부모에게 이와 관련하여 질문할 기회를 준다.

부모에게 "아이가 새로운 의사소통 기능을 사용하도록 돕기 위해 어떤 세 가지 촉진 방법을 사용할 수 있을까요?"라고 질문한다. 부모가 잘 모르겠다고 하면, 아이의 목표와 능력에 가장 적합한 촉진을 찾도록 도와준다. 예를 들어, 자발적인 언어 능력을 향상시키기 위해 부모는 시간 지연을 사용할 수 있다. 그러나 새로운 어휘를 가르치기 위해서는 언어적 모델링을 사용하는 것에서부터 시작할 수도 있다.

의사소통 촉진하기 시연하기

❖ 시연 준비하기

부모에게 *의사소통 촉진하기*를 어떻게 사용하는지 지켜보게 한다. 더 복잡한 기능을 이끌어 내기 위해 어떤 유형의 촉진으로 시작할지 알려 주고, 아이가 반응하지 않을 경우에 어떻게 지원을 추가할지 설명한다. 사용되는 촉진의 유형과 아이가 사용하는 더 복잡한 의사소통 방식을 부모가 지켜보게 한다. 예를 들어 다음과 같이 이야기한다.

> "동사를 사용하는 능력을 높이기 위해 Sam에게 질문을 할 거예요. Sam이 대답하지 않으면, 완전하지 않은 문장을 사용하고, 그다음에는 선택형 질문을 할 거예요."

❖ 무엇을 하고 있는지 설명하기

아이와 *의사소통 촉진하기*를 시연할 때, 사용하고 있는 촉진 유형을 알려 주고, 어떻게 지원을 추가하는지 설명한 다음, 아이의 반응을 기록한다.

> "Sam이 공을 가지고 놀고 있어요. 저는 *놀이 방해하기*를 사용하여 공에 접근하고, Sam이 '공'이라고 말할 때까지 기다릴 거예요. 제가 질문을 해서 좀 더 복잡한 언어를 사용하도록 촉진할 것입니다. *(코치가 Sam에게 질문한다. '공을 어떻게 할까?')* Sam이 다시 '공'이라고

말했기 때문에 선택형 질문을 추가해 볼게요. *(코치가 Sam에게 질문한다. '공을 던질까, 아니면 공을 숨길까?')* Sam이 '공을 던져.'라고 말하면서 좀 더 복잡한 반응을 보였기 때문에 공을 던지는 것으로 보상하고 반응을 확장할 거예요. *(코치가 '빨간 공 던져.'라고 말한다.)*"

시연이 끝나면 부모에게 "상호작용 중에 무엇을 알게 됐나요?"라고 질문한다. 부모가 대답하기 어려워하면, 다음과 같이 좀 더 구체적인 질문을 한다.

"어떤 유형의 촉진이 Sam의 반응에 도움이 되었나요?"
"Sam이 새로운 기능을 사용한 후에 제가 어떻게 보상했지요?"

부모의 연습 및 피드백 제공하기

❖ 부모의 연습을 격려하기

다양한 상황에서 촉진을 사용하는 방법을 이해하기 위해, 부모는 다양한 활동에서 아이와 함께 *의사소통 촉진하기*를 연습해야 한다. 치료실 환경에서는 아이가 장난감을 가지고 놀거나, 간식을 먹거나, 회기가 끝날 때 재킷과 신발을 착용하는 등의 연습을 할 수 있다. 가정환경에서는 다양한 돌봄 루틴을 연습에 포함할 수 있다. 부모에게 *의사소통 촉진하기*에서 따라야 할 단계를 상기시킨다. 아이의 놀이와 기능 수준에 따른 구체적인 예를 사용하고, 아이가 반응하지 않는 경우에는 부모가 지원을 추가하게 한다. 목표에 따라 촉진 유형이 변경될 수 있음을 알려준다. 예를 들어, 요청에 대한 자발적 언어를 늘리기 위해서는 시간 지연을 사용할 수 있지만, 동사 사용을 늘리기 위해서는 질문하기나 선택형 질문하기를 사용할 수도 있다.

"질문을 사용해서 Sam의 동사 사용을 늘려 보세요. Sam이 반응하지 않으면, 완전하지 않은 문장을 사용한 다음, 선택형 질문을 사용하세요."

❖ 물리적 환경 관리하기

부모에게 의사소통의 기회를 만들 수 있는 물건(예: 놀이 방해하기에 필요한 인형이나 장난감, 차례를 주고받는 데 도움이 되는 특정 장난감, 도움이 필요한 물건 등)을 건네거나, 산만하게 만드는 물건을 치운다.

❖ 피드백 제공하기

부모의 *의사소통 촉진하기* 사용과 아이의 반응에 대한 피드백을 제공한다. 특히 부모가 적절한 촉진을 사용하고, 필요에 따라 지원을 추가하거나 줄이도록 피드백한다.

> "Sam의 주의를 끌기 위해 *놀이 방해하기*를 잘 사용하셨어요! Sam에게 선택권을 주었을 때, '자동차를 밀어.'라고 말했어요! 다음에는 '자동차를 어떻게 하면 좋을까?'라고 물어보면서 Sam이 어떻게 하는지 살펴볼게요."

부모가 *의사소통 촉진하기*를 연습할 때 발생하는 일반적인 문제 행동에 대한 피드백을 위한 제안은 이 회기의 마지막에 있는 문제 해결 팁 목록(247쪽)에서 확인할 수 있다.

부모의 되돌아보기를 돕고 실천계획표 작성하기

❖ 부모의 되돌아보기

이 회기의 연습과 관련하여 부모에게 질문한다. 이 시간을 통해 부모의 질문에 답하고 *의사소통 촉진하기*의 핵심 요소를 명확히 한다. 다음은 질문할 수 있는 몇 가지 예이다.

> "아이에게 새로운 언어 기능을 사용하도록 촉진을 제공하는 기분이 어떠세요?"
> "가정에서 이 촉진을 사용하는 것을 상상할 수 있나요? 그렇지 않다면, 어떤 점이 불편하게 느껴지나요? 어떻게 하면 더 쉽게 사용할 수 있을까요?"
> "어떤 유형의 촉진이 아이의 반응을 돕는 데 가장 효과적이었나요? 이러한 유형의 촉진을 사용하는 것이 어려웠나요?"

❖ 부모의 목표와 활동 선택을 돕기

부모 매뉴얼의 아동의 목표와 작성된 매일 하는 활동 스케줄(양식 11)을 사용하여 부모가 회기의 목표와 활동을 선택할 수 있도록 돕는다. 부모에게 실천계획표–**새로운 기능 가르치기**(양식 34)에 선택한 내용을 기록하게 한다.

이 회기의 좋은 목표에는 제스처(예: 가리키기, 두드리기, 신호 보내기), 구어(예: 한 단어, 단어 조합, 문장)를 사용하여 요청하거나 지시하기, 정보 공유하기, 의문문("wh-" question)에 답하기 등이 포함된다.

*의사소통 촉진하기*에 적합한 활동에는 아이가 좋아하는 모든 활동이 포함된다. 이 시점에서는 부모가 여러 환경에서 기법을 사용하는 데 도움이 되는 세 가지 활동을 파악하게 한다. 부모 매뉴얼(112쪽)의 '가정에서 해 보기!' 목록에는 놀이 및 일상 활동 중에 *의사소통 촉진하기*를 사용하는 방법에 대한 예가 나와 있다.

❖ 부모의 도표 작성 돕기

부모가 선택한 활동 중에 *의사소통 촉진하기*를 사용한 긍정적인 예를 가지고 부모와 이야기 나눈다. 실천계획표 도표의 관련 빈칸에 핵심 요소를 적게 한다.

아이에게 집중하기와 **의사소통 방법 조절하기**를 위해 무엇을 할 것인지 부모에게 물어보고, 촉진을 제공하기 전에 아이에게 동기가 있는지 확인한다.

다음으로, 부모가 아이와의 의사소통 기회를 만들기 위해 어떤 기법을 사용할 수 있을지 파악하도록 돕는다.

새로운 의사소통 기회 만들기 전략을 사용한 후 기다릴 때, 아이가 어떻게 반응할 것 같은지 부모에게 물어본다. "기다리기" 칸 아래에 있는 아이 아이콘 옆에는 가정에서 연습하는 동안 나타나는 아이의 반응을 적을 수 있다고 알려 준다. 아이의 기능은 더 복잡한 기능을 촉진하는 데 도움이 될 것이다.

어떤 더 복잡한 의사소통 기능을 사용하도록 아이를 촉진할 것인지 부모에게 질문한다. 목표 칸 옆에 이 기능에 대해 적게 한다. 아이가 사용하는 것과 다르거나 약간 더 복잡한 새로운 기능을 선택하도록 부모를 돕는다.

그런 다음, 아이가 새 기능을 사용하도록 돕기 위해 어떤 세 가지 촉진을 사용할 것인지 부모에게 질문한다. 번호가 매겨진 각 칸 중, 1번 칸에는 가장 낮은 수준의 도움을 주는 촉진, 3번 칸에는 가장 높은 수준의 도움을 주는 촉진을 적게 한다. 세 개의 촉진 칸 아래에는 아이가 사용하는 새로운 기능을 적을 수 있다고 알려 준다.

부모에게 아이의 반응에 대해 어떻게 보상하고 확장할 것인지 질문한다. 아이의 반응이 예상했던 것과 정확히 일치하지 않더라도 처음 의사소통보다 적절하고 더 복잡했다면 보상해야 한다는 점을 상기시킨다. 예를 들어, "공 던져."라고 촉진했는데 아이가 "공 줘."라고 말할 때도 보상할 수 있으며, "큰 공"과 같은 특징을 추가했다면 더 복잡한 기능을 사용한 것이므로 이에 대해 보상할 수 있다.

❖ 잠재적 문제에 대한 해결 지원하기

부모에게 가정에서 *의사소통 촉진하기* 연습을 할 때 어떤 점이 어려울 것 같은지 질문한다. 시간을 내어 해결책을 브레인스토밍한다. 일반적인 문제 행동과 해결책은 문제 해결 팁 목록(하단)에 나열되어 있다.

❖ 되돌아보기 및 읽기 과제 제시하기

부모에게 매일 가정에서 15~20분 동안 연습하고, 연습하는 동안 잘된 점과 어려웠던 점을 기록하게 한다. 다음 회기가 시작될 때 이 내용을 검토할 것이라고 알려 준다. 부모에게 다음에 소개할 촉진과 관련하여 부모 매뉴얼 제5장의 해당 부분을 읽게 한다. *의사소통 이해 촉진하기*를 소개할 때, 아이가 일상 루틴에서 부모의 지시를 따르는 데 어려움을 겪고 있다면 다음 회기에서 이러한 루틴에 대해 코칭할 계획을 세운다. 치료실에서 교육을 제공하는 경우, 부모가 어려움을 겪는 루틴과 관련한 자료나 물건을 가져올 수 있는지 확인한다.

의사소통 촉진하기 문제 해결 팁

만약 부모가……	코치는……
촉진하기 전에 아이의 의사소통 시작을 돕는 데 어려움이 있다면	• 아이의 반응을 이끌어 낼 수 있는 한 가지 촉진과 구체적인 **새로운 의사소통 기회 만들기** 전략을 제안한다. 일단 부모가 편안해지면, 이후에는 지원을 늘리거나 줄이는 방법에 대해 코칭한다.
촉진하기에 좋은 시기를 파악하는 데 어려움이 있다면	• 높은 동기를 나타내는 아이의 구체적인 행동(긍정적인 감정, 손 뻗기, 눈 맞춤 등)을 살펴볼 것을 제안한다.

관련 없는 기능에 대해 촉진한다면	• 언어를 촉진하기 전에 아이가 어떻게 노는지 몇 분 동안 관찰하게 한다. • 촉진할 수 있는 구체적인 기능을 제안한다. • 부모에게 "아이의 활동과 관련된 세 가지 언어 기능에는 무엇이 있을까요?"라고 질문한다. • 그동안 모델링해 왔던 의사소통 기능을 촉진할 것을 제안한다.
너무 복잡한 의사소통 기능을 촉진한다면	• 촉진하기 전에 기대하고 있는 의사소통 기능이 무엇인지 상기시키고, 아이가 반응을 보이면 신호를 보낸다. • "아이가 할 수 있는 것보다 한 단계 더 복잡한 의사소통 기능에는 무엇이 있을까요?"라고 부모에게 질문한다.
명확한 촉진을 제시하지 않는다면	• 사용할 구체적인 촉진을 제안한다. • 부모가 사용할 수 있는 간단한 촉진을 모델링한다.
더 높은 도움 수준의 촉진을 너무 빨리 제공한다면	• 더 높은 도움 수준의 촉진을 사용하기 전에 마음속으로 5까지 세어 보라고 제안한다.
아이가 더 복잡한 의사소통 기능을 사용할 수 있도록 충분한 지원을 제공하지 않는다면	• 지원을 추가해야 할 때를 알려 준다. • 사용할 수 있는 구체적인 세 가지 촉진을 알려 준다.
너무 자주 촉진한다면	• 아이의 자발적인 의사소통에 반응한다는 것을 상기시킨다. • 아이가 소통을 시작하는 매 세 번째 상황마다 더 복잡한 의사소통 기능을 촉진하게 한다. • 새로운 기능을 촉진하기 전에 기다려야 하는 구체적인 시간을 알려 준다(예: 1~2분마다 촉진하기).
보상을 주기 전에 더 복잡한 반응을 요구하지 않는다면	• 아이가 항의하더라도 촉진을 따르게 해야 한다는 것을 상기시킨다. • 아이가 조금 좌절하더라도 괜찮다는 것을 알려 준다. • 부모에게 "어떤 의사소통 기능을 찾고 있나요?"라고 질문한다.
보상을 즉시 제공하지 않는다면	• 아이에게 언제 보상을 제공해야 하는지 부모에게 신호를 준다. • 부모가 구체적인 시간(예: 1초) 내에 아이에게 보상을 주도록 제안한다. • 부모와 함께 연습한다.
부적절한 행동에 무심코 보상을 준다면	• 보상을 주지 않아야 하는 행동에 대해 말해 달라고 요청한다. • 아이가 부적절한 행동을 할 때 부모에게 신호를 보낸다.

만약 아이가……	코치는……
부모가 의사소통을 촉진할 때 좌절한다면	• 이것은 일반적인 현상이고, 아이들은 대개 새로운 기대를 배워가면서 덜 좌절한다는 것을 알려 준다. • 아이가 성공적으로 반응할 수 있는 촉진으로 시작하게 한다. 일단 루틴이 설정되면, 매 세 번째마다 지원 수준을 낮추도록 신호를 보낸다. • 아이의 참여를 유도하기 위해서는 **아이에게 집중하기** 전략으로 돌아가야 한다는 것을 상기시킨다. • 매 세 번째 의사소통이 시작된 후에는 좀 더 복잡한 의사소통 기능을 요구할 것을 제안한다.

15회기
의사소통 이해 촉진하기

회기 목표

부모가 다음의 목표를 위해 촉진과 보상을 사용하여 아이를 도울 수 있도록 가르친다.

- 지시 따르기
- 새로운 단어, 구 또는 언어 개념 이해하기

준비물

- 부모 매뉴얼
- 실천계획표–**새로운 기능 가르치기**(양식 34)
- 부모 매뉴얼의 아동의 목표와 부모가 작성한 매일 하는 활동 스케줄(양식 11)
- 아이가 좋아하는 장난감
- 옷, 밥 먹기, 식사 준비 등 일상생활에 필요한 물건
- 회기 기록지(양식 12)
- 중재 충실도 체크리스트(양식 4)
- 코칭 충실도 체크리스트(양식 6)

회기 진행목록

- 체크인 및 회기 진행목록 정하기
- 실천계획표 검토하기
- *의사소통 이해 촉진하기* 소개하기
- *의사소통 이해 촉진하기* 시연하기
- 부모의 연습 및 피드백 제공하기
- 부모의 되돌아보기를 돕고 실천계획표 작성하기

핵심 요소: *의사소통 이해 촉진하기*

- 지시어 사용하기
- 제스처를 이용해 촉진하기
- 아이가 모방할 수 있는 행동 모델 제시하기
- 신체적 안내 제공하기

체크인 및 회기 진행목록 정하기

❖ 가족 체크인

지난 회기 이후에 가족이 어떻게 지냈는지 물어본다. 필요하다면 잠시 시간을 내어 아이를 활동에 참여시키는 시간을 갖는다.

❖ 회기 목표와 진행목록에 대해 설명하기

부모는 아이가 지시에 따르고 새로운 단어, 구 또는 언어 개념을 이해하도록 돕기 위해 다양한 유형의 촉진을 사용하는 방법을 배운다.

이 전략은 아이가 장난감을 치우거나 신발을 신는 등 자신이 선택하지 않은 루틴이나 활동 중 지시를 따를 때 사용한다. 따라서 이 프로그램에서 제시하는 다른 기법들과는 차이가 있다. 아이가 활동을 즐기지 않는 경우에는 부모가 사용할 수 있는 추가 기법에 대해 논의할 것이라고 부모에게 알려준다.

> 부모와 함께 어려움이 있는 루틴이나 활동을 확인한 경우, 해당 루틴이나 활동 중에 시연하고 연습할 것이라고 일러둔다.

부모에게 "이번 회기에 대해 궁금한 점이나 추가로 다루고 싶은 주제가 있나요?"라고 질문한다. 필요한 경우, 부모의 걱정을 해소하기 위해 회기 진행목록을 조정한다.

실천계획표 검토하기

지난 회기에 작성한 실천계획표를 검토한다. 부모에게 *의사소통 촉진하기*를 가정에서 어떻게 사용했는지 물어본다. 아이의 반응, 잘된 점, 어려웠던 점에 대해 이야기 나눈다. 부모가 연습하는 동안 발생한 도전 행동을 해결할 수 있도록 돕는다. *의사소통 촉진하기*의 일반적인 문제 행동과 가능한 해결책은 14회기 마지막에 있는 문제 해결 팁 목록(247쪽)에 나와 있다.

의사소통 이해 촉진하기 소개하기

❖ 이론 설명하기

사회적 의사소통에 문제가 있는 아이는 부모의 말에 주의를 기울이거나 이해하는 데 어려움을 겪을 수 있으며, 이는 아이의 지시 따르기 능력을 손상시킬 수 있다. *의사소통 이해 촉진하기*를 사용할 경우, 부모는 일반적으로 아이에 대한 집중에서부터 시작하여, 아이의 주의를 끄는 기회를 만들어 간다. 그런 다음 구체적인 촉진을 사용하여 아이가 언어적 지시를 따를 수 있도록 돕는다. 일단 아이가 반응하면, 부모는 아이가 원하는 방식으로 활동할 수 있도록 허용함으로써 보상을 제공한다.

*의사소통 이해 촉진하기*는 아이가 놀이나 친숙한 일상 루틴에서 지시를 따르는 데 어려움을 겪을 때 도움이 된다. 옷 입기나 양치질 등 아이가 선택하지 않은 루틴에서 지시를 따라야 하는 경우, 부모는 먼저 아이의 주의를 끄는 기회를 만들고, 좋아하는 활동이나 간식 등 추가적인 보상을 제공하게 된다. 다시 말하지만, 촉진은 전체 시간의 1/3 정도만 사용해야 한다.

아이의 개별 목표를 달성하는 데 있어서 *의사소통 이해 촉진하기*를 어떻게 사용할 수 있는지 설명한다. 예를 들어 다음과 같이 이야기한다.

> "*의사소통 이해 촉진하기*는 Sam이 컵을 들고 식탁에 앉는 것과 같이 일상 루틴 중에 지시를 따르도록 하는 데 사용할 수 있어요."

❖ 핵심 요소에 대해 이야기 나누기

부모 매뉴얼을 사용하여 *의사소통 이해 촉진하기*에 대해 검토한다. 부모 매뉴얼의 '생각해 보세요!' 질문을 통해 부모가 아이에게 해당 정보를 적용할 수 있도록 돕는다.

지시어 사용하기

부모는 아이에게 무엇을 해야 하는지 정확히 알려 주는 간단한 지시어를 사용해야 한다. 지시를 내릴 때는 질문하지 않는다(예: "신발을 가져다줄 수 있니?"가 아니라, "신발 가져와."라고 말해야 한다).

부모에게 "일상 루틴 중에 어떤 지시를 할 수 있을까요?"라고 물어본다. 부모가 잘 모르겠다고 하면, 아이의 기능 수준과 활동에 적합한 지시를 파악하도록 돕는다. 목표에는 1단계 지시(예: "신발 가져와."), 2단계 지시(예: "신발이랑 재킷 가져와."), 공간 개념을 포함하는 지시(예: "식탁 위에 접시 올려놓아."), 시간 개념을 포함하는 지시(예: "코트를 입은 후에 신발 가져와"), 두 개 이상의 정보를 포함하는 지시(예: "큰 빨간 컵 가져와.") 등이 포함된다.

아이의 언어 이해력이 제한적인 경우, 부모는 지시어를 제스처를 이용한 촉진과 함께 사용해야 한다.

제스처를 이용해 촉진하기

제스처를 지시어와 함께 사용하면 아이는 지시어에 집중하고 어떻게 반응해야 하는지 힌트를 얻을 수 있다. 물건을 가리키거나, 물건을 들어 올리거나, 동작을 흉내 내는 등 지시어와 함께 사용할 수 있는 제스처의 예를 부모에게 보여 준다.

아이가 모방할 수 있는 행동 모델 제시하기

행동 모델링은 아이에게 무엇을 해야 하는지 보여 줌으로써 조금 더 높은 수준의 도움을 주는 지원을 제공할 수 있다. 이 촉진은 모방은 할 수 있지만, 구어를 이해하는 데 어려움을 겪는 아이에게 유용하다.

행동 모델을 제시하는 방법에 대한 구체적인 예를 제공한다. 예를 들어, 아이가 "신발 가져와."라는 지시에 따르지 않는 경우, 부모는 구두로 지시하고 신발을 가리킨 후, 걸어가서 신발을 가져와 아이에게 가져다주는 행동을 모델링할 수 있다. 그런 다음, 다시 신발을 가져다 놓고 아이에게 "신발 가져와."라고 동일한 지시어를 할 수 있다.

신체적 안내 제공하기

> 아이가 따라 할 수 있을 때만 지시를 내린다는 것을 상기시킨다.

신체적 안내는 가장 높은 수준의 도움을 제공하는 촉진 방법이다. 무엇을 해야 하는지 부모가 보여 주었지만 아이가 지시를 따르지 못한다면, 부모는 아이가 지시에 따를 수 있도록 신체적으로 도와주어야 한다. 신체적 안내를 언제 어떻게 사용해야 하는지 구체적인 예를 부모에게 알려 준다. 예를 들어, "신발 가져와."라는 명령 후에 부모는 아이의 손을 잡고 신발을 가져와서 신발을 집어 들도록 도와줄 수 있다.

❖ *의사소통 이해 촉진하기* 단계 설명하기

부모 매뉴얼(99쪽)에 있는 도표를 사용하여 단계를 설명하며, 아이의 목표 중 하나를 사용한다. 부모에게 이와 관련하여 질문할 기회를 준다.

> 각각의 촉진 후에는 아이가 반응할 때까지 지시를 반복하거나 지원을 추가하지 않고 기다려야 한다는 것을 상기시킨다.

부모에게 "아이가 지시를 따르도록 돕기 위해 어떤 세 가지 촉진 방법을 사용할 수 있을까요?"라고 질문한다. 부모가 잘 모르겠다고 하면, 아이의 기능 수준에 가장 적합한 촉진을 파악할 수 있도록 부모를 돕는다. 언어 능력이 뛰어난 아이의 경우, 부모는 지시어한 내용을 반복한 후에 지원 수준을 높이면 된다. 언어 능력이 부족한 아이의 경우, 부모는 제스처를 이용해서 촉진하면서 동시에 지시어를 사용하고, 신체적 안내로 빠르게 전환할 필요가 있다.

부모에게 "아이가 부모님의 지시에 따르면 어떻게 보상할 수 있을까요?"라고 질문한다. 부모가 잘 모른다면, 익숙한 루틴 안에서 제공할 수 있는 자연스러운 보상에 대해 브레인스토밍한다. 아이가 지시 따르기에 어려움을 겪거나 명확한(tangible) 강화물이 필요한 경우에는 이 회기의 마지막에 있는 문제 해결 팁 목록(257쪽)을 참조한다.

의사소통 이해 촉진하기 시연하기

❖ 시연 준비하기

부모에게 어떻게 아이의 주의를 끄는지, 지시를 따르도록 돕기 위해 어떤 유형의 촉진을 사용하는지, 아이가 어떻게 반응하는지, 지시를 따를 때 어떻게 보상하는지 지켜보게 한다. 부모가 특정 루틴을 연습하기 위해 물건을 가져왔다면, 시연할 때 그 물건을 사용한다.

❖ 무엇을 하고 있는지 설명하기

아이와 함께 *의사소통 이해 촉진하기*를 시연할 때 각 단계에서 무엇을 하고 있는지, 이유가 무엇인지 설명한다.

"Brianna가 공을 가지고 놀고 있어요. 저는 Brianna가 보이는 데로 이동해서, 주의를 끌기 위해 공의 움직임을 멈추면서 *놀이 방해하기*를 사용하고 있어요. Brianna가 저를 보고 있네요. 저는 '공을 던져.'라고 구두로 지시했어요. Brianna는 반응하지 않았어요. 저는 공을 던지는 방법을 보여 줬어요(제스처 촉진과 행동 모델). 아이가 계속 공을 잡고 있었기 때문에 저는 신체적 안내를 통해 더 많은 도움을 주었어요. 바로 칭찬으로 보상하고, 공을 다시 Brianna에게 돌려줬어요."

시연이 끝나면 부모에게 "상호작용 중에 무엇을 알게 됐나요?"라고 질문한다. 필요한 경우 다음과 같이 좀 더 구체적인 탐색 질문을 한다.

"제가 구두로 명확하게 지시했을 때 Brianna가 어떻게 반응했나요?"
"어떤 유형의 촉진이 Brianna의 반응을 돕는 데 가장 효과적이었나요?"

부모의 연습 및 피드백 제공하기

❖ 부모의 연습을 격려하기

부모가 다양한 루틴에서 *의사소통 이해 촉진하기*를 연습하게 한다. 가능하다면 일상 루틴에서 아이가 따라 주길 바라는 방향으로 연습하게 한다. 부모에게 아이와의 상호작용을 시작하기 전에 사용할 구체적인 촉진과 핵심 요소를 제공한다.

"'차를 밀어.' '차를 줘.' '차고를 열어.'와 같이 1단계 수준의 명확한 지시어를 사용하는 것을 잊지 마세요. Sam이 지시에 따를 때까지 기다리세요. Sam이 지시를 따르지 않는다면, 지시어를 반복하거나 제스처 촉진을 추가할 수 있어요. 세 번째 촉진까지 Sam이 성공하기를 바라면서 신체적 안내를 사용해야 한다는 것을 기억하세요."

❖ 물리적 환경 관리하기

주의를 산만하게 하는 물건을 치우고, 아이가 지시에 따를 때 보상을 제공할 수 있는 물건을 부모에게 준다.

❖ 피드백 제공하기

부모의 *의사소통 이해 촉진하기* 사용과 아이의 반응에 대해 피드백을 제공한다. 연습하는 동안 발생하는 일반적인 문제에 대한 피드백을 위한 제안은 이 회기의 마지막에 있는 문제 해결 팁 목록(257쪽)에서 확인할 수 있다.

> 부모가 적절한 촉진을 사용할 수 있도록 긍정적 피드백과 교정적 피드백을 모두 제공하며, 지시한 후 아이가 이를 잘 따를 수 있도록 돕는다.

부모의 되돌아보기를 돕고 실천계획표 작성하기

❖ 부모의 되돌아보기

부모에게 회기 중 연습과 관련하여 질문한다. 이 기회를 통해 부모가 *의사소통 이해 촉진하기*에 대해 오해하고 있는 부분이 있다면 명확히 설명한다. 다음은 몇 가지 질문 예시이다.

> "아이가 지시를 따르도록 도울 때 기분이 어땠나요?"
> "일상 루틴 중에 이러한 촉진을 사용하는 것을 상상할 수 있나요? 그렇지 않다면, 어떤 점이 불편하게 느껴지나요? 어떻게 하면 더 쉽게 할 수 있을까요?"
> "아이가 언어 지시를 따르게 하려면 어떤 유형의 촉진을 사용해야 할까요?"
> "가정에서 아이가 어머니의 지시에 따를 때, 아이에게 보상할 수 있는 방법을 떠올릴 수 있나요?"

❖ 부모의 목표와 활동 선택을 돕기

부모 매뉴얼의 아동의 목표와 작성된 매일 하는 활동 스케줄(양식 11)을 사용하여 부모가 회기의 목표와 활동을 선택할 수 있도록 돕는다. 실천계획표-**새로운 기능 가르치기**(양식 34)에 선택한 내용을 기록하게 한다.

이 회기의 좋은 목표에는 놀이나 익숙한 일상 루틴에서 1단계나 2단계 지시 따르기(예: "아기에게 우유 줘." "바지 올려."), 방에는 있지만 아이 바로 앞에 있지 않은 물건 찾아오기(예: "컵 가져와.") 요청한 물건 치우기(예: "펜을 치워.") 등이 있다.

*의사소통 이해 촉진하기*에 적합한 활동으로는 놀이와 익숙한 일상 루틴이 있다. 이 기법은 선호하는 활동과 선호하지 않는 활동 모두에서 사용할 수 있다. 그러나 아이가 어떠한 루틴을 거부하는 경우, 부모는 지시 따르기에 대한 추가 보상을 사용해야 할 수도 있다. 부모 매뉴얼의 '가정에서 해 보기!' 목록(117쪽)에는 놀이나 일상 활동 중에 *의사소통 이해 촉진하기*를 사용하는 방법에 대한 예시가 제공되어 있다.

❖ 부모의 도표 작성 돕기

부모가 선택한 활동 중에서 *의사소통 이해 촉진하기*를 사용한 긍정적인 예를 가지고 부모와 이야기를 나눈다. 실천계획표 도표의 관련 칸에 집중할 핵심 요소를 적게 한다.

아이에게 집중하고 의사소통 방법을 조절하기 위해 무엇을 할 것인지 부모에게 질문한다. 아이가 좋아하지 않는 루틴 중에 지시하기로 선택했다면, 다음 단계로 넘어간다.

다음으로 부모가 아이의 관심을 끌 기회를 만들기 위해 어떤 기법을 사용할지 파악하도록 돕는다.

아이가 부모의 관심을 받고 있다는 것을 보여 주기 위해 어떻게 반응할 수 있을지 물어보고, "기다리기" 칸에 적게 한다. 예를 들어, "아이가 나를 쳐다보거나 활동을 멈출 때까지 기다리기"라고 쓸 수 있다.

아이가 따르도록 촉진하기 위해 어떻게 지시할지 질문하고, 이를 목표 칸 옆에 적게 한다. 부모가 아이의 수용 언어 능력에 적합한 지시를 생각하도록 돕는다.

그런 다음, 아이가 지시를 따르도록 돕기 위해 어떤 세 가지 촉진 방법을 사용할 것인지 부모에게 묻는다. 번호가 매겨진 1번 칸에는 처음에 사용할 가장 낮은 수준의 도움을 제공하는 촉진을, 3번 칸에는 가장 높은 수준의 도움을 제공하는 촉진 방법을 쓰게 한다. 세 개의 촉진 칸 아래에 아이가 어떻게 반응하는지 적을 수 있다고 설명한다.

아이가 지시에 따랐을 때 어떻게 보상할 것인지 부모에게 질문한다. 가능하면 자연스러운 보상을 찾아보게 한다. 가능하지 않다면, 부모가 이 외의 보상을 찾도록 돕는다.

❖ 잠재적 문제에 대한 해결 지원하기

가정에서 *의사소통 이해 촉진하기*를 사용할 때 어떤 점이 어려울 것 같은지 질문한다. 가능한 해결책에 대해 브레인스토밍하는 시간을 갖는다. 일반적인 문제와 해결책은 이 회기의 마지막에 있는 문제 해결 팁 목록(257쪽)에 나와 있다.

❖ 되돌아보기 및 읽기 과제 제시하기

부모에게 가정에서의 연습 진행 상황을 기록하게 한다. 매일 집에서 15~20분 동안 연습하고, 연습하는 동안 잘된 점과 어려웠던 점을 적게 한다.

24회기 프로그램으로 진행하는 경우, 바로 다음 회기에서는 복습을 한다. 부모에게 다음 회기에서 연습하고 싶은 일상 루틴에 대해 생각해 보게 한다. 가능하면 가정에서 회기를 복습하게 하고, 일상 루틴에서의 실행을 장려한다. 가정 방문이 불가능하다면, 부모에게 다음 회기에서 사용할 물건을 가정에서 가져오게 한다. 여기에는 음식, 옷, 장난감, 일상 루틴 중에 이러한 기법을 연습하는 데 도움이 되는 여러 모든 물건이 포함될 수 있다. 또한 부모가 가정에서의 루틴을 촬영한 동영상을 가져와 비디오 검토를 진행할 수도 있다. 이를 통해 부모는 루틴 전반에 걸친 전략 사용에 대해 피드백을 받을 수 있다.

12회기 프로그램으로 진행하는 경우에는 복습 회기를 갖지 않는다. 부모에게 부모 매뉴얼 제5장의 다음 부분(*모방 촉진하기* 또는 *놀이 확장 촉진하기*)을 읽게 한다.

의사소통 이해 촉진하기 문제 해결 팁

만약 부모가……	코치는……
지시하기 전에 아이의 주의를 끄는 데 어려움이 있다면	• 구체적인 **새로운 의사소통 기회 만들기** 전략과 아이의 반응을 이끌어 낼 수 있는 한 가지 촉진을 제안한다. 일단 부모가 편안해지면, 지원 수준을 높이거나 낮추는 방법을 코칭한다.
불분명하거나 너무 복잡한 지시를 한다면	• 촉진하기 전에 아이에게 제시해야 하는 지시의 복잡성 수준을 상기시킨다(예: 1단계, 2단계). • 구체적인 지시를 제안한다. • 불명확한 지시를 보다 적절한 형태로 바꾸어 말해 주며, 지시하기를 모델링한다. • 어떻게 하면 더 명확하게 지시할 수 있을지 질문한다.
관련 없는 기능을 촉진한다면	• 촉진할 수 있는 구체적인 기능을 제안한다. • 부모에게 "아이의 활동과 관련된 세 가지 기능에는 무엇이 있을까요?"라고 질문한다. • 자연스럽게 보상할 수 있는 활동에 대해 생각하도록 부모를 돕는다.
아이가 지시를 따르도록 돕기 위한 충분한 지원을 제공하지 않는다면	• 언제 지원을 추가해야 하는지 부모에게 신호를 준다. • 부모가 사용할 수 있는 구체적인 세 가지 촉진 방법을 제공한다.

너무 자주 촉진한다면	• 촉진 중에 잠시 멈추고 아이에게 다시 집중하게 한다. • 새로운 기능을 촉진하기 전에 기다려야 하는 구체적인 시간을 알려 준다(예: 매 1~2분마다 촉진하기).
보상을 주기 전에 더 복잡한 반응을 요구하지 않는다면	• 아이가 조금 좌절하더라도 괜찮다는 것을 알려 준다. • 부모에게 "어떤 의사소통 기능을 찾고 있나요?"라고 질문한다. • 아이가 거부하더라도 일단 지시를 받으면 따라야 한다는 것을 상기시킨다.
보상을 즉시 제공하지 않는다면	• 부모가 언제 아이에게 보상을 제공해야 하는지 알려 준다. • 부모가 구체적인 시간 내에 아이에게 보상을 주도록 제안한다(예: 1초). • 부모와 함께 연습한다.

만약 아이가……	코치는……
지시를 받을 때 좌절한다면	• 아이가 성공적으로 반응할 수 있는 촉진에서부터 시작하게 한다. 일단 루틴이 정해진 후에는 매 세 번째마다 지원 수준을 낮추도록 신호를 보낸다. • 아이가 지시를 따른 후에 추가 보상(아이가 좋아하지만 해당 과제와 관련이 없는 것)을 사용할 수 있다고 설명한다.
신체적 안내를 거부한다면	• 부모가 신체적 안내를 신속하고 사실적으로 제시하도록 코칭한다. • 부모가 관찰할 수 있도록 아이와 함께 신체적 안내를 모델링한다. • 부모가 아이 역할을 하게 하면서 부모와 함께 연습한다.

16회기
의사소통 촉진하기 복습

회기 목표

다음을 위해 부모를 돕는다.
- 아이의 의사소통 기능 복잡성을 높이기 위한 전략들을 함께 사용하기
- 부모가 사용하는 다양한 의사소통 촉진이 아이의 반응에 어떤 영향을 미치는지 알게 하기
- 새로운 의사소통 기능을 가르치는 데 도움이 되는 기법에 추가 시간이 필요한지 결정하기

준비물

- 부모 매뉴얼
- 실천계획표-**새로운 기능 가르치기**(양식 34)
- 부모 매뉴얼의 아동의 목표와 부모가 작성한 매일 하는 활동 스케줄(양식 11)
- ImPACT F.A.C.T.S. 검토 기록지-**새로운 의사소통 기능 가르치기**(양식 16)
- 비디오 검토 양식-**새로운 의사소통 기능 가르치기**(양식 21)
- 회기 기록지(양식 12)
- 중재 충실도 체크리스트(양식 4)
- 코칭 충실도 체크리스트(양식 6)
- 아이가 좋아하는 장난감이나 의사소통 기회 만들기에 사용할 간식 같은 물건
- 동영상 녹화 및 시청 장비

회기 진행목록

- 체크인 및 회기 진행목록 정하기
- 실천계획표 검토하기
- *의사소통 촉진하기* 복습하기
- *의사소통 촉진하기* 시연하기
- 부모의 연습 및 피드백 제공하기
- 부모-아이 상호작용 동영상 녹화 및 검토하기
- 부모의 되돌아보기를 돕고 실천계획표 작성하기

체크인 및 회기 진행목록 정하기

❖ 가족 체크인

지난 회기 이후에 가족이 어떻게 지냈는지 물어본다. 부모와 대화하는 동안 잠시 시간을 내어 아이를 활동에 참여시키는 시간을 갖는다.

❖ 회기 목표와 진행목록에 대해 설명하기

이 회기에서는 *촉진과 보상*을 사용하여 아이에게 새로운 의사소통 기능을 가르치는 방법에 대해 복습한다. 부모가 이러한 기법을 이전 기법들과 함께 사용하고, 이러한 기법을 사

용하는 것이 아이의 반응에 어떤 영향을 미치는지 인식하도록 돕고, 이 기법에 추가 시간을 할애해야 하는지 여부를 결정한다. 혹은 표현 언어 기능이나 수용 언어 기능에 집중할 수도 있다.

다양한 의사소통 촉진 방법에 대한 간략한 요약과 시연을 제공한다. 부모가 다양한 루틴에서 어려움을 겪고 있다면, *의사소통 촉진하기* 또는 *의사소통 이해 촉진하기*의 핵심 요소에 대해 연습하고 피드백을 받을 수 있는 기회를 갖는다. 가정 방문을 할 수 없는 경우, 이전 회기에서 선택한 루틴을 연습할 수 있다.

그런 다음, 부모와 아이의 간단한 상호작용을 녹화한다. 부모와 함께 비디오를 검토하고, 부모의 전략 사용과 아이의 반응에 대해 이야기를 나누며, 필요에 따라 문제를 해결한다. 가정 방문을 할 수 없는 경우에는 회기 중에 동영상을 녹화하는 대신 부모가 녹화한 가정에서의 루틴을 담은 동영상을 검토할 수 있다.

부모에게 "오늘 회기에 대해 궁금한 점이 있거나 추가로 다루고 싶은 주제가 있나요?"라고 질문한다. 부모가 질문이 있거나 다루고 싶은 주제가 있는 경우, 필요에 따라 회기 진행 목록을 조정한다.

실천계획표 검토하기

지난 회기에 작성한 실천계획표를 검토한다. 부모에게 가정에서 *의사소통 이해 촉진하기*를 어떻게 사용했는지 질문한다. 아이의 반응, 잘된 점, 어려웠던 점에 대해 이야기 나눈다.

가정에서는 시간 제약과 기존 상호작용 패턴으로 인해 도전 행동이 더 심해지는 경우가 많다. 아이가 일상 루틴을 완수하거나 지시 따르기에 상당한 어려움을 겪는 경우, 도전 행동 다루기(부모 매뉴얼 제8장, 본 매뉴얼 8단원)에서 설명한 요소를 소개하는 회기를 갖는 것이 좋다. 가정에서 연습하는 동안 발생한 도전 행동을 해결하도록 부모를 돕는다. 일반적인 문제와 가능한 해결책은 15회기 마지막에 있는 문제 해결 팁 목록(257쪽)에 나와 있다. 부모가 보고한 어려움은 복습 회기에서 지침이 될 수 있다.

의사소통 촉진하기 복습하기

❖ 이론 설명하기

촉진과 보상은 아이가 가진 언어 능력의 자발성과 복잡성을 높이는 데 사용된다. 부모는 계속해서 **아이에게 집중하기**와 **의사소통 방법 조절하기** 전략을 사용하여 상호작용을 시작하며, 동기와 참여도를 높인다. 그런 다음, **새로운 의사소통 기회 만들기** 전략을 사용하여 아이의 주의를 끈다. 다음으로 아이의 언어 능력 복잡성을 높이기 위해 어떤 촉진 방법을 사용할지 선택한다. 일단 아이가 새로운 기능을 사용하면, 보상을 주고 아이의 반응을 확장한다.

부모에게 "오늘 가르치고 싶은 의사소통 목표는 무엇인가요?"라고 질문한다. 부모가 잘 모르겠다고 하면, 아이의 현재 능력을 바탕으로 적절한 의사소통 목표를 찾도록 돕는다. 필요한 경우, 아동의 목표를 검토하고 부모가 다루고 싶은 목표를 선택하게 한다.

❖ 기법의 핵심 요소와 단계 복습하기

ImPACT F.A.C.T.S 검토 기록지-**새로운 의사소통 기능 가르치기**(양식 16)를 사용하여 아이와 관련된 기법에 대해 복습한다. 부모에게 질문할 기회를 주고, 각 기법 옆의 빈칸에 상호작용에 가장 긍정적인 영향을 미칠 수 있는 핵심 요소를 적는다. 여기에는 의사소통 기회를 만드는 데 사용할 기법과 아이에게 가장 효과적인 촉진 유형이 포함되어야 한다. 예를 들어, *놀이 방해하기*가 의사소통 기회를 만드는 데 효과적이라면, 그 점을 강조하고 예상 문구 등 부모가 기억해야 할 요소를 적는다. 아이가 언어 모델을 모방하는 경우, 질문으로 시작한 다음에 완전하지 않은 문장이나 선택형 질문을 사용하고, 그 후에 언어 모델을 사용하도록 상기시킨다.

의사소통 촉진하기 시연하기

❖ 시연 준비하기

부모에게 선택한 촉진 방법을 어떻게 사용하는지, 아이가 새로운 기능을 사용할 수 있도록 어떻게 지원을 추가하는지, 아이의 행동에 어떻게 반응하는지 지켜보게 한다.

❖ 무엇을 하고 있는지 설명하기

시연을 하면서 사용하는 촉진의 유형을 알려 주고 지원 수준을 높이는 방법을 설명한 다음, 아이의 반응에 주목한다.

> "Brianna가 자동차를 앞뒤로 굴리고 있어요. 저는 Brianna와 얼굴을 마주 볼 수 있도록 이동하고, Brianna 옆에서 다른 자동차를 굴리고 있어요. 저는 *놀이 방해하기*를 사용해서 주의를 끌기 위해, Brianna의 차를 멈추려고 해요. Brianna가 제 손을 밀어내려고 하네요. 저는 가리키기, 소리 내어 말하기, 단어로 말하기를 촉진하기 위해 Brianna에게 질문을 할 거예요. *(코치가 Brianna에게 '어떻게 하면 좋을까?'라고 질문한다.)* Brianna가 다시 제 손을 밀었기 때문에, 선택지를 사용하여 도움을 늘리려고 해요. *(코치가 Brianna에게 '움직일까? 아니면 밀까?'라고 질문한다.)* Brianna가 '음'이라고 소리를 냈기 때문에, 손을 움직이는 것으로 보상하고 반응을 확장할 거예요. *(코치가 '움직인다.'라고 말한다.)*"

시연이 끝나면 부모에게 "상호작용 중에 무엇을 알게 됐나요?"라고 질문한다. 부모가 대답하기 어려운 경우에는 다음과 같이 좀 더 구체적인 질문을 한다.

> "어떤 유형의 촉진이 Brianna가 응답하는 데 도움이 되었나요?"
> "Brianna가 새로운 기능을 사용한 후 제가 어떻게 보상했나요?"
> "Brianna가 의사소통을 시작할 수 있는 기회를 만들기 위해 제가 사용한 기법은 무엇인가요?"

> 부모가 *의사소통 촉진하기*와 *의사소통 이해 촉진하기*를 모두 연습하기로 선택한다면, 한 번에 하나씩 시연하고 중간중간 부모가 연습할 수 있도록 한다.

부모의 연습 및 피드백 제공하기

❖ 부모의 연습을 격려하기

이제 부모는 일상이나 놀이 중에 아이에게 새로운 의사소통 기능을 가르치기 위해 선택한 촉진을 연습한다. 독립성을 높이려면, 부모에게 각 단계에서 사용할 기법을 미리 파악하게 한다. 예를 들면 다음과 같다.

"촉진을 사용하기 전에 의사소통의 기회를 만들기 위해 어떤 기법을 사용하시겠어요?"

"어떤 유형의 촉진을 사용하시겠어요?"

"아이가 새로운 기능을 사용한 후에는 어떻게 보상할 수 있을까요?"

❖ 물리적 환경 관리하기

필요에 따라 부모에게 준비물(예: 놀이를 방해하는 인형이나 장난감, 차례 주고받기에 도움이 되는 특정 장난감, 도움이 필요한 물건)을 제공하고, 방해되는 물건을 치운다.

❖ 피드백 제공하기

부모의 *의사소통 촉진하기* 사용과 아이의 반응에 대해 피드백을 제공한다. 이 전략을 연습하는 동안 발생하는 일반적인 문제에 대한 피드백을 위한 제안은 13~15회기의 마지막에 있는 문제 해결 팁 목록에서 확인할 수 있다. 부모는 최소 5분 동안 또는 아이가 F.A.C.T.S. 전략을 성공적으로 사용할 수 있을 때까지 피드백을 받으며 함께 연습한다. 피드백을 줄 때 다음과 같이 말할 수 있다.

"어머니가 선택한 이 촉진 방법에 대해 Sam이 반응하는 것 같아서 좋아요! 다음번에는 질문하기로 촉진을 시작하면 어떤 결과가 나올지 궁금하네요."

부모-아이 상호작용 동영상 녹화 및 검토하기

❖ 5분간 부모와 아이의 상호작용 녹화하기

부모와 아이가 편안하게 상호작용을 시작하면 5분 정도 상호작용을 녹화한다. 부모가 두 명인 경우, 한 번에 한 부모만 녹화한다.

부모와 아이가 상호작용하는 동안에는 언어적 피드백 제공을 자제한다. 그러나 부모가 아이와의 상호작용에 어려움을 겪고 있다면, 아이가 사용할 수 있는 물건(예: 좋아하는 장난감,

놀이 방해에 사용할 인형)을 제공하거나 사용하지 않는 놀이 재료나 산만한 물건을 치워서 부모가 상호작용에 더 쉽게 집중할 수 있도록 도움을 줄 수 있다. 녹화를 중단하고 피드백을 제공한 다음, 다시 녹화를 시작할 수도 있다. 부모와 함께 검토할 때는 긍정적인 예시를 사용하는 것이 중요하다.

또는 앞에서 언급한 것처럼, 가정에서의 루틴 중에 부모가 녹화한 동영상을 사용하여 비디오 검토를 진행할 수도 있다.

❖ 부모와 함께 비디오 검토하기

비디오 검토의 목적은 부모가 사용 중인 촉진, 아이의 행동에 미치는 영향, 아이에게 가장 효과적인 촉진을 파악하는 데 도움을 주기 위한 것이다. 이를 위해 비디오 검토 양식–**새로운 의사소통 기능 가르치기**(양식 21)를 사용한다. 이 회기에서는 촉진의 유형과 가장 효과적인 촉진, 또는 보상 전략에 초점을 맞춘다.

부모에게 비디오 검토 양식을 제공하며 시작한다. 부모가 의사소통과 보상을 위해 촉진을 사용한 경우와 아이의 반응에 대한 예를 찾기 위해 동영상을 함께 시청할 것이라고 설명한다. 해당 기법을 사용한 경우, 비디오 검토 양식의 "부모가 사용한 기법" 칸에 체크하고, "아이의 반응" 칸에는 아이의 반응을 적는다. 이 양식을 사용하여 부모와 함께 검토할 메모를 작성할 수도 있다.

부모가 관찰한 내용에 대해 논의하거나 특정 상호작용을 검토하고 싶을 때마다 주기적으로 녹화를 일시 정지한다. 2분이 지나도 부모가 일시 정지를 요청하지 않으면, 녹화를 일시 정지하고 부모에게 질문하여 관찰한 상호작용에 대해 생각해 볼 수 있도록 돕는다. 개방형 질문으로 시작한 다음, 필요한 경우 더 구체적인 질문으로 넘어간다. 부모와 아이의 상호작용이 질문 선택의 기준이 되어야 한다. 다음은 몇 가지 질문 예시이다.

> "아이가 의사소통을 시작할 기회를 어떻게 만들어 주었나요?"
> "아이가 새로운 의사소통 기능을 사용하도록 돕기 위해 어떤 촉진을 사용했나요?"
> "아이에게 더 많은 언어를 촉진했을 때 아이는 어떻게 반응했나요?"
> "아이가 새로운 의사소통 기능을 사용하도록 돕는 데 가장 효과적이었던 촉진은 무엇인가요?"
> "아이가 지시를 따르도록 돕는 데 가장 효과적이었던 촉진은 무엇이었나요?"

부모가 응답할 수 없는 경우, 동영상을 보면서 찾을 수 있는 구체적인 행동을 알려 주고,

부모가 그러한 행동을 알아차리면 잠시 멈춘다. (같은 동영상을 두세 번 시청하는 것도 도움이 될 수 있다.) 이때 예를 들어 다음과 같이 말할 수 있다.

> "동영상을 함께 보면서 새로운 의사소통 기능을 사용하도록 Sam에게 촉진하는 질문을 할 때마다 일시 정지해 보지요. 또 Sam의 반응을 돕기 위해 더 많은 도움을 주는 촉진을 사용했는지 살펴보고, 그때 Sam이 어떻게 반응했는지 살펴보지요. Sam에게 촉진을 해야 했는데 하지 못했다고 생각될 때도 일시 정지하고, 어떤 촉진이 효과적이었을지 이야기 나눌 수도 있어요. 언제 동영상을 멈춰야 하는지 알려 주세요."

비디오 검토 시에 피드백은 주로 긍정적인 것이어야 한다. 그러나 부모가 특정 기법에 어려움을 겪고 있음에도 이를 인지하지 못하고 있는 경우라면, 동영상을 사용하여 피드백을 제공할 수 있다. 또한 부모의 행동에 따른 아이의 반응 차이를 파악하게 함으로써, 부모가 직접 피드백을 할 수 있도록 유도할 수도 있다.

> "Brianna가 여기서는 어머니의 촉진에 반응하지 않았어요. 이 동영상을 다시 보고, 더 효과적인 촉진을 위해 무엇을 할 수 있을지 생각해 보지요."

부모의 되돌아보기를 돕고 실천계획표 작성하기

❖ 부모의 되돌아보기

아이와의 상호작용에 대해 부모에게 질문한다. 이 기회를 통해 부모가 오해하고 있는 부분을 명확히 하고, 배운 내용을 가정에서 어떻게 활용할 수 있을지에 대해 부모 스스로 생각해 볼 수 있도록 돕는다. 부모의 질문이 있다면 답하는 시간을 갖는다. 다음은 몇 가지 질문의 예시이다.

> "오늘 연습한 촉진 중에서 아이가 새로운 의사소통 기능을 사용하는 데 가장 효과적이었던 것은 무엇이라고 생각하세요?"
>
> "아이가 의사소통 기능을 이해하는 데 도움을 준 촉진은 어떤 것이었나요?"
>
> "아이가 촉진에 더 잘 반응하도록 돕기 위해, 가정에서 무엇을 시도할 수 있을까요?"

"여전히 어려운 점은 무엇인가요?"

❖ 부모의 목표와 활동 선택을 돕기

부모 매뉴얼의 아동의 목표와 작성된 매일 하는 활동 스케줄(양식 11)을 사용하여 부모가 회기의 목표와 활동을 선택할 수 있도록 돕는다. 실천계획표—**새로운 기능 가르치기**(양식 34)에 선택한 내용을 기록한다. 부모가 *의사소통 촉진하기*와 *의사소통 이해 촉진하기*를 모두 연습할 계획이라면 실천계획표를 따로 작성한다.

이 단원의 좋은 목표에는 제스처(예: 가리키기, 두드리기, 손짓하기)나 구어(예: 한 단어, 단어 조합, 문장)를 사용하여 요청하기, 지시하기, 정보 공유하기, 의문문("wh-" question)에 답하기, 놀이나 일상 루틴에서 1단계나 2단계 지시 따르기(예: "아기에게 우유를 먹여." "바지 올려.") 등이 포함된다.

이 단원에 적합한 활동에는 아이가 좋아하는 활동이 포함된다. 프로그램의 이 시점에서는 부모가 다양한 상황에서 전략을 사용하는 방법을 배우는 데 도움이 되는 세 가지 활동을 파악하는 것이 좋다. 부모 매뉴얼의 '가정에서 해 보기!' 목록(112쪽, 117쪽)에는 다양한 활동을 통해 새로운 의사소통 기능을 가르치는 방법의 예가 나와 있다.

❖ 부모의 도표 작성 돕기

부모가 선택한 활동 중 **새로운 의사소통 기능 가르치기**의 긍정적인 예를 가지고 부모와 이야기를 나눈다. 실천계획표 도표의 관련 칸에 핵심 요소를 적게 한다.

부모에게 **아이에게 집중하기**와 **의사소통 방법 조절하기**를 위해 무엇을 할 것인지 물어보고, 촉진을 제공하기 전에 아이의 동기 수준을 파악하게 한다.

그런 다음, 부모가 아이와 의사소통하거나 주의를 끄는 기회를 만들기 위해 어떤 기법을 사용할지 파악하도록 돕는다.

새로운 의사소통 기회 만들기 전략을 사용한 후 기다릴 때, 아이의 반응이 어떨 것 같은지 질문한다. 아이에게 의사소통을 사용하도록 촉진할 때는 의사소통 행동을 끌어낼 수 있는 기법을, 아이에게 의사소통을 이해하도록 촉진할 때는 아이의 주의를 끄는 기법을 선택하도록 돕는다.

더 복잡한 의사소통 기법을 사용하도록 아이를 촉진하는 방법은 무엇인지 부모에게 질문하고, 이를 목표 칸 옆에 적게 한다.

그런 다음, 부모에게 아이가 새로운 기능을 사용하도록 돕기 위해 어떤 세 가지 촉진을 사용할 것인지 묻는다. 번호가 매겨진 1번 칸에는 처음에 사용할 가장 낮은 수준의 도움을 제공하는 촉진을, 3번 칸에는 가장 높은 수준의 도움을 제공하는 촉진을 적게 한다. 세 개의 촉진 칸 아래에는 아이가 사용하는 새로운 기능을 적을 수 있다고 설명한다.

부모에게 아이의 반응에 대해 어떻게 보상하고 확장할 것인지 질문한다. 아이의 반응이 예상했던 것과 정확히 일치하지 않더라도, 처음의 의사소통보다 적절하고 더 복잡했다면 보상해야 한다는 점을 상기시킨다.

❖ 잠재적 문제에 대한 해결 지원하기

가정에서 **새로운 의사소통 기능 가르치기**를 연습을 할 때 어떤 점이 어려울 것 같은지 부모에게 질문한다. 시간을 내어 해결책을 함께 생각해 본다. 13~15회기의 마지막에 있는 문제 해결 팁 목록에 일반적인 문제와 해결책이 나와 있다.

❖ 되돌아보기 및 읽기 과제 제시하기

부모에게 가정에서의 연습 진행 상황을 기록하게 한다. 가정에서 연습하는 동안 잘된 점과 어려웠던 점을 적게 한다. 다음 그룹 회기가 시작될 때 이 내용을 검토할 것이라고 알려 준다. 부모에게 다음 회기 전에 부모 매뉴얼 제5장 *모방 촉진하기*를 읽어 오게 한다.

17회기
모방 촉진하기

회기 목표

부모에게 다음의 목표를 위해 촉진과 보상을 사용하는 방법을 가르친다.
- 아이의 모방 기능 완성하기
- 아이에게 새로운 놀이 방법 가르치기
- 아이가 새로운 제스처를 사용하도록 가르치기
- 아이에게 더 복잡한 놀이 기능 가르치기

회기 진행목록

- 체크인 및 회기 진행목록 정하기
- 실천계획표 검토하기
- *모방 촉진하기* 소개하기
- *모방 촉진하기* 시연하기
- 부모의 연습 및 피드백 제공하기
- 부모의 되돌아보기를 돕고 실천계획표 작성하기

준비물

- 부모 매뉴얼
- 실천계획표-**새로운 기능 가르치기**(양식 34)
- 부모 매뉴얼의 아동의 목표와 부모가 작성한 매일 하는 활동 스케줄(양식 11)
- 의사소통의 기회를 만드는 데 사용할 아이가 좋아하는 장난감 또는 간식 등의 물건
- 쌍으로 이루어진 몇 가지 장난감
- 회기 기록지(양식 12)
- 중재 충실도 체크리스트(양식 4)
- 코칭 충실도 체크리스트(양식 6)
- 선택 사항: 놀이 활동 아이디어(양식 13)

핵심 요소: *모방 촉진하기*

- 아이가 모방할 수 있는 행동 모델 제시하기
- 신체적 안내 제공하기

체크인 및 회기 진행목록 정하기

❖ 가족 체크인

지난 회기 이후 어떻게 지냈는지 물어본다. 필요하다면 잠시 시간을 내어 아이를 활동에 참여시키는 시간을 갖는다.

❖ 회기 목표와 진행목록에 대해 설명하기

이번 회기에서 부모는 *촉진과 보상*을 사용하여 아이에게 놀이 행동과 제스처를 모방하도록 가르치는 방법을 배운다. 이 전략은 아이가 부모와 소통하고 모방을 통해 새로운 놀이 방법을 배우는 데 도움이 될 수 있다.

부모에게 "오늘 회기에 대해 궁금한 점이 있거나 추가로 다루고 싶은 주제가 있나요?"라고 질문한다. 부모가 걱정하는 부분이 있으면 회기 진행목록을 조정해야 할 수도 있다.

실천계획표 검토하기

지난 회기에 작성한 실천계획표를 검토한다. 부모에게 가정에서 아이에게 새로운 의사소통 기능을 가르치기 위해 어떻게 촉진을 사용했는지 질문한다. 잘된 점과 어려웠던 점에 대해 이야기 나눈다.

가정에서 연습하는 동안 발생한 도전 행동을 해결하도록 부모를 돕는다. 아이의 반응, 잘된 점, 어려웠던 점에 대해 논의한다. *의사소통 촉진하기*와 *의사소통 이해 촉진하기*의 일반적인 문제와 가능한 해결책은 14회기와 15회기의 마지막 부분에 있는 문제 해결 팁 목록(247쪽, 257쪽)에 나와 있다.

모방 촉진하기 소개하기

❖ 이론 설명하기

사회적 의사소통에 문제가 있는 아이는 다른 사람을 관찰하고 그들의 행동을 모방하는 데 어려움을 겪는 경우가 많다. 다른 사람의 행동을 관찰하고 모방하는 능력은 새로운 기능과 사회적 상호작용을 배우는 데 매우 중요하다. *모방 촉진하기*를 사용하면, 따라 하라는 직접적인 지시가 없어도 아이가 자발적으로 모방하는 능력을 향상시킬 수 있다. 또한 환경으로부터 학습하고 사회적 목적을 위해 모방하는 능력이 향상된다. *모방 촉진하기*를 사용할 때 부모는 먼저 **아이에게 집중하기**(특히, *아이 모방하기*)와 **의사소통 방법 조절하기**를 사용한다. 아이가 피라미드의 가장 하단에 있는 전략을 사용하지 않는 경우, **새로운 의사소통 기**

회 만들기 전략을 사용한다. 일단 아이의 주의를 끌면, 촉진을 사용하여 아이가 부모의 행동을 모방하도록 돕는다. 그런 다음 아이를 칭찬하고, 아이가 놀거나 상호작용하던 방식으로 돌아가게 함으로써 보상한다.

*모방 촉진하기*는 제스처와 놀이를 모방하는 데 어려움을 겪는 아이와 모방을 사용하여 놀이하는 데 어려움을 겪는 아이에게 유용하다. 설명적인 제스처는 추상적일 수 있으므로 모방하기가 더 어려울 수 있다. 따라서 부모는 아이가 이미 사물 모방에 어느 정도 능숙한 경우에만 제스처 모방을 목표로 삼아야 한다.

*모방 촉진하기*가 아이의 개별 목표를 어떻게 충족시킬 수 있는지 설명한다. 다음과 같이 말할 수 있다.

> "이 기법은 Brianna가 장난감을 가지고 어머니의 행동을 모방하는 데 도움이 될 수 있어요. 공처럼 Brianna가 좋아하는 장난감으로 간단한 놀이 행동을 모방할 수 있게 할 거예요."

❖ 핵심 요소에 대해 이야기 나누기

부모 매뉴얼을 사용하여 *모방 촉진하기*의 요소를 소개한다. 부모 매뉴얼의 '생각해 보세요!' 질문을 통해 부모가 아이에게 해당 정보를 적용할 수 있도록 돕는다.

아이가 모방할 수 있는 행동 모델 제시하기

*모방 촉진하기*는 모방 기능 그 자체를 가르치는 데 사용된다. 즉, 부모는 특정 언어, 제스처, 놀이 행동을 사용하는 것이 아니라, 부모의 행동을 따라 하는 아이의 능력을 키우는 것이다. 따라서 신체적 안내를 사용하기 전에 해당 행동이나 제스처를 모델링하도록 최대 두 번 더 반복하며 지원을 추가한다.

행동을 다시 모델링하기 전에 부모는 명확한 기다리는 시간(예: 3초)을 제공한다. 아이의 목표에 따라, 부모는 사물을 이용하여 놀이 행동을 모델링하거나 제스처를 모델링하도록 선택할 수 있다.

부모에게 "아이가 좋아하는 장난감으로 어떤 놀이 행동을 모델링할 수 있을까요?"라고 질문한다. 부모가 잘 모르겠다고 하면, 부모 매뉴얼의 〈표 5-4〉를 참고하여 모방할 수 있는 다양한 놀이 행동을 생각하도록 돕는다. 특정 놀이 기능을 가르치기보다는 모방을 늘리는 것이 목표이므로, 부모는 아이가 모방하고 싶어 할 만한 재미있는 행동에 집중해야 한다는 점을 강조한다. 아이가 모방에 큰 어려움을 겪는다면, 부모에게는 생소하더라도 아이에게 익숙한 행동부터 모방하도록 해야 한다. 예를 들어, 아이가 자동차 바퀴를 돌리거나 줄 세우기만 하면서 놀이한다면, 아이가 자동차를 일렬로 늘어놓을 때 바퀴를 돌리는 모델링을 보여 주는 것이다.

다음으로 부모에게 "아이의 놀이와 관련하여 어떤 제스처를 모델링할 수 있을까요?"라고 질문한다. 부모가 잘 모르겠다고 하면, 부모 매뉴얼의 〈표 5-5〉를 사용하여 아이의 놀이를 설명하는 데 사용할 수 있는 여러 가지 제스처를 생각하도록 돕는다. 이러한 제스처에는 정서적 주제(예: 얼굴에 손을 얹고 "안 돼.")뿐만 아니라, 사물 묘사(예: 양팔을 옆으로 뻗고 "비행기."), 속성(예: 양팔을 들고 "크다."), 행동(예: 손가락으로 원을 그리며 "돌려.")이 포함될 수 있다.

신체적 안내 제공하기

세 번의 모델링을 제시한 후에도 아이가 행동을 모방하지 않으면, 부모는 아이가 행동을 모방할 수 있도록 신체적 안내를 제공해야 한다. 아이가 스스로 또는 신체적 안내를 통해 행동을 모방하면, 부모는 즉시 칭찬을 하고 아이가 선택한 방식으로 놀 수 있도록 허용함으로써 아이를 강화해야 한다.

❖ *모방 촉진하기* 단계 설명하기

부모 매뉴얼(99쪽)에 있는 도표를 아이에게 적합한 예시와 함께 사용한다. 아이가 새로운 놀이 행동에 대한 모델링에 집중하지 않는 경우, 부모가 **새로운 의사소통 기회 만들기** 전략을 사용하도록 상기시킨다.

모방 촉진하기 시연하기

❖ 시연 준비하기

부모에게 아이를 모방하여 상호작용을 시작하는 방법은 무엇인지, 아이의 주의를 끄는 방법은 무엇인지, 어떤 놀이 행동이나 제스처를 모델링하는지, 어떻게 도움을 늘리는지, 아이가 어떻게 반응하는지를 지켜보게 한다. 부모에게 놀이 행동 모방이나 제스처 모방에 집중하고 싶은지 질문한다. 만약 적절한 경우라면, 놀이 동작과 제스처에 대한 촉진 사용을 시연한다.

❖ 무엇을 하고 있는지 설명하기

아이와 함께 *모방 촉진하기*를 시연하면서 의사소통의 기회를 만들기 위해 사용하는 기법, 아이가 모방하도록 돕기 위해 사용하는 촉진, 이에 대한 아이의 반응에 대해 설명한다.

"Brianna가 자동차 바퀴를 돌리고 있어요. 저는 Brianna가 볼 수 있는 곳으로 가서, 다른 자동차의 바퀴를 돌리기 시작할 거예요. 저는 '바퀴를 돌려.'라고 말하며 놀이를 설명할 거예요. Brianna가 저를 쳐다봤어요. 저는 자동차를 밀면서 '자동차를 운전해.'라고 말하며 자동차를 가지고 노는 새로운 방법을 보여 줄 거예요……. Brianna가 반응하지 않았기 때문에 행동을 두 번 더 모델링할 거예요. Brianna가 여전히 반응하지 않았기 때문에 저는 Brianna가 자동차를 밀 수 있도록 도와주었어요(신체적 안내). 이후에 Brianna가 새로운 기능을 사용해서, 저는 칭찬을 해 주고 자동차를 가지고 노는 방법을 선택하게 함으로써 보상을 해 주었어요. 그런 다음 저는 다시 아이의 놀이를 흉내 냈지요."

시연이 끝나면 부모에게 "상호작용 중에 무엇을 알게 됐나요?"라고 질문한다. 필요한 경우, 다음과 같이 좀 더 구체적인 탐색 질문을 한다.

"Brianna가 모방하도록 돕기 위해 제가 어떤 유형의 촉진을 사용했나요?"
"Brianna가 제스처를 따라 한 후에 제가 어떻게 보상을 주었나요?"

부모의 연습 및 피드백 제공하기

❖ 부모의 연습을 격려하기

도표를 사용하여 부모에게 *모방 촉진하기*에서 따라야 하는 단계를 상기시킨다. 모방을 가르칠 때 사용해야 하는 구체적인 촉진을 알려 준다.

"간단하면서도 똑같은 말로 세 번씩 행동을 모델링하는 것을 잊지 마세요. 아이가 행동을 모방하지 않으면, 신체적 안내를 사용해서 지원을 추가하세요."

❖ 물리적 환경 관리하기

부모가 아이를 모방하는 데 사용할 수 있는 물건을 제공한다. 주의를 산만하게 하는 물건은 치운다.

❖ 피드백 제공하기

부모의 *모방 촉진하기* 사용과 아이의 반응에 대해 피드백을 제공한다. 부모가 아이를 모방하는 것과 아이에게 모방을 요청하는 것을 번갈아 가며 사용하도록 돕는다. 또한 아이가 모방할 행동을 부모가 파악할 수 있도록 돕는다. 일반적인 문제에 대한 피드백을 위한 제안은 이 회기의 마지막에 있는 문제 해결 팁 목록(275쪽)에서 확인할 수 있다.

부모의 되돌아보기를 돕고 실천계획표 작성하기

❖ 부모의 되돌아보기

회기 중 연습에 대해 질문한다. 이 시간을 활용하여 *모방 촉진하기*에 대해 궁금해하는 부모의 모든 질문에 답한다. 다음은 몇 가지 질문 예시이다.

"아이가 어머니를 모방하도록 돕기 위해 촉진을 사용했을 때 기분이 어땠나요?"

"이런 식으로 아이와 꾸준히 상호작용하는 것을 상상할 수 있나요? 그렇지 않다면 어떤 점이 불편하게 느껴졌나요? 어떻게 하면 더 쉽게 할 수 있을까요?"

"어머니가 놀이 동작이나 제스처를 모델링할 때 아이가 어떻게 반응하나요?"

"모델링하기 전에 아이의 주의를 끌었다고 생각하나요? 그렇지 않다면, 어떤 **새로운 의사소통 기회 만들기** 전략을 사용할 수 있을까요?"

❖ 부모의 목표와 활동 선택을 돕기

부모 매뉴얼의 아동의 목표와 작성된 매일 하는 활동 스케줄(양식 11)을 사용하여 부모가 회기의 목표와 활동을 선택할 수 있도록 돕는다. 부모가 실천계획표의 **새로운 기능 가르치**

기(양식 34)에 선택한 내용을 기록하게 한다.

이 회기의 좋은 목표에는 장난감을 이용한 기능적 동작, 가상적 동작, 인사/이별의 제스처(예: 손 흔들기, 키스하기), 감정을 나타내는 제스처(예: 박수 치기, 하이파이브), 행동을 설명하는 제스처(예: 손가락으로 원을 그리며 "돌려", 손바닥을 내밀며 "멈춰")가 포함된다.

적합한 활동에는 놀이와 이야기 시간, 식사 시간 등 아이가 좋아하는 일상적인 활동이 포함된다. 부모 매뉴얼의 '가정에서 해 보기!' 목록(123쪽)에는 놀이와 일상 활동 중에 촉진을 사용하는 방법에 대한 예시가 나와 있다.

❖ 부모의 도표 작성 돕기

부모가 선택한 활동 중에 *모방 촉진하기*를 사용하는 긍정적인 예를 가지고 이야기를 나눈다. 실천계획표 도표의 해당 칸에 집중할 핵심 요소를 적게 한다. 이는 다른 **새로운 기능 가르치기**의 기법들과는 약간 다르기 때문에 연습 방법도 다르다.

이 전략에서는 먼저 부모가 아이를 모방한 다음, 아이가 모방할 새로운 제스처나 놀이 동작을 모델링하여 아이에게 집중할 것이라고 설명한다. 부모는 번호가 매겨진 세 개의 촉진 칸 위의 목표 옆에 모방할 기능을 적는다.

그런 다음, 부모에게 새로운 기능을 모방한 후 아이가 어떻게 반응할 것 같은지 질문한다. 만약 도움 없이는 아이가 행동을 모방하지 못할 것으로 예상된다면, 지원 수준을 높여서 다른 기능을 모델링하기 전에 어떻게 아이의 주의를 끄는 기회를 만들 것인지 물어본다.

그 후, 아이가 **새로운 의사소통 기회 만들기** 전략에 어떻게 반응할지, 새로운 기능을 촉진하기 전에 얼마나 기다려야 하는지 부모에게 질문한다. 이 정보를 "기다리기" 칸에 적게 한다.

부모에게 *모방 촉진하기*는 이 연습 내내 똑같이 유지된다는 점을 상기시킨다. 최대 두 번 더 동작을 모델링하여 도움을 주는데, 그래도 아이가 반응하지 않으면 신체적 안내를 사용한다. 세 개의 촉진 칸에 이러한 촉진 방법을 적게 한다. 부모에게 아이의 반응에 대해 어떻게 보상하고 확장할 것인지 질문한다. 여기서 보상은 일반적으로 칭찬과 부모가 아이의 행동을 모방하는 방식으로 제공된다.

❖ 잠재적 문제에 대한 해결 지원하기

부모에게 가정에서 *모방 촉진하기*를 사용할 때 어떤 점이 어려울 것 같은지 질문하고, 해결책을 생각하는 시간을 갖는다. 일반적인 문제와 가능한 해결책은 문제 해결 팁 목록(275쪽)

에 나와 있다.

❖ 되돌아보기 및 읽기 과제 제시하기

부모에게 가정에서 연습하는 동안 잘된 점과 어려웠던 점을 기록하게 한다. 다음 회기가 시작될 때 이 내용을 검토할 것이라고 알려 준다. 다음 회기를 위해 부모에게 부모 매뉴얼 제5장 *놀이 확장 촉진하기*를 읽게 한다. 이 기법은 아이의 놀이 다양성과 복잡성을 높이는 데 사용된다고 설명한다. 이 기법에 대해 궁금한 점이 있으면, 부모는 그 회기에 참여해야 한다.

모방 촉진하기 문제 해결 팁

만약 부모가……	코치는……
모델링할 놀이 동작이나 제스처를 알아차리지 못한다면	• 모방하기 쉽거나 재미있는 동작을 제시한다. • 다른 아이들이 장난감을 가지고 노는 모습을 보면서 아이디어를 얻을 수 있는 시간을 갖게 한다. • 다음 코칭 회기에 아이가 좋아하는 장난감을 가져오게 한다. • 부모에게 "이 장난감으로 할 수 있는 세 가지 제스처에는 무엇이 있을까요?"라고 질문한다.
너무 자주 모방을 촉진한다면	• 해당 시간 대부분은 아이를 모방해야 한다는 것을 상기시킨다. • 아이가 모방할 새로운 놀이 기능을 모델링하기 전에 명확한 대기 시간을 알려 준다(예: 1～2분마다).
아이가 모방할 수 있도록 충분한 지원을 제공하지 않는다면	• 언제 더 높은 수준의 도움을 제공해야 하는지 부모에게 신호를 준다. • 아이가 5초 이내에 모방하지 않으면, 모델링을 반복할 것을 제안한다.
행동을 모델링하기 전에 아이의 주의를 끄는 데 어려움을 겪는다면	• 부모가 모델링을 제시하기 전에 *놀이 방해하기*를 사용하도록 권장한다. • 행동을 모델링하기 좋은 타이밍을 알려 준다. • *애니메이션처럼 표현하기*를 사용하여 명확하게 행동하게 한다.

만약 아이가……	코치는……
모방하기 전에 상호작용을 멈춘다면	• 아이가 거부하거나 상호작용을 멈추더라도 부모의 촉진을 따르게 해야 한다는 것을 상기시킨다. • 부모가 더 빠르게 촉진을 제시하게 한다. • 부모가 장난감을 가지고 아이를 따라가서, 행동을 다시 모델링하도록 격려한다. • 부모가 다시 동작을 모델링할 수 있도록 아이를 상호작용으로 돌아오게 한다.

스스로 모방하지 않는다면	• 아이가 장난감을 가지고 노는 모습을 부모가 지켜보고, 아이가 자발적으로 사용하는 행동을 모델링하도록 제안한다. 아이가 이러한 행동을 모방하기 시작하면, 매 세 번째마다 새롭지만 비슷한 행동을 모델링하도록 유도한다. • 부모에게 "아이가 이 장난감을 가지고 하기 좋아하는 세 가지에는 무엇이 있을까요?"라고 질문한다.
신체적 안내를 거부한다면	• 부모가 신체적 안내를 신속하고 사실적으로 제공하도록 코칭한다. • 부모가 관찰할 수 있도록 아이에게 제공하는 신체적 안내를 모델링한다. • 부모가 아이 역할을 하며 함께 연습한다.

18회기
놀이 확장 촉진하기

회기 목표

부모가 다음의 목표를 위해 촉진과 보상을 사용하도록 돕는다.

- 좋아하는 장난감으로 아이가 할 수 있는 행동을 다양하게 늘리기
- 새 장난감을 가지고 놀도록 가르치기
- 좀 더 복잡한 방법으로 놀도록 가르치기

회기 진행목록

- 체크인 및 회기 진행목록 정하기
- 실천계획표 검토하기
- *놀이 확장 촉진하기* 소개하기
- *놀이 확장 촉진하기* 시연하기
- 부모의 연습 및 피드백 제공하기
- 부모의 되돌아보기를 돕고 실천계획표 작성하기

준비물

- 부모 매뉴얼
- 실천계획표–**새로운 기능 가르치기**(양식 34)
- 부모 매뉴얼의 아동의 목표와 부모가 작성한 매일 하는 활동 스케줄(양식 11)
- 다양하고 창의적인 방법으로 사용할 수 있는 아이가 매우 좋아하는 장난감
- 회기 기록지(양식 12)
- 중재 충실도 체크리스트(양식 4)
- 코칭 충실도 체크리스트(양식 6)
- 선택 사항: 놀이 활동 아이디어(양식 13)

핵심 요소: *놀이 확장 촉진하기*

- 아이의 활동 진술하기
- 질문하기
- 선택할 기회 주기
- 구어로 지시하기
- 아이가 모방할 수 있는 행동 모델 제시하기
- 신체적 안내 제공하기

체크인 및 회기 진행목록 정하기

❖ 가족 체크인

지난 회기 이후에 가족이 어떻게 지냈는지 물어보고, 필요하다면 잠시 시간을 내어 아이를 활동에 참여시키는 시간을 갖는다.

❖ 회기 목표와 진행목록에 대해 설명하기

부모는 아이의 놀이를 확장하기 위해 *촉진과 보상*을 사용하는 방법을 배운다. 이러한 촉진은 아이의 행동 모방 능력(*모방 촉진하기*)을 키우는 것이 아니라, 특정 놀이 기능을 사용하는 것을 목표로 한다. 그러나 부모는 아이가 새로운 놀이 행동을 사용하도록 돕기 위해 때때로 모델링과 신체적 안내를 사용한다.

부모에게 "이번 회기에 대해 궁금한 점이나 추가로 다루고 싶은 주제가 있나요?"라고 질문한다. 부모가 질문이 있거나 오늘 다루고 싶은 주제가 있다고 하면, 필요에 따라 회기 진행목록을 조정한다.

실천계획표 검토하기

지난 회기에 작성한 실천계획표를 검토한다. 부모가 가정에서 *모방 촉진하기*를 어떻게 사용했는지 질문한다. 아이의 반응, 잘된 점, 어려웠던 점에 대해 이야기 나눈다. 가정에서 연습하는 동안 발생한 도전 행동을 해결하도록 부모를 돕는다. *모방 촉진하기*의 일반적인 문제와 가능한 해결책은 17회기 마지막에 있는 문제 해결 팁 목록(275쪽)에 나와 있다.

놀이 확장 촉진하기 소개하기

❖ 이론 설명하기

사회적 의사소통에 어려움이 있는 아이들은 놀이 기능이 지연되는 경우가 많다. 이들은 장난감을 기능적으로 사용하지 않거나(예: 장난감 자동차를 운전하는 척하지 않고 바퀴만 돌리기) 반복적으로 가지고 놀 수 있다(예: 계속해서 같은 방식으로 다과 준비하기). 또한 아이들은 부모의 언어적, 시각적 지시에 의존하여 놀이를 하기 때문에 또래 친구들과 함께 노는 것은 어려울 수 있다.

놀이 촉진은 아이의 놀이 복잡성과 다양성을 높이는 데 사용할 수 있다. 놀이는 문제 해결 능력, 상상력, 조망 수용을 가르치기에 매우 좋은 도구이다. 또한 놀이 촉진은 아이의 촉진 의존도를 낮추고, 독립적인 놀이 기능 사용을 높이는 데 사용할 수 있다. 부모는 F.A.C.T.S. 피라미드(**아이에게 집중하기**와 **의사소통 방법 조절하기**)의 기본 전략에서부터 시작하여 아이의 놀이에 참여한다. 그런 다음, **새로운 의사소통 기회 만들기** 전략을 사용하여 아이의 주의를 끌 수 있다. 그 후에는 새롭거나 조금 더 복잡한 놀이 기능을 촉진한다. 일단 아이가 새로운 기능을 사용하면 부모는 아이가 원하는 방식으로 놀 수 있도록 허용함으로써 보상한다. 다른 촉진 방법들과 마찬가지로 *놀이 확장 촉진하기*는 상호작용 중 1/3 정도만 사용해야 한다.

이러한 촉진은 주로 언어적이기 때문에 일반적으로 놀이와 언어 능력이 좋은 아이에게 더 효과적이다. 아이가 언어 지시에 반응하는 데 어려움이 있다면, 부모는 계속해서 *모방 촉진하기*를 사용하여 아이가 놀이 기능을 확장할 수 있도록 도와야 한다.

아이의 개별 목표를 달성하기 위해 *놀이 확장 촉진하기*를 어떻게 사용할 수 있는지 설명한다. 이때 다음과 같이 말할 수 있다.

> "Brianna의 놀이 목표는 장난감을 의도된 목적에 맞게 사용하는 능력, 즉 기능적 놀이 능력을 향상시키는 것이에요. 오늘은 기능적 놀이 능력을 개선하는 데 도움이 되는 다양한 촉진을 배우게 될 것입니다."

> "Sam의 놀이 목표는 장난감을 가지고 가상 놀이를 하는 능력을 향상시키는 것이에요. 오늘은 Sam의 가상 놀이 능력을 발달시키는 데 도움이 되는 다양한 촉진을 배우게 될 것입니다."

❖ 핵심 요소에 대해 이야기 나누기

부모 매뉴얼을 사용하여 *놀이 확장 촉진하기*의 핵심 요소에 대해 이야기 나눈다. 부모 매뉴얼의 '생각해 보세요!' 질문을 통해 부모가 아이에게 이 전략을 사용하는 방법을 이해하도록 돕는다.

부모에게 "아이가 사용할 어떤 새로운 놀이 기능을 촉진할 수 있을까요?"라고 질문하며 시작한다. 부모가 잘 모르겠다고 하면, 아이의 놀이 다양성과 복잡성을 높이는 방법에 대해 검토한다. 부모 매뉴얼(〈표 5-7〉 참조)을 사용하여 기능에 대해 알아본다. 아이의 기능 수준에 따라 조합 놀이(예: 컵 쌓기, 고리 쌓기), 기능 놀이(예: 자동차 밀기, 인형에게 밥 먹이기, 인형 재우기), 가상 놀이(예: 한 물건을 다른 물건으로 대체하거나 물건에 감정을 투사하기)로 나눌 수 있다.

부모가 장난감을 이용한 다양한 놀이 행동에 대해 생각할 수 있도록 놀이 활동 아이디어(양식 13)의 일부분 또는 전체를 작성하게 할 수 있다. 아이가 가지고 놀기 좋아하는 장난감의 이름을 빈칸 한가운데 있는 "장난감" 동그라미 칸 중 하나에 쓰게 한다. 그런 다음, 동그라미 주변의 빈칸은 부모가 촉진할 수 있는 다양한 행동으로 채우게 한다. 여기에는 물건 가지고 놀기, 물건 조합하기, 가상 놀이, 상징 놀이 행동 등이 포함될 수 있다.

아이의 활동 진술하기

일단 아이가 놀이에 참여하면, 부모는 아이의 놀이 복잡성 확장을 돕기 위해 활동에 대한 진술(comment)을 할 수 있다. 부모는 아이의 반응을 돕기 위해 제스처와 진술을 함께 표현할 수 있다.

이 촉진은 수용 언어 능력이 좋은 아이에게 적합하다. 새로운 놀이 아이디어를 생각해내는 능력, 행동을 서로 연결하여 이야기를 전달하는 능력, 추리 능력을 향상시키는 데 효과적이다.

부모가 아이의 반응 능력을 향상시키기 위해 의견을 제시할 때, 이와 함께 사용할 제스처에 대해 생각하도록 돕는다. 예를 들어, 부모는 "아기가 배고파 보여."라고 말하면서, 우유병을 들어 아이에게 우유를 먹이도록 유도할 수 있다.

질문하기

활동에 대한 진술 표현에 아이가 반응하기 어려운 경우, 아이의 놀이 복잡성을 확장하도록 촉진하기 위한 질문을 사용할 수 있다. 일단 부모가 질문을 하고 나면, 아이가 놀이를 확장하는지 여부를 기다린다. 아이는 말로 대답하기보다 놀이 행동에 참여함으로써 질문에 반응할 수 있다.

질문하기는 수용 언어 능력이 뛰어나지만, 놀이 주제를 확장하는 데 어려움을 겪는 아이에게 적합하다. 또한 아이의 놀이 복잡성을 높이고, 놀이의 연속성을 만드는 데 효과적이다. 아이가 놀이를 확장할 수 있도록 돕기 위해, 부모가 개방형 질문(예: "Elmo는 이제 무엇을 해야 할까?")을 생각하도록 돕는다.

선택할 기회 주기

아이가 개방형 질문에 답하기 어려운 경우, 부모는 아이에게 두 가지 새로운 놀이 활동 중 하나를 선택하게 할 수 있다. 이 촉진은 아이에게 놀이 아이디어를 제공하지만, 추가할 놀이 순서나 놀이 유형에 대한 최종 결정은 아이가 할 수 있게 한다.

부모가 놀이 중에 사용할 수 있는 선택 사항(예: "Elmo가 밥을 먹을까, 아니면 잠을 잘까?")을 생각하도록 돕는다. 놀이 촉진을 사용하면, 아이가 두 가지 놀이 행동을 모두 선호할 수 있다.

구어로 지시하기

놀이 중에 아이디어를 생각해 내는 데 어려움을 겪는 아이는 장난감을 가지고 새로운 놀이를 하거나, 놀이 순서에 다른 단계를 추가하는 방법, 또는 새로운 장난감을 놀이로 가져오는 방법을 알려 주는 구어 지시가 도움이 되는 경우가 많다. 구어 지시는 명확해야 하며, 행동은 아이가 선택한 활동과 관련이 있어야 한다.

이 촉진은 낮은 수준의 도움을 제공하는 촉진에 반응하기 어려운 아이에게 도움이 되며, 놀이 기능이 부족한 아이에게 좋은 출발점이 되는 경우가 많다.

아이가 모방할 수 있는 행동 모델 제시하기

놀이 모델링을 제공하는 것은 *모방 촉진하기*에서 사물 모방 기능을 향상시키기 위해 설명한 절차와 동일하다. 또한 *차례 주고받기*에서 설명한 모델링 전략과도 유사하다. 차이점은 부모가 놀이 행동을 한 번 모델링한 다음, 아이가 반응하지 않으면 신체적 안내를 사용한다는 점이다.

신체적 안내 제공하기

부모가 새로운 기능을 가르칠 때, 신체적 안내로 촉진하는 방법은 동일하다. 아이가 낮은 수준의 지지적 촉진에 반응하지 않는 경우, 부모는 새로운 놀이 기능을 사용할 수 있도록 신체적 안내를 제공한다. 이 유형의 촉진은 아이가 구어 지시, 혹은 놀이 모델링에 반응하지 않을 때 사용한다.

❖ *놀이 확장 촉진하기* 단계 설명하기

부모 매뉴얼(99쪽)에 있는 도표를 아이에게 적합한 예시와 함께 사용하며, 부모에게 질문할 기회를 준다. 이것은 부모가 **새로운 기능 가르치기** 수업에서 배운 모든 촉진에서 사용하는 것과 동일한 순서이다. 차이점은 이번에는 놀이 기능과 관련된 촉진이 있다는 것이다.

부모는 최소한의 도움을 제공하는 촉진에서 시작한 다음, 아이가 응답하지 않으면 지원 수준을 높이는 방법을 배운다. 부모에게 세 가지 촉진 규칙을 상기시킨다. 부모가 반응을 유도하는 데 필요한 최소한의 지원을 제공하되, 아이가 너무 좌절하기 전에 성공할 수 있도록 돕는 것이 중요하다.

부모에게 "아이가 새로운 놀이 기능을 사용하도록 돕기 위해 어떤 세 가지 촉진을 사용할 수 있을까요?"라고 질문한다. 부모가 잘 모르겠다고 하면, 부모 매뉴얼의 촉진 목록(〈표 5-8〉 참조)을 보여 주며, 어디서부터 시작해야 하고 어떻게 지원 수준을 늘릴지에 대해 강조한다.

놀이 확장 촉진하기 시연하기

❖ 시연 준비하기

부모에게 어떤 유형의 촉진을 사용하는지, 아이가 어떻게 반응하는지 지켜보게 한다. 아이의 목표와 현재 기능에 따라 어떤 촉진을 사용할지 구체적으로 알려 준다. 목표로 할 놀이 기능을 파악하는 것이 도움이 될 수 있다.

❖ 무엇을 하고 있는지 설명하기

*놀이 확장 촉진하기*를 시연할 때, 사용하는 촉진 유형과 아이의 반응에 대해 설명한다. 놀이에서는 촉진 도표를 작성한 후에 다음의 예시와 같이 설명하는 것이 더 쉬울 수 있다.

> "Sam이 자동차를 가지고 놀고 있어요. 저는 Sam이 보이는 곳으로 다가가서, 주의를 끌기 위해 차를 멈췄어요. Sam이 저를 쳐다봤어요. 저는 '차가 어디로 가야 할까?'라고 질문하고 차를 놓아주었어요. Sam은 대답하지 않았어요. 그래서 Sam의 주의를 끌기 위해 다시 차를 세우고 '차가 주유소로 갈까? 아니면 세차장으로 갈까?'라고 선택지를 제시했어요. Sam은

세차를 하겠다고 대답했지요. 저는 다른 촉진을 제공하기 전에 '야호, 네가 세차를 해 주었구나!'라고 칭찬하고, 잠시 장난감을 가지고 놀게 해 줌으로써 보상을 해주었어요."

시연이 끝나면 부모에게 "상호작용 중에 무엇을 알게 됐나요?"라고 질문한다. 부모가 대답하기 어려운 경우에는 다음과 같은 좀 더 구체적인 질문을 한다.

"어떤 유형의 촉진이 Brianna의 놀이를 확장하는 데 효과적이었나요?"
"제가 어떤 유형의 놀이 기능을 촉진했나요?"

부모의 연습 및 피드백 제공하기

❖ 부모의 연습을 격려하기

*놀이 확장 촉진하기*를 사용하기 위해 부모가 따라야 할 단계를 아이의 목표와 기능 수준에 따른 구체적인 예를 들어 상기시킨다.

"Sam은 자동차 놀이를 좋아해요. 우리에게는 Sam의 가상 놀이를 확장시키는 목표가 있지요. 활동에 대한 진술로 시작하세요('차가 더러워졌어.'). Sam이 반응하지 않으면 질문을 하세요('차가 더러워졌어. 어떻게 하면 좋지?'). 그래도 아이가 반응하지 않으면 선택권을 주세요('차가 더러워졌어. 걸레로 닦을까, 아니면 호스로 닦을까?')."

> 상호작용 중에 새로운 놀이 방법을 생각하기는 어려울 수 있다. 필요한 경우, 부모가 연습을 시작하기 전에 장난감을 활용하는 놀이 아이디어에 대해 브레인스토밍할 수 있도록 돕는다.

❖ 물리적 환경 관리하기

부모가 놀이 아이디어를 떠올리는 데 도움이 되는 장난감을 제공하고, 산만함을 줄이기 위해 사용하지 않는 장난감은 치운다.

❖ 피드백 제공하기

부모의 *놀이 확장 촉진하기* 사용과 아이의 반응에 대해 피드백을 제공한다. 피드백을 위한 제안 사항과 일반적인 문제는 이 회기의 마지막에 있는 문제 해결 팁 목록(285쪽)에 나와 있다.

부모의 되돌아보기를 돕고 실천계획표 작성하기

❖ 부모의 되돌아보기

부모에게 상호작용에 대한 질문을 한다. 다음은 몇 가지 질문의 예시이다.

> "촉진을 사용하여 아이의 놀이를 확장했을 때 기분이 어땠나요?"
> "가정에서 이렇게 하는 것을 상상할 수 있나요? 그렇지 않다면 어떤 점이 불편하게 느껴졌나요? 어떻게 하면 더 쉽게 할 수 있을까요?"
> "어떤 유형의 촉진이 아이의 놀이 기능을 확장하는 데 가장 성공적이었나요?"
> "어떤 유형의 놀이 기능을 촉진했나요? 가정에서는 아이의 장난감으로 어떻게 할 수 있을까요?"

❖ 부모의 목표와 활동 선택을 돕기

부모 매뉴얼의 아동의 목표와 작성된 매일 하는 활동 스케줄(양식 11)을 사용하여 부모가 회기의 목표와 활동을 선택할 수 있도록 돕는다. 실천계획표의 **새로운 기능 가르치기**(양식 34)에 선택한 내용을 기록한다.

이 회기의 좋은 목표에는 아이의 놀이 복잡성 증진(예: 가상 놀이 사용하기), 놀이 연속성의 증가, 아이가 가지고 노는 장난감 수 증가 등이 포함된다.

이 회기에 적합한 활동으로는 장난감 놀이와 활동적인 놀이, 식사 시간, 목욕 시간 등이 있다. 활동을 파악한 후에는 가르칠 놀이의 유형을 파악할 수 있도록 부모를 돕는다. 예를 들어, 부모가 자동차 놀이를 하면서 아이에게 가상 놀이를 가르치기로 했다면, 구체적인 자동차 놀이를 파악할 수 있도록 돕는다. 여기에는 자동차를 주유소까지 밀기, 세차하기, 자동차 수리하기 등이 포함될 수 있다. 부모 매뉴얼(129쪽)의 '가정에서 해 보기!' 목록에는 이러한 활동에서 *놀이 확장 촉진하기*를 사용하는 방법에 대한 예가 나와 있다.

❖ 부모의 도표 작성 돕기

부모가 선택한 활동 중 *놀이 확장 촉진하기*의 긍정적인 예를 가지고 부모와 이야기를 나누고, 실천계획표 도표의 관련 칸에 집중할 핵심 요소를 적게 한다.

아이에게 집중하기와 **의사소통 방법 조절하기**를 위해 무엇을 할 것인지 부모에게 질문한다.

놀이를 촉진하기 전, 아이의 주의를 끌기 위해 어떤 **새로운 의사소통 기회 만들기** 전략을 사용할 것인지 부모에게 질문한다. *차례 주고받기*는 새로운 놀이 기능을 촉진하는 데 효과적일 수 있다.

의사소통 기회를 만든 후 기다릴 때, 아이가 어떻게 반응할 것 같은지 부모에게 질문한다. "기다리기" 칸 아래에 있는 아이 아이콘 옆에는 가정에서 연습하는 동안 나타나는 아이의 반응을 적을 수 있다고 알려 준다.

다음으로 부모에게 어떤 새로운 놀이 기능을 촉진할지 질문하고 목표 칸 옆에 적게 한다. 부모가 아이의 현재 능력과 다르거나, 조금 더 복잡한 놀이 기능을 선택하도록 돕는다.

그 후 부모에게 아이가 새로운 기능을 사용하도록 돕기 위해 어떤 세 가지 촉진을 사용할 것인지 질문한다. 번호가 매겨진 빈칸에 촉진 방법을 적는데, 1번 칸에는 시작할 때 사용할 촉진(가장 낮은 수준의 도움을 제공하는 촉진), 3번 칸에는 가장 높은 수준의 도움을 제공하는 촉진을 표기하게 한다. 부모가 촉진의 유형보다는 구체적인 언어를 적도록 돕는다(예: '활동 진술하기'보다는 "아기가 배가 고파"라고 적기). 이렇게 하면 부모가 놀이 중에 촉진할 방법을 떠올리는 데 도움이 된다. 세 개의 촉진 칸 아래에는 아이가 사용하는 새로운 기능을 적을 수 있다고 알려 준다.

부모에게 아이의 반응에 대해 어떻게 보상하고 확장할지 질문한다. 보상은 아이가 장난감을 가지고 원하는 대로 놀 수 있는 것이어야 한다. 새로운 놀이 행동으로 확장하거나 다른 물건을 놀이로 가져오는 방법에 대한 예시를 제공한다.

❖ 잠재적 문제에 대한 해결 지원하기

부모에게 가정에서 놀이를 촉진하는 데 어떤 점이 어려울 것 같은지 질문한다. 이 회기의 마지막에 있는 문제 해결 팁 목록(285쪽)에 일반적인 문제와 가능한 해결책이 나와 있다.

❖ 되돌아보기 및 읽기 과제 제시하기

부모에게 가정에서 연습하는 동안 잘된 점과 어려웠던 점을 기록하게 한다. 다음 회기가 시작될 때 이 내용을 검토할 것이라고 알려 준다.

24회기로 프로그램을 진행하는 경우, 다음 회기에는 복습을 한다. 부모에게 연습하고 싶은 다른 놀이 활동에 대해 생각해 보게 한다. 가능하면 이 회기를 가정에서 진행하여, 아이의 장난감 사용에 대한 피드백을 제공할 수 있도록 한다. 이것이 불가능하다면 가정에서 장난감을 가져오게 한다. 가정에서의 루틴을 촬영한 동영상을 부모가 가져와서 비디오 검토를 진행할 수도 있다. 이를 통해 부모는 루틴 전반에 걸쳐 전략 사용에 대한 피드백을 받을 수 있다.

12회기로 프로그램을 진행하는 경우에는 복습 시간이 없다. 부모에게 부모 매뉴얼 제6장 (**상호작용 형성하기**)을 읽게 한다.

놀이 확장 촉진하기 문제 해결 팁

만약 부모가……	코치는……
촉진할 좋은 놀이 기능을 알아차리는 데 어려움이 있다면	• 아이가 가지고 노는 장난감으로 할 수 있는 좋은 행동, 놀이 주제를 확장하기 위해 추가할 수 있는 새로운 장난감, 놀이에서 표현할 수 있는 감정을 파악하도록 돕는다. • 부모에게 "이 장난감으로 할 수 있는 세 가지 활동에는 무엇이 있을까요?"라고 질문한다. • 다른 아이들이 장난감을 가지고 노는 도습을 보면서 아이디어를 얻을 것을 제안한다. • 다음 코칭 회기에 아이가 좋아하는 장난감을 가져오게 한다.
명확한 촉진을 사용하지 않는다면	• 새로운 놀이 기능을 촉진하기 전에 아이의 주의를 끌어야 한다는 것을 상기시킨다. • 사용할 구체적인 촉진을 제시한다. • 부모가 사용할 수 있는 명확한 촉진을 모델링한다.
너무 자주 놀이를 촉진한다면	• 아이의 자발적인 놀이 기능에 반응할 것을 상기시킨다. • 의사소통이 시작되는 매 세 번째마다 더 복잡한 놀이 기능을 촉진하도록 제안한다. • 새로운 기능을 촉진하기 전에 기다려야 하는 구체적인 시간을 제시한다(예: 1~2분마다).

아이가 더 복잡한 놀이 기능을 사용할 수 있도록 충분한 지원을 제공하지 않는다면	• 부모에게 언제 지원을 추가해야 하는지 신호를 준다. • 부모가 사용할 수 있는 구체적인 놀이 촉진 세 가지를 제공한다.
보상을 주기 전에 더 복잡한 반응을 요구하지 않는다면	• 아이가 거부하더라도 촉진을 따라야 한다는 것을 상기시킨다. • 아이가 조금 좌절하더라도 괜찮다는 것을 알려 준다.

만약 아이가……	코치는……
부모가 놀이를 바꾸려고 할 때 좌절한다면	• 좌절감을 일으키는 장난감을 코칭 공간에서 치운다. • 이것은 일반적인 현상이며, 아이들은 일반적으로 새로운 기대치를 배우면서 덜 좌절한다는 점을 알려 준다. • 아이가 성공적으로 반응할 수 있는 촉진으로 시작한 다음, 아이가 자신의 방식으로 놀 수 있게 하라고 제안한다. 일단 루틴이 정해지면 매 세 번째마다 더 낮은 수준의 도움을 제공하는 지원을 하도록 신호를 보낸다.

19회기
모방 촉진하기와 놀이 확장 촉진하기 복습

회기 목표

다음을 위해 부모를 돕는다.

- 아이의 모방과 놀이 기능 복잡성을 높이기 위해 전략들을 함께 사용하기
- *모방 촉진하기*와 *놀이 확장 촉진하기*가 아이의 반응에 어떤 영향을 미치는지 인식하기
- 아이에게 새로운 모방과 놀이 기능을 가르치는 데 도움이 되는 기법에 추가 연습이 필요한지 결정하기

준비물

- 부모 매뉴얼
- 실천계획표–**새로운 기능 가르치기**(양식 34)
- 부모 매뉴얼에 있는 아동의 목표와 부모가 작성한 매일 하는 활동 스케줄(양식 11)
- ImPACT F.A.C.T.S. 검토 기록지–**새로운 모방 및 놀이 기능 가르치기**(양식 17)
- 비디오 검토 양식–**새로운 모방 및 놀이 기능 가르치기**(양식 22)
- 회기 기록지(양식 12)
- 중재 충실도 체크리스트(양식 4)
- 코칭 충실도 체크리스트(양식 6)
- 다양하고 창의적인 방식으로 사용할 수 있는 아이가 좋아하는 장난감
- 쌍으로 이루어진 몇 가지 장난감
- 동영상 녹화 및 시청 장비

회기 진행목록

- 체크인 및 회기 진행목록 정하기
- 실천계획표 검토하기
- *모방 촉진하기*와 *놀이 확장 촉진하기* 복습하기
- *모방 촉진하기*와 *놀이 확장 촉진하기* 시연하기
- 부모의 연습 및 피드백 제공하기
- 부모–아이 상호작용 동영상 녹화 및 검토하기
- 부모의 되돌아보기를 돕고 실천계획표 작성하기

체크인 및 회기 진행목록 정하기

❖ 가족 체크인

지난 회기 이후에 가족이 어떻게 지냈는지 물어본다. 부모와 대화하는 동안 잠시 시간을 내어 아이를 활동에 참여시키는 시간을 갖는다.

❖ 회기 목표와 진행목록에 대해 설명하기

이번 회기에서는 *촉진과 보상*을 사용하여 아이에게 새로운 모방과 놀이 기능을 가르치는 방법에 대해 복습한다. 부모가 이전에 배운 전략들과 함께 촉진을 사용하도록 돕고, 이러한 촉진의 사용이 아이의 반응에 어떤 영향을 미치는지 인식하며, 아이가 새로운 모방과 놀이 기능을 사용하도록 돕기 위해 어떤 촉진에 추가 시간을 가질지 결정한다.

먼저 모방과 놀이를 위한 다양한 촉진에 대해 간략하게 요약한 후 시연을 보인다. 다음으로, 부모는 *모방 촉진하기* 혹은 *놀이 확장 촉진하기*의 핵심 요소 중 어려움을 겪는 부분에 대해 연습하고 피드백을 받을 수 있는 기회를 갖는다.

이후 부모와 아이의 간단한 상호작용을 녹화한다. 부모와 함께 비디오를 검토하고, 부모의 전략 사용과 아이의 반응에 대해 이야기를 나누며, 필요에 따라 문제를 해결한다. 가정에 방문할 수 없는 경우, 회기 중에 동영상을 녹화하는 대신 부모가 녹화해서 가지고 온 가정에서의 루틴이 담긴 동영상을 검토할 수 있다.

부모에게 "오늘 회기에 대해 궁금한 점이 있거나 추가로 다루고 싶은 주제가 있나요?"라고 질문한다. 부모가 질문이 있거나 다루고 싶은 주제가 있는 경우, 필요에 따라 회기 진행목록을 조정한다.

실습계획표 검토하기

지난 회기에 작성한 실천계획표를 검토한다. 부모에게 가정에서 *놀이 확장 촉진하기*를 어떻게 사용했는지 질문한다. 아이의 반응, 잘된 점, 어려웠던 점에 대해 이야기 나눈다.

가정에서 연습하는 동안 발생한 도전 행동을 해결하도록 부모를 돕는다. 18회기 마지막에 있는 문제 해결 팁 목록(285쪽)에 일반적인 문제와 가능한 해결책이 나와 있다. 부모가 보고한 어려움은 복습 회기에서의 지침이 될 수 있다.

모방 촉진하기 및 놀이 확장 촉진하기 복습하기

❖ 이론 복습하기

*촉진*은 아이에게 새로운 모방과 놀이 기능을 가르치는 데 사용되며, *보상*은 아이가 이러한 새로운 기능을 다시 사용할 가능성을 높이기 위해 사용된다. 부모는 이미 배운 것과 같은 방식으로 아이에게 집중하며 상호작용을 시작한다. 모방을 가르칠 때, 부모는 *아이 모방하기*를 사용하여 주고받을 수 있는 게임을 준비한다. 놀이를 확장할 때는 다른 방식으로 아이의 놀이에 참여할 수 있다. 그런 다음, 아이의 관심을 끌 수 있는 기회를 만들 수 있다. 일단 부모가 아이의 관심을 끈 후, 놀이 동작이나 제스처를 모방하거나 새로운 놀이 기능을 사용하도록 아이를 촉진한다. 아이가 새로운 놀이 기능을 모방하거나 사용한 후에는 아이가 원하는 방식으로 놀게 하고, 아이가 이끄는 대로 다시 모방하거나 따름으로써 보상한다. 또한 새로운 놀이 행동을 모델링하여 아이의 놀이를 확장할 수도 있다. 부모는 해당 시간의 1/3 정도만 새로운 놀이 기능을 유도해야 한다. 나머지 시간에는 계속해서 아이의 놀이 주도를 따르고 아이의 자발적인 행동에 논리적으로 반응해야 한다.

부모에게 "오늘은 어떤 모방이나 놀이 목표를 다루고 싶으세요?"라고 물어본다. 부모가 잘 모르겠다고 하면, 부모가 아이의 현재 능력에 따라 적절한 모방이나 놀이 목표를 찾도록 돕는다. 필요한 경우, 아동의 목표 양식에서 아이의 목표를 검토하고 해결하고자 하는 목표를 선택하게 한다.

❖ 기법의 핵심 요소와 단계 복습하기

ImPACT F.A.C.T.S 검토 기록지–**새로운 모방 및 놀이 기능 가르치기**(양식 17)를 아이에게 적합한 예시와 함께 사용한다. 부모에게 질문할 기회를 주고, 상호작용에 가장 긍정적인 영향을 미칠 수 있는 핵심 요소를 각 기법 옆의 빈칸에 적는다. 아이의 모방 혹은 놀이 기능 복잡성을 높이는 데 가장 효과적일 것 같은 촉진 방법을 포함시킨다. 예를 들어, 놀이를 확장하기 위한 질문과 선택에 아이가 잘 반응하는 경우, 이러한 촉진을 놀이 촉진 칸 옆에 적는다. "아기가 배가 고파."와 같은 활동 진술을 위한 촉진이나 "공을 던지고 차기"와 같은 놀이 모델링을 위한 촉진 예시를 작성하는 것도 도움이 될 수 있다.

모방 촉진하기 및 놀이 확장 촉진하기 시연하기

❖ 시연 준비하기

모방이나 놀이를 유도하기 위해 시작할 수 있는 촉진 방법을 보여 주고, 아이가 반응하지 않는 경우 어떻게 지원 수준을 높일지 설명한다. 부모에게 어떤 촉진을 사용하고, 아이가 이에 어떻게 반응하는지 지켜보게 한다.

❖ 무엇을 하고 있는지 설명하기

시연을 하면서 사용하는 촉진과 이에 대한 아이의 반응을 확인한다. 아이가 새로운 기능을 사용할 수 있도록 어떻게 지원 수준을 높이는지를 강조한다.

> "Sam이 자동차를 가지고 놀고 있어요. 촉진하기 전에 *놀이 방해하기*를 사용해서 아이의 주의를 끌 거에요. 저는 Sam이 놀이를 확장하도록 유도하기 위해 활동 진술하기를 사용할 거예요. *(코치가 '차가 더러워졌어.'라고 말한다.)* Sam이 놀이를 바꾸지 않아서, 질문을 사용하여 지원 수준을 높일 거예요. *(코치가 Sam에게 '차가 더러워졌네. 어떻게 하지?'라고 말한다.)* Sam이 여전히 반응하지 않기 때문에 선택지를 추가할 거예요. *(코치가 천과 장난감 호스를 들고, Sam에게 '걸레로 세차할까? 아니면 호스로 세차할까?'라고 질문한다.)* Sam이 '걸레'라고 말하면서 걸레를 들고 세차하는 시늉을 했어요. Sam이 원하는 대로 자동차를 가지고 놀게 해 주면서 보상을 해 줬어요."

시연이 끝나면 부모에게 "상호작용하는 동안 무엇을 알게 됐나요?"라고 질문한다. 부모가 대답하기 어려운 경우에는 다음과 같이 좀 더 구체적인 질문을 한다.

> 부모가 여러 가지 목표에 대해 연습하기로 선택한 경우, 목표에 대한 촉진 방법을 한 번에 하나씩 보여 주고, 부모가 중간중간 연습할 수 있게 한다.

> "어떤 유형의 촉진이 Brianna의 놀이를 확장하는 데 효과적이었나요?"

"제가 어떤 유형의 놀이 기능을 촉진했나요?"

부모의 연습 및 피드백 제공하기

❖ 부모의 연습을 격려하기

부모는 다양한 장난감을 가지고 놀이하면서 선택한 촉진을 사용하는 연습을 해야 한다. 독립성을 높이려면, 부모에게 각 단계마다 어떤 기법을 사용하는지 확인하게 한다. 예를 들어 다음과 같이 질문한다.

"의사소통의 기회를 만들기 위해 어떤 기법을 사용하시겠어요?"
"아이가 어머니 또는 다른 대상과 함께 가상 놀이를 하도록 돕기 위해서 어떤 촉진으로 시작하시겠어요?"

부모가 대답할 수 없는 경우에는 검토 기록지를 사용하여 각 단계에 맞는 기법을 선택할 수 있도록 돕는다.

❖ 물리적 환경 관리하기

부모가 아이를 모방하는 데 사용할 수 있거나 놀이 아이디어를 떠올리는 데 도움이 되는 장난감을 제공한다. 산만함을 줄이기 위해 장난감을 치운다.

❖ 피드백 제공하기

부모의 촉진 및 보상 사용과 아이의 반응에 대해 피드백을 제공한다. 이러한 전략을 연습하는 동안 발생하는 도전 행동에 대한 피드백을 위한 제안은 각 회기의 마지막에 있는 문제 해결 팁 목록에서 확인할 수 있다. 부모는 최소 5분 동안 또는 전략들을 함께 성공적으로 사용할 수 있을 때까지 피드백을 받으며 연습해야 한다. 부모가 아이디어를 찾고 있거나 이에 어려움을 겪는다면, 다음과 같이 제안할 수 있다.

"구두로 지시하기 전에 선택지를 사용하면 어떤 일이 일어나는지 살펴보지요. '차가 어디로 가야 할까?'라는 질문으로 시작하세요. 아이가 대답하지 않으면 '세차장으로 갈까, 가게로 갈까?'라고 물어볼 수 있어요."

부모-아이 상호작용 동영상 녹화 및 검토하기

❖ 5분간 부모와 아이의 상호작용 녹화하기

일단 부모와 아이가 편안하게 상호작용을 하면, 5분 정도 상호작용을 녹화한다. 부모가 두 명인 경우, 한 번에 한 명씩 녹화한다.

부모와 아이가 상호작용하는 동안에는 언어적 피드백을 제공하지 않는다. 그러나 부모가 아이와 상호작용하는 데 어려움을 겪고 있다면, 아이가 사용할 수 있는 물건(예: 좋아하는 장난감, 놀이를 방해하는 인형)을 제공하거나 사용하지 않는 놀이 재료나 산만한 물건을 치워서 부모가 상호작용에 더 쉽게 집중할 수 있도록 도움을 줄 수 있다. 녹화를 중단하고 피드백을 제공한 다음, 다시 녹화를 시작할 수도 있다. 부모와 함께 검토할 수 있는 긍정적인 예시를 제시하는 것이 중요하다.

또는 앞에서 언급한 것처럼 부모가 가정에서의 루틴 중에 녹화한 동영상을 사용하여 비디오 검토를 진행할 수도 있다.

❖ 부모와 함께 비디오 검토하기

비디오 검토의 목적은 부모가 모방과 놀이를 위한 촉진 사용을 평가하고, 아이의 행동에 미치는 영향을 알아차리고, 아이에게 가장 효과적인 촉진을 파악하는 데 도움을 주기 위한 것이다. 이를 위해 비디오 검토 양식-**새로운 모방 및 놀이 기능 가르치기**(양식 22)를 사용한다.

부모에게 비디오 검토 양식을 제공하는 것으로 시작한다. 모방과 놀이를 위한 촉진과 보상을 사용한 예를 찾고 아이의 반응을 관찰하기 위해 함께 동영상을 시청할 것이라고 설명한다. 부모가 해당 기법을 사용하면 비디오 검토 양식의 "부모가 사용한 기법" 칸에 해당 기법을 체크하고, "아이의 반응" 칸에는 아이가 어떻게 반응했는지 기록한다. 이 양식을 사용하여 부모와 함께 검토할 메모를 작성할 수도 있다.

부모가 관찰한 내용에 대해 논의하거나 특정 상호작용을 검토하고 싶을 때마다 주기적으로 녹화를 일시 정지한다. 2분 후에도 부모가 일시 정지하지 않으면, 녹화를 일시 정지하고 부모가 관찰한 상호작용에 대해 생각해 볼 수 있도록 질문한다. 개방형 질문으로 시작해서 필요한 경우 보다 구체적인 질문으로 넘어간다. 부모와 아이의 상호작용이 질문 선택의 기준이 되어야 한다. 다음은 몇 가지 질문의 예시이다.

> "아이에게 새로운 놀이 기능을 사용하도록 유도하기 전에 어떻게 아이의 주의를 끌었나요?"
> "아이가 새로운 놀이 기능을 사용하도록 돕기 위해 어떤 촉진을 사용했나요?"
> "아이가 어머니를 모방하는 데 어떤 촉진이 도움이 되었나요?"
> "아이에게 새로운 놀이 기능을 사용하도록 유도했을 때 아이는 어떻게 반응했나요?"
> "어떤 놀이 촉진이 아이의 놀이 기능을 확장하거나 가르치는 데 가장 효과적이었던 것 같나요? 가장 효과적이었던 놀이 촉진은 무엇인가요?"

부모가 답하지 못하는 경우, 동영상을 보면서 구체적인 행동을 찾아서 제시하고 그러한 행동을 발견하면 잠시 멈춘다. 예를 들어 다음과 같이 말할 수 있다.

> "동영상을 함께 시청하면서 Sam에게 새로운 놀이 기능을 사용하도록 촉진하는 질문을 할 때마다 일시 정지해 보지요. 그런 다음, 무엇이 잘 되었는지 또는 다음에 더 성공적으로 하기 위해 무엇을 시도할 수 있는지 이야기를 나눠 볼게요. 언제 일시 정지해야 하는지 알려 주세요."

비디오 검토 시에 피드백은 주로 긍정적인 것이어야 한다. 그러나 부모가 특정 기법에 어려움을 겪고 있고 부모가 이를 인지하지 못하고 있다고 생각되는 경우에는 동영상을 사용하여 피드백을 제공할 수 있다. 또한 행동에 따른 아이의 반응 차이를 파악하게 함으로써 부모가 직접 피드백을 하도록 유도할 수도 있다.

부모의 되돌아보기를 돕고 실천계획표 작성하기

❖ 부모의 되돌아보기

회기 중 연습에 대해 질문한다. 이 기회를 통해 부모가 오해하고 있는 부분을 명확히 하고, 배운 내용을 가정에서 어떻게 활용할 수 있을지 부모 스스로 아이디어를 낼 수 있도록 돕는다. 시간을 내어 부모의 질문에 답한다. 다음은 몇 가지의 질문 예시이다.

> "오늘 연습한 촉진 중에서 아이가 새로운 놀이 또는 모방 기능을 사용하는 데 가장 효과적일 것 같은 것은 무엇인가요?"
> "아이가 촉진에 반응하도록 돕기 위해 가정에서 무엇을 시도해 볼 수 있을까요?"
> "여전히 어려운 점은 무엇인가요?"

❖ 부모의 목표와 활동 선택을 돕기

부모 매뉴얼의 아동의 목표와 작성된 매일 하는 활동 스케줄(양식 11)을 사용하여 부모가 회기의 목표와 활동을 선택할 수 있도록 돕는다. 실천계획표-**새로운 기능 가르치기**(양식 34)에 선택한 내용을 기록한다.

좋은 목표에는 아이의 놀이 복잡성 증가(예: 가상 놀이 사용), 놀이 연속성 증가, 아이가 가지고 노는 장난감 수의 증가 등이 포함될 수 있다.

적합한 활동에는 좋아하는 장난감을 이용한 놀이, 활동적인 놀이, 목욕 시간, 식사 시간 등이 포함된다. 부모가 선택한 활동을 바탕으로 가르칠 놀이의 구체적인 유형을 파악할 수 있도록 돕는다. 예를 들어, 부모가 아이에게 자동차 놀이를 가르치기로 선택한 경우, 구체적인 자동차 놀이를 파악할 수 있도록 돕는다. 여기에는 자동차를 주유소까지 밀기, 세차하기, 자동차 부품 고치기 등이 포함될 수 있다. 부모 매뉴얼(123쪽, 129쪽)의 '가정에서 해 보기!' 목록에는 다양한 활동 중에 모방 및 놀이 기능을 가르치는 방법의 예가 나와 있다.

❖ 부모의 도표 작성 돕기

부모가 선택한 활동 중에 *모방 촉진하기*와 *놀이 확장 촉진하기*를 사용한 긍정적인 예시에 대해 실천계획표를 사용하여 이야기 나눈다. 실천계획표 도표의 관련 칸에 집중할 핵심 요소를 적게 한다.

아이에게 집중하기와 **의사소통 방법 조절하기**를 어떻게 사용할 것인지 부모에게 질문한다.

부모에게 놀이를 모델링하거나 촉진하기 전에 아이의 주의를 끌기 위해 어떤 **새로운 의사소통 기회 만들기** 전략을 사용할 것인지 묻는다.

부모에게 어떤 모방 또는 놀이 기능을 촉진할지 물어보고, 실천계획표의 목표 칸 옆에 적게 한다.

그런 다음, 부모에게 아이가 새로운 기능을 사용하도록 돕기 위해 어떤 세 가지 촉진 방법을 사용할 것인지 질문한다. 1번 칸에는 먼저 사용할 가장 낮은 수준의 도움을 제공하는 촉진을, 3번 칸에는 가장 높은 수준의 도움을 제공하는 촉진을 적게 한다. 촉진의 유형보다는 구체적인 언어를 적게 한다(예: '활동 진술하기'가 아니라 "'아기가 배고파'라고 말하기"). 세 개의 촉진 칸 아래에는 아이가 사용하는 새로운 기능을 적을 수 있다고 설명한다.

부모에게 아이의 반응에 대해 어떻게 보상하고 확장할 것인지 질문한다. 보상은 아이가 원하는 대로 놀 수 있도록 허용하는 것이어야 한다는 점을 상기시킨다. 새로운 놀이 행동으로 확장하거나 다른 물건을 놀이로 가져올 수 있는 방법에 대한 예시를 제시한다.

❖ 잠재적 문제에 대한 해결 지원하기

가정에서 모방과 놀이를 가르칠 때 어려운 점이 무엇일지에 대해 질문한다. 17회기와 18회기 마지막 부분에 있는 문제 해결 팁 목록(275쪽, 285쪽)에 일반적인 문제와 가능한 해결책이 나와 있다.

❖ 되돌아보기 및 읽기 과제 제시하기

부모에게 가정에서 연습하는 동안 잘된 점과 어려웠던 점을 기록하게 한다. 다음 그룹 회기가 시작될 때 이 내용을 검토할 것이라고 알려 준다. 부모에게 다음 회기 전에 부모 매뉴얼 제6장 **상호작용 형성하기**를 읽어 오게 한다.

6단원

상호작용 형성하기

상호작용 형성하기는 ImPACT F.A.C.T.S. 프로젝트의 S로 피라미드의 측면에 위치한다. **상호작용 형성하기**의 목적은 부모가 ImPACT 프로젝트의 전략들을 함께 사용하여 아이의 참여와 재미를 유지하면서 새로운 기능을 배울 수 있도록 돕는 것이다.

상호작용 형성하기 단원에서는 *상호작용 형성하기*와 *지역사회에서 ImPACT 프로젝트 사용하기*의 두 가지 주제를 다룬다. 이 두 가지 주제를 소개할 때는 F.A.C.T.S. 피라미드를 사용한다.

- 24회기 프로그램을 진행하는 경우, 3회기 동안 **상호작용 형성하기**를 가르친다. 첫 회기는 *상호작용 형성하기* 회기(20회기)로 시작한다. 부모가 중재 충실도 체크리스트(양식 4)의 **상호작용 형성하기** 영역에서 3점 이하를 받은 경우, *상호작용 형성하기*와 관련된 다른 회기(21회기)를 다룬다. 부모가 양식 4에서 4점 이상을 받으면, 2회기 동안(21, 22회기) *지역사회에서 ImPACT 프로젝트 사용하기*를 다룬다.
- 12회기 프로그램을 진행하는 경우, 1회기 동안 **상호작용 형성하기**를 가르친다. *상호작용 형성하기* 주제에 집중하는 것이 좋으며, 추가 시간이 있는 경우에는 *지역사회에서 ImPACT 프로젝트 사용하기*에 대해 이야기 나눌 수 있다.

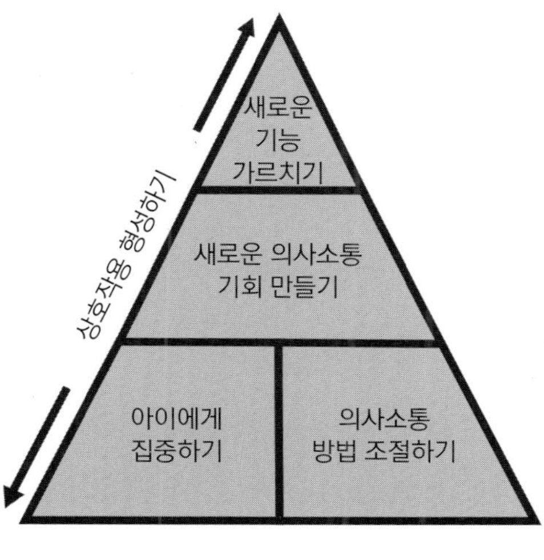

부모는 7단원으로 넘어가서 목표를 업데이트

하기 전에 **상호작용 형성하기**를 효과적으로 사용할 수 있어야 한다. 부모가 이 전략을 효과적으로 활용할 수 없는 경우에는(양식 4의 **상호작용 형성하기** 영역에서 4점 이하), 7단원으로 넘어가서 목표를 재설정하기 전에 이러한 전략에 대한 코칭에 추가 시간을 갖는 것이 좋다. 이 시점에서는 전체 중재 충실도 체크리스트를 작성하고, 필요한 영역에 대한 지원 및 추가 코칭을 제공해야 한다.

20회기 (그리고 21회기)
상호작용 형성하기

회기 목표

다음을 위해 부모를 돕는다.
- 아이의 참여와 흥미를 유지하며 새로운 기능을 가르치기 위해 ImPACT 프로젝트 전략들을 함께 사용하기

준비물

- 부모 매뉴얼
- 실천계획표–**상호작용 형성하기**(양식 35)
- 부모 매뉴얼의 아동의 목표와 부모가 작성한 매일 하는 활동 스케줄(양식 11)
- 아이가 좋아하는 장난감
- 의사소통 기회 만들기에 사용할 수 있는 아이가 좋아하는 장난감이나 간식 등의 물건
- ImPACT F.A.C.T.S. 검토 기록지–**상호작용 형성하기**(양식 18)
- 회기 기록지(양식 12)
- 중재 충실도 체크리스트(양식 4)
- 코칭 충실도 체크리스트(양식 6)
- 지역사회 활동 스케줄(양식 23)

회기 진행목록

- 체크인 및 회기 진행목록 정하기
- 실천계획표 검토하기
- **상호작용 형성하기**(단원) 소개하기, *상호작용 형성하기*(주제) 소개하기
- *상호작용 형성하기* 시연하기
- 부모의 연습 및 피드백 제공하기
- 부모의 되돌아보기를 돕고 실천계획표 작성하기

핵심 요소: *상호작용 형성하기*

- 아이의 참여와 학습을 유지하기 위해 F.A.C.T.S. 피라미드의 위아래로 이동하기
- 아이의 동기, 기분, 활동에 따라 전략 선택하기

체크인 및 회기 진행목록 정하기

❖ 가족 체크인

지난 회기 이후에 가족이 어떻게 지냈는지 물어보고, 필요하다면 잠시 시간을 내어 아이를 활동에 참여시키는 시간을 갖는다.

❖ 회기 목표와 진행목록에 대해 설명하기

이번 회기에서 부모는 새로운 기능을 가르치는 동안 아이의 참여를 지속시키기 위해 *상호작용 형성하기*를 배운다. 부모가 이러한 기법을 사용하도록 돕는 데 소요되는 시간은 부모의 기술에 따라 1회기에서 2회기까지 달라질 수 있다.

부모에게 "오늘 회기에 대해 궁금한 점이나 추가로 다루고 싶은 주제가 있나요?"라고 질문한다. 부모가 걱정하는 경우, 회기 진행목록을 조정해야 할 수도 있다.

실천계획표 검토하기

지난 회기에 작성한 실천계획표를 검토한다. 아이에게 새로운 모방과 놀이 기능을 가르치기 위해 촉진과 보상을 어떻게 사용했는지 물어본다. 잘된 점과 어려웠던 점에 대해 이야기 나누고, 가정에서 연습하는 동안 발생한 도전 행동을 해결하도록 돕는다. 일반적인 문제와 가능한 해결책은 5단원의 17~18회기 마지막에 있는 문제 해결 팁 목록(275쪽, 285쪽)에 나와 있다. 부모가 새로운 기능을 가르치는 데 상당한 어려움을 호소하는 경우, 회기 초반에 시간을 할애하여 그와 관련한 촉진과 보상에 대해 복습하는 것이 좋다.

상호작용 형성하기(단원 및 주제) 소개하기

❖ 이론 설명하기

ImPACT F.A.C.T.S. 프로젝트 피라미드의 S인 **상호작용 형성하기**는 다양한 전략들을 균형 있게 사용하여 아이의 참여와 흥미를 유지하면서 동시에 새로운 기능을 가르치는 것이다.

부모가 피라미드 상단에서 너무 많은 시간을 보내면, 몇몇 아이들은 좌절감을 느낄 수 있다. 반대로 부모가 피라미드 하단에서 너무 많은 시간을 보내면, 아이들은 새로운 기능을 배우기에 충분한 도전을 받지 못할 수 있다. **상호작용 형성하기**에서는 새로운 기능을 가르치는 동안 아이가 최적의 상태로 상호작용에 참여하도록 부모가 피라미드의 위아래로 이동한다.

이 단원에는 *상호작용 형성하기*와 *지역사회에서 ImPACT 프로젝트 사용하기*라는 두 가지 주제가 있다. 첫 번째 주제는 부모가 다양한 가정 활동에서 ImPACT 프로젝트 전략을 균형 있게 사용하도록 돕는 데 중점을 둔다. 두 번째 주제는 부모가 지역사회에서 ImPACT 프로젝트 전략을 균형 있게 사용하는 데 도움을 준다.

부모는 피라미드의 가장 하단에 있는 전략에서부터 시작한다. 필요한 경우 아이가 의사소통을 시작할 수 있는 기회를 만든다. 때로는 부모가 아이의 행동에 즉시 의미 있는 반응을 하고, 때로는 부모가 보상하기 전에 아이에게 새로운 기능을 사용하도록 유도할 수도 있다. 부모가 사용하는 전략은 아이의 기능, 동기, 기분뿐만 아니라 아이가 참여하는 특정 활동에 따라 달라진다.

❖ 핵심 요소에 대해 이야기 나누기

부모 매뉴얼을 사용하여 *상호작용 형성하기*의 핵심 요소를 검토한다. 진행하면서 부모 매뉴얼의 '생각해 보세요!' 질문을 통해 부모가 아이에게 해당 정보를 적용할 수 있도록 돕는다.

아이의 참여와 학습을 유지하기 위해 F.A.C.T.S. 피라미드의 위아래로 이동하기

부모는 F.A.C.T.S. 피라미드의 가장 하단에 있는 전략부터 시작하여 아이가 활동에 참여할 수 있도록 도와야 한다. 아이가 반응하지 않거나 혹은 가르치고 싶은 기능이 있다면, 아이가 의사소통을 시작하거나 아이의 주의를 끄는 기회를 만들어야 한다. 부모는 새로운 기능을 가르칠 때 해당 시간의 1/3 정도만 시도해야 한다. 아이에게 동기가 생기지 않으면, 부모는 다시 피라미드 아래로 내려가서 참여도와 동기를 높여야 한다.

부모 매뉴얼의 피라미드와 도표를 사용하여 피라미드의 위아래로 이동하며 아이가 새로운 기능을 배우고 참여하도록 돕는 방법에 대해 설명한다. 부모에게 피라미드의 각 단계에서 따라야 할 순서를 상기시킨다.

- 피라미드 하단: 아이에게 집중하고 의사소통 방법을 조절하며, 아이의 반응을 기다린 후

반응하고 확장한다.

- 피라미드 중앙: 아이에게 집중하고 의사소통 방법을 조절하며, 의사소통의 기회를 만든다. 이후 아이의 반응을 기다리고 반응하며 확장한다.
- 피라미드 상단: 아이에게 집중하고 의사소통 방법을 조절하며, 의사소통의 기회를 만든다. 이후 아이의 반응을 기다리고, 새로운 기능을 가르치도록 촉진하고 보상하며 확장한다.

아이의 동기, 기분, 활동에 따라 전략 선택하기

이 회기의 목표는 아이의 사회적 의사소통 기능을 향상시키기 위해 전략들을 함께 사용하는 것이다. 그러나 아이의 동기, 기분, 특정 활동에 따라 어떤 전략을 사용하는 것이 다른 전략보다 더 나은 경우도 있다. 전략을 선택하는 방법을 부모 매뉴얼의 [그림 6-1]을 참조하여 부모에게 안내한다.

- 아이에게 동기가 있나?: 아이에게 동기가 있다면 새로운 기능을 가르치기에 좋은 시기이다. 아이에게 동기가 부족하다면, 부모는 피라미드의 가장 하단에 있는 전략을 사용하여 동기를 부여하고 참여도를 높여야 한다.
- 아이가 안정되고 즐거운가?: 아이가 매우 좌절하는 경우, 부모는 피라미드의 가장 하단에 있는 전략을 사용하여 참여와 동기를 이끌어 내야 한다. 아이가 안정되었다면 의사소통의 기회를 만들거나 새로운 기능을 가르칠 수 있다.
- 아이가 원하는 대상에 접근하는 것을 관리할 수 있나?: 아이가 원하는 대상에 접근하는 것을 부모가 관리할 수 있다면, 의사소통의 기회를 만들거나 새로운 기능을 가르칠 수 있다. 접근을 통제할 수 없는 경우에는 좀 더 복잡한 기능을 알려 주고 모델링할 수 있다.
- 전략을 실행할 시간이 있나?: 부모에게 실행할 시간이 있다면 촉진을 사용해서 새로운 기능을 가르칠 수 있다. 부모가 바쁘다면 새로운 기능을 가르치기에 적합한 때가 아니다. 대신 피라미드의 가장 하단에 있는 전략을 사용하거나, 의사소통의 기회를 만들 수 있다.

부모에게 "새로운 기능을 가르치는 데 가장 적합한 일상의 활동에는 무엇이 있을까요?"라고 질문한다. 잘 모르겠다고 하면, 부모가 접근을 관리할 수 있는 대상이나 행동에 대해 생각하거나, 촉진을 따를 수 있는 활동에 대해 생각하도록 돕는다.

다음으로 부모에게 "아이에게 집중하고 의사소통 방법을 조절하는 데 가장 적합한 일상 활동은 무엇일까요?"라고 질문한다. 필요한 경우, 피라미드 하단의 전략을 사용하는 활용도 높은 활동에 대해 생각해 볼 수 있도록 돕는다.

아이가 부모의 주의를 끌기 위해 때리기 등의 부적절한 행동을 사용하는 경우, 아이가 좌절하더라도 부모의 주의를 끄는 더 적절한 기능(예: 한 단어로 말하기 또는 팔 두드리기)을 사용하도록 즉시 유도해야 한다. 이는 문제 해결을 돕기 위한 추가 단원(본 매뉴얼 8단원 및 부모 매뉴얼 제8장)에 설명되어 있다.

상호작용 형성하기 시연하기

❖ 시연 준비하기

부모에게 목표로 삼고 싶은 구체적인 목표가 있는지 질문한다. 목표를 달성하기 위해 어떻게 F.A.C.T.S. 피라미드의 위아래로 움직이는지 설명한다. 다음과 같이 말할 수 있다.

> "Sam이 두세 단어로 된 문구를 사용할 수 있도록 제가 어떻게 피라미드의 위아래로 움직이는지 보세요. Sam이 저와 함께 소통을 시작하지 않거나, 혹은 제가 새로운 기능을 가르치고 싶으면, 피라미드 위로 올라갈 거에요. Sam이 활동에 대한 동기가 있을 때는 두세 단어를 사용하도록 촉진할 거예요. 아이가 자발적으로 언어를 사용할 수 있는 기회를 주고, 계속 참여하고 재미있게 놀 수 있도록 피라미드 아래로 내려가서 아이의 자발적인 기능에 반응할 거예요. 또한 아이에게 놀이와 언어 기능을 모델링할 것이지만, 반드시 사용하도록 요구하지는 않을 거예요."

❖ 무엇을 하고 있는지 설명하기

아이와 *상호작용 형성하기*를 시연하면서 어떤 기법을 사용하고 있는지, 아이의 반응은 어떤지 확인한다.

"Sam이 자동차를 가지고 놀고 있어요. 저는 Sam의 관심을 끌기 위해 더 많은 자동차를 들고 있어요. Sam이 '자동차'라고 말했어요. Sam은 꽤 동기가 있는 것처럼 보이기 때문에 저는 Sam의 의사소통을 확장하기 위해 질문을 했어요. "어떤 자동차를 갖고 싶어?" Sam이 다시 '자동차'라고 말했어요. *(Sam이 자동차를 집는다.)* 저는 완전하지 않은 문장을 사용해서, '( ) 갖고 싶어'라고 말하면서, 도움을 주었어요. 다시 Sam은 '자동차'라고 말했어요. *(Sam이 소란을 피우기 시작한다.)* 지금은 '빨간 차? 아니면 검은 차?'라는 선택지를 사용해서, Sam이 대답할 수 있도록 더 많은 도움을 주었어요. Sam이 '빨간 차'라고 말해서, 저는 빨간 차를 줬어요. 아이가 조금 좌절하는 것 같아서, 다시 촉진하기 전에 잠시 자동차를 가지고 아이를 따라가려고 해요. 이렇게 하는 동안 '빨간 차를 운전해.'와 같이 제가 아이에게 하고 싶은 말을 모델링할 수 있어요. 다음에 제가 자동차를 잡을 때는 Sam이 어떤 말을 하든 받아들일 거에요. 일단 아이가 다시 안정되면, 두세 단어로 된 다른 문구를 알려 주려고 촉진할 거예요."

시연이 끝나면 부모에게 "상호작용 중에 무엇을 알게 됐나요?"라고 질문한다. 부모가 대답하기 어려운 경우에는 다음과 같이 좀 더 구체적인 질문을 한다.

"제가 **새로운 기능 가르치기** 촉진을 얼마나 자주 사용했나요?"

"제가 아이의 자발적인 의사소통에 보상하고 반응하는 모습을 보셨나요?"

부모의 연습 및 피드백 제공하기

❖ 부모의 연습을 격려하기

아이의 기능, 동기, 기분에 따른 구체적인 예를 들어 부모에게 F.A.C.T.S 피라미드를 상기시킨다. 부모가 각 단계에서 주의해야 할 기법을 강조하기 위해 ImPACT F.A.C.T.S 검토 기록지-**상호작용 형성하기**(양식 18)를 사용한다. 각 단계를 검토하면서 상호작용에 가장 긍정적인 영향을 미칠 수 있는 핵심 요소를 각 기법 옆의 빈칸에 적는다. 여기에는 아이에게 집중하기, 의사소통 방법 조절하기, 새로운 의사소통 기회 만들기, 새로운 기능 가르치기에 사용할 기법이 포함되어야 한다. 참여와 동기를 높이기 위해 피라미드 아래로 이동해야 할 때와 새로운 기능을 가르치기 위해 피라미드 위로 이동할 수 있는 시기를 **상호작용 형성하**

기 옆 칸에 알려 줄 수 있다. 예를 들어, "아이가 좌절감을 느낄 때 피라미드의 가장 하단으로 이동하세요." "아이의 동기가 높고 의사소통을 위한 행동을 할 때, **새로운 기능 가르치기** 전략을 사용하세요."라고 적을 수 있다. 다음과 같이 말할 수도 있다.

> "Brianna가 공을 가지고 놀고 있어요. 공놀이를 함께 하는 것부터 시작하세요. 아이가 반응하지 않으면 *놀이 방해하기*를 사용하여 아이의 관심을 끌어 보세요. 아이가 반응하면 세 번의 기회 중에 두 번은 '공'이라고 말하면서 공을 주고 손가락으로 가리켜 보이며 아이에게 반응하세요. 세 번째 기회마다 공을 주기 전에 '공'이라고 말하거나 가리키도록 촉진하세요."

❖ 물리적 환경 관리하기

이 시점에서의 프로그램 목표는 부모가 지원 수준을 낮추면서 환경을 관리하기 시작하는 것이다. 아이가 어려움을 겪고 있다면 물건을 치우고 접근을 관리하는 대신, 질문을 통해 왜 전략이 효과가 없는지 생각해 볼 수 있도록 돕는다. 예를 들어 다음과 같이 질문한다.

> "Brianna가 왜 이 활동에서 다른 활동으로 넘어가고 있다고 생각하세요?"
> "Brianna의 관심을 끌기 위해 무엇을 할 수 있을까요?"

❖ 피드백 제공하기

이 시점에서는 직접적이고 교정적인 피드백을 적게 사용해야 한다. 상황을 설명하되, 부모에게 특정 기법이나 전략을 사용하라고 말하지 않는다. 질문(예: "왜 Sam이 어머니에게 반응하는 데 어려움을 겪고 있다고 생각하세요?") 또는 설명(예: "Sam이 자동차를 가지고 놀고 있네요.")의 형태로 피드백을 제공할 수 있다. 이러한 유형의 피드백은 부모가 독립성을 얻는 데 도움이 된다. *상호작용 형성하기*를 연습하는 동안 발생하는 문제에 대한 피드백을 위한 제안은 이 회기의 마지막에 있는 문제 해결 팁 목록(305쪽)에서 확인할 수 있다.

부모의 되돌아보기를 돕고 실천계획표 작성하기

❖ 부모의 되돌아보기

회기 중 연습과 관련하여 질문한다. 이 시간을 활용해서 부모가 피라미드의 위아래로 이동하는 방법을 이해하고, 아이에게 새로운 기능을 가르치면서 동기와 참여도를 높일 수 있도록 돕는다. 다음은 몇 가지 질문의 예시이다.

> "모든 전략들을 함께 사용해 보니 기분이 어땠나요?"
> "아이와 정기적으로 이렇게 상호작용하는 것을 상상할 수 있나요? 그렇지 않다면 어떤 점이 불편하게 느껴졌나요? 어떻게 하면 더 쉽게 할 수 있을까요?"
> "어머니의 일상 활동을 생각해 보세요. 어떤 활동에서 이런 전략을 사용할 수 있을까요? 이러한 활동에서 어떤 전략이 가장 효과적일까요?"
> "중재 전략을 사용하는 데 어려움을 겪는 활동이 있나요?"

❖ 부모의 목표와 활동 선택을 돕기

상호작용 형성하기 단원의 실천계획표(양식 35)는 부모가 여러 활동에서 전략을 사용하기 시작하고, 다양한 기법을 어떻게 사용할 수 있을지 생각하도록 돕는 것이 목표이므로 이전 실천계획표와는 다르다.

부모 매뉴얼의 아동의 목표와 부모가 작성한 매일 하는 활동 스케줄(양식 11)을 사용하여 부모가 회기의 목표와 최대 6개의 연습할 활동을 선택할 수 있도록 돕는다. 실천계획표에 선택한 내용을 기록하게 한다. 이 시점에서 부모는 프로그램 초기에 설정한 아이의 목표 중 하나를 선택할 수 있다. 부모가 목표를 달성하는 데 가장 적합한 활동을 선택할 수 있도록 돕는다.

❖ 부모의 실천계획표 작성 돕기

부모가 선택한 각 활동에서 사용할 수 있는 기법에 대해 이야기 나눈다. 실천계획표의 해당 활동 칸에 집중할 핵심 요소를 적게 한다. 선택한 활동이 동기를 일으키는 활동인지, 활동에 대한 아이의 전반적인 기분이 어떤지 생각해 볼 수 있도록 부모를 돕는다. 이를 통해 의사소통 방법을 조절하거나 새로운 기능을 가르치기에 좋은 시기인지 결정할 수 있다. 선호하는 활동과 선호하지 않는 활동을 모두 선택하도록 권장하여, 부모가 활동 유형에 따라 다른 전략을 선택할 수 있다는 것을 알도록 돕는다.

❖ 잠재적 문제에 대한 해결 지원하기

부모에게 가정에서 *상호작용 형성하기*를 사용할 때 어떤 점이 어려울 것 같은지 질문한다. 시간을 내어 가능한 해결책에 대해 브레인스토밍한다. 이 회기의 마지막에 있는 문제 해결 팁 목록(305쪽)에 일반적인 문제와 해결책이 나열되어 있다. 특정 기법에 대한 문제와 해결책은 관련 회기의 마지막에 있는 문제 해결 팁 목록에 제시되어 있다.

❖ 되돌아보기 및 읽기 과제 제시하기

부모에게 가정에서의 연습 진행 상황을 기록하게 한다. 다음 회기가 시작될 때 이를 검토할 것이라고 알려 준다. 또한 다음 회기 전에 지역사회 활동 스케줄(부모 매뉴얼 마지막에 있는 네 번째 양식 또는 코치를 위한 온라인 양식 23)을 작성하게 한다.

24회기 프로그램을 진행하는 경우, *상호작용 형성하기*를 한 회기 더 다루거나 *지역사회에서 ImPACT 프로젝트 사용하기*로 넘어가서 2회기를 다룰 수 있다. 부모가 중재 충실도 체크리스트(양식 4)에서 4점 이상을 받으면 *지역사회에서 ImPACT 프로젝트 사용하기*를 사용할 준비가 된 것이다. 다음 회기를 지역사회 환경 내에서 진행할 수 있을지 논의하고, 부모 매뉴얼 제6장의 *지역사회에서 ImPACT 프로젝트 사용하기*를 읽게 한다. *지역사회에서 ImPACT 프로젝트 사용하기*를 2회기 동안 다룰 수 있는 경우, 첫 번째 회기에서는 해당 정보를 검토하고, 두 번째 회기는 지역사회에서 진행하는 것이 좋다. *지역사회에서 ImPACT 프로젝트 사용하기*를 다룰 수 있는 회기가 한 번뿐이라면, 지역사회 환경에서 만나는 것이 더 유익하며, 아이가 좋아하는 물건(예: 장난감)에 대해 이야기를 나누고, 다음 회기에 가져오게 한다.

지역사회에서 만날 수 없는 경우, 부모에게 지역사회에서의 상호작용을 동영상으로 녹화하여 다음 회기에 가져오게 한다. 부모가 동영상을 녹화하지 못하거나 지역사회에서 만날 수 없는 경우, 다음 회기에서는 지역사회 활동 스케줄(양식 23)을 검토하고 각 루틴에서 가장 효과적인 전략에 대해 논의할 것이라고 설명한다.

12회기 프로그램을 진행하는 경우, *지역사회에서 ImPACT 프로젝트 사용하기*를 추가로 다루지 않는다. 다음 회기 전에 부모에게 부모 매뉴얼 제7장 **앞으로 나아가기**를 읽게 한다.

상호작용 형성하기 문제 해결 팁

만약 부모가……	코치는……
전략을 사용할 때, 균형을 맞추는 데 어려움이 있다면	• 새로운 기능을 가르치면서 피라미드를 오르내린다는 목표를 상기시켜, 아이의 참여와 동기를 유지하게 한다. • 새로운 기능을 가르치기 위해 특정한 빈도를 권장한다. 예를 들어, "아이가 자발적으로 기능을 두 번 사용했을 때 반응하고, 세 번째에는 더 복잡한 기능을 사용하도록 유도하세요."라고 말한다. • 부모와 아이의 간단한 상호작용을 녹화하고 부모와 함께 그 동영상을 검토한다. 아이의 자발적인 기능에 브모가 반응해야 할 때와 새로운 기능을 가르쳐야 할 때를 파악하게 한다.
특정한 가정 루틴 중에 중재를 사용하기 어렵다면	• 부모가 특히 어려움을 겪는 일상 활동을 할 때 가정 방문을 한다. • 가정에서의 루틴을 담은 동영상을 가져오게 하고, 다음 회기에 함께 검토한다. • 반응하고 보상하기에 가장 좋은 시간과 새로운 기능을 가르치기에 가장 좋은 시간에 대해 이야기한다. 특정 일상 활동에 가장 적합한 기법을 구체적으로 제안한다.

만약 아이가……	코치는……
특정한 가정 루틴 참여에 어려움이 있다면	• 부모와 함께 부모 매뉴얼 제8장을 복습한다.

(21회기와) 22회기
지역사회에서 ImPACT 프로젝트 사용하기

회기 목표

다음을 위해 부모를 돕는다.
- 지역사회에서 ImPACT 프로젝트 전략을 사용하는 방법과 시기를 이해하기

준비물

- 실천계획표–**상호작용 형성하기**(양식 35)
- 부모 매뉴얼의 아동의 목표와 부모가 작성한 매일 하는 활동 스케줄(양식 11)
- 아이가 좋아하는 장난감
- 지역사회 활동 스케줄(양식 23)
- 회기 기록지(양식 12)
- 중재 충실도 체크리스트(양식 4)
- 코칭 충실도 체크리스트(양식 6)

회기 진행목록

- 체크인 및 회기 진행목록 정하기
- 실천계획표 검토하기
- *지역사회에서 ImPACT 프로젝트 사용하기* 소개하기
- 지역사회 활동 스케줄 검토하기
- *지역사회에서 ImPACT 프로젝트 사용하기* 시연하기
- 부모의 연습 및 피드백 제공하기
- 부모의 되돌아보기를 돕고 실천계획표 작성하기

핵심 요소: *지역사회에서 ImPACT 프로젝트 사용하기*

- 아이가 좋아하는 물건을 가져가기
- 소소한 학습의 기회 많이 만들기

체크인 및 회기 진행목록 정하기

❖ 가족 체크인

지난 회기 이후에 가족이 어떻게 지냈는지 물어보고, 필요하다면 잠시 시간을 내어 아이를 활동에 참여시키는 시간을 갖는다. 지역사회 환경 내에서 만난다면, 실천계획표를 검토하고 핵심 요소를 소개하는 동안 아이의 참여를 유도할 수 있는 장난감을 준비한다.

❖ 회기 목표와 진행목록에 대해 설명하기

이번 회기에서 부모는 지역사회 환경 내에서 전략들을 함께 사용하는 방법을 배우게 된다. 이 기법에 대해 2회기 동안 다루는 경우, 첫 번째 회기에서는 지역사회 활동 스케줄(양식

23)을 사용하여 다음 회기에서의 지역사회 외출을 계획한다. 두 번째 회기는 지역사회에서 이 기법을 시연하고 코칭하는 데 사용한다.

이 기법에 대해 1회기만 다루면서 지역사회에서 만나는 경우에는 이전 코칭 회기와 동일한 구조를 따르지만, 아이의 참여를 유도하기 위해 아이와 함께 시연하면서 기법을 소개해야 할 수도 있다.

지역사회 환경에서 만날 수 없는 경우에는 부모가 지역사회 내에서의 상호작용을 촬영한 동영상을 검토하는 데 시연 및 코칭 부분을 할애한다. 복습 회기에서와 동일한 방식으로 동영상을 함께 검토할 것이라고 설명한다.

부모가 지역사회에서 외출 상황을 녹화할 수 없는 경우라면, 부모가 설명하는 활동 중에 이 기법을 사용하는 방법에 대해 이야기 나눌 것이라고 설명한다.

부모에게 "이번 회기에 대해 궁금한 점이 있거나 추가로 다루고 싶은 주제가 있나요?"라고 질문한다. 부모가 걱정을 드러낸다면, 회기 진행목록을 조정할 필요가 있다.

실천계획표 검토하기

지역사회 환경 내에 있는 경우, 지난 회기에 작성한 실천계획표를 검토하는 것이 어려울 수 있다. 따라서 이 부분은 건너뛰고, 다음 회기가 시작될 때 논의하겠다고 할 수 있다.

그렇지 않다면, 지난 회기에 작성한 실천계획표를 검토한다. 가정에서 *상호작용 형성하기*를 어떻게 사용했는지 부모에게 물어본다. 아이의 반응, 잘된 점, 어려웠던 점에 대해 이야기 나눈다. 연습 중에 발생한 도전 행동을 해결하도록 부모를 돕는다. 일반적인 문제와 가능한 해결책은 지난 회기의 마지막에 있는 문제 해결 팁 목록(305쪽)에 나와 있다. 부모가 특정 기법에 어려움을 겪고 있다면, 해당 회기의 마지막에 있는 문제 해결 팁 목록을 참조한다.

지역사회에서 ImPACT 프로젝트 사용하기 소개하기

❖ 이론 설명하기

사회적 의사소통에 문제가 있는 많은 아이들은 새로운 환경에서 자신의 기능을 사용하는 데 어려움을 겪는다. 또한 낯선 환경에 있거나 지루할 때 도전 행동을 보일 수도 있다. 여러 지역사회 환경에서 ImPACT 프로젝트 전략을 사용하면, 아이들이 새로운 환경과 새로운 사람들에게 자신의 기능을 일반화할 수 있다. 또한 아이가 지역사회에서 부모와 함께 있을 때 참여도를 높이고 지루함이나 좌절감을 줄이는 데 도움이 될 수 있다. 또한 *지역사회에서 ImPACT 프로젝트 사용하기*는 아이가 참여하고 새로운 기능을 배울 수 있는 환경의 폭을 넓히는 데 도움이 될 수 있다.

*지역사회에서 ImPACT 프로젝트 사용하기*가 어떻게 아이의 개별 목표 성취를 돕는지에 대해 부모에게 설명한다. 다음과 같이 말할 수 있다.

> "공원에서 ImPACT 프로젝트 전략을 사용하면 Brianna가 다양한 환경에서 새로운 사람들에게 요청하거나 주장할 때 한 단어를 사용할 수 있도록 도울 수 있어요. 또한 Brianna의 요구를 전달할 수 있는 적절한 방법을 제공해서, Brianna의 좌절감을 줄이고 활동에 대한 참여도를 높일 수 있어요."

❖ 핵심 요소에 대해 이야기 나누기

부모 매뉴얼을 사용하여 *지역사회에서 ImPACT 프로젝트 사용하기*의 핵심 요소를 검토한다. 부모 매뉴얼의 '생각해 보세요!' 질문을 통해 부모가 아이에게 해당 정보를 적용할 수 있도록 돕는다.

아이가 좋아하는 물건을 가져가기

어떤 아이들은 새로운 활동이나 낯선 환경에서 다른 사람들과 어울리는 것을 주저할 수 있다. 좋아하는 물건이 있으면 아이가 더 편안하게 느낄 수 있고, 새로운 환경에서 부모와 소통하는 데 도움이 될 수 있다. 아이가 일부 지역사회 환경에서 지시를 따르는 데 어려움을 겪는 경우, 좋아하는 장난감이나 물건을 보상으로 사용할 수도 있다.

부모에게 "지역사회로 외출할 때, 아이가 가장 좋아하는 물건 중에 어떤 것을 가져가면 아이의 참여를 유도할 수 있을까요?"라고 질문한다. 부모가 잘 모르겠다고 하면, 외출할 때 가져가면 아이의 활동 참여를 도울 수 있는 몇 가지 물건을 생각해 보도록 돕는다. 물건은 외출에 따라 달라져야 한다.

소소한 학습의 기회 많이 만들기

짧고 반복적인 상호작용은 새로운 환경에 대한 아이의 참여도를 높이고, 다양한 환경에서 다양한 사람들에게 기능을 사용하는 데 도움이 될 수 있다. 부모는 아이의 동기와 기분, 대상에 대한 아이의 접근을 관리할 수 있는지, 지역사회에서의 활동을 따를 시간이 있는지 등에 따라 사용할 기법을 선택한다.

부모에게 "ImPACT 프로젝트를 사용하기에 좋은 지역사회 활동에는 어떤 것이 있을까요?"라고 질문한다. 부모가 잘 모른다면, 이 전략을 사용하기에 좋은 지역사회 활동을 세 가지 이상 찾도록 돕는다. 이러한 활동은 일반적으로 아이가 좋아하거나 기꺼이 참여하는 활동이다. 부모가 특정 지역사회 루틴에 대한 어려움을 호소하는 경우, 이 루틴에서 상호작용을 개선할 수 있는 방법을 찾기 위해 함께 노력한다. 아이가 특정 활동에 대해 심각한 어려움이 있는 경우, 본 매뉴얼 8단원과 부모 매뉴얼 제8장에 있는 정보를 소개하는 것이 도움이 될 수 있다.

그런 다음, 부모에게 "이러한 활동 중에 아이의 목표를 달성하기 위해서는 어떻게 전략을 사용할 수 있을까요?"라고 질문한다. 부모가 잘 모르겠다고 하면, 부모가 아이의 목표를 달성하기 위해 파악한 활동에서 다양한 기법을 어떻게 사용할 수 있는지 알게 한다. 예를 들어, 아이에게 '선택하기'라는 목표가 있다면 부모는 마트에서 좋아하는 음식을 선택하게 하거나, 공원에서 놀이기구를 선택하게 하거나, 병원에서 대기할 때 앉을 자리를 선택하게 할 수 있다.

전략을 선택할 때 환경이 어떤 역할을 하는지 이야기 나눈다. 시간 제약이 있을 때(예: 계산대에서 줄을 서서 기다리는데 가게가 문을 닫는 경우), 통제할 수 없는 환경에 있을 때, 아이의 주의를 끌 수 없을 때, 아이가 매우 좌절할 때는 피라미드의 가장 하단에 있는 전략을 선택하고 사용해야 한다. 부모는 아이가 일상이나 활동에 대한 동기가 높고, 아이가 원하는 물건에 대한 접근을 관리할 수 있을 때 새로운 기능을 가르쳐야 한다.

지역사회 활동 스케줄 검토하기

지난 회기에 부모가 지역사회 활동 스케줄(양식 23)을 작성하지 않은 경우, 부모와 함께 이를 작성하여 아이의 지역사회 활동과 현재 아이가 지역사회 활동에 어떻게 참여하고 있는지 파악한다. 이 정보는 지역사회 활동 중 ImPACT 프로젝트 전략을 어떻게 사용할지 논의할 때 활용한다.

지역사회에서의 루틴이 어떻게 구성되어 있는지, 루틴이 얼마나 자주 발생하는지, 아이가 루틴에 어떻게 참여하는지 이해할 수 있도록 질문한다. 예를 들어, 부모가 아이를 마트에

데려가는데 아이가 이 활동을 즐긴다고 하면 다음과 같은 질문을 할 수 있다.

> "마트에 갈 때, 아이는 보통 어떻게 참여하나요?"
> "도착하면 아이는 무엇을 하나요? 혼자서 카트에서 내릴 수 있나요, 아니면 도움이 필요한가요?"
> "아이가 카트에 앉겠다고 하나요, 아니면 걷나요?"
> "아이가 음식을 고르는 것을 좋아하나요?"

지역사회에서 ImPACT 프로젝트 사용하기 시연하기

❖ 시연 준비하기

부모에게 지역사회 환경에서 목표로 하길 바라는 구체적인 목표가 있는지 물어보고, 목표 달성을 위해 사용할 전략에 대해 설명한다.

지역사회 환경 내에서 회기를 다룰 수 없는 경우에는 이전 복습 회기에서 한 것과 동일한 형식에 따라 동영상을 검토한다. 부모가 지역사회에서 외출 상황을 녹화할 수 없는 경우, 부모가 확인한 지역사회 활동에 대해 이야기 나눈다. 권장하는 전략을 연습하고, 특정 지역사회 루틴에 맞게 기법을 사용하는 방법에 대해 이야기 한다.

> "Sam이 두세 단어로 된 문구를 사용했으면 좋겠다고 말씀하셨지요. 마트에서 쇼핑을 하는 동안 저는 Sam이 카트에 담을 물건을 건네주며 Sam의 안내를 따르고, Sam이 보고 있는 물건에 간단한 단어를 사용해서 이름을 붙일 거예요. 아이가 좋아하는 음식에 대해 동기를 보이면 그 음식을 들고 접근을 막은 다음, 카트에 넣을 음식을 건네기 전에 두세 단어의 문구를 사용하도록 유도할 거예요. 아이가 좌절하기 시작하면, 카트에 음식을 넣을 때 다시 이름을 붙입니다."

❖ 무엇을 하고 있는지 설명하기

아이와 함께 시연을 할 때, 어떤 기법을 사용하는지, 아이의 반응은 어떤지 파악하게 한다.

"Brianna가 그네를 타고 있어요. 우리가 얼굴을 마주 볼 수 있도록 앞에서 Brianna를 밀면서, 한 단어로 동작을 설명하고 있어요. 이제 저는 *놀이 방해하기*의 한 방법으로 그네를 멈추고, Brianna가 그네를 타고 싶은 마음을 표현하는지 보려고 해요. Brianna는 저를 쳐다보았어요. '뭘 하고 싶어?'라고 질문합니다. Brianna가 반응하지 않았기 때문에, 언어적 루틴(verbal routine)을 사용할게요. '준비, 차렷, (　　).' Brianna가 '가'라고 단어를 말했어요. 저는 Brianna를 다시 밀어 주면서 보상을 해 주고 있어요. 그리고 '빨리 가'라고 말하며 확장했어요."

시연이 끝나면 부모에게 "상호작용 중에 무엇을 알게 됐나요?"라고 질문한다. 부모가 대답하기 어려워한다면, 다음과 같이 좀 더 구체적인 질문을 한다.

"제가 **새로운 기능 가르치기** 촉진을 얼마나 자주 사용했나요?"
"제가 아이의 자발적인 의사소통에 보상하고 반응하는 모습을 보셨나요?"

부모의 연습 및 피드백 제공하기

❖ 부모의 연습을 격려하기

부모에게 F.A.C.T.S. 피라미드를 상기시키고, 아이의 기능, 동기, 기분에 따른 구체적인 예를 들어 부모가 사용해야 하는 전략에 대해 설명한다.

"Sam이 '시리얼'이라고 말하고 있어요. 시리얼에 대한 접근을 막으면서, '시리얼로 뭘 할까?'라고 물어보면 Sam이 어떻게 하는지 살펴보지요. Sam이 언어를 확장하지 못한다면, '시리얼을 카트에 넣어.' 또는 '그걸 넣어.'와 같이 두세 단어로 된 문구를 사용할 때까지 기다려 주세요. 카트에 넣는 것으로 보상하세요. 아이가 좌절감을 느끼면, 다른 의사소통 기회를 만들기 전에 잠시 언어 모델링을 계속하세요. 아이가 좌절하지 않는다면, 몇 분 후에 원하는 다른 음식으로 다시 시도해 볼 수 있어요."

❖ 물리적 환경 관리하기

부모가 지역사회 환경에서 방해물을 제거하거나, 원하는 물건에 대한 아이의 접근을 관리할 수 있도록 돕는다. 부모가 성공했다고 느끼는 것이 중요하다.

❖ 피드백 제공하기

부모는 치료실 회기보다 지역사회 환경 내에서 피드백을 받는 것을 더 불편하게 느낄 수 있다. 부모의 편안함을 높이려면 실시간 피드백을 원하는지, 아니면 메모를 해서 외출이 끝났을 때 함께 검토하기를 원하는지 질문한다. 지역사회에서 연습하는 동안 발생하는 문제에 대한 피드백을 위한 제안은 이 회기의 마지막에 있는 문제 해결 팁 목록(314쪽)에서 확인할 수 있다.

새로운 환경에서 ImPACT 프로젝트 기법을 사용하는 것은 어려울 수 있다. 부모에게 언제든지 질문하거나 직접 시연을 요청할 수 있다고 알려 준다.

부모의 되돌아보기를 돕고 실천계획표 작성하기

❖ 부모의 되돌아보기

부모에게 아이와의 상호작용에 대해 질문한다. 질문은 환경에 따라 달라질 수 있다. 다음은 지역사회 환경 내에 있는 경우 물어볼 수 있는 몇 가지 질문 예시이다.

> "지역사회에서 전략을 사용할 때, 어떤 느낌이었나요? 불편하게 느껴졌다면, 어떻게 하면 더 쉽게 사용할 수 있을까요?"
> "아이의 참여도나 기능 사용에서 변화를 느꼈나요?"

❖ 부모의 목표와 활동 선택을 돕기

부모 매뉴얼의 아동의 목표와 부모가 작성한 지역사회 활동 스케줄(양식 23)을 사용하여 부모가 회기의 목표와 활동을 선택할 수 있도록 돕는다. 부모가 선택한 내용을 실천계획표-

상호작용 형성하기(양식 35)에 기록하게 한다. 부모가 여러 지역사회 활동에서 대상으로 삼을 수 있는 목표를 선택하도록 돕는다.

부모가 실천할 수 있는 지역사회 활동을 찾도록 돕는다. 적합한 지역사회 활동은 아이가 즐기고 부모가 관리할 수 있는 활동이다. 아이가 거부하거나 부모가 서두르면, 부모의 성공률이 낮아져서 지역사회에서 전략을 사용하는 것을 주저할 수 있다.

❖ 부모의 실천계획표 작성 돕기

실천계획표를 가지고 부모가 선택한 각 지역사회 루틴에서 사용할 수 있는 기법에 대해 이야기 나눈다. 해당 활동을 위해 집중해야 할 핵심 요소를 관련 칸에 적게 한다.

부모가 각 루틴에 대한 아이의 동기가 높은지, 활동 중 아이의 전반적인 기분이 어떤지 생각해 볼 수 있도록 돕는다. 이를 통해 의사소통 방법을 조절하거나 새로운 기능을 가르치기에 좋은 시기인지 결정할 수 있다.

시간이 얼마나 있는지, 새로운 기능을 가르치는 데 필요한 물건에 대한 접근을 관리할 수 있는지 부모가 생각할 수 있도록 돕는다. 또한 환경, 시간 제약, 아이의 동기와 기분에 따라 어떻게 다른 전략을 사용할 수 있을지 생각하게 한다.

❖ 잠재적 문제에 대한 해결 지원하기

지역사회에서 전략을 사용할 때 어려운 점이 무엇일지 질문한다. 가능한 해결책에 대해 브레인스토밍하는 시간을 갖는다. 일반적인 문제와 해결책은 이 회기의 마지막에 있는 문제 해결 팁 목록(314쪽)에 나열되어 있다. 특정 기법에 대한 일반적인 문제와 해결책은 해당 회기의 마지막에 있는 문제 해결 팁 목록에 나와 있다. 지역사회 내에서 만날 수 없거나 부모가 특정 지역사회 루틴에서 사용할 전략에 대해 피드백을 받길 원하면, 지역사회에서의 루틴 상황을 녹화하여 다음 회기에 가져오게 한다.

❖ 되돌아보기 및 읽기 과제 제시하기

부모에게 가정에서의 연습 진행 상황을 기록하게 한다. 다음 회기가 시작될 때 이를 검토할 것이라고 알려 준다. 다음 회기 전에 부모에게 **앞으로 나아가기**(부모 매뉴얼 제7장)를 읽게 한다. 마지막 회기에서는 아이의 목표를 업데이트하고, 새로운 목표를 정하고, 프로그램 종료 후의 치료 계획을 세우는 시간을 가질 것이라고 알려 준다.

지역사회에서 ImPACT 프로젝트 사용하기 문제 해결 팁

만약 부모가……	코치는……
지역사회에서 새로운 기능을 가르치는 것을 주저한다면	• 차에 타거나 내리기 전에 아이에게 "문 열어."라고 말하며 신호를 보내는 등 짧고 반복적인 상호작용을 하도록 상기시킨다. • 부모에게 동기가 중요하다는 점을 기억하게 한다. 예를 들어, 아이가 차에서 내리고 싶어 하지 않는다면 새로운 기능을 가르치기에 좋은 때가 아니다. • 활동에 대해 이야기를 나누면서, 아이가 좋아하는 물건을 파악하게 한다. 또한 아이가 좋아하는 물건이나 행동에 대한 접근을 관리할 수 있도록 돕는다. • 원하는 물건에 대한 아이의 접근을 부모가 관리할 수 없거나, 아이가 촉진을 따를 능력이 없다고 생각되는 경우에는 부모에게 F.A.C.T.S. 피라미드의 가장 하단에 있는 전략을 사용하게 한다.

만약 아이가……	코치는……
좌절한다면	• 부모에게 F.A.C.T.S. 피라미드 하단에 있는 전략을 사용하게 한다. 부모가 외출을 더 즐겁게 만들기 위해 가져갈 수 있는 장난감이나 간식 등의 물건에 대해 생각해 보게 한다.

7단원

앞으로 나아가기

앞으로 나아가기의 목적은 부모가 아이의 진전을 평가하고, 필요에 따라 목표를 재설정하며, 새로운 목표를 달성하기 위해 전략을 조절하고, 성공을 유지하기 위한 계획을 세울 수 있도록 돕는 것이다. 여기에서는 *아이의 목표 업데이트하기*와 *성공을 유지하기 위해 계획하기*라는 두 가지 주제를 다룬다.

- 24회기로 프로그램을 진행하는 경우, 2회기 동안 **앞으로 나아가기**에 대해 논의한다. 먼저 진행 상황을 검토하고 목표를 업데이트하는 시간을 가질 것을 권한다. 새로운 목표와 관련된 정보를 사용하여 차선책을 결정할 수 있다.
- 12회기로 프로그램을 진행하는 경우, 진행 상황을 검토하고 목표를 업데이트하며, 지속적인 성과를 위한 계획을 세울 수 있는 회기가 한 번 진행된다. 23회기에서 설명한 형식을 사용하여 적어도 하나의 목표를 재설정하도록 부모를 돕는다. 부모의 보고와 아이의 기능에 대해 수집한 데이터를 기반으로 다른 목표를 업데이트할 수 있지만, 한 회기 내에 습득할 수 있도록 계획해야 한다.

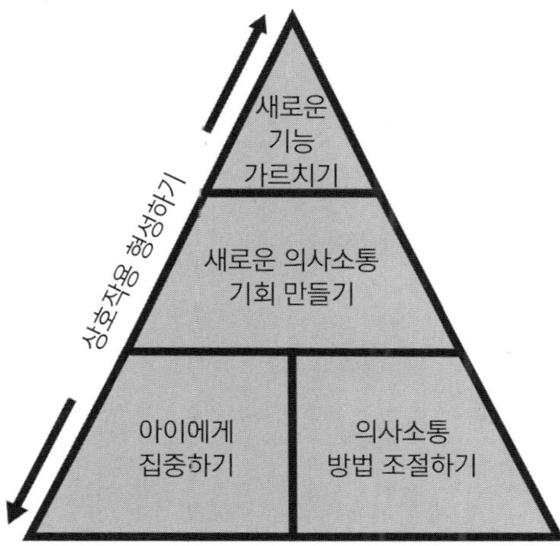

프로그램이 종료되면, 부모는 성공을 유지하기 위한 계획을 세워야 하며, 6개월마다 또는 필요에 따라 매월 후속 회기 일정을 잡아야 한다. 후속 회기에 대한 절차는 이 단원의 마지막에 제시되어 있다.

23회기
아이의 목표 업데이트하기

회기 목표

다음을 위해 부모를 돕는다.
- 아이의 목표에 대한 진행 상황 검토하기
- 필요한 경우 아이를 위한 새로운 사회적 의사소통 목표 계획하기

준비물

- 부모 매뉴얼
- 실천계획표-*아이의 목표 업데이트하기* (양식 36)
- 부모 매뉴얼의 아동의 목표와 부모가 작성한 매일 하는 활동 스케줄(양식 11)
- 목표 설정 양식(양식 10)
- 사회적 의사소통 체크리스트(부모 버전)(양식 8)
- 사회적 의사소통 체크리스트(코치 버전)(양식 9)
- 회기 기록지(양식 12)
- 공동 목표 설정 충실도 체크리스트(양식 5)
- ImPACT F.A.C.T.S. 검토 기록지-상호작용 형성하기(양식 18)
- 좋아하는 장난감
- 기록용 도구

회기 진행목록

- 체크인 및 회기 진행목록 정하기
- 실천계획표 검토하기
- *아이의 목표 업데이트하기* 소개하기
- 아이의 진행 상황 검토하기
  - 사회적 의사소통 체크리스트(부모 버전) 작성하도록 돕기
  - 아이와 상호작용하고 데이터 수집하기
  - 5분간 부모-아이 상호작용 관찰하고 기록하기
- 필요할 경우 새로운 목표 세우기
- 부모의 연습 및 피드백 제공하기
- 부모의 되돌아보기를 돕고 실천계획표 작성하기

체크인 및 회기 진행목록 정하기

❖ 가족 체크인

지난 회기 이후 가족이 어떻게 지냈는지 물어보고, 잠시 시간을 내어 아이를 활동에 참여시킨다.

❖ 회기 목표와 진행목록에 대해 설명하기

이번 회기에서는 아이가 목표를 향해 나아가는 과정을 부모와 함께 검토하고, 필요에 따라 새로운 목표를 계획할 것이다. 또한 새로운 목표를 정하기 위해 ImPACT 프로젝트를 실행하는 연습을 할 것이다. 만약 부모가 동영상 녹화를 허락한다면, 연습 시간의 일부를 녹화하고 싶다고 부모에게 알린다. 다음 회기와 마지막 회기에서 첫 번째 회기와 이번 회기에서 촬영된 부모와 아이의 상호작용 영상을 검토하여, 부모가 자신과 아이의 변화를 인식할 수 있도록 돕는다.

부모에게 "이번 회기에 대해 궁금한 점이나, 추가로 다루고 싶은 주제가 있나요?"라고 질문한다. 부모가 걱정하는 경우, 회기 진행목록을 조정할 필요가 있다.

실천계획표 검토하기

이전 회기에서 작성한 실천계획표를 검토한다. 부모에게 가정에서 ImPACT 프로젝트가 어떻게 진행되었는지 물어보고, 잘된 점과 어려웠던 점에 대해 함께 이야기한다.

부모가 가정에서의 상호작용을 녹화해 온 경우, 부모와 함께 동영상을 검토하고 피드백을 제공한다. 비디오 검토의 형식은 이전 검토 회기에서 사용한 형식과 유사해야 한다.

부모가 지역사회에서 실행하면서 겪은 어려운 점을 해결하도록 돕는다. 일반적인 도전 행동과 가능한 해결책은 22회기(314쪽) 마지막에 있는 문제 해결 팁 목록에서 찾아볼 수 있다.

아이의 목표 업데이트하기 소개하기

❖ 이론 설명하기

목표에 대한 아이의 진전을 평가함으로써 부모는 아이가 앞으로 나아갈 수 있도록 도울 수 있는 최선의 방법을 결정할 수 있다. 아이가 하나 이상의 목표를 달성했다면, 부모는 아이의 목표 성취를 도울 새로운 목표를 정해야 한다. 아이가 목표를 달성하지 못한 경우, 부모는 다른 목표가 더 적절한지 또는 아이가 목표를 성취하는 데 도움이 되는 추가적인 서비스가 필요한지 생각해 보아야 한다.

목표를 정하고 진행 상황을 측정하는 방법을 이해하면 부모가 아이의 중재에 대한 적극적인 의사 결정자가 될 수 있다.

아이의 진행 상황 검토하기

두 가지 버전의 사회적 의사소통 체크리스트(SCC, 양식 8과 양식 9), 수집한 회기 데이터 및 도움이 되는 기타 평가 자료를 사용하여 목표에 대한 아이의 진행 상황을 측정한다.

❖ 사회적 의사소통 체크리스트(부모 버전) 작성하도록 돕기

부모가 아이의 현재 기능을 평가하기 위해 부모버전 사회적 의사소통 체크리스트(양식 8, 이하 SCC)를 작성하게 한다. "거의 사용하지 않거나 나타나지 않음" "때때로 사용함 그러나 일관적이지 않음" "일반적으로 사용함(75% 이상)" 등으로 아이가 각 기능을 사용하는 정도를 표시해야 한다. SCC의 32~36번의 경우, 만약 아이가 "보통" 또는 "가끔" 기능을 사용한다면, 부모는 자신이 비언어적(제스처) 행동이나 언어적(단어 및 문장) 표현을 얼마나 자주 사용하는지 확인해야 한다. 아이가 예전에는 해당 행동을 수행했지만 현재는 수행하지 않고 더 복잡한 기능을 사용하고 있다면, 부모는 "보통" 칸을 선택해야 한다. 아이가 기능을 독립적으로 사용할 수 있는 방법에 대해 생각해 보게 한다.

부모가 가진 질문에 대해 답변하고, 모호하거나 해석하기 어려운 질문에 대해 명확하게 설명할 수 있어야 한다. 부모가 두 명이 참석한 경우, 체크리스트를 함께 작성할 것인지 아니면 각각 따로 작성할 것인지 물어본다. 실제로 아이가 엄마와 아빠를 다르게 대할 수 있기 때문에 부모가 아이의 기능에 대해 다르게 인식해도 괜찮다.

❖ 아이와 상호작용하고 데이터 수집하기

부모가 SCC를 작성하는 동안, 아이와 상호작용하여 목표에 대한 진행 상황 데이터를 수집한다. 부모에게 "SCC를 작성하시는 동안, 저는 Sam과 대화하면서 프로그램을 시작할 때 정한 목표에 대한 진행 상황 데이터를 수집할게요."라고 말할 수 있다.

회기 기록지(양식 12)를 사용하여 다양한 촉진 수준에서 아이의 기능 사용에 대한 데이터를 수집하고, 전반적인 진행 상황을 평가한다. 아이가 대부분의 시도에서 자발적으로 기능을 사용할 수 있다면, 해당 목표는 달성된 것이며 새로운 목표를 생각해야 한다.

코치용 SCC(양식 9)를 사용하여 프로그램 진행 과정을 평가하고, 목표를 정할 새로운 영역을 결정한다. 두 버전의 SCC를 채점하는 방법은 양식 9의 마지막 부분에서 확인할 수 있다.

마지막으로 부모에게 "아이에게 목표에 대한 진전이 있었나요?"라고 직접 질문한다. 프로그램을 시작할 때 정한 각각의 목표에 대한 아이의 진전도에 대해 부모가 어떻게 생각하는지 보다 구체적으로 평가한다. 수집한 회기 데이터와 추가 평가를 토대로 어떤 목표를 정할지 결정하도록 돕는다. 아이의 변화가 제한적인 경우, 부모가 최선의 중재를 결정하도록 도와줄 것이라고 알려 준다.

❖ 5분간 부모-아이 상호작용 관찰하고 기록하기

목표 성취를 위해 ImPACT 프로젝트 전략을 사용하면서 부모와 아이가 함께 놀게 하고, 부모와 아이의 상호작용을 약 5분 분량의 동영상으로 녹화한다. 다지막 회기에서 부모가 중재 전과 후의 동영상을 보면서 자신의 성취와 아이의 진전을 확인하는 것은 동기 부여가 될 수 있다. 또한 동영상을 활용하여 아이에게 잘 맞는 기법을 강조하고 부모가 기법 중재를 스스로 평가하는 능력을 향상시킬 수 있다.

필요할 경우 새로운 목표 세우기

협력적인 접근 방식을 사용하여 부모가 아이의 목표 중 어떤 목표를 업데이트해야 하는지, 새로운 목표가 적절한지 결정할 수 있도록 돕는다. 아이의 진전에 따라, 일부 목표는 그대로 유지해야 할 수도 있고 혹은 변경해야 할 수도 있다.

기능 영역에서 아이에게 바라는 새로운 목표에 대해 부모의 의견을 묻는다. 예를 들어, 사회적 참여 영역과 관련하여, 부모에게 "아이가 실행하길 바라는 새로운 의사소통 기능이 있나요?"라고 질문한다. 이 정보를 목표 설정 양식(양식 10)의 "장기 목표" 아래에 기록한다. 이 양식은 프로그램 초기에 목표를 설정할 때 사용했던 양식과 동일하다.

아이의 현재 기능과 SCC 결과를 사용하여, 부모가 아이의 현재 기능 수준에서 발달 단계를 따르면서, 구체적이고 측정 가능한 목표로 세분화할 수 있도록 돕는다. 이 정보를 목표 설정 양식의 "현재의 기능" 아래에 기록한다. 부모가 목표 설정에 어려움을 겪는다면, 코치가 제안할 수 있다. 코치가 제안한 목표는 반드시 부모의 동의가 필요하다. 새로운 목표는 목표 설정 양식의 "단기 목표" 아래에 적는다. 부모에게 실천계획표-*아이의 목표 업데이트하기*(양식 36)에 새로운 단기 목표를 작성하도록 한다. 부모에게 회기가 끝날 때 실천계획표를 함께 작성한다는 것을 알려 준다.

부모의 연습 및 피드백 제공하기

이제 부모가 모든 ImPACT 프로젝트 전략에 익숙해졌으므로, 부모가 연습하기 전에 매번 기법을 시연할 필요는 없다.

❖ 부모의 연습을 격려하기

부모는 아이의 새로운 목표에 맞는 전략을 실행해야 한다. 아이의 새로운 목표에 따라 다른 촉진을 사용해야 할 수도 있음을 상기시킨다. 예를 들어 다음과 같이 말할 수 있다.

> "Brianna의 새로운 의사소통 목표는 물건을 요청할 때 두 단어를 사용하는 것입니다. 시간 지연하기를 사용하여 시작한 후, 질문을 하고 대답하지 않으면 완전하지 않은 문장을 사용할 거예요. Brianna가 이미 두 단어를 모방할 수 있기 때문에, 개입 수준이 낮은 촉진을 사용하려고 해요."

❖ 물리적 환경 관리하기

환경 자극이 부모가 상호작용하거나 새로운 기능을 가르치는 데 방해가 된다고 생각되면, 부모에게 질문한다. 예를 들어, "Brianna가 많이 돌아다니는 것 같은데, 왜 그런 것 같나요?"라고 질문한다.

❖ 피드백 제공하기

부모와 아이에게 가장 큰 성취를 가져다줄 수 있는 기법에 대한 코칭을 제공한다. 한 번에 한두 가지 기법에 대해서만 피드백을 제공해야 한다. 부모가 어려움을 겪는 경우, 직접 나서서 시연할 수 있으며, ImPACT F.A.C.T.S. 검토기록지-**상호작용 형성하기**(양식 18)를 사용하여 아이의 새로운 목표를 습득하는 데 가장 효과적인 기법에 대해 강조할 수 있다.

부모의 되돌아보기를 돕고 실천계획표 작성하기

❖ 부모의 되돌아보기

회기 중 실습한 내용에 대해 질문한다. 예를 들어 다음과 같이 질문할 수 있다.

> "아이의 새로운 목표를 달성하는 데 가장 효과적인 기법은 무엇인가요?"
> "의사소통하기, 놀이하기, 의사소통 이해하기 등을 위한 새로운 목표에 가장 효과적인 촉진은 무엇인가요?"

이 회기의 앞부분에서 선택한 업데이트된 목표에 대해 다시 설명한다. 부모에게 추가하고 싶은 것이 있는지 물어보고, 추가 목표를 실천계획표에 기록하게 한다.

❖ 부모의 활동 및 전략 파악 돕기

부모가 각 목표에 대해 최소 두 가지 이상의 활동을 구상하고, 다양한 환경에서 전략을 사용할 수 있도록 돕는다. 활동과 전략에 대해 개방형 질문을 한다. 예를 들어 다음과 같이 질문할 수 있다.

> "Brianna가 간식 시간과 놀이 시간에 두 단어를 사용해서 요청하도록 하는 것이 목표입니다. 간식 시간에는 어떤 전략을 사용할 수 있을까요? 같은 전략이 놀이 시간에도 효과가 있을까요?"

만약 부모가 어려움을 겪는다면, 다양한 기법을 제시하여 더 많은 지원을 제공할 수 있다. 실천계획표에 활동과 전략을 기록하게 한다.

❖ 잠재적 문제에 대한 해결 지원하기

부모에게 가정에서 새로운 목표를 성취하는 데 어떤 점이 어려울 것 같은지 질문한다. 시간을 내어 해결책을 브레인스토밍한다. 각 기법에 대한 일반적인 문제와 해결책은 해당 회기의 마지막에 제시되어 있다.

❖ 되돌아보기 및 읽기 과제 제시하기

부모에게 회기 사이에 연습이 어떻게 진행되는지 적어 달라고 요청한다. 또 이 시간을 통해 앞으로 나아가기에 필요한 추가적 지원에 대해 생각해 볼 수 있다. 다음 회기가 시작될 때 이 내용을 검토할 것이라고 알려 준다. 부모가 아직 읽지 않았다면, 부모 매뉴얼 제7장의 *성공을 유지하기 위해 계획하기*를 읽어 보게 한다.

부모가 가정에서 활용할 기법을 정하는 데 어려움을 겪고 있거나 가정에서 코칭을 제공할 기회가 없었던 경우, 상호작용 내용을 영상으로 녹화하여 다음 회기에 가져와서 이에 대한 피드백을 받도록 제안한다. 또한 부모가 가정에서 중재를 사용할 때 생기는 기타 문제들을 해결할 수 있도록, 마지막 회기를 가정에서 진행할 수도 있다.

24회기
성공을 유지하기 위해 계획하기

회기 목표

다음을 위해 부모를 돕는다.
- 부모 자신과 아이의 성과 인정하기
- ImPACT 프로젝트 사용과 관련된 지속적인 문제 해결하기
- 추가적인 지원 확인하기

준비물

- 부모 매뉴얼
- 실천계획표-*성공을 유지하기 위해 계획하기*(양식 37)
- 부모가 작성한 실천계획표-*아이의 목표 업데이트하기*(양식 36)
- 좋아하는 장난감
- 중재 전후 비디오 클립(선택 사항)
- 부모 만족도 조사(양식 24)
- 회기 기록지(양식 12)
- 중재 충실도 체크리스트(양식 4)
- 코칭 충실도 체크리스트(양식 6)

회기 진행목록

- 체크인 및 회기 진행목록 정하기
- 실천계획표 검토하기
- *성공을 유지하기 위해 계획하기* 소개하기
- 중재 전후의 비디오 클립 검토하기(선택 사항)
- 부모의 되돌아보기를 돕고, 후속 회기 계획하기
- 부모의 종결 평가 완료하기

핵심 요소: *성공을 유지하기 위해 계획하기*

- 가족의 성과 인정하기
- ImPACT 프로젝트를 사용할 때 지속되는 도전 과제 해결하기
- 다른 가족 구성원들도 참여시키기
- 가족의 요구 사항 파악하기

체크인 및 회기 진행목록 정하기

❖ 가족 체크인

지난 회기 이후 가족이 어떻게 지냈는지 물어보고, 부모에게 이번 회기에 무엇을 성취하고 싶은지 질문한다.

❖ 회기 목표와 진행목록에 대해 설명하기

최종 회기의 형식은 부모와 아이의 필요에 따라 달라질 수 있다. 일반적으로 이 회기에서는 성과를 인정하고, 부모가 ImPACT 프로젝트를 사용하면서 겪을 수 있는 남은 문제를 해결하며, 가족의 향후 서비스 요구를 파악한다. 이 회기에서는 핵심 요소를 검토하면서 부모와 함께 실천계획표를 작성한다. 각 핵심 요소에 소요되는 시간은 가족의 필요에 따라 달라질 수 있다. 시간이 허락한다면, 부모와 아이의 초기 및 최종 상호작용 동영상을 시청하고, 부모에게 프로그램 진행 과정에서 아이가 이루어 낸 진전과 아이에게 잘 맞는 기법을 보여 주는 것도 재미있고 보람 있는 시간이 될 수 있다. 부모에게 마지막 회기에서 무엇을 기대할 수 있는지 알려 준다.

부모에게 "오늘 회기에 대해 궁금한 점이 있거나 추가로 다루고 싶은 주제가 있나요?"라고 질문한다. 부모가 고민이 있을 경우에는 회기 진행목록을 조정해야 할 수도 있다.

실천계획표 검토하기

이전 회기에서 작성한 실천계획표를 검토한다. 부모가 가정에서 아이의 새로운 목표를 성취하기 위해 ImPACT 프로젝트 전략을 어떻게 사용했는지 이야기 나눈다. 잘된 점과 어려웠던 점에 대해 논의한다.

부모가 가정에서 동영상을 촬영해 온 경우 함께 검토한다. 개방형 질문과 탐색형 질문을 통해 아이에게 잘 맞는 기법은 물론, 잘 맞지 않는 기법의 효과를 높일 수 있는 방법을 파악할 수 있도록 돕는다.

가정에서 연습할 때 겪는 어려움은 일반적으로 새로운 목표를 해결하기 위해 촉진을 사용하는 것과 관련이 있다. 또한 일부 부모는 대부분의 상호작용 중에 촉진을 시작하기 때문에 아이의 좌절감이 커질 수 있다. 특정 기법에 대한 일반적인 문제와 가능한 해결 방법은 관련 회기 끝에 있는 문제 해결 팁 목록을 참조한다.

중재의 특정 측면이나 루틴에서 지속적으로 어려움이 있는 경우, 혹은 부모가 중재를 사용하여 아이의 새로운 목표를 달성하는 데 어려움을 보고하는 경우라면, *성공을 유지하기 위해 계획하기*를 소개하기 전에 먼저 시연하고, 부모가 실행하게 한 후, 피드백을 제공할 수 있다.

성공을 유지하기 위해 계획하기 소개하기

❖ 이론 설명하기

이 회기의 목표는 프로그램이 종료된 후에도 부모가 ImPACT 프로젝트를 사용하여 가족의 성공을 유지할 수 있도록 돕는 것이다.

❖ 핵심 요소에 대해 이야기 나누기

부모 매뉴얼을 사용하여 *성공을 유지하기 위해 계획하기*에 대해 논의한다. 부모 매뉴얼의 '생각해 보세요!' 질문을 통해 부모가 가족과 아이에게 해당 정보를 적용할 수 있도록 돕는다. 부모와 함께 논의한 정보를 실천계획표-*성공을 유지하기 위해 계획하기*(양식 37)에 기록한다.

가족의 성과 인식하기

자신과 아이의 성취를 인식하는 것은 부모가 아이와 함께한 작업의 긍정적인 영향을 확인하는 데 도움이 되며, 가정에서 ImPACT 프로젝트 전략을 계속 사용하려는 동기를 높일 수 있다. 부모와 함께 실천계획표에 진전도를 기록한다.

부모에게 "이 프로그램에서 아이와 함께 무엇을 성취했나요?"라고 질문한다. 부모가 대답하기 어려워하는 경우, 부모-아이 관계의 질적 향상, 아이의 기능 향상에 대한 성취에서 부모가 수행한 역할 등을 파악할 수 있도록 돕는다.

중재 전후의 비디오 클립 검토하기(선택 사항)

부모가 동영상을 통해 자신과 아이의 행동에서 긍정적인 변화를 관찰하는 것은 매우 큰 힘이 될 수 있다. 프로그램 시작과 종료 시 부모와 아이의 상호작용을 동영상으로 녹화했거나 부모가 가정에서 동영상을 녹화했다면, 부모와 함께 두 시점의 비디오 클립을 검토한다. 부모가 긍정적인 변화를 관찰할 수 있도록 회기 전에 두 동영상을 미리 보게 한다.

> 부모가 아이의 발달을 지원하는 본인의 노력에 대해 성공적이라고 느끼면서 프로그램을 종료하는 것이 중요하며, 그렇지 않으면 계속 활용하지 않을 가능성이 높다.

부모와 함께 첫 번째 동영상을 2~3분 정도 시청한다. 잠시 멈추고 부모 자신과 아이의 행동에서 어떤 점을 발견했는지 물어본다. 프로그램 전에는 아이와의 상호작용이 어땠는지 생각해 보게 한다. 그런 다음에 두 번째 동영상을 2~3분간 시청한다. 상호작용의 질, 아이의 기능, 중재 전략의 사용에서 긍정적인 변화를 파악할 수 있도록 질문한다. 자신의 행동이 아이의 향상에 어떤 방식으로 기여했는지 알 수 있도록 돕는다.

가족이 변화함에 따라, 부모가 자신과 아이의 성공을 어떻게 기록할 수 있을지 생각하도록 돕는다. 여기에는 매일 또는 매주 일지를 작성하거나 부모와 아이의 긍정적인 상호작용을 동영상으로 촬영하는 것이 포함될 수 있다. 모든 제안은 실천*계획표-성공을 유지하기 위해 계획하기*의 "다음 단계" 칸에 적을 수 있다. 이 실천계획표에 잘된 점을 기록하여, 이를 첫 번째 후속 회기에서 공유할 수 있게 한다.

ImPACT 프로젝트를 사용할 때 지속되는 도전 과제 해결하기

프로그램을 완료한 후 가정과 지역사회에서 부모가 ImPACT 프로젝트 전략을 사용할 때, 방해가 될 수 있는 도전 행동이나 문제점 등을 파악한다. 부모와 함께 실천계획표에 어려운 점을 기록한다. 부모에게 "앞으로 ImPACT 프로젝트 기법을 사용할 때 어떤 점이 어려울까요?"라고 질문한다. 부모가 어려움을 파악하기 힘들어하면, 다음과 같이 좀 더 구체적인 질문을 할 수 있다.

> "아이에게 가르치기 어려운 특정 기능이 있나요?"
>
> "어떤 기법을 가장 편하게 사용하시나요? 가장 어려운 기법은 무엇인가요?"

부모가 특정 전략을 사용하거나 특정 목표를 달성하는 데 어려움을 겪는다고 보고하는 경우, 프로그램 전체에서 사용한 것과 동일한 형식의 시연을 보이고 부모가 연습하게 하는 것이 도움이 될 수 있다. 부모가 시간이나 지원 부족과 같은 다른 어려움을 보고하는 경우에는 그 문제를 해결하는 것에 시간을 할애해야 한다. 부모와 함께 실천계획표에 어려움과 가능한 해결책을 기록한다.

프로그램이 끝난 후에도 부모가 아이와 함께 ImPACT 프로젝트를 계속 사용할 수 있도록 후속 회기 일정의 중요성에 대해 논의한다. 임상 경험에 따르면 부모가 주기적인 후속 회기를 받지 않으면 시간이 지남에 따라 중재가 현저히 감소하는 경우가 많다. 이러한 후속 회기는 필요한 지원을 제공할 수 있고, 이를 통해 부모가 ImPACT 프로젝트를 계속 사용할 수 있도록 도와준다. 또한 부모가 아이의 목표를 재설정하고, 아이의 새로운 기능을 발전시키기 위한 중재 사용에도 도움을 줄 수 있다.

다른 가족 구성원들도 참여시키기

다른 가족이나 친구에게 ImPACT 프로젝트를 사용하도록 가르치면 부모는 추가적인 지원을 받을 수 있고, 아이는 새로운 사람들에게 자신의 기능을 사용하는 데 도움이 될 수 있다.

부모에게 "ImPACT 프로젝트 전략을 사용하는 방법을 누구에게 가르칠 수 있나요?"라고 질문한다. 부모가 잘 모르겠다고 대답한다면, 다른 가족 구성원, 양육자, 가족의 친구 등 아이의 주변에서 도움을 줄 수 있는 다른 사람을 생각해 보게 한다. 또한 그들이 몇 가지 전략을 배울 수 있는 방법에 대해 생각하게 한다. 부모가 아이의 형제자매에게 중재 기술 일부를 가르치길 원하는 경우, 본 매뉴얼 제1부 제2장 마지막에 있는 적응에 대한 논의를 참조한다.

가족의 요구 사항 파악하기

부모가 가족의 필요와 이러한 필요를 충족하는 데 도움이 될 수 있는 추가 지원과 서비스를 인식할 수 있도록 돕는다.

부모에게 "ImPACT 프로젝트에서 다루지 않았던 아이의 목표가 있나요?"라고 질문한다. 부모가 이를 파악한 후에는 이러한 목표를 해결하기 위해 가족이 이용할 수 있는 서비스나 지원에 대해 논의한다. 부모와 함께 실천계획표에 목표를 기록한다.

아이가 도전 행동을 보이는 경우, 아이의 행동 관리를 돕기 위해 부모와 함께 행동 관리 영역에 해당하는 단원(본 매뉴얼 8단원 및 부모 매뉴얼 제8장 참조)을 진행할지 이야기 나눈다.

ImPACT 프로젝트의 전략으로 목표를 달성할 수 없거나 아이의 진전 속도를 높이기 위해 강도를 높여야 하는 경우, 적절한 도움을 받을 수 있는 곳을 소개한다. 부모와 논의할 때 지원 및 관련 의뢰 사항을 실천계획표에 기록한다.

부모의 되돌아보기를 돕고 후속 회기 계획하기

❖ 부모의 되돌아보기

프로그램 종료 후에도 부모가 지속적인 성공을 경험할 수 있도록 돕기 위해 논의한 다양한 방법에 대해 질문한다. 이 시간을 활용하여 부모가 가진 질문에 답변한다. 예를 들어, 다음과 같이 질문할 수 있다.

"오늘 논의한 내용 중 ImPACT 프로젝트를 성공적으로 사용하는 데 도움이 될 만한 것이 있나요?"

"지원이나 의뢰와 관련하여 궁금한 점이 있나요?"

❖ 후속 회기 스케줄 정하기

후속 회기는 6개월 동안 한 달에 한 번 또는 필요에 따라 수시로 진행해야 한다. 후속 회기는 가정에서 진행하는 것이 가장 이상적이지만, 이것이 불가능할 경우에는 치료실 환경에서 진행하는 것이 효과적이다.

❖ 되돌아보기를 위한 과제 제시하기

부모에게 실천계획표-*아이의 목표 업데이트하기*(양식 36)를 살펴보게 한다. 이는 23회기 마지막 부분에서 부모와 함께 작성한 내용이다. 부모는 잘된 점과 어려운 점을 계속해서 기록해야 한다. 첫 번째 후속 회기에서 논의하고 싶은 내용이 있으면 적어 오도록 한다. 성공 경험을 공유하거나 어려운 일상에 대한 피드백을 받고 싶다면, 상호작용 동영상을 녹화해서 후속 회기에 가지고 올 수 있다고 알려 준다.

부모의 종결 평가 완료하기

회기가 끝날 때 시간을 내어 부모가 부모 만족도 조사(양식 24) 및 프로그램 수료와 관련된 추가 평가를 마무리하게 한다. 이를 통해 부모 코칭 기술을 개선하는 방법에 대한 중요한 정보를 얻을 수 있다.

후속 회기

회기 목표

다음을 위해 부모를 돕는다.

- 중재 실행 능력 유지하기
- 목표를 검토하고 설정하기
- ImPACT 프로젝트 전략을 사용하여 새로운 목표 달성하기

준비물

- 부모 매뉴얼
- 실천계획표-*후속 회기*(양식 38)
- 부모가 작성한 실천계획표-*아이의 목표 업데이트하기*(양식 36)
- 이전 회기에서 작성한 목표 설정 양식(양식 10)
- 목표 설정 양식(양식 10)
- 사회적 의사소통 체크리스트(부모버전)(양식 8)
- 사회적 의사소통 체크리스트(코치 버전)(양식 9)
- ImPACT F.A.C.T.S. 검토기록지-상호작용 형성하기(양식 18)
- 좋아하는 장난감이나 간식 등 기회를 만드는 데 사용할 수 있는 물품
- 회기 기록지(양식 12)
- 중재 충실도 체크리스트(양식 4)
- 코칭 충실도 체크리스트(양식 6)

회기 진행목록

- 체크인, 실천계획표 검토하기, 회기 진행목록 정하기
- 아이의 진행 상황 검토하기
- ImPACT 프로젝트 전략 검토 및 실행하기
- 부모의 되돌아보기를 돕고, 실천계획표 작성하기

체크인, 실천계획표 검토하기, 회기 진행목록 정하기

가족에게 이전 회기 이후 어떻게 지냈는지 물어본다. 부모와 이야기하기 전에 아이와 잠깐 대화를 나누며 활동에 참여시키는 것이 도움이 될 수 있다. 이 체크인을 통해 회기 진행목록에 대한 정보를 얻을 수 있다.

이전 회기에서 작성한 실천계획표를 살펴보고, 잘된 점과 어려웠던 점에 대해 부모와 이야기 나눈다. 부모에게 "이번 회기에는 어떤 내용이 가장 도움이 될까요?"라고 질문한다.

부모의 반응에 따라 아이의 진행 상황을 검토하여 아이의 목표를 업데이트하거나, 부모의 연습을 통해 ImPACT 프로젝트 전략을 검토하거나, 반복되거나 새로운 도전 행동에 대한 문제 해결을 시작할 수 있다. 부모가 검토할 동영상을 촬영해 온 경우, 시간을 내어 동영상을 검토하고 질문에 답하며 피드백을 제공한다.

아이의 진행 상황 검토하기

❖ 아이의 진전도에 대한 정보 수집하기

목표 설정 양식(양식 10)과 실천계획표-*아이의 목표 업데이트하기*(양식 36)에 기록된 목표와 관련하여 아이의 진행 상황에 대한 정보를 수집한다. 부모의 보고와 부모와 아이의 상호작용을 관찰하고, 필요한 경우 아이와 직접 상호작용하여 아이의 현재 수준을 파악한다.

부모를 통해 가장 최근의 코칭 회기 이후 아이의 목표에 대한 진행 상황을 확인한다. 예를 들어 다음과 같이 질문한다.

> "아이의 한 단어 사용을 늘리기 위해 노력하고 계셨죠. 지금은 아이가 어떻게 의사소통을 하고 있나요?"
> "아이의 기능적 놀이를 늘리기 위해 노력하고 계셨죠. 지금은 아이가 어떻게 놀고 있나요?"

코치가 관찰하는 동안 부모가 아이에게 중재 전략을 사용하게 한다. 이 관찰을 통해 아이의 현재 수준과 부모의 지속적인 중재 기법 사용 능력을 파악할 수 있다.

부모가 아이와 상호작용하는 동안, 아이의 목표에 대한 진행 상황과 부모의 ImPACT 프로젝트 전략 사용에 대해 메모한다(중재 충실도 체크리스트, 양식 4). 진행 상황을 평가하기 위해 아이에 대한 추가 정보가 필요하다고 생각되면, 시간을 내어 아이와 직접 상호작용해 본다.

❖ 필요할 경우 목표 업데이트하기

협력적인 접근 방식을 사용하여 부모가 아이의 목표 중 어떤 목표를 재설정해야 하는지 상의하고, 새로운 목표가 필요한지 판단할 수 있도록 돕는다. 아이가 목표 행동을 습득하지 못했더라도 부모는 네 가지 핵심 영역 중 하나에서 새로운 목표를 설정하고 싶을 수 있다. 이 과정에서는 부모에게 의견을 물어본다. 예를 들어, 다음과 같이 말할 수 있다.

> "부모님이 선택지를 사용할 때, Brianna가 한 단어를 사용하기 시작했다는 것은 매우 반가운 일입니다. 이 목표를 유지하면서, 질문하기나 시간 지연과 같은 개입수준이 낮은 촉진을 계속 사용해야 한다고 생각하세요? 아니면 Brianna에게 다른 의사소통 목표가 있나요?"

두 사람 모두 현재 목표가 적절하다고 생각하고 부모가 가정에서 계속해서 목표를 달성하기를 원한다면, 실천계획표–*후속 회기*(양식 38)에 적는다.

아이의 새로운 목표를 정하기로 결정한 경우, 코치와 부모는 모두 SCC(부모 버전 양식 8, 코치 버전 양식 9)를 작성하여 네 가지 핵심 영역에 대한 목표를 결정해야 한다. 목표 설정 양식(양식 10)의 장기 목표를 확인하거나 재작성하고, 아이의 현재 기술을 파악하며, 구체적이고 측정 가능한 단기 목표를 작성하여 목표 설정 과정을 체계화한다. 목표가 결정되면 실천계획표–*후속 회기*(양식 38)에 단기 목표를 작성하고, 부모가 이를 가정에서 활용하게 한다.

ImPACT 프로젝트 전략 검토 및 실행하기

❖ ImPACT 프로젝트 전략 검토하기

ImPACT F.A.C.T.S. 검토 기록지–**상호작용 형성하기**(양식 18)를 사용하여 기법의 핵심사항을 간략하게 검토한다. 부모에게 기법에 대해 궁금한 점이나 가정에서 아이의 목표를 성취하기 위해 기법을 사용하는 방법에 대해 질문할 기회를 준다. 이를 통해 한 번에 몇 가지 기법만 시연하고 코칭할 수 있다. 부모에게는 도전일 수 있는 기법을 선택하는 것은 아이가 새로운 기법을 익히는 데 도움을 줄 수 있다.

❖ ImPACT 프로젝트 전략 시연하기

시연하는 동안 목표로 하길 원하는 구체적인 목표가 있는지 부모에게 질문한다. 목표를 성취하기 위해 피라미드 위아래로 어떻게 움직일 것인지 설명한다.

> "Brianna가 두 단어 문장으로 요청하는 것을 돕기 위해, 제가 어떻게 피라미드의 위아래로 움직이는지 보세요. 저는 먼저 Brianna에게 집중하고, Brianna가 사용하길 바라는 문장으로 의사소통을 조절할 겁니다. Brianna가 저와 함께 의사소통을 시작하지 않거나, Brianna가 새로운 기능을 사용하길 원하면, 피라미드의 위로 올라갈 것입니다. 아이가 활동에 매우 참여적일 때는 두 단어를 사용하도록 유도할 겁니다. 아이가 자발적으로 말할 수 있는 기회를 주고, 계속 참여하고 재미있게 활동할 수 있도록 피라미드의 아래로 내려가서 아이의 자발적인 기능에 반응할 겁니다."

부모가 정한 새로운 목표 또는 가정에서 어려움을 겪었던 목표에 중점을 두고 *상호작용 형성하기*를 사용하여 시연을 보이면서, 무엇을 하고 있는지 설명한다. 사용 중인 기법과 아이의 반응을 확인한다. 부모가 소통을 시작하는 아이에게 어떻게 반응하고 확장할 수 있는지 보여 주거나, 목표를 해결하기 위해 새로운 기법을 가르치는 것이 도움이 될 수 있다. 이러한 설명은 부모가 계속해서 중재의 균형을 맞추는 데 도움이 된다. 부모가 특정 중재 기법이나 전략에 어려움을 호소하는 경우, 아이와 함께 시연을 한다.

시연이 끝나면, 부모에게 "상호작용 중에 어떤 점을 느꼈나요?"라고 질문한다. 부모가 대답하기 어려운 경우에는 다음과 같이 좀 더 구체적인 질문을 한다.

> "우리가 생각한 새로운 기법을 아이가 사용할 수 있도록 돕는 데 어떤 기법이 효과가 있는 것 같나요?"
> "아이가 좌절했을 때, 제가 어떻게 했나요?"

❖ 부모의 연습 및 피드백 제공하기

검토와 시연 중에 강조된 기법을 부모가 연습하게 한다. 한 번에 너무 많은 기법에 대한 피드백을 제공해서는 안 된다는 점을 기억한다. 검토하지 않은 특정 기법에 대해 부모가 어려워한다는 것이 발견되면, 이에 대해 메모하고 검토 단계, 시연 단계, 실행 단계를 반복한다.

부모의 되돌아보기를 돕고 실천계획표 작성하기

❖ 부모의 되돌아보기

부모가 이번 회기에 대해 생각하는 데 도움이 되는 질문을 하고, 아이의 목표를 달성하기 위해 ImPACT 프로젝트 전략을 사용하는 방법에 대해 질문한다. 예를 들어, 다음과 같이 질문한다.

> "아이의 목표를 성취하는 데 가장 효과적인 기법은 무엇인가요?"
> "아이의 의사소통/놀이/모방 기능의 복잡성을 높이는 데 가장 효과적인 촉진은 무엇인가요?"
> "더 궁금한 부분이 있으신가요?"

❖ 부모의 실천계획표 작성 돕기

부모와 함께 실천계획표-*후속 회기*(양식 38)를 작성한다. 이 회기 초반에 부모와 함께 확인하고 실천계획표에 작성했던 목표를 다시 설명한다. 이번 회기에 이전 목표에 대한 전략을 시연하고 연습하는 데 시간을 할애했다면, 부모에게 같은 목표를 계속할 것인지, 아니면 새로운 목표를 정하고 싶은지 질문한다.

부모가 각 목표에 대해 최소 두 가지 이상의 활동을 정하고, 전략을 사용할 수 있도록 돕는다. 활동과 전략에 대해 다음과 같은 개방형 질문을 한다.

> "요청할 때 Brianna가 자발적으로 한 단어를 더 많이 사용하도록 돕는 것이 목표입니다. 자발적인 요청을 가르치는 데 어떤 활동이 가장 효과적이라고 생각하세요? Brianna가 자발적으로 언어를 사용하도록 돕기 위해, 어떤 전략을 사용할 수 있다고 생각하세요?"

부모가 중재할 전략 선택에 어려움을 겪는 경우, **아이에게 집중하기, 의사소통 방법 조절하기, 새로운 의사소통 기회 만들기, 새로운 기능 가르치기, 상호작용 형성하기** 중에 전략을 선택할 수 있도록 함으로써 더 많은 지원을 제공할 수 있다.

❖ 잠재적 문제에 대한 해결 지원하기

가정과 지역사회에서 ImPACT 프로젝트 전략을 사용하는 데 있어 어려운 점이 무엇일 것 같은지 질문한다. 가능한 해결책에 대해 브레인스토밍하는 시간을 갖는다. 이 기법을 부모와 사용할 때와 지역사회에서 사용할 때의 일반적인 어려움과 해결책은 6단원(305쪽과 314쪽)의 문제 해결 팁 목록에서 찾아볼 수 있다. 특정 기법에 대한 일반적인 문제와 해결책은 관련 회기의 마지막에 있는 문제 해결 팁 목록에서 찾아볼 수 있다.

❖ 되돌아보기를 위한 과제 제시하기

부모에게 잘된 점과 어려웠던 점을 실천계획표에 적게 한다. 다음 후속 회기에서 이 내용을 검토할 것이라고 알려 준다. 부모는 상호작용을 동영상으로 촬영하고, 다음 달 후속 회기에서 상호작용에 대한 피드백을 받을지 선택할 수 있다.

8단원

(선택 사항) 아이의 도전 행동 다루기

이 단원의 목표는 부모에게 아이의 도전 행동을 관리하기 위한 전략을 가르치는 것이다. 이 단원은 특정 행동이 프로그램 마무리에 방해가 되는 경우나 부모의 일상생활에 방해가 되는 경우, 또는 ImPACT 프로젝트 완료 후에도 아이의 도전 행동이 계속되는 경우 언제든지 제시할 수 있다. 이 단원은 진행 중인 ImPACT 프로젝트의 한 부분으로 또는 개별 행동 관리 회기로 진행할 수 있다.

이 프로그램의 행동 관리 전략은 *긍정적 행동 지원*(*Positive Behavior Support*: PBS)의 이론과 실제를 기반으로 한다. PBS는 아이가 도전 행동을 하는 이유를 이해하기 위한 평가로 시작하여, 아이가 자신의 감정이나 요구를 전달하기 위해 적절한 행동을 할 수 있도록 돕는 구체적인 계획을 가지고 중재하는 과정으로 이어진다. PBS는 행동을 해결하는 긍정적인 접근 방식이고, 새로운 기능을 가르치는 데 중점을 두며, 처벌을 사용하지 않기 때문에 ImPACT 프로젝트와 매우 잘 맞다. 이러한 증거 기반 전략은 ImPACT 프로젝트 전략과 함께 사용하여 아이가 자신의 필요를 충족하는 데 더 적절한 기능을 배우도록 도울 수 있다.

이 단원에서는 *아이의 도전 행동 이해하기*(*정보 수집하기*, *패턴 파악하기*라는 부제의 두 회기로 진행), *도전 행동 예방하기*, *결과 변화시키기*, *대체 기술 가르치기*([그림 2-8-1] 참조)라는 네 가지 주제를 다룬다. 먼저 PBS 프로세스에 대한 개요를 제공하고, 부모가 아이의 도전 행동에 대한 이유를 파악할 수 있도록 돕는다. 도전 행동의 이유를 파악한 후에는 부모에게 도전 행동을 예방하는 전략을 가르치고, 도전 행동을 유지하는 결과를 변화시키는 방법, 필요한 경우 대체 행동을 가르치는 방법을 지도하게 된다. 아이의 행동 문제의 강도, 부모의 PBS에 대한 이전 경험(만약 경험이 있는 경우)과 도전 행동의 기능에 대한 명확성에 따라 이 단원에 소요되는 시간은 달라질 수 있다.

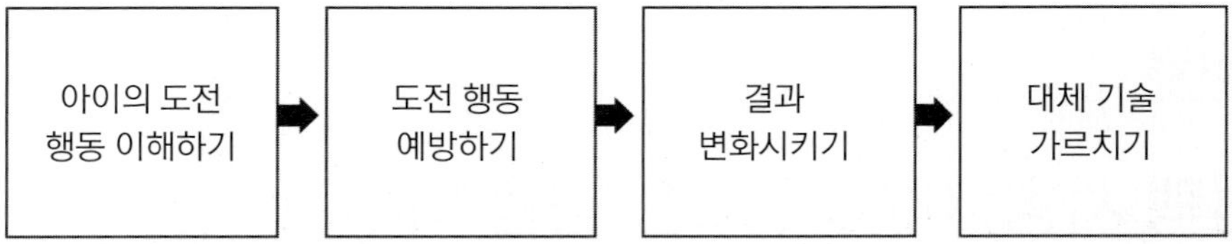

[그림 2-8-1] 아이의 도전 행동 다루기의 네 가지 주제/단계

(이 단원의 첫 번째 주제인 *아이의 도전 행동 이해하기는* 이 그림에 표시되지 않은 *도전 행동 이해하기 - 정보 수집하기, 패턴 파악하기*에서 2회기 동안 다룬다.)

- 도전 행동 기능 평가 인터뷰(양식 25)로 시작한 다음, 행동계획을 세우기 위해 부모에게 도전 행동 기록표(양식 26)에 도전 행동을 기록하게 한다. 행동의 기능이 명확하지 않은 경우, 이 과정은 여러 회기가 필요할 수 있다.
- 이 단원의 모든 주제를 다루지 않아도 된다. 예를 들어, 경미한 행동 문제는 *도전 행동 예방하기* 또는 *결과 변화시키기*를 활용할 수 있다. *대체 기술 가르치기*는 아이의 의사소통 기능이 제한되어 있어 도전 행동을 대체할 새로운 기능을 배워야 하는 경우에 다루어야 한다. 그러나 아이가 효과적으로 의사소통을 할 수 있는 경우에는 이 주제를 다룰 필요가 없을 수도 있다.
- 아이에게 여러 가지 도전 행동이 있는 경우, 일부 주제에 대해 두 번 이상의 회기가 필요할 수 있다.

2회기의 *도전 행동 이해하기* 회기를 제외하고, 각 회기의 주제는 코치의 시연과 아이와 함께하는 부모 실습으로 구성된다. 아이의 행동으로 인해 부모와 대화하기 어려운 경우, 아이가 참석하지 않은 상태에서 일부 또는 모든 주제를 가르칠 수 있다. 이런 경우에는 부모와 함께 관련 기술을 역할극으로 연습하는 것이 좋다. 부모와 함께 모든 전략을 파악하고, 행동계획표(양식 28)를 작성한 후에는 아이를 참여시켜 시연을 보이고 부모가 연습할 수 있다.

한 번에 여러 가지 기법을 배우는 것은 어려울 수 있다는 점을 기억해야 한다. 한 번에 얼마나 많은 정보를 다룰지 결정할 때는 부모의 학습 스타일과 PBS 기법에 대한 친숙도, 아이 행동의 심각성을 고려한다. 부모와 함께 부모가 사용할 모든 전략을 확인한 후에는 행동계획표(양식 28)를 작성할 수 있다.

도전 행동을 해결하기 위해서는 일관성이 중요하다. 도전 행동이 심각한 경우, 부모는 이러한 전략을 일관성 있게 실행하기 위해 추가 지원을 받을 수 있다.

1회기
아이의 도전 행동 이해하기-정보 수집하기

회기 목표

다음을 위해 부모를 돕는다.
- PBS 프로세스 이해하기
- 아이들이 도전 행동을 보이는 이유 이해하기
- 아이의 도전 행동 설명하고 평가하기

준비물

- 부모 매뉴얼
- 도전 행동 기능 평가 인터뷰(양식 25)
- 도전 행동 기록표(양식 26)
- 실천계획표-*아이의 도전 행동 이해하기* (양식 39)
- 선호하는 장난감(아이를 동반하는 경우)

회기 진행목록

- 체크인 및 회기 진형목록 정하기
- *아이의 도전 행동 다루기* 소개하기
- *아이의 도전 행동 이해하기 소개하기*
- 아이의 도전 행동에 대한 정보 수집하기
- 부모의 되돌아보기를 돕고 실천계획표 작성하기

핵심 요소: *아이의 도전 행동 이해하기*

- 도전 행동의 원인 알아보기
- 아이의 행동에 대한 정보 수집하기

체크인 및 회기 진행목록 정하기

❖ 가족 체크인

아이가 함께 있는 경우, 부모와 대화하는 동안 아이가 활동에 집중할 수 있게 한다. 이전 회기 이후 어떻게 지냈는지 물어본다.

❖ 회기 목표와 진행목록에 대해 설명하기

이 단원의 목표는 부모가 아이의 도전 행동을 관리하는 기술을 배우는 데 도움을 주는 것이다. 이 단원에서는 아이의 도전 행동에 대한 이유를 논의하는 것으로 시작한다. 그런 다음에 부모에게 질문하여 아이의 도전 행동 중 어떤 행동을 먼저 해결해야 하는지(여러 행동이 있는 경우), 언제, 왜 그런 행동이 발생하는지 파악한다. 또한 가정에서 아이의 도전 행동에 대한 정보를 수집하는 방법도 알려 준다. 이는 다음 회기에서 이 정보를 사용하여 아이가 이런 행동을 하는 이유를 이해하고, 행동계획을 세우는 데 도움을 줄 수 있다.

아이의 도전 행동 다루기 소개하기

긍정적 행동 지원(PBS)은 아이가 도전 행동을 하는 이유를 이해하기 위한 평가로 시작하여, 행동을 개선하기 위한 구체적인 계획을 발전시키는 증거 기반 접근 방식이다. PBS는 행동을 다루기 위해 긍정적인 접근 방식을 사용하기 때문에 ImPACT 프로젝트와 매우 잘 맞는다. 여기서는 새로운 기능을 가르치는 데 초점을 맞추고, 처벌은 사용하지 않는다. 부모는 이러한 전략을 ImPACT 프로젝트 전략과 함께 사용하여, 아이가 자신의 필요를 충족시킬 수 있는 더 적절한 기능을 연습하도록 도울 수 있다.

부모가 아이의 행동을 관리하기 위해 사용하는 절차에는 *아이의 도전 행동 이해하기*(*정보 수집하기*와 *패턴 이해하기*의 두 부분으로 나뉨), *도전 행동 예방하기*, *결과 변화시키기*, *대체 기술 가르치기*의 네 단계가 있다. 부모가 사용할 단계의 수는 아이의 도전 행동의 심각성과 그 이유에 따라 달라진다.

아이의 도전 행동 이해하기 소개하기

❖ 이론 설명하기

사회적 의사소통에 어려움을 겪는 아이들은 많은 경우에 감정을 조절하고 자신의 요구를 적절하게 전달하는 것에 어려움을 겪는다. 이러한 제한은 종종 짜증, 공격성 또는 비협조 같은 행동 문제로 이어지는데, 이는 아이들이 자신의 요구를 충족시키기 위해 도전 행동을 사용하는 방법이 익숙하기 때문이다. 도전 행동을 관리하는 첫 번째 단계는, (1) 해당 행동에 대한 정보를 수집하고, (2) 해당 행동의 패턴을 파악하여 아이가 그 행동을 하는 이유를 이해하는 두 가지 부분으로 이루어진다.

❖ 핵심 요소에 대해 이야기 나누기

부모 매뉴얼을 활용하여 이야기 나눈다.

도전 행동의 원인 알아보기

대부분의 아이가 도전 행동을 하는 이유는 다음과 같다. (1) 음식이나 장난감 등 원하는 것을 얻기 위해, (2) 누군가(주로 부모)의 관심을 끌기 위해, (3) 하기 싫은 활동이나 과제를 지연시키거나 피하기 위해, (4) 감각적 욕구를 충족하기 위해(즉, 단순히 그 행동의 느낌, 소리, 모양이 좋아서) 등이다.

도전 행동은 주변 상황과 사건의 영향을 받는다. 특정 상황(예: 아이가 피곤하거나 배가 고픈 상태)을 *배경 사건*이라고 하는데, 이러한 상황은 문제가 발생할 가능성을 높일 수 있다. 도전 행동 직전에 발생하는 특정 사건을 *트리거* 또는 *선행 사건*이라고 한다. 이러한 사건은 행동을 유발한다. 도전 행동이 발생한 직후에 발생하는 특정 사건을 *결과*라고 한다. 결과는 일반적으로 행동을 계속해서 유지시킨다.

도전 행동 전후에 발생하는 상황과 사건에 대한 정보를 수집하고 패턴을 찾으면, 코치와 부모가 해당 행동이 발생할 가능성이 가장 높은 시기와 그 이유를 파악하는 데 도움이 될 수 있다. 이 정보는 효과적인 행동계획을 수립하는 데 필요하다.

*아이의 도전 행동 이해하기*가 부모가 아이의 행동을 관리하는 데 어떤 도움이 되는지 설명한다. 예를 들어, 다음과 같이 이야기할 수 있다.

> "Brianna가 머리를 자주 때려서 걱정스럽다는 것을 알고 있어요. Brianna를 돕기 위해서는 먼저 아이가 언제, 왜 머리를 때리는지 이해해야, 그 감정이나 욕구를 전달하는 다른 방법을 가르칠 수 있습니다."

> 아이의 행동 기능을 이해하는 데 걸리는 시간은 도전 행동의 수나 기능의 명확성에 따라 달라진다.

아이의 행동에 대한 정보 수집하기

도전 행동을 둘러싼 상황을 더 잘 이해하기 위해 부모와 면담할 것이라고 말한다. 또한 부모에게 가정에서 몇 가지 정보를 수집해 달라고 요청한다. 일단 부모와 함께 이 회기의 주요 목표인 충분한 정보를 수집했다면, 다음 회기에서는 아이의 도전 행동이 발생할 가능성이 가장 높은 상황, 발생 요인과 결과, 가능한 이유 등 아이의 드전 행동 패턴을 파악하도록 돕는다.

아이의 도전 행동에 대한 정보 수집하기

❖ 기능 평가 인터뷰하기

기능 평가 인터뷰(양식 25)를 사용하여 부모와 면담하고, 필요할 때 참고할 수 있도록 답변을 기록한다. 필요에 따라 후속 질문을 하여 행동에 영향을 미칠 수 있는 상황을 더 명확하게 파악한다.

기능 평가 면담에서 얻은 정보는 부모가 어떤 도전 행동을 먼저 해결하고 싶은지 파악하는 것에 도움이 된다. 도전 행동 기록표(양식 26)에 기록할 행동에 대한 이야기를 나눌 때, 이 정보를 사용한다. 해결해야 할 행동을 식별하기 위한 일반적인 문제와 팁은 이 회기의 마지막에 있는 문제 해결 팁 목록(340쪽)에서 확인할 수 있다.

❖ 도전 행동 기록표 작성 방법 가르치기

부모 매뉴얼 제8장의 도전 행동 기록표를 부모와 함께 검토하면서, 가정에서 아이의 도전 행동에 대한 데이터를 수집하는 것의 중요성에 대해 논의한다. 아이의 행동에 대해 되돌아볼 때, 이 정보가 분명하지 않은 아이의 행동 패턴을 파악하는 데 도움이 된다는 점을 알려준다.

아이의 도전 행동에 대해 설명하기

첫 번째 단계는 도전 행동에 영향을 미칠 수 있는 요인에 대한 일관된 정보를 수집하기 위해 도전 행동에 대한 명확한 정의를 내리는 것이다. 설명은 구체적이어야 하며, 아이를 아는 다른 사람들이 그 행동이 언제 발생했는지 동의할 수 있을 정도로 명확해야 한다.

부모가 추적할 행동에 대한 명확한 정의를 내리는 것을 돕는다. 도전 행동 기록지의 "도전 행동" 칸 옆에 설명을 적는다.

아이의 도전 행동 기록하기

다음 단계는 아이의 도전 행동이 발생했을 때와 도전 행동이 발생하기 직전과 직후에 발생한 상황과 사건을 기록하는 것이다.

부모에게 도전 행동 상황, 행동이 발생하기 직전의 상황, 행동의 모습, 행동이 발생한 직후에 일어난 일 등에 대한 정보를 어떻게 기록할 것인지 이야기한다. 부모 매뉴얼의 [그림

8-1]을 예시로 참조할 수 있다. 이 과정을 논의할 때, 부모가 도전 행동 기록표의 첫 줄에 최근 발생한 사건을 예로 들어 작성하게 할 수도 있다.

부모에게 다음 회기에서 이 정보를 검토하여 도전 행동의 이유를 파악하고, 진술 요약서(양식 27)를 작성할 수 있도록 도와줄 것임을 알린다.

부모의 되돌아보기를 돕고 실천계획표 작성하기

❖ 부모의 되돌아보기

가정에서 도전 행동 기록표를 작성하려는 부모님의 이해와 의지에 대해 질문한다. 이 시간을 활용하여 부모가 가진 질문에 답하고, 이 회기에서 다룬 *아이의 도전 행동 이해하기*의 모든 측면을 명확히 설명한다. 예를 들어, 다음과 같이 질문한다.

"데이터를 기록하는 건 어떨 것 같으세요?"
"어려울 것 같나요?"

❖ 잠재적 문제에 대한 해결 지원하기

부모에게 가정에서 데이터를 기록할 때 어떤 점이 어려울 것 같은지 질문한다. 가능한 해결책을 브레인스토밍하는 시간을 갖는다. *아이의 도전 행동 이해하기*에 대한 일반적인 문제와 해결책은 이 회기의 마지막 페이지의 문제 해결 팁 목록(340쪽)에 나와 있다. 이 정보를 실천계획표-*아이의 도전 행동 이해하기*(양식 39)에 적는다.

되돌아보기 및 읽기 과제 제시하기

> 부도 인터뷰 또는 관찰 결과, 아이의 도전 행동에 대한 이유가 명확하다고 판단되면, 2회기에서 얻은 정보를 계속 활용할 수 있다.

부모에게 실천계획표 "행동 추적" 칸에 적은 아이의 도전 행동이 가족의 일상을 얼마나 방해하는지 평가해 달라고 요청한다. 아이가 전략에 어떻게 반응하는지 확인하기 위해, 각 회기에서 부모의 평가를 검토할 것임을 알려 준다. 실천계획표 "되돌아보기" 칸에 아이의 도전 과제를 기록할 때, 잘된 점과 어려웠던 점을 적게 한다. 부모가 아직 읽지 않았다면, 부모 매뉴얼 제8장의 *아이의 도전 행동 이해하기*의 나머지 부분을 읽어 오게 한다.

아이의 도전 행동 이해하기 문제 해결 팁

만약 부모가……	코치는……
가정에서 도전 행동 기록을 작성하는 것이 어렵다면	• 하루 중 특정 시간대나 어려운 특정 루틴에 대한 행동을 기록하도록 제안한다. • 부모가 한 주 동안 있었던 여러 가지 도전 행동 사례를 이야기하게 하고, 이 정보를 바탕으로 도전 행동 기록을 작성하도록 돕는다. • 회기 중에 행동을 관찰하고 추적한다.

만약 아이가……	코치는……
다양한 도전 행동이 있다면	• 부모를 제일 힘들게 하거나 가족의 일상을 가장 방해하는 행동을 파악할 수 있도록 돕는다. • *도전 행동 예방하기*(3회기)를 위해 빠르게 반응할 수 있는 행동을 선택하고, 성공하면 다른 도전 행동을 선별할 수 있도록 돕는다. • 하나의 루틴에서 문제가 되는 도전 행동을 해결하는 것에 집중한다.
도전 행동에 명확한 기능이 없다면	• 부모가 도전 행동 기록표를 사용하여 데이터를 계속 수집하게 한다. • 하나의 루틴에서 문제가 되는 행동의 기능을 파악한다. • 가능성에 대한 최적의 가설을 세운 다음 필요에 따라 수정한다.
매우 심각한 도전 행동이 있다면	• 도전 행동에 대한 보상을 중단하도록 가르치기 전에 대체 기술 가르치기(5회기)를 소개한다(4회기). • 가족에게 행동 분석 전문가를 소개해 준다.

2회기
아이의 도전 행동 이해하기–패턴 파악하기

회기 목표

다음을 위해 부모를 돕는다.

- 아이의 도전 행동의 원인 파악 도와주기

준비물

- 부모 매뉴얼
- 부모가 작성한 기능 평가 인터뷰(양식 25)
- 도전 행동 기록표(양식 26)
- 진술 요약서(양식 27)
- 실천계획표–*아이의 도전 행동 이해하기* (양식 39)
- 좋아하는 장난감(아이를 동반하는 경우)

회기 진행목록

- 체크인 및 회기 진행목록 정하기
- 실천계획표 검토하기
- 도전 행동 기록표 검토하기
- 도전 행동의 패턴 파악하기
- 진술 요약서 작성하기
- 부모의 되돌아보기를 돕고 실천계획표 작성하기

체크인 및 회기 진행목록 정하기

❖ 가족 체크인

부모에게 이전 회기 이후 어떻게 지냈는지 물어본다. 아이와 함께 있는 경우, 부모와 대화하는 동안 아이가 활동에 참여할 수 있도록 돕는다.

❖ 회기 목표와 진행목록에 대해 설명하기

이 회기의 목표는 부모가 아이의 도전 행동을 하는 이유를 이해하도록 돕는 것이다. 작성된 도전 행동 기록표를 함께 검토하고, 지난 회기 이후 아이의 행동에 대해 논의한다. 기능 평가 인터뷰에서 얻은 정보와 함께 이 정보를 사용하여 부모가 아이의 도전 행동 이유에 대한 가설을 세우는 데 도움을 준다. 이 가설은 효과적인 행동계획을 세우는 데 도움이 된다.

부모에게 "오늘 회기에 대해 궁금한 점이 있거나 추가로 다루고 싶은 주제가 있나요?"라고 질문한다. 부모가 고민이 있을 경우, 회기의 진행목록을 조정해야 할 수도 있다.

실천계획표 검토하기

실천계획표 "행동 추적" 칸을 통해 한 주 동안 아이의 행동이 가족의 일상을 얼마나 방해했는지에 대한 부모의 평가를 검토한다. 부모에게 매주 부모의 평정을 추적하여 전략이 얼마나 효과가 있는지 확인할 것임을 알려 준다.

아이의 도전 행동에 대한 가정에서의 기록을 가지고, 잘된 점과 어려웠던 점에 대해 이야기를 나눈다. 부모가 도전 행동을 기록하지 않았다면, 효과적인 행동계획을 세우기 위해 이 정보를 수집하는 것이 중요하다고 설명한다. 부모가 도전 행동 기록표를 작성하는 데 어려움을 겪었다고 보고한 경우, 부모와 함께 문제를 해결하여 해당 행동을 기록할 수 있는 방법을 찾는다. 이전 회기 마지막에 있는 문제 해결 팁 목록(340쪽)을 참조할 수 있다.

도전 행동 기록표 검토하기

부모가 도전 행동 기록표에 기록한 사건들을 살펴본다. 부모가 기록한 사건에 대해 정확히 이해하기 위해 질문이 필요할 수 있으며, 부모에게 각 사건에 대해 이야기해 달라고 요청할 수 있다. 예를 들어, 아이가 가게에서 짜증을 냈다고 적었다면, 이에 대해 부모에게 물어볼 수 있다. 예를 들어, 다음과 질문할 수 있다.

"그때가 몇 시였나요?"
"거기에 얼마나 오래 있었어요?"
"아이가 화를 내기 직전에 무엇을 하고 있었나요?"
"아이가 화를 내는 모습이 어땠나요?"
"부모님은 어떻게 대응했나요?"
"아이는 그 후에 어떻게 했나요?"

부모가 한 주 동안 있었던 아이의 도전 행동 중 몇 가지 사례만 기록해도 괜찮다. 부모가 기록하게 하는 목적은 부모가 아이와 상호작용하는 방식을 비롯하여 상황과 사건이 아이의 행동에 어떤 영향을 미칠 수 있는지 파악하도록 돕기 위한 것이다. 부모가 어떤 행동도 기록하지 않았거나 몇 가지 사례만 설명한 경우, 한 주 동안 발생한 다른 도전 행동에 대해 이야기해 달라고 요청할 수 있다.

아이의 도전 행동에 대한 이유가 여전히 명확하지 않거나 부모가 가정에서 해당 행동에 대한 데이터를 계속 수집하는 것이 도움이 된다고 생각되면, 다음 주에 작성할 수 있도록 도전 행동 기록표(양식 26)를 한 부 더 제공한다.

도전 행동의 패턴 파악하기

기능 평가 인터뷰에서 얻은 정보와 부모가 작성한 도전 행동 기록표를 사용하여 부모가 아이의 도전 행동 패턴을 파악할 수 있도록 돕는다. 부모 매뉴얼의 '생각해 보세요!' 질문을 통해 부모가 아이에게 해당 내용을 적용할 수 있도록 돕는다.

부모에게 "아이의 도전 행동의 가장 흔한 트리거는 무엇인가요?"라고 질문한다. 부모가 잘 모르겠다고 한다면, 해당 행동이 발생할 가능성이 가장 높은 상황을 파악할 수 있도록 돕는다. 행동이 발생하는 상황의 수와 범위에 따라 비교적 일반적인 상황(예: "아이에게 과제를 시켰습니다.")이거나 매우 구체적인 상황(예: "아이에게 목욕하자고 했습니다.")이 될 수 있다.

이제 부모에게 "아이의 도전 행동의 결과는 무엇인가요?"라고 질문한다. 부모가 잘 모르는 경우에는, 가장 일반적인 결과를 파악할 수 있도록 돕는다. 결과는 일반적인 것(예: "엄마가 요구 사항을 들어주지 않는다.")일 수도 있고, 좀 더 구체적인 것(예: "아이가 목욕을 하지 않는다.")일 수도 있다.

다음으로 부모에게 "아이의 도전 행동의 가장 큰 이유는 무엇일까요?"라고 질문한다. 부모가 잘 모른다면, 이유를 파악할 수 있도록 돕는다. 행동의 이유는 이전 회기에서 검토한 도전 행동의 기능(원하는 물건이나 활동에 접근하기 위해, 다른 사람의 관심을 끌기 위해, 선호하지 않는 활동이나 과제를 피하거나 지연하기 위해, 감각적 욕구를 충족하기 위해)과 관련이 있어야 한다. 아이의 도전 행동에는 한 가지 이상의 이유가 있을 수 있으며, 각기 다른 이유를 해결하기 위해 여러 가지 계획을 세워야 할 수도 있다.

진술 요약서 작성하기

부모 매뉴얼 제8장에 포함된 진술 요약서(양식 27)에서 논의한 내용을 부모가 작성하도록 돕는다. 해당 진술서는 양식 28의 행동계획표 작성 시에 참고할 수 있다. 부모 매뉴얼의 [그림 8-3]을 예시로 사용할 수 있다. 두 가지 이상의 도전 행동을 함께 다루는 경우, 각각에 대해 별도의 진술 요약서를 활용한다.

부모의 되돌아보기를 돕고 실천계획표 작성하기

❖ 부모의 되돌아보기

부모가 궁금해하는 질문에 답하거나 이 회기에서 다루었던 *아이의 도전 행동 이해하기*의 모든 측면을 명확히 한다.

❖ 잠재적 문제에 대한 해결 지원하기

부모에게 도전 행동 기록표를 다시 작성하게 하는 경우, 부모가 이를 효과적으로 수행할 수 있는 방법을 브레인스토밍하도록 돕고, 이를 실천계획표에 기록한다. 부모가 추가 데이터를 수집하지 않을 경우, 실천계획표 "계획하기" 칸은 건너뛸 수 있다.

❖ 되돌아보기 및 읽기 과제 제시하기

부모에게 실천계획표 "행동 추적하기" 칸을 작성하고, 아이의 행동이 회기 사이에 가족 일상을 얼마나 방해하는지 평가하도록 상기시킨다. 해당되는 경우, "되돌아보기" 칸에 아이의 도전 행동을 기록하면서, 잘된 점과 어려웠던 점을 기록하도록 요청한다.

부모와 함께 진술 요약서를 작성했다면, *도전 행동 예방하기*를 소개할 준비가 된 것이다. 부모에게 부모 매뉴얼 제8장을 읽어 보게 한다.

3회기
도전 행동 예방하기

회기 목표

다음을 위해 부모를 돕는다.

- 부모가 아이의 환경, 일과 및 상호작용을 변경하여 도전 행동의 발생 가능성을 줄이도록 돕기

준비물

- 부모 매뉴얼
- 부모가 작성한 진술 요약서(양식 27)
- 실천계획표–*도전 행동 예방하기*(양식 40)
- 시각 스케줄, 타이머 또는 전환에 도움이 되는 기타 항목
- 좋아하는 장난감
- 비선호 과제에 필요한 준비물(필요한 경우)

회기 진행목록

- 체크인 및 회기 진행목록 정하기
- 실천계획표 검토하기
- *도전 행동 예방하기* 소개하기
- *도전 행동 예방하기* 시연하기
- 부모의 연습 및 피드백 제공하기
- 부모의 되돌아보기를 돕고 실천계획표 작성하기

핵심 요소: *도전 행동 예방하기*

- 트리거 피하기
- 명확한 지시와 기대치 제시하기
- 작업을 더 쉽고 재미있게 만들기
- 선택권 주기
- 도전적인 루틴과 좋아하는 루틴 병행하기
- 예정된 일정과 루틴 변경에 대한 정보 제공하기

체크인 및 회기 진행목록 정하기

❖ 가족 체크인

가족에게 이전 회기 이후 어떻게 지냈는지 물어본다. 아이와 함께 있는 경우, 부모와 대화하는 동안 아이가 활동에 참여할 수 있도록 돕는다.

❖ 회기 목표와 진행목록에 대해 설명하기

이번 시간에 부모는 환경, 일과, 상호작용에 작은 변화를 주어 도전 행동이 발생할 가능성을 줄이는 방법을 배우게 된다.

부모에게 "오늘 회기에 대해 궁금한 점이 있거나 추가로 다루고 싶은 주제가 있나요?"라고 질문한다. 부모가 걱정이 있다면 회기목록을 조정해야 할 수도 있다.

실천계획표 검토하기

부모가 작성한 실천계획표의 "행동 추적하기" 칸을 검토한다. 이전 회기 이후 아이의 도전 행동에 변화가 있었는지 확인한다. 행동이 더 심해졌다면 가정에서 일어난 변화에 대해 이야기하는 시간을 갖는다. 부모가 가정에서의 아이의 행동에 대해 추가 데이터를 기록하도록 요청받은 경우, 잘된 점과 어려웠던 점을 논의하고 도전 행동 기록표를 검토한다.

도전 행동 예방하기 소개하기

❖ 이론 설명하기

도전 행동에 대처하는 효과적인 전략 중 하나는 애초에 해당 행동이 일어나지 않도록 하는 것이다. 이는 트리거를 피하거나 상황을 변경하여 도전 행동을 유발할 가능성을 낮추는 방식으로 이루어진다. 가장 좋은 예방 전략은 도전 행동의 유발 요인과 이유를 조정하는 것이다.

이 전략은 과제나 활동에서 벗어나기 위해 도전 행동을 하는 아이(도피/회피 기능)에게 특히 유용하며, 그 자체로 덜 심각한 도전 행동을 충분히 개선할 수 있다. 또한 도전 행동의 다른 기능에도 효과적일 수 있다.

이 전략을 사용하여 아이의 도전 행동의 원인을 해결하는 방법을 설명한다. 예를 들어 다음과 설명한다.

> "Brianna는 종종 자신이 싫어하거나 힘들어하는 일을 피하거나 벗어나기 위해 떼를 써요. Brianna에게 불쾌한 과제는 짜증을 유발하는 트리거로 작용합니다. Brianna에게 이러한 활동을 요청하는 방법과 시기를 조금만 바꾸고, 활동에 참여하도록 유도하면 짜증을 낼 가능성이 줄어들 거예요."

❖ 핵심 요소에 대해 이야기 나누기

부모 매뉴얼을 사용하여 *도전 행동 예방하기*의 핵심 요소에 대해 이야기 나눈다. 진행하면서 부모 매뉴얼의 '생각해 보세요!' 질문을 통해 부모가 아이에게 정보를 적용할 수 있도록 돕는다.

트리거 피하기

도전 행동을 예방하는 가장 쉬운 방법은 해당 행동이 발생하는 상황이나 사건을 피하는 것이다. 이는 아이가 대체 기술을 배우는 동안 사용하기에 좋은 기법이다. 그러나 이것이 항상 가능한 것은 아니며, 장기적으로 최선의 해결책은 아닐 수도 있다.

부모에게 "아이의 도전 행동을 일으키는 트리거를 어떻게 피할 수 있을까요?"라고 질문한다. 부모가 잘 모른다면, 부모에게 이 기법으로 가장 잘 해결할 수 있는 도전 행동에 대해 이야기하고, 그 트리거를 피할 수 있는 방법을 찾도록 도와준다. 아이의 도전 행동이 더 잘 통제되면, 도전 행동이 유발되는 상황에서 점진적으로 다시 작업할 것이라고 알려 준다.

명확한 지시와 기대치 제시하기

일부 아이는 실제로 지시를 이해하지 못하거나 응답해야 한다는 것을 인식하지 못해서, 지시를 따르지 않는 것처럼 보일 수 있다. 부모는 지시를 내리기 전에 아이가 주의를 집중하고 있는지 확인한 다음, 간단한 지시어로 아이가 무엇을 하기를 원하는지 정확하게 말해야 한다.

명확한 지시("장난감 정리해")와 불명확한 지시("이제 장난감을 치워볼래?")의 예를 들어 준다. 또한 하지 말아야 할 것("소리 지르지 마")이 아닌 해야 할 것("작게 말해")을 알려 주며 지시하는 방법도 설명한다. 부모가 아이에게 사용할 수 있는 명확한 지시의 예를 만들어 보게 돕는다. 또한 부모 매뉴얼 제5장(*의사소통 촉진하기*)의 정보를 활용하여 부모가 명확하고 간단한 지시를 내리고 이를 따르는 방법을 이해할 수 있도록 돕는다.

작업을 더 쉽고 재미있게 만들기

도전 행동은 아이가 과제를 너무 길거나 어렵거나 지루하다고 느낄 때에도 발생할 수 있다. 불쾌한 과제를 하는 동안 도전 행동을 예방하는 한 가지 방법은 과제를 짧게 만들거나, 어려운 과제를 도와주는 것이다. 또 다른 방법은 기다리거나 지루한 작업을 더 재미있게 할 수 있도록 장난감을 가져오거나 노래를 불러 주는 것이다.

부모에게 "어떻게 하면 어려운 과제를 더 쉽게 또는 더 재미있게 할 수 있을까요?"라고 질문한다. 부모가 잘 모른다면, 도전 행동이 발생하는 과제의 길이나 난이도를 파악할 수 있도록 돕는다. 아이가 갈등을 일으키기 전에 얼마나 오래 참여할 수 있는지 논의한다. 예를 들어, 아이가 저녁 식사 중에 식탁에 앉아 있는 것이 어렵다면, 현재 얼마나 오래 앉아 있을 수 있는지 알아본다. 이 정보를 바탕으로 아이가 기꺼이 참여할 수 있을 만큼 쉬운 과제를 만든 다음, 기대치를 점차 높일 수 있는 방법을 브레인스토밍하도록 부모를 돕는다. 여기에는 초반에 과제 시간을 줄이거나, 도움을 제공하거나, 재미있는 활동을 추가하는 등의 방법이 포함될 수 있다.

선택권 주기

선택권을 주면 아이에게 통제감을 제공하게 되며, 이는 아이가 더 순응적으로 행동하는 것에 도움이 될 수 있다. 부모가 제공하는 두 가지 선택지 모두 원하는 행동으로 이어져야 한다.

도전 행동이 발생하는 일상에서 부모가 할 수 있는 선택의 예를 제시한다. 예를 들어, 아이가 차에 타는 것을 거부하는 경우, 부모는 "이제 차에 탈 시간이야. 차까지 걸어갈래? 아니면 내가 업어 줄까?"와 같이 말할 수 있다. 부모가 아이에게 줄 수 있는 몇 가지 선택의 예를 만들어 보도록 돕는다.

도전적인 루틴과 좋아하는 루틴 병행하기

비선호 활동과 선호 활동을 병행하면, 도전 행동을 줄이고 도전적인 루틴을 수행하는 동안 순응도를 높일 수 있다. 부모에게 "좋아하는 루틴에 도전적 루틴을 뒤따르도록 하루 일정을 어떻게 조정할 수 있을까요?"라고 질문한다. 부모가 잘 모르겠다고 하면, 매일 하는 활동 스케줄(양식 11)을 사용하여 아이가 거부하는 루틴을 아이가 좋아하는 루틴과 연결되는 일정을 만들 수 있도록 돕는다.

또한 "먼저 ~ 하고, 그다음에 ~ 하자."라는 지시를 활용해 비선호 활동 뒤에 선호하는 활동을 제시하여 비선호 활동을 배울 수도 있다.

예정된 일정과 루틴 변경에 대한 정보 제공하기

어떤 아이들은 이벤트, 일과 또는 예상했던 상황에서 변화가 생기면 화를 내기도 한다. 다가오는 일정에 대한 정보를 제공하면, 아이가 앞으로 일어날 일을 예상하고 감정을 조절하는 데 도움이 될 수 있다. 부모에게 "아이가 앞으로 일어날 일을 이해하도록 어떻게 도와줄 수 있을까요?"라고 질문한다. 부모가 잘 모른다면, 아이가 변화를 이해하는 데 필요한 지원 유형을 생각하도록 부모를 돕는다. 여기에는 시각 스케줄, 언어적 또는 시각적 신호, 타이머 등이 포함될 수 있다.

도전 행동 예방하기 시연하기

❖ 시연 준비하기

도전 행동이 자주 발생하는 시나리오(예: 좋아하는 활동에서 비선호 과제로 넘어가거나 전환하기)를 설정하고, 아이와 함께 기법을 사용하는 방법을 시연할 것이라고 설명한다. 부모와 함께 역할극을 하는 경우, 기법을 시연하기 위해 부모에게 아이 역할을 하도록 하고, 코치가 부모의 역할을 한다.

❖ 무엇을 하고 있는지 설명하기

부모에게 기법을 어떻게 사용하는지, 아이가 어떻게 반응하는지(아이가 함께 있는 경우) 지켜보게 한다. 부모에게 "오늘은 어떤 기법을 사용해 보고 싶으세요?"라고 물어본다. 아이가 도전 행동을 하는 이유에 따라 가장 효과적이라고 생각되는 기법에 대해 의견을 제시하도록 격려한다. 예를 들어, 다음과 같이 이야기한다.

> "좋아하는 활동을 중단해야 할 때, Sam이 정말 속상해한다는 것을 알고 있어요. 지금 Sam이 가장 좋아하는 기차를 가지고 놀고 있거든요. 그래서 저는 먼저 2분 전 알림을 주고 1분 전 알림을 줘서, 기차를 치워야 할 시간이라는 것을 알려 주려고 해요. 마지막으로 '기차 시간 다 됐어'라고 명확하게 지시하고, 상자를 보여 줄 거예요."

> "Brianna는 관심을 끌고 싶을 때 우리를 때리는 것 같아요. 저희 둘이 대화할 때 이런 행동을 정말 많이 보인다고 느꼈어요. 저는 두 가지 방법으로 이런 행동을 예방하려고 합니다. 첫째, Brianna가 지루해하지 않도록 대화하기 전에 재미있는 활동에 Brianna를 참여시킬 거에요. 둘째, 대화를 짧게 할 거예요. Brianna의 이해를 돕기 위해 그림 카드와 타이머를 사용하여 2분 동안 이야기한 다음, Brianna와 함께 논다는 것을 알려 주려고 해요. 대화할

> 수 있는 시간을 늘리기 위해 노력하겠지만, 처음에는 짧게 시작해서 Brianna가 잘 이해할 수 있도록 하고 싶어요."

시연이 끝나면, 부모에게 "상호작용 중에 어떤 점을 느꼈나요?"라고 질문한다. 부모가 대답하기 어려운 경우에는 다음과 같이 구체적인 질문을 할 수 있다.

> "Sam에게 기차를 치울 시간이 되었다는 것을 어떻게 알렸나요?"
> "시간을 두 번 알렸을 때, Sam이 어떻게 반응했나요?"

부모의 연습 및 피드백 제공하기

❖ 부모의 연습을 격려하기

아이가 부모와 함께 지낸 시간이 더 길기 때문에 부모에게 더 많은 도전 행동을 보일 수 있음을 알려 준다. 이런 일이 발생하면 코치가 중재하거나 실행을 중단하고 추가 전략을 논의할 수 있다. 아이와 지금 함께 있지 않은 경우, 부모가 아이 역할을 하면서 기법에 대한 역할극을 한다.

❖ 물리적 환경 관리하기

부모에게 도전 행동을 예방하고 아이, 부모, 환경을 안전하게 보호할 수 있는 자료(예: 그림 카드, 타이머, 장난감)를 제공한다. 아이의 행동이 심해질 때, 아이가 자신 혹은 부모를 다치게 하거나 자료를 파손하지 못하도록 막는다.

❖ 피드백 제공하기

부모의 기법 사용과 아이의 반응에 대해 피드백을 제공한다. 이 전략을 실행하는 동안에 발생하는 일반적인 문제와 이에 대한 피드백을 제공하기 위한 제안은 이 회기의 마지막에 있는 문제 해결 팁 목록(352쪽)에서 확인할 수 있다. 예를 들어, 다음과 같이 말할 수 있다.

"그림, 간단한 지시, 타이머를 활용해서 Brianna에게 대화 시간을 알려 줬어요! 2분 동안 기다렸는데도 때리지 않았어요. Brianna와 몇 분 더 놀이한 후에 다시 시도해 봅시다."

부모의 되돌아보기를 돕고 실천계획표 작성하기

❖ 부모의 되돌아보기

상호작용이나 역할극에 대해 질문한다. 부모가 연습할 기회를 갖지 못했다면, 이 시간을 활용하여 부모가 궁금해하는 질문에 답하고, 이야기 나누었던 핵심 요소에 대해 명확히 설명할 수 있다. 예를 들어, 다음과 같이 질문할 수 있다.

"Brianna를 재미있는 활동에 참여시키고, 타이머를 사용해서 Brianna가 주의를 끌 때까지 기다리게 한 기분이 어땠나요?"
"누군가와 대화해야 하는 상황에서 이렇게 하는 것을 상상할 수 있나요? 그렇지 않다면 어떤 점이 불편하게 느껴지나요? 어떻게 하면 더 쉬워질 수 있을까요?"
"Brianna에게 가장 도움이 되는 기법은 무엇이라고 생각하세요?"

❖ 부모의 실천계획표 작성 돕기

부모와 함께 진술 요약서를 검토하고 실천계획표-*도전 행동 예방하기*(양식 40)에 도전 행동과 발생 요인을 적게 한다. 그런 다음 트리거에 따라 사용할 수 있는 가장 적절한 예방 전략을 찾도록 돕는다. 관련 루틴이나 상황에서 집중해야 할 핵심 요소를 적는다. 트리거를 언제 어떻게 피할 것인지, 어려운 상황을 어떻게 더 쉽게 만들 것인지 등을 질문한다.

아이는 여러 가지 예방 기법을 통해 도움을 받을 수 있으며, 이는 루틴에 따라 다를 수 있다. 어떤 상황에서 어떤 기법을 사용할지 구체적인 예시와 함께 자세히 알려 준다. 예를 들어, 부모가 아이에게 옷을 입힐 때 선택권을 준다면, 이 루틴에서 사용할 선택권을 적어 보게 한다.

❖ 잠재적 문제에 대한 해결 지원하기

선택한 기법을 가정에서 사용할 때, 어떤 점이 어려울 수 있을지 질문한다. 가능한 해결책을 브레인스토밍하는 시간을 가져 본다. *도전 행동 예방을* 위한 일반적인 문제와 해결책은 문제 해결 팁 목록(하단)에 나와 있다.

❖ 되돌아보기 및 읽기 과제 제시하기

부모에게 실천계획표 "행동 추적하기" 칸을 작성하여 아이의 행동이 회기 사이에 가족 일상을 얼마나 방해하는지 측정하도록 상기시킨다. 이를 통해 이 기법의 효과에 대한 정보를 수집할 수 있다. "되돌아보기" 칸에 잘된 점과 어려웠던 점을 적게 한다. 다음 회기가 시작될 때 이 내용을 검토할 것이라고 알려 준다. 부모 매뉴얼 제8장의 *결과 변화시키기* 부분을 읽게 한다.

도전 행동 예방하기 문제 해결 팁

만약 부모가……	코치는……
아이가 활동을 해야만 해서, 트리거를 피할 수 없다면	• 시각 스케줄과 같이 예상되는 상황을 아이에게 알려 주는 지원 방법에 대해 논의한다. • 타이머를 사용하거나 숫자를 세어, 다가오는 상황에 대해 아이에게 미리 신호를 준다. • 아이가 선호하지 않는 활동을 아이가 좋아하는 활동으로 대체할 수 있는 방법을 생각해 보도록 돕는다. • 아이의 도전 행동이 개선될 때까지 트리거를 피한 다음, 점차적으로 트리거를 다시 도입하는 것에 대해 논의한다. • 아이에게 자신의 감정과 필요를 전달하기 위해 대체 기술을 사용하도록 가르치는 동안에는 트리거를 피할 것을 제안한다.
지시하기 전에 아이의 주의를 끄는 데 어려움이 있다면	• 아이의 시야에 들어가거나 활동을 방해하는 등 아이의 주의를 끌기 위해 사용할 수 있는 방법을 제안한다. • 아이의 주의를 끌기 위해 사용할 수 있는 추가 기법은 **새로운 의사소통 기회 만들기**(부모 매뉴얼 제4장)를 참조하도록 한다.

불분명하거나 너무 복잡한 지시를 한다면	• 촉진(예: 한 걸음, 두 걸음 등)하기 전에 지시의 복잡성 수준을 상기시킨다. • 사용할 구체적인 지시어를 제안한다. • 불명확한 지시를 보다 적절한 형태로 바꿔서 시연한다. • 어떻게 하면 더 명확하게 지시를 내릴 수 있을지 질문한다.
과제 줄이기를 망설인다면	• 아이가 기꺼이 참여할 수 있을 만큼 짧거나 쉬운 과제를 만든 다음, 점차적으로 길이나 요구 사항을 늘리는 것에 대해 논의한다. • 부모가 아이에게 과제를 성공적으로 수행하는 방법을 가르칠 때까지, 과제를 더 짧게 또는 더 쉽게 만들 것을 제안한다.
일정표 사용을 주저한다면	• 달력과 일정표를 사용하여 다가오는 일정을 알려 주는 방법이 아이에게 어떻게 도움이 될 수 있는지 이야기 나눈다. • 아이의 언어 수준에 가장 적합한 지원 유형을 선택할 수 있도록 돕는다.

만약 아이가……	코치는……
일상 루틴 중 좌절한다면	• 부모가 아이에게 보상을 줄 수 있는 활동이나 아이템을 결정하도록 돕고, 아이가 선호하는 루틴이나 활동을 도전적 루틴과 병행할 수 있는 방법에 대해 논의한다. • 매일 하는 활동 스케줄(양식 11)을 사용하여 선호하는 활동이 선호하지 않는 활동을 뒤따르게 하루를 구성하게 한다. 예를 들어, 아이가 먹는 것은 좋아하지만 옷 입는 것은 싫어하는 경우, 옷을 입은 다음에 아침 식사를 하게 할 수 있다. • 부모에게 루틴을 더 쉽게, 더 짧게 또는 더 재미있게 만들 것을 제안한다. • *대체 기술 가르치기*로 넘어가면, 아이가 활동에 참여할 수 있도록 도와준다는 것을 부모에게 알려 준다.
특히 선호하지 않는 활동으로 전환할 때, 좌절한다면	• 아이가 다음에 어떤 일이 일어날지 알 수 있도록 돕기 위해, 부모에게 시각 스케줄을 사용하게 한다. • 좋아하는 활동을 종료하기 전에 아이에게 미리 알려 주게 한다. • 비선호 과제 다음에 어떤 즐거운 활동이 이어질지 아이에게 알려 주도록 부모를 상기시킨다. • 아이가 효과적으로 전환할 수 있을 때까지 선호하지 않는 활동을 더 쉽게 또는 더 짧게 만들 것을 제안한다. • 아이가 도전 행동을 보이지 않고 전환할 때, 보상을 추가할 것을 제안한다.

환경 자극에 반응하여 도전 행동을 보인다면	• 부모 매뉴얼 제1장의 *성공을 위한 가정환경 만들기*에 있는 정보를 부모가 검토하게 한다. 이것은 가정을 어떻게 구성하고 어려움을 가중시키는 환경 요소를 제거할지 논의하는 데 좋은 방법이 될 수 있다. • 부모가 지역사회에서 감각적 입력을 줄일 수 있는 방법(예: 헤드폰, 선글라스, 붐비지 않는 시간에 이동하기)을 브레인스토밍할 수 있도록 돕는다.

4회기
결과 변화시키기

회기 목표

다음을 위해 부모를 돕는다.

- 부모가 아이의 도전 행동에 대한 반응을 바꾸어 아이가 도전 행동을 덜 사용하도록 도와주기

준비물

- 부모 매뉴얼
- 실천계획표-*결과 변화시키기*(양식 41)
- 시각 스케줄, 타이머 또는 전환에 필요한 다양한 물건
- 선호하는 장난감
- 필요한 경우, 비선호 과제를 위한 물건
- 추가적인 강화물(필요한 경우)

회기 진행목록

- 체크인 및 회기 진행목록 정하기
- 실천계획표 검토하기
- *결과 변화시키기* 소개하기
- *결과 변화시키기* 시연하기
- 부모의 연습 및 피드백 제공하기
- 부모의 되돌아보기를 돕고 실천계획표 작성하기

핵심 요소: *결과 변화시키기*

- 적절한 행동에 대한 보상 제공하기
- 도전 행동에 대한 보상 중단하기

체크인 및 회기 진행목록 정하기

❖ 가족 체크인

이전 회기 이후 어떻게 지냈는지 물어본다. 아이와 함께 있는 경우, 부모와 대화하는 동안 아이가 활동에 참여할 수 있도록 돕는다.

❖ 회기 목표와 진행목록에 대해 설명하기

오늘 부모는 아이의 도전 행동에 대응하는 방식을 바꾸어 그런 행동이 줄어들도록 하는 방법을 배운다.

부모에게 "오늘 회기에 대해 궁금한 점이 있거나 추가로 다루고 싶은 주제가 있나요?"라고 질문한다. 부모가 걱정하는 경우, 회기 진행목록을 조정해야 할 수도 있다.

실천계획표 검토하기

부모가 작성한 실천계획표 "행동 추적하기" 칸을 검토하여 이전 회기 이후 아이의 도전 행동에 변화가 있었는지 확인한다. 예방 전략을 통해 행동이 개선되었다면, 이 주제를 다룰 필요가 있는지 결정한다. 행동이 더 심해졌다면 가정에서 일어난 변화에 대해 논의하는 시간을 갖는다.

부모에게 가정에서 *도전 행동 예방하기*를 어떻게 사용했는지 이야기해 달라고 한다. 잘된 점과 어려웠던 점에 대해 이야기 나눈다. *도전 행동 예방하기*의 일반적인 문제와 가능한 해결책은 문제 해결 팁 목록(352쪽)에 나와 있다.

결과 변화시키기 소개하기

❖ 이론 설명하기

아이가 도전 행동을 한 후 얻는 결과는 보상으로 작용하여 그 행동을 지속하게 한다. 따라서 아이가 해당 행동을 중단하도록 돕는 또 다른 효과적인 전략은 그 결과를 바꾸는 것이다. 이 전략은 부모가 무심코 아이의 행동에 관심을 주거나, 선호하는 물건에 접근하거나, 요구 사항을 취소하는 행동을 통해 보상을 주거나 강화할 때 특히 효과적이다.

이 전략을 사용하여 아이의 도전 행동의 원인을 해결하는 방법을 설명한다. 예를 들어, 다음과 같이 말할 수 있다.

> "Sam은 짜증을 내면 장난감을 치우는 것과 같이 피하고 싶거나 싫어하는 일에서 벗어날

수 있다는 것을 배웠어요. 짜증이 더 이상 효과가 없다는 것을 가르치기 위해서는 아이의 짜증에 대응하는 방식을 바꿔야 합니다. 행동이 바뀌기 전에, 아이의 짜증은 조금 더 심해질 수 있어요."

❖ 핵심 요소에 대해 이야기 나누기

부모 매뉴얼을 사용하여 부모가 아이 행동의 결과를 어떻게 바꿀 수 있는지와 관련한 핵심 요소에 대해 이야기 나눈다. 진행하면서 부모 매뉴얼의 '생각해 보세요!' 질문을 통해 부모가 아이에게 정보를 적용할 수 있도록 돕는다.

적절한 행동에 대한 보상 제공하기

부모는 아이가 떼쓰는 행동 대신 어떤 행동을 하길 바라는지 생각해 보고, 이러한 행동에 대한 보상을 시작해야 한다. 아이가 적절한 행동에 대해 많은 보상을 받으면 이러한 행동을 통해 자신의 감정을 표현하고 욕구가 충족될 가능성이 높아진다.

보상은 사회적(예: 관심, 칭찬, 긍정적인 손길) 또는 물질적(원하는 장난감, 간식, 활동)일 수 있으며, 동기를 부여할 수 있어야 한다. 가능하면 아이의 도전 행동의 이유와도 관련이 있어야 한다. 행동의 이유가 원하는 물건이나 활동을 얻기 위한 것이거나 부모의 관심을 끌기 위한 것이라면, 보상은 이러한 대상에 대한 접근을 포함해야 한다. 예를 들어, 아이가 원하는 물건을 얻기 위해 소리를 지르면, 부모는 아이가 적절하게 요구할 때 원하는 것을 주는 것으로 보상해야 한다. 아이가 주의를 끌기 위해 때리는 경우, 부모는 아이가 적절한 행동을 하거나 때리지 않고 시작할 때 많은 관심을 주어야 한다.

아이가 선호하지 않는 활동을 피하기 위해 도전 행동을 사용하는 경우, 부모는 아이가 도전 행동을 사용하지 않고 활동에 참여할 때 추가 보상(좋아하는 장난감이나 활동, 작은 간식 등)을 사용해야 할 수 있다. 부모가 아이에게 동기를 부여하고 부모가 관리할 수 있는 추가적인 보상을 찾도록 돕는다. 부모에게 "아이의 좋은 행동에 대해 어떻게 보상을 시작할 수 있을까요?"라고 질문한다. 부모가 잘 모른다면, 도전 행동 대신 아이가 했으면 하는 행동에 대해 브레인스토밍하고, 적절한 행동에 대해 어떻게 보상할 수 있을지 결정하도록 돕는다. 부모 매뉴얼의 〈표 8-2〉를 참조하여 아이의 좋은 행동을 보상하는 방법에 대한 아이디어를 부모에게 제시한다.

도전 행동에 대한 보상 중단하기

도전 행동의 사용을 줄이려면, 아이는 자신의 욕구를 충족시키기 위한 도전 행동이 더 이상 효과가 없다는 것을 배워야 한다. 즉, 부모는 도전 행동을 유지 시키는 결과(예: 좋아하는 물건/활동에 접근하기, 관심받기, 과제나 활동에서 벗어나기)를 중단해야 한다. 부모가 도전 행동을 무시함으로써 보상을 중단하게 되면, 해당 행동은 잠시 증가하다가 감소할 수 있다[이러한 증가를 *소거 폭발*이라고 한다]. 특히 초기에는 부모가 이를 무시하는 것이 어려울 수 있다. 그러나 부모가 지속적으로 도전 행동을 무시할수록 그 행동은 더 빨리 감소한다. 부모는 아이에 대한 반응에 일관성을 유지해야 한다. 해당 행동에 대해 10%라도 보상을 주면, 일부 아이는 계속해서 해당 행동을 하게 된다.

부모에게 "아이의 도전 행동에 대한 보상을 어떻게 중단할 수 있을까요?"라고 질문한다. 부모가 잘 모른다면, 해당 행동에 대한 보상을 중단하기 위해 부모가 파악한 이유를 바탕으로 그 결과를 바꿀 수 있는 방법을 찾도록 돕는다. 예를 들어, 아이가 싫어하는 활동을 피하려고 떼를 쓰는 경우, 부모는 아이가 항의하더라도 신체적 촉진을 주어 그 활동을 유지해야 한다. 부모 매뉴얼의 〈표 8-2〉를 함께 살펴보며, 행동의 기능에 따라 아이의 도전 행동에 대한 보상을 중단하는 방법에 대해 알려 준다.

부모가 공공장소에서 아이의 도전 행동을 무시하는 것은 매우 어려울 수 있다. 부모가 어렵다고 생각하는 경우에는 해당 행동을 예방하기 위해 사용할 수 있는 기법을 생각하도록 돕는다. 또한 지역사회에서 이 전략을 사용할 때 다른 사람들로부터 부정적인 피드백을 받으면 "걱정해 주셔서 감사합니다. 우리는 아이의 행동을 바꾸기 위해 노력하고 있어요."와 같이 짧지만 긍정적인 언어로 반응할 것을 제안할 수도 있다.

결과 변화시키기 시연하기

❖ 시연 준비하기

이 전략을 사용하는 방법을 보여 주기 위해 도전 행동이 자주 발생하는 시나리오를 설정한다고 설명한다. 예를 들어, 시나리오에는 좋아하는 활동이나 물건이 있지만 사용할 수 없는 상황, 아이에게 잠시 반응하지 않는 상황, 아이가 좋아하지 않는 과제를 완료해야 하는 상황, 선호하는 활동에서 전환하는 상황 등이 포함될 수 있다. 현재 아이와 함께 있지 않은 경우라면, 기법을 시연하는 대신에 부모에게 아이 역할을 하게 하고 코치가 부모 역할을 한다. 부모에게 긍정적인 행동에 대해 어떻게 보상하고, 도전 행동에 대한 보상을 어떻게 중단하는지, 그리고 아이가 어떻게 반응하는지(아이가 함께 있는 경우) 지켜보게 한다.

❖ 무엇을 하고 있는지 설명하기

부모에게 결과 전략과 함께 사용할 예방 전략을 상기시킨다. 예를 들어, 다음과 같이 이야기할 수 있다.

"Sam은 좋아하는 활동을 중단해야 할 때 크게 화를 내요. Sam이 소리를 지르거나 물건을 던지면 사람들은 보통 요구를 들어주고 Sam은 더 오래 놀 수 있게 되죠. 그래서 이제 결과를 바꾸려고 합니다. 먼저 두 번 미리 알려 주고, 그다음 '치워'라는 명확한 지시를 내릴 거예요. 아이가 소리를 지르거나 장난감을 던지지 않고 활동을 멈추면 칭찬할 거예요. 만약 아이가 화를 내기 시작하면, 소리 지르는 것을 무시하고 장난감을 치우도록 신체적 도움을 사용할 거예요."

"Brianna는 관심을 끌려고 우리를 때리는 것 같아요. 저는 Brianna를 재미있는 활동에 참여시켜 이런 행동을 예방하고 그림 카드와 타이머를 사용해서 기다릴 시간을 알려 주려고 해요. Brianna가 혼자서 잘 놀고 있는 동안에는 주기적으로 미소를 지으며 '안녕!'이라고 말하면서 적절한 행동에 대한 보상을 줄 거예요. 그리고 타이머가 울릴 때 아이가 잘 기다렸다면, 몇 분 동안 같이 놀아 주며 기다린 것에 대한 보상을 해 줍니다. 이 시간 동안 아이가 우리 중 누구라도 때리려고 하면, 어떤 관심도 주지 않고 타이머를 2분 더 재설정합니다."

시연이 끝나면, 부모에게 "상호작용 중에 어떤 점을 느꼈나요?"라고 질문한다. 부모가 대답하기 어려운 경우에는 다음과 같이 좀 더 구체적인 질문을 한다.

"제가 Brianna에게 기다리라고 어떻게 알렸나요?"
"Brianna가 적절하게 놀고 있을 때 제가 어떻게 보상했나요?"
"Brianna가 저를 때리려고 했을 때 제가 어떻게 대응했나요?"

부모의 연습 및 피드백 제공하기

❖ 부모의 연습 격려하기

아이는 부모에게 더욱 도전적인 행동을 보일 수 있으며, 그런 상황이 발생하면 코치가 개입하거나, 부모의 연습을 중단하고 추가 전략을 논의할 수 있음을 알려 준다. 아이와 함께 있지 않은 경우에는 부모가 아이 역할을 맡아서 역할극을 실행할 수도 있다.

❖ 물리적 환경 관리하기

아이가 적절한 행동을 했을 때 보상으로 줄 강화물(예: 장난감, 간식, 기타 좋아하는 물건)을 부모에게 건네준다. 아이가 도전 행동을 사용하여 접근하려고 하는 물건은 치워 둔다. 필요하다면 신체적 도움을 활용한다(예: 아이가 장난감을 던질 때 치우도록 돕기). 아이의 행동이 심해지면 아이, 부모, 환경을 안전하게 보호한다(예: 아이가 자신이나 부모를 때리지 못하게 막기).

❖ 피드백 제공하기

부모의 기법 사용과 아이의 반응에 대해 피드백을 제공한다. 이 전략을 실행하는 동안 발생하는 일반적인 문제와 이에 대한 피드백을 제공하기 위한 제안은 이 회기의 마지막에 있는 문제 해결 팁 목록(361쪽)에서 확인할 수 있다. 예를 들어, 다음과 같이 말할 수 있다.

> "어려우시겠지만 Brianna가 주의를 끌려고 어머니를 때릴 때 눈을 마주치지 마세요. 그냥 일어나서 돌아서세요. Brianna가 어머니를 향해 다가오지만 때리지는 않는다면, 미소를 지으며 '안녕!'이라고 말하세요."

부모의 되돌아보기를 돕고 실천계획표 작성하기

❖ 부모의 되돌아보기

부모에게 상호작용이나 역할극에 대해 질문한다. 부모가 실행할 기회를 갖지 못했다면,

이 시간을 활용하여 부모가 궁금해하는 질문에 답하고 논의한 핵심 요소를 명확히 설명할 수 있다. 예를 들어, 다음과 같이 질문할 수 있다.

> "Sam이 소리를 지르는데도 촉진을 주며 활동을 시킬 때 어떤 기분이었나요?"
>
> "Sam이 싫어하는 활동을 해야 하는 상황에서 이렇게 하는 것을 상상할 수 있나요? 그렇지 않다면 어떤 점이 불편하게 느껴지나요? 어떻게 하면 더 쉽게 할 수 있을까요?"

❖ 부모의 실천계획표 작성을 돕기

부모와 함께 진술 요약서를 검토하고, 도전 행동과 그 행동이 유지되는 결과를 실천계획표–*결과 변화시키기*(양식 41)에 적게 한다. 행동의 원인을 해결하기 위해 어떻게 결과를 변화시킬 것인지 파악하도록 돕는다. 관련 칸에 집중할 핵심 요소를 적게 한다.

부모에게 어떤 행동에 대해 보상을 줄 것인지, 어떻게 보상을 줄 것인지 물어본다. 그런 다음, 도전 행동에 대한 보상을 어떻게 중단할 것인지 질문한다. 구체적인 기법과 구체적인 예를 들어 어떤 상황에서 어떤 보상을 제공할지 자세히 설명한다.

❖ 잠재적 문제에 대한 해결 지원하기

부모에게 가정에서 연습할 때 어떤 점이 어려울 것 같은지 질문한다. 시간을 내어 가능한 해결책을 브레인스토밍한다. 이 기법에 대한 일반적인 문제와 해결책은 문제 해결 팁 목록(361쪽)에 나와 있다.

❖ 되돌아보기 및 읽기 과제 제시하기

부모에게 실천계획표 "행동 추적하기" 칸을 작성하게 하여 아이의 행동이 회기 사이에 가족 일상을 얼마나 방해하는지 평가하도록 상기시킨다. "되돌아보기" 칸에 잘된 점과 어려웠던 점을 적게 한다.

다음 회기가 시작될 때 이 내용을 검토할 것이라고 알려 준다. 부모 매뉴얼 제8장의 *대체 기술 가르치기*를 읽게 한다.

결과 변화시키기 문제 해결 팁

만약 부모가……	코치는……
긍정적인 행동에 대한 보상이 어렵다면	• 아이가 보상을 받을 적절한 행동을 언제 하는지 확인할 수 있도록 돕는다. • 아이가 적절한 행동을 할 때 제공할 수 있는 보상의 유형을 확인할 수 있도록 돕는다. • 아이가 도전 행동을 하지 않고 휴식을 취하는 것에 대해 보상할 것을 제안한다. 시간이 지나면서 요구 사항을 조금씩 늘릴 수 있다.
공공장소에서의 행동을 무시하는 것이 어렵다면	• 부모가 시각 스케줄을 사용하고, 비선호 활동과 선호 활동을 병행하는 등 예방 전략을 파악할 수 있도록 돕는다. • 작은 보상을 많이 준비해 두고 외출을 시작할 때부터 좋은 행동에 대한 보상으로 시작할 것을 제안한다. • 낯선 사람이 말할 때, "저희도 대화로 하려고 노력하고 있어요. 걱정해 주셔서 고맙습니다."와 같이 간단한 답변을 할 수 있도록 돕는다. • 혼잡하지 않은 시간대에 공공장소에 가도록 제안한다. • 아이의 도전 행동을 강화하지 않으면서도 공공장소에서 신속하고 안전하게 아이를 데리고 나올 수 있는 방법을 제안한다.

만약 아이가……	코치는……
자신 또는 타인에게 상해를 입히거나 물건을 파괴하는 행동을 한다면	• 던질 수 있는 물건을 치우거나, 집안에서 안전한 공간을 찾거나, 아이가 자신이나 다른 사람을 때리지 못하도록 차단하는 등 부모가 해당 행동을 무시하면서 아이와 다른 사람의 안전을 지킬 수 있는 전략을 찾도록 돕는다.

5회기
대체 기술 가르치기

회기 목표

다음을 위해 부모를 돕는다.

- 부모가 아이에게 도전 행동을 대체할 수 있는 새로운 기술을 가르칠 수 있도록 도와주기

준비물

- 부모 매뉴얼
- 진술 요약서(양식 27)
- 실천계획표-*대체 기술 가르치기*(양식 42)
- 시각 스케줄, 타이머, 기타 전환에 필요한 다양한 물건
- 좋아하는 장난감
- 필요한 경우, 비선호 과제를 위한 물건
- 추가적인 강화물(필요한 경우)
- 행동계획표(양식 28)

회기 진행목록

- 체크인 및 회기 진행목록 정하기
- 실천계획표 검토하기
- *대체 기술 가르치기* 소개하기
- *대체 기술 가르치기* 시연하기
- 부모의 연습 및 피드백 제공하기
- 부모의 되돌아보기를 돕고 실천계획표 작성하기

핵심 요소: *대체 기술 가르치기*

- 대체 기술 선택하기
- 촉진과 보상을 사용하여 대체 기술 가르치기

체크인 및 회기 진행목록 정하기

❖ 가족 체크인

가족에게 지난 회기 이후 어떻게 지냈는지 물어본다. 아이가 참석하는 경우, 잠시 시간을 내서 아이가 활동에 참여하도록 하여 부모와 대화할 수 있도록 한다.

❖ 회기 목표와 진행목록에 대해 설명하기

이 시간에 부모는 아이가 자신의 필요를 충족시키기 위해 도전 행동 대신 사용할 수 있는 새로운 기술을 가르치는 방법을 배운다.

부모에게 "오늘 회기에 대해 궁금한 점이 있거나 추가로 다루고 싶은 주제가 있나요?"라고 질문한다. 부모가 걱정하는 경우, 회기 진행목록을 조정해야 할 수도 있다.

실천계획표 검토하기

부모가 작성한 실천계획표 "행동 추적하기" 칸을 검토하여 이전 회기 이후 아이의 도전 행동에 변화가 있었는지 확인한다. 행동이 크게 개선된 경우, 가족에게 *대체 기술 가르치기*가 효과가 있을지 결정한다. 행동이 심해졌다면 가정에서 일어난 변화에 대해 이야기하는 시간을 갖는다.

부모에게 가정에서 *결과 변화시키기*를 어떻게 사용했는지 질문한다. 잘된 점과 어려웠던 점에 대해 이야기 나눈다. 부모가 가정에서 실행하면서 겪는 어려움을 해결할 수 있도록 돕는다. 일반적인 문제와 가능한 해결책은 이 단원의 4회기 마지막 부분에 있는 문제 해결 팁 목록(361쪽)에 나와 있다.

대체 기술 가르치기 소개하기

❖ 이론 설명하기

어떤 아이들은 자신의 필요를 전하는 적절한 표현 방법을 몰라서 계속 도전 행동을 할 수도 있다. 이러한 아이에게 효과적인 전략 중 하나는 자신의 감정과 필요를 더 적절하게 전달하는 데 도움이 되는 새로운 기술을 가르치는 것이다. 이 전략은 활동을 완료할 기술이나 인내심이 부족하여 활동을 거부하는 아이에게도 도움이 된다. 예를 들어, 아이가 셔츠를 쉽게 입지 못해서 좌절하는 경우, 부모는 이 기술을 사용하여 아이에게 스스로 옷을 입도록 가르칠 수 있다.

이 전략을 사용하여 아이의 도전 행동의 원인을 해결하는 방법을 설명한다. 예를 들어, 다음과 같이 말할 수 있다.

> "Sam은 하기 싫은 일에서 벗어나기 위해 화를 냅니다. 활동을 끝내길 원한다는 것을 전달하고 싶을 때, '다 했어'라고 말하는 것처럼 더 적절한 기술을 사용하도록 가르칠 수 있어요. 또 작은 것부터 시작하여 추가 보상을 제공하면, 아이가 피하는 활동을 더 독립적으로 하도록 가르칠 수 있어요."

❖ 핵심 요소에 대해 이야기 나누기

부모 매뉴얼을 사용하여 *대체 기술 가르치기*에 대해 이야기 나눈다. 부모 매뉴얼의 '생각해 보세요!' 질문을 통해 정보를 제공한다.

대체 기술 선택하기

먼저, 부모가 아이의 욕구를 충족시키기 위해 할 수 있는 더 적절한 행동을 찾게 한다. 부모가 선택한 행동/기술은 도전 행동과 동일한 기능이나 이유를 가지고 있어야 하며, 아이가 사용하기 쉽고, 아이와 상호작용하는 모든 사람이 쉽게 이해할 수 있는 것이어야 한다.

부모에게 "도전 행동과 똑같은 목표를 달성할 수 있는 어떤 대체 기술을 가르칠 수 있을까요?"라고 질문한다. 부모가 잘 모른다면, 부모 매뉴얼의 〈표 8-3〉을 사용하여 부모가 아이의 필요를 충족시키기 위해 가르치고 싶은 새로운 기술을 파악할 수 있도록 돕는다.

촉진과 보상을 사용하여 대체 기술 가르치기

부모 매뉴얼 제5장은 촉진과 보상을 효과적으로 사용하는 방법에 대해 설명하고 있다. 또한 아이에게 새로운 의사소통 기법을 사용하도록 가르치는 데 사용할 수 있는 구체적인 촉진에 대한 정보도 포함되어 있다. 부모를 가르칠 때 이 부분에서 관련 정보를 가져와 활용한다.

아이가 화를 내지 않을 때, 부모가 대체 기술을 가르치는 상황을 설정하는 방법에 대해 논의한다. 아이가 기술을 사용할 수 있도록 어떻게 촉진을 사용할지에 대해 이야기한다. 도전 행동을 유발하지 않도록 가장 높은 수준의 촉진으로 시작해야 할 수도 있다. 시간이 지남에 따라 부모는 아이가 독립적으로 대체 기술을 사용할 수 있도록 개입 수준이 낮은 촉진을 사용한다.

아이가 대체 기술을 사용할 때 부모가 즉시 어떻게 보상할지 논의한다. 보상은 아이 행동의 기능과 관련이 있어야 한다(예: 선호하는 물건/활동 얻기, 관심 끌기, 과제에서 벗어나기). 예를 들어, 아이가 과제에서 벗어나기 위해 "쉬고 싶어요"라는 요청을 하는 경우, 부모는 즉시 그 과제를 철회해야 한다. 처음에는 아이가 대체 기술을 사용할 때마다 부모가 즉시 보상해야 한다. 아이의 도전 행동이 개선되면, 부모는 대체 기술에 덜 반응하거나 또는 즉시 반응할 수 있다. 예를 들어, 휴식을 취하기 전에 아이가 활동에 참여해야 하는 시간을 점차 늘릴 수 있다.

부모가 가장 적절한 촉진과 효과적인 보상을 사용하고, 시간이 지남에 따라 촉진과 보상을 점차 줄이는 등 대체 행동을 가르치는 데 필요한 단계를 파악할 수 있도록 돕는다.

대체 기술 가르치기 시연하기

❖ 시연 준비하기

도전 행동이 발생하는 시나리오를 설정하고 새로운 기술을 가르치는 방법을 시연할 것이라고 설명한다. 지금 아이가 함께 있지 않다면, 부모에게 아이 역할을 하게 하고 기법을 시연한다.

❖ 무엇을 하고 있는지 설명하기

부모에게 사용할 예방 전략과 결과 전략에 대해 알려 준다. 부모에게 이러한 전략을 어떻게 사용하는지, 아이가 어떻게 반응하는지(함께 있는 경우) 지켜보게 한다.

> "Brianna에게 사람을 때리는 대신 팔을 두드려 주의를 끌도록 가르치려고 해요. 그래서 저는 Brianna에게 '엄마랑 이야기할 거야. 놀고 싶으면 내 팔을 두드려.'라고 말하고, 제 팔을 두드리는 시범을 보여 줄 거예요. 몇 분간 이야기를 나눈 후에 Brianna가 저에게 다가오면, 저는 Brianna가 제 팔을 두드리는 것을 돕기 위해 신체적 도움을 사용할 거예요. 아이가 그렇게 하면 저는 아이에게 많은 긍정적인 관심을 줄 것입니다. 이 과정을 몇 번 반복합니다. 처음에는 아이가 제 쪽으로 다가올 때 제 팔을 두드리는 시범을 보여, 신체적 도움이 없어도 아이가 제 팔을 두드릴 수 있는지 확인할 거예요. 만약 아이가 저를 때린다면, 저는 어떤 관심도 주지 않을 거예요. 대신 잠시 기다렸다가 다시 신체적 도움을 통해 아이가 제 팔을 두드릴 수 있도록 도와줄 것입니다."

시연이 끝나면 부모에게 "상호작용 중에 어떤 점을 느꼈나요?"라고 질문한다. 부모가 대답하기 어려운 경우에는 다음과 같이 구체적인 질문을 할 수 있다.

> "제 팔을 두드리라고 Brianna를 어떻게 유도했나요?"
> "Brianna가 팔을 두드렸을 때 제가 어떻게 반응했나요?"

부모의 연습 및 피드백 제공하기

❖ 부모의 연습을 격려하기

예를 들어, "아이가 부모를 향해 움직일 때 팔을 두드리는 것을 잊지 마세요. 그래야 아이의 주의를 끌 수 있어요."와 같이 아이에게 새로운 기법을 가르치기 위해 부모가 따라야 할 단계를 상기시킨다. 아이와 함께 있지 않은 경우에는 코치가 아이 역할을 하면서 부모와의 역할극을 통해 기법을 보여 줄 수 있다.

❖ 물리적 환경 관리하기

부모에게 필요한 준비물을 제공하고, 필요에 따라 물건을 치운다. 필요한 경우, 아이가 새로운 기법을 사용할 수 있도록 물리적으로 도와준다. 예를 들어, 아이가 부모를 때리려는 경우, 부모를 톡톡 두드려 주의를 끌도록 돕는다. 평소와 같이 아이, 부모, 환경을 안전하게 보호한다(예: 아이가 자신이나 부모를 때리지 못하도록 막기). 아이의 행동이 너무 공격적이거나 조절에 어려움이 발생하면, 부모와의 연습을 중단해야 할 수도 있다.

❖ 피드백 제공하기

부모의 *대체 기술 가르치기* 시연과 아이의 반응에 대해 피드백을 제공한다. 이 전략을 실행하는 동안에 발생하는 일반적인 문제와 이에 대한 피드백을 제공하기 위한 제안은 이 회기의 마지막에 있는 문제 해결 팁 목록(368쪽)에서 확인할 수 있다. 항상 그렇듯이 피드백에서는 긍정적인 부분을 강조한다. 예를 들어, 다음과 같이 말할 수 있다.

> "우리가 대화하는 동안, Brianna가 팔을 두드리는 모델링을 잘 따라했어요! 아이가 당신의 팔을 두드리자, 바로 주의를 기울이는 것도 잘했어요. 몇 분 더 Brianna와 함께 놀다가, 다시 해봅시다."

부모의 되돌아보기를 돕고 실천계획표 작성하기

부모의 되돌아보기

부모에게 상호작용이나 역할극에 대해 질문한다. 이 시간을 활용하여 부모의 질문에 답하고 *대체 기술 가르치기*의 핵심 요소를 명확히 설명한다. 부모에게 질문할 수 있는 몇 가지 예시는 다음과 같다.

"주의를 끌기 위해 Brianna에게 팔을 두드리라고 가르치니 기분이 어떠세요?"

"가정에서 이렇게 하는 것이 상상이 되나요? 그렇지 않다면 어떤 점이 불편한가요? 어떻게 하면 더 쉽게 할 수 있을까요?"

"어떤 유형의 전략이 가장 도움이 된다고 생각하세요?"

부모의 실천계획표 작성 돕기

부모와 함께 진술 요약서(양식 27)를 검토하고, 부모에게 실천계획표–*대체 기술 가르치기*(양식 42)에 도전 행동과 그 이유를 적게 한다. 도전 행동과 똑같은 목표를 달성할 수 있는 대체 기술을 가르칠 수 있도록 돕는다.

부모가 대체 기술을 가르치는 방법의 예로 실천계획표의 도표를 완성하도록 돕는다. 먼저, 목표 옆에 대체 기술을 적게 한다.

부모가 기술을 시연하기 위해 상황을 어떻게 설정할 것인지 물어본다. 명확한 지침과 기대를 전하고 연습을 더 쉽게 할 수 있는 예방 전략을 상기시킨다.

다음으로, 아이가 새로운 기술을 사용하도록 돕기 위해 어떤 촉진을 사용할 것인지 질문한다. 번호가 매겨진 촉진 칸에 촉진 방법을 적게 한다. 아이의 기능 수준에 따라, 가장 도움이 되는 촉진에서부터 시작할 수 있다. 따라서 부모는 첫 번째 칸에 가장 중재 수준이 높은 촉진을 적고, 그다음 칸에는 아이가 나중에 사용할 중재 수준이 낮은 촉진을 적을 수 있다.

마지막으로 부모에게 아이가 새로운 기술을 사용한 것에 대해 어떻게 보상할 것인지 물어본다.

> 부모와 함께 사용할 모든 전략에 대해 파악한 후에는 행동계획표(양식 28)에 전체 계획을 작성할 수 있다.

❖ 잠재적 문제에 대한 해결 지원하기

부모에게 이 방법을 사용할 때 어떤 점이 어려울 것 같은지 질문한다. 이 전략에 대한 일반적인 문제와 잠재적인 해결책은 문제 해결 팁 목록(하단)에서 확인할 수 있다.

대체 기술 가르치기 문제 해결 팁

만약 부모가……	코치는……
촉진과 보상을 효과적으로 사용하기 어렵다면	• 부모에게 **새로운 기능 가르치기**의 *촉진과 보상*(부모 매뉴얼 제5장)에 있는 정보를 검토하게 한다. 제5장의 *의사소통 촉진하기*도 검토한다. 아이가 새로운 기술을 사용하는 데 도움이 될 만한 촉진을 선택하도록 돕는다. • 부모는 최소한의 촉진을 사용하면서 아이가 성공적으로 수행하도록 해야 한다. • 보상을 받으면 아이가 새로운 기술을 다시 사용할 가능성이 높아진다는 점을 부모에게 상기시킨다. 신체적 도움을 사용하더라도, 아이가 기술을 사용한다면 즉시 보상하는 것이 중요하다. • 부모가 점진적으로 촉진을 줄이는 계획을 세울 수 있도록 돕는다.
대체 기술에 대해 보상하는 것이 어렵다면	• 아이의 도전 행동을 통제할 수 있을 때까지는 대체 기술에 대해 즉시 보상하도록 상기시킨다. 그렇게 되면 대체 기술을 보상하기 전에 아이가 점점 더 오래 기다리게 할 수 있다(예: "1분이 지나면 쉴 수 있어" "1분이 지나면 놀 수 있어"). • 부모가 점진적으로 보상을 줄이는 계획을 세울 수 있도록 돕는다.
루틴을 마치기 위해 아이가 필요하다면	• 루틴을 마칠 필요가 없는 시간에 대체 기술을 가르치는 연습을 하도록 제안한다(예: 하루에 여러 번 양치하는 동안 남는 시간이 있다면, 휴식을 요청하는 연습을 한다). • 도전 행동을 하지 않고도 활동을 계속할 때 줄 수 있는 매우 효과적인 추가 보상(예: 좋아하는 장난감이나 활동, 작은 간식 등)을 줄 수 있도록 돕는다. • 아이가 보다 독립적으로 과제를 완수할 수 있도록 가르치는 것을 돕는다. 부모가 과제를 분석하여 작은 단계로 나눈 다음, 촉진과 보상을 사용하여 이런 기술을 한 번에 한 단계씩 가르칠 수 있다. 부모가 특정 루틴에 대한 과제 분석 및 단계화에 도움이 필요하면, 적절한 전문가를 소개한다.

만약 아이가……	코치는……
부모가 기술을 촉진하기 전에 좌절한다면	• 아이가 대체 기술을 사용하기 전에 부모가 아이에게 자주 상기시켜 주게 한다(예: "내가 필요하면, 내 팔을 두드려"). • 부모가 더 일찍 촉진을 사용하도록 제안한다. • 부모가 개입 수준이 높은 촉진으로 시작하게 한다. • 아이가 화나지 않았을 때 부모와 아이가 하루에 여러 번 짧은 시간 동안 연습하게 한다. • 부모가 도전 행동에 반응을 보이지 않고 아이가 진정될 때까지 기다렸다가 다시 보상해 주도록 한다. • 부모에게 대체 기술 사용에 대한 추가 보상을 사용하도록 제안한다.

제3부

그룹 부모 코칭 모델 가이드라인

1단원 시작하기

2단원 아이에게 집중하기와 의사소통 방법 조절하기

3단원 새로운 의사소통 기회 만들기

4단원 새로운 의사소통 기능 가르치기

5단원 새로운 모방 및 놀이 기능 가르치기

6단원 상호작용을 형성하기 및 앞으로 나아가기

이 매뉴얼의 제3부에서는 그룹 부모 코칭 프로그램을 진행하기 위한 단계별 지침을 다룬다. 이 모델은 그룹 상황에서 아이에게 서비스를 제공하거나 가족을 위한 그룹 중재를 제공하는 데 관심이 있는 서비스 제공자에게 가장 적합하다. 이는 각 기법을 설명하는 ImPACT 프로젝트 부모 매뉴얼과 함께 사용해야 한다.

참여 요건

각 단계가 다른 단계를 기반으로 하므로 모든 그룹 및 개별 코칭 회기에 주로 양육을 담당하는 한 명의 같은 부모가 참석하는 것이 중요하다. 이 요건은 일정이 가능할 경우 주 양육자와 함께 다른 가족 구성원이 회기에 참석하는 것을 제한하지 않는다. 그러나 다른 가족 구성원은 이전에 배운 전략에 대한 배경 지식이 없으므로 주 양육자 없이 참석하는 것은 권장되지 않는다.

첫 번째 그룹 회기 전에 초기상담지(양식 2)를 사용해 초기상감 회기(제1부 제4장 참조)를 실시하여 ImPACT 프로젝트 그룹참여가 해당 가족에게 적합한지 판단하고 프로그램에 대한 부모의 기대를 높인다. 접수 회기는 대면 회의로 진행하거나 전화로 진행할 수도 있다.

가족들이 긍정적인 경험을 할 수 있으려면 그룹의 규모와 구성원을 고려하는 것이 중요하다. 이상적인 그룹의 규모는 부모 6~8명이다. 우리는 모든 부모가 참여할 수 있는 시간을 맞추기 위해 그룹 인원을 12명 이하로 유지하는 것을 권한다. 아이의 발달 수준이 비슷하고 부모가 진단 과정의 비슷한 시점에 있을 때 그룹이 가장 응집력이 있다. 그러나 고려해야 할 가장 중요한 요소는 부모가 서로를 지지해 주며 심각한 갈등을 피할 수 있는가이다.

총 회기 및 순서

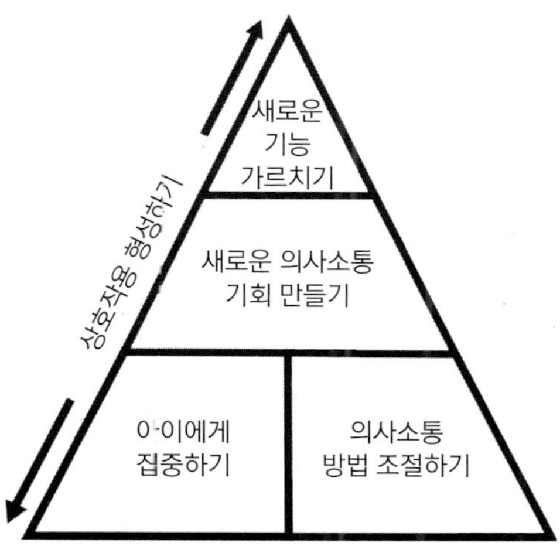

그룹 모델은 12번의 회기로 구성되며, 이 중 6회기는 2시간 그룹 회기, 나머지 6회기는 60분 개별 코칭 회기로 진행된다. 이상적으로는 12주 동안 진행되며, 매주 그룹 회기와 코칭 회기가 번갈아 진행된다. 제6장이 각 한 번의 그룹 회기와 한 번의 개별 코칭 회기로 구성되어 있다. 피드백이 포함된 부모 연습은 부모가 중재 전략을 사용하는 방법을 배우기 위해 꼭 필요하기 때문에 개별 코칭이 없는 그룹 모델은 권장하지 않는다.

ImPACT 프로젝트에 충실하게 그룹 모델을 적용하는 방법에 대한 권장 사항은 제1부 제2장을 참조한다. 〈표 3-1-1〉에는 그룹 및 코칭 회기의 주제와 권장 순서가 나와 있다.

이 프로그램이 완료되면 최대 6개월 동안 한 달에 한 번씩 후속 회기를 제공하여 부모가 중재를 계속 사용하도록 격려하고, 새로운 어려움을 해결하고, 새로운 목표를 위한 기법을 이해하도록 도와주는 것을 권한다. 이러한 후속 회기는 개별 코칭을 받은 가족보다 연습하고 피드백을 받을 기회가 적은 그룹 코칭 모델을 받는 가족에게 특히 유용하다.

<표 3-1-1> 그룹 프로그램에서 그룹 및 개별 코칭 회기의 권장 주제 순서

회기	주제
1단원 시작하기	
1회기(그룹)	*ImPACT 프로젝트 개관* 및 *성공을 위한 가정환경 만들기*
2회기(코칭)	*아이를 위한 목표 업데이트하기* 및 *성공을 위한 가정환경 만들기* 복습
2단원 아이에게 집중하기 및 의사소통 방법 조절하기	
3회기(그룹)	**아이에게 집중하기 및 의사소통 방법 조절하기**
4회기(코칭)	**아이에게 집중하기 및 의사소통 방법 조절하기** 복습
3단원 새로운 의사소통 기회 만들기	
5회기(그룹)	**새로운 의사소통 기회 만들기**
6회기(코칭)	**새로운 의사소통 기회 만들기** 복습
4단원 새로운 의사소통 기능 가르치기	
7회기(그룹)	**새로운 의사소통 기능 가르치기**
8회기(코칭)	**새로운 의사소통 기능 가르치기** 복습
5단원 새로운 모방 및 놀이 기능 가르치기	
9회기(그룹)	**새로운 모방 및 놀이 기능 가르치기**
10회기(코칭)	**새로운 모방 및 놀이 기능 가르치기** 복습
6단원 상호작용을 형성하기 및 앞으로 나아가기	
11회기(그룹)	**상호작용 형성하기** 및 *성공을 유지하기 위해 계획하기*
12회기(코칭)	**상호작용 형성하기** 복습 및 *아이의 목표 업데이트하기*

회기 형식

❖ 그룹 회기

부모는 아이 없이 6번의 그룹 회기에 참석한다. 그룹 회기는 중재 기법을 소개하고, 부모가 함께 문제를 파악하고 문제를 해결할 수 있도록 하며, 부모가 서로의 경험을 공유하고 서로 지지할 수 있는 방향으로 진행된다. 대부분의 그룹 회기는 표준 형식으로 진행되며, 각 구성요소에 소요되는 대략적인 시간 비율은 다음과 같다.

1. 체크인과 회기 목록 정하기(회기의 5%).
2. 실천계획표 검토하기(회기의 10%).
3. 새로운 기법 소개하기, 동영상 사례 보여 주기, 토론 진행하기(회기의 70%).
4. 연습 및 코칭 계획 세우기(회기의 15%).

그룹 회기는 ImPACT 프로젝트 웹사이트에 포함된 강의자료 슬라이드와 비디오 클립을 사용하여 진행해야 한다(구성표 마지막에 있는 상자 참조). 이러한 슬라이드에 대한 메모와 샘플 스크립트는 각 그룹 회기에 대한 지침으로 제공된다.[1] 참고 사항과 스크립트는 파워포인트 슬라이드의 '참조 사항' 부분에서도 찾을 수 있다. 슬라이드에는 애니메이션이 적용되어 있으며, 화살표는 애니메이션에 해당하는 샘플 스크립트 글자를 표시하는 데 사용된다.

부모가 내용을 이해하고, 다른 부모를 만나 구체적인 질문을 할 수 있도록 각 그룹 회기 중간에 잠시 쉬는 시간을 갖는다. 각 단원의 그룹 회기에 대한 회기 지침에 휴식 시간이 제시되어 있지만, 프레젠테이션의 다른 지점에서 쉬는 것이 더 나을 수도 있다.

부모 매뉴얼 각 장은 해당 장에서 다루는 전략 또는 개별 기법에 대한 하나 이상의 실천계획표를 참조한다. 이러한 실천계획표는 부모 매뉴얼과 ImPACT 웹사이트(앞부분 참조)에서 양식으로 제공된다. 부모가 그룹으로 각 회기의 관련 실천계획표를 작성하도록 한다. 각 그룹 회기가 끝나면 그룹 충실도 체크리스트(양식 7)를 작성하여 설계된 대로 ImPACT 프로젝트 그룹 코칭 절차를 설정하고 있는지 확인한다.

---

1 샘플 스크립트와 파워포인트 슬라이드의 대명사에 대한 설명이 순서대로 되어 있다. 다른 ImPACT 프로젝트 자료에서 사용하는 것과 달리 이 자료에서는 사회적 의사소통에 어려움이 있는 아이를 '그 또는 그녀'로 사용하며, 이는 부모에게 말하거나 발표하기 위한 것이다.

❖ 개별 코칭 회기

부모는 아이와 함께 6번의 개별 코칭 회기에 참석한다. 이 회기는 부모가 그룹 회기에서 배운 기법을 실행하고 피드백을 받을 수 있는 기회를 제공할 뿐만 아니라 부모의 강점과 노력을 인식하고 특정 도전 행동에 대한 문제를 해결하는 데 도움을 주기 위해 진행된다. 대부분의 코칭 회기에는 표준 형식이 있으며, 각 구성요소에 소요되는 대략적인 시간 비율은 다음과 같다.

1. 체크인 및 회기목록 정하기(회기의 5%).
2. 실천계획표 검토하기(회기의 15%).
3. 새로운 기법 소개하기(회기의 15%).
4. 기법 시연하기(회기의 10%).
5. 부모의 연습 및 피드백 제공하기(회기의 35%).
6. 부모의 되돌아보기와 실천계획표 작성하기(회기의 20%).

각 회기의 시작 부분에는 회기의 목표, 준비물, 회기 주제 및 기법의 핵심 요소가 나와 있다. 회기에서 제공되는 추가 정보에는 기법을 가르치는 방법에 대한 설명, 부모와 함께 사용할 언어의 예시, 토론 및 부모 연습을 촉진하는 질문이 포함된다. 각 장에는 회기 내에서와 회기 간 실습 중에 발생하는 일반적인 문제와 해결책을 제시하는 문제 해결 팁 표가 하나 이상 포함되어 있다. 부모는 각 코칭 회기가 끝나면 또 다른 실천계획표를 작성한다. 각 회기 구성요소에 대한 자세한 내용은 제1부 제3장에서 확인할 수 있다.

각 개별 코칭 회기가 끝나면 부모 중재 충실도 체크리스트(양식 4)와 회기 기록지(양식 12) 또는 회기 메모를 작성하여 부모와 아이의 진행 상황을 모니터링하고 진행 방법을 결정한다. 또한 코칭 충실도 체크리스트(양식 6)도 작성해야 한다. 이러한 데이터는 중재 충실도를 높이는 데 도움이 된다.

1단원

시작하기

이 단원의 목표는 ImPACT 프로젝트에 대한 개요를 제공하고, 부모가 아이를 위해 개별화된 목표를 설정하도록 도우며, 성공을 위해 가정을 세팅하는 것을 돕는 것이다. 부모가 프로그램의 이론을 이해하고, 목표 설정에 참여하고, 목표 달성을 위해 사용되는 단계를 이해하면 가정에서 중재에 성공할 가능성이 높아진다. 이는 ImPACT 프로젝트에서는 부모가 효과적으로 학습할 수 있도록 전략을 한 번에 하나씩 가르치기 때문에 특히 중요하다. 또한 부모가 가정에서 아이의 참여를 돕고 학습에 도움이 되는 환경을 조성할 수 있다면 더 큰 성공을 거둘 수 있다.

첫 그룹 회기가 시작되기 전에 자료가 준비되었는지, 그룹 공간의 좌석이 U자 모양으로 배치되어 모든 부모가 선생님과 서로를 볼 수 있는지 확인한다. 부모들이 입장할 때 따뜻하게 인사하고, 시작하기 전에 몇 분 정도 서로를 알아볼 시간을 준다.

- 그룹 회기에서는 코치가 그룹을 소개하는 것으로 시작하여 그룹의 기대감을 조성한다. 그런 다음에 코치가 파워포인트 슬라이드와 비디오 클립을 사용하여 *ImPACT 프로젝트 개관* 및 *성공을 위한 가정환경 만들기*를 소개한다. 그룹 회기가 끝나면 코치는 개별 코칭 회기 전에 부모에게 매일 하는 활동 스케줄(양식11)을 작성하고 **시작하기**(부모 매뉴얼의 제1장)를 읽어 보도록 한다. 그룹 회기의 샘플 스크립트는 파워포인트 슬라이드의 '참조' 란에서도 찾을 수 있다. 각 비디오 클립의 핵심 요소에 대한 안내가 이 노트에 포함되어 있다.

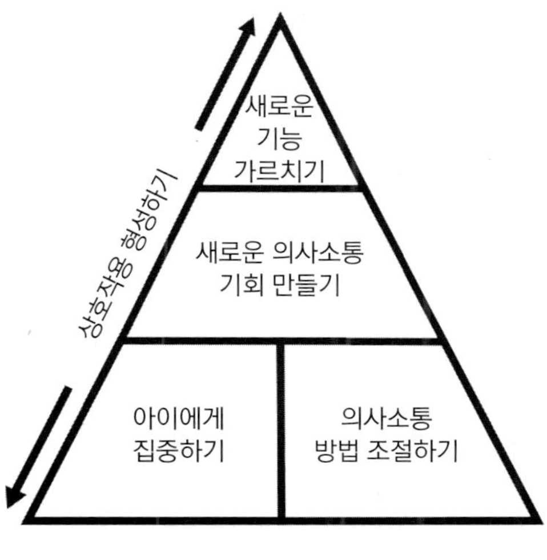

• 코칭 회기에서 코치는 부모가 협력적인 과정을 통해 아이를 위한 개별화된 목표를 설정하도록 돕는 것으로 시작한다. 이 과정은 코칭 회기의 대부분을 차지할 가능성이 높다. 시간이 허락하면 코치는 *성공을 위한 가정환경 만들기*와 부모가 작성한 매일 하는 활동 스케줄을 간략하게 검토한다. 그런 다음에 부모가 다음 주에 *성공을 위한 가정환경 만들기*의 실천계획표를 작성하도록 도와준다. 다음 그룹 회기 전에 부모가 스스로 되돌아보고 **아이에게 집중하기**와 **의사소통 방법 조절하기**(부모 매뉴얼의 제2장 및 제3장)를 읽어 오도록 하는 것으로 마무리한다.

1회기
ImPACT 프로젝트 개관 및 성공을 위한 가정환경 만들기(그룹)

회기 목표

다음을 위해 부모를 돕는다.
- 그룹에 대한 기대감 조성하기
- ImPACT 프로젝트에 대해 알아보기
- ImPACT 프로젝트 F.A.C.T.S. 이해하기
- 성공적인 프로그램을 위해 필요한 지원 파악하기
- 성공적인 상호작용을 위한 세팅하기

준비물

- 슬라이드/비디오 클립
- 화이트보드 또는 큰 종이
- 부모 매뉴얼
- 매일 하는 활동 스케줄(양식 11, 여러 장)
- 그룹 충실도 체크리스트(양식 7)

회기 진행목록

- 회기 진행목록 정하기, 자기소개 및 그룹 기대감 조성하기(슬라이드 1~4)
- *ImPACT 프로젝트 개관* 소개하기 (슬라이드 5~7)
- 아이가 배우게 될 기능 소개하기(슬라이드 8)
- ImPACT 프로젝트 F.A.C.T.S. 소개하기 (슬라이드 9~10)
- 휴식 시간 갖기
- *성공을 위한 준비하기* 소개하기 (슬라이드 11~12)
- *성공을 위한 가정환경 만들기* 소개하기 (슬라이드 13~15)
- 연습 실행 및 코칭 계획하기(슬라이드 16)

핵심 요소: *성공을 위한 준비하기*

- 실행할 시간 만들기
- 코치에게 필요한 사항에 대해 이야기하기
- 팀원들에게 지지 받기
- 어려운 상황에 대비해 미리 계획 세우기
- 가족의 성과를 인정하기

핵심 요소: *성공을 위한 가정환경 만들기*

- 예측 가능한 루틴 만들기
- 실행할 일상 활동 정하기
- 놀이를 위한 시간 정하기
- 놀이할 공간 정하기
- 방해 요소 없애기
- 장난감과 준비물 주기적으로 바꾸기

회기 진행목록 정하기, 자기소개 및 그룹 기대감 조성하기

슬라이드 1

부모가 회의실에 들어올 때 반겨 준다. 슬라이드 유인물을 나눠 주고 모든 참가자가 얼굴을 마주하고 앉을 수 있는 공간을 확보한다. 모두 자리에 앉으면 코치가 프레젠테이션을 시작한다.

샘플 스크립트

환영합니다. 첫 번째 ImPACT 프로젝트 그룹 회기에 참석해 주셔서 감사합니다. 여러분을 만나게 되어 정말 반갑습니다. 부모님들이 한자리에 모일 수 있는 기회는 흔치 않습니다. 여러분과 함께 그룹을 진행하게 되어 매우 기쁩니다. 여러분은 모두 사회적 의사소통에 어려움을 겪는 아이를 키우고 있어 이 자리에 모였습니다. 사회적 의사소통에 어려움이 있는 아이는 다른 사람과 사회적 상호작용을 시작하고, 의사소통을 배우고, 의미 있는 방식으로 언어를 사용하고, 다른 사람을 모방하고, 창의적으로 장난감을 가지고 노는 데 어려움을 겪는 경우가 많습니다. 또한 소리, 단어, 행동을 반복하고 도전 행동을 할 수 있습니다. ImPACT 프로젝트 그룹의 일원으로 여러분 각자는 아이의 사회적 의사소통 발달을 촉진하기 위해 다양한 일상 활동에서 아이와 함께 사용할 수 있는 일련의 전략을 배우게 됩니다.

슬라이드 2

회기 목록을 간략하게 검토하여 회기의 목표와 구조에 대한 정보를 제공한다. 다음 회기에서 수행할 작업에 대한 간략한 소개로 마무리한다. 시간 관계상 안건을 조절해야 하는 경우에는 슬라이드에 표시한다.

샘플 스크립트

▶ 먼저 우리가 서로를 알아 갈 수 있도록 소개하는 시간으로 시작하겠습니다. 그다음에 앞으로 우리가 12주 동안 따라야 할 그룹 규칙을 함께 결정할 것입니다.

▶ 그런 다음에 우리는 이 프로그램이 가족에게 어떻게 도움이 될 수 있는지, 어떤 내용으로 이루어져 있고 ImPACT 프로그램이 가르치는 기법 및 학습할 중재 전략을 포함하여 ImPACT 프로젝트를 소개하겠습니다. 또한 우리는 이 프로그램의 성공을 위해 준비할 수

있는 몇 가지 방법에 대해서도 논의할 것입니다.

▶ 다음으로, 우리는 성공적인 홈트레이닝을 위한 환경 설정에 대해 논의하겠습니다. 여기에는 현재 일상생활 중에 중재를 사용하기 좋은 시간을 파악하고 자녀와 ImPACT 프로젝트를 더 쉽게 사용할 수 있도록 가정환경을 만드는 방법을 배우는 것이 포함됩니다.

▶ 마지막으로, 우리는 다음 주부터 아이와 더 쉽게 상호작용할 수 있도록 가정환경을 만드는 방법을 계획해 보겠습니다.

슬라이드 3

코치는 자기소개를 하며 자신의 전문가적 프로필과 경력을 간략하게 소개한다. 각 부모에게 간단한 자기소개와 아이의 이름을 말하게 하고, 아이의 강점과 도전 행동 한 가지를 설명하도록 하며, 이 프로그램을 통해 얻고자 하는 것이 무엇인지 이야기하게 한다. 이 정보를 바탕으로 프로그램에 대한 기대감을 조성한다. 부모가 아이의 사회적 의사소통 능력 향상과 관련된 목표를 제시하는 경우, 이 프로그램이 이러한 목표를 어떻게 해결할 수 있는지 알려 준다. 만약 부모가 짜증 내기와 같은 도전 행동 감소와 관련된 목표를 이야기하는 경우에는 이 프로그램이 행동 관리를 직접적으로 다루지는 않지만 사회적 의사소통 기술을 개선하면 도전 행동을 줄일 수 있다는 점을 언급한다. 만약 코치가 선택적 행동 관리 단원을 사용할 계획이라면 프로그램 마지막에 행동 문제를 다룰 수 있음을 알려 줄 수도 있다(제2부 8단원 참조). 부모가 아이의 학업 기술, 배변 훈련, 식사 문제 등 이 프로그램의 범위를 벗어난 목표를 언급하는 경우에는 이 프로그램에서는 이러한 문제를 다루지 않지만 이러한 문제를 해결하는 데 도움이 되는 자료를 찾을 수 있다는 점을 알려 준다.

샘플 스크립트

우리는 앞으로 많은 시간을 함께 보내게 될 것이기 때문에 서로를 알아 가는 것이 정말 중요합니다. 서로를 알아 가는 데 도움이 되도록 자기소개를 해 주세요.

▶ 사람들에게 이름과 본인에 대한 정보를 알려 주세요.

▶ 또한 아이의 이름을 알려 주시고 아이의 강점과 아이가 겪고 있는 어려움에 대해 설명해 주시기 바랍니다.

▶ 마지막으로 이 프로그램을 통해 얻고자 하는 것이 무엇인지 알려 주세요.

슬라이드 4

서로 돕는 결속력이 있는 그룹 환경을 조성하는 데 도움이 되는 행동에 대한 간단한 토론을 진행한다. 모든 그룹 구성원이 긍정적인 경험을 할 수 있도록 그룹 구성원이 해야 할 일과 하지 말아야 할 일에 대해 부모들이 토론할 수 있도록 한다. 부모에게 개인정보 보호 정책과 개인정보 공유, 서로에 대한 조언, 목록에 포함되지 않은 주제의 논의에 관한 지침을 알려 준다. 다루어야 할 정보가 많기 때문에 때로는 토론을 중단하거나 긴 질문은 쉬는 시간까지 보류하여 그룹을 계속 진행해야 할 수도 있음을 부모에게 알려준다. 부모가 만든 가이드라인을 잘 보이는 곳에 적어 두고 각 그룹 회기에 표시한다.

샘플 스크립트

ImPACT 프로젝트 프로그램에 대해 논의하기 전에 이 그룹에 대한 몇 가지 가이드라인을 설정하는 것이 중요합니다. 그룹에 속해 있으면 가장 좋은 점 중 하나는 ImPACT 프로젝트를 배우고 사용하는 데 있어 서로를 도와줄 수 있는 기회가 많다는 것입니다. 부모들은 종종 사회적 의사소통에 어려움을 겪는 아이를 둔 다른 부모들로부터 가장 큰 도움을 받는다고 말씀하십니다. 이 그룹의 목표는 서로 지원을 제공하는 것이기 때문에 때때로 피해야 할 일들도 있습니다. 따라서 서로를 지원하기 위해 해야 할 일과 피해야 할 일 등 그룹을 위한 몇 가지 지침을 작성하는 데 시간을 조금 할애하겠습니다. 저를 포함한 우리 모두가 책임감을 가질 수 있도록 각 그룹에서 이를 잘 지켜 나가야 하겠습니다.

▶ 서로를 지원하기 위해 우리가 해야 할 일은 무엇이라고 생각하나요?

▶ 우리가 피해야 할 것은 무엇인가요?

ImPACT 프로젝트 개관 소개하기

❖ 부모 코칭을 위한 이론 설명하기

슬라이드 5

ImPACT 프로젝트에 대해 소개하고, 이 프로그램이 아이와 가족에게 어떻게 긍정적인 결과를 가져올 수 있는지 설명한다.

샘플 스크립트

아이들이 학교에서 배우는 것보다 가정에서 배우는 것이 더 중요한 경우가 많습니다. 아이에게 가장 중요한 사람들과 상호작용하고 소통할 수 있도록 하는 것이 목표이기 때문입니다. 이 프로그램의 전략을 배우면 당신은 일상적인 활동 중에 아이의 학습을 돕기 위해 사용할 수 있습니다. 그렇게 할 때, 온 가족에게 긍정적인 결과를 줄 수 있습니다.

▶ 가정에서 이러한 전략을 사용하면 아이와 함께 있는 동안 하루종일 가르칠 수 있기 때문에 아이가 더 많이 연습할 수 있습니다. 연구에 따르면 더 많은 연습 시간이 더 나은 사회적 의사소통을 발달시키고, 행동 문제를 줄이는 것에 도움이 될 수 있습니다.

▶ 가정에서 이 전략을 활용하면 아이는 놀이, 식사, 목욕 시간, 취침 시간 등 의미 있는 활동 중에 학습할 수 있습니다. 이러한 순간을 최대한 활용하게 되면 아이가 중요한 상황에서 해당 기법을 사용하는 데 도움이 됩니다. 또한 아이가 그것을 새로운 상황에서 사용하게 되고 시간이 지나도 계속 사용할 수 있도록 도울 수 있는데 이것을 일반화라고 합니다.

▶ 이러한 전략을 학습하면 아이의 발달과 성장을 돕는 자신에 대해 자신감이 생기고 아이와 더 즐겁게 상호작용할 수 있습니다. ImPACT 프로젝트 프로그램에 참여하는 부모들은 양육 스트레스가 줄었고 자녀와의 긍정적인 상호작용은 더 많아졌다고 보고되었습니다.

▶ 이 전략을 알게 되면 당신이 조부모나 형제자매와 같이 아이의 삶에서 중요한 다른 사람들에게 전략을 가르칠 수 있으므로 그들이 당신과 아이를 지원할 수 있습니다.

❖ 부모 및 코치 역할 설명하기

슬라이드 6

부모와 코치의 역할을 소개한다. 부모에게 이전에 부모 코칭을 받은 경험이 있는지, 받은 적이 있다면 어떤 경험이 있었는지 물어본다. 이 정보를 활용하여 ImPACT 프로젝트를 소개할 때 프로그램에 대한 기대치를 높이는 것에 도움을 준다. 부모가 다른 부모 코칭이나 다른 유형의 부모 교육을 받은 적이 있는 경우, ImPACT 프로젝트가 이미 경험한 것과 어떻게 비슷하거나 다른지 설명한다.

샘플 스크립트

ImPACT 프로젝트는 부모 코칭 프로그램이라는 사실을 반영한 'Improving Parents As Communication Teachers(의사소통 선생님으로서의 부모 역량 키우기)'의 약자입니다.

이 프로그램은 양육 기술을 가르치는 것이 아니라 부모에게 아이의 사회적 의사소통을 발달시키고 배우는 데 사용할 수 있는 특별한 기법이나 전략을 알려 줍니다. 부모가 아이를 가르치는 코칭은 치료사가 주로 아이를 만나는 다른 치료와는 조금 다를 수 있습니다. 이전에 부모 코칭이나 부모 교육을 받은 적이 있나요? 있다면 어떤 경험이 있었나요?

▶ 이 프로그램에서 코치의 역할은 부모와 협력하여 아이의 목표를 이룰 수 있도록 아이를 도울 수 있는 중재 전략을 사용하는 방법을 배우도록 돕는 것입니다.

▶ 여러분의 역할은 가정 및 지역사회에서 일상생활을 하고 아이와 상호작용할 때 중재 전략을 배우고 사용하는 것입니다. 이는 당신이 아이와 함께 놀이하고 상호작용하는 주인공이 된다는 것을 의미합니다.

▶ 이러한 방식으로 함께 협력함으로써 우리는 아이가 더 나은 사회적 의사소통 기술을 배울 수 있도록 돕게 될 것입니다.

❖ 그룹 및 코칭 회기의 형식 설명하기

슬라이드 7

프로그램의 전반적인 구조와 그룹 및 코칭 회기의 형식을 검토한다. 부모에게 질문할 수 있는 기회를 준다.

샘플 스크립트

이 프로그램은 매주 번갈아 가며 진행되는 각 6번의 그룹 회기와 개별 코칭 회기가 포함된 총 12회기로 구성되어 있습니다.

▶ 각 그룹 회기에서는 우리가 지난 한 주 동안 아이와 함께 연습이 어떻게 진행되었는지 검토하고 성공 경험과 도전 행동에 대한 문제 해결을 함께 논의합니다. 그런 다음 우리는 강의, 영상 예시, 그룹 토론을 통해 1~2개의 새로운 중재 전략을 배웁니다. 각 그룹 회기가 끝나면 부모는 각자가 아이와 함께 집에서 실행할 계획을 세웁니다.

▶ 다음 주에는 각 부모가 아이 및 코치와 개별 코칭 회기를 갖게 됩니다. 각 코칭 회기 동안 이전 주에 작성한 실천계획표를 검토하게 됩니다. 코치는 지난주에 집에서 아이와 함께 전략을 사용할 때 발생한 문제를 해결하는 데 도움을 줄 것입니다. 그런 다음 코치가 아이와 함께 그룹으로 배운 몇 가지 기법을 간단히 시연하고 코치가 피드백과 지원을 제공하는 동안 아이와 함께 연습할 수 있는 기회를 갖게 됩니다. 개별 코칭 회기는 집에서 시도해 볼

수 있는 실천계획표를 세우는 것으로 끝나며, 다음 그룹 세션에서 논의하게 됩니다. 중재 방법을 배우는 것에 그룹 회기와 개별 회기 모두 중요합니다.

이 전략은 서로를 기반으로 하기 때문에 같은 부모 또는 보호자가 모든 회기에 참석해야 합니다. 그러나 다른 보호자도 가능한 경우, 일부 프로그램에 참석할 수 있습니다.

아이가 배우게 될 기능 소개하기

슬라이드 8

이 프로그램이 목표로 하는 네 가지 기능에 대해 설명하고 첫 코칭 회기에서 코치는 네 영역의 목표 설정을 도와줄 것임을 부모에게 알린다. 이 과정에서 코치는 그룹에 속한 아이들에 대한 배경지식을 바탕으로 각 영역에서 가장 관련성이 높은 구체적인 기능의 예를 제시할 수 있다. 이러한 기능과 이 기능이 어떻게 발달하는지와 코칭 회기 중에 각 부모가 아이의 목표를 설정하는 방법에 대한 자세한 내용은 부모 매뉴얼을 참고할 수 있다.

샘플 스크립트

이제 이 프로그램의 목표에 대해 조금 더 자세히 알아봅시다. ImPACT 프로젝트의 핵심 구성요소인 사회적 참여, 의사소통, 모방, 놀이의 네 가지 영역에서 아이의 기능을 촉진하는 것을 도울 수 있습니다.

▶ *사회적 참여*는 사회적 의사소통 발달의 기초입니다. 아이들은 눈을 통해 감정과 관심을 공유함으로써 접촉과 표정, 제스처, 그리고 언어를 활용해 다른 사람들과 소통합니다. 아이들이 이러한 방식으로 사람들과 상호작용하는 데 어려움을 겪으면 다른 사람들로부터 배울 수 있는 기회가 줄어듭니다. 이 프로그램의 출발점은 부모와 아이의 사회적 참여를 늘려 아이가 부모로부터 배울 수 있도록 돕는 것입니다.

▶ *의사소통*은 다양한 목적을 위해 표정, 제스처, 소리, 단어, 문장을 이해하고 사용하는 것이 포함됩니다. 아이들은 언어적 의사소통(단어나 문장 같은)을 하기 이전에 비언어적 의사소통(눈 맞춤, 소리, 제스처와 같은)을 사용하여 의사소통을 시작합니다. 효과적으로 의사소통하지 못하는 아이는 자신의 욕구를 표현하는 것에 어려움을 겪고 욕구를 충족시키기 위해 도전 행동을 보일 수 있습니다. 이 프로그램은 아이의 현재 능력에 따라 제스처, 단어, 문장을 사용하여 더 나은 의사소통을 할 수 있도록 가르치는 것에 도움이 됩니다. 또한 아

이가 부모를 더 잘 이해하고 부모의 지시를 따르는 것에 도움이 됩니다.

▶ *모방*은 아이들이 다른 사람에게 관심이 있다는 것을 보여 주고 새로운 것을 배우는 데 필요한 기능이기 때문에 중요합니다. 아이들이 모방에 어려움이 있으면 상호작용하고 새로운 것을 배우기가 매우 어렵게 됩니다. 이 프로그램은 아이가 놀이 중에 부모를 모방하여 사회적 참여, 놀이 기술 및 제스처를 향상시키는 것에 도움이 됩니다.

▶ *놀이*는 재미를 위해 장난감이나 다른 물건, 재미있는 활동과 상호작용하는 것이 포함됩니다. 놀이 기능은 아이들이 새로운 언어와 사회적 기술을 발달시키고 연습하는 데 필요하기 때문에 중요합니다. 놀이는 문제 해결력, 조망 수용, 상상력, 운동 능력을 연습하기에도 훌륭한 방법입니다. 가상 놀이와 언어는 모두 *상징적 사고*(한 가지가 다른 것을 나타낼 수 있다는 것을 이해하는 것)를 포함하므로 상징 놀이를 가르치면 아이들의 언어 능력 향상에 도움이 될 수 있습니다. 이 프로그램은 아이에게 더 창의적이고 복잡한 방식으로 놀이하는 방법을 가르치는 데 도움이 됩니다. 코치는 첫 코칭 회기에서 이러한 각 영역에서 아이의 목표를 설정하는 데 도움을 줄 것입니다. 구체적인 목표는 아이의 현재 기능 수준에 따라 달라집니다. 아이가 각 영역에서 현재 어느 단계에 있는지, 그리고 다음에 어떤 기능을 배워야 하는지 파악하기 위해 함께 노력할 것입니다. 코치는 이 정보를 바탕으로 부모와 아이에게 의미 있고 중요하며 아이가 프로그램 12주 동안 달성할 수 있는 목표를 선택할 수 있도록 도와줍니다.

ImPACT 프로젝트 F.A.C.T.S. 소개하기

❖ F.A.C.T.S. 소개하기

슬라이드 9

ImPACT 프로젝트 F.A.C.T.S. 피라미드를 소개하고 중재 전략에 대한 개요를 제공한다. 전략이 작동하는 방식에 대한 자세한 내용은 부모 매뉴얼을 참조한다. 시간이 있다면 코치는 부모 매뉴얼에 있는 도표 예시를 통해 부모에게 안내할 수 있다. 부모가 아이의 참여도를 높이는 방법을 배우고 그 참여도를 활용하여 새로운 기능을 가르칠 수 있다는 점을 강조한다.

샘플 스크립트

부모는 일상생활과 아이와의 상호작용에서 ImPACT 프로젝트 전략을 사용하여 아이가 목표를 달성할 수 있도록 도와주세요. ImPACT 프로젝트에는 서로를 기반으로 하는 다섯 가지 중재 전략이 있습니다. **아이에게 집중하기, 의사소통 방법 조절하기, 새로운 의사소통 기회 만들기, 새로운 기능 가르치기**, **상호작용 형성하기**입니다. 저희는 모든 전략을 기억하기 위해 F.A.C.T.S.라는 약어를 사용합니다. 우리는 그룹으로 모일 때마다 새로운 전략 세트를 다룰 것입니다. 프로그램이 끝날 무렵에 부모는 이 모든 전략을 함께 사용하여 아이가 여러분이 설정한 목표를 달성하도록 도울 수 있어야 합니다.

▶ 먼저, 우리는 피라미드의 제일 아래 칸에 있는 전략을 배워 보겠습니다. **아이에게 집중하기** 및 **의사소통 방법 조절하기**입니다. 이 전략은 아이가 부모와 소통하는 데 도움이 되며, 성공적인 상호작용을 위한 출발점이 됩니다. 이 전략을 가장 많이 사용하게 될 것입니다.

▶ 다음으로 우리는 피라미드의 중앙에 위치한 **새로운 의사소통 기회 만들기** 전략에 대해 알아보겠습니다. 이 전략은 아이가 부모와의 상호작용을 시작하도록 돕는 데 활용됩니다. 아이가 스스로 시작하지 않는 경우, 부모는 새로운 기술을 가르치기 전에 이러한 전략을 사용하여 아이의 시도를 끌어내고 관심을 끌기 위해 이러한 전략을 사용합니다.

▶ 그런 다음에 우리는 피라미드 꼭대기에 설정된 **새로운 기능 가르치기** 전략을 배웁니다. 이 전략은 아이의 의사소통을 돕기 위해 촉진과 보상을 사용하거나 새롭고 더 복잡한 방식으로 의사소통하거나 놀이할 수 있도록 가르칩니다. 우리는 한 회기에서는 새로운 의사소통 기술을 가르치는 방법을 배우고, 한 회기에서는 새로운 모방 및 놀이 기법을 가르치는 방법을 배웁니다. 새로운 기법을 사용하는 것은 아이가 도전을 경험할 수 있는 좋은 방법입니다. 하지만 부모가 이 전략을 너무 자주 사용하면 아이가 좌절감을 느낄 수 있습니다. 따라서 **아이에게 집중하기** 및 **의사소통 방법 조절하기**를 **새로운 기능 가르치기**보다 더 많이 사용해야 합니다.

▶ 프로그램이 끝나면 부모는 아이의 반응에 따라 피라미드 위아래로 움직이며 **상호작용 형성하기**를 배우게 됩니다. 부모는 장난스럽고 아이의 참여와 재미를 유지하는 전략에서 보다 지원적이고 아이에게 새로운 기법을 가르치는 전략으로 전환하게 됩니다.

❖ 비디오 클립 보고 토론하기

슬라이드 10

ImPACT 프로젝트 전과 후의 영상 예시를 보여 준다. 이 두 개의 클립은 부모가 ImPACT 프로젝트 코칭을 받기 전과 코칭을 받은 후에 아이와 상호작용하는 모습을 보여 준다. 이 클립은 ImPACT 프로젝트가 실제로 어떤 모습인지 보여 주고, 일상 활동의 작은 변화를 통해 각 부모와 아이에게 긍정적인 변화가 일어났음을 보여 주기 위해 제작되었다. 각 클립을 보여 주기 전에 부모에게 부모가 무엇을 하고 있는지, 아이가 어떻게 반응하는지 지켜보도록 요청한다. 각 클립이 끝난 후에는 개방형 질문을 통해 부모가 관찰한 내용을 되돌아볼 수 있도록 도와준다. 부모가 상호작용의 중요한 요소를 파악하지 못하면 좀 더 구체적인 질문을 한다. 각 비디오 클립에서 강조해야 할 중요한 정보는 샘플 스크립트에 뒤이어서 설명되어 있다.

샘플 스크립트

다음 두 개의 클립은 부모가 ImPACT 프로젝트에서 코칭을 받기 전과 코칭을 받은 후 아이와 상호작용하는 예시를 보여 줍니다. 이 클립을 통해 ImPACT 프로젝트의 실제 모습을 확인하실 수 있습니다. 보시다시피, 이 중재는 아마도 여러분이 이디 아이를 대하는 모습과 매우 유사할 수도 있을 것입니다. ImPACT 전략은 실제로 아이와의 상호작용을 더 쉽고 즐겁게 만들고 아이가 더 나은 사회적 의사소통 기술을 발달시키도록 도울 수 있는 작은 행동의 변화 또는 조절에 불과합니다.

▶ (*각 영상을 보여 주기 전*) 부모가 ImPACT 프로젝트 전략을 배우기 전과 후에 아이와 어떻게 상호작용하는지 주의 깊게 살펴보세요. 또한 아이가 어떻게 반응하는지도 살펴봅니다.

▶ (*각 영상을 보여 준 후*) 상호작용하는 동안 어떤 점을 발견했나요? 부모가 아이와 상호작용하기 전과 후에 어떤 차이가 있었나요? 아이의 사회적 의사소통에는 어떤 변화가 있었나요?

클립 1: ImPACT 프로젝트 전후, 첫 낱말

엄마는 ImPACT 프로젝트 코칭을 받기 전과 후에 아이와 함께 익숙한 일상 활동(간식)을 하고 있다. ImPACT 프로젝트 전략을 배우기 전에는 엄마가 아이에게 주의를 기울이고 간식을 먹는 것을 도와주지만, 두 사람 사이의 상호작용은 거의 없다. ImPACT 프로젝트 전략을 배운 후, 엄마는 아이와 훨씬 더 효과적으로 소통할 수 있게 되었다. 엄마가 간식을 고르고 준비하는 동안 ImPACT 프로젝트 전략을 사용하여 아이가 말을 하도록 돕는다. 그런 다음에 엄마는 아이와 함께 식탁에 앉아 ImPACT 프로젝트 전략을 사용하여 아이가 엄마와 함께 참여하도록 격려한다. 아이는 엄마에게 매우 몰입하고 있으며, 시종일관 자발적인 언어를 사용하여 엄마에게 요청하고 참여한다. 엄마는 아이를 참여시키기 위해 이미 하고 있던 간식 준비에 몇 가지 작은 변화를 준다. 엄마는 아이와 얼굴을 마주 보고 아이가 리드하는 활동(간식을 먹으면서 놀이하는 척하기)에 참여하고, 아이의 행동을 따라하며 아이가 하고 있는 일에 대해 생동감 있게 이야기한다. 그런 다음 엄마는 아이와 소통할 수 있는 다양한 기회를 만들고(물건을 들고 있거나 아이에게 콘만 주기), 질문과 ImPACT 프로젝트 전략을 사용하여 새로운 언어, 모방, 놀이 기법을 가르친다. 이러한 작은 변화는 아이와 부모에게 훨씬 더 많은 상호작용을 하고 재미있는 활동을 만들고, 아이가 더 복잡한 사회적 의사소통(눈 맞춤, 긍정적 반응, 언어, 가상 놀이)을 사용하도록 장려한다.

클립 2: ImPACT 프로젝트 전후, 낱말 조합

엄마는 ImPACT 프로젝트에서 코칭을 받기 전과 후에 아이와 함께 놀고 있다. 코칭을 받기 전, 엄마는 아이가 장난감을 가지고 놀 때 아이와 소통을 시도한다. 엄마는 지켜보며 기다리기, 아이의 놀이에 대해 설명하기 등 몇 가지 좋은 기법을 사용하고 있지만, 아이와 상호작용을 주고받는 것에는 어려움을 겪고 있다. 아이는 동물의 수를 세고 색깔을 표시하고 가끔 엄마의 언어를 모방하지만, 엄마에게 지시하거나 더 깊이 관여하려고 시도하지는 않는다. ImPACT 프로젝트 전략을 배운 후, 엄마는 훨씬 더 효과적으로 아이와 놀아 주고 소통할 수 있게 되었다. 아이는 인형 놀이에 매우 몰입하고 있으며, 눈을 맞추고 언어를 사용하여 엄마와 교감을 나눈다. 엄마는 이러한 참여를 유도하기 위해 아이와 상호작용하는 방식에 몇 가지 작은 변화를 주었다. 이러한 변화에는 얼굴을 마주 보고, 아이의 놀이와 언어를 모방하고 확장하며, 아이가 하는 것에 대해 이야기하고, 질문과 코멘트를 사용하여 아이가 선택하고 놀이를 확장하도록 돕는 것이 포함된다. 이러한 작은 변화는 놀이 시간을 훨씬 더 재미있고 상호작용적으로 만들고, 아이가 훨씬 더 복잡한 사회적 의사소통(눈 맞춤, 긍정적 영향, 언어, 가상 놀이)을 사용하도록 권한다.

휴식 시간 갖기

성공을 위한 준비하기 소개하기

슬라이드 11

부모가 이 프로그램을 통해 성공할 수 있도록 준비하는 방법에 대해 논의한다. 자세한 내용은 부모 매뉴얼을 참조하도록 권한다.

샘플 스크립트

부모 코칭은 아이를 위해 받는 개별 치료와는 조금 다를 수 있습니다. 따라서 성공을 위해 부모가 스스로 준비할 수 있는 것들을 생각해 보는 것이 도움이 됩니다.

▶ 부모가 매일 아이와 함께 전략을 실행할 수 있는 시간을 조금만 마련한다면 성공 확률을 높일 수 있습니다. 우리는 15~20분을 권장합니다. 연습 시간을 짧게 설정하는 것이 더 쉬울 수 있습니다. 코치가 언제 어디서 실행해야 하는지 알려 줄 것입니다. 결국 그 전략이 일상생활의 일부가 될 것입니다. 코치와 함께 전략을 배우고 연습할 시간을 만들기 위해 필요한 지원에 대해 상의하세요.

▶ 어떤 부모는 책을 통해서, 어떤 부모는 듣거나 토론을 통해, 또 어떤 부모는 동영상을 통해 가장 잘 학습합니다. 코치에게 학습을 지원하는 데 가장 좋은 방법을 알려 주세요. 만약 프로그램에서 어려움을 겪고 있다면 코치에게 알려 문제 해결에 도움을 받을 수 있도록 하세요.

▶ 부모가 중재를 배우는 동안에 부모를 지원할 수 있는 팀이 있으면 도움이 됩니다. 팀원에는 가족, 친구 또는 다른 서비스 제공자가 포함될 수 있습니다. 팀원에게 도움을 줄 수 있는 방법을 알려 주세요. 예를 들어, 아이와 함께 연습할 때, 다른 아이를 돌봐 주거나 회기에 참석할 수 있도록 책임을 대신해 줄 수 있습니다. 가족이나 친구를 프로그램에 참여시키는 방법에 대해 코치와 상의할 수 있습니다.

▶ 부모가 무엇이 어려울지 미리 계획해 두면 문제가 발생했을 때 성공할 가능성이 높아집니다. 이 작업을 수행하는 데 방해가 될 수 있는 요소에 대해 미리 생각하세요. 부모는 회기에 참석하기 위한 교통편, 일정 확보, 형제자매 돌보기, 시간 내기, 가족 구성원 참여 유도 등 다양한 문제에 대해 코치에게 도움을 요청하세요. 코치에게 예상되는 문제에 대해 이야기하고 가능한 해결책을 브레인스토밍하세요.

▶ 이 프로그램을 진행하는 동안에 부모가 좌절감을 느낄 때가 있을 수 있습니다. 우리 모두는 때때로 이런 감정을 느낍니다! 너무 자책하지 마세요. 아이의 좋은 점을 메모하세요. 아이가 매일 하는 작은 일들을 기록하세요. 이러한 성과는 아이가 매일 발전하고 있다는 것을 상기시켜 줄 수 있습니다. 자신의 성과를 인정하세요. 부모가 매일 아이를 위해 하는 모든 일을 상기시키고, 아이와 상호작용하는 새로운 방법을 배운 것에 대해 스스로에게 칭찬을 해 주세요!

슬라이드 12

이 슬라이드에 표시된 '생각해 보세요!' 질문을 사용하여 성공을 위해 어떻게 준비해야 하는지 부모와 토론하게 한다. 부모에게 1~2분 정도 생각할 시간을 준다. 만약에 부모들이 서로 편안해 보인다면 짝을 지어 서로 답변을 나누거나 전체 그룹으로 토론하게 할 수 있다. 부모가 아직 편안하지 않거나 시간이 부족하다면 첫 번째 코칭 회기에서 부모가 코치와 이러한 문제에 대해 논의할 준비를 하도록 한다.

샘플 스크립트

이제 잠시 시간을 내어 이 프로그램을 통해 성공을 준비할 수 있는 방법에 대해 생각해 보겠습니다.

▶ 잠시 시간을 내어 자신이 가장 잘 배우는 방법, 도움을 요청할 수 있는 사람, 이 프로그램을 완료하는 데 생길 수 있는 어려움에 대해 생각해 보세요.

▶ (1~2분 후) 이제 이야기해 보겠습니다.

성공을 위한 가정환경 만들기 소개하기

슬라이드 13

성공을 위한 가정환경 만들기 이론을 소개한다. 이때, 코치는 그룹에 속한 아이들에 대한 정보를 바탕으로 이 기법을 사용하여 해결할 수 있는 구체적인 목표와 어떤 아이들에게 가장 도움이 되는지 예를 들어 설명할 수 있다. 이 기법에 대한 자세한 내용은 부모 매뉴얼을 참조하도록 권한다.

샘플 스크립트

사회적 의사소통에 문제가 있는 아이들은 다른 사람들과 상호작용하는 데 어려움을 겪는 경우가 많습니다. 가정에서 몇 가지 작은 변화를 주면 부모는 아이와 더 쉽게 상호작용할 수 있고 하루종일 의미 있게 학습할 수 있는 기회를 늘릴 수 있습니다.

▶ 이렇게 하면 아이의 참여도를 높이고 함께 놀 수 있는 시간이 늘어날 수 있습니다. 또한 부모가 ImPACT 프로젝트 중재 전략을 더 쉽게 배우고 사용할 수 있습니다.

▶ *성공을 위한 가정환경 만들기*는 아이가 일상의 변화로 인해 불안해하거나 집 안의 소리, 시각 및 기타 물건에 쉽게 산만해지거나 집 안의 한 활동이나 장소에서 다른 활동이나 장소로 빠르게 전환할 때 특히 효과적입니다.

슬라이드 14

*성공을 위한 가정환경 만들기*의 핵심 요소에 대해 토론한다. 이때 코치는 그룹에 속한 아이에 대한 정보를 바탕으로 부모가 이 기술을 어떻게 사용할 수 있는지 구체적인 예를 몇 가지 제시한다. 자세한 내용은 부모 매뉴얼을 참조하도록 권한다.

샘플 스크립트

성공적인 상호작용을 위한 가정환경을 만드는 몇 가지 방법에 대해 논의해 보겠습니다.

▶ 일상을 예측할 수 있도록 만들면 부모는 아이가 다음에 어떤 일이 일어날지 알 수 있도록 도울 수 있습니다. 이렇게 하면 좌절감을 줄이고 도전 행동을 줄이며, 아이가 더 쉽게 상호작용하도록 만들 수 있습니다. 여러분의 주요 일상생활이 매일 같은 시간에 이루어지도록 노력하세요. 여기에는 기상 시간, 식사 시간, 낮잠, 목욕 시간, 취침 시간 등의 일과가 포함됩니다. 매번 비슷한 방식으로 루틴을 수행하고 아이가 익숙해질 수 있도록 매일 반복하세요. 아이가 부모와 함께 노는 데 어려움을 겪는다면 놀이 시간을 만드세요. 예를 들어 점심 식사 직후, 아이가 낮잠에서 깨어났을 때, 방과 후 또는 저녁 식사 후에 항상 놀아주세요. 이렇게 하면 아이가 부모와 함께 노는 것에 익숙해지는 데 도움이 됩니다.

▶ ImPACT 프로젝트를 사용하기에 가장 좋은 루틴은 아이에게 친숙하고, 의미가 있고, 부모가 관리하기 쉬운 루틴입니다. 가르치기에 좋은 루틴은 부모와 아이가 매일 하고, 아이가 잘 알고 즐겨하는 활동으로서 부모와 아이가 함께 할 수 있는 루틴입니다. 기존 루틴에 5~10분을 추가하여 ImPACT 프로젝트 전략을 활용하면 돌봄을 크게 바꾸지 않고도 추가적인 학습 기회를 만들 수 있습니다. 부모는 추가적으로 아이에게 집중할 수 있는 일과를 생각해

보세요.

▶ 부모 매뉴얼 제1장의 매일 하는 활동 스케줄은 당신이 아이와 매일 함께하는 루틴을 정리하고 생각하는 데 도움이 될 수 있습니다. 부모는 코칭 회기 전에 매일 하는 활동 스케줄을 작성합니다. 그렇게 하면 얼마나 많은 시간을 아이와 상호작용하는 데 보내는지 알 수 있습니다. 우리의 목표는 이러한 시간 동안 부모가 아이의 참여와 소통을 개선하기 위해 사용할 수 있는 중재 전략을 알려 드리는 것입니다.

▶ 어린아이들에게 매우 중요한 일과 중 하나는 놀이 시간입니다. 아이들은 다른 사람들과 함께 놀면서 사회적 의사소통 기술을 발달시킵니다. 따라서 아이와 함께 놀이 시간을 보내는 것은 매우 중요합니다. 매일 최소 15~20분 정도 아이와 함께 앉아서 놀아주는 시간을 계획하세요. 아이에게 온전히 주의를 기울이고 방해가 되지 않도록 노력하세요. 시간이 너무 길다면 여러 차례 짧은 놀이로 나눠서 시작하세요.

▶ 부모와 아이가 서로 가까이 있을수록 상호작용이 더 쉬워집니다. 아이가 놀이 중에 부모님 근처에 머무르는 데 어려움을 겪는다면 더 작고 친밀한 공간을 마련하세요. 아이가 부모와 가까이 지낼 수 있는 공간을 마련하세요. 부모가 선택하는 공간은 아이와 집에 따라 달라집니다. 작은 방을 만들거나 가구를 재배치하여 경계를 만드는 것처럼 물리적인 공간일 수도 있습니다. 또는 텐트처럼 사용하고 싶을 때만 설치하는 임시 공간일 수도 있습니다. 놀이가 더 쉬워지면 부모는 더 넓은 공간으로 이동할 수 있습니다.

▶ 방에서 가장 관심 있는 것이 부모일 때, 아이가 부모에게 집중하기가 더 쉽습니다. 주의를 산만하게 하는 소리, 시각 및 기타 감각을 최대한 제한하세요. 부모가 아이와 함께 놀 때는 전자 기기(TV, 태블릿, 휴대폰, 영상 게임, 컴퓨터 등)를 끄고 어수선하거나 방해가 되는 물건(여분의 장난감 등)을 치워 두세요. 필요한 경우 방해가 되는 물건을 치우거나 이불로 덮어 두세요. 그런 다음에 아이가 좋아하는 장난감 몇 개만 꺼내서 함께 놀면서 아이가 부모에게 집중할 수 있도록 도와주세요.

▶ 많은 아이들이 장난감이나 교구에 몇 주 동안 관심을 보이다가 흥미를 잃습니다. 흥미를 유지하는 한 가지 방법은 장난감을 돌아가며 사용하여 아이가 '새로운' 장난감을 가지고 놀도록 하기 위해 몇 주에 한 번씩 놀잇감을 교체하는 것입니다. 아이의 장난감을 몇 가지 세트로 구분하세요. 각 세트에는 아이가 좋아하는 장난감과 아이가 덜 좋아하는 장난감이 있어야 합니다. 한 세트만 사용할 수 있도록 선택하고 다른 장난감은 옷장, 창고, 지하실 또는 커다란 통에 넣어 보관하세요. 아이가 한 세트의 장난감에 흥미를 잃으면 그 장난감을 치우고 다음 세트를 꺼내세요.

슬라이드 15

이 슬라이드에 표시된 '생각해 보세요!' 질문을 사용하여 부모가 어떻게 하면 성공적인 가정환경을 만들 수 있을지 토론한다. 부모님에게 1~2분 정도 생각할 시간을 준다. 그런 다음 코치는 부모가 두 명씩 짝을 지어 공유하거나 전체 그룹으로 각자의 답변을 토론하게 할 수 있다. 부모가 아직 익숙하지 않거나 시간이 부족하다면 첫 번째 코칭 회기에서 부모가 코치와 이러한 문제에 대해 논의할 준비를 하도록 한다.

샘플 스크립트

이제 잠시 시간을 내어 아이와 더 쉽게 놀 수 있도록 집을 꾸미는 방법에 대해 생각해 보겠습니다.

▶ 아이와 놀기 위해 당신은 집안에서 어떤 공간을 마련할 수 있나요? 그 공간에서 아이와 놀기 어렵게 만드는 소리, 광경 또는 물건은 무엇인가요? 어떻게 제한설정을 할 수 있나요? 특히 놀이 시간에 주의가 산만해지나요? 마지막으로, 장난감 회전을 위해 아이의 장난감 중 어떤 장난감을 세트에 넣을 수 있나요?

▶ (1~2분 후) 이제 이야기해 보겠습니다.

연습 실행 및 코칭 계획하기

슬라이드 16

부모에게 부모 매뉴얼의 제1장을 읽고 매일 하는 활동 스케줄을 작성하도록 한다. 부모에게 개별 코칭 회기에서 무엇을 하게 될 것인지 알려 준다. 만약 다음 스케줄을 아직 예약하지 않았다면 부모에게 첫 코칭 회기에 참여하도록 안내한다.

샘플 스크립트

다음 회기는 코치와 아이와의 일대일 회기로 진행됩니다. 이 회기에서 부모는 코치와 함께 ImPACT 프로젝트의 네 가지 핵심 영역에서 아이를 위한 목표를 세우고, 성공을 위한 가정환경 만들기 계획을 세웁니다.

▶ 만약 부모가 부모 매뉴얼 제1장을 아직 읽어 보지 않으셨다면 오늘 그룹에서 배운 내용을 다룬 제1장을 읽어 보시기 바랍니다.

▶ 부모는 아이를 위한 목표에 대해 생각해 보고 코치와 논의할 준비를 하세요.

▶ 매일 하는 활동 스케줄을 작성하고 코치와 이야기할 준비를 하세요. 부모는 이 정보를 이용하여 필요한 경우 루틴을 더 예측 가능하게 만들고, 연습하기에 적절한 일과를 찾을 수 있습니다. 각 루틴에 대해 간단한 설명을 제공한 다음, 소요 시간 그리고 아이와 함께하는 빈도 및 추가할 수 있는 시간을 기록합니다. 마지막 칸에는 아이가 일상을 즐기는지, 견디는지, 저항하는지 표시해 주세요. 그동안 오늘 말씀드린 몇 가지 전략을 시도해 보시기 바랍니다.

2회기
아이를 위한 목표 업데이트하기와 *성공을 위한 가정환경* 만들기 복습(코칭)

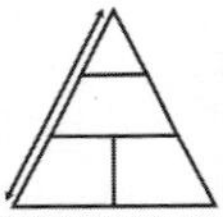

회기 목표

다음을 위해 부모를 돕는다.
- 아이를 위한 사회적 의사소통 목표 계획하기
- 성공적인 상호작용을 위한 가정환경 만들기

준비물

- 부모 매뉴얼
- 좋아하는 장난감
- 매일 하는 활동 스케줄(양식 11)
- 사회적 의사소통 체크리스트(부모 버전)(양식 8)
- 사회적 의사소통 체크리스트(코치 버전)(양식 9)
- 목표 설정 양식(양식 10)
- 동영상 녹화에 대한 부모 동의서
- 실천계획표-*성공을 위한 가정환경 만들기*(양식29)
- 공동 목표 설정 충실도 체크리스트(양식 5)

회기 진행목록

- 체크인 및 회기 진행목록 정하기
- 아이가 배우게 될 기법 검토하기
- 아이의 기능에 대한 정보 수집하기
  - 사회적 의사소통 체크리스트(부모 버전) 작성하기
  - 아이와 상호작용하기
  - 10분간 부모-아이 상호작용 관찰하고 기록하기
- 부모가 아이의 목표를 세우도록 돕기
  - 장기 목표 파악하기
  - 아이의 현재 기능 이해하기
  - 단기 목표 파악하기
- 성공을 위한 가정환경 만들기 복습
- 부모의 되돌아보기를 돕고 실천계획표 작성하기

체크인 및 회기 진행목록 정하기

❖ 가족 체크인

부모에게 첫 번째 그룹 회기 이후 어떻게 지냈는지 물어본다. 아이와의 첫 만남인 경우, 정보에 대해 이야기하기 전에 코치 자신을 소개하고, 몇 분간 함께 놀며 친밀감을 형성한다. 부모에게 아이와 간단한 상호작용으로 시작하고 싶다고 말한 다음, 회기 목표와 진행목록에 대해 설명한다.

❖ 회기 목표와 진행목록에 대해 설명하기

회기의 대부분은 아이의 사회적 의사소통 목표를 결정하는 데 사용될 것임을 부모에게 알려 준다. 매일 하는 활동 스케줄을 간단히 검토하고, *성공을 위한 가정환경 만들기* 실천계획표에 대해 이야기 나누는 것으로 회기를 마무리한다.

부모가 작성한 체크리스트, 아이와의 상호작용, 부모와 아이의 상호작용 관찰을 바탕으로 목표를 정한다는 것을 부모에게 설명한다.

부모-아이 상호작용을 녹화하길 원한다는 것을 부모에게 이야기한다. 본인 또는 기관의 비밀 유지 정책에 따라 부모의 서면 동의를 반드시 받아야 한다. 만약 부모가 망설인다면, 검토가 끝나는 대로 동영상을 파기할 것을 제안한다. 프로그램의 성공적인 실행을 위해 함께 목표를 설정하고 준비해야 하기에, 첫 번째 코칭 회기에는 후속 회기보다 더 많은 논의가 포함될 수 있다는 것을 알린다.

부모에게 "가장 잘 배우는 방법 혹은 프로그램 완료를 어렵게 하는 요소에 대해 이야기 나누고 싶으세요?"라고 질문한다. 부모의 대답을 듣고, 부모가 주요 도전 과제를 해결할 수 있도록 돕는다.

아이가 배우게 될 기법 검토하기

부모 매뉴얼을 사용하여 아이가 배우게 될 기법을 검토하고, 아이에게 적합한 기법의 예를 제시한다. 부모에게 질문할 기회를 준다. 부모가 질문이 있는 경우, 발달 단계 표(〈표 1-1〉~〈표 1-4〉, 부모매뉴얼 19~21쪽)가 포함된 부모 매뉴얼을 제공한다.

아이의 기능에 대한 정보 수집하기

❖ 사회적 의사소통 체크리스트(부모 버전) 작성하기

부모에게 부모 버전 사회적 의사소통 체크리스트(양식 8)를 작성하도록 요청하여, 가정에서 아이의 사회적 참여, 의사소통, 모방 및 놀이 수준에 대한 부모의 인식과 관련된 정보를 수집한다. 부모가 문해력이 낮거나 내용을 이해하기 어려운 경우에는 SCC를 사용하여 부모를 인터뷰할 수 있다. 부모에게 일반적으로 발달하는 순서대로 기술이 나열되어 있음을 알려 준다. 그러나 사회적 의사소통에 어려움이 있는 아이의 경우 나중에 발달하는 기능은 습득했지만, 그 전에 발달하는 기능을 습득하지 못한 경우가 흔히 있다. SCC는 다양한 발달 단계를 다루기 때문에 일부 기능은 아이의 연령에 맞지 않을 수 있다.

각 기능과 관련하여, 아이가 (1) "거의 사용하지 않거나 아직 사용하지 않음", (2) "가끔 사용하지만 일관되게 사용하지 않음", (3) "보통(75% 이상)"으로 표시하게 한다. 32~36번 항목의 경우, 아이가 "보통" 또는 "가끔" 기능을 사용하는 경우라면 부모는 아이가 더 자주 사용하는 전략 유형(비구어적 또는 구어적 전략)을 표시해야 한다. 아이가 예전에는 해당 행동을 수행했지만, 지금은 더 복잡한 기능을 사용하기 때문에 더 이상 수행하지 않는 경우라면 부모는 "보통" 칸에 체크해야 한다. 부모가 두 명인 경우, 체크리스트를 함께 작성할지 아니면 각각 작성할지 물어본다. 아이가 실제로 부모마다 다른 기능을 사용할 수 있으므로 부모가 아이의 기능에 대해 서로 다른 인식을 가지고 있어도 괜찮다.

발생할 수 있는 모든 질문에 답변하고, 모호하거나 해석하기 어려운 답변에 대한 명확한 설명을 얻을 수 있게 한다.

❖ 아이와 상호작용하기

부모가 SCC를 작성하는 동안 아이와 상호작용하여, 아이가 지원 없이도 사용할 수 있는 기능과 아이에게 가장 효과적인 기법을 간략하게 파악한다. 부모에게 다음과 같이 말할 수 있다.

> "어머님이 SCC를 작성하는 동안 저는 Sam에 대해 좀 더 알아볼 거예요. 그리고 제가 알려드릴 몇 가지 전략도 직접 시도해 볼 거예요. 이를 통해 Sam이 혼자서 또는 더 많은 도움을 받을 때 자신의 기능을 어떻게 사용하는지 살펴보고 어떤 기법에 가장 잘 반응할 수 있는지

아이디어를 얻을 수 있을 거예요."

아이의 기능을 평가하기 전에 친밀감을 형성하는 기법부터 시작한다. 여기에는 **아이에게 집중하기** 및 **의사소통 방법 조절하기**가 포함된다. 아이가 처음 두 단계에서 반응이 없는 경우, **새로운 의사소통 기회 만들기** 전략을 사용한다. 이 기법을 사용하면 아이가 촉진 없이 할 수 있는 것을 보여 주어 기능의 복잡성을 높일 수 있다.

아이의 자발적 기능을 파악한 후에는 **새로운 기능 가르치기** 촉진을 사용하여 아이가 이를 통해 무엇을 할 수 있는지 확인한다. 예를 들어, 아이가 "무엇"이라는 질문에 응답할 수 없다면, 빈칸 채우기 문장이나 선택지를 주면 대답할 수 있는지, 장난감을 가지고 재미있게 놀지 못 하는 경우에 방향을 알려 주거나 새로운 기법에 대한 시범을 보여 주면 할 수 있는지 살펴본다.

코치 버전의 SCC(양식 9)를 사용하여 부모와 함께 아이의 기능 사용에 대한 정보를 기록한다. 부모가 이미 사용하고 있을 수 있는 ImPACT 프로젝트 기법을 기록하고, 아이가 어떻게 반응하는지 관찰한다. 이 정보는 다음 회기에서 전략을 설명할 때 유용하다.

❖ 10분간 부모-아이 상호작용 관찰하고 기록하기

부모에게 아이와 함께 노는 모습을 관찰하여 아이의 사회적 의사소통 능력에 대한 정보를 얻고 싶다고 말한다. 부모는 가정에서처럼 평소와 같이 아이와 놀거나 상호작용해야 한다. 이 관찰을 통해 부모와 함께 할 때의 아이의 기능뿐만 아니라 부모와 아이의 상호작용 스타일에 대한 정보를 얻을 수 있다. 부모에게 다음과 같이 말할 수 있다.

> "이제 10분 정도 Brianna와 함께 노는 모습을 보고 싶어요. 이를 통해 Brianna가 부모님과 함께 무엇을 할 수 있는지, Brianna가 어떻게 사회적 의사소통을 하고 있는지 파악하는 데 도움이 될 거예요. 이렇게 하면 두 분이 이미 할 수 있는 것을 바탕으로 더 발전할 수 있도록 도와드릴 수 있습니다. 제가 몇 가지 메모를 하는 동안, 평소 집에서 하던 방식으로 Brianna와 놀아 주세요."

가정에서 관찰하는 것이 아닌 경우에는 부모에게 아이가 집에서 가지고 노는 장난감이나 물건의 종류에 대해 물어본다.

부모가 둘 다 참석한 경우, 각 부모가 5분 동안 아이와 개별적으로 상호작용할 수 있도록 한다. 각 부모가 아이와 상호작용할 때, 전환을 명확하게 안내해야 한다. 전환을 명확하게 안내하면 프로그램 전반에서 부모를 따로 살펴보는 기회가 되어, 부모가 각각 실행하고 피드백을 받는 시간을 가질 수 있게 한다.

> "Molly, Sam이랑 놀아도 돼요. Jim, 저랑 같이 서서 상호작용을 지켜봐도 돼요……. 고마워요, Molly. Jim, 이제 Sam과 놀 차례입니다. Molly, 이리 와서 놀이하는 모습을 보세요."

부모가 허락한 경우, 부모와 아이의 상호작용을 동영상으로 녹화한다. 이를 통해 다시 검토하고 추가 기준선 데이터를 수집할 수 있다.

상호작용이 끝난 후, 부모에게 이번 상호작용이 평소와 비슷했는지 물어본다. 집에 있을 때의 모습과 비교해 보고 다른 점이 있다면 그 차이점을 설명하게 한다. 이 정보는 부모와 함께 목표 정하기를 시작하기 전에 알아야 하는 중요한 정보이다.

부모가 아이의 목표를 세우도록 돕기

목표를 이루기 위해 협력적인 접근 방식을 사용한다. 목표는 (1) 아이에 대한 부모의 목표와 일치해야 하고, (2) 아이의 현재 기능 수준의 발달 단계를 따라야 하며, (3) 구체적이고 측정 가능해야 하고, (4) 프로그램 기간 내에 달성할 수 있는 것이어야 한다.

부모가 아이를 가장 잘 알고 어떤 목표가 가족에게 가장 긍정적인 영향을 미칠지 알기 때문에 부모에게 함께 목표를 정하겠다고 말한다. 코치로서의 역할은 부모가 더 넓은 목표를 달성하는 데 필요한 기능에 대한 피드백을 제공하는 것이다.

부모의 목표를 파악하고, 장기 목표를 확인하고, 아이의 현재 기능을 파악하고, 측정할 수 있는 구체적인 단기 목표를 작성하여 사회적 의사소통 목표를 세울 수 있다. 한 가지 기능 영역에 대한 전체 과정을 완료한 후에 다음 단계로 넘어간다.

공동 목표 설정 충실도 체크리스트(양식 5)를 사용하여, 제1부 제3장에서 설명한 ImPACT 프로젝트 목표 기준과 일치하는 공동 목표를 결정할 수 있다.

❖ 부모의 목표 파악하기

초기상담지(양식 3, 초기면담 시에 제공한)에 기록한 부모의 목표 또는 사전에 논의된 부모의 목표에 대해 다시 이야기 나누고, 필요한 경우 후속 질문을 하는 것으로 시작한다. 이 단계에서는 구체적이고 측정 가능한 목표가 아이에 대한 부모의 목표와 일치하는지 확인한다. 이러한 목표를 출발점으로 삼아 부모의 목표에 도달하는 데 필요한 보다 구체적인 기능을 파악한다.

부모에게 "초기상담지를 살펴보니, 어머니는 Brianna가 말을 할 수 있기를 원하시는군요. 원하는 다른 목표가 있나요?"라고 물어보며 시작할 수 있다.

부모의 목표가 구체적이고 측정 가능한 것이 아니라 "아이가 말을 하길 바란다."와 같이 포괄적일 수 있다. 또한 부모는 말을 하지 못하는 아이가 대화를 하기를 바라는 것과 같이 아이에 대한 비현실적인 기대치를 가지고 있을 수도 있다. 코치로서의 역할은 부모가 이러한 장기적인 목표를 달성하기 위해 아이에게 필요한 기능을 가르칠 수 있도록 돕는 것이다. 일반적인 발달 순서에 대해 논의하면, 필요한 기능의 구성요소를 부모가 파악하도록 도울 수 있다.

아이의 현재 기능을 검토한 후, 부모가 구체적이고 측정 가능하며 발달에 적합한 목표를 세울 수 있도록 돕는다. 목표 설정 양식(양식 10)의 "목표" 칸에 부모의 목표를 작성한다.

❖ 장기 목표 파악하기

부모의 목표와 SCC를 사용하여 부모가 네 가지 핵심 영역에서 장기 목표를 파악할 수 있도록 돕는다. 이때 다음과 같이 말할 수 있다.

> "함께 이야기하고, 함께 놀고, 사람들이 오면 인사하고 작별 인사를 하는 것은 Brianna에게 다소 높은 목표에요. 우리는 Brianna가 3개월의 프로그램 동안 목표를 달성할 수 있도록 하고 싶어요. SCC를 함께 보면서, Brianna가 이러한 목표를 달성하는 데 도움이 될 수 있는 기술에 대해 생각해 보지요."

각 기능 영역의 아이의 목표에 대해 부모에게 의견을 구한다. 예를 들어, 사회적 참여를 시작하는 경우 부모에게 "Brianna와 함께 달성하고 싶은 사회적 참여 목표가 있나요?"라고 질문한다. 부모가 목표를 파악하는 데 어려움을 겪는다면, 코치가 제안할 수 있다. 코치가 제안한 목표에 부모가 동의하는지 반드시 확인해야 한다.

> "Brianna가 놀이에 참여할 때 종종 상호작용을 중단하는 것을 발견했어요. 이 문제를 해결

하고 싶으신가요? 사회적 참여를 위해 상호작용 시간을 늘리는 것을 목표로 하는 것은 어떻게 생각하세요?"

만약 부모가 이러한 목표에 동의하면, 목표 설정 양식(양식 10)의 "장기 목표" 칸에 해당 목표를 적는다.

❖ 아이의 현재 기능 이해하기

다음 단계는 부모가 각 영역에서 아이의 현재 기능 수준을 이해하도록 돕는 것이다. 이 단계는 아이의 현재 기능 수준에서 발달 단계에 따른 단기 목표를 결정하는 것에 도움이 된다. 코치와 부모가 작성한 SCC, 코치와 아이의 상호작용, 부모와 아이의 상호작용 관찰을 통해 아이의 현재 기능을 더 잘 이해할 수 있다. 다음과 같이 질문할 수 있다.

"SCC를 살펴보시고, Brianna가 현재 어머니와 얼마나 오래 놀고 있는지 보지요. Brianna가 최소 2분 정도 참여한다는 것을 볼 수 있어요. 이것이 평소에 언니나 어머니와 집에서 노는 것과 비슷한가요? (*부모가 고개를 끄덕인다.*) '현재 기능' 칸에 현재 1~2분간 놀다가 상호작용을 멈춘다고 적을게요."

코치와 부모가 아이의 현재 기능에 대해 동의하는 경우, 목표 설정 양식의 "현재 기능" 칸에 이를 기록한다. 차이가 있다면, 목표를 작성하기 전에 이를 조정해야 한다.

개방형 질문과 예상 질문을 통해 부모와 코치의 SCC에 어떤 차이가 있는지 살펴본다. 이러한 질문을 통해 부모의 답변을 명확히 파악하고, 관찰한 내용이 아이의 일반적인 행동인지 여부를 알 수 있다. 다음은 몇 가지 예시이다.

"집에서 아이와 함께 놀 때와 비슷한 모습이었나요? 그렇지 않다면 어떻게 달랐나요?"
"아이가 집에서 의사소통을 할 때 2~3개의 단어를 사용한다고 말씀하신 것을 보았어요. 오늘은 상당히 조용해 보이네요. 집에서 아이가 사용하는 단어의 몇 가지에 대해 예를 들어 주시겠어요?"
"오늘은 아이가 들은 말을 반복하는 것 같았어요. 엄마가 먼저 말하지 않으면, 아이가 아무 말도 하지 않았지요. 집에서도 이런 모습이 보이나요?"
"아이가 답을 알고 있는데도 계속 질문하는 것 같아요. 집에서도 이런 일이 있나요?"

코치가 아이의 현재 기능에 동의한 후에는 아동의 목표의 "현재 기능" 칸에 해당 기능을 적고 부모의 목표와 연관시킨다.

❖ 단기 목표 파악하기

수집한 정보를 사용하여 부모가 장기 목표를 측정 가능한 단기 목표로 세분화할 수 있도록 돕는다. 이 단계에서는 목표가 아이의 현재 기능 수준에서 발달 단계를 따르는지 여부와 이 프로그램 기간 내에 달성할 수 있는지를 확인한다. 부모의 목표를 출발점으로 삼아 각 목표를 측정할 수 있는 구체적인 목표로 다시 작성한다.

> "다음 단계는 진행 상황을 측정할 수 있도록 목표를 작성하는 거예요. Brianna가 말을 했으면 좋겠다고 하셨죠? 여기 SCC에 있는 '현재 기능' 칸에서 Brianna가 가끔 제스처와 소리내기를 사용해서 요청하는 것을 확인했어요. 다음 목표에 대해 어떻게 생각하세요? 'Brianna는 동기가 있는 활동 중에 가리키기, 소리내기, 한 단어를 사용해서 자발적으로 세 번 이상 요청한다.' 이렇게 하면 Brianna가 자신의 필요와 욕구를 더 쉽게 전달하고, 장기 목표인 말하기를 향해 나아가는 데 도움이 될 것입니다."

코치와 부모가 목표에 동의하면, 목표 설정 양식의 "단기 목표" 칸에 목표를 적는다. 단기 목표는 아이의 진전도를 문서화할 수 있도록 현재 데이터 수집 방법과 일치해야 한다.

부모가 부모 매뉴얼의 목표 설정 양식에 목표를 기록하도록 한다. 부모 매뉴얼이 없는 경우에는 목표 설정 양식을 복사하여 각 회기에 가져갈 수 있게 한다. 실천계획표를 작성할 때에는 이 목표를 참고한다. 목표는 부모의 개별 학습 스타일에 맞게 작성해야 한다. 어떤 부모는 앞의 예와 같이 구체적이고 측정 가능한 단기 목표를 선호할 수 있고, 어떤 부모는 "Brianan가 요청할 것" 또는 "Brianna가 가리키기, 소리내기, 단어를 사용하여 요청하기"와 같이 보다 일반적인 목표를 선호할 수 있다. 부모가 선호하는 목표가 확실하지 않은 경우에는 부모에게 의견을 구한다. 각 기법을 소개할 때와 각 회기의 마지막에 실천계획표를 작성할 때 이러한 목표를 참고할 것임을 부모에게 알려 준다. 제1부 제3장의 〈표 1-3-2〉~〈표 1-3-5〉에는 각 핵심 영역에 대한 구체적이고 측정 가능한 목표의 예가 나와 있다.

목표를 세우는 동안 발생하는 일반적인 문제는 이 회기의 마지막에 있는 첫 번째 문제 해결 팁 목록(405쪽)에서 확인할 수 있다.

성공을 위한 가정환경 만들기 복습

❖ 이론 검토하기

가정환경을 더 적절하게 구성하면, 아이에게 더 의미 있는 학습 기회를 제공하고 부모와 소통하는 데 도움이 될 것이다.

❖ 매일 하는 활동 스케줄 검토하기

부모에게 매일 하는 활동 스케줄(DAS)을 통해 가족의 하루 루틴과 현재 아이가 어떻게 참여하고 있는지를 더 잘 이해할 수 있다고 알려 준다. 실천계획표를 작성할 때 이 정보를 프로그램 전반에 걸쳐 사용할 것임을 알려 준다. 부모가 스케줄을 작성하지 않은 경우, 부모가 작성할 시간을 주거나 함께 이야기할 수 있게 한다. 완성된 DAS를 복사하고, 각 회기가 끝난 후 실천계획표를 작성할 때 사용한다.

부모에게 "아이를 가르치는 데 어떤 루틴이 가장 효과적이라고 생각하세요?"라고 질문한다. 몇 가지 루틴에서 중재 기법을 사용하여 아이와 함께 실행할 수 있도록 DAS를 활용하여 돕는다. 아이가 이미 이러한 활동에 동기 부여가 되어 있기 때문에 부모가 "즐거움"으로 표기한 루틴으로 시작하면 좋다.

❖ 핵심 요소에 대해 간략히 검토하기

부모에게 "성공적인 가정환경을 만들기 위해 어떤 변화를 시도해 본 적이 있나요?"라고 물어본다. 시도해 본 적이 있다면, 무엇을 했고 어떻게 진행되었는지 질문한다. 부모가 어려움을 호소하는 경우, 부모를 돕기 위해 가정 방문 일정을 잡는 것이 좋다. 필요에 따라 부모 매뉴얼을 사용하여 *성공을 위한 가정환경 만들기*의 핵심 요소를 검토하고 해당 가족에게 적합한 예시를 제공한다.

부모의 되돌아보기를 돕고 실천계획표 작성하기

부모의 되돌아보기

부모가 아직 가정환경의 변화를 시도해 보지 않았다면, 이에 대해 부모에게 추가적인 질문을 한다. 이 시간을 활용하여 부모의 질문에 답하거나 *성공을 위한 가정환경 만들기*의 핵심 요소를 명확히 설명한다.

> "우리가 논의한 몇 가지 사항을 가정에 적용하는 것을 생각해 볼 수 있나요?"
> "제안 사항 중에 너무 어려워 보이는 것이 있나요? 이 중 일부를 더 쉽게 바꾸는 방법은 무엇일까요?"
> "우리가 이야기한 일부 변화에 대해 아이가 어떻게 반응할 것 같나요? 아이와 어머님이 더 쉽게 소통하는 데 도움이 될 것 같나요?"

부모가 가정환경에서 특정 변경 사항을 선택할 수 있도록 돕기

부모에게 부모 매뉴얼 제1장 마지막에 있는 실천계획표(코치용 온라인 양식 29)에 이 기법을 어떻게 수행할지 기록하게 한다. 예를 들어, "방해 요소 제한하기" 칸 아래에 "주방에서 놀기 전에 식기세척기를 끄고 다른 모든 소리를 줄이기"라고 적을 수 있다. 아이에게 특정 놀이 장소가 필요하지 않은 경우에는 이 항목을 지우고 부모에게 해당 전략이 필요하지 않다고 알려 준다.

부모가 언제 놀이 시간을 가질 수 있는지 확인하고, 다음 그룹 회기 전에 놀이 시간을 갖게 한다.

잠재적 문제에 대한 해결 지원하기

부모에게 실천계획표를 변경하는 데 어떤 점이 어려울 것 같은지 질문한다. 시간을 내어 해결책을 브레인스토밍한다. 이 회기의 마지막에 있는 두 번째 문제 해결 팁 목록(406쪽)에 잠재적인 도전 행동과 가능한 해결책이 나열되어 있다.

❖ 되돌아보기 및 읽기 과제 제시하기

부모에게 가정환경을 바꾼 후 잘된 점을 실천계획표에 적게 한다. "무엇이 어려웠나요?" 항목에 어려웠던 점도 적어 달라고 요청한다. 부모에게 다음 그룹 회기에서 *성공을 위한 가정환경 만들기* 실천계획표를 검토할 것이라고 알려 준다. 부모에게 부모 매뉴얼 제2장 **아이에게 집중하기**와 제3장 **의사소통 방법 조절하기**를 읽게 한다.

아이의 목표 세우기를 위한 문제 해결 팁

만약 부모가……	코치는……
목표에 대한 수행을 의견 제공을 망설인다면	• 인내심을 갖고 과정을 주도하지 않는다. 일부 부모들은 전문가의 의견에 귀를 기울이는 데 익숙하고 적응할 시간이 필요하다. • 아이와 가족에 대한 부모의 전문성을 강조한다. • 부모에게 다른 가족과 상의하여 회기 후 목표를 작성하도록 한다. • 부모가 어려운 가정 내 루틴을 파악하고 도움이 될 수 있는 목표를 제안하도록 한다.
코치가 관찰한 것보다 더 높거나 낮은 수행을 보고한다면	• 아이들이 다른 상황에서 다른 기능을 사용한다는 것을 인정한다. • 사회적 의사소통 발달에 대한 추가적으로 설명한다. • 아이가 집에서 사용하는 기능의 구체적인 예를 부모에게 물어본다. • 가정에서 아이가 사용하는 기능을 찍어오도록 제안한다. • 아이가 기능을 사용하도록 하기 위해 어느정도 도움을 주는지 부모에게 물어본다. • 더 쉬운 목표로 시작하고 아이가 회기에서 더 편안해 질 수 있도록 몇 주 안에 더 어려운 목표를 설정하도록 제안한다. • 아이가 코치 또는 부모와의 상호작용 중에 사용한 기능을 지적하는 것은 동기 부여가 되지 않는다.
중요한 목표에 대한 동기가 부족하다면	• 부모의 관점을 이해하기 위해 질문을 한다. • 부모가 아이에 대해 가지고 있는 다른 목표를 해결하는 데 목표가 어떻게 도움이 되는지에 대한 정보를 제공한다. • 부모의 견해를 수용하기 위해 노력한다. 부모는 자신이 중요하게 생각하지 않는 목표를 위해 연습하지 않을 것이라는 것을 기억한다. • 부모가 어느 정도 성공을 거두면 몇 주 후에 목표를 추가하는 것이 좋다.

프로그램에 포함되지 않은 목표를 정하고자 한다면 (예: 화장실 문제)	• 사회적 의사소통 목표가 아이가 다른 기술을 달성하는 데 어떻게 도움이 될 수 있는지 제안한다(예: 아이가 독립적으로 화장실을 사용할 수 있어야 한다). • 프로그램이 완료된 후 다른 목표에 대한 작업을 제안한다. • 협력하여 치료할 수 있도록 의뢰한다.
부모-아동 상호작용에서 의욕을 잃게 된다면	• 부모가 사용하는 것 중 긍정적인 행동에 주목한다. • 아이가 사용하는 기술 중 부모가 습득해 갈 수 있는 기능에 주목한다. • 부모가 어려움을 겪고 있거나 아이가 매우 화가 난 경우 부모-아이 상호작용을 일찍 끝낸다.

*성공을 위한 가정환경 만들기*를 위한 문제 해결 팁

일상생활에서 놀이 시간을 확보하는 데 어려움이 있다면	• 어려움을 인정하고 놀이의 중요성을 강조하며 부모가 짧은 시간 동안 놀 수 있는 시간을 정하도록 도와준다. • 목욕 시간과 같은 기존 활동으로 놀이를 할 수 있는지 DAS를 검토한다. • 식사 준비나 설거지(물에 손 넣기)와 같이 자녀가 참여할 수 있는 활동을 파악하도록 도와준다. • 아이가 좋아하는 활동(예: 풍선, 비눗방울)을 찾아서 주요 일과 후(예: 식사 종료 5분 후 청소하기 전)에 할 수 있도록 도와준다.
일관된 일정이 없다면	• 매일 일어나는 일을 파악하고 특정 루틴이 동시에 일어날 수 있는지 확인하도록 도와준다. • 아이와 함께 즐길 수 있는 활동을 하나 골라 매일 하도록 제안한다.
놀이 공간을 정하기 어렵다면	• 매일 같은 방식으로 루틴 중 하나를 수행할 수 있는 방법을 물어본다. • 공간(예: 텐트, 대형 옷장, 테이블 아래 공간) 설정에 대해 창의적으로 생각하도록 도와준다. • 가정 방문을 예약하여 공간을 관찰하고 문제를 해결하기 위해 가정에 방문한다.
장난감이 너무 많거나 집안에 어수선하다면	• 부모에게 환경 스케치를 그리게 한다. • 작은 놀이 공간에서 어수선함을 줄이기 위해 재료를 보관하는 방법을 찾아내도록 도와준다. • 아이가 장난감을 정리하고 상자에 넣을 수 있도록 도와준다.
가정에 적절한 놀잇감이 없다면	• 놀이에는 장난감이 필요하지 않다는 것을 알려 준다. • 아이가 가지고 놀 수 있는 다른 재료를 찾도록 도와준다. • 아이가 좋아할 만한 장난감의 종류를 제안한다.

형제자매가 있어 아이와 상호작용하기가 어렵다면	• 형제자매가 놀이에 참여할 수 있는지 여부를 결정한다. • 각 아이들과 따로따로 함께 놀 수 있는 10분의 시간을 계획하는 것이 좋다. • 형제자매가 바쁜 시간(잠, 학교, 기타 활동)을 파악할 수 있도록 도와준다. • 가족이나 친구들에게 형제자매를 봐달라고 부탁할 수 있는지 알아본다.
제안된 환경 변화가 너무 힘들다면	• 가장 큰 영향을 가져올 수 있는 기법을 선택한다. • 부모가 프로그램 과정에서 점진적으로 변화를 줄 수 있도록 돕는다. • 부모가 제안된 변경을 수행할 수 있도록 가정에 방문하여 돕는다.

2단원

아이에게 집중하기와 의사소통 방법 조절하기

이 단원의 목표는 부모가 **아이에게 집중하기**와 **의사소통 방법 조절하기**를 가르치는 것이다. 이 두 가지 전략은 ImPACT 프로젝트 F.A.C.T.S.의 F와 A이며, ImPACT 프로젝트의 토대를 마련한다. 이러한 전략은 부모와 아이의 상호작용을 즐겁게 만들고, 아이의 행동에 대한 부모의 반응성을 높여 아이가 부모와 활동에 적극적으로 참여할 수 있도록 도와준다. 이것은 결국 아이가 비언어적인 의사소통과 언어를 활용한 의사소통을 이해하고 사용하는 데 도움이 될 수 있다.

- 그룹 회기에서 코치는 *성공을 위한 가정환경 만들기* 실천계획표에 대한 복습으로 시작할 것이다. 그다음에 코치는 슬라이드와 비디오 클립을 사용하여 **아이에게 집중하기**에 해당하는 *아이의 주도 따르기*와 *아이 모방하기* 기법을 소개할 것이다. 그런 다음, 코치는 **의사소통 방법 조절하기**에서 *애니메이션처럼 표현하기*와 *모델링과 의사소통 확장하기* 기법에 대해서 설명할 것이다. 그룹 회기가 끝날 때, 코치는 각 부모가 개별 코칭 회기 전에 수행할 실천계획표를 작성하도록 도울 것이다. 다시 말하지만, 각 비디오 클립의 핵심 요소에 대한 안내가 슬라이드 노트에 포함되어 있다.
- 코칭 회기에서 코치는 그룹 회기에서 부모가 작성한 실천계획표를 검토하는 것으로 시작할 것이다. 이 장에서는 **아이에게 집중하기**와 **의사소통 방법 조절하기**에 대한 시연을 할 때 코치가 피드백을 제공할 것이다. 이 단원

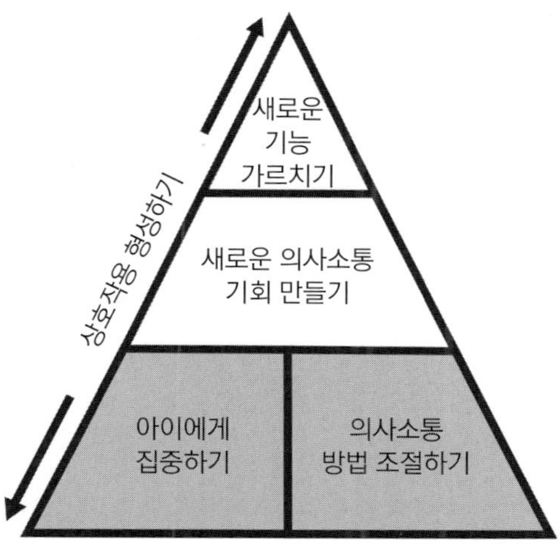

은 많은 기법을 담고 있는데, 코치는 중요한 특정 요소를 선택하고 단순화할 필요가 있을 것이다. 아이의 목표와 부모가 연습할 활동, 부모의 상호작용 스타일에 가장 잘 맞는 핵심 요소와 기법에 집중한다. 코치는 회기 내에 연습한 내용을 되돌아보고 다음 주에 연습할 내용을 작성하는 것을 돕는다. 코치는 부모의 되돌아보기를 물어보는 것으로 마치며 다음 그룹 회기 전에 **새로운 의사소통 기회 만들기**(부모 매뉴얼 제4장)를 읽어 오게 한다.

3회기
아이에게 집중하기와 의사소통 방법 조절하기(그룹)

회기 목표

다음을 위해 부모를 돕는다.

- 아이의 행동에 대한 부모의 반응성 높이기
- 놀이 중에 아이의 참여도 높이기
- 아이의 비구어적 언어와 구어적 언어의 사용과 이해 높이기

준비물

- 슬라이드/비디오 클립
- 실천계획표-의사소통 방법 조절하기 (양식 31, 여러 장)
- 화이트보드 또는 큰 종이
- 그룹 가이드라인
- 그룹 충실도 체크리스트(양식 7)

회기 진행목록

- 체크인 및 회기목록 정하기(슬라이드 1~2)
- 실천계획표 검토하기(슬라이드 3)
- **아이에게 집중하기** 소개하기(슬라이드 4)
- *아이의 주도 따르기* 소개하기(슬라이드 5~10)
- *아이 모방하기* 소개하기(슬라이드 11~15)
- 휴식 시간 갖기
- **의사소통 방법 조절하기** 소개하기(슬라이드 16)
- *애니메이션처럼 표현하기* 소개하기 (슬라이드 17~21)
- *모델링과 의사소통 확장하기* 소개하기 (슬라이드 22~27)
- 연습 및 코칭 계획하기(슬라이드 28~29)

핵심 요소: 아이의 주도 따르기

- 아이와 얼굴 마주 보는 것 유지하기
- 아이가 활동을 주도하게 하기
- 아이의 놀이에 참여하기
- 질문과 지시 피하기
- 민감하되 끈기 있게 대응하기
- 제한 설정하기
- 아이의 반응 기다리며 지켜보기
- 아이의 모든 행동에 반응하기

핵심 요소: 아이 모방하기

- 아이의 제스처, 표정, 몸동작 모방하기
- 아이의 발성 모방하기
- 아이가 장난감이나 물건을 가지고 노는 모습 모방하기
- 긍정적인 행동만 모방하기

핵심 요소: 애니메이션처럼 표현하기

- 활동에 대한 기대감 가지기
- 제스처 과장되게 표현하기
- 표정 과장되게 표현하기
- 목소리 과장되게 표현하기
- 주의를 끄는 단어 사용하기
- 애니메이션을 조절하여 아이가 스스로 조절할 수 있도록 도와주기
- 아이가 응답할 때까지 기대하며 기다리기

핵심 요소: 모델링과 의사소통 확장하기

- 아이가 보고, 듣고, 하고 있는 것에 대해 이야기하기
- 간단한 언어 사용하기
- 제스처와 시각적 신호 활용하기
- 천천히 말하고 제스처 취하기
- 중요한 단어 강조하기
- 반복하기
- 질문은 피하기
- 아이와 소통의 폭을 넓히기

체크인 및 회기 목록 정하기

슬라이드 1

부모가 입실할 때 따뜻하게 맞이하고, 시작하기 전에 서로 인사를 나눌 시간을 준다. 그런 다음 그날의 그룹 회기 주제를 간략하게 소개한다.

샘플 스크립트

다시 오신 것을 환영합니다! 만약 지난 그룹 회기에서 ImPACT 프로젝트 F.A.C.T.S.에 대해 배운 것을 기억한다면, 오늘은 그 약어의 F와 A에 대해 알아볼 텐데요, 이는 *아이에게 집중하기*와 *의사소통 방법 조절하기*를 뜻합니다. 이러한 전략은 ImPACT 프로젝트 프로그램의 기초입니다.

슬라이드 2

회기 목록을 간략하게 검토하여 회기의 목표와 구조에 대한 정보를 제공한다. 만약 코치가 시간 관계상 이 순서를 조정해야 하는 경우 그룹에 이를 설명한다.

샘플 스크립트

▶ 우리는 지난주의 실천계획표를 복습하는 것으로 시작하겠습니다. 그런 다음에 우리는

ImPACT 프로젝트 F.A.C.T.S. 피라미드의 기본을 이루는 두 가지 전략 세트를 배우기 시작하겠습니다.

▶ 먼저 **아이에게 집중하기**와 이를 위해 사용할 수 있는 *아이의 주도 따르기, 아이 모방하기* 기법에 대해 논의할 것입니다.

▶ 다음으로 **의사소통 방법 조절하기**와 이를 위해 사용할 수 있는 *애니메이션처럼 표현하기, 모델링과 의사소통 확장하기* 기법에 대해 논의할 것입니다. 우리는 어떤 기법을 가르칠 수 있는지 토론하고, 사용 방법에 대해 이야기하고, 몇 가지 동영상 예시를 시청합니다. 그런 다음 우리는 아이와 함께 이 기법을 어떻게 사용할 수 있는지에 대해 간단히 논의합니다.

▶ 오늘 회기가 끝나면 우리는 다음 주에 아이와 함께 이러한 기법 중 한 가지 이상을 실천할 수 있는 방법을 계획할 것입니다.

실천계획표 검토하기

슬라이드 3

화이트보드에 "잘된 점" "어려웠던 점" "가능한 해결책"이라는 제목의 세 개의 열을 그린다. 각 부모에게 가정환경을 어떻게 구성했는지 물어본다. 각 부모가 보고할 때 화이트보드의 해당 열에 정보를 간략하게 적는다. 부모들이 각자의 경험에서 공통점을 찾아내도록 도와준다. 각 부모가 보고한 후, 부모가 *성공을 위한 가정환경 만들기*에서 경험한 한 가지 이상의 공통적인 어려움을 파악한다. 그룹에서 잠재적인 해결책을 찾을 수 있도록 질문하고 제안을 한다. "가능한 해결책" 열의 특정 문제 옆에 있는 "무엇이 어려웠나요?" 열에 각 문제에 대한 최선의 잠재적 해결책을 적는다. 이 주제에 대한 일반적인 문제와 가능한 해결책은 2회기 마지막에 있는 두 번째 문제 해결 팁 목록(406쪽)에 설명되어 있다.

샘플 스크립트

우리가 지금까지 배운 전략을 가지고 가정에서 어떻게 지냈는지 이야기해 보겠습니다. 지난주에 여러분 각자는 코치와 함께 아이를 위한 사회적 의사소통 목표를 정하고 *성공을 유지하기 위해 계획하기*에 대해 이야기하는 개별 코칭 회기를 가졌을 것입니다. 코치는 아이를 위해 의미 있는 목표를 설정하고, 가정을 어떻게 꾸릴지 결정하고, 매일의 일상에서 가르칠 몇 가지를 선택하는 데 도움을 주었을 것입니다.

▶ 모두 돌아가면서 가정에서의 연습이 어떻게 진행되었는지 간략하게 공유해 봅시다. 제가 구체적으로 찾고 있는 것은 여러분이 가정에서 성공하기 위해 어떤 세팅을 했는지, 아이와 놀아 주면서 잘 진행된 것과 어려웠던 것에 대해 말씀해 주세요.

▶ (*모든 부모가 자신의 연습을 보고한 후*) 이제 이러한 문제에 대한 몇 가지 가능한 해결책을 생각해 보겠습니다.

아이에게 집중하기 소개하기

슬라이드 4

F.A.C.T.S. 피라미드와 도표를 사용하여 **아이에게 집중하기** 전략 세트를 소개한다. 부모가 오늘 논의한 모든 기법을 사용하는 것이 아니라 현재 하고 있는 활동 내에서 아이에게 가장 적합한 기법을 선택하는 것이 목표임을 강조한다. 또한 부모에게 다음 회기에서 새로운 기법을 유도하는 방법을 배우게 되지만 지금은 아이가 이미 가지고 있는 기법에 집중할 것임을 강조한다.

샘플 스크립트

▶ 우리는 F.A.C.T.S. 피라미드의 기초가 되는 첫 번째 전략인 아이에게 집중하기를 시작할 것입니다. 이 전략은 아이와 상호작용을 하기 위한 시작점입니다. 이것은 아이와 함께 재미있는 방법으로 놀이하고 아이가 함께 참여하고 배울 준비를 하는 데 도움이 됩니다. 우리는 아이에게 집중하기 위해 사용할 수 있는 두 가지 기법을 알아보겠습니다. *아이의 주도 따르기*와 *아이 모방하기,* 이 두 가지 기법 모두 놀이 중에 재미있는 방식으로 참여하는 것입니다. 부모님이 사용하는 기법은 수행 중인 활동과 사용 가능한 장난감에 따라 달라집니다. 부모님은 이 전략을 아이와의 상호작용에서 사용할 수 있습니다.

▶ 부모님은 항상 아이에게 집중하고 아이의 반응을 기다리고 지켜보는 것으로 상호작용을 시작하게 됩니다. 프로그램에서 아이는 눈 맞춤, 감정 공유, 부모가 하는 것을 보거나 따라하기, 팔을 뻗거나 밀거나 포인팅하는 제스처 사용하기, 소리내기, 말하기 등 어떤 방식으로든 반응할 수 있습니다. 그때 당신은 논리적인 방식으로 반응하게 됩니다. 이는 아이의 행동에 의미가 있음을 가르치고 아이는 당신으로부터 반응을 얻습니다.

아이의 주도 따르기 소개하기

❖ 이론 설명하기

슬라이드 5

*아이의 주도 따르기*의 이론을 소개한다. 이때 그룹에 속한 아이들에 대한 정보를 바탕으로 이 기법을 사용하여 가르칠 수 있는 구체적인 목표의 예를 제시할 수 있다. 이 기법에 대한 자세한 내용은 부모 매뉴얼을 참조하도록 제안할 수 있다.

샘플 스크립트

사회적 의사소통에 어려움을 겪는 많은 아이들은 다른 사람들과 관계를 맺거나 상호작용하는 데 어려움을 겪습니다. *아이의 주도 따르기*에서는 아이의 행동, 아이가 하는 것에 대한 아이디어, 놀이 중 느끼는 감정을 따라합니다. 아이가 흥미로워하는 것을 부모에게 보여 줄 때, 아이는 재미있어하고 부모와 상호작용할 가능성이 높아집니다.

▶ 부모는 이 기법을 사용하여 아이의 참여도와 함께 놀 수 있는 시간을 늘릴 수 있습니다. 또한 아이가 부모와의 상호작용을 시작하거나 개시하는 데 도움이 될 수 있습니다.

▶ 부모는 아이가 상호작용을 지시해도 괜찮은 활동에서는 *아이의 주도 따르기*를 사용할 수 있습니다. 여기에는 놀이, 공원 탐색, 동네 산책 등이 포함되고 아이가 목욕을 좋아한다면 목욕 시간에도 사용할 수 있습니다.

❖ 핵심 요소에 대해 토론하기

슬라이드 6

*아이의 주도 따르기*의 네 가지 핵심 요소에 대해 토론한다. 코치는 진행하면서 그룹에 속한 아이들에 대한 정보를 바탕으로 부모가 이 기법을 어떻게 사용할 수 있는지 구체적인 예를 몇 가지 제시한다.

샘플 스크립트

어떻게 아이의 주도를 따르는지 살펴보세요.

▶ 첫 번째 단계는 아이와 얼굴을 맞대고 아이의 눈높이에 맞추는 것입니다. 이렇게 하면 당신은 아이의 놀이에 참여하고, 아이가 어디를 보고 있는지 알게 되고, 아이의 감정에 반응할 수 있습니다. 또한 이렇게 하면 아이가 눈을 더 쉽게 마주치고 부모의 표정과 부모가 하는 것을 볼 수 있습니다. 만약 아이가 매우 활동적이고 많이 움직인다면 아이와 함께 움직여서 가능한 한 얼굴을 마주 볼 수 있도록 하세요. 또한 부모는 아이가 관심을 보이는 물건을 얼굴 가까이에 두어 아이가 부모를 바라보도록 유도할 수도 있습니다.

▶ 만약 아이와 얼굴을 마주 보는 것이 어렵다면 함께 거울을 보세요.

▶ 아이가 무엇을 할 것인지 선택하게 하고 아이가 흥미 있는 활동을 리드하게 하세요. 즉, 특이한 방법(장난감 줄 세우기, 장난감 돌리기, 문 여닫기 등)이라도 아이가 놀이 방법을 결정하게 하세요. 아이가 즐거워하면 부모와 소통할 가능성이 더 높아집니다.

▶부모는 아이가 어떻게 놀고 싶어하는지 확인했다면, 필요한 놀이의 일부가 되어 그 놀이에 참여하세요. 이렇게 하면 아이가 하는 놀이에 부모가 관심이 있다는 것을 보여 줄 수 있습니다. 예를 들어, 아이가 탑을 쌓고 있다면 블록을 주거나 번갈아 가며 탑 위에 블록을 올려 주세요.

▶ 어떤 아이들은 감각 놀이나 활동적인 놀이에 더 잘 반응합니다. 이런 경우 아이와 함께 감각 탐색 놀이를 해 보세요. 예를 들어, 만약 아이가 기어오르기를 좋아한다면 거칠게 놀아 주세요. 만약 아이가 빙글빙글 도는 것을 좋아한다면 의자에 앉혀 빙글빙글 돌리세요. 만약 아이가 촉감이 있는 것을 만지는 것을 좋아한다면 콩이나 쌀을 주어 만져 보게 하세요.

▶ 지금은 질문하거나 방향을 제시하는 것이 아이의 주도권을 빼앗는 것이므로 피해야 합니다. 대신, 아이의 놀이에 대해 아이가 무엇을 하고 있는지 읽어 주면서 관심을 표현하세요. 프로그램 후반부에는 새로운 기법을 가르치기 위해 부모가 질문하고 지시하는 방법을 배우게 됩니다.

슬라이드 7

*아이의 주도 따르기*의 나머지 핵심 요소에 대해 토론한다. 진행하면서 그룹에 속한 아이들에 대한 정보를 바탕으로 부모가 이 기법을 어떻게 사용할 수 있는지에 대한 구체적인 예를 계속 제시한다. 이 기법(또는 피라미드의 맨 아래에 있는 다른 기법)에 반응하지 않는 아이가 있을 경우, 부모에게 가까이에서 아이의 의사소통 방식을 관찰하는 데 집중해야 하며, **새로운 의사소통 기회 만들기**에서 아이의 반응에 도움이 되는 추가 기법을 배울 수 있음을 알려 준다.

샘플 스크립트

▶ 어떤 아이들은 자기 조절이나 진정을 위해 잠시 상호작용을 멈추어야 할 수도 있습니다. 아이의 감정 상태에 민감하게 반응하되, 아이와 상호작용하기 위해 다음 사항에 대해서는 참을성 있게 대처하세요. 만약 아이가 고개를 돌리거나 멀어지는 경우에는 상황을 읽어 주며 아이의 감정을 인정하되, 자리를 떠나지 마세요. 아이가 부모와 다시 소통할 수 있는 시간을 주세요. 만약 이런 일이 일어나지 않으면 아이를 따라 새로운 활동으로 이동하여 아이를 다시 참여시키세요. 부모가 꾸준히 노력하면 아이는 부모와 함께 즐거운 시간을 보내는 법을 배울 것입니다!

▶ 만약 아이가 항의하면 다른 방식으로 놀이에 참여해 보세요. 예를 들어, 만약에 아이가 자신의 장난감을 만질 때 소란을 피우면 같은 종류의 다른 장난감을 가져와서 "기차가 빨리 달리고 있어!"와 같은 말을 하며 함께 놀아 주세요.

▶ 부모는 아이가 어떤 행동을 해도 괜찮은지 판단하고 필요에 따라 제한을 설정할 수 있습니다. 아이가 안전하지 않거나 파괴적인 행동을 하는 경우 계속하도록 내버려두지 마세요. 단호하지만 차분한 목소리로 이러한 행동이 옳지 않다는 것을 분명히 말하고 문제를 일으키는 장난감이나 물건을 치우도록 합니다.

▶ 규칙과 결과에 일관성을 유지하세요.

▶ 부모가 아이의 주도를 따르고 나면 아이가 부모와 소통하고 있다는 신호를 기다렸다가 관찰하세요. 여기에는 부모를 쳐다보거나, 몸짓을 하거나, 목소리를 내거나, 움직이는 것 등이 포함될 수 있습니다. 아이를 도와주지 않을 때, 아이가 어떤 식으로든 의사소통하려고 할 수도 있습니다.

▶ 아이의 모든 행동에 계획된 방식으로 반응하세요. 이렇게 하면 아이에게 이러한 행동에 의미가 있으며 다른 사람들과 소통하는 데 사용할 수 있다는 것을 가르칠 수 있습니다. 예를 들어, 아이가 장난감을 보거나 장난감을 향해 손을 뻗으면 아이에게 장난감을 건네주세요. 만약 간지럽힌 후 아이가 부모를 쳐다본다면 다시 간지럽히세요.

▶ 때로는 부모가 아이가 원하는 것이 무엇인지 추측해야 할 수도 있습니다. 환경과 아이의 행동에서 힌트를 얻어 아이가 원하는 것을 파악하는 데 도움을 받으세요.

슬라이드 8

이 슬라이드의 도표를 사용하여 부모에게 *아이의 주도 따르기*를 사용하는 방법에 대한 예시를 안내한다. 부모에게 이 기법에 대해 궁금한 점이 있는지 물어보는 것도 좋다.

샘플 스크립트

다음은 아이의 참여도를 높이기 위해 *아이의 주도 따르기*를 사용하는 엄마의 예시입니다. Johnny는 블록을 일렬로 늘어놓고 놀고 있습니다. Johnny의 엄마는 얼굴을 마주 보고 움직이며 아이의 주도를 따르고 블록을 건네주며 아이의 놀이에 참여합니다. 그런 다음 엄마는 기다렸다가 Johnny가 어떻게 반응할지 지켜봅니다. Johnny는 블록을 보고 반응합니다. Johnny의 엄마는 Johnny에게 블록을 주고 Johnny가 줄에 블록을 놓는 것을 지켜보면서 이 행동에 반응합니다.

❖ 비디오 클립 보여 주고 토론하기

슬라이드 9

아이의 주도 따르기 동영상 예시를 보여 준다. 부모가 놀이에서 아이의 주도를 따라 아이의 참여를 높이는 방법을 보여 주는 두 개의 클립이 있다. 각 클립을 보여 주기 전에 부모에게 *아이의 주도 따르기*의 핵심 요소를 살펴보고 아이가 어떻게 반응하는지 주목해 달라고 요청한다. 각 클립이 끝난 후에는 개방형 질문을 통해 부모가 관찰한 내용을 되돌아볼 수 있도록 도와준다. 부모가 상호작용의 중요한 요소를 파악하지 못하면 좀 더 구체적인 질문을 한다. 클립에서 강조해야 할 중요한 정보는 다음에 설명되어 있다.

샘플 스크립트

이제 부모님들이 아이의 놀이에 참여할 수 있도록 *아이의 주도 따르기를* 사용하는 부모들의 동영상 사례를 살펴보겠습니다.

▶ (*각 영상을 보여 주기 전*) 부모가 얼굴을 마주 보고 아이의 놀이에 참여하고, 아이의 반응을 기다리며, 아이의 행동에 논리적으로 반응하는 모습을 지켜보세요.

▶ (*각 영상을 보여 준 후*) 상호작용 중에 어떤 점이 눈에 띄었나요? 부모가 아이의 놀이에 어떻게 참여했나요? 부모가 놀이에 참여했을 때 아이는 어떻게 반응했나요? 부모는 아이의 행동에 어떻게 반응했나요?

클립 3: 아이의 주도 따르기, 구어 전 단계

아이가 블록을 가지고 노는 동안 엄마가 아이의 주도를 따라간다. 엄마가 어떻게 아이의 눈높이에 맞춰 얼굴을 맞대고 아이의 주도에 따르는지 관심을 기울인다. 처음에 엄마는 블록을 쌓게 하며 놀이를 진행하려고 한다. 아이는 블록을 무너뜨리지만 흥미를 잃고 자리를 떠난다. 그런 다음 엄마는 아이를 따라가서 놀이를 리드하도록 한다. 엄마는 아이가 다가오면 블록을 한 번에 하나씩 건네주며 아이와 함께한다. 엄마가 행동을 읽어 주지만 질문하거나 지시를 내리지 않는 것에 주목한다. 이제 아이는 상호작용에 참여하고 있고 마침내 엄마는 아이와 번갈아 가며 상호작용을 할 수 있게 된다. 이것이 프로그램의 시작이다. 아이가 참여하고 동기가 생기도록 하는 것이다.

클립 4: 아이의 주도 따르기, 문장

아이가 우산을 가지고 노는 동안 엄마가 아이의 주도를 따라간다. 엄마가 아이의 눈높이에 맞춰 얼굴을 맞대고 우산을 들고 아이의 놀이를 따라하며 관심을 기울인다. 엄마는 자신의 우산을 가지고 아이의 놀이에 참여한 다음, 우산을 나눠 써야 하는 척하며 아이의 우산을 함께 쓴다. 엄마는 아이의 놀이를 중심으로 "비가 오네, 우산이 필요해, 다 젖었어!"라는 말을 한다. 엄마는 아이가 어떻게 반응하는지(눈 맞춤, 몸짓, 언어)를 기다리며 지켜보고, 도움이 필요할 때(우산 펴기) 설명하거나 도와주는 방식으로 반응한다.

슬라이드 10

부모에게 슬라이드의 '생각해 보세요!' 질문을 사용하여 아이와 함께 '*아이의 주도 따르기*'를 어떻게 사용할 수 있는지 토론하게 한다. 부모에게 1～2분 정도 생각할 시간을 준다. 그런 다음에 부모가 짝을 지어 공유하거나 전체 그룹으로 각자의 답변에 대해 토론하게 한다. 이 기법이 아이에게 가장 효과적일 수 있는 방법에 대해 생각해 보도록 도와준다. 코치는 부모 매뉴얼 제2장의 '가정에서 해 보기' 표를 참조하여 다양한 일과 중에 *아이의 주도 따르기*를 사용하는 방법에 대한 예시를 부모에게 안내할 수 있다.

샘플 스크립트

이제 각자가 아이와 함께 *아이의 주도 따르기*를 어떻게 사용할 수 있는지 논의해 보겠습니다.

▶ 잠시 시간을 내어 아이가 좋아하는 놀이 방법을 생각해 보세요.

▶ 그런 다음 놀이에 참여할 수 있는 몇 가지 방법을 생각해 보세요. 아이가 손가락으로 모래를 흘러내리게 하거나 싱크대에서 물을 튀기는 것과 같은 독특한 방식도 괜찮습니다.

▶ (1～2분 후) 이제 이야기해 보겠습니다.

아이 모방하기 소개하기

❖ 이론 설명하기

슬라이드 11

*아이 모방하기*의 이론을 소개한다. 이때 코치는 그룹에 속한 아이들에 대한 정보를 바탕으로 이 기법을 사용하여 해결할 수 있는 구체적인 목표의 예를 제시할 수 있다. 이 기법에 대한 자세한 내용은 부모 매뉴얼을 참조하도록 제안한다.

샘플 스크립트

여러분이 아이에게 집중하고 재미있게 함께 놀 수 있는 또 다른 방법은 아이를 따라하는 것입니다. 이것은 아이의 움직임, 제스처, 놀이 행동, 소리 및 단어를 따라하는 것을 의미합니다.

▶ 여러분이 이 기법을 사용하면 아이의 참여도를 높이고 함께 놀 수 있는 시간을 늘릴 수 있습니다. 많은 아이들이 모방하는 것을 정말 좋아하고 더 많은 발성을 들려주고 다른 놀이 행동을 시도하여 부모가 따라하는지 확인합니다. 아이의 행동을 모방하면 아이가 자신의 행동이 부모의 행동에 영향을 미친다는 것을 알아차리는 것을 도울 수도 있습니다. 부모가 아이 모방하기를 사용할 때 아이를 따라하는 것을 아이가 쳐다보거나 일부 행동을 변경하여 부모가 아이를 따라하는지 확인할 수도 있습니다.

▶ *아이 모방하기*는 동일하거나 비슷한 두 개의 장난감이 있거나 아이가 장난감을 가지고 있지 않을 때에 가장 쉽게 할 수 있습니다.

❖ 핵심 요소에 대해 토론하기

슬라이드 12

*아이 모방하기*의 핵심 요소에 대해 토론한다. 코치는 진행하면서 그룹에 속한 아이들에 대한 정보를 바탕으로 부모가 이 기법을 어떻게 사용할 수 있는지 구체적인 예를 몇 가지 제시한다.

샘플 스크립트

여러분이 *아이 모방하기*를 사용할 수 있는 다양한 방법을 살펴보겠습니다.

▶ 부모가 아이의 몸짓, 표정 및 신체 움직임을 모방하여 이러한 비언어적 행동이 의미 있고 부모의 행동에 영향을 미칠 수 있음을 가르칠 수 있습니다. 이러한 움직임은 의도적일 필요는 없습니다. 예를 들어, 부모님이 장난감을 떨어뜨리거나 방을 둘러보거나 누워 있는 모습을 흉내 낼 수 있습니다. 이러한 행동을 과장되게 모방하여 아이로 하여금 자신을 따라 하고 있다는 것을 알아차릴 수 있도록 하세요.

▶ 제스처와 몸동작을 따라 하는 것은 특히 아이가 장난감을 가지고 놀지 않을 때 유용합니다.

▶ 부모가 아이의 소리와 단어를 모방하여 아이의 주의를 끌고 아이의 발성이 의미 있는 것임을 보여 줄 수도 있습니다. 아이가 아직 단어를 사용하지 않는 경우, 아이가 내는 모든 소리를 감정과 소리 자체에 맞춰 모방하세요. 아이가 단어나 문장을 사용하는 경우에는 부모가 함께하는 일과 관련된 언어만 따라 하세요.

▶ 마지막으로, 부모는 장난감이나 다른 물건으로 아이의 놀이를 모방하여 놀이에 참여할 수 있습니다. 또한 아이가 새롭거나 다른 놀이 행동을 사용하도록 격려할 수도 있습니다.

▶ 이 기법은 아이가 놀고 있는 동시에 아이의 놀이를 모방할 수 있기 때문에 동일하거나 유사한 물건 두 개를 가지고 있을 때 가장 효과적입니다. 이렇게 하면 부모가 자신을 모방하고 있다는 사실을 아이가 인식할 수 있습니다.

▶ 아이를 모방하는 것은 아이가 부모를 모방하는 행동을 늘어나게 할 수 있습니다. 따라서 물건을 던지거나 공격적인 행동처럼 줄이고자 하는 행동은 모방하지 마세요. 대신 아이가 트럭을 던지는 경우 당신은 부드러운 공을 던지는 등 아이에게 더 적절한 놀이 방법을 보여 주면서 그 행동을 따라 할 수 있습니다. 행동 대신 아이의 감정에 맞출 수도 있습니다. 예를 들어, 아이가 손을 잡고 놀고 있는 경우 팔을 펄럭이며 흥분을 표현하면 흥분을 모방하되 손뼉을 치며 표현하세요. 아이를 따라한 후에는 *아이의 주도 따르기*에서와 마찬가지로 아이의 반응을 기다리며 지켜보세요. 눈 맞춤, 몸자세의 변화, 제스처, 발성, 단어 또는 문장을 찾아보세요. 이러한 행동에 계획된 방식으로 반응하세요.

슬라이드 13

슬라이드의 도표를 사용하여 부모에게 *아이 모방하기*를 사용하는 방법을 안내한다. 부모에게 이 기술에 대해 궁금한 점이 있는지 물어보는 것도 좋은 방법이다.

샘플 스크립트

이 슬라이드는 아이의 참여도를 높이기 위해 *아이 모방하기*를 사용하는 아빠의 예를 보여 줍니다. Michael은 자동차를 앞뒤로 굴리며 놀고 있습니다. 아빠가 얼굴을 맞대고 다른 자동차를 가져와 Michael 앞에서 앞뒤로 굴립니다. 그런 다음 Michael이 어떻게 반응할지 기다리며 지켜봅니다. Michael은 아빠를 바라보며 반응합니다. 아빠는 미소를 지으며 계속해서 자동차를 앞뒤로 굴리는 것으로 이 행동에 반응합니다.

❖ 비디오 클립 보고 토론하기

슬라이드 14

*아이 모방하기*의 동영상 예시를 보여 준다. 두 가지 동영상 예시는 부모가 아이의 행동을 모방하여 놀이 중 참여도를 높이는 다양한 방법을 강조하기 위한 것이다. 각 클립을 보여 주기 전에 부모에게 *아이 모방하기*의 핵심 요소를 살펴보고 아이가 어떻게 반응하는지 주목해 달라고 요청한다. 각 클립이 끝난 후에는 개방형 질문을 통해 부모가 관찰한 내용을 되돌아볼 수 있도록 도와준다. 만약 부모가 상호작용의 중요한 요소를 파악하지 못했다면 좀 더 구체적인 질문을 한다. 클립에서 강조해야 할 중요한 정보는 다음에 설명되어 있다.

샘플 스크립트

이제 부모가 *아이 모방하기*를 사용하여 놀이 중에 아이의 참여를 돕는 몇 가지 사례를 살펴보겠습니다.

▶ (*각 영상을 보여 주기 전*) 부모(또는 클립 5의 경우 형제, 자매)가 얼굴을 마주 보고 아이의 행동을 모방하고 아이가 반응할 때까지 기다리며 아이의 행동에 반응하는 모습을 지켜봅니다.

▶ (*각 영상을 보여 준 후*) 그 상호작용 중에 어떤 점을 발견했나요? 부모(또는 형제자매)가 어떤 행동을 모방했나요? 부모가 다음과 같은 행동을 했을 때 아이는 어떻게 반응했나요? 놀이를 모방했나요? 부모가 아이의 행동에 어떻게 반응했나요?

클립 5: 아이 모방하기, 첫 낱말

언니는 동생의 몸동작과 제스처를 따라하며 동생의 참여를 유도한다. 언니가 얼굴을 마주 보고 엎드리고, 누워 보고, 동생의 얼굴을 만지고, 빙글빙글 돌면서 동생의 몸동작을 따라

하는 모습을 주목한다. 동생은 눈을 맞추고 웃으며 긍정적인 터치로 반응한다. 또한 언니가 따라오는지 확인하기 위해 일어나서 빙글빙글 도는 등 동작을 바꾼다.

클립 6: 아이 모방하기, 낱말 조합

엄마가 그림 그리기 활동 중에 아이의 모습을 따라하며 상호작용을 유도한다. 엄마가 아이와 마주 보고 앉아 활동에 참여한다. 아이는 얼굴을 그리고 자신이 무엇을 하고 있는지 표시한다. 엄마는 아이의 행동과 언어를 모방하고, 모방이 끝날 때마다 아이가 다음에 무엇을 하는지 기다리는 것으로 반응한다. 아이는 엄마의 행동을 지켜보며 반응하고, 마침내 엄마에게 무엇을 그릴지 지시하기 시작한다. 엄마가 아이에게 집중하고, 아이의 반응을 기다린 다음, 아이의 행동에 논리적으로 반응하는 3단계 순서를 어떻게 따르는지 주목한다.

슬라이드 15

부모에게 슬라이드의 '생각해 보세요!' 질문을 사용하여 아이와 함께 *아이 모방하기*를 어떻게 사용할 수 있을지 토론하게 한다. 부모들에게 1～2분 정도 생각할 시간을 준다. 그런 다음 부모가 두 명씩 짝을 지어 각자의 답변을 공유하게 한다. 이 기법이 아이에게 가장 효과적일 수 있는 방법을 각자가 생각해 보도록 도와준다. 부모 매뉴얼 제2장의 '가정에서 해보기' 표를 참조하여 다양한 루틴 중에 *아이 모방하기*를 사용하는 방법에 대한 예를 부모에게 알려 준다. 이 토론이 끝나면 일반적으로 휴식을 취하기에 좋은 시점이다.

샘플 스크립트

이제 아이와 함께 아이 *모방하기*를 어떻게 사용할 수 있는지 논의해 보겠습니다.

▶ 잠시 시간을 내어 따라할 수 있는 어떤 몸동작이나 소리를 생각해 보세요. 동작과 소리가 목적이 있을 필요는 없다는 점을 기억하세요.

▶ 그런 다음 어떤 놀이 행동을 모방할 수 있을지 생각해 보세요. 이를 위해 같은 장난감 2개를 준비하는 것이 도움이 될 수 있다는 점을 기억하세요.

▶ (1～2분 후) 이제 이야기해 보겠습니다.

휴식 시간 갖기

의사소통 방법 조절하기 소개하기

슬라이드 16

F.A.C.T.S. 피라미드와 도표를 사용하여 **의사소통 방법 조절하기**를 소개한다.

샘플 스크립트

▶ 이제 F.A.C.T.S. 피라미드의 기반이 되는 두 번째 전략인 **의사소통 방법 조절하기**에 대해 이야기할 것입니다. 이 전략은 사회적 참여를 유도하고 아이가 언어적 및 비언어적 의사소통을 이해하고 사용할 수 있도록 도와줍니다. 우리는 의사소통을 조절하는 두 가지 기술을 배울 것입니다. *애니메이션처럼 표현하기*는 제스처, 표정, 목소리 톤과 같은 비언어적 의사소통을 조절하여 상호작용을 재미있게 만들고 아이가 의사소통의 미묘한 측면을 이해하도록 돕는 것입니다. *모델링과 의사소통 확장하기*에는 아이가 부모의 언어를 이해하고 새로운 의사소통 방법을 배울 수 있도록 부모의 언어적 의사소통을 조절하는 것이 포함됩니다.

▶ 부모는 **아이에게 집중하기**와 **의사소통 방법 조절하기**의 두 가지 전략을 모두 사용할 것입니다. 부모님은 아이와 상호작용하는 내내 아이에게 집중하는 것으로 의사소통을 조절할 수 있습니다. 부모님은 아이의 반응을 계속 기다렸다가 계획된 방식으로 아이의 행동에 반응할 것입니다. 또한 아이의 반응을 확장할 것입니다.

애니메이션처럼 표현하기 소개하기

❖ 이론 설명하기

슬라이드 17

애니메이션처럼 표현하기 이론을 소개한다. 이때 그룹에 속한 아이들에 대한 정보를 바탕으로 애니메이션처럼 표현하기를 사용하여 해결할 수 있는 구체적인 목표의 예를 제시할 수 있다. 이 기법에 대한 자세한 내용은 부모 매뉴얼을 참조하도록 안내한다.

샘플 스크립트

사회적 의사소통에 어려움이 있는 아이는 제스처, 표정, 목소리 톤을 인식하고 이해하는 데 어려움을 겪는 경우가 많습니다. 애니메이션처럼 과장되게 표현하면 이러한 비언어적 측면에 어느 정도 에너지를 더할 수 있습니다. 이를 통해 상호작용을 더욱 재미있게 만들고 가끔은 이해하기 어려운 의사소통의 측면을 드러나게 만들 수 있습니다.

▶ 부모는 이 기법을 사용하여 아이가 부모와 즐거움을 공유하고 주도적으로 행동하는 능력을 키울 수 있을 뿐만 아니라 제스처, 표정, 몸자세와 같은 비언어적 의사소통에 대한 이해도를 높일 수 있습니다.

▶ 부모는 *애니메이션처럼 표현하기*와 다른 기법을 결합하여 수행 중인 기법을 강조할 수 있습니다.

❖ 핵심 요소에 대해 토론하기

슬라이드 18

*애니메이션처럼 표현하기*의 핵심 요소에 대해 토론한다. 코치는 진행하면서 그룹에 속한 아이들에 대한 정보를 바탕으로 부모가 이 기술을 어떻게 사용할 수 있는지 구체적인 예를 몇 가지 제시한다.

샘플 스크립트

아이와 함께 *애니메이션처럼 표현하기*를 사용하는 방법을 살펴보세요.

▶ 아이가 하는 일이 지루하거나 반복적으로 보이더라도 큰 몸짓, 표정, 말을 통해 부모가 그 활동에 흥미를 느끼고 있다는 것을 보여 주세요. 부모가 아이와 즐거움을 더 많이 공유할수록 아이도 눈을 맞추고 표정을 지으며 부모와 즐거움을 나눌 가능성이 높아집니다.

▶ 아이와 대화할 때는 큰 제스처를 사용하여 아이가 비언어적 측면에 주의를 기울이고 의미를 명확하게 전달할 수 있도록 도와주세요. 예를 들어, 어깨를 과장되게 흔들거나 가리키거나 어깨를 으쓱하는 등의 동작을 하세요. 아이가 너무 흥분하거나 화를 내면 움직임을 늦추고 작게 하세요.

▶ 아이가 표정에 주의를 기울이고 그 의미를 배울 수 있도록 표정을 과장해서 표현하세요. 제스처를 사용하여 아이가 부모의 표정을 알아차릴 수 있도록 도와주세요. 예를 들어, 찡그릴 때 입꼬리를 가리키며 슬프다는 것을 표시합니다.

▶ 말의 속도, 어조, 음량을 과장하여 아이가 발성의 변화에 따라 말의 의미가 어떻게 달라지는지 이해할 수 있도록 도와주세요. 문장의 의미를 질문에서 설명하기로 바꾸거나 다른 감정을 나타내는 어조의 차이를 과장할 수도 있습니다.

▶ 아이의 놀이에 참여하는 동안 "와우" "준비됐어" "자, 시작하자"와 같이 주의를 끄는 단어를 사용하세요. 이렇게 하면 아이에게 부모가 공유할 것이 있다는 신호를 줄 수 있습니다. 아이가 부모를 바라보도록 격려하세요. 만약 아이가 비슷한 단어나 소리를 사용하면 과장된 방식으로 반응하여 그 단어가 의미 있고 아이의 말을 이해하고 있다는 것을 보여 주세요.

▶ 애니메이션을 조절하여 아이가 너무 흥분하거나 가라앉지 않는 균형 잡힌 각성 상태를 유지할 수 있도록 도와주세요. 아이가 조용해지거나 위축되거나 졸린 경우에는 부모와 함께 노는 동안 아이의 주의력이 분산될 수 있습니다. 이럴 때는 애니메이션을 더 많이 사용하여 아이가 부모와 함께 참여할 수 있도록 도와주세요. 애니메이션을 많이 사용하여 아이가 너무 "흥분"하는 경우에는 애니메이션을 적게 사용하여 아이가 진정할 수 있도록 도와주세요. 부모는 말의 속도를 늦추고 목소리를 낮출 수도 있습니다.

▶ 아이의 응답을 기다릴 때 기대에 찬 표정과 과장된 제스처를 추가하세요. 이러한 신호를 사용하면 아이가 반응을 기대하고 있다는 인식을 높일 수 있습니다. 아이의 행동에 계획적으로 반응해야 합니다.

슬라이드 19

도표를 사용하여 슬라이드의 *애니메이션처럼 표현하기*의 예시를 부모에게 안내한다. 부모에게 이 기술에 대해 궁금한 점이 있는지 물어보는 것도 좋은 방법이다.

샘플 스크립트

이 슬라이드는 애니메이션처럼 표현하기를 사용하여 아이의 비언어적 의사소통에 대한 참여도와 이해를 높인 엄마의 사례를 보여 줍니다. Jessica가 블록을 쌓고 있습니다. 엄마는 마주 보고 앉아 블록을 꼭대기에 놓으며 아이의 놀이에 참여합니다. 그런 다음에 엄마는 몸짓과 표정을 과장하여 흥분을 표현하고 블록 탑의 크기를 설명합니다. 그런 다음에 Jessica가 어떻게 반응할지 기대감을 가지고 기다립니다. Jessica는 엄마를 바라보고 미소를 지으며 응답합니다. 엄마도 미소로 Jessica에게 응답하고 Jessica가 놀면서 큰 제스처를 계속 보여 줍니다.

❖ 비디오 클립 보여 주고 토론하기

슬라이드 20

*애니메이션처럼 표현하기*의 동영상 예시를 보여 준다. 부모가 애니메이션을 사용하여 아이의 참여도를 높이고 비언어적 의사소통을 강조할 수 있는 다양한 방법을 보여 주는 두 가지 클립이 있다. 각 클립을 보여 주기 전에 부모에게 *애니메이션처럼 표현하기*의 핵심 요소를 살펴보고 아이의 반응에 주목해 달라고 요청한다. 각 클립이 끝난 후에는 개방형 질문을 통해 부모가 관찰한 내용을 되돌아볼 수 있도록 도와준다. 부모가 상호작용의 중요한 요소를 파악하지 못하면 좀 더 구체적인 질문을 한다. 클립에서 강조해야 할 중요한 정보는 다음에 설명되어 있다.

샘플 스크립트

이제 애니메이션을 사용하여 아이가 비언어적 의사소통을 이해하고 참여하도록 돕는 부모들의 사례를 살펴보겠습니다.

▶ (*각 영상을 보여 주기 전*) 부모가 비언어적 의사소통을 과장하고, 기대감을 가지고 기다리며, 아이의 행동에 계획적으로 반응하는 모습을 지켜보세요.

▶ (*각 영상을 보여 준 후*) 상호작용 중에 어떤 점을 발견했나요? 부모가 비언어적 의사소통을 어떻게 과장했나요? 부모가 에니메이션처럼 표현할 때 아이는 어떻게 반응했나요? 부모가 아이의 행동에 어떻게 반응했나요?

클립 7: 애니메이션처럼 표현하기, 구어 전 단계

엄마는 아이와 함께 접이식 공을 가지고 놀면서 *애니메이션처럼 표현하기*를 사용한다. 엄마는 얼굴을 마주 보고 앉아 큰 표정을 짓고, 목소리를 과장하고, 주의를 끄는 목소리를 사용하여 아이가 엄마의 얼굴을 바라보도록 유도한다. 아이는 더 많은 주의집중과 눈 맞춤은 물론 긍정적인 반응을 보였다. 공을 열고 닫는 루틴을 만든 후, 엄마는 공을 열기 전에 기대감을 가지고 기다린다. 아이는 여러 차례 공을 쳐다보고, 제스처(공을 향해 손을 뻗는 동작)를 취하고, 소리를 내며 반응한다.

클립 8: 애니메이션처럼 표현하기, 문장

엄마가 아이와 함께 풍선을 가지고 놀면서 *애니메이션처럼 표현하기*를 사용한다. 엄마는 아이와 마주 보고 앉아 있다. 풍선을 불었다가 놓을 때 엄마가 몸짓, 표정, 목소리를 과장되게 표현하는 것을 주목한다. 엄마의 과장된 동작은 전염성이 있으며 아이의 활동에 대한 기대가 엄마를 향하도록 유도한다.

슬라이드 21

부모에게 슬라이드의 '생각해 보세요!' 질문을 사용하여 아이와 함께 *애니메이션처럼 표현하기*를 어떻게 사용할 수 있는지 토론하게 한다. 부모들에게 1~2분 정도 생각할 시간을 준다. 그런 다음 부모가 짝을 짓거나 전체 그룹으로 각자의 답변에 대해 공유하게 한다. 이 기법이 아이에게 가장 효과적일 수 있는 방법을 생각해 보도록 도와준다. 부모 매뉴얼 제3장의 '가정에서 해 보기' 표를 참조하여 다양한 활동 중에 *애니메이션처럼 표현하기*를 실행할 수 있는 방법의 예를 부모에게 안내할 수 있다.

샘플 스크립트

이제 아이와 함께 *애니메이션처럼 표현하기*를 사용하는 방법에 대해 논의해 보겠습니다.

- ▶ 잠시 시간을 내어 어떤 제스처를 과장할 수 있는지 생각해 보세요.
- ▶ 또한 주의를 끌 수 있는 단어나 의성어를 사용할 수 있는지 생각해 보세요.
- ▶ (1~2분 후) 이제 이야기해 보겠습니다.

모델링과 의사소통 확장하기 소개하기

❖ 이론 설명하기

슬라이드 22

*모델링과 의사소통 확장하기*의 이론을 소개한다. 이때 그룹에 속한 아이에 대한 정보를 바탕으로 이 방법을 사용할 수 있는 구체적인 목표와 언제, 어떤 아이에게 가장 도움이 될 수 있는지에 대한 예시를 제시할 수 있다. 필요한 경우, 프로그램 후반부에 아이가 새로운 의사소통 기법을 이해하고 사용하는 데 도움이 되는 추가 전략을 배우게 될 것임을 부모에게 알려 준다. 코치는 이 기법에 대한 자세한 내용은 부모 매뉴얼을 참조하도록 안내한다.

샘플 스크립트

어떤 아이들은 우리가 너무 많은 단어를 사용하거나 너무 빨리 말하면 언어를 이해하는 데 어려움을 겪습니다. 부모가 말하는 방식을 바꾸면 아이가 부모의 말을 이해하고 새로운 의사소통 기법을 배우도록 도울 수 있습니다. *모델링*은 아이가 무엇을 하고, 보고, 듣고 있는지에 대해 이야기는 것을 포함합니다. *의사소통 확장하기*는 아이의 의사소통에 언어나 제스처를 추가하는 것을 포함합니다.

▶ 이 기법은 아이가 새로운 제스처, 단어, 문장을 배우는 데 도움이 될 수 있으며, 아이가 의사소통하는 이유를 확장할 수 있습니다.

▶ 부모는 이 기법을 모든 활동 중에 사용할 수 있습니다.

❖ 핵심 요소에 대해 토론하기

슬라이드 23

*모델링과 의사소통 확장하기*의 처음 네 가지 핵심 요소에 대해 토론한다. 코치는 진행하면서 그룹에 속한 아이들의 의사소통 기법에 대한 지식을 바탕으로 부모가 모델링하고 확장할 수 있는 의사소통의 구체적인 예를 제시한다.

샘플 스크립트

이제 *모델링과 의사소통 확장하기* 기능을 사용하는 방법에 대해 알아보겠습니다.

▶ 아이가 보고, 듣고, 행동하는 것에 대해 마치 부모가 스포츠 캐스터가 된 것처럼 읽어 주고 이름을 붙이고, 설명하면서 아이가 집중하는 것에 대해 이야기하세요. 여기에는 아이가 보고 있을 때 부모가 하는 행동도 포함됩니다. 행동 읽어 주기, 관심 끌기, 요청하기, 항의하기, 정보 얻기 등 다양한 기능의 언어를 사용할 수 있는 방법을 모델링으로 보여 주세요. 아이가 하는 모든 행동에 대해 설명하면 정보가 너무 많을 수 있으므로 전부 다 설명하지 마세요.

▶ 부모가 아이와 대화할 때는 아이가 이해하기 쉽도록 간단한 언어를 사용하세요. 아이가 이미 의사소통을 하고 있는 것보다 조금 더 복잡한 의사소통 기술을 모델링하세요. 예를 들어, 아이가 주로 제스처를 사용하는 경우 제스처와 한 단어를 모델링하세요.

▶ 슬라이드의 표에는 아이의 능력에 따라 모델링할 수 있는 간단한 언어가 제시되어 있습니다.

▶ 제스처와 시각적 신호를 말과 함께 사용하여 아이가 의미를 이해할 수 있도록 도와주세요. 예를 들어, 문을 두드리거나 "문" 또는 "열어"라고 말하세요. 이는 추가 정보와 다른 의사소통 방법의 모델을 제공하기 때문에 아직 구어적 의사소통을 하지 않는 아이에게 특히 중요합니다.

▶ 사회적 의사소통에 어려움이 있는 아이는 정보를 처리하는 데 시간이 더 필요한 경우가 많습니다. 아이가 쉽게 이해할 수 있도록 제스처를 과장하여 천천히 달하세요.

슬라이드 24

*모델링과 의사소통 확장하기*의 마지막 네 가지 핵심 요소에 대해 토론한다. 코치는 그룹에 속한 아이의 의사소통 기능에 대한 지식을 바탕으로 부모가 모범이 될 수 있는 구체적인 의사소통의 예를 제시한다.

샘플 스크립트

▶ 문장에서 중요한 단어를 강조하여 아이의 주의를 끌 수 있습니다. 중요한 단어를 말할 때 제스처를 추가하여 해당 단어와 그 단어의 의미를 강조할 수도 있습니다. 예를 들어, 팔을 큰 원으로 만들면서 "큰 공이 있네!"라고 말합니다.

▶ 아이들은 무언가를 여러 번 들으면 더 잘 배웁니다. 아이가 매일 여러 번 사용했으면 하는 제스처, 단어 또는 언어를 모델링하세요. 다음과 같이 할 수 있습니다. 아이와 놀면서 같은 단어나 문구, 제스처를 반복적으로 사용하세요. 예를 들어, "아러로 내려갑니다. 내려간다." 또는 "차가 굴러간다." "굴러, 굴러. 떼굴 떼굴 굴러."와 같이 특정 중요한 단어를 반복해서 말하세요.

▶ "너 바보 같은 짓을 하는 거니?"와 같이 대답이 필요 없는 질문을 하지 마세요. 또한 다음과 같이 단순히 아이의 지식을 테스트하는 질문은 피하세요. "그 블록은 무슨 색이야?"와 같은 질문은 아이가 앞뒤로 의사소통하는 데 도움이 되지 않습니다. 대신 설명하면서 사물과 행동에 이름을 붙이세요.

▶ 슬라이드의 첫 번째 표에는 질문을 설명하는 것으로 바꾸는 방법에 대한 몇 가지 예가 나와 있습니다.

▶ 아이가 반응한 후에는 새로운 단어나 적절한 문법을 추가하여 아이의 말을 반복함으로써 의사소통을 확장하세요. 단어를 더 추가하면 직접 교정하지 않고도 아이의 말을 수정하고 완성할 수 있습니다. 동시에 아이의 의사소통에 계획된 방식으로 반응하세요.

▶ 슬라이드의 두 번째 표에는 아이의 의사소통을 확장하는 방법에 대한 몇 가지 예가 나와 있습니다.

슬라이드 25

도표를 사용하여 부모에게 *모델링과 의사소통 확장하기*를 활용하는 방법의 예를 안내한다. 부모에게 이 기법에 대해 궁금한 점이 있는지 물어본다.

샘플 스크립트

이 슬라이드는 아이의 어휘력을 향상시키기 위해 *모델링과 의사소통 확장하기*를 사용하는 엄마의 예를 보여 줍니다. 엄마는 Jimmy가 옷을 입는 것을 도와주고 있습니다. 엄마는 얼굴을 마주 보며 아이에게 집중하고 Jimmy가 옷을 입는 동안 간단한 언어를 사용하여 Jimmy의 옷의 단어를 말해 줍니다. 엄마는 "셔츠"라는 단어를 말한 다음, Jimmy가 무엇을 하는지 기다립니다. Jimmy는 "셔츠"라는 단어를 모방하여 말해 줍니다. Jimmy의 엄마는 Jimmy가 셔츠를 입는 것으로 반응한 다음, "셔츠 입어"라고 말하며 의사소통을 확장해 줍니다.

❖ 비디오 클립 보여 주고 토론하기

슬라이드 26

*모델링과 의사소통 확장하기*의 동영상 예시를 보여 준다. 언어 발달 단계가 각기 다른 아이가 등장하는 세 개의 클립을 통해 부모가 아이의 현재 능력에 따라 어떻게 의사소통을 모델링하고 아이의 의사소통을 확장할 수 있는지 보여 준다. 코치는 이러한 클립의 하위 영역을 표시하도록 선택할 수 있다. 만약 그렇게 한다면 코치는 그룹에 속한 아이에 대한 지식을 고려하여 가장 적합한 클립을 선택해야 한다. 각 클립을 보여 주기 전에 부모에게 *모델링과 의사소통 확장하기*의 핵심 요소와 아이의 반응이 어떤지 살펴보도록 요청한다. 각 클립이 끝난 후에는 개방형 질문을 통해 부모가 관찰한 내용에 대해 생각해 볼 수 있도록 도와준다. 부모가 상호작용의 중요한 요소를 파악하지 못하면 좀 더 구체적인 질문을 한다. 클립에서 강조해야 할 중요한 정보는 다음에 설명되어 있다.

샘플 스크립트

이제 아이의 언어적 의사소통을 이해하고 사용하는 데 도움을 주기 위해 *모델링과 의사소통 확장하기*를 사용하는 부모님의 몇 가지 사례를 살펴보겠습니다.

▶ (*각 영상을 보여주기 전*) 부모가 간단한 언어를 사용하여 아이가 무엇을 하고, 듣고, 보고 있는지 이야기하고, 아이의 반응을 기다렸다가 다음과 같이 확장하는 방법을 관찰합니다. 계획된 방식으로 반응하면서 아이의 의사소통을 지원합니다.

▶ (*각 영상을 보여준 후*) 상호작용 중에 어떤 점이 눈에 띄었나요? 부모가 어떻게 아이의 언어를 모방했나요? 아이가 반응할 때 부모가 아이가 무엇을 하고 있는지에 대해 말해 주었나요? 부모가 아이의 의사소통을 어떻게 확장했나요?

클립 9: 모델링과 의사소통 확장하기, 구어 전 단계

엄마가 선글라스를 쓰고 아이와 함께 놀면서 의사소통을 확장하고 있다. 엄마가 아이의 주도를 따르고, 얼굴을 마주 보고, 애니메이션을 사용하는 방식에 집중하도록 한다. 아이는 제스처와 유사한 단어 발화를 하며 의사소통하고 있다. 그래서 엄마는 간단하고 반복적인 언어(한 단어와 짧은 문구)를 사용하여 아이의 관심사에 대해 이야기한다. 아이는 더 집중하고, 눈을 맞추고, 웃고, 더 많은 발성으로 반응한다. 어느 순간 아이가 "가가"라고 발성하면 그녀는 "가가, 안경"이라고 말하며 아이의 의사소통을 확장한다.

클립 10: 모델링과 의사소통 확장하기, 첫 낱말

아빠는 아이가 장난감 음식을 가지고 노는 동안 아이를 위해 언어를 모델링한다. 아빠는 아이와 얼굴을 마주 보고 애니메이션과 단순하고 반복적인 언어를 사용하여 장난감과 아이가 하는 행동을 설명한다. 아이는 한 단어를 사용하여 의사소통을 한다. 따라서 아빠는 주로 한 단어("콩" "옥수수")와 간단한 문구("콩 먹어" "아빠는 콩을 먹어")를 모델링한다. 아이는 아빠의 언어를 모방하고 몇 가지 단어를 자연스럽게 모방한다. 아이가 "콩"이라는 단어를 자연스럽게 말할 때 아빠가 콩을 주면서 아이의 의사소통에 의디 있는 반응을 하는 것을 주목한다.

클립 11: 모델링과 의사소통 확장하기, 문장

엄마는 손을 씻는 시간에 아이의 언어를 모방하고 확장한다. 그녀는 아이가 하는 일을 설명하기 위해 과장된 목소리와 간단한 언어를 사용한다("비누 좀 가져와요" "씻어, 씻어, 씻어요" "손을 씻고 있구나"). 또한 엄마는 아이의 자발적인 언어를 확장한다. 예를 들어, 아이가 "그리고 수건"이라고 말하면 "수건으로 닦아"라고 말하며 말을 확장한다. 또한 아이의 주의를 집중시키고 간단한 언어를 사용하여 자신이 하고 있는 것을 설명한다. "엄마는 손을 씻고 있단다, Ayden"라고 말한다. 아이는 대화하는 내내 주의를 기울이고 말을 하며 때로는 엄마의 언어를 모방하고 때로는 자발적인 언어를 사용한다.

슬라이드 27

부모에게 슬라이드의 '생각해 보세요!' 질문을 사용하여 아이와의 *모델링과 의사소통 확장*하는 방법에 대해 토론하게 한다. 부모들에게 1~2분 정도 생각할 시간을 준다. 그런 다음 부모가 짝을 짓거나 전체 그룹에서 각자의 답변에 대해 공유하게 한다. 이 기법이 아이에게 가장 효과적일 수 있는 방법을 각자가 생각해 보도록 도와준다. 코치는 부모 매뉴얼 제3장에 있는 여러 표를 참조하여 다양한 일과 중에 *모델링과 의사소통 확장하기*를 사용하는 방법에 대한 예를 부모에게 보여 줄 수 있다.

샘플 스크립트

이제 아이와 *모델링과 의사소통 확장하기*를 사용하는 방법에 대해 논의해 보겠습니다.

▶ 잠시 시간을 내어 어떤 제스처, 단어 또는 문장을 모델링할 수 있을지 생각해 보세요. 아이의 언어 수준을 고려하여 다음과 같은 의사소통을 모델링하는 것을 잊지 마세요. 약간 더 복잡할 뿐입니다.

▶ 또한 아이의 의사소통을 확장할 수 있는 방법에 대해서도 생각해 보세요.

▶ (1~2분 후) 이제 이야기해 보겠습니다.

연습 및 코칭 계획하기

슬라이드 28

각 부모에게 일주일 동안 어떻게 실행할지 계획을 세우게 한다. 부모가 그룹 회기 중에 실천계획표를 완성할 시간을 갖는 것이 매우 중요하다. 최소한 부모는 실천계획표의 목표, 활동 및 도표를 완성한 후 출발해야 한다. 시간이 부족하다면 그룹 토론 시간을 단축해야 할 수도 있다. 부모에게 몇 분 동안 실천계획표에 (1) 하나 또는 두 가지 집중하고 싶은 목표,

(2) 실행할 놀이 활동과 일과를 적을 시간을 준다. 그런 다음, 각 부모에게 선택한 활동 중에 아이의 목표를 달성하기 위해 하나 이상의 기법을 어떻게 사용할 것인지에 대한 긍정적인 예를 도표를 사용하여 적어 보게 한다. 부모 중 한 명에게 그룹 앞에서 예시로 도표를 완성해 달라고 요청할 수 있다. 시간이 있다면 부모들이 짝을 지어 공유하거나 전체 그룹에서 실천계획표에 대해 서로 토론하게 한다. 부모가 실천계획표를 완성한 후에는 부모에게 가정에서 이 기법을 사용할 때 어려운 점이 무엇인지 생각해 보도록 한다. 코치는 시간에 따라 다시 짝을 이루거나 전체 그룹으로 가능한 해결책을 논의하게 할 수 있다. 4회기 마지막에 있는 문제 해결 팁 목록(439쪽)에 일반적인 문제에 대한 해결책이 나와 있다.

샘플 스크립트

여러분 각자가 이번 주에 달성할 목표를 한두 가지씩 생각해 보시기 바랍니다. 이러한 목표는 부모와 상호작용할 때 눈을 맞추거나 아이가 부모와 함께하는 시간을 늘리는 등 아이의 사회적 참여도를 높이는 것과 관련된 것이어야 합니다. 실천계획표에 목표를 적으세요. 다음으로, 이러한 기법을 실행할 수 있는 놀이 활동과 하루 일과를 생각해 보세요. 당신이 일상에서 계획한 기법을 연습할 하루 루틴이나 시간이 필요하다는 것을 기억하세요. 활동을 결정한 후에는 실천계획표에 적으세요. 다음으로, *아이에게 집중하기*와 *의사소통 방법 조절하기*를 위해 오늘 이야기한 기법에 대해 생각해 보세요. 여기에는 *아이의 주도 따르기, 아이 모방하기, 애니메이션처럼 표현하기, 모델링과 의사소통 확장하기* 등이 포함됩니다. 아이의 참여와 의사소통 이해를 돕기 위해 사용할 기법을 하나 이상 선택하고 실천계획표의 도표에 적어 보세요. 계획을 실천할 때 생길 수 있는 어려운 점이 무엇일지 생각해 보세요. 더 쉽게 할 수 있는 해결책에는 어떤 것이 있을까요? 부모는 이러한 전략을 하루 15~20분 놀이 시간이나 매일 한두 가지 활동 중에 실천할 계획을 세워야 합니다.

슬라이드 29

부모에게 부모 매뉴얼의 제2장과 제3장을 읽고 다음 주 동안 실천하도록 상기시킨다. 개별 코칭 회기에서 무엇을 할 수 있는지 알려 준다. 만약 아직 코칭 회기가 예약되지 않았다면 부모와 스케줄을 정하도록 한다.

샘플 스크립트

다음 주에는 여러분 각자가 개별 코칭 회기를 갖게 됩니다.

▶ 만약 아직 읽어 보지 않으셨다면 오늘 그룹에서 배운 내용을 다룬 부모 매뉴얼의 제2장과 제3장을 읽어 보시기 바랍니다.

▶ 다음 주 동안 집에서 실천계획표대로 시도해 보고 어떻게 진행되었는지 실천계획표 양식의 '되돌아보기' 칸에 적어 주시기 바랍니다. 부모님은 코칭 회기에서 실천계획표에 대해 논의할 것입니다. **아이에게 집중하기** 또는 **의사소통 방법 조절하기**의 기법에 대해 궁금한 점이 있으면 언제든지 문의해 주세요. 또한 아이와 함께 작업하면서 개별적인 피드백과 지원을 받을 수 있는 기회도 얻게 됩니다. 시작할 준비를 하세요!

4회기

아이에게 집중하기와 의사소통 방법 조절하기 복습(코칭)

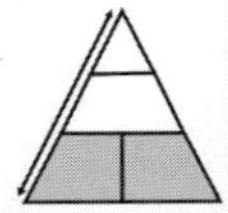

회기 목표

다음을 위해 부모를 돕는다.

- 아이의 행동에 대한 반응성 높이기
- 놀이 중에 아이의 참여도 높이기
- 아이의 비구어 및 구어 사용과 이해를 향상시키기

준비물

- 부모 매뉴얼
- 실천계획표-의사소통 방법 조절하기(양식 31)
- 부모가 작성한 매일 하는 활동 스케줄(양식 11)
- ImPACT F.A.C.T.S. 검토 기록지-*아이에게 집중하기*와 *의사소통 방법 조절하기*(양식 14)
- 좋아하는 장난감
- 몇 가지 장난감 두 쌍
- 회기 기록지(양식 12)
- 중재 충실도 체크리스트(양식 4)
- 코칭 충실도 체크리스트(양식 6)

회기 진행목록

- 체크인 및 회기 진행목록 정하기
- 실천계획표 검토하기
- *아이에게 집중하기*와 *의사소통 방법 조절하기* 검토하기
- *아이에게 집중하기*와 *의사소통 방법 조절하기* 시연하기
- 부모의 연습 및 피드백 제공하기
- 부모의 되돌아보기를 돕고 실천계획표 작성하기

체크인 및 회기 진행목록 정하기

❖ 가족 체크인

가족에게 그룹 회기 이후 어떻게 지냈는지 물어본다. 필요한 경우 부모와 대화하는 동안 잠시 시간을 내어 아이가 스스로 활동에 참여하도록 돕는다.

❖ 회기 목표와 진행목록에 대해 설명하기

코치가 피드백과 지원 방법을 제공하는 동안, 오늘 부모는 **아이에게 집중하기** 및 **의사소통 방법 조절하기**의 몇 가지 기법을 연습할 수 있는 기회를 갖게 된다. 이러한 전략은 놀이 중에 아이와 부모의 참여를 높이고, 아이가 언어적, 비언어적 의사소통을 이해하고 사용하는 데 도움이 된다. 회기 진행목록을 검토하여 부모에게 코칭 회기에 대한 명확한 설명을 제시한다.

부모에게 "오늘 회기에 대해 궁금한 점이 있거나 추가로 다루고 싶은 주제가 있나요?"라고 질문한다. 부모가 질문이 있거나 다루고 싶은 주제가 있다고 하는 경우, 필요에 따라 회기 진행목록을 조정한다.

실천계획표 검토하기

❖ 그룹 회기에서 작성한 실천계획표 검토하기

부모에게 가정에서 사용한 기법에 대해 이야기해 달라고 요청한다. 아이의 반응, 잘된 점, 어려웠던 점에 대해 이야기 나눈다.

❖ 잠재적 문제에 대한 해결 지원하기

아이에게 집중하기 및 **의사소통 방법 조절하기**의 일반적인 문제와 가능한 해결 방법은 이 회기의 마지막에 있는 문제 해결 팁 목록(439쪽)에 나와 있다.

아이에게 집중하기 및 의사소통 방법 조절하기 검토하기

❖ 이론과 핵심 요소에 대해 간단히 검토하기

부모 매뉴얼의 F.A.C.T.S. 피라미드를 사용하여 두 가지 전략을 검토한다. 상호작용에 가장 큰 영향을 미칠 수 있는 기법 전반에 대한 핵심 요소를 강조한다. ImPACT F.A.C.T.S. 검토 기록지–**아이에게 집중하기**와 **의사소통 방법 조절하기**(양식 14)에 이러한 내용을 기록하여 가정에서 이를 기억하게 한다.

부모에게 "오늘 어떤 기법을 사용해 보고 싶으세요?"라고 질문한다. 부모가 아이의 참여를 돕는 데 가장 효과적이고 가장 편하게 사용할 수 있다고 생각되는 기법에 대해 의견을 제시하도록 유도한다.

부모가 아이의 놀이 참여에 어려움을 겪거나 지시적인 성향이 강한 경우, 아이의 놀이에 참여하는 기본 방법으로 *아이에게 모방하기*에 집중하게 한다. 부모가 너무 많이 말하는 경우에는 *모델링과 의사소통 확장하기*에 집중하게 한다.

❖ 기법의 단계에 대해 설명하기

부모 매뉴얼의 도표를 사용하여 아이의 목표 중 하나를 다루기 위해 기법을 사용하는 방법을 설명한다. 부모에게 질문할 기회를 준다.

아이에게 집중하기 및 의사소통 방법 조절하기 시연하기

❖ 시연 준비하기

부모에게 강조한 기법의 핵심 요소를 어떻게 사용하는지, 아이가 어떻게 반응하는지, 아이의 행동에 어떻게 반응하는지 지켜보게 한다. 이 네 가지 기법을 가르칠 시간이 제한되어 있고 함께 사용하면 아주 쉽게 사용할 수 있다는 점을 감안하여 함께 사용하는 시연을 보인다.

❖ 무엇을 하고 있는지 설명하기

부모에게 다양한 기법의 핵심 요소를 어떻게 함께 사용하고 있는지 반드시 언급한다. 특히 아이의 반응이 미묘한 경우에는 아이의 반응 행동을 지적한다. 부모가 아이의 의사소통을 인식하고 해석할 수 있어야, 아이가 그 의사소통에 반응할 수 있다. 예를 들어, 다음과 같이 이야기할 수 있다.

> "Brianna가 자동차를 앞뒤로 굴리고 있네요. 저는 Brianna 옆에서 다른 차를 굴리면서 얼굴을 마주 볼 수 있도록 움직이고 있어요. Brianna가 저를 쳐다봤어요! 그래서 저는 더 굴리면서, '굴려'라는 단어를 말하며 반응할 거예요."

> 부모가 다양한 기법의 중요한 요소들을 인식하는 것이 어려운 경우, 몇 분 동안 각 기법을 개별적으로 모델링할 수 있다.

> "Sam이 차를 줄 세우고 있어요. 저도 차를 줄 세우며 Sam과 함께하고 있어요. Sam이나 제가 자동차를 추가할 때마다 자동차를 가리키며 '자동차가 더 있네'라고 말할 거에요. 간단한 언어와 많은 애니메이션을 사용하는 점에 주목해 보세요."

시연이 끝나면 부모에게 "상호작용 중에 어떤 점이 눈에 띄었나요?"라고 질문한다. 부모가 대답하기 어려운 경우에는 다음과 같이 좀 더 구체적인 질문을 한다.

> "Brianna가 장난감을 가지고 노는 모습을 제가 흉내 냈을 때 어떤 점을 느꼈나요?"
> "제가 단순하고 반복적인 언어를 사용했을 때, Brianna는 어떻게 반응했나요?"

부모의 연습 및 피드백 제공하기

❖ 부모의 연습을 격려하기

아이의 놀이와 기능 수준에 따라 구체적인 예를 들어 부모가 따라야 할 단계를 상기시켜 준다. 아이가 이러한 기법을 사용한 후에 어떻게 하는지 지켜보게 한다. 부모가 각 전략에서 적어도 한 가지 이상의 기법을 실행하고 피드백을 받을 수 있는 기회를 갖게 한다.

❖ 물리적 환경 관리하기

아이가 사용할 수 있는 장난감(예: 좋아하는 장난감, 모방할 수 있는 비슷한 장난감)을 부모에게 준다. 부모가 상호작용에 더 쉽게 집중할 수 있도록 사용하지 않는 놀잇감이나 산만한 물건을 치우도록 돕는다.

❖ 피드백 제공하기

이 전략을 실행할 때 발생할 수 있는 일반적인 문제에 대한 피드백을 위한 제안은 이 회기의 마지막에 있는 문제 해결 팁 목록(439쪽)에서 찾을 수 있다. 부모가 아이디어를 찾거나 어려움을 겪고 있으면 이렇게 말할 수 있다.

> "Sam에게 블록을 넣을 덤프트럭을 주면 어떻게 될지 궁금하네요. Sam이 엄마를 쳐다보는지, 아니면 엄마의 놀이를 따라 하는지 봅시다."

부모의 되돌아보기를 돕고 실천계획표 작성하기

❖ 부모의 되돌아보기

회기 중 연습에 대해 질문한다. 이 시간을 통해 부모가 잘못 이해하고 있는 부분을 명확히 하고, 부모가 배운 내용을 가정에서 어떻게 활용할 수 있을지 스스로 아이디어를 낼 수 있도록 돕는다. 시간을 내어 질문에 답하는 시간을 갖는다. 예를 들어, 다음과 같이 질문할 수 있다.

> "상호작용은 어땠나요?"
> "아이와 매일 이렇게 상호작용하는 것을 기대할 수 있나요? 그렇지 않다면 어떤 점이 어렵게 느껴지나요? 어떻게 하면 더 쉬워질 수 있을까요?"
> "오늘 실행한 기법 중에서 아이의 참여를 돕는 데 가장 효과적으로 보이는 것은 무엇인가요?"

❖ 부모의 목표와 활동 선택을 돕기

> 부모에게 하루 일과에 놀이 시간을 포함하도록 상기시킨다. 15분이 너무 길면 아이에게 집중하고 의사소통을 조절할 수 있는 시간을 확인해서 더 짧은 시간으로 정하도록 돕는다.

부모 매뉴얼의 아동의 목표와 작성된 매일 하는 활동 스케줄(양식 11)을 사용하여 부모가 회기 간 목표와 활동을 선택할 수 있도록 돕는다. 부모가 선택한 내용을 실천계획표에 기록하게 한다. 이 장의 좋은 목표는 놀이 중에 적극적으로 참여하기, 놀이 또는 의사소통 중에 눈 맞추기, 활동 시작하기나 차례 주고받기 등이다.

좋은 활동에는 장난감 놀이, 활동적인 놀이와 옷 입기, 식사, 목욕 시간 등의 일상적인 루틴이 포함된다. **아이에게 집중하기**는 일반적으로 아이가 활동을 즐길 때만 효과적이다. **의사소통 방법 조절하기**는 선호하는 활동과 선호하지 않는 활동 모두에서 효과적일 수 있다. 부모 매뉴얼의 '가정에서 해 보기!' 표에는 다양한 활동 중에 이 기법을 사용하는 방법에 대한 제안이 나와 있다.

❖ 부모의 도표 작성 돕기

부모가 파악한 활동 중 하나 이상에서 사용할 수 있는 긍정적인 기법의 예를 들어 이야기한다. 실천계획표 도표의 관련 칸에 집중할 핵심 요소를 적게 한다.

부모가 선택한 목표와 활동에 가장 효과적일 것 같은 **아이에게 집중하기**와 **의사소통 방법 조절하기** 요인에 대해 질문한다.

그런 다음에 이 기법에 대한 아이의 반응이 어떨지 물어본다. 아이는 다양하게 반응할 수 있다는 점을 상기시킨다. 부모에게 실천계획표의 "기다리기" 칸 아래에 있는 아이 아이콘 옆에 아이의 반응을 적을 수 있다고 알려 준다.

마지막으로 부모에게 어떻게 대응하고 아이의 반응을 어떻게 확장할 것인지 물어본다. 아이의 반응이 부모의 반응을 유도해야 한다.

❖ 잠재적 문제에 대한 해결 지원하기

가정에서 이 기법을 사용할 때 어떤 점이 어려울 것 같은지 물어보고, 가능한 해결책을 브레인스토밍한다. 각 기법과 관련된 일반적인 도전 행동은 이 회기의 문제 해결 팁 표(439쪽)에 나와 있다.

❖ 되돌아보기 및 읽기 과제 제시하기

부모에게 회기 사이에 가정에서 어떻게 실행이 진행되었는지 적어 달라고 요청한다. 가정에서 연습하는 동안 잘된 점과 어려웠던 점을 기록하도록 상기시킨다. 다음 그룹 회기가 시작될 때 이 내용을 검토할 것이라고 알려 준다. 부모에게 다음 그룹 회기 전에 부모 매뉴얼 제4장 **새로운 의사소통 기회 만들기**를 읽어 오게 한다.

*아이에게 집중하기*와 *의사소통 방법 조절하기* 문제 해결 팁

만약 부모가……	코치는……
얼굴을 마주 보고 있는 것이 어렵다면	• 부모가 아이에게서 떨어져 앉을 수 있는 특정 공간을 권한다. • 마주 보고 앉아서 게임하기를 제안한다. • 부모와 아이가 마주 보고 앉을 수 있도록 가구를 재배치한다. • 부모가 움직일 때 아이를 따라 움직이도록 유도한다. • 부모와 아이가 마주 볼 필요 없이 눈을 마주칠 수 있도록 거울을 제시한다.
아이의 주도를 따르는 것을 어려워한다면	• 참여하기 전에 아이가 어떻게 노는지 몇 분 동안 관찰하게 한다. • 부모가 활동을 바꿀 때 아이와 함께 바꾸도록 격려한다. • 아이의 놀이를 부모가 연출하는 것은 아이를 반응하는 역할로 대치하고 아이가 스스로 시작하지 못하게 한다는 점을 상기시킨다. • 프로그램 후반에서 아이의 놀이 확장을 도와줄 수 있다고 알려 준다.
아이의 놀이에 참여하고 모방하는 것을 어려워한다면	• 아이의 놀이에 참여하는 방법에 대한 구체적인 예시를 제시한다. • 아이의 놀이에 참여하거나 모방하는 데 사용할 수 있는 유사한 장난감을 제공한다. • 아이가 모방할 수 있는 행동을 구체적으로 설명한다. • 특정 활동에서 어떻게 아이의 놀이에 참여할 수 있는지 물어본다.
비기능적 혹은 반복적인 행동에 참여하거나 모방하는 것이 불편하다면	• 이러한 전략이 아이의 참여와 주의력을 증진시키기 위한 것이라는 점을 상기시킨다. 프로그램 후반에서 기능적 놀이를 증진시키는 방법을 배우게 될 것이라고 언급한다. • 만약 참여도가 증가하는 것으로 보이면 격려한다. 그렇다면, 모방을 계속해야 한다. 만약 아이가 "엄마에게 관심이 없으면", 다른 방법으로 놀이에 참여해야 한다. • 아이가 좀 더 적절한 행동을 하도록 돕기 위해, 행동을 약간 바꾸면서 아이의 감정을 모방할 것을 제안한다.

기다리며 관찰하는 것을 어려워한다면	• 부모가 코멘트 하거나 다시 아이의 놀이에 참여하려고 시도한 후에, 머릿속으로 5까지 세어 보라고 제안한다.
계획된 방식으로 아이의 행동에 반응하는 것을 어려워한다면	• 아이의 행동과 그 행동의 의미에 대해 설명한다. • "지금 아이가 무슨 말을 하고 있는 것 같나요?"라고 질문한다. • 부모가 주변 환경의 단서를 활용하여 아이의 의사소통의 의미를 해석하기 위해 사용할 수 있도록 돕는다. • 몇 분간의 상호작용을 녹화하고 부모와 함께 비디오를 검토하여, 아이의 의사소통 방식을 인식할 수 있도록 돕는다.
감정 표현이 어렵거나 애니메이션처럼 표현하기가 불편하다면	• 부모의 행동을 과장하는 것이 우습게 느껴질 수 있지만, 스스로 생각하는 것처럼 다른 사람들에게 "바보같이" 보이지 않는다는 것을 알려 준다. • 잘 듣지 못하는 길 건너편의 누군가와 대화하는 척하게 한다. • 얼굴 표정과 몸짓을 더 크고 보기 쉽게 만드는 구체적인 방법을 제안한다. 예를 들어, 눈썹과 O자형 입 모양으로 놀라움을 과장되게 표현할 수 있다. • 몇 분 동안 표정과 몸짓을 작게 표현한 다음, 몇 분 동안 크게 표현하여 아이의 반응하는데 도움이 되는지 확인해 볼 것을 제안한다.
너무 복잡한 언어를 사용한다면	• "이번 활동에서는 '공'이라는 단어를 사용해 보자."와 같이, 해야 할 말의 예시를 알려 준다. • 엄마가 사용할 간단한 언어를 모델링해 준다.
매우 조용하고 말을 거의 따라하지 않는다면	• 다른 기법을 사용하거나 언어를 단순화하는 것에 대한 걱정 없이, 아이의 "각각의 놀이"에 대해 이야기하는 것을 연습하여 부모가 더 편안하게 이야기할 수 있도록 돕는다. • 부모가 사용할 수 있는 말을 알려 준다.
질문을 많이 하거나 더 복잡한 말을 사용하게 하기 위한 촉진을 많이 사용한다면	• 아이의 시작을 돕기 위해 아이가 스스로 무엇을 하는지 기다리며 지켜보도록 상기시킨다. • 부모가 질문이 아닌 코멘트로 표현할 수 있도록 모델링한다. • 목표는 참여와 집중을 높이는 것임을 상기시킨다. 프로그램 후반에 더 복잡한 언어를 가르치는 방법을 배울 것이다. • 부모에게 어떻게 질문을 설명하기로 바꾸고, 새로운 정보를 모델링할 수 있는지 질문한다.
전략의 핵심 요소들을 함께 사용하는 것을 어려워한다면	• 부모가 사용할 수 있도록 한 번에 1~2개의 핵심 요소만 제안한다.

만약 아이가……	코치는……
장난감을 가지고 놀지 않는다면	• 감각 탐색을 위한 다양한 놀잇감을 제공한다. • 대근육 운동 또는 놀이 활동을 장려한다. • 놀이에 장난감이 반드시 필요한 것이 아님을 부모에게 알려 준다. • 아이가 좋아하는 다른 놀이 방법을 인식할 수 있도록 부모를 돕는다. • 부모가 아이의 모든 움직임과 소리를 과장된 방법으로 모방하도록 격려한다.
활동 중에 너무 많이 움직인다면	• 아이가 가져올 수 있는 장난감의 수를 제한한다. • 아이가 움직일 수 있는 영역을 제한하기 위해, 더 작은 놀이 공간을 찾도록 돕는다. • 아이가 더 오래 앉아 있을 수 있도록 의자나 빈백을 제공한다.
부모가 놀이에 참여하거나 모방할 때, 좌절하거나 다른 곳으로 가 버린다면	• 이것이 어려울 수 있다는 것을 인정한다. 아이에게 잠시 진정할 시간을 준 다음 다시 시도해 볼 것을 제안한다. • 부모가 놀이에 참여할 수 있는 또 다른 방법을 제안한다. • 아이가 함께 놀기에 더 쉬울 수 있는 다른 장난감이나 재료를 제공한다.
부모가 애니메이션처럼 표현할 때 너무 흥분한다면	• 아이가 조절의 어려움을 나타내기 시작하는 신호를 알려 준다. • 부모가 더 작은 몸짓과 더 부드러운 목소리를 사용하고, 천천히 말할 것을 제안한다.
이런 전략들을 사용해도 아이의 참여도가 높아지지 않는다면	• 아이에게 간지럼을 태우거나 쫓아가기와 같이 동기 부여가 높은 활동을 시도해 보는 것을 부모에게 권장한다. • 다음 회기에서는 상호작용 놀이를 촉진하는 기법에 초점을 둘 것이라고 설명한다.

3단원

새로운 의사소통 기회 만들기

이 단원의 목표는 부모에게 **새로운 의사소통 기회 만들기**를 가르치는 것이다. 이 전략 세트는 ImPACT 프로젝트 F.A.C.T.S.의 C이고, 아이가 스스로 시작하지 않는 경우 시작을 돕거나 필요할 때 아이의 관심을 끌기 위해 사용된다. 이것은 아이가 상호작용을 시작하거나 의사소통을 하는 이유를 개선할 수 있다.

- 그룹 회기에서는 **아이에게 집중하기**와 **의사소통 방법 조절하기** 전략을 사용하기 위해 부모의 실천계획표를 검토하는 것으로 시작할 것이다. 그런 다음 슬라이드와 비디오 클립을 사용해 **새로운 의사소통 기회 만들기**와 세 가지 기법인 *놀이 방해하기, 균형 잡힌 주고받기, 의사소통 유혹하기*를 소개한다. 그룹이 끝나면 각 부모가 개별 코칭 회기 전에 중재할 실천계획표를 작성하도록 돕는다. 각 비디오 클립의 핵심 요소에 대한 지침은 슬라이드의 참조에 포함되어 있다.
- 코칭 회기에서는 그룹 회기에서 작성된 부모의 실천계획표를 검토하는 것으로 시작할 것이다. 그런 다음 부모에게 **새로운 의사소통 기회 만들기**를 시연하고, 피드백을 제공하며 부모가 연습하도록 한다. 몇 가지 기법이 나오면 이러한 기법을 강조해 가르치고, 다음과 같은 사항을 강조한다. 이것은 아이의 목표이고 부모가 실행하는 활동에서 가장 중요한 핵심 요소이다. 부모가 도움을 받고 싶은 기법에 대해 부모에게 의견을 묻는

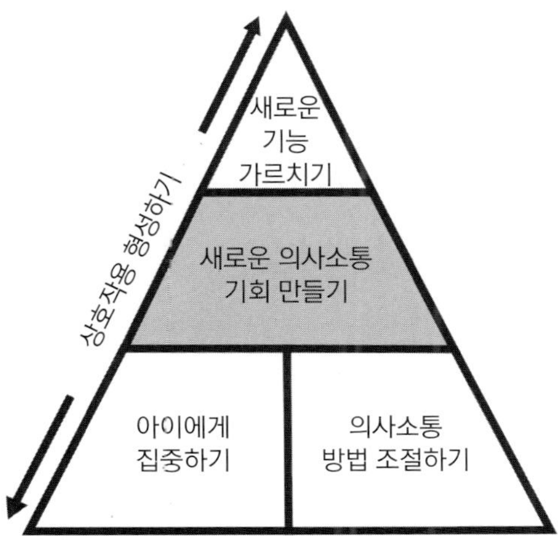

다. 그런 다음 부모가 코칭 회기에서의 실행을 되돌아보고, 다음 주 실천계획표를 세울 수 있도록 돕는다. 되돌아보기가 끝난 부모에게는 다음 그룹 회기 전에 부모 매뉴얼의 제5장, **새로운 기능 가르치기**의 처음 세 부분(*촉진과 보상, 의사소통 촉진하기, 의사소통 이해 촉진하기*)을 읽도록 요청하는 것으로 마무리한다.

5회기
새로운 의사소통 기회 만들기(그룹)

회기 목표

다음을 위해 부모를 돕는다.
- 아이와의 상호작용 늘리기
- 아이가 먼저 시작할 수 있는 기회 늘리기
- 아이가 의사소통하는 이유 확장하기
- 필요할 때 아이의 주의 끌기

준비물

- 슬라이드/비디오 클립
- 실천계획표-**새로운 의사소통 기회 만들기** (양식 32)
- 화이트보드 또는 큰 종이 한 장
- 그룹 지침
- 그룹 충실도 체크리스트(양식 7)

회기 진행목록

- 체크인 및 회기 진행목록 정하기(슬라이드 1~2)
- 실천계획표 검토하기(슬라이드 3)
- **새로운 의사소통 기회 만들기** 소개하기 (슬라이드 4)
- *놀이 방해하기* 소개하기(슬라이드 5~9)
- *균형 잡힌 주고받기* 소개하기(슬라이드 10~14)
- 휴식 시간 갖기
- *의사소통 유혹하기* 소개하기(슬라이드 15~19)
- 연습 및 코칭 계획하기(슬라이드 20~21)

핵심 요소: *놀이 방해하기*

- 아이가 방해를 예상하게 하기
- 아이의 활동을 재미있게 방해하기

핵심 요소: *균형 잡힌 주고받기*

- 아이가 차례를 기다리도록 도와주기
- 차례 지키기
- 부모의 차례일 때 놀이를 모델링해 주기

핵심 요소: *의사소통 유혹하기*

- 눈앞에 재미있는 물건을 두되 손이 닿지 않는 곳에 두기
- 아이가 좋아하는 물건을 가지고 있기
- 조금씩 주기
- 부모 도움이 필요하도록 물건 사용하기
- 활동이나 물건의 한 부분을 누락하기
- 우스운 상황 만들기

체크인 및 회기 진행목록 정하기

슬라이드 1

부모님이 들어오면 따뜻하게 맞이하고, 시작하기 전 서로 인사를 나눌 수 있는 시간을 몇 분 정도 준다. 그런 다음 그날의 그룹 회기 주제를 간략하게 소개한다.

샘플 스크립트

다시 만나서 반갑습니다! 지난 시간 그룹 회기에서 우리는 **아이에게 집중하기**와 **의사소통 방법 조절하기** 전략을 배웠습니다. 즉, ImPACT 프로젝트 F.A.C.T.S. 피라미드에서 F와 A에 대해 배웠습니다. 이번 주에는 이러한 전략을 바탕으로 **새로운 의사소통 기회 만들기**를 뜻하는 F.A.C.T.S.의 **C**에 대해 알아보겠습니다.

슬라이드 2

회기 진행목록을 간략하게 검토하고 회기의 목표와 구성에 대한 정보를 제공한다. 시간 관계상 이 목록을 조정해야 하는 경우 부모에게 이를 설명한다.

샘플 스크립트

▶ 지난주 실천계획표를 검토하는 것으로 시작하겠습니다.

▶ 그런 다음 **새로운 의사소통 기회 만들기**에서 사용할 수 있는 세 가지 기법에 대해 설명하겠습니다. 각 기법에 대해 어떤 기능을 가르칠 수 있는지 살펴보고, 사용 방법에 대해 이야기한 후 몇 가지 비디오 예시를 살펴보도록 하겠습니다. 그런 다음 아이와 함께 이 기법들을 어떻게 사용할 수 있을지에 대해 간단히 논의할 것입니다.

▶ 마지막으로 다음 한 주 동안 아이와 함께 이러한 기법 중 하나 이상을 어떻게 연습할지 계획해 보겠습니다.

실천계획표 검토하기

슬라이드 3

화이트보드에 "잘된 점" "어려웠던 점" "가능한 해결책"이라고 표시된 세 개의 열을 그린다. 부모에게 어떤 기법을 연습했고, 아이가 어떻게 반응했는지 보고하도록 요청한다. 각 부모가 보고할 때 화이트보드의 해당하는 곳에 정보를 간략하게 적는다. 부모가 각자의 경험에서 공통점을 찾아낼 수 있도록 돕는다. 각 부모의 보고가 끝난 후에는 부모가 경험한 공통적인 어려움을 하나 이상 파악한다. 그룹에서 잠재적인 해결책을 찾을 수 있도록 질문하고, 제안한다. "가능한 해결책" 줄에서 특정 문제 열에 있는 "무엇이 어려웠나요?"에는 각 문제에 대한 최선의 잠재적 해결책을 적는다. 이 주제와 관련된 일반적인 문제와 가능한 해결책은 4회기 마지막에 있는 문제 해결 팁 목록(439쪽)에 설명되어 있다.

샘플 스크립트

지금까지 우리가 배운 전략이 가정에서 어떻게 진행되었는지 이야기해 보겠습니다. 지난주에 여러분은 개별 코칭 회기에서 코치와 함께 **아이에게 집중하기**와 **의사소통 방법 조절하기**를 연습했을 것입니다. 코치는 이러한 기술을 모델링하고, 가정에서 어떻게 사용할지 생각하고 연습할 수 있도록 지원했어야 합니다.

▶ 모두 돌아가면서 가정에서의 실행이 어떻게 진행되었는지 간단히 공유해 봅시다. 제가 구체적으로 알고 싶은 것은 어떤 기법을 연습했고 아이와 함께 연습했을 때 잘된 점과 어려웠던 점 한 가지씩 정도입니다.

▶ (*모든 부모가 활동에 대해 보고한 후*) 이제 이러한 문제에 대해 몇 가지 가능한 해결책을 생각해 봅시다.

새로운 의사소통 기회 만들기 소개하기

슬라이드 4

새로운 의사소통 기회 만들기 전략 세트를 소개하고 부모가 이전에 배운 전략과 어떤 관련이 있는지 F.A.C.T.S. 피라미드와 도표를 사용해 설명한다. 부모에게 오늘 논의하는 각 기법을 모두 사용하는 것이 목표가 아니라 현재 하고 있는 활동 내에서 아이에게 가장 적합한 기법을 선택하는 것이 목표임을 강조한다. 또한 부모는 다음 회기에서 새로운 기능을 촉진하는 방법을 배우게 되겠지만 지금은 아이가 이미 가지고 있는 기능에 계속 집중할 것임을 강조한다.

샘플 스크립트

▶ 오늘 우리는 '**새로운 의사소통 기회 만들기**'라는 전략 세트를 배움으로써 F.A.C.T.S. 피라미드의 맨 아래에서 중간으로 이동해 보겠습니다. **아이에게 집중하기**와 **의사소통 방법 조절하기** 전략은 상호작용을 재미있게 만들고 아이의 참여도를 높이기 때문에 계속 사용하는 것이 중요합니다. 그러나 이러한 전략만으로 아이가 상호작용을 시작하거나 부모에게 반응하도록 하는 것이 충분하지 않을 수 있습니다. 바로 이때 '**새로운 의사소통 기회 만들기**'가 필요합니다. 아이가 스스로 시작하지 않거나 아이의 주의를 끌 필요가 있을 때 **새로운 의사소통 기회 만들기**를 사용합니다. 이러한 전략은 아이의 주도권과 주의력을 높여 주므로 부모가 더 복잡한 반응을 모델링할 수 있는 기회도 제공합니다. 이제 기회를 만드는 데 사용할 수 있는 세 가지 기법으로 *놀이 방해하기, 균형 잡힌 주고받기, 의사소통 유혹하기*를 배워 보겠습니다. 이 중에서 자신의 활동에 가장 적합하고 아이의 좌절감을 가장 적게 유발하는 기법을 선택하면 됩니다. 또한 아이의 목표와 활동에 따라 다른 기법을 사용할 수도 있습니다. 이 전략은 이전 전략보다 아이에게 더 많은 것을 요구하므로 아이가 너무 좌절하지 않도록 아이와의 상호작용에서 2/3 정도만 사용해야 합니다. 지금은 아이가 이미 가지고 있는 기능을 사용할 수 있는 기회를 만드는 데 집중하겠습니다. 다음 두 번의 그룹 회기에서는 새로운 방식으로 아이와 소통하고 놀이하는 것을 돕는 방법을 배울 것입니다.

▶ 이러한 기법을 사용하려면 아이에게 집중하고 이미 배운 대로 의사소통 방법을 조절하는 것으로 상호작용을 시작해야 합니다. 만약 아이가 스스로 시작하지 않거나 아이의 주의를 끌어야 하는 경우 **새로운 의사소통 기회 만들기** 기법 중 하나를 사용합니다. 그런 다음 아이의 반응을 기다리고 필연적으로 아이의 행동에 반응하고 확장합니다.

놀이 방해하기 소개하기

❖ 이론 설명하기

슬라이드 5

*놀이 방해하기*를 사용하는 이론적 근거를 소개한다. 이때 그룹 구성원의 아이들에 대한 지식을 바탕으로 이 기법을 사용하여 해결할 수 있는 특정한 목표의 예를 제시할 수 있다. 이 기법에 대한 자세한 내용은 부모 매뉴얼을 참조한다.

샘플 스크립트

사회적 의사소통에 어려움이 있는 아이들은 활동 참여 시 사람들과 함께 참여하거나 활동을 먼저 시작하는 데 어려움을 겪습니다. *놀이 방해하기*를 사용하면 부모는 아이의 활동에 참여해 장난스러운 방식으로 방해하고 아이가 부모와 함께 활동을 지속하도록 만들 수 있습니다. 이때 당신의 몸, 장난감, 물건 또는 운동 활동을 이용할 수 있습니다.

▶ 이 전략을 사용하여 아이의 언어적 및 비언어적 시작과 상호작용 놀이 그리고 요구하거나 거부하는 능력을 향상시키고 아이의 주의를 끌 수 있습니다.

▶ *놀이 방해하기*는 아이가 아직 차례를 주고받을 준비가 되지 않았거나 차례를 지켜야 할 때 매우 화를 내거나 장난감에 관심이 없을 때 유용합니다.

❖ 핵심 요소에 대해 이야기 나누기

슬라이드 6

*놀이 방해하기*의 핵심 요소에 대해 이야기 나눈다. 그러면서 그룹 구성원의 아이들에 대한 지식을 바탕으로 부모가 이 기법을 어떻게 사용할 수 있을지에 대해 보다 구체적인 예를 몇 가지 제시한다.

샘플 스크립트

*놀이 방해하기*를 어떻게 사용하는지 살펴보겠습니다.

▶ 아이의 놀이를 방해하기 전에 "하나, 둘, 셋, 멈춰" "내가 간다." "잡으러 갈 거야"와 같은

일관된 문구나 큰 제스처를 사용합니다. 이러한 행동은 아이가 중단을 예상하고 덜 화나게 할 수 있습니다. 또한 아이가 "안 돼"라고 말하거나 제스처를 보여 줄 수 있는 기회를 줍니다.

▶ 아이가 이 시점에서 거부하면 의미 있는 방식으로 "안 돼" 또는 "그만"이라고 말하도록 모델링을 해 주세요.

▶ 다음으로, 아이의 활동을 장난스럽게 방해합니다. 다양한 방법으로 방해할 수 있습니다. 가장 간단한 방법은 아이의 놀이를 손으로 막는 것입니다. 예를 들어, 아이가 공굴리기 장난감 아래로 공을 넣으려고 하면 장난감의 구멍을 손으로 막고 아이가 공을 넣지 못하도록 할 수 있습니다. 만약, 아이가 자동차를 밀고 있다면 자동차를 움직이지 못하도록 손을 자동차 위에 올려놓을 수도 있습니다. 핵심은 놀이의 재미를 유지하면서 방해물을 놀이 활동의 일부로 만드는 것입니다. 예를 들어, 아이가 자동차를 밀고 있다면 부모의 다리를 자동차 앞에 놓고 아이에게 "통나무가 길에 떨어졌네."라고 말할 수 있습니다.

▶ 가끔 아이들은 다른 사람이 자신의 놀이를 방해하면 좌절감을 느끼기도 합니다. 이 경우 인형, 담요 또는 다른 장난감을 사용해 놀이를 방해하면 직접 손을 사용하는 것보다 아이를 덜 화나게 할 수 있습니다.

▶ 만약 아이가 목적 없이 돌아다니거나 앞뒤로 달리고 있다면 아이가 가려는 길을 장난스럽게 방해하여 게임으로 만들 수 있습니다. 예를 들어, 아이가 뛰는 것을 막고 "멈춰"라고 말한 다음, 아이가 부모를 바라볼 때까지 기다렸다가 "가"라고 말하면서 아이와 놀아 줄 수 있습니다. *놀이 방해하기* 기법을 사용한 후에는 아이의 반응을 기다립니다. 눈 맞춤을 하거나 자세, 제스처, 발성, 낱말 또는 문장의 변화를 찾으세요. 아이가 활동을 계속하도록 하고 이러한 행동에 반응해 준 다음 의사소통을 확장합니다.

슬라이드 7

슬라이드의 도표를 사용해 부모에게 *놀이 방해하기*에 대한 예시를 보여 준다. 이때 부모에게 이 기법에 대해 궁금한 점이 있는지 물어보는 것도 좋은 방법이다.

샘플 스크립트

이 슬라이드는 아이의 참여와 의사소통을 늘리기 위해 *놀이 방해하기* 기법을 사용하는 아빠의 사례를 보여 줍니다. Paul이 기차를 밀고 있습니다. 아빠는 아이에게 집중하고 놀이에 참여하며 간단한 언어를 사용해 Paul이 하는 일에 대해 이야기함으로써 의사소통을 조절합니다. 그런 다음 아빠는 재미있게 방해하기 기법을 사용하여 새로운 의사소통 기회를 만듭니다. 아빠가 “여기 소가 있네.”라고 말하며 Paul이 방해를 예상할 수 있도록 돕고 장난감 소로 Paul의 기찻길을 막습니다. 그런 다음 Paul의 아빠는 Paul이 어떻게 반응할지 기다립니다. Paul은 저항하는 소리를 내며 반응합니다. 아빠는 소를 움직이는 것으로 응답하고 “옮겨”라고 말하면서 Paul의 의사소통을 확장합니다.

❖ 비디오 클립 보고 토론하기

슬라이드 8

*놀이 방해하기*의 비디오 사례를 보여 준다. 영상을 보여 주기 전 부모에게 놀이 방해하기 기법의 핵심 요소를 살펴보고 아이가 어떻게 반응하는지 관찰해 보도록 요청한다. 영상을 본 후에는 개방형 질문을 통해 부모가 관찰한 내용에 대해 생각해 볼 수 있도록 도와준다. 부모가 상호작용의 중요한 요소를 파악하지 못한다면 좀 더 구체적인 질문을 한다. 클립에서 강조해야 할 중요한 정보는 다음에 설명되어 있다.

샘플 스크립트

이제 재미있는 방해물을 사용해 아이가 놀이 중에 상호작용할 수 있도록 도와주는 부모의 사례를 살펴보겠습니다.

▶ (*각 비디오 클립을 보여 주기 전*) 부모는 아이가 놀이 중단을 예상하도록 돕고, 재미있게 활동을 방해하며 아이의 반응을 기다리고, 활동을 계속하도록 하면서 아이의 의사소통을 확장하고, 아이에게 어떻게 반응하는지 살펴봅시다.

▶ (*각 비디오 클립을 보여 준 후*) 상호작용 중에 어떤 점을 발견했나요? 부모는 아이가 놀이 중단을 예상할 수 있도록 어떻게 도와주었나요? 부모가 아이의 활동을 어떻게 재미있게 방해했나요? 부모가 놀이를 중단했을 때 아이는 어떻게 반응했나요? 부모는 아이의 의사소통에 어떻게 반응했나요?

클립 12: 놀이 방해하기, 첫 낱말

부모는 재미있는 방해물을 가지고 아이가 기차놀이를 하는 동안 상호작용을 할 수 있도록 도와준다. 엄마는 아이와 마주 앉아 아이가 하는 행동을 따라 하며 기차놀이에 동참한다. 엄마는 간단한 언어를 사용해 아이가 무엇을 하고 있고, 무엇을 보고 있는지 이야기한다. 아이가 엄마를 쳐다는 보지만 반응하지 않으면 엄마는 예상되는 문구(“경찰차가 오고 있어, 멈추라고 할 거야")를 사용해 기회를 만든 다음 장난스럽게 기차를 멈춘다. 아이는 언어로("경찰 출동") 반응한다. 엄마는 이 놀이 루틴을 계속 유지하고 아이는 매번 다른 언어로 반응한다.

슬라이드 9

부모에게 슬라이드의 '생각해 보세요!' 질문을 통해 부모가 아이와 함께 놀이 방해하기를 어떻게 사용할지에 대한 이야기를 나눈다. 그들에게 1~2분 정도 생각할 시간을 준다. 그런 다음 부모가 2인 1조 또는 전체 그룹에서 각자의 답변에 대해 이야기 나누도록 한다. 이 기법이 아이에게 가장 효과적일 수 있는 방법을 생각해 볼 수 있도록 도와준다. 부모 매뉴얼 제4장의 '가정에서 해 보기!'를 참조해 다양한 일과 중에 재미있는 방해물을 사용하는 방법에 대한 예를 부모에게 보여 줄 수 있다.

샘플 스크립트

이제 여러분 각자가 아이와 함께 *놀이 방해하기*를 어떻게 사용할 수 있을지 논의해 보겠습니다.

▶ 잠시 시간을 내어 아이가 좋아하는 몇 가지 놀이 방법을 생각해 보세요. 이러한 활동 중에 아이가 놀이 중단을 예상하는 데 도움이 될 수 있는 몇 가지 문구를 생각해 보세요.

▶ 이제 놀이를 재미있게 방해할 수 있는 몇 가지 방법을 생각해 보세요. 놀이 활동의 일부로 만들어 놀이를 재미있게 만들 수 있는 방법에 대해 생각해 보세요.

▶ (1~2분 후) 이제 이것에 대해 이야기해 봅시다.

균형 잡힌 주고받기 소개하기

❖ 이론 설명하기

슬라이드 10

*균형 잡힌 주고받기*의 이론적 근거를 설명한다. 이 과정에서 그룹에 속한 아이들에 대한 지식을 바탕으로 이 기법을 통해 해결할 수 있는 특정한 목표의 예를 제시할 수 있다. 어떤

아이들은 장난감을 가지고 주고받기를 할 준비가 되어 있지 않을 수 있기 때문에 아주 어린 아이가 있는 가족과 함께 중재하는 경우에는 이 기법을 강조하지 않는 것이 좋다. 이 방법에 대한 자세한 내용은 부모 매뉴얼을 참조한다.

샘플 스크립트

사회적 의사소통에 어려움이 있는 아이는 다른 사람과 함께 공유하고 주고받는 것이 어렵습니다. 그들은 장난감을 적절하게 가지고 노는 것 또한 어려울 수 있습니다. 부모는 *균형 잡힌 주고받기*를 통해 아이가 놀이 중에 차례를 지키도록 도와줍니다. 이것은 아이가 차례를 위해 의사소통할 수 있는 기회를 주고 부모는 아이에게 차례를 기다리는 동안 새롭고 재미있는 놀이 방법을 보여 줄 수 있는 기회도 제공합니다.

▶ 이 기법은 차례 지키기, 요구하기, 놀이 기능 가르치기에 사용될 수 있습니다.

▶ 균형 잡힌 주고받기는 공굴리기 장난감, 자동차, 악기와 같은 교구를 가지고 놀 때 가장 도움이 됩니다. 또한 아이가 새로운 놀이 방법을 배우는 것과 차례를 지키는 것이 목표가 될 때 도움이 됩니다.

❖ 핵심 요소에 대해 이야기 나누기

슬라이드 11

*균형 잡힌 주고받기*의 핵심 요소에 대해 이야기 나눈다. 그러면서 그룹 구성원의 아이들에 대한 지식을 바탕으로 부모가 이 기법을 어떻게 사용할 수 있는지 구체적인 예를 몇 가지 제시한다. 지금은 부모가 아이들에게 새로운 놀이 기능을 사용하도록 유도하는 것이 아니라 새로운 놀이 방법을 관찰할 수 있는 기회를 제공하는 것임을 강조한다.

샘플 스크립트

*균형 잡힌 주고받기*를 어떻게 사용하는지 살펴보겠습니다.

▶ 차례를 주고받기 전에 "엄마 차례야." 또는 "내 차례야."와 같은 일관된 문구와 가슴을 두드리는 등의 제스처를 함께 사용하세요. 이렇게 하면 아이가 중단을 예상하고 덜 좌절할 수 있습니다. 아이의 차례가 되면 아이의 가슴을 두드리며 "네 차례야."라고 말하세요.

▶ 이제 차례를 지킵니다. 아이가 저항하더라도 이 과정을 진행해야 합니다.

▶ 아이가 좌절하지 않도록 차례를 짧게 유지하세요. 아이가 차례를 지키는 데 익숙해지면

차례 시간을 늘리고 좀 더 자주 주고받기를 할 수 있습니다.

▶ 때때로 아이들은 다른 사람의 차례가 되면 좌절감을 느끼기도 합니다. 이럴 때는 장난감 한 개를 번갈아 사용하는 대신 장난감을 서로 교환해서 사용하는 것으로 시작할 수 있습니다.

▶ 아이가 부모와 함께 차례를 지킬 수 있게 되면 부모 차례에 재미있는 놀이 방법을 모델링해 주세요.

▶ 이것은 아이에게 새로운 놀이 방법을 보여 줄 수 있습니다. 부모 매뉴얼에는 아이의 현재 놀이 기능에 따라 부모가 모델링할 수 있는 다양한 유형의 놀이 방법에 대한 제안이 나와 있습니다. 부모의 차례에 아이의 반응을 기다리세요. 눈 맞춤, 자세의 변화, 제스처, 발성, 낱말 또는 문장을 찾아보세요. 이러한 행동에 대해 반응하면서 아이의 차례가 되면 "네 차례야."라고 말하며 의사소통을 확장하세요.

슬라이드 12

슬라이드의 도표를 사용해 부모에게 *균형 잡힌 주고받기*를 사용하는 방법에 대한 예시를 설명한다. 이때 부모에게 이 기법에 대해 궁금한 점이 있는지 물어보는 것도 좋은 방법이다.

샘플 스크립트

이 슬라이드는 아이의 차례 지키기와 의사소통 능력을 향상시키기 위해 엄마가 균형 잡힌 주고받기를 하는 예를 보여 줍니다. Heather가 공을 가지고 놀고 있습니다. 엄마는 아이의 얼굴을 마주 보며 아이에게 집중하고 "공"이라는 낱말을 말하며 의사소통을 조절합니다. 그런 다음 Heather의 엄마는 균형 잡힌 주고받기를 사용하여 새로운 의사소통 기회를 만듭니다. 엄마는 제스처와 함께 "내 차례"라고 말한 다음 공을 들어 빠르게 가져갑니다. 그런 다음 Heather가 어떻게 반응할지 기다립니다. Heather는 공을 향해 손을 뻗어 반응합니다. 엄마는 Heather에게 공을 돌려주고 Heather의 가슴을 두드리며 "네 차례"라고 말하며 의사소통을 확장합니다.

❖ 비디오 클립 보고 토론하기

슬라이드 13

*균형 잡힌 주고받기*의 비디오 사례를 보여 준다. 영상을 보여 주기 전, 부모에게 균형 잡

힌 주고받기의 핵심 요소를 살펴보고 아이가 어떻게 반응하는지 관찰하도록 요구한다. 영상을 본 후에는 개방형 질문을 통해 부모가 관찰한 내용에 대해 생각해 볼 수 있도록 도와준다. 부모가 상호작용의 중요한 요소를 파악하지 못한다면 좀 더 구체적인 질문을 한다. 클립에서 강조해야 할 중요한 정보는 다음에 설명되어 있다.

샘플 스크립트

이제 *균형 잡힌 주고받기*를 사용해 놀이 중에 아이가 엄마와 상호작용할 수 있도록 도와주는 부모의 사례를 살펴보겠습니다.

▶ *(비디오 클립을 보여 주기 전)* 부모가 어떻게 아이의 차례를 예상하도록 돕고, 직접 놀이에 참여하여 차례를 지키고, 놀이를 모델링해 주며, 아이의 반응을 기다리고, 아이에게 반응하며, 아이에게 자신의 차례를 갖게 하고 의사소통을 확장시키는 지 주의 깊게 지켜보세요.

▶ *(비디오 클립을 보여 준 후)* 상호작용 중에 어떤 점이 눈에 띄었나요? 부모는 아이가 부모의 차례를 예상하도록 어떻게 도와주었나요? 부모는 아이의 차례에 무엇을 했나요? 부모의 차례가 되었을 때 아이는 어떻게 반응했나요? 부모는 아이의 의사소통에 어떻게 반응했나요?

클립 13 : *균형 잡힌 주고받기, 첫 낱말*

엄마가 딸과 함께 팔찌를 가지고 놀면서 균형 잡힌 주고받기를 사용한다. 엄마는 팔찌를 가지고 노는 아이의 놀이에 참여해 간단한 언어를 모델링하며 의사소통을 조절한다. 엄마는 "내 차례"라는 예상 문구를 사용해 아이가 중단에 대비할 수 있도록 도와준 다음 팔찌를 가져간다. 엄마 차례가 되면 엄마는 자신의 차례를 짧게 유지하고 새로운 놀이 방법을 모델링한다. 아이는 눈 맞춤, 제스처(손 뻗기), 언어("내 마음")를 사용해 반응한다. 엄마는 이러한 행동에 의미 있게 반응을 보이고 아이의 차례가 되면 팔찌를 아이에게 되돌려 준다. 그런 다음 다시 엄마의 차례가 되면 아이는 엄마의 언어("껴")를 모방한다.

슬라이드 14

슬라이드의 '생각해 보세요!' 질문을 통해 부모가 아이와 함께 균형 잡힌 주고받기를 어떻게 사용할 수 있을지 이야기를 나눈다. 답변에 대해 생각할 시간을 1~2분 정도 준다. 그런 다음 부모가 2인 1조 또는 전체 그룹에서 각자의 답변에 대해 이야기 나누도록 한다. 이 기법이 아이에게 가장 효과적일 수 있는 방법을 각자 생각해 볼 수 있도록 도와준다. 다양한 가정 활동에서 균형 잡힌 주고받기를 사용하는 방법에 대한 예는 부모 매뉴얼 제4장의 '가정에서 해 보기!' 표를 참조할 수 있다. 이 토론이 끝나면 일반적으로 프레젠테이션을 잠시 쉬는 것이 좋다.

샘플 스크립트

이제 아이와 함께 *균형 잡힌 주고받기*를 어떻게 사용할 수 있을지 논의해 보겠습니다.

▶ 잠시 시간을 내어 아이와 함께 차례 주고받기를 할 수 있는 활동이나 장난감에 대해 생각해 보세요. 아이가 주고받는 것을 어려워하면 장난감을 서로 교환하는 방법도 생각해 봅시다.

▶ 부모의 차례가 되면 어떤 새로운 놀이 행동을 모델링할 수 있을까요? 아이의 현재 놀이 기능에 대해 생각해 보세요.

▶ (1~2분 후) 이제 이야기해 보겠습니다.

휴식 시간 갖기

의사소통 유혹하기 소개하기

❖ 이론 설명하기

슬라이드 15

*의사소통 유혹하기*의 이론적 근거를 소개한다. 이 과정에서 그룹 구성원의 아이들에 대한 지식을 바탕으로 이 기법을 사용하여 해결할 수 있는 특정한 목표의 예를 제시할 수 있다. 아직은 부모가 아이에게 새로운 의사소통 기능을 사용하도록 유도하지 않는다는 점을 강조한다. 이 기법에 대한 자세한 내용은 부모 매뉴얼을 참조한다.

샘플 스크립트

사회적 의사소통에 어려움이 있는 아이는 무언가를 원하거나 필요로 할 때 다른 사람을 찾고 먼저 시작하는 것에 어려움을 겪는 경우가 많습니다. *의사소통 유혹하기*를 사용해 아이가 원하는 것을 위해 부모와 함께 시작할 수 있는 자연스러운 상황을 설정할 수 있습니다.

▶ *의사소통 유혹하기*는 아이의 시작을 늘리고, 관심을 끌기 위해 사용됩니다. 다양한 유혹을 사용하여 아이가 의사소통하는 이유를 확장할 수 있습니다.

▶ *의사소통 유혹하기*는 식사와 간식 시간, 옷 입는 시간, 목욕 시간, 취침 시간과 같은 일상생활의 루틴에서 쉽게 사용할 수 있습니다. 이러한 상황을 미리 설정해 놓는 것이 종종 도움이 됩니다. 특히 아이가 놀이 도중 방해를 받으면 화를 내는 경우에 *놀이 방해하기*와 *균형 잡힌 주고받기* 대신에 *의사소통 유혹하기*를 사용할 수 있습니다.

❖ 핵심 요소에 대해 이야기 나누기

슬라이드 16

*의사소통 유혹하기*의 핵심 요소에 대해 이야기 나눈다. 그룹 구성원의 아이들에 대한 지식을 바탕으로 부모가 이 기법을 어떻게 사용할 수 있는지 구체적인 예를 제시한다. 적절하게 사용할 수 있는 교구(예: 투명한 용기나 통)를 보여 주고 어디서 구입할 수 있는지 이야기 나눈다. 부모가 모든 유혹을 사용하는 것이 목표가 아니라 아이에게 가장 적합한 것을 선택하는 것이 목표라는 점을 강조한다. 또한 이 기법에 대한 자세한 내용은 부모 매뉴얼의 제4장을 참조할 수 있다.

샘플 스크립트

*의사소통 유혹하기*를 어떻게 사용하는지 살펴보겠습니다. 이 기법에는 다양한 유혹이 있으므로 모든 유혹을 다 사용해야 한다고 생각하지 마세요. 특정 활동 내에서 부모와 아이에게 가장 적합한 방법을 선택하는 것이 더 중요합니다.

▶ 아이가 좋아하는 물건을 가질 수는 없지만 볼 수 있는 높은 선반에 올려 두거나 아이가 열 수 없는 투명한 용기 안에 넣어 두세요. 이러한 상황에 아이가 부모의 관심을 끌어서 자신이 원하는 것이 무엇인지 알리고 도움을 요청할 수 있도록 유도할 수 있습니다.

▶ 아이가 좋아하는 물건을 가지고 있으면서 아이의 관심을 끌고 원하는 것을 요청할 수 있도록 도와주세요. 물건을 부모의 눈높이에 제시해 아이가 부모를 바라보도록 유도할 수도 있습니다. 아이가 손을 뻗으면 물건을 주되 아이가 부모 손에서 물건을 빼앗지 않도록 해야 합니다.

▶ 아이가 좋아하는 것의 일부 또는 소량을 주면 아이가 더 달라고 요청하는 데 도움이 됩

니다. 예를 들어, 아이에게 간식으로 과자 하나를 주거나 주스를 소량 따라 주고 아이가 더 먹고 싶다고 말할 때까지 기다리세요. 아이가 더 달라고 요청할 수 있다는 것을 알 수 있도록 물건을 눈에 잘 띄는 곳에 두고 아이의 얼굴을 마주 보고 있어야 합니다.

▶ 부모의 도움이 필요한 물건, 장난감, 활동을 이용하여 아이가 도움을 요구하도록 유도하세요. 비눗방울, 풍선, 바람개비 등 아이가 사용하는 데 부모의 도움이 필요한 장난감을 가지고 놀아 주세요. 이러한 장난감은 부모가 놀이를 방해하려고 하면 매우 좌절하는 아이에게 특히 유용합니다. 포장지 안에 있는 과자처럼 아이가 개봉하는 데 부모의 도움이 필요한 물건을 줄 수도 있습니다.

▶ 아이가 빠진 것이 어디 있는지 요청하도록 유도하기 위해 좋아하는 활동의 부분 혹은 조각을 빼 둡니다. 예를 들어, 기차가 없는 기찻길이나 주스가 없는 컵을 아이에게 주는 것입니다. 이 유혹이 효과가 있으려면 아이가 빠진 특정 부분이 무엇인지 알고 있어야 합니다. 아이가 활동 루틴이나 일부분을 모르는 경우에는 조금씩 주기를 사용하세요.

▶ 익숙한 활동이나 일과를 어리석고 잘못된 방법으로 수행하세요. 이를 통해 아이가 올바른 방법을 보여 주거나 말하도록 유도할 수 있습니다. 예를 들어, 아이의 신발 중 하나를 발이 아닌 손에 끼우거나 귀로 풍선을 부는 시늉을 해 보세요. 아이가 우스운 상황에 반응하지 않으면 예를 들어 우스꽝스럽게 "바보 같았어, 신발은 손이 아니라 발에 신는 거야!"라고 외치고 원래대로 루틴을 완성하세요. 아이가 루틴을 완성하는 올바른 방법을 이해하지 못한다면 다른 유혹을 사용하세요. 유혹을 제시한 후에는 아이의 반응을 기다립니다. 언어적 또는 비언어적 의사소통을 통해 아이가 물건을 갖도록 하거나 활동을 계속 진행합니다.

슬라이드 17

슬라이드의 도표를 사용해 부모에게 *의사소통 유혹하기*를 사용하는 방법에 대한 예시를 설명한다. 이 예는 부모가 미리 유혹을 위한 상황을 설정하기 때문에 *놀이 방해하기* 그리고 *균형 잡힌 주고받기*와는 다르다. 그런 다음 부모는 아이에게 집중하고 선반까지 따라가서 아이가 좋아하는 장난감에 대한 관심에 반응함으로써 의사소통을 조절한다. 이때 부모에게 이 기법에 대해 궁금한 점이 있는지 물어보는 것이 좋다.

샘플 스크립트

다음은 엄마가 아이의 의사소통을 위해 볼 수는 있지만 손이 닿지 않도록 하고 새로운 의사소통 기회 만들기를 사용하는 예입니다. Todd의 엄마는 Todd의 주도에 따르고 아이와 얼굴을 마주합니다. Todd의 엄마는 Todd가 좋아하는 장난감을 열 수 없는 유리병에 담아 아이가 볼 수 있는 가까운 근처 선반에 놓습니다. Todd는 엄마에게 유리병을 건네며 "열어"라고 말합니다. Todd의 엄마는 유리병을 열며 Todd에게 반응하고 "유리병 열어"라고 의사소통을 확장해 줍니다.

❖ 비디오 클립 보고 토론하기

슬라이드 18

*의사소통 유혹하기*의 비디오 사례를 보여 준다. 부모가 놀이와 일상생활 중에 아이와 함께 시작할 수 있는 다양한 의사소통 유혹하기를 사용하는 일곱 가지 클립이 있다. 이러한 예시 중 일부만 보도록 선택할 수도 있다. 그룹에 참여한 아이의 기능과 흥미에 대한 지식을 고려하여 가장 적절한 클립을 선택한다. 각 클립을 보여 주기 전에 부모에게 *의사소통 유혹하기*의 핵심 요소를 살펴보고, 아이가 어떻게 반응하는지 주목해 달라고 요청한다. 각 클립이 끝난 후에는 개방형 질문을 통해 부모가 관찰한 내용을 되돌아볼 수 있도록 도와준다. 부모가 상호작용의 중요한 요소를 파악하지 못한다면 좀 더 구체적인 질문을 한다. 클립에서 강조하는 중요한 정보는 다음에 설명되어 있다.

샘플 스크립트

이제 부모가 *의사소통 유혹하기*를 사용해 놀이와 일상생활의 루틴에서 아이가 부모와 함께 상호작용을 시작하는 데 도움을 주는 몇 가지 사례를 살펴보겠습니다.

▶ *(비디오 클립을 보여 주기 전)* 부모가 특정 유혹하기를 어떻게 사용하는지, 아이의 반응을 기다리고 아이에게 물건을 갖게 하거나 활동을 지속하게 하면서 아이의 의사소통을 확장하고 어떻게 반응해 주는지 지켜보세요.

▶ *(비디오 클립을 보여 준 후)* 상호작용 중에 어떤 점을 발견했나요? 부모가 특정 유혹하기를 어떻게 사용했나요? 부모가 그 유혹하기를 사용했을 때 아이는 어떻게 반응했나요?

클립 14: 눈앞에 재미있는 물건을 두되 손이 닿지 않는 곳에 두기, 첫 낱말

엄마는 눈앞에 물건을 두되 손이 닿지 않는 곳에 두고 아이가 원하는 것을 얻기 위해 의사소통하도록 유도한다. 엄마는 비눗방울과 유모차를 눈에 띄지만 손이 닿지 않는 선반에 올려놓고 상황을 설정한다. 엄마가 아이의 시작을 기다리고 어떻게 지켜보는지 그 모습에 주목한다. 아이는 "비눗방울"이라는 낱말을 말하지만 엄마에게 직접 의사소통하지는 않는다. 엄마는 계속 기다리고 아이가 엄마를 향해 직접 의사소통을 시작한다. 엄마는 아이와 함께 비눗방울을 분다. 그리고 아이가 다시 아기와 유모차를 요구하기 시작한다. 상호작용하는 동안 엄마는 아이가 요구한 것을 주고 적절한 언어("비눗방울" "다 했어" "아기")를 모델링하며 아이의 말과 제스처에 의미 있게 반응한다.

클립 15: 아이가 좋아하는 물건을 가지고 있기, 문장

아빠는 아이가 원하는 것을 요구할 수 있도록 장난감 음식 상자에 대한 접근을 통제한다. 아이가 장난감 음식 상자를 열면 아빠는 상자를 집어 들고 뒤로 물러서서 기다린다. 아이는 자신이 원하는 것을 낱말을 사용해 반응한다. 아빠는 아이가 요청한 장난감을 주고 아이가 하는 행동을 중심으로 언어를 모델링한다.

클립 16: 조금씩 주기, 낱말 조합

엄마는 아이와 함께 색칠하는 동안 크레용을 조금씩 주며 다른 색의 크레용을 요구하도록 유도한다. 엄마는 크레용에 대한 접근을 통제하고 기다린다. 아이는 원하는 색의 크레용을 요구하며 반응한다. 엄마는 아이가 요청한 크레용을 주고 아이의 의사소통을 확장하며 반응한다. 엄마가 크레용을 들어 눈 근처에 두고 아이와 눈을 마주치도록 유도하는 방법에 주목한다.

클립 17: 도움이 필요하도록 물건을 사용하기, 첫 낱말

엄마는 아이와 공원에 있는 동안 도움이 필요하도록 만들어 아이가 도움을 요청하도록 유도한다. 엄마는 공원에서 아이의 선택에 따라 아이의 활동을 따라간 다음 기다린다. 아이가 회전의자에 타려면 도움이 필요하다. 엄마는 아이와 얼굴을 마주 보고 아이가 의사소통을 시작할 때까지 기다린다. 아이가 "엄마 도와줘요."라고 말하면 엄마가 즉시 아이를 의자에 태워 회전시킨다.

클립 18: 도움이 필요하도록 물건을 사용하기, 문장

엄마는 간식 시간에 아이가 도움이 필요하도록 만들고 도움을 요청하도록 유도한다. 엄마는 아이가 열 수 없는 음료수를 식탁 위에 놓고 기다린다. 아이는 직접 열려고 하지만 어렵다는 것을 깨닫는다. 아이는 엄마에게 음료수를 건네준다. 엄마는 아이가 정확하게 의사소통하기를 기다린다. 아이는 엄마를 바라보며 "여기도 엄마가 열어."라고 말한다. 엄마는 음료수 뚜껑을 열며 "내가 이걸 열거야."라고 모델링하며 반응한다.

클립 19: 활동이나 물건의 한 부분을 누락하기, 문장

엄마는 간식을 먹는 동안 아이가 빠진 물건이 어디 있는지 물어보도록 유도한다. 엄마는 크래커는 있지만 접시가 없는 상황을 설정한다. 아이는 "접시가 없어요."라고 말하며 상호작용을 시작한다. 그리고 아이는 접시를 가지러 부엌으로 간다. 엄마는 아이의 의사소통에 반응하고 함께 간식 접시를 찾는다.

클립 20: 우스운 상황 만들기, 문장

엄마는 아이가 밖에 나갈 준비를 할 때 신발을 신는 올바른 방법을 알려 주기 위해 우스운 상황을 만든다. 엄마는 아이의 신발을 그의 손에 끼우는 시늉을 하거나 아이의 발이 아닌 엄마의 발에 신는 시늉을 하며 우스운 상황을 보여 준다. 아이는 엄마의 어리석은 실수를 바로잡기 위해 여러 번 언어로 반응한다. 아이가 좌절하기 시작하면 애니메이션처럼 표현하기를 사용하여 왜 그 상황이 어리석은지 설명하고("그래, 신발은 발에 신는 거야!") 반응하는 모습에 주목한다.

슬라이드 19

슬라이드의 "생각해 보기!" 질문을 통해 부모가 아이와 *의사소통 유혹하기*를 어떻게 사용할 수 있을지 이야기 나누도록 한다. 부모에게 1~2분 정도 생각할 시간을 준다. 그런 다음 부모가 2인 1조 또는 전체 그룹에서 각자의 답변에 대해 이야기 나누도록 한다. 각 부모가 이 기법을 아이에게 가장 효과적으로 적용할 수 있는 방법에 대해 생각해 보도록 도와준다. 부모 매뉴얼 제4장 '96쪽에 제시된 가정에서 해 보기!'에는 다양한 일과 중 *의사소통 유혹하기*를 사용하는 예시가 있다.

샘플 스크립트

이제 아이와 하나 이상의 *의사소통 유혹하기*를 어떻게 사용할 수 있을지 논의해 보겠습니다.

▶ 아이가 좋아하거나 최소한으로 견딜 수 있는 일상생활의 루틴에 대해 잠시 생각해 봅시다. 매일 하는 활동 스케줄을 다시 참조하는 것도 좋습니다.

▶ 이 활동을 하는 동안 어떤 유혹하기를 사용할 수 있습니까? 아이의 기능에 맞춰 어떤 유

혹하기가 부모와 아이에게 가장 적합할지 생각해 봅시다.

▶ (1~2분 후) 이제 이야기해 보겠습니다.

연습 및 코칭 계획하기

슬라이드 20

부모에게 한 주 동안 어떻게 연습할 것인지에 대한 계획을 세우도록 한다. 부모가 그룹 회기 중에 실천계획표를 완성할 시간을 갖는 것은 매우 중요하다. 부모들은 최소한 그룹 회기가 끝나기 전에 실천계획표에 목표, 활동, 도표를 완성해야 한다. 시간이 부족하다면 그룹 토의 시간을 단축해야 할 수도 있다. 부모에게 몇 분 동안 실천계획표에 (1) 목표로 삼고 싶은 1~2개의 목표, (2) 실행할 놀이 활동과 하루 일과를 작성할 시간을 준다. 그런 다음, 부모에게 아이의 목표를 달성하기 위해 선택한 활동에서 기법 중 하나를 어떻게 사용할 것인지에 대해 도표를 사용하여 긍정적인 예를 적어 보게 한다. 부모 중 한 명에게 그룹 앞에서 함께 도표를 완성해 보도록 요청하여 예시를 보여 줄 수 있다. 시간이 있다면 부모들이 2인 1조 또는 전체 그룹으로 실천계획표에 대해 서로 이야기 나누도록 한다. 부모가 실천계획표를 완성한 후에는 가정에서 이 기법을 사용할 때 어떤 점이 어려울지 생각해 보도록 요청한다. 시간에 따라 다시 짝을 짓거나 전체 그룹에서 가능한 해결책을 이야기 나누도록 할 수 있다. 일반적인 문제와 잠재적인 해결책은 6회기 마지막에 있는 문제 해결 팁 목록(468쪽)에 설명되어 있다.

샘플 스크립트

여러분 각자가 이번 주에 달성하고 싶은 한 가지 혹은 두 가지 목표를 생각해 보세요. 이러한 목표는 놀이 중 눈을 마주치는 것과 같이 아이의 사회적 참여를 늘리거나 제스처나 말로 요청하는 것과 같은 의사소통과 관련이 있어야 합니다. 실천계획표에 목표를 작성하세요. 다음으로, 이러한 기법을 실행할 수 있는 놀이 활동과 하루 일과를 생각해 봅시다. 기법을 사용할 시간을 갖기 위해서는 일상생활 루틴에서 몇 분의 시간을 추가해야 한다는 것을 기억하세요. 일과를 결정한 후에는 실천계획표에 그것들을 작성하세요. 다음으로, 오늘 우리가 **새로운 의사소통 기회 만들기**를 위해 이야기한 전략에 대해 생각해 봅시다. 여기에는 *놀*

*이 방해하기, 균형 잡힌 주고받기, 다양한 의사소통 유혹하기*가 포함됩니다. 아이의 시작을 돕기 위해 사용할 기법을 하나 이상 선택하고 실천계획표에 있는 도표를 작성합니다. 계획을 실행할 때 무엇이 어려울지 생각해 보세요. 더 쉽게 해결할 수 있는 가능한 몇 가지 해결책에는 어떤 것이 있을까요? 이러한 기법을 하루 15~20분 동안 놀이 시간이나 일상적인 활동 한두 가지에서 연습할 수 있도록 계획해야 합니다.

슬라이드 21

부모들에게 부모 매뉴얼의 제4장을 읽고, 다음 한 주 동안 실행해 보도록 상기시킨다. 개별 코칭 회기에서 무엇을 기대해야 하는지 알려 준다.

샘플 스크립트

다음 주에는 여러분 각자가 개별 코칭 회기를 갖게 됩니다.

▶ 아직 읽어 보지 않았다면 부모 매뉴얼의 제4장을 꼭 읽어 주시길 바랍니다. 이것은 오늘 그룹에서 배운 내용을 다루고 있습니다.

▶ 다음 한 주 동안 가정에서 실천계획표를 실행해 보고 어떻게 진행되었는지 실천계획표 양식의 '되돌아보기' 칸에 적어 주세요. 코칭 회기 중에 여러분의 실천계획표에 대해 논의할 것입니다. 그때 *놀이 방해하기, 균형 잡힌 주고받기* 그리고 *의사소통 유혹하기*에 대해 궁금한 점이 있으면 몇 가지 질문을 가지고 오세요. 또한 아이와 함께 중재하면서 개별적인 피드백과 지원을 받을 수 있는 기회도 있습니다. 실행할 준비를 하세요!

6회기
새로운 의사소통 기회 만들기 복습(코칭)

회기 목표

다음을 위해 부모를 돕는다.
- 아이와의 상호작용 늘리기
- 아이가 먼저 시작할 수 있는 기회 늘리기
- 아이가 의사소통하는 이유 확장하기

준비물

- 부모 매뉴얼
- 실천계획표-**새로운 의사소통 기회 만들기**(양식 32)
- 부모 매뉴얼의 아동의 목표와 부모가 작성한 매일 하는 활동 스케줄(양식 11)
- ImPACT F.A.C.T.S.검토 기록지-**새로운 의사소통 기회 만들기**(양식 15)
- 놀이를 방해하는 데 사용할 수 있는 인형 및 기타 물건들
- 차례 주고받기에 좋은 장난감(예: 자동차, 공, 공 넣기 장난감 등)
- 도움이 필요한 장난감(예: 비눗방울, 풍선, 팽이)
- 여러 조각 또는 부품이 있는 장난감
- 소분해서 먹을 수 있는 좋아하는 간식
- 투명한 용기(상자)
- 회기 기록지(양식 12)
- 중재 충실도 체크리스트(양식 4)
- 코칭 충실도 체크리스트(양식 6)

회기 진행목록

- 체크인 및 회기 진행목록 정하기
- 실천계획표 검토하기
- **새로운 의사소통 기회 만들기** 복습
- **새로운 의사소통 기회 만들기** 시연하기
- 부모의 연습 및 피드백 제공하기
- 부모의 되돌아보기를 돕고 실천계획표 작성하기

체크인 및 회기 진행목록 정하기

❖ 가족 체크인

가족들에게 그룹 회기 이후 어떻게 지냈는지 물어보고 필요한 경우 잠시 시간을 내어 아이가 활동에 참여할 수 있도록 한다.

❖ 회기 목표와 진행목록에 대해 설명하기

부모에게 코치의 지원을 받으며 아이와 몇 가지 새로운 의사소통 기회 만들기를 연습할 기회가 있음을 알려 준다. 이 전략 세트는 아이와의 상호작용 그리고 대화의 시작과 의사소통의 이유를 개선할 수 있다. 또한 필요할 때 아이의 주의를 끌기 위해 사용할 수도 있다. 부모에

게 회기 진행목록을 상기시킨다. 이전 코칭 회기에서 사용한 것과 동일한 형식이다.

> 이 회기에서는 많은 기법을 다룬다. 이 회기의 목표는 부모가 아이에게 가장 효과적일 수 있는 기법을 사용하면서 도움을 받는 것이다.

"오늘 회기에 대해 궁금한 점이 있거나 추가로 다루고 싶은 주제가 있나요?"라고 부모에게 질문한다. 만약 부모가 고민을 이야기하면 그것을 해결하기 위해 회기 진행목록을 조정해야 할 수도 있다.

실천계획표 검토하기

❖ 그룹 회기에 작성한 계획표 검토하기

부모에게 가정에서 사용했던 기법에 대해 이야기해 달라고 요청한다. 잘된 점과 어려웠던 점에 대해 이야기 나눈다.

❖ 잠재적 문제에 대한 해결 지원하기

> 실행이 중요하다! 만약 부모가 실행하지 못했다면 실행을 방해하는 장애 요인을 분석하고, 해결방안을 함께 생각해 본다.

가정에서 실행하는 동안 발생한 문제를 부모가 해결할 수 있도록 도와준다. 일반적인 문제와 가능한 해결책은 이 단원의 마지막에 있는 문제 해결 팁 목록(468쪽)에 나와 있다. 이러한 문제는 가정에서 더 심해지는 경우가 많은데 이는 부모가 아이의 놀이를 방해하거나 물건 또는 활동에 대한 접근을 통제하는 것에 아이가 익숙하지 않기 때문이다.

새로운 의사소통 기회 만들기 복습

❖ 이론 및 핵심 요소에 대해 간략하게 검토하기

F.A.C.T.S. 피라미드와 부모 매뉴얼을 사용하여 이전에 배운 전략과 함께 **새로운 의사소통 기회 만들기**가 어떻게 사용되는지 설명한다. 아이에게 가장 효과적인 기법에 따라 핵심

요소를 강조하고, 부모가 집에 가져갈 수 있도록 ImPACT F.A.C.T.S. 검토 기록지-**새로운 의사소통 기회 만들기**(양식 15)에 이러한 내용을 적는다.

*놀이 방해하기*와 *균형 잡힌 주고받기*는 아이가 활동에 너무 몰입하여 부모와 함께하기 어려울 때 가장 효과적이다. 이 두 가지 전략은 모두 놀이 중에 가장 효과적이다. *의사소통 유혹하기* 기법은 놀이 중에도 효과적이지만 일상생활에 쉽게 적용할 수 있다는 장점이 있다.

부모에게 "오늘 어떤 기법을 시도해 볼까요?"라고 질문한다. 부모가 아이의 시작을 돕는 데 가장 효과적일 수 있다고 생각하는 기법에 대해 정보를 제공하고, 사용하기 편하다고 생각하는 기법을 사용하도록 격려한다.

❖ 기법 단계 설명하기

부모 매뉴얼의 도표를 사용하여 그 기법으로 아이의 목표 중 하나를 해결하는 방법에 대해 설명한다. 부모가 기법에 대해 질문할 수 있는 기회를 제공한다.

새로운 의사소통 기회 만들기 시연하기

❖ 시연 준비하기

부모에게 *놀이 방해하기* 기법을 어떻게 사용하는지, 아이가 어떻게 반응하는지, 아이의 행동에 부모가 어떻게 반응하는지 지켜보도록 요청한다.

❖ 무엇을 하고 있는지 설명하기

아이가 시작할 때 사용하는 행동과 시작하는 이유를 지적한다. 부모는 아이의 의사소통에 적절하게 반응하기 위해 아이의 의사소통을 인식하고 해석할 수 있어야 한다.

"Sam이 방에서 뛰어다니고 있어서 "내가 잡을게"라고 말하고 Sam을 잡았습니다. 코치는 Sam이 무엇을 할지 기다립니다. 그가 "놔"라고 한 낱말로 말했기 때문에 "나를 놓아줘"라고 Sam의 의사소통을 확장하고 그를 놓아주었습니다."

> 부모가 여러 가지 다른 기법을 선택한 경우, 한 번에 하나씩 시연해 보이고, 그 사이에 실행할 수 있도록 한다.

시연이 끝나면 부모에게 "상호작용하는 동안 무엇을 알게 됐나요?"라고 질문한다.

부모가 대답하기 어려운 경우에는 다음과 같이 좀 더 구체적으로 질문한다. "나와 Brianna의 의사소통에서 어떤 점을 느꼈나요?" "제가 인형과 큰 제스처를 사용하여 끝나는 것을 미리 알려 주었을 때, Brianna는 어떻게 했나요?"

부모의 연습 및 피드백 제공하기

부모의 연습을 격려하기

부모가 여러 활동 중에 선택한 기법을 연습하도록 한다. 아이의 기능 수준과 일과에 따른 구체적인 예를 들어 부모가 따라야 할 단계를 상기시킨다. 클리닉 환경에서는 장난감을 가지고 놀거나 간식을 먹거나 회기가 끝날 때 아이의 재킷과 신발을 신는 것이 연습에 포함될 수 있다. 가정환경에서는 다양한 일상의 돌봄 루틴들이 포함될 수 있다.

물리적 환경 관리하기

부모에게 이 기법에서 사용할 수 있는 교구(예: 놀이를 방해할 수 있는 인형이나 장난감, 차례를 주고받는 데 효과적인 특정 장난감 또는 도움이 필요한 준비물)를 준다. 주의를 산만하게 하는 물건은 주변에서 치운다.

피드백 제공하기

부모가 사용하는 기법과 아이의 반응에 대해 피드백을 제공한다. 이 전략을 실행하는 동안 발생하는 일반적인 문제에 대한 피드백은 이 회기의 마지막에 있는 문제 해결 팁 목록(468쪽)에서 확인할 수 있다. 부모가 아이디어를 찾거나 어려움을 겪고 있는 것 같으면 다음과 같이 제안할 수 있다.

> "크래커가 눈앞에 있지만 손이 닿지 않는 곳에 두면 어떻게 될지 생각해 봅시다. Sam의 눈앞에 있지만 손이 닿지 않는 곳에 크래커 상자를 놓고 Sam이 당신과 의사소통하기를 기다리세요."

부모의 되돌아보기를 돕고 실천계획표 작성하기

❖ 부모의 되돌아보기

부모에게 회기 중 연습에 대해 질문한다. 이 기회를 이용하여 오해가 있는 부분을 명확히 설명한다. 부모가 배운 내용을 가정에서 어떻게 사용할지에 대해 스스로 아이디어를 낼 수 있도록 도와준다. 시간을 내어 부모의 질문에 답한다.

몇 가지 예시로 부모에게 다음과 같이 질문할 수 있다.

> 부모와 아이의 상호작용이 질문 선택에 도움을 줄 것이다.

"그 상호작용은 어떠했나요?"

"아이와 정기적으로 그런 식의 상호작용을 하는 것을 상상할 수 있나요? 만약 그렇지 않다면 어떤 점이 불편하게 느껴졌을까요? 어떻게 하면 더 쉽게 사용할 수 있을까요?"

"오늘 연습한 기법 중 아이의 시작을 돕는 데 가장 효과적으로 보이는 것은 무엇인가요?"

❖ 부모의 목표와 활동 선택을 돕기

부모 매뉴얼의 아동의 목표와 부모가 작성한 매일 하는 활동 스케줄(양식11)을 사용하여 부모가 회기의 목표와 활동을 선택할 수 있도록 돕는다. 부모가 선택한 내용을 실천계획표에 기록하게 한다. 이 단원에서 좋은 아동의 목표는 놀이 중에 적극적으로 참여하는 것, 놀이나 의사소통 중에 눈을 마주치기, 활동을 시작하기, 차례를 주고받기, 언어적 또는 비언어적 의사소통을 사용하여 요청하기와 거부하기 또는 관심을 얻기, 정보 또는 대화 수정을 위해 질문하기 등이 포함된다.

이 단원에서 좋은 활동으로는 장난감과 활동적인 놀이, 그리고 식사, 옷 갈아입기, 목욕하기와 같은 일상생활이 포함된다. 이러한 전략은 아이가 활동을 즐길 경우에만 효과적이다. 다양한 활동 중에 이 기법을 사용하는 방법에 대한 제안은 부모 매뉴얼의 '가정에서 해 보기!' 표를 참조한다.

> 부모에게 일상생활 중에 추가 시간을 계획하여 이러한 전략을 사용해 아이의 의사소통을 향상하도록 상기시킨다.

❖ 부모의 도표 작성 돕기

부모가 선택한 활동 중 하나를 하는 동안 사용할 수 있는 기법의 긍정적인 예시를 들어 부모에게 이야기한다. 실천계획표에서 도표의 관련 칸에 부모가 집중할 핵심 요소를 적게 한다.

부모에게 **아이에게 집중하기**와 **의사소통 방법 조절하기**를 어떻게 사용할 것인지 질문한다.

그런 다음 부모에게 확인한 목표와 활동에 가장 효과적이라고 생각하는 **새로운 의사소통 기회 만들기**의 기법은 무엇이 있을지 물어본다.

부모가 아이에게 어떤 반응을 기대하는지 질문한다. 아이는 다양한 방식으로 반응할 수 있다는 것을 상기시켜 준다. 실천계획표의 '기다리기' 칸 아래의 아이 아이콘 옆에 아이가 어떻게 반응하는지 적을 수 있다는 것을 알려 준다.

마지막으로 부모에게 아이의 반응에 어떻게 반응하고 확장할 것인지 질문한다. 아이의 반응은 부모 반응의 지침이 되어야 한다.

❖ 잠재적 문제에 대한 해결책 지원하기

가정에서 이 기법을 사용할 때 어려운 점이 무엇일지 부모에게 물어보고 가능한 해결책을 브레인스토밍함으로써 부모가 잠재적인 문제를 해결할 수 있도록 도와준다. 각 기법과 관련된 일반적인 문제는 이 회기의 마지막에 있는 문제 해결 팁 목록에 나와 있다.

❖ 되돌아보기 및 읽기 과제 제시하기

부모에게 회기 사이에 가정에서 연습이 어떻게 진행되었는지 작성하도록 요청한다. 가정에서 실행하는 동안 잘된 점과 어려웠던 점을 기록하게 한다. 다음 그룹 회기가 시작될 때 이 내용을 검토할 것이라고 알려 준다. 다음 그룹 회기 전에 부모 매뉴얼의 제5장 **새로운 기능 가르치기**의 처음 세 부분(*촉진과 보상, 의사소통 촉진하기, 의사소통 이해 촉진하기*)을 읽도록 과제를 제시한다.

의사소통 기회 만들기 문제 해결 팁

만약 부모가……	코치는……
예상 문구를 사용하지 않는다면	• 사용할 특정 문구를 예로 제시한다. • 이 문구를 사용하면 좌절감을 줄일 수 있다는 점을 상기시켜 준다.
아이의 놀이를 방해할 때 망설이거나 혹은 방해 기법을 잘 모른다면	• 손으로 놀이를 방해하는 방법을 제안한다. • 놀이 방해에 사용할 수 있는 인형이나 다른 장난감을 제공한다.
아이의 거부 또는 요구에 반응하지 않는다면	• 시작을 늘리는 것에 초점을 맞추고 있음을 상기시킨다. 만약 놀이를 방해하기 전에 아이가 의사소통을 하면, 방해하기를 중단하고 "그만해." 또는 "안 돼."라고 모델링해야 한다. • 방해를 중단하거나 아이에게 물건을 되돌려줌으로써 모든 유형의 적절한 의사소통에 반응하도록 상기시킨다. • 아이가 어떻게 거부하고 요청하는지 인식할 수 있도록 도와준다.
더 복잡한 언어 또는 놀이 기능을 요구한다면	• 지금은 아이의 자발적인 시작을 늘리는 데 초점을 맞추는 시기임을 상기시킨다. • 언어와 놀이 기능을 가르치는 부분은 프로그램 후반부에 다룰 것임을 알려 준다. • 어떤 시작에도 기다리고 반응하도록 상기시킨다. • 아이가 의사소통하는 방법을 인식하도록 돕는다.
이 전략 세트를 너무 자주 사용한다면	• 상호작용의 2/3 정도만 사용해야 한다는 사실을 상기시킨다. 너무 자주 사용하면 아이가 좌절감을 느낄 수 있다. • 부모에게 **새로운 의사소통 기회 만들기**를 사용한 후 **아이에게 집중하기**로 돌아갈 것을 상기시킨다.

만약 아이가……	코치는……
부모가 놀이를 방해하고, 차례를 바꾸고 접근을 통제할 때 좌절한다면	• 부모의 손을 대신해서 인형이나 장난감을 사용해 놀이를 방해하거나 차례를 바꾸도록 제안한다. • 예상 문구와 방해하기 사이의 시간을 늘려서 아이가 거부하거나 자신의 차례를 예상할 수 있도록 충분한 시간을 줄 것을 제안한다. • 어떻게 하면 놀이의 일부로 더 재미있게 방해할 수 있을지 질문한다. • 부모가 더 짧게 차례를 유지할 것을 제안한다. 심지어 즉시 장난감을 되돌려주는 것부터 시작할 수도 있다. • 한 가지 장난감으로 주고받는 대신에 같거나 비슷한 장난감을 서로 교환하라고 제안한다. • 풍선이나 공을 앞뒤로 던지거나 굴리는 등 차례 주고받기에 적합한 구조화된 활동을 찾아내도록 도와준다. • 부모에게 눈에 보이지만 손이 닿지 않는 곳에 두는 전략을 사용해 볼 것을 제안한다.
눈에 보이지만 손이 닿지 않는 물건을 얻기 위해 기어오르기를 시도한다면	• 부모는 아이가 열 수 없는 투명한 용기에 물건을 넣고 가지고 있도록 한다. • 부모가 물건을 보관하는 찬장이나 냉장고에 자물쇠를 사용해 아이가 부모에게 의사소통을 시작할 수 있도록 제안한다.
부모에게서 장난감을 가로챈다면	• 부모가 일어서거나 아이의 손이 닿지 않는 곳에 물건을 보관하도록 제안한다.
도움이 필요하거나 누락된 물건에 대해 의사소통을 시작하지 않는다면	• 부모에게 장난감을 한 번 작동시키거나 누락된 물건을 아이에게 보여 주라고 요청하고, 아이의 손이 닿지 않는 곳에 두고 아이가 소통을 시작하는지 기다린다. • 아이가 열 수 없는 투명 용기 안에 물건을 넣고 아이에게 건네줄 것을 제안하고 아이가 소통을 시작하기를 기다린다. • 아이가 어려워하면 조금씩 주기를 대신 사용할 것을 제안한다.

4단원

새로운 의사소통 기능 가르치기

이 단원의 목표는 부모에게 **새로운 의사소통 기능 가르치기**를 가르치는 것이다. **새로운 기능 가르치기**(**새로운 의사소통 기능 가르치기**와 5단원의 주제인 **새로운 모방 및 놀이 기능 가르치기**를 결합한 것)는 ImPACT 프로젝트 F.A.C.T.S의 T이다. 이 전략 세트는 *촉진*과 *보상*을 사용하여 아이에게 새롭고 더 복잡한 의사소통 기능(제스처와 구어 모두 포함)을 사용하도록 가르치고 아이가 의사소통을 이해하고 지시를 따르는 능력을 향상시키는 데 도움을 준다.

- 그룹 회기에서는 **새로운 의사소통 기회 만들기**를 위해 부모의 실천계획표를 검토한다. 그런 다음 슬라이드와 비디오 클립으로 *촉진*과 *보상*, 특히 *의사소통 촉진하기*와 *의사소통 이해 촉진하기*를 사용하여 **새로운 기능 가르치기**를 소개한다. 그룹이 끝나면 각 부모가 개별 코칭 회기 전에 중재할 실천계획표를 작성하도록 돕는다. 통상적으로 슬라이드의 참조에는 각 비디오 클립의 핵심 요소에 대한 지침이 포함되어 있다.
- 코칭 회기는 그룹 회기에서 작성된 부모의 실천계획표를 검토하는 것으로 시작한다. 그런 다음 부모에게 **새로운 의사소통 기능 가르치기**를 시연하고, 피드백을 제공하며 부모가 연습하도록 한다. 코칭 시간이 제한되어 있어 *의사소통 촉진하기*에 초점을 맞추는 것이 좋다. 그러나 지시 따르기가 중요한 목표라면 이 회기의 일부를 *의사소통 이해 촉진하기*에 사용할 수 있다. 부모가 목표로 하는 의사소통의 목표를 파악하고, 아이의 목

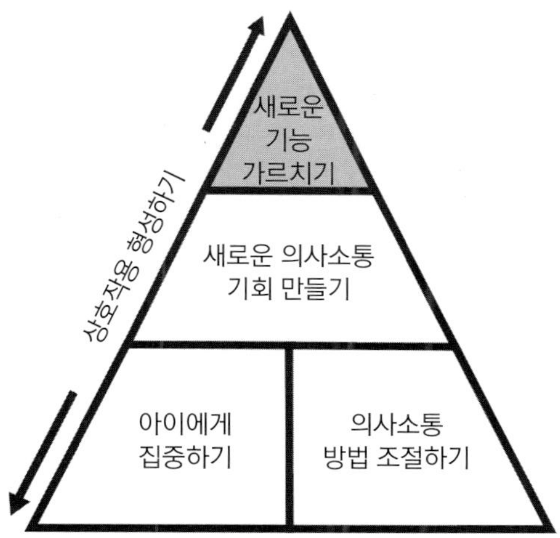

표와 능력에 가장 적합한 촉진에 집중하도록 격려한다. 그런 다음 부모가 코칭 회기에서의 실행을 반성하고, 다음 주 실천계획표를 세울 수 있도록 돕는다. 부모의 되돌아보기가 끝나면 그룹 회기 전에 부모 매뉴얼의 제5장, **새로운 의사소통 기능 가르치기**의 다음 두 부분(*모방 촉진하기*와 *놀이 확장 촉진하기*)을 읽도록 요청하는 것으로 마무리한다.

7회기
새로운 의사소통 기능 가르치기(그룹)

회기 목표

다음을 위해 부모를 돕는다.

- 아이에게 새로운 제스처와 구어를 사용하도록 가르치기
- 아이가 지시에 따르도록 가르치기

준비물

- 슬라이드/비디오 클립
- 실천계획표-**새로운 기능 가르치기**(양식 34)
- 화이트보드 또는 큰 종이 한 장
- 그룹 지침
- 그룹 충실도 체크리스트(양식 7)

회기 진행목록

- 체크인 및 회기 진행목록 정하기(슬라이드 1~2)
- 실천계획표 검토하기(슬라이드 3)
- **새로운 의사소통 기능 가르치기** 소개하기(슬라이드 4)
- *촉진과 보상* 소개하기(슬라이드 5~7)
- *의사소통 촉진하기* 소개하기(슬라이드 8~13)
- 휴식 시간 갖기
- *의사소통 이해 촉진하기* 설명하기(슬라이드 14~19)
- 연습 및 코칭 계획하기(슬라이드 20~21)

핵심 요소: *촉진과 보상*

- 아이에게 동기가 부여되는지 확인하기
- 아이가 현재 하고 있는 활동과 관련된 좀 더 복잡한 기능 촉진하기
- 촉진을 명확하게 제시하기
- 촉진 제공 후 기다리기
- 필요한 경우 추가 지원하기
- 시간 경과에 따라 지원 줄이기
- 요구한 것을 아이가 하도록 만들기
- 즉시 보상하기
- 자연스러운 보상을 사용하기
- 긍정적인 행동에만 보상하기

핵심 요소: *의사소통 촉진하기*

- 시간 지연 사용하기
- 질문하기
- 완전하지 않은 문장 사용하기
- 선택할 기회 주기
- 아이가 모방할 수 있는 언어 모델 제시하기
- 언어적 루틴 사용하기
- 아이가 모방할 수 있는 제스처 모델 제시하기
- 신체적 안내 제공하기

핵심 요소: *의사소통 이해 촉진하기*

- 지시어 사용하기
- 제스처를 이용해 촉진하기
- 아이가 모방할 수 있는 행동 모델 제시하기
- 신체적 안내 제공하기

체크인 및 회기 진행목록 정하기

슬라이드 1

부모님들이 들어오면 따뜻하게 맞이하고, 시작하기 전 서로 인사를 나눌 수 있는 시간을 몇 분 정도 준다. 그런 다음 그날의 그룹 회기 주제를 간략하게 소개한다.

샘플 스크립트

다시 만나서 반갑습니다! 지난 시간 그룹 회기에서 우리는 ImPACT 프로젝트 F.A.C.T.S.의 C, 즉 **새로운 의사소통 기회 만들기**를 배웠습니다. 이번 주에는 이러한 전략을 바탕으로 **새로운 기능 가르치기**를 의미하는 F.A.C.T.S.의 **T**를 배워보겠습니다. 오늘은 이 전략 세트의 첫 번째 부분인 '**새로운 의사소통 기능 가르치기**'에 대해 알아보겠습니다. 다음 시간에는 이 전략 세트의 두 번째 부분인 '**새로운 모방 및 놀이 기능 가르치기**'에 대해 이야기하겠습니다.

슬라이드 2

회기 진행목록을 간략하게 검토하고 회기의 목표와 구성에 대한 정보를 제공한다. 시간 관계상 이 목록을 조정해야 하는 경우 부모에게 이를 설명한다.

샘플 스크립트

▶ 지난주 실천계획표를 검토하는 것으로 시작하겠습니다.

▶ 그런 다음 새로운 전략 세트인 **새로운 기능 가르치기**에 대해 설명하겠습니다. 먼저 *촉진과 보상*을 사용하는 방법에 대한 개요를 살펴본 다음 아이에게 의사소통을 가르치는 데 사용할 수 있는 두 가지 촉진에 대해 설명하겠습니다. 하나는 의사소통을 사용하는 것을 가르치기 위한 것이고, 다른 하나는 아이가 의사소통을 이해하고 지시에 따르도록 가르치는 것입니다. 각 촉진에 대해 어떤 기능을 가르칠 수 있을지 설명하고, 사용 방법에 대해 이야기한 후 몇 가지 비디오 예시를 보겠습니다. 그런 다음 아이와 함께 이 기법들을 어떻게 사용할 수 있을지 간단히 논의할 것입니다.

▶ 마지막으로 다음 한 주 동안 아이와 특정한 의사소통 기능을 가르치는 연습을 어떻게 할지 계획해 보겠습니다.

실천계획표 검토하기

슬라이드 3

화이트보드에 "잘된 점" "어려웠던 점" "가능한 해결책"이라고 표시된 세 개의 열을 그린다. 부모에게 어떤 기법을 연습했고 아이가 어떻게 반응했는지 보고하도록 요청한다. 부모가 보고할 때 화이트보드의 해당하는 곳에 정보를 간략하게 적는다. 부모가 각자의 경험에서 공통점을 찾아낼 수 있도록 돕는다. 부모의 보고가 끝난 후, 부모들이 경험한 공통적인 어려움을 하나 이상 파악한다. 그룹에서 잠재적인 해결책을 찾을 수 있도록 질문하고 제안을 한다. "가능한 해결책" 줄에서 특정 문제 열에 있는 "무엇이 어려웠나요?"에 각 문제에 대한 최선의 잠재적 해결책을 적는다. 이 주제와 관련된 일반적인 문제와 가능한 해결책은 6회기 마지막에 있는 문제 해결 팁 목록(468쪽)에 설명되어 있다.

샘플 스크립트

지금까지 우리가 배운 전략이 가정에서 어떻게 실행되었는지 이야기해 보겠습니다. 지난주에 여러분은 개별 코칭 회기에서 코치와 함께 **새로운 의사소통 기회 만들기**를 연습했을 것입니다. 코치는 이러한 기법을 모델링하고, 가정에서 어떻게 사용할지 생각하고 연습할 수 있도록 지원했어야 합니다.

▶ 모두 돌아가면서 가정에서 연습이 어떻게 실행되었는지 간단히 공유해 봅시다. 제가 특히 알고 싶은 것은 어떤 새로운 기능을 어떤 기법으로 연습했고 아이와 함께 연습했을 때 어떤 것이 잘 맞았는지 그리고 어려웠던 점은 무엇이었는지 입니다.

▶ *(모든 부모가 활동에 대해 보고한 후)* 이제 이러한 문제에 대해 몇 가지 가능한 해결책을 생각해 보겠습니다.

새로운 의사소통 기능 가르치기 소개하기

슬라이드 4

새로운 의사소통 기능 가르치기 전략 세트를 소개하고 부모가 이전에 배운 전략과 어떤 관련이 있는지 F.A.C.T.S. 피라미드와 도표를 사용해 설명한다. 재미있는 것과 새로운 기능을 가르치는 것 사이의 균형을 맞추기 위해서는 1~2분마다 새로운 기능을 가르치는 것이 중요하다는 점을 강조한다. 촉진 사이에 부모는 **아이에게 집중하기**와 **의사소통 방법 조절하기**로 돌아갈 수 있다.

샘플 스크립트

▶ 오늘은 이번 그룹 회기와 다음 그룹을 위해 F.A.C.T.S. 피라미드의 꼭대기로 이동할 것입니다. 우리는 이미 **아이에게 집중하기, 의사소통 방법 조절하기, 새로운 의사소통 기회 만들기**에 대한 전략을 배웠습니다. 아이가 참여하고 시작할 수 있도록 도와주세요. 지금까지 우리는 아이에게 새롭고 더 복잡한 기능을 사용하도록 요구하지 않고, 시작 행동들에 즉각적으로 반응하고 확장해 왔습니다. 하지만 사회적 의사소통에 어려움이 있는 대부분의 아이들은 이러한 전략만으로 새로운 기능을 배우는 것이 충분하지 않을 수 있습니다. 이때 우리는 **새로운 의사소통 기능 가르치기**를 사용합니다. 하지만 이 전략은 아이가 낙담하지 않도록 상호작용 중 1/3 정도만 사용해야 합니다. 나머지 시간에는 새로운 기능을 하도록 촉진하지 않고, 아이의 시작에만 계속 응답할 것입니다.

▶ **아이에게 집중하기** 및 **의사소통 방법 조절하기**를 사용해, 이미 배운 것과 동일한 방법으로 상호작용을 시작한 다음에도 아이가 주도적으로 시작하지 않아 주의를 끌 필요가 있는 경우에는 **새로운 의사소통 기회 만들기** 단계로 이동합니다. 이제 아이가 하는 어떤 행동에 반응하는 대신 촉진, 즉 단서를 제시하여 새로운 특정 기능을 사용할 수 있도록 돕고, 아이가 행동할 때까지 기다립니다. 그리고 아이가 특정 기능을 사용할 때 보상을 제공합니다. 새로운 기능을 사용하도록 촉진하고 보상을 제공하기 전에 기다리면 규칙을 변경했기 때문에 아이가 좌절할 수 있습니다. 이런 일이 발생하더라도 걱정하지 마세요! 대부분의 아이들은 특정 기능을 사용해야 한다는 것을 이해하자마자 좌절감을 덜 느끼게 됩니다. 이러한 기능을 지속적으로 수행할수록 좌절감은 더 빨리 감소할 것입니다.

촉진과 보상 소개하기

❖ 이론 설명하기

슬라이드 5

*촉진과 보상*을 사용하는 이론적 근거를 소개한다. 이때 그룹 구성원의 아이들에 대한 지식을 바탕으로 이 기법을 사용하여 해결할 수 있는 특정한 사회적 의사소통 목표의 예를 제시할 수 있다. 이 기법에 대한 자세한 내용은 부모 매뉴얼을 참조한다.

샘플 스크립트

아이에게 새로운 기능을 가르치기 위해 함께 사용할 일련의 기법으로 *촉진과 보상*에 대해 간략하게 설명하겠습니다. 그중 *촉진*은 아이가 새로운 기능에 반응하도록 도움을 주는 단서입니다. *촉진*은 아이가 어떻게 반응을 해야 하는지 알 수 있도록 돕고, 좌절감을 느끼는 것을 예방합니다. *보상*은 아이가 새로운 기능을 성공적으로 사용할 때 아이에게 주어지는 긍정적인 결과입니다. 부모의 관심을 얻거나 재미있게 활동을 하거나 좋아하는 장난감을 함께 가지고 놀이를 하는 등 아이가 좋아하는 모든 것이 보상이 될 수 있습니다. *보상*은 아이가 다시 새로운 기능을 사용할 기회를 증가시킵니다.

▶ 부모는 촉진과 보상을 사용하여 아이가 아직 주도적으로 사용하지 않는 기능들을 배울 수 있도록 도와줄 것입니다.

▶ 촉진과 보상은 아이가 새로운 기능을 배울 때 매우 유용합니다. 아이가 새로운 기능을 더 잘 사용하게 되어 부모님의 도움 없이도 새로운 기능을 스스로 사용할 수 있게 되면 아이에게 제공되었던 도움을 조금씩 줄일 것입니다.

❖ 핵심 요소에 대해 이야기 나누기

슬라이드 6

*촉진*의 핵심 요소에 대해 이야기 나눈다. 이러한 기법에 대한 자세한 내용은 부모 매뉴얼을 참조할 수 있다. 부모에게 여기서는 특정 핵심 요소를 강조하고 있고, 부모 매뉴얼에는 도움이 될 만한 추가적인 *촉진과 보상*의 몇 가지 핵심 요소가 설명되어 있다고 알려 줄 수

있다. 부모에게 새로운 언어 기능을 가르치는 방법을 설명할 때 이러한 요소에 대한 보다 구체적인 예시를 몇 가지 제시한다.

샘플 스크립트

이제 *촉진*을 가장 효과적으로 할 수 있는 몇 가지 방법을 설명하겠습니다.

▶ 먼저 언제 촉진할지 생각하는 것이 중요합니다. 아이가 새로운 기능을 익히도록 촉진하는 가장 좋은 시기는 아이가 활동에 대한 동기가 높고 기분이 좋을 때입니다.

▶ 아이가 활동에 흥미를 잃었거나 불행하거나 피곤하거나 또는 아플 경우 촉진을 받는 것이 너무 어려워지면 좌절하거나 활동에서 벗어날 수 있습니다. 아이가 동기를 부여받지 못하면 다른 활동을 제공하고, **아이에게 집중하기**로 돌아가 보세요.

▶ 어떤 기능을 유도할지 생각해야 합니다. 아이의 현재 기능보다 약간 더 복잡한 기능을 유도하면 아이가 성공할 가능성이 가장 높습니다. 또한 아이가 이미 하고 있는 것과 관련된 기능을 유도하면 아이가 반응할 가능성이 더 높습니다. 따라서 사물, 장난감, 아이가 현재 참여하고 있는 활동과 의미 있게 관련되면서 약간 더 복잡한 기능을 사용하도록 유도하세요. 예를 들어, 아이가 블록을 가지고 놀고 있을 때, 블록의 일부만 가지고 놀게 하면서 다른 블록을 건네주기 전에 아이가 "블록"이라고 말하거나 블록을 쌓도록 유도하세요. 이것은 부모가 모델링한 언어와 놀이 기능을 아이가 사용하도록 촉진시키는 좋은 방법입니다.

▶ 아이가 좌절하지 않도록 부모가 원하는 바를 아이가 정확히 이해하도록 하는 것이 중요합니다. 따라서 지시를 내릴 때는 명확하게 전달하세요. 잠시 멈추고 아이의 주의를 끌면서 간단한 언어를 사용하세요. 한 번에 하나의 촉진만 사용하세요. 예를 들어, "이 블록을 원하니?" "내가 어떻게 해 줄까?" "나는 블록을 원한다고 말해."와 같이 서로 다른 대답을 요구하는 여러 개의 촉진을 함께 사용하는 것을 피하세요.

▶ 그런 다음 **새로운 의사소통 기회 만들기**와 마찬가지로 촉진을 제공한 후 아이가 반응할 때까지 충분히 기다립니다. 다른 촉진을 제공하기 전에 속으로 천천히 다섯까지 세어 보세요. 어떤 아이는 반응하는 데 더 오랜 시간이 필요할 수도 있습니다.

▶ 촉진의 지원 정도는 가장 도움이 되는 것부터 가장 덜 도움이 되는 것까지 지원의 양에 따라 다릅니다. 아이가 독립적으로 수행하도록 돕기 위해 올바르게 반응하는 데까지 필요한 최소한의 촉진을 제공하세요. 촉진한 후에도 성공하지 못하면 아이에게 더 많은 지원을 제공해야 할 수도 있습니다. 우리는 소위 "세 가지 촉진 규칙"을 통해 이것을 중재합니다. 필요한 경우 더 많은 지원을 제공함으로써 아이가 세 번째 촉진에서는 성공할 수 있도록 노력하세요.

▶ 아이가 요구하기를 위해 가리키는 방법을 배우도록 하려면 최소한의 촉진부터 지원하세요. 예를 들어, 아이에게 비눗방울을 보여 주며 “무엇을 하고 싶니?”라고 물어보세요. 아이가 반응하지 않으면 도움의 정도가 좀 더 높은 촉진을 사용하세요. 예를 들어, 비눗방울을 가리키는 것을 시연해 주세요. 아이가 여전히 이해하지 못한다면 아이가 성공할 수 있도록 더 많은 지원을 제공하세요. 즉, 아이가 비눗방울을 가리키도록 도와주는 것입니다. 사용하는 촉진은 아이의 기능, 동기, 기분에 따라 달라집니다. 쉬운 기능을 유도하고 있고, 아이의 동기가 높으며 좌절감이 크지 않은 경우에는 덜 지원적인 촉진부터 시작할 수 있고, 올바른 반응을 이끌기 위해 세 번 이상 촉진할 수 있습니다. 그러나 더 어려운 기능을 연습하고 있고, 아이의 동기가 높지 않으며 좌절감이 심한 경우에는 더 적은 수의 촉진으로 아이가 성공할 수 있도록 해야 할 수도 있습니다.

▶ 부모는 아이가 학습함에 따라 아이 스스로 새로운 기능을 사용할 때까지 도움을 조금씩 줄여 갈 것입니다. 아이가 한 단계의 촉진에 성공적으로 반응할 수 있게 되면 덜 지원적인 촉진을 사용하기 시작합니다. 잠시 후, 우리는 더 복잡한 의사소통 기능을 사용하도록 돕기 위해 사용할 수 있는 서로 다른 수준의 언어 촉진에 대해 토론할 것입니다.

슬라이드 7

이제 *보상*의 핵심 요소에 대해 이야기 나눈다. 이 기법에 대한 추가 정보는 부모 매뉴얼을 참조한다. 부모에게 여기서는 특정 핵심 요소를 강조하고 있고, 부모 매뉴얼에는 도움이 될 만한 추가적인 *촉진과 보상*의 몇 가지 핵심 요소가 설명되어 있다고 알려 줄 수 있다. 부모에게 새로운 언어 기능을 가르치는 방법을 설명할 때, 이러한 요소에 대한 보다 구체적인 예시를 몇 가지 제시한다.

샘플 스크립트

▶ 새로운 기능을 사용하면 원하는 것을 얻을 수 있다고 배우면 아이는 다시 그 기능을 사용할 가능성이 높아집니다. 아이에게 특정 새 기능을 사용하도록 촉진하는 경우, 보상을 주기 전에 아이가 혼자서 또는 부모의 도움을 받아 해당 기능을 사용하려고 노력했는지 확인합니다.

▶ 기대했던 반응이 아니더라도 좋은 시도에 대해 보상하는 것도 좋습니다. 예를 들어, 아이가 비눗방울에 손을 뻗고 “비눗방울”이라는 단어를 말하도록 유도한 경우, 아이가 “부”라고 말하거나 명확하게 가리키는 등 좋은 시도를 보이면 비눗방울을 불어 줘도 됩니다.

▶ 아이가 새로운 기능을 사용한 즉시 보상을 제공하여 새로운 행동과 보상을 연결하고, 아이의 반응을 계속 확장할 수 있도록 도와줍니다.

▶ 처음에는 아이가 기능을 사용할 때마다 보상을 주세요. 보상을 주기 전에 한 가지 이상의 반응을 하도록 요구하지 마세요. 예를 들어, 아이에게 "크래커"라는 단어를 말하게 한 다음 "크래커 두 개 주세요."라고 말하도록 유도하고 크래커를 제공하지 마세요. 이는 아이를 좌절시킬 수 있고, 이를 통해 자신의 의사소통이 효과적이지 않다고 배울 수 있습니다. 대신 보상을 작은 부분으로 나누어 새로운 기능을 사용할 때마다 아이에게 보상을 줄 수 있습니다. 예를 들어, 아이가 새로운 기능을 사용하여 그것을 요구할 때마다 크래커의 일부를 잘라 줍니다.

▶ 보상은 아이의 행동이나 활동 또는 의사소통과 관련될 때 자연스러울 것입니다. 자연스러운 보상은 아이가 일상생활 중 적절한 행동을 할 가능성을 높입니다. 아이가 행동하거나 말하는 것과 관련된 것으로 아이에게 보상을 줍니다. 아이에게 집중하면 자연적으로 사용할 수 있는 보상에 대한 좋은 아이디어를 얻을 수 있습니다.

▶ 보상은 직접적으로 뒤따르는 행동을 증가시킵니다. 따라서 더 보고 싶은 행동에 대해서만 보상을 제공합니다.

▶ 아이가 원하는 것을 얻기 위해 도전적인 행동을 계속해서 사용할 수도 있어 도전적인 행동에 대한 보상은 주지 않도록 주의하세요. 예를 들어, 아이가 기차를 달라고 크게 소리 지르는 것이 부모가 원하는 행동이 아니라면 기차를 주지 말아야 합니다.

의사소통 촉진하기 소개하기

❖ 이론 설명하기

슬라이드 8

*의사소통 촉진하기*의 이론적 근거를 설명한다. 이때 그룹 구성원의 아이들에 대한 지식을 바탕으로 이를 통해 해결할 수 있는 구체적인 의사소통 목표의 예시를 제시할 수 있다. 이 기법에 대한 추가적인 정보는 부모 매뉴얼을 참조할 수 있다.

샘플 스크립트

사회적 의사소통에 어려움이 있는 아이는 다른 사람과 의사소통하기 위해 제스처와 구어를 사용하는 방법을 배우고 자발적으로 의사소통하는 것에 어려움을 겪을 수 있습니다. 촉진과 보상을 사용하면 아이가 조금 더 복잡한 의사소통 기능을 사용하도록 가르칠 수 있습니다.

▶ 아이에게 새로운 제스처나 구어를 사용하도록 가르치고, 이러한 기능들을 함께 사용하도록 가르칠 수 있습니다. 또한 다양한 수준의 지원을 제공하는 촉진을 사용하여 아이가 의사소통하는 이유를 확장하고 보다 더 자발적으로 의사소통할 수 있도록 도울 수 있습니다.

▶ 이 전략은 아이가 활동에 대한 동기가 높을 때, 그리고 새로운 기능, 예를 들어 아이가 원하는 것을 표현하는 방법이나 또는 때리는 대신 "아니"라고 말하는 방법과 같은 것을 배워야 할 때 가장 도움이 됩니다. 아이가 촉진에 반응할 때까지 보상을 "보류"해야 하므로 부모가 준비물을 통제할 수 있는 능력을 가지고 있을 때 가장 효과적입니다.

❖ 핵심 요소에 대해 이야기 나누기

슬라이드 9

*의사소통 촉진하기*의 순서와 촉진에 적합한 의사소통 기능에 대해 설명한다. 진행하면서 부모에게 *촉진*과 *보상*의 관련 핵심 요소를 상기시킨다. 그룹 구성원의 아이들이 좋아하는 활동과 의사소통 기능에 대한 지식을 바탕으로 부모가 촉진할 수 있는 의사소통의 구체적인 예시를 제시한다.

샘플 스크립트

*의사소통 촉진하기*를 사용하는 방법에 대해 살펴보겠습니다.

▶ 아이에게 새로운 의사소통 기능을 사용하도록 가르칠 때 **아이에게 집중하기, 의사소통 방법 조절하기, 새로운 의사소통 기회 만들기** 단계로 시작한 다음 아이가 의사소통할 때까지 기다립니다. 그런 다음 아이의 첫 번째 의사소통보다 약간 더 복잡한 기능을 사용하도록 촉진합니다. 예를 들어, 아이가 "위"라고 말하면 "위로 올려줘."라고 말하도록 촉진할 수 있습니다. 아이가 이렇게 더 복잡한 의사소통 기능을 사용하면 그에 대한 자연스러운 보상, 예를 들면 실제로 아이를 들어 올려 주는 것으로, 아이의 의사소통 시도를 강화할 수 있습니다. 부모 매뉴얼의 108쪽에 제시된 <표 5-1>에는 아이의 능력에 따라 아이에게 사용할 수

있는 적절한 언어가 제시되어 있습니다. 아이가 좌절하지 않기 위해서는 상호작용 시간 중 1/3에서만 복잡한 의사소통 기능을 촉진한다는 것을 기억하세요. 나머지 시간에는 아이의 자발적인 의사소통에 계속해서 반응하세요.

슬라이드 10

부모가 *의사소통 촉진하기*를 위해 사용할 수 있는 다양한 유형의 촉진에 대해 설명한다. 진행하면서 그룹에 속한 아이들의 적절한 의사소통 기능을 목표로 다양한 유형의 촉진을 사용하는 방법에 대한 예시를 제시한다. 각 유형의 촉진에 대한 더 많은 예는 부모 매뉴얼의 표를 참조해도 된다. 부모가 모든 촉진을 사용하는 것이 목표가 아니라 가르치고자 하는 의사소통 기능을 고려하여 아이에게 가장 적합한 촉진을 선택하는 것이 목표임을 강조한다. 세 가지 촉진 규칙에 대해 다시 설명한다.

샘플 스크립트

이제 아이가 조금 더 복잡한 의사소통 기능을 사용할 수 있도록 돕기 위해 사용되는 촉진의 유형에 대해 이야기하겠습니다. 이러한 촉진은 가장 도움이 덜 되는 것부터 가장 도움이 많이 되는 것까지 슬라이드에 나열되어 있습니다.

▶ 시간 지연은 가장 도움이 적은 촉진입니다. 아이가 의사소통을 시작한 후에는 더 복잡한 의사소통 기능을 독립적으로 사용할 수 있도록 기대되는 표정으로 기다립니다. 예를 들어, 아이가 "간지럼"이라는 단어를 말하면 간지럼을 태워 주기 전에 아이가 "엄마, 간지럼 태워 줘."라고 말할 수 있도록 기대되는 표정으로 기다리세요. 아이가 10초 이내에 더 복잡한 의사소통 기능을 사용하지 않는다면 "뭘 원하니?"라고 묻는 등 더 많은 지원을 추가합니다. 시간 지연은 아이에게 어떤 의사소통 기능을 사용해야 하는지 알려 주지 않기 때문에 질문과 선택 또는 언어 모델 등과 같은 보다 더 지원적인 촉진으로 아이가 여러 번 반응한 후에 사용하는 것이 가장 좋습니다.

▶ 아이의 의사소통과 어휘력 확장을 돕기 위해 아이에게 질문을 하세요. 예를 들어, 목욕할 준비를 하는 동안 수도꼭지를 가리키며 "뭘 원하니?"라고 물어 아이가 "물을 틀어 줘."라고 말할 수 있도록 도와주세요. 또한 아이가 활동의 다른 측면에 대해 의사소통하도록 도와줄 수도 있습니다. 예를 들어, 간지럼 놀이를 하는 동안 "어디를 간지럼 태워 줄까?" "누가 간지럼 태워 주면 좋겠니?" 또는 "몇 번 간지럼 태워 줄까?"라고 물어볼 수 있습니다. 그러므로 아이의 기능 수준을 알고 있어야 합니다. "무엇(What)" "어디(Where)" "누구(Who)"

질문은 "어떻게(How)" "왜(Why)" "언제(When)" 질문보다 더 쉽습니다.

▶ 문장을 시작하되, 아이가 문장 내 빈 부분을 채울 수 있도록 일부분을 생략하세요. 예를 들어, 아이에게 두 가지 다른 간식을 제공하고 "나는 …… 원해요."라고 말하며 아이가 원하는 간식을 말할 수 있도록 도와주세요. 아이가 누락된 단어를 넣어 말할 수 있도록 제스처나 시각적 단서를 사용하세요. 예를 들어, 아기 인형을 침대에 놓고 가리키며 "아기는 …… 에 있어요."라고 말한 다음 아이가 "침대"라고 말할 때까지 기다립니다. 이 촉진은 말은 잘하지만 적절한 단어를 찾는 데 어려움을 겪는 아이에게 유용합니다.

▶ 아이에게 질문에 답할 수 있는 두 가지 선택형 질문하기를 제시합니다. 예를 들어, 빨간색과 파란색 셔츠를 들고 아이에게 "빨간 셔츠를 입을까 아니면 파란 셔츠를 입을까?"라고 물어보세요. 만약 아이가 선택형 질문하기에서 항상 두 번째 선택을 반복한다면 아이가 좋아하는 것(먼저 말하기)과 그렇지 않은 것(두 번째 말하기)으로 구성해 선택하도록 합니다. 아이가 선택형 질문하기에서 첫 번째 선택을 반복해서 선택한다면 아이가 원하지 않는다는 것을 알더라도 그것을 주세요. 이것은 아이가 선택에 주의를 기울이는 방법을 배우도록 도와줍니다. 아이가 원하지 않는 물건의 이름을 말하는 경우 아이가 결국에는 원하는 것을 얻을 수 있도록 더 많은 지원을 제공해야 합니다.

▶ 아이가 모방하길 바라는 단어나 구를 모델링하세요. 예를 들어, 아이가 자동차를 가지고 싶어 한다면 자동차를 들어 보이며 "자동차"라고 말한 다음 아이가 그 단어를 따라 할 때까지 기다렸다가 자동차를 주면 됩니다. 이러한 유형의 촉진은 이제 막 구어를 사용하기 시작한 아이에게 유용합니다. 언어가 더 발달한 아이에게 이러한 유형의 촉진을 남용하기 쉬운데, 아이가 즉각적으로 반응하는 경우가 많기 때문입니다. 아이가 지속적으로 부모의 언어를 모방할 수 있다면 덜 지원적인 촉진부터 시작하세요.

▶ 일상적인 언어 표현이란 "제자리, 준비, 시작" "까꿍" 또는 "하나, 둘, 셋"과 같이 아이가 여러 번 들은 의미 있는 표현을 말합니다. 일상적인 언어 표현을 촉진으로 사용하려면 구 단위로 시작하되 마지막 부분을 생략하고 아이가 이 부분을 채울 것이라는 기대감을 가지고 기다려야 합니다. 예를 들어, "제자리, 준비, (　　)" 이러한 유형의 촉진은 친숙하고 반복적이며 일관성이 있기 때문에 이제 막 구어를 사용하기 시작한 아이에게 유용합니다.

▶ 아이가 사용하면 좋을 제스처를 보여 주세요. 아이가 단어를 배울 기회를 가질 수 있도록 구어도 함께 제시하세요. 예를 들어, 아이가 자리를 뜰 때, 손을 흔들며 "안녕"이라고 말하고는 아이가 부모를 따라 할 때까지 기다리세요. 또는 아이가 장난감을 갖고 싶어 할 때, 그것을 가리키며 장난감의 이름을 들려주고는 아이가 따라 가리킬 때까지 기다리세요. 아이가 제스처를 모방하지 않는다면 신체적 안내를 통해 제스처를 사용할 수 있도록 도와주세요.

▶ 신체적 안내는 지원을 가장 많이 해 주는 촉진입니다. 사용하는 방법은 아이가 제스처를 완전하게 하도록 물리적으로 도와주는 것입니다. 아이가 선반 위에 있는 장난감이 갖고 싶어 쳐다볼 때 아이의 팔을 들어 올려 주고, 장난감을 가리키는 형태의 손 모양을 만들어 주세요. 아이가 밖에 나가고 싶을 때, 아이의 손을 잡아 문을 두드리도록 도와주세요. 아이가 제스처 촉진에 반응하지 않는다면 신체적 안내를 사용해야 합니다.

▶ 세 번째 촉진에서는 아이가 성공을 경험할 수 있기를 원한다는 점을 기억하세요. 따라서 아이가 성공적으로 반응할 수 있다고 생각되는 최소한의 촉진부터 시작한 다음 필요에 따라 지원을 늘릴 것입니다. 예를 들어, 만약 가끔 아이가 "무엇을 원하니?"라는 질문에 두 단어로 된 구문을 사용하여 물건을 요구할 수 있는 경우, 아이에게 질문하기 촉진으로 시작하고 언어 모델을 사용하면 아이는 항상 두 단어로 된 문장을 사용할 수 있습니다. 만약 아이가 어려워하면 언어 모델 촉진과 함께 후속 조치를 취합니다. 또한 시간이 지남에 따라 지원을 줄여 나가는 것이 중요합니다. 아이가 "무엇을 원하니?"라고 물었을 때 거의 항상 두 단어로 말할 수 있게 되면 첫 번째 촉진으로 시간 지연을 사용하고, 아이가 성공하지 못하면 후속 질문으로 이어서 물어봅니다.

슬라이드 11

슬라이드의 도표를 사용하여 부모에게 *의사소통 촉진하기* 사용 방법의 예를 설명한다. 부모에게 이 기법에 대해 궁금한 점이 있는지 물어보는 것도 좋은 방법이다.

샘플 스크립트

*의사소통 촉진하기*를 사용하여 무엇을 가르치는지 예시를 살펴보겠습니다. 이 슬라이드에서는 Vivian의 엄마가 의사소통 촉진과 보상을 사용하여 Vivian이 한 단어를 사용하여 요구하도록 가르치고 있습니다. Vivian은 간식을 먹고 있습니다. 엄마는 Vivian과 마주 앉아 간단한 언어를 사용하여 음식에 대해 이야기함으로써 Vivian에게 집중합니다. Vivian에게 몇 개의 크래커를 먹게 한 다음 크래커를 들어 보이며 기회를 만듭니다. 그런 다음 엄마는 Vivian이 어떻게 의사소통할지 기다립니다. Vivian은 크래커에 손을 뻗어 반응을 보이고 엄마는 Vivian에게 다음과 같이 질문하기 방법을 사용하여 한 단어를 사용하도록 촉진합니다. "원하는 게 뭐니?"라는 질문을 합니다. Vivian이 반응하지 않으면 엄마는 Vivian이 따라 할 수 있도록 "크래커"라는 단어를 모델링하여 좀 더 지원적인 촉진을 사용합니다. Vivian이 응답하지 않자 어머니는 "크래커"라는 단어를 다시 모델링합니다. 이번에는

Vivian이 "크"라는 음절로 반응하자 엄마는 Vivian에게 크래커를 주면서 이 의사소통에 반응하고 "크래커"라고 말하며 확장합니다. Vivian의 엄마가 Vivian이 "크래커"라고 말할 수 있도록 세 가지 촉진을 사용하고, Vivian이 "크"라고 바람직한 시도를 할 때까지 크래커를 보상하지 않는 것에 주목하세요.

❖ 비디오 클립 보고 토론하기

슬라이드 12

다양한 유형의 *의사소통 촉진하기*에 대한 비디오 사례를 보여 준다. 부모가 특정한 촉진을 단독으로 사용하는 12개의 사례와 여러 촉진을 함께 사용하는 3개의 비디오 클립이 있다. 특정한 의사소통 촉진하기의 클립은 가장 최소의 촉진부터 최대의 촉진하기까지 순차적으로 설명되어 있다. 클립은 짧기 때문에 부모가 촉진과 보상 순서를 완전히 이해하려면 클립을 한 번 이상 보는 것이 좋다. 일부 유형의 촉진에는 언어 발달 단계가 다른 아이들의 예시가 함께 제공되어 각 촉진이 아이의 언어 수준에 맞게 어떻게 적용될 수 있는지 보여 준다. 중재하는 아이의 의사소통 기능에 따라 촉진 중 하나의 예만 보거나 여러 유형의 촉진 중 일부에만 집중해 볼 수 있도록 선택을 할 수 있다. 특정한 의사소통 촉진하기의 클립을 보여 준 후에는 부모가 필요에 따라 지원을 추가하거나 줄이며 촉진을 사용하는 방법을 함께 볼 수 있도록 지원을 조정하는 클립을 보여 준다. 각 클립을 보여 주기 전, 부모에게 *의사소통 촉진하기*의 핵심 요소를 살펴보고 아이가 어떻게 반응하는지 관찰하도록 요구한다. 영상이 끝난 후에는 개방형 질문을 통해 부모가 관찰한 내용에 대해 생각해 볼 수 있도록 도와준다. 부모가 상호작용의 중요한 요소를 파악하지 못한다면 좀 더 구체적인 질문을 한다. 클립에서 강조해야 할 중요한 정보는 다음에 설명되어 있다.

샘플 스크립트

이제 방금 설명한 특정한 촉진하기를 사용하는 부모의 몇 가지 사례를 살펴보겠습니다.

▶ *(각각의 개별적인 촉진하기 클립을 보여 주기 전)* 부모가 여러 유형의 촉진을 사용하여 아이가 더 복잡한 반응을 하도록 돕는 방법과 부모가 아이의 반응에 대해 어떻게 보상하고, 확장하는지 지켜보세요.

▶ *(각각의 개별적인 촉진하기 클립을 보여 준 후)* 상호작용 중에 무엇을 발견했나요? 부모가 촉진한 더 복잡한 기능은 무엇이고, 그것을 어떻게 촉진했나요? 부모가 의사소통을 촉

진했을 때 아이는 어떻게 반응했나요? 부모는 아이가 더 복잡한 의사소통 기능을 사용한 것에 대해 어떻게 보상했나요?

이제 부모가 여러 가지 촉진을 함께 사용하여 아이가 더 복잡한 의사소통을 할 수 있도록 도와주는 몇 가지 사례를 살펴보겠습니다.

▶ *(각각의 촉진하기 순서 클립을 보여 주기 전)* 아이가 성공적으로 반응하고 자발적으로 기능을 향상시킬 수 있도록 지원을 추가하거나 줄이는 방법에 주목하세요.

▶ *(각각의 촉진하기 순서 클립을 보여 준 후)* 해당 상호작용 중에 어떤 점을 발견했나요? 아이의 성공적인 반응을 돕기 위해 어떻게 지원을 늘렸나요? 아이가 자발적으로 기능을 사용하도록 돕기 위해 시간이 지남에 따라 어떻게 지원을 줄였나요?

클립 21: 시간 지연, 첫 낱말

엄마는 아이가 자발적으로 문장을 사용하는 것을 돕기 위해 시간 지연을 사용한다. 엄마는 아이에게 꿀을 조금씩 주면서 기회를 만든 다음 아이가 더 달라고 요구하기를 기다린다. 아이가 "꿀"이라고 단어를 말한다. 엄마는 아이의 반응의 복잡성을 증가시키기 위해 기대하는 표정으로 기다리며 시간 지연을 사용한다. 딸은 "꿀이 먹고 싶어."라고 자발적으로 반응한다. 엄마는 아이에게 꿀 한 숟가락을 보상으로 주고 "너는 꿀이 먹고 싶구나, 냠냠."이라고 말한다.

클립 22: 시간 지연, 낱말 조합

엄마는 미술 활동 중에 자연스럽게 언어의 복잡성을 증가시키기 위해 시간 지연을 사용한다. 엄마는 아이에게 마커 색상을 선택할 수 있도록 한다. 아이는 한 단어("분홍색")를 사용하여 요구함으로써 반응한다. 그런 다음 엄마는 기대하는 표정으로 기다리며 시간 지연을 사용한다. 아이는 완전한 문장을 사용하여 "분홍색 주세요."라고 반응한다. 엄마는 아이에게 분홍색 크레용을 주며 보상한다. 아이가 한 단어("초록색")를 사용하여 마커를 요청하면 엄마는 다시 시간 지연을 사용한다. 이 역시 아이가 자연스러운 문장으로 "엄마, 나 초록색 주세요."라고 말할 수 있도록 한다. 엄마가 아이에게 크레용을 한 번에 한 개씩만 사용하도록 함으로써 아이가 더 복잡한 의사소통을 사용하도록 촉진할 수 있는 기회를 여러 번 만드는 것에 주목한다.

클립 23: 질문하기, 구어 전 단계

엄마는 간지럼 놀이를 하는 동안 아이의 의사소통의 복잡성을 증가시키기 위해 질문하기를 사용한다. 엄마는 아이를 간지럽히다가 멈추고 그가 의사소통할 수 있는 기회를 만든다. 아이가 엄마를 바라볼 때 엄마는 "원하는 게 뭐야?"라는 질문을 해서 아이가 의사소통의 복잡성을 높일 수 있도록 돕는다. 아이가 "더"라는 제스처를 취하면 엄마는 아이를 간지럽혀 보상하고 "간지럼 더 태워 줘."라고 말하며 의사소통을 확장한다.

클립 24: 질문하기, 첫 낱말

엄마는 간식 시간 동안 아이의 의사소통의 복잡성을 증가시키기 위해 질문을 한다. 엄마는 아이가 열 수 없는 간식 두 개를 제시하여 아이가 소통을 시작할 수 있도록 도움을 준다. 아이는 꿀을 만지며 "주세요."라고 말하며 소통을 시작하지만 원하는 간식이 무엇인지 말하지 않았다. 엄마는 아이에게 "무엇을 원하니?"라고 질문하여 이름을 말하도록 도와준다. 아이는 "꿀"이라고 이름을 붙여 대답한다. 엄마는 아이에게 꿀을 주면서 보상을 하고 아이의 반응을 확장한다.

클립 25: 문장 내 빈 부분 채우기, 첫 낱말

엄마는 문장 내 빈 부분 채우기를 사용하여 아이의 언어 복잡성을 증가시킨다. 엄마는 아이의 관심을 끌기 위해 기차에 대한 접근을 통제한다. 그런 다음 "어디서 기차를 운전할 거야?"라고 질문한다. 아이가 반응을 하지 않으면 문장 내 빈 부분 채우기를 사용하여 더 많은 지원을 추가한다. "Jackson은 기차를 ……에서 운전할 거예요." Jackson은 "길"이라는 단어로 대답한다. 엄마는 아이가 기차를 갖게 함으로써 보상하고 "길 위에서"라고 말해 언어를 확장한다.

클립 26: 문장 내 빈 부분 채우기, 문장

아빠는 아이가 슈퍼히어로 피규어를 가지고 놀면서 언어의 복잡성을 증가시키기 위해 두 개의 문장 내 빈 부분 채우기를 사용한다. 아이는 슈퍼히어로를 무릎 위에 올려놓고 "나는 우리 무릎에 앉아 있어요."라고 말한다. 아빠는 문장 내 빈 부분 채우기를 사용하여 "그들이 ……에 앉아 있어요."라고 아이가 올바른 대명사를 사용할 수 있도록 도와준다. 아이는 "무릎 위에"라고 대답한다. 그런 다음 아이는 "그들은 내 사이에 앉아 있어요."라고 또 다른 말을 한다. 아빠는 다시 문장 내 빈 부분 채우기를 사용하여 "…… 사이에"라고 말하면서 올바른 대명사를 사용하도록 도와준다. 아이는 "내 다리 사이에"라는 올바른 대명사를 사용하여 반응한다. 아빠는 아이에게 칭찬으로 보상한다.

클립 27: 선택형 질문하기, 첫 낱말

엄마는 간식 시간에 아이의 의사소통 복잡성을 증가시키기 위해 선택형 질문하기를 사용한다. 엄마는 아이가 여는 데 도움이 필요한 두 가지 간식을 제시하며 선택형 질문하기를 한다. 아이가 먼저 간식을 향해 다가간다. 그러면 엄마는 간식을 각각 들어 보이며 “치아(chia) 먹을래, 꿀 먹을래?”라고 질문한다. 아이가 “꿀”이라는 단어를 말하면 엄마는 꿀을 주며 보상하고 아이의 언어를 확장한다.

클립 28: 선택형 질문하기, 낱말 조합

엄마는 함께 미술 프로젝트를 하는 동안 아이가 좀 더 복잡한 언어를 사용할 수 있도록 “보라색으로 할래, 분홍색으로 할래?”라고 선택권을 준다. 그러나 엄마는 곧 아이의 관심을 끌지 못했다는 것을 깨닫는다. 그래서 엄마는 아이가 작업을 마칠 때까지 기다렸다가 아이의 관심을 끌기 위해 아이를 만진다. 아이가 관심을 주면 엄마는 아이에게 다시 선택권을 준다. 아이는 “보라색”이라는 단어로 반응하고, 엄마는 그림에 보라색 단추를 놓음으로써 아이에게 보상을 준다.

클립 29: 언어 모방을 위한 모델링 제공하기, 첫 낱말

엄마가 간식 시간에 아이가 더 복잡한 의사소통을 사용하는 것을 돕기 위해 언어 모방을 위한 모델링을 제공한다. 엄마는 꿀단지의 뚜껑을 닫아 아이가 이것을 여는 데 도움이 필요하도록 새로운 의사소통 기회를 만든다. 아이는 식탁으로 걸어가 “꿀”이라는 단어를 말하는 것으로 시작한다. 그러면 엄마는 아이가 따라 말 할 수 있도록 두 단어를 조합해 “꿀 많이”라고 모델링을 제공한다. 아이는 더 복잡한 언어를 모방한다. 그러면 엄마는 아이에게 꿀을 주며 보상하고 의사소통을 확장한다.

클립 30: 일상적인 언어 표현 사용하기, 첫 낱말

엄마는 아이의 언어가 더 복잡하게 확장될 수 있도록 일상적 언어 표현을 사용한다. 엄마는 아이의 놀이에 참여하여 놀이 방해하기를 사용해 아이가 의사소통할 수 있는 기회를 만든다. 아이는 엄마의 말을 모방하며 반응한다. 그런 다음 엄마는 언어 루틴을 사용하여 모델링 없이 단어를 사용하도록 격려하기 위해 “제자리, 준비, (　　).”이라고 말한다. 아이는 “출발”이라는 단어를 채우며 반응하고, 엄마는 기차를 움직이며 보상한다.

클립 31: 제스처 모방을 위한 모델링 제공하기, 구어 전 단계

엄마는 놀이 중에 더 복잡한 의사소통을 사용하는 것을 돕기 위해 제스처 모방을 위한 모델링을 제공한다. 엄마는 아이가 좋아하는 공을 아이가 열지 못하는 투명한 용기(눈에 보이지만 손이 닿지 않는 곳)에 넣어 새로운 의사소통 기회를 만든다. 아이는 뚜껑을 만지는 것으로 소통을 시작한다. 엄마는 "열어"라는 단어를 모델링한다. 아이가 반응하지 않으면 엄마는 아이가 따라 할 수 있는 제스처(뚜껑을 두드리는 동작)와 함께 "열어"라는 단어를 모델링한다. 아이는 제스처를 사용하여 반응한다. 엄마는 병을 열고 장난감을 선택하게 하여 보상한다. 또한 "열어"라는 단어를 반복하며 의사소통을 확장한다.

클립 32: 신체적 안내 제공하기, 구어 전 단계

엄마는 비눗방울 놀이를 하는 동안 더 복잡한 의사소통을 사용하도록 돕기 위해 신체적 안내를 사용한다. 엄마는 아이가 도움이 필요한 장난감(비눗방울)을 사용하여 아이에게 새로운 의사소통 기회를 만든다. 아이는 "많이"라는 신호를 사용해 반응한다. 그러면 엄마는 신체적 안내를 주어 아이가 비눗방울을 가리키도록 도와준다. 엄마는 비눗방울을 불어서 두 가지 제스처("많이" 신호와 가리키기)를 사용한 것에 대해 보상하고 "비눗방울 많이"라고 말함으로써 의사소통을 확장한다.

클립 33: 시간 경과에 따라 지원 줄이기, 구어 전 단계

엄마는 간지럼 놀이를 하는 동안 아이가 더 복잡한 의사소통을 사용하도록 격려하기 위해 다양한 수준의 지원과 함께 여러 가지 유형의 촉진을 사용한다. 엄마는 아이에게 집중하고 얼굴을 마주 보며 애니메이션처럼 표현하기와 간단한 언어를 사용하여 의사소통을 조절한다. 엄마는 간지럼 놀이를 잠시 멈춰 새로운 의사소통 기회를 만들고 "간지럼을 태워 주기를 원하니?"라고 질문하며 기대에 찬 표정으로 기다린다. 아이는 엄마의 손을 잡아당기는 것으로 반응한다. 엄마는 아이의 간단한 제스처에 간지럼을 태워 주는 것으로 반응한다. 엄마는 다시 잠시 멈춘다. 이번에는 아이에게 "많이"라는 신호를 모델링하고, 아이가 이를 모방하면 더 많은 간지럼을 태워 주는 것으로 보상한다. 그다음에 잠시 멈추고 "우리가 원하는 게 뭐야?"라고 묻는다. 그러면 아이가 제스처 모델 없이 "많이"라는 신호를 사용한다. 아이가 제스처를 사용하여 의사소통을 할 때마다 엄마가 어떻게 보상을 주는지 주목한다. 또한 아이가 자발적으로 더 복잡한 제스처("많이" 사인)를 사용할 수 있도록 상호작용 전반에 걸쳐 지원의 양을 줄인다.

클립 34: 시간 경과에 따라 지원 줄이기, 첫 낱말

엄마는 간지럼 놀이 중에 아이가 한 단어를 자발적으로 사용할 수 있도록 여러 가지 유형의 촉진을 사용하고 상호작용 전반에 걸쳐 지원을 줄인다. 엄마는 간지럼 놀이 중 잠시 멈춤으로써 아이의 관심을 얻는다. 그런 다음 "간지럼 많이"라는 구문을 모델링하고 아이가 의사소통을 하도록 촉진한다. 아이가 반응하지 않으면 문장 내 빈 부분 채우기를 사용해 "나는 ……을 원해요."라고 말한다. 아이가 "간지럼"이라는 한 단어로 반응하면, 엄마는 아이를 간지럽혀서 이 시도에 보상하고 "간지럼 많이"라고 말해 주면서 언어를 확장한다. 다음 기회에 엄마는 문장 내 빈 부분 채우기를 다시 사용하고 아이도 다시 "간지럼"이라는 한 단어를 사용한다. 그다음 기회에 엄마는 "간지럼을 많이 태워 주길 원해?"라고 묻고 아이는 "간지럼 많이"라는 두 단어 조합을 모방한다. 엄마는 아이가 "간지럼"이라고 말할 수 있도록 다른 문장 내 빈 부분 채우기를 사용한다. 엄마가 "간지럼"이라는 단어를 여러 번 모델링하고 촉진한 후 기대에 찬 표정으로 시간을 지연시키면 아이는 "간지럼"이라는 단어를 자발적으로 사용한다. 동기 부여가 높은 활동에서 엄마가 어떻게 아이에게 여러 번 언어를 사용하도록 촉진하는지 주목한다. 또한 엄마는 아이가 촉진된 언어를 사용할 때마다 보상을 준다.

클립 35: 필요한 경우 추가 지원하기, 문장

엄마는 아이가 더 복잡한 의사소통을 성공적으로 사용할 수 있도록 추가 지원을 한다. 엄마는 아이가 원하는 피규어(소녀)를 들어 보이며(이와 같이 접근을 통제하며) 소통을 시작하도록 격려한다. 아이가 손을 뻗어 시작하면 "Isaac, 뭘 원하니?"라는 질문하기를 통해 더 복잡한 언어를 사용하도록 촉진한다. 처음에는 아이가 엄마의 질문을 모방하고, 엄마는 다시 질문을 해야 한다. 그런 다음 아이는 "많이 받고 싶어요."라고 대답한다. 그러면 엄마는 "무엇을 많이?"라고 말하며 Issac이 더 특정한 언어(명칭)를 사용할 수 있도록 추가 지원을 한다. 아이가 올바른 명칭을 사용하는 것이 어려울 때, 엄마는 아이에게 선택형 질문하기("동물 아니면 소녀?")를 통해 더 많은 지원을 추가 제공한다. 아이는 "소녀"라는 단어를 말함으로써 올바르게 반응한다. 아이가 명칭을 사용하면 엄마는 즉시 아이가 장난감에 접근하도록 해서 보상을 준다.

슬라이드 13

슬라이드의 '생각해 보세요!' 질문을 통해 부모가 아이에게 의사소통을 어떻게 가르칠 수 있을지 논의한다. 부모에게 1~2분 정도 생각할 시간을 준다. 그런 다음 부모가 2인 1조 또는 전체 그룹에서 각자의 대답에 대해 토론하게 한다. 이 기법이 아이에게 가장 효과적일 수 있는 방법을 각자가 생각해 보도록 도와준다. 부모 매뉴얼 112쪽에 제시된 제5장의 '가정에서 해 보기!'를 참조하여 다양한 활동 중 의사소통 촉진하기 사용의 예시를 살펴볼 수 있다. 이 토론이 끝나면 일반적으로 프레젠테이션에서 잠시 휴식 시간을 갖는 것이 좋다.

샘플 스크립트

이제 *의사소통 촉진하기*를 어떻게 사용할 수 있을지 논의해 보겠습니다.

▶ 아이에게 효과적으로 의사소통을 사용하도록 촉진하기 위해 동기 부여가 높은 활동에 대해 잠시 생각해 봅시다. 이러한 활동은 아이가 좋아하고, 촉진과 보상을 사용할 수 있도록 부모가 준비물을 통제할 수 있는 활동이어야 한다는 것을 기억해야 합니다.

▶ 그런 다음 한 가지 활동에서 아이에게 어떤 새로운 의사소통 기능을 사용하도록 촉진할 수 있을지 생각해 보세요. 아이가 현재 사용하는 기능보다 조금 더 복잡한 의사소통 기능을 사용하도록 촉진해야 한다는 점을 기억하세요.

▶ 그런 다음 아이가 새로운 의사소통 기능을 사용할 수 있도록 돕기 위해 사용할 수 있는 세 가지 촉진이 무엇인지 생각해 봅시다.

▶ (1~2분 후) 이제 이야기해 보겠습니다.

휴식 시간 갖기

의사소통 이해 촉진하기 설명하기

❖ 이론 설명하기

슬라이드 14

*의사소통 이해 촉진하기*의 이론적 근거를 소개한다. 이때 그룹 구성원의 아이들에 대한 지식을 바탕으로 구체적인 의사소통 목표의 예시를 제시할 수 있다. 이 기법에 대한 자세한 내용은 부모 매뉴얼을 참조한다.

샘플 스크립트

사회적 의사소통에 어려움이 있는 많은 아이들은 다른 사람의 언어에 주의를 기울이고 이해하는 데 어려움을 겪습니다. 이로 인해 그들은 지시를 따르는 데 어려움을 겪을 수 있습니다.

▶ *의사소통 이해 촉진하기*를 사용하여 아이가 지시에 따르고 새로운 단어나 구 또는 언어 개념을 이해하도록 가르칠 수 있습니다.

▶ *의사소통 이해 촉진하기*는 아이가 활동과 관련된 단계를 이미 알고 있기 때문에 익숙한 일상에서 사용하는 데 도움이 됩니다. 지시를 잘 따르는 것이 아이의 목표일 때도 유용합니다.

❖ 핵심 요소에 대해 이야기 나누기

슬라이드 15

*의사소통 이해 촉진하기*의 사용 순서와 촉진의 적절한 기법에 대해 이야기를 나눈다. 그러면서 부모에게 *촉진* 및 *보상*과 관련된 핵심 요소를 상기시킨다. 그룹 구성원의 아이들이 좋아하는 활동과 의사소통 기능에 대한 지식을 바탕으로 부모가 촉진할 수 있는 수용 언어와 지시의 구체적인 예시를 제시한다.

샘플 스크립트

이제 *의사소통 이해 촉진하기*를 사용하는 방법에 대해 알아보겠습니다.

▶ 아이가 의사소통을 이해하도록 가르치는 경우, 일반적으로 **아이에게 집중하기**, **의사소통 방법 조절하기**를 통해 아이가 동기를 갖도록 한 다음 **새로운 의사소통 기회 만들기** 기법을 사용하여 아이의 관심을 끌 수 있습니다. 아이의 주의가 집중되면 아이가 지시한 내용을 따를 수 있도록 촉진합니다. 아이가 지시에 따르면 아이에게 잘한 점을 언급하고 칭찬하며 부모의 도움이 필요했더라도 아이가 원하는 활동을 할 수 있도록 해 즉시 보상을 제공합니다. 이는 아이가 부모의 지시를 더 이해하고 다시 따를 가능성을 높입니다.

▶ 아이의 언어 수준을 알고 있어야 합니다. 만약 아이가 여러 단계의 지시를 따르는 데 어려움이 있다면 한 번에 한 단계의 지시만 따르도록 촉진합니다. 예를 들어, "신발과 코트를 가져와. 그리고 밖에 나가자."라고 말하는 대신 "신발을 가져와."라고 말하세요. 아이가 반응하면 두 번째 단계의 지시로 "코트를 가져와."라고 말하세요. 아이가 적절하게 반응하는 것을 어려워한다면 지시어를 반복하거나 조금 더 도움이 되는 촉진을 추가적으로 제공합니

다. 세 가지 촉진 규칙을 기억하세요! 아이가 세 번째 촉진에서는 성공적으로 수행할 수 있도록 도와주세요.

▶ 때때로 아이는 이를 닦거나 장난감을 치우는 등 자신이 선택하지 않은 일상이나 활동 중에 부모의 지시에 따라야 하는 경우가 있습니다. 이러한 일상의 활동에서는 아이에게 집중하는 것부터 시작하지 못할 수도 있고 자연스러운 보상을 사용하지 못할 수도 있습니다. 이런 경우에는 아이의 주의를 끌 수 있는 기회를 만들어 지시를 내리세요. 아이가 지시에 따랐을 때 좋아하는 장난감이나 활동 또는 간식과 같은 보상을 추가로 제공할 수도 있습니다, 추가 보상을 사용할 시기를 결정하는 것에 대해서는 코치로부터 도움을 받을 수 있습니다.

슬라이드 16

부모가 사용할 수 있는 다양한 유형의 *의사소통 이해 촉진하기*에 대해 이야기 나눈다. 그러면서 그룹 구성원의 아이에게 적합한 의사소통 기능을 목표로 다양한 촉진을 사용하는 방법에 대한 예시를 제시한다. 부모 매뉴얼 제5장의 108쪽에 제시된 〈표 5-2〉를 참조하여 각각의 촉진에 대한 더 많은 예시를 부모에게 보여 줄 수도 있다. 여기서 세 가지 촉진 규칙을 다시 한번 강조하고, 부모에게 신체적 안내를 사용하더라도 지시어를 제시하고 이를 따르도록 하는 것이 중요하다는 점을 상기시켜 준다.

샘플 스크립트

이제 *의사소통 이해 촉진하기*로 사용할 수 있는 촉진의 유형에 대해 이야기해 보겠습니다. 슬라이드에는 가장 도움의 정도가 적은 촉진에서 도움의 정도가 많은 촉진까지 나열되어 있습니다.

▶ 일반적으로 아이가 무엇을 해야 하는지 간단한 지시어로 명확하게 제시합니다. 지시를 내릴 때는 질문을 하지 않도록 주의하세요. 예를 들어, "신발 좀 가져다 줄 수 있니?" 대신 "신발 가져와."라고 말합니다.

▶ 제스처와 지시어를 함께 사용하면 아이가 언어적 지시에 집중하고 어떻게 반응해야 하는지에 대한 단서를 얻을 수 있습니다. 예를 들어, 물건을 가리키거나 들어 올리는 동작 또는 팬터마임(pantomime)을 하세요. 아이가 구어를 이해하는 데 어려움이 있다면 지시어와 제스처를 함께 사용하는 것부터 시작합시다.

▶ 행동을 모델링하여 아이에게 무엇을 해야 하는지 보여 줌으로써 조금 더 많은 도움을 줄 수 있습니다. 이 촉진은 모방은 할 수 있지만 구어를 이해하는 데 어려움을 겪는 아이에게

유용합니다. 예를 들어, 구어로 "신발 가져와."라고 지시하며 신발을 가리켰지만 지시를 따르지 못하는 경우, 걸어가서 신발을 가져와 아이에게 가져다주는 것으로 행동을 모델링하세요. 그런 다음 신발을 다시 갖다 놓고 동일한 구어로 "신발 가져와."라고 지시합니다.

▶ 신체적 안내는 도움의 정도가 가장 많은 촉진입니다. 아이에게 해야 할 일을 보여 줘도 아이가 지시에 따르지 못하는 경우, 아이가 부모의 지시에 반응하도록 신체적으로 도움을 주세요. 예를 들어, "신발을 가져와."라고 지시한 다음 아이의 손을 잡고 신발을 가지러 가서 아이가 신발을 집어 들도록 도와주세요.

▶ 아이가 세 번째 촉진에서는 성공을 할 수 있기를 바란다는 점을 기억하세요. 따라서 아이가 성공적으로 반응할 수 있다고 생각되는 최소한의 도움을 주는 촉진으로 시작한 다음 필요에 따라 지원을 늘리세요. 시간이 지남에 따라 덜 지원적인 촉진을 사용하여 아이가 도움 없이도 지시에 따르는 방법을 배울 수 있도록 해야 합니다.

슬라이드 17

슬라이드의 도표를 사용해 부모에게 *의사소통 이해 촉진하기*를 사용하는 방법에 대한 예시를 설명한다. 이때 부모에게 이 기법에 대해 궁금한 점이 있는지 물어보는 것도 좋은 방법이다.

샘플 스크립트

아이에게 의사소통을 이해하도록 가르치는 것이 어떤 모습인지 예를 들어 보겠습니다. James의 아빠는 익숙한 일과 중에 James가 "(　　)를 줘."라는 한 단계 지시를 이해하고 따를 수 있게 가르치고 있습니다. James의 아빠는 아침 식사 시간에 아이와 얼굴을 마주하고 아이에게 집중합니다. 아빠는 James에게 우유를 보여 줌으로써 소통의 기회를 만들고 James의 관심을 끌기 위해 기다립니다. James가 아빠를 쳐다보면 아빠는 "컵을 줘."라고 말하며 James가 한 단계 지시에 따르도록 명확한 지시어를 내립니다. James가 반응하지 않으면 아빠는 지시를 반복하고 컵을 가리키는 제스처 촉진을 사용합니다. James가 반응하지 않으면 아빠는 James가 컵을 집어서 줄 수 있도록 신체적 안내로 촉진합니다. 그런 다음 아빠는 컵에 우유를 붓고 James에게 건네주는 것으로 보상을 합니다.

❖ 비디오 클립 보고 토론하기

슬라이드 18

*의사소통 이해 촉진하기*의 비디오 사례를 보여 준다. 여기에는 부모가 놀이와 일상생활에서 아이에게 의사소통을 이해하고 지시에 따르도록 가르치는 세 가지 사례가 있다. 한 단계의 언어적 지시를 사용하는 것(구어 전 단계), 지시를 지원하는 모델과 제스처 촉진을 사용하는 것(첫 낱말), 제스처 촉진에서 신체적 안내까지 진행하는 것(단어 조합)에 이르기까지 아이의 언어 수준에 따른 다양한 촉진 세트가 소개된다. 모든 클립을 보여 줄 시간이 없는 경우 그룹 구성원의 아이들에 대한 지식을 고려하여 가장 적절한 클립을 선택한다. 각각의 클립을 보여 주기 전에 *의사소통 이해 촉진하기*의 핵심 요소를 살펴보고, 부모에게 아이가 어떻게 반응하는지 주목해 달라고 요청한다. 각각의 클립이 끝난 후에는 개방형 질문을 통해 부모가 관찰한 내용을 되돌아볼 수 있도록 도와준다. 부모가 상호작용의 중요한 요소를 파악하지 못하고 있다면 좀 더 구체적인 질문을 한다. 클립에서 강조해야 할 중요한 정보는 다음에 설명되어 있다.

샘플 스크립트

이제 부모가 *특정한 의사소통 이해 촉진하기*를 사용하는 몇 가지 사례를 살펴보겠습니다.

▶ *(각각의 개별적인 클립을 보여 주기 전)* 부모가 촉진을 사용하여 어떻게 아이가 지시에 반응하도록 도와주는지, 또 부모가 아이의 반응에 어떻게 보상하는지를 살펴보세요.

▶ *(각각의 개별적인 클립을 보여 준 후)* 해당 상호작용 중에 어떤 점을 발견했나요? 부모가 어떤 촉진을 사용했나요? 부모가 지시에 따르는 아이에게 어떻게 보상을 주었나요?

클립 36: *의사소통 이해하기, 구어 전 단계*

엄마는 익숙한 일상(간식 시간)에서 아이가 한 단계 지시를 이해하고 따르도록 돕는다. 엄마는 아이의 이름을 부르고 크래커를 보여 줌으로써 아이의 관심을 끈다. 그런 다음 "접시 가져와."라는 지시어와 함께 제스처(캐비닛을 가리키기)를 한다. 그런 다음 제스처(캐비닛을 가리키기)와 함께 첫 번째 단계("열어")를 결합해 지원을 더한다. 그런 다음 한 단계씩("접시 가져와." "식탁으로 가져가." "내려놔") 지시를 내리는데 아이가 각각의 단계를 완료할 때까지 기다렸다가 다음 지시를 내린다. 아이는 각각의 지시에 따르는 것으로 반응한다. 엄마는 아이에게 식탁에 있는 크래커를 줌으로써 보상한다.

클립 37: *의사소통 이해하기, 첫 낱말*

엄마는 아이가 기차놀이를 하는 동안 지시에 따를 수 있도록 돕기 위해 촉진을 사용한다. 엄마는 먼저 명확한 구어로 "기차에 음식을 줘."라고 지시한다. 아이가 반응하지 않으면 엄마는 자신의 기차에 그 행동을 모델링해 지원을 더해 준 다음 제스처 촉진('음식'을 가리키기)과 함께 다시 구어로 지시를 내린다. 아이가 엄마의 지시에 따르는 것으로 반응하면, 엄마는 아이가 원하는 방식으로 기차를 가지고 놀게 함으로써 보상을 준다.

클립 38: *의사소통 이해하기, 낱말 조합*

엄마는 미술 활동 중에 아이가 지시에 따를 수 있도록 돕기 위해 점점 더 지원적인 촉진을 사용한다. 엄마는 아이와 얼굴을 마주 보며 아이의 놀이에 참여해 활동을 진술하는 것으로 상호작용을 시작한다. 그런 다음 엄마는 다음과 같이 구어로 "동그라미를 가져와."라고 지시한다. 아이가 반응하는 것이 어려우면 엄마는 지시를 반복한 다음 동그라미를 가리키는 제스처 촉진을 추가한다. 아이가 반응하지 않으면 신체적 안내를 촉진하고 아이가 동그라미를 가져오게 한다. 그리고 제스처 촉진과 함께 지시를 반복한다. 아이가 지시에 따르면 엄마는 아이가 원하는 방식으로 놀게 함으로써 아이에게 보상을 준다.

슬라이드 19

슬라이드의 '생각해 보세요!' 질문을 통해 부모가 아이와 *의사소통 이해 촉진하기*를 사용하는 방법에 대해 이야기 나누도록 한다. 부모에게 1~2분 정도 생각할 시간을 준다. 그런 다음 부모가 2인 1조 또는 전체 그룹에서 각자의 대답에 대해 토론하게 한다. 각각의 부모가 이 기법을 통해 아이에게 가장 효과적으로 적용할 수 있는 방법에 대해 생각해 보도록 도와준다. 다양한 일과 중 *의사소통 이해 촉진하기*를 사용하는 예는 부모 매뉴얼 제5장의 117쪽에 제시된 '가정에서 해 보기!'를 참조할 수 있다.

샘플 스크립트

이제 아이에게 *의사소통 이해 촉진하기*를 어떻게 사용할 수 있을지 논의해 보겠습니다.

▶ 익숙한 일상생활 루틴 중에 할 수 있는 지시에 대해 잠시 생각해 봅시다.

▶ 아이가 이 지시에 따르면 어떻게 보상할 수 있을까요? 보상은 자연스러운 것이 도움이 된다는 것을 기억하세요.

▶ 마지막으로, 아이가 부모의 지시에 따르도록 돕기 위해 사용할 수 있는 세 가지 촉진은

무엇일까요?

▶ (1~2분 후) 이제 이야기해 보겠습니다.

연습 및 코칭 계획하기

슬라이드 20

부모에게 한 주 동안 어떻게 연습할 것인지에 대한 계획을 세우도록 한다. 부모가 그룹 회기 동안 실천계획표를 완성할 시간을 갖는 것은 매우 중요하다. 부모들은 최소한 그룹 회기가 끝나기 전에 실천계획표에 목표, 활동, 도표를 완성해야 한다. 시간이 부족하다면 그룹 토의 시간을 단축해야 할 수도 있다. 부모에게 몇 분 동안 실천계획표에 (1) 목표로 삼고 싶은 1~2개의 목표, (2) 실행할 놀이 활동과 하루 일과를 작성할 시간을 준다. 그런 다음, 부모에게 아이의 목표를 달성하기 위해 선택한 활동에서 기법 중 하나를 어떻게 사용할 것인지에 대해 도표를 사용하여 긍정적인 예를 적어 보게 한다. 부모 중 한 명에게 그룹 앞에서 함께 도표를 완성해 보도록 요청하여 예시를 보여 줄 수 있다. 시간이 있다면 부모들이 2인 1조 또는 전체 그룹에서 실천계획표에 대해 서로 토론하게 한다. 부모가 실천계획표를 완성한 후에는 가정에서 이 기법을 사용할 때 어떤 점이 어려울지 생각해 보도록 요청한다. 시간에 따라 다시 짝을 짓거나 전체 그룹에서 가능한 해결책을 토론하게 할 수도 있다. 일반적인 문제와 잠재적인 해결책은 8회기 마지막에 있는 문제 해결 팁 목록(503쪽)에 설명되어 있다.

샘플 스크립트

여러분 각자가 이번 주에 달성하고 싶은 한 가지 혹은 두 가지 목표를 생각해 보세요. 이러한 목표는 제스처, 단어, 구 또는 문장을 사용하여 무언가를 요구하거나 지시에 따르는 것과 같이 아이의 의사소통 사용과 관련이 있거나 이해를 높이는 것이어야 합니다. 실천계획표에 목표를 작성하세요. 다음으로, 이러한 기법을 연습할 수 있는 놀이 활동과 하루 일과를 생각해 봅시다. 기법을 사용할 시간을 갖기 위해서는 일상생활 루틴에서 몇 분의 시간을 추가해야 한다는 점을 기억하세요. 일과를 결정한 후에는 실천계획표에 그것들을 작성하세요. 다음으로, 오늘 우리가 새로운 의사소통 기능 가르치기를 위해 이야기한 전략에 대해 생각해 봅시다. 여기에는 *촉진과 보상*, *의사소통 촉진하기*, *의사소통 이해 촉진하기*가 포함됩니다. 특정한 촉진하기를 포함하여 아이가 보다 더 복잡한 의사소통 기능을 사용하도록 돕기 위해 사용할 기법을 선택하고, 이를 실천계획표의 도표에 작성합니다. 이러한 전략을 하루 15~20분 동안 놀이 시간이나 일상적인 활동 한두 가지에서 연습할 수 있도록 계획해야 합니다. 또한 실천계획표를 실행할 때 어려운 점이 무엇일지 생각해 보고 가능한 해결책을 브레인스토밍합니다.

슬라이드 21

부모에게 부모 매뉴얼 제5장의 처음 세 부분을 읽은 다음 한 주 동안 실천해 볼 것을 상기시킨다. 개별 코칭 회기에서 무엇을 기대해야 하는지 알려 준다.

샘플 스크립트

다음 주에는 여러분 각자가 개별 코칭 회기를 갖게 됩니다.

▶ 부모 매뉴얼 제5장의 처음 세 부분으로 *촉진과 보상, 의사소통 촉진하기, 의사소통 이해 촉진하기*가 있습니다. 아직 읽어 보지 않았다면 반드시 읽어 보세요. 이 부분은 오늘 그룹에서 배운 내용을 다루고 있습니다.

▶ 다음 한 주 동안 가정에서 실천계획표를 실행해 보고 어떻게 진행되었는지 실천계획표 양식의 '되돌아보기' 칸에 적어 주세요. 코칭 회기 중에 여러분의 실천계획표에 대해 논의할 것입니다. 그때 *촉진과 보상, 의사소통 촉진하기, 의사소통 이해 촉진하기*에 대해 궁금한 점이 있으면 몇 가지 질문을 가지고 오세요. 또한 아이와 함께 중재하면서 개별적인 피드백과 지원을 받을 수 있는 기회도 있습니다. 실행할 준비를 하세요!

8회기
새로운 의사소통 기능 가르치기 복습(코칭)

회기 목표

다음을 위해 부모를 돕는다.

- 아이가 새로운 제스처와 구어를 사용하도록 가르치기
- 아이가 지시에 따르도록 가르치기

준비물

- 부모 매뉴얼
- 실천계획표-**새로운 기능 가르치기**(양식 34)
- 부모 매뉴얼의 아동의 목표와 부모가 작성한 매일 하는 활동 스케줄(양식 11)
- ImPACT F.A.C.T.S. 검토 기록지-**새로운 의사소통 기능 가르치기**(양식 16)
- **새로운 의사소통 기회 만들기**에 사용할 수 있는 좋아하는 장난감이나 간식 같은 물건
- 옷 입기, 설거지, 식사 준비 등 일상생활 활동에 필요한 물품
- 회기 기록지(양식 12)
- 중재 충실도 체크리스트(양식 4)
- 코칭 충실도 체크리스트(양식 6)

회기 진행목록

- 체크인 및 회기 진행목록을 정하기
- 실천계획표 검토하기
- **새로운 의사소통 기능 가르치기** 복습
- **새로운 의사소통 기능 가르치기** 시연하기
- 부모의 연습 및 피드백 제공하기
- 부모의 되돌아보기를 돕고 실천계획표 작성하기

체크인 및 회기 진행목록 정하기

❖ 가족 체크인

가족들에게 그룹 회기 이후 어떻게 지냈는지 물어보고 필요한 경우 잠시 시간을 내어 아이를 활동에 참여시키는 시간을 갖는다.

❖ 회기 목표와 진행목록에 대해 설명하기

오늘은 부모가 코치의 지원 및 피드백을 제공받으며 아이에게 새로운 의사소통 기능을 가르치기 위해 촉진과 보상을 사용하여 연습하는 기회를 갖게 된다. 이 전략 세트는 아이의 표현적 의사소통 기능(제스처와 구어 포함) 사용을 늘리고 아이가 지시를 이해하고 따르도록

도와줄 수 있다.

부모에게 "오늘 회기에 대해 궁금한 점이 있거나 추가로 다루고 싶은 주제가 있나요?"라고 질문한다. 만약 부모가 고민을 이야기하면 그것을 해결하기 위해 회기 진행목록을 조정해야 할 수도 있다.

실천계획표 검토하기

❖ 그룹 회기에서 작성한 계획표 검토하기

부모에게 아이가 더 복잡한 의사소통 기능을 사용하도록 돕기 위해 가정에서 *촉진과 보상*을 어떻게 사용했는지 이야기해 달라고 요청한다. 잘된 점과 어려웠던 점에 대해 이야기 나눈다.

❖ 잠재적 문제에 대한 해결 지원하기

새로운 의사소통 기능 가르치기를 위한 일반적인 문제와 가능한 해결책은 이 회기의 마지막에 있는 문제 해결 팁 목록(503쪽)에 나와 있다. 이러한 문제는 가정에서 더 심해지는 경우가 많은데 이는 부모가 더 복잡한 반응을 요구하는 것이 아이에게 익숙하지 않기 때문이다.

만약 부모가 **새로운 의사소통 기회 만들기**를 효과적으로 사용할 수 없다면 부모에게 새로운 의사소통 기능 가르치기를 성공적으로 사용하기 전에 이 전략 세트에 대한 추가 코칭을 제공해야 한다.

새로운 의사소통 기능 가르치기 복습

❖ 이론 및 핵심 요소에 대해 간략하게 검토하기

F.A.C.T.S. 피라미드와 부모 매뉴얼을 사용하여 이전에 배운 전략과 함께 **새로운 의사소통 기능 가르치기**가 어떻게 사용되는지 설명한다. 가장 중요한 것은 부모가 정확하게 사용할 수 있도록 *촉진과 보상*의 핵심 요소를 강조하고 마찬가지로 아이에게 가장 효과적일 수

있는 특정한 언어 촉진을 강조한다. ImPACT F.A.C.T.S. 검토 기록지-**새로운 의사소통 기능 가르치기**(양식16)에 부모가 주의해야 할 핵심 요소를 적어 집에 가져갈 수 있다.

우리는 *의사소통 촉진하기*에 초점을 맞출 것을 권장한다. 그러나 부모가 이미 표현적 의사소통을 가르치기 위해 촉진을 사용하는 것에 상당히 성공한 경우, 아이의 표현 언어가 잘 발달되어 있거나 지시에 따르는 것이 중요한 목표인 경우에는 이 회기의 일부를 *의사소통 이해 촉진하기*에 맞춰 사용할 수 있다.

부모에게 "오늘 아이의 의사소통 목표로 무엇을 가르치고 싶으세요?"라고 질문한다. 부모가 목표로 삼고 싶은 적절한 의사소통 목표를 확인하고 아이의 의사소통 목표와 능력에 적합한 특정한 촉진을 검토한다.

❖ 기법 단계 설명하기

부모가 연습하고 싶은 기법을 선택한 후 부모 매뉴얼의 도표를 사용하여 아이의 의사소통 목표를 위해 중재하는 방법을 설명한다. 설명이 끝난 뒤 부모에게 질문할 기회를 주어 궁금한 점이나 걱정되는 부분을 자유롭게 이야기할 수 있도록 격려한다.

새로운 의사소통 기능 가르치기 시연하기

❖ 시연 준비하기

보다 복잡한 의사소통 기능을 이끌어 내기 위해 어떤 유형의 촉진으로 시작할 것인지, 그리고 아이가 반응하지 않을 경우 어떻게 지원을 추가할 것인지 설명한다. 부모에게 어떤 촉진이 사용되는지 지켜보고 아이가 어떻게 반응하는지 주목해 달라고 요청한다. 그리고 코치는 다음과 같이 말할 수 있다.

> "저는 Sam의 동사 사용 능력을 향상시키기 위해 질문을 할 것입니다. Sam이 반응하지 않으면 문장 내 빈 부분 채우기를 사용한 다음 선택형 질문하기를 제시할 것입니다."

❖ 무엇을 하고 있는지 설명하기

아이와 함께 **새로운 의사소통 기능 가르치기**를 시연할 때 사용되는 촉진의 유형을 지적하고, 어떻게 추가적으로 지원하는지를 설명하며, 아이의 반응을 기록한다.

> "Sam이 공을 가지고 놀고 있어요. 저는 공에 접근하기 위해 *놀이 방해하기*를 사용할 것입니다. 그리고 Sam이 어떻게 의사소통하는지 지켜보세요. Sam은 '공'이라는 한 단어를 말합니다. 저는 Sam이 더 복잡한 언어를 사용하도록 촉진하기 위해 질문을 할 것입니다. (코치가 Sam에게 '공을 어떻게 할까?'라고 질문한다.) Sam이 다시 '공'이라고 단어로 말해, 저는 선택형 질문하기를 사용하여 더 추가적인 지원을 할 것입니다. (코치가 Sam에게 '공을 던질까, 공을 숨길까?'라고 질문한다.) Sam이 '공을 던져.'라고 말하며 좀 더 복잡한 반응을 보였으므로 공을 던지는 것으로 보상하고 그의 반응을 확장할 것입니다. (코치가 '빨간 공 던져'라고 말합니다.)"

시연이 끝나면 부모에게 "상호작용을 하는 동안 무엇을 알게 됐나요?"라고 질문한다. 만약 부모가 대답하기 어려운 경우에는 다음과 같이 좀 더 구체적으로 질문한다.

> 부모가 *의사소통 촉진하기*와 *의사소통 이해 촉진하기*를 모두 실천하는 것을 선택한 경우 이를 한 번에 하나씩 시연해 보이고 그 사이에 부모가 연습할 수 있도록 한다.

> "어떤 유형의 촉진이 Sam의 반응에 도움이 되었나요?"
> "Sam이 새로운 기능을 사용한 후 어떻게 보상했나요?"

부모의 연습 및 피드백 제공하기

❖ 부모의 연습을 격려하기

부모가 여러 상황에서 촉진을 사용하는 방법을 이해하도록 돕기 위해 아이와 함께 다양한 활동 중에 **새로운 의사소통 기능 가르치기**를 연습하도록 한다. 가정에서 코칭을 하는 경우에는 부모가 다양한 양육 루틴 중에 기법을 사용하는 연습을 하도록 해야 한다. 클리닉 환경에서 코칭을 하는 경우에는 장난감을 가지고 놀거나 간식을 먹거나 또는 회기가 끝날 때 아이가 재킷을 입고 신발을 신는 등의 활동을 통해 연습을 할 수 있다. 부모에게 해당 활동을 위해 연습해야 하는 특정한 촉진을 상기시킨다.

> "질문하기를 사용하여 Sam의 동사 사용을 늘립니다. 만약 Sam이 반응하지 않으면 문장 내 빈 부분 채우기를 사용하고, 그 다음 선택형 질문하기를 사용해 보세요."

❖ 물리적 환경 관리하기

필요에 따라 부모에게 교구(예: 놀이를 방해할 수 있는 인형이나 장난감, 차례를 주고받는 데 효과적인 특정 장난감 또는 도움이 필요한 준비물)를 준다. 그리고 주의를 산만하게 하는 물건은 주변에서 치운다.

❖ 피드백 제공하기

부모의 **새로운 의사소통 기능 가르치기** 사용과 아이의 반응에 대한 피드백을 제공한다. 특히 부모가 적절한 촉진을 사용할 수 있도록 피드백을 제공하고, 필요에 따라 지원을 추가하거나 줄일 수 있도록 도와준다. 부모가 **새로운 의사소통 기능 가르치기**를 연습할 때 발생하는 일반적인 문제에 대한 피드백은 이 회기의 마지막에 있는 문제 해결 팁 목록(503쪽)에서 확인할 수 있다.

부모의 되돌아보기를 돕고 실천계획표 작성하기

❖ 부모의 되돌아보기

부모에게 회기 중 연습에 대해 질문한다. 이 시간을 이용하여 부모의 질문에 답하고, **새로운 의사소통 기능 가르치기**의 핵심 요소를 명확히 설명한다. 다음은 부모에게 질문할 수 있는 몇 가지 예시이다.

> "아이에게 더 복잡한 언어 기능을 사용하도록 촉진하는 것은 어떤 느낌인가요?"
>
> "가정에서 이 촉진을 사용하는 것을 상상할 수 있나요? 그렇지 않다면 어떤 점이 불편하게

느껴졌을까요?"

"어떻게 하면 더 쉽게 사용할 수 있을까요?"

"어떤 유형의 촉진이 아이가 반응하도록 돕는 데 가장 효과적이었나요? 이러한 유형의 촉진을 사용하는 것은 어려웠나요?"

❖ 부모가 목표와 활동을 선택하도록 돕기

부모 매뉴얼에 있는 아동의 목표와 작성된 매일 하는 활동 스케줄(양식 11)을 사용하여 부모가 회기 사이의 목표와 활동을 선택할 수 있도록 도와준다. 부모가 선택한 내용을 실천계획표에 기록하게 한다. 부모가 *의사소통 촉진하기*와 *의사소통 이해 촉진하기*를 모두 연습할 계획이라면 각각 별도의 실천계획서를 작성해야 한다.

이 단원에서 좋은 아동 목표는 제스처(예: 가리키기, 두드리기 또는 신호) 혹은 언어(예: 한 낱말, 단어 조합 또는 문장)를 사용하여 요구하기, 지시하기 또는 정보 공유하기, "무엇을" "어디에" "누가" 질문에 대답하기, 놀이 및 일상생활에서 한 단계 또는 두 단계 지시 따르기(예: "아기에게 먹을 것을 줘." "바지를 올려.") 등이 있다.

이 단원에서 좋은 활동은 아이가 좋아하는 활동이다. 이 시점에서 부모가 여러 환경에서 전략을 사용하는 방법을 배우는 데 도움이 되는 세 가지 활동을 확인해 본다. 부모 매뉴얼(112쪽과 113쪽)의 '가정에서 해 보기!' 표에는 다양한 활동 중에 **새로운 의사소통 기능 가르치기**를 사용하는 방법에 대한 예시가 나와 있다.

❖ 부모의 도표 작성 돕기

부모가 선택한 활동에서 **새로운 의사소통 기능 가르치기**의 긍정적인 예시를 함께 이야기한다. 실천계획표에서 도표의 관련 칸에 집중할 핵심 요소를 적어 보게 한다. 부모에게 촉진하기 전 먼저 아이가 동기를 부여받았는지 확인하기 위해 사용할 **아이에게 집중하기**와 **의사소통 방법 조절하기** 전략에 대해 물어본다.

그런 다음 아이가 의사소통을 하거나 아이의 주의를 끌 수 있는 기회를 만들기 위해 사용할 수 있는 기법을 파악하도록 도와준다. 부모에게 아이가 어떻게 반응할 것 같은지 물어본다.

부모에게 아이의 더 복잡한 의사소통 기능으로 무엇을 사용하도록 촉진할 것인지, 그리고 아이의 반응을 돕기 위해 어떤 세 가지 촉진을 사용할 것인지 물어본다. 부모가 실천계획표의 번호가 매겨진 '촉진' 칸에 세 가지 촉진을 적도록 한다.

그리고 부모에게 아이의 반응에 대해 어떻게 보상하고 확장할 것인지 물어본다. 아이의 반응이 예상했던 것과 정확히 일치하지 않더라도 처음 의사소통보다 적절하고 더 복잡해졌다면 보상해야 한다는 점을 상기시켜 준다. 실천계획표의 아이 아이콘 옆에 아이가 어떻게 반응하는지 적을 수 있다는 사실도 알려 준다.

❖ 잠재적 문제 해결 지원하기

가정에서 **새로운 의사소통 기능 가르치기**를 실행하는 데 어떤 점이 어려울지 부모에게 물어본다. 해결책을 브레인스토밍하는 시간을 가진다. 일반적인 문제와 해결책은 문제 해결 팁 목록(하단)에 나와 있다.

❖ 부모의 되돌아보기 및 읽기 과제 제시하기

부모에게 매일 가정에서 15~20분 동안 연습하고, 실행하는 동안 잘된 점과 어려웠던 점을 기록하게 한다. 다음 그룹 회기가 시작될 때 이 내용을 검토할 것이라고 알려 준다. 그리고 다음 그룹 회기 전에 부모 매뉴얼의 제5장 마지막 두 부분(*모방 촉진하기*와 *놀이 확장 촉진하기*)을 읽도록 과제를 제시한다.

새로운 의사소통 기능 가르치기 문제 해결 팁

만약 부모가……	코치는……
촉진하기 적합한 시간을 알지 못한다면	• 아이와 함께 **새로운 의사소통 기회 만들기** 전략을 시연하면서, 부모에게 언제, 무엇을 촉진해야 하는지 알려 달라고 한다. • 부모에게 **새로운 의사소통 기회 만들기** 전략을 연습하게 하고, 아이가 소통을 시작하거나 아이의 주의를 끌면 이를 기록한다. • 매일 하는 활동 스케줄을 살펴보고, 아이가 좋아하는 활동을 파악한다. 아이의 동기가 높아 보이는 구체적인 아동 행동(즐거운 정서, 손 뻗기, 눈 맞춤 등)을 말해 준다.
촉진하기를 주저하거나 보상을 미룬다면	• 어른이 "규칙을 바꾸면" 아이가 좌절하는 것은 흔한 일이고, 이것은 괜찮다는 것을 부모에게 알려 준다. 시간이 지나면 아이는 더 높은 기대치에 익숙해지고 좌절감은 점차 줄어들 것이다.

지시하기 또는 촉진하기 전에 아이의 관심을 끌거나 아이의 시작을 돕는 것이 어렵다면	• 특정한 **새로운 의사소통 기회 만들기** 전략과 아이의 반응을 이끌어 낼 수 있는 한 가지 촉진을 제안한다. 부모가 편안해지면 지원을 추가하거나 지원을 줄이는 방법에 대해 코칭을 한다.
관련이 없는 기능을 촉진한다면	• 언어 촉진 전에 아이가 어떻게 놀이하는지 몇 분 동안 관찰하도록 요청한다. • 부모가 촉진할 수 있는 구체적인 기능에 대해 제안한다. • 부모에게 "아이의 활동과 관련된 세 가지 기능은 무엇입니까?"라고 질문한다. • 부모가 모델링해 온 의사소통 기능을 촉진할 것을 제안한다.
너무 복잡하게 의사소통 기능을 촉진한다면	• 촉진하기 전에 부모가 기대하는 의사소통 기능을 상기시키고, 아이가 해당 반응을 보이면 부모에게 신호를 보낸다. • 부모에게 "아이가 스스로 하는 것보다 한 단계 더 복잡한 의사소통 기능은 무엇입니까?"라고 질문한다.
명확한 촉진하기를 사용하지 않는다면	• 사용할 특정 촉진을 제안한다. • 부모가 사용할 간단한 촉진을 모델링한다.
너무 빨리 추가적인 지원을 제공한다면	• 부모가 더 추가적인 촉진을 사용하기 전에 머릿속으로 5까지 셀 것을 제안한다.
아이가 더 복잡한 의사소통 기능을 사용하거나 지시에 따르도록 충분한 지원이 제공되지 않는다면	• 부모가 언제 추가적으로 더 지원해야 할지 신호를 준다. • 부모에게 사용할 세 가지 특정 촉진을 알려 준다.
너무 빈번하게 촉진한다면	• 아이의 자발적인 의사소통에 반응해야 한다는 것을 상기시킨다. • 세 번째 시작할 때마다 더 복잡한 의사소통 기능을 요구할 것을 제안한다. • 새로운 기능을 촉진하기 전에 부모에게 구체적으로 기다리는 시간을 제시한다(예: 1~2분마다 촉진하기).
보상을 제공하기 전에 더 복잡한 반응을 요구하지 않는다면	• 부모에게 아이가 거부하더라도 촉진할 것을 제안한다. • 아이가 조금 좌절하더라도 괜찮다는 것을 알려 준다. • 부모에게 "어떤 의사소통 기능을 원하세요?"라고 질문한다.
보상을 즉시 제공하지 않는다면	• 부모에게 언제 아이에게 보상해야 하는지 알려 준다. • 구체적인 시간(예: 1초) 내에 아이에게 보상을 줄 것을 제안한다. • 부모와 함께 연습한다.
의도하지 않게 부적절한 행동에 보상을 제공한다면	• 부모에게 보상하고 싶지 않은 행동을 설명해 달라고 요청한다. • 아이가 부적절한 행동을 할 때 신호를 보낸다.

만약 아이가……	코치는……
부모가 의사소통을 촉진하거나 지시할 때 좌절한다면	• 이것은 일반적이며 아이들은 보통 새로운 기대치를 배우면서 좌절감을 덜 느끼게 된다. • 부모에게 아이가 성공적으로 반응할 수 있는 촉진부터 시작할 것을 제안한다. 루틴이 설정되면 세 번째마다 지원을 줄이도록 신호를 보낸다. • 아이의 참여를 촉진하기 위해 **아이에게 집중하기**로 돌아갈 것을 상기시킨다. • 세 번째 시작할 때마다 더 복잡한 의사소통 기능을 요구할 것을 제안한다. • 부모에게 아이가 지시에 따른 후에는 추가적인 보상(과제와 관련이 없고 아이가 좋아하는 것)을 사용하도록 가르친다.
신체적 안내를 거부한다면	• 부모가 신속하고 실제적으로 신체적 안내를 사용하도록 코칭한다. • 부모가 관찰할 수 있도록 아이와 함께 신체적 안내를 모델링한다. • 부모가 아이 역할을 하며 함께 연습한다.

5단원

새로운 모방 및 놀이 기능 가르치기

이 단원의 목표는 부모에게 **새로운 모방 및 놀이 기능 가르치기**를 가르치는 것이다. **새로운 기능 가르치기**(4단원의 주제인 새로운 의사소통 기능 가르치기와 새로운 모방 및 놀이 기능 가르치기를 결합한 것)는 ImPACT 프로젝트 F.A.C.T.S.의 T이다. 이 전략 세트는 촉진과 보상을 사용하여 아이에게 새로운 놀이 행동과 제스처를 모방하도록 가르치고 아이의 놀이 기능을 복잡하고 다양하게 확장한다.

- 그룹 회기에서는 **새로운 기능 가르치기**를 위한 부모의 실천계획표를 검토하는 것으로 시작할 것이다. 그런 다음 슬라이드와 비디오 클립을 사용하여 **새로운 모방 및 놀이 기능 가르치기**, *모방을 위한 특정한 촉진하기*와 *놀이 확장 촉진하기*를 소개한다. 그룹이 끝나면 각각의 부모가 개별 코칭 회기 전에 수행할 실천계획표를 작성하도록 돕는다. 통상적으로 슬라이드의 참조에는 각각의 비디오 클립의 핵심 요소에 대한 지침이 포함되어 있다.
- 코칭 회기에서는 그룹 회기에서 작성된 부모의 실천계획표를 검토하는 것으로 시작할 것이다. 그런 다음 시연하고, 부모가 연습하도록 한다. 그리고 피드백을 제공하며 새로운 모방 및 놀이 기능을 가르친다. 코칭 시간이 제한되어 있어 *모방 촉진하기* 또는 *놀이 확장 촉진하기* 중 하나에 집중하는 것이 좋다. 부모가 원하는 목표를 파악하고 아이의 목표와 능력에 가장 적합한 촉진에 집중

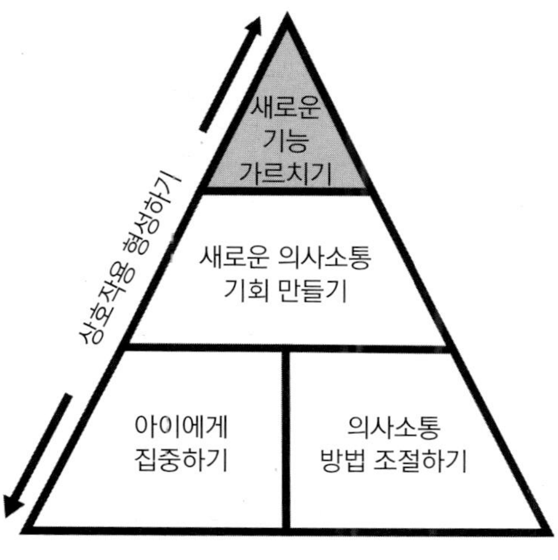

하도록 격려한다. 부모의 되돌아보기가 끝나면 다음 그룹 회기 전에 부모 매뉴얼의 제6장, **상호작용 형성하기** 및 제7장, **앞으로 나아가기**를 읽도록 요청하는 것으로 회기를 마무리한다.

9회기
새로운 모방 및 놀이 기능 가르치기(그룹)

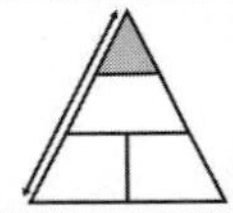

회기 목표

다음을 위해 부모를 돕는다.
- 아이가 놀이 행동과 제스처를 모방하도록 가르치기
- 아이의 놀이가 복잡하고 다양해지도록 확장하기

준비물

- 슬라이드/비디오 클립
- 실천계획표-**새로운 기능 가르치기**(양식 34)
- 화이트보드 또는 큰 종이 한 장
- 그룹 지침
- 놀이 활동 아이디어(양식 13)
- 그룹 충실도 체크리스트(양식 7)

회기 진행목록

- 체크인 및 회기 진행목록 정하기 (슬라이드 1~2)
- 실천계획표 검토하기(슬라이드 3)
- **새로운 기능 가르치기** 복습(슬라이드 4)
- *모방 촉진하기* 소개하기(슬라이드 5~11)
- 휴식 시간 갖기
- *놀이 확장 촉진하기* 소개하기(슬라이드 12~17)
- 연습 및 코칭 계획하기(슬라이드 18~19)

핵심 요소: *모방 촉진하기*

- 아이가 모방할 수 있는 행동 모델링하기
- 신체적 안내 사용하기

핵심 요소: *놀이 확장 촉진하기*

- 아이의 활동 진술하기
- 질문하기
- 선택할 기회 주기
- 구어로 지시하기
- 아이가 모방할 수 있는 행동 모델링하기
- 신체적 안내 사용하기

체크인 및 회기 진행목록 정하기

슬라이드 1

부모님이 들어오면 따뜻하게 맞이하고, 시작하기 전 서로 인사를 나눌 수 있는 시간을 몇 분 정도 준다. 그런 다음 그날의 그룹 회기 주제를 간략하게 소개한다.

샘플 스크립트

다시 만나서 반갑습니다! 지난 시간 그룹 회기에서 우리는 **새로운 의사소통 기능 가르치기**를 위해 촉진과 보상을 사용하는 방법, 즉 **새로운 기능 가르치기**의 첫 번째 부분인 ImPACT 프로젝트 피라미드의 T에 대해 배웠습니다. 이번 주에는 **새로운 모방 및 놀이 기능 가르치기**를 위해 촉진과 보상을 사용하는 방법에 대해 알아보겠습니다. **새로운 기능 가르치기**의 두 번째 부분입니다.

슬라이드 2

회기 진행목록을 간략하게 검토하고, 회기의 목표와 구성에 대한 정보를 제공한다. 시간 관계상 이 목록을 조정해야 하는 경우 부모에게 이를 설명한다.

샘플 스크립트

▶ 지난주 실천계획표를 검토하는 것으로 시작하겠습니다.

▶ 그런 다음 사용할 수 있는 두 가지 새로운 촉진 세트, 즉 놀이 중에 아이가 부모를 모방하도록 가르치는 데 사용할 수 있는 세트와 아이의 놀이 기능을 확장하는 데 사용할 수 있는 세트에 대해 설명하겠습니다. 각각의 촉진 세트에서 어떤 기능을 가르칠 수 있는지 살펴보고 사용 방법을 설명한 후, 몇 가지 비디오 예시를 보도록 하겠습니다. 그런 다음 이러한 전략을 아이와 함께 사용할 수 있는 방법에 대해 간단히 논의할 것입니다.

▶ 마지막으로 다음 한 주 동안 아이와 함께 특정한 모방 또는 놀이 기능을 가르치는 연습을 어떻게 해야 할지 계획해 보겠습니다.

실천계획표 검토하기

슬라이드 3

화이트보드에 "잘된 점" "어려웠던 점" "가능한 해결책"이라고 표시된 세 개의 열을 그린다. 부모에게 어떤 기법을 연습했고 아이가 어떻게 반응했는지 보고하도록 요청한다. 부모가 보고할 때 화이트보드의 해당하는 곳에 정보를 간략하게 적는다. 부모들의 경험에서 공통점을 찾아낼 수 있도록 돕는다. 부모의 보고가 끝난 후, 부모가 경험한 공통적인 어려움을 하나 이상 파악한다. 그룹에서 잠재적인 해결책을 찾을 수 있도록 질문하고 제안한다. "가능한 해결책" 줄에서 특정 문제 옆에 있는 "무엇이 어려웠나요?"에 각각의 문제에 대한 최선의 잠재적 해결책을 적는다. 이 주제와 관련된 일반적인 문제와 가능한 해결책은 8회기 마지막에 있는 문제 해결 팁 목록(503쪽)에 설명되어 있다.

샘플 스크립트

새로운 의사소통 기능 가르치기를 가정에서 어떻게 실행했는지 이야기해 봅시다. 지난주에 여러분은 개별 코칭 회기에서 코치와 함께 **새로운 의사소통 기능 가르치기**를 연습했을 것입니다. 코치는 이러한 기법을 모델링하고, 가정에서 어떻게 사용할지 생각하고 연습할 수 있도록 지원했어야 합니다.

▶ 모두 돌아가면서 가정에서의 연습이 어떻게 실행되었는지 간단히 공유해 봅시다.

▶ (*모든 부모가 활동에 대해 보고한 후*) 이제 이러한 문제에 대해 몇 가지 가능한 해결책을 생각해 봅시다.

새로운 기능 가르치기 복습

슬라이드 4

새로운 기능 가르치기 전략 세트를 소개하고 부모가 이전에 배운 전략과 어떤 관련이 있는지 F.A.C.T.S. 피라미드와 도표를 사용해 설명한다. 재미있게 놀이하는 것과 새로운 기능을 가르치는 것 사이의 균형을 맞추기 위해 1~2분마다 새로운 기능만 가르치는 것의 중요성을 강조한다. 촉진 사이에 부모는 **아이에게 집중하기**와 **의사소통 방법 조절하기**로 돌아갈 수 있다.

샘플 스크립트

▶ 오늘 우리는 F.A.C.T.S. 피라미드의 꼭대기에 있는 **새로운 기능 가르치기**의 두 번째 부분으로 촉진과 보상을 사용하여 아이에게 새로운 모방과 놀이 기능을 가르치는 방법을 이야기할 것입니다. 새로운 놀이 기능을 촉진하고 싶으면 시간의 1/3 정도만 사용해야 한다는

점을 기억하세요. 나머지 시간에는 계속해서 아이가 주도하는 놀이에 따르고 아이의 자발적인 행동에 반응해 주세요.

▶ 이미 배운 것과 같은 방식으로 아이에게 집중하고 상호작용을 시작합니다. 놀이 중 모방을 가르칠 때 *아이 모방하기*를 사용하여 서로 모방하는 게임을 구성합니다. 놀이를 확장할 때 아이에게 필요한 교구를 건네거나 놀이를 추가하는 등 다른 방법으로 아이의 놀이에 참여할 수 있습니다. 그런 다음 *놀이 방해하기* 또는 *균형 잡힌 주고받기*를 사용하여 아이가 부모에게 주의를 기울일 수 있는 기회를 만들어 주세요. 아이가 관심을 주었을 때, 아이가 부모를 모방하거나 새로운 놀이 기능을 사용하도록 촉진합니다. 아이가 부모를 모방하거나 새로운 놀이 기능을 사용한 후에는 아이가 좋아하는 방식으로 놀게 하고 *아이 모방하기* 또는 *아이의 주도 따르기*를 다시 사용하여 보상을 제공합니다. 새로운 놀이 행동을 모델링하여 아이의 놀이를 확장할 수도 있습니다.

모방 촉진하기 소개하기

❖ 이론 설명하기

슬라이드 5

*모방 촉진하기*를 사용하는 이론적 근거를 소개한다. 이때 그룹 구성원의 아이들에 대한 지식을 바탕으로 이 기법을 사용하여 해결할 수 있는 특정한 모방 목표의 예시를 제시할 수 있다. 이 기법에 대한 자세한 내용은 부모 매뉴얼을 참조한다.

샘플 스크립트

아이들은 모방을 통해 새로운 장난감을 가지고 놀이하는 방법, 새로운 과제를 수행하는 방법, 새로운 단어를 사용하는 방법, 다른 사람에게 관심을 표현하는 방법 등 새로운 기능을 배웁니다. 사회적 의사소통에 어려움이 있는 아이들은 다른 사람의 행동을 보고 모방함으로써 새로운 기능을 배우는 것에 어려움을 느낍니다. 촉진과 보상을 사용하여 아이가 놀이 중에 부모의 행동과 제스처를 모방하도록 가르칠 수 있습니다.

▶ 이 전략은 아이의 모방 기능을 향상시킬 수 있습니다. 또한 모방을 통해 아이가 부모와 소통하고 새로운 놀이 방법과 제스처를 배우는 데 도움이 될 수 있습니다.

▶ 놀이 중 모방을 가르치는 경우 부모와 아이가 동시에 서로를 모방할 수 있도록 서로 비

슷하거나 동일한 장난감 두 개를 가지고 있는 것이 가장 도움이 됩니다. 어떤 장난감은 다른 장난감보다 사물 모방과 제스처 모방을 가르치는 데 더 효과적입니다. 또한 다양하고 창의적인 방법으로 사용할 수 있는 장난감을 사용하면 아이가 모방할 수 있는 행동을 모델링하는 것이 훨씬 쉽습니다.

❖ 핵심 요소에 대해 이야기 나누기

슬라이드 6

*모방 촉진하기*를 사용하는 순서에 대해 논의하고, 그룹에 속한 아이들에게 적합한 좋은 놀이 행동과 제스처의 예시를 제시한다. 여기에서의 목표는 특정 놀이 기능을 가르치는 것이 아니라 아이가 부모의 행동을 자발적으로 모방하도록 격려하는 것임을 강조한다.

샘플 스크립트

이제 *모방 촉진하기*의 몇 가지 주요 측면에 대해 설명하겠습니다.

▶ 부모와 아이가 놀이 중에 번갈아 가며 서로 모방하는 사회적 게임을 통해 아이에게 놀이 행동과 제스처를 모방하도록 가르칠 수 있습니다. *아이 모방하기*부터 시작하세요. 부모 차례가 되면 *놀이 방해하기* 또는 *균형 잡힌 주고받기*를 사용하여 아이가 부모에게 집중할 수 있도록 도와주세요. 그런 다음 아이가 모방할 수 있도록 놀이와 관련된 행동을 모델링하고 부모가 하는 행동을 간단한 언어로 표현하세요. 이렇게 하면 아이가 부모의 모델에 주의를 기울이는 데 도움이 됩니다. 예를 들어, 아이가 자동차를 밀고 있다면 부모 차례가 되었을 때 남자 모형을 차에 태우는 모습을 보여 주고 "남자가 타."라고 말합니다. 아이가 부모를 모방하면 즉시 칭찬으로 보상을 주고 신체적으로 촉진했더라도 아이가 좋아하는 방식으로 놀게 합니다. 아이가 특정 행동을 정확하게 하는 것보다 일반적으로 부모의 행동을 따라 하는 것이 더 중요하므로 완벽하지 않더라도 모방을 시도하면 반드시 보상해 주세요. 아이가 좌절하지 않도록 상호작용의 1/3의 시간 동안만 모방할 수 있는 행동을 모델링해야 합니다. 나머지 시간에는 아이의 놀이를 계속 모방합니다.

▶ 이 시점에서 특정 놀이 기능을 가르치는 것에 대해 걱정하지 마세요. 대신 아이가 모방하고 싶어 할 가능성이 높은 재미있는 행동을 모델링하세요. 아이가 모방하는 것에 어려움이 많다면 친숙한 행동이 이상하게 보일지라도 모델링하는 것부터 시작하세요. 예를 들어, 아이가 자동차 바퀴를 손으로 빙빙 돌리거나 줄을 세우는 방식으로만 자동차를 가지고 노는 경

우, 아이가 자동차를 줄 세워 늘여 놓을 때 부모가 바퀴를 빙빙 돌리는 행동을 보여 주세요.

▶ 아이의 놀이와 관련된 제스처를 모델링할 수도 있습니다. 예를 들어, 아이가 자동차를 밀고 있는 경우 자동차를 운전하는 팬터마임을 하면서 "부릉"이라고 말합니다. 부모 매뉴얼의 119쪽에 제시된 <표 5-4>와 <표 5-5>에는 아이의 현재 놀이 기능을 바탕으로 아이가 따라 할 수 있는 적절한 놀이 행동과 제스처가 제시되어 있습니다.

슬라이드 7

*모방 촉진하기*의 두 가지 유형에 대해 논의한다. 부모는 아이가 언어적 지시를 따르기보다는 행동을 모방하는 능력을 증가시키려고 노력한다는 점을 강조한다. 따라서 지원을 더하기 위해 언어적 촉진을 사용하는 대신 행동이나 제스처의 모델을 반복한다. 여기서 세 가지 촉진 규칙을 다시 한번 강조한다.

샘플 스크립트

▶ 아이의 모방을 돕기 위해 두 가지 유형의 촉진을 사용합니다. 아이가 부모의 행동을 따라 하도록 격려하는 것이므로 구두로 지시하는 대신 촉진으로 모델링을 반복합니다. 새로운 행동을 모델로 제시하고 나면, 아이가 스스로 행동을 모방할 기회를 갖도록 기다립니다. 만약 5초 후에도 아이가 모방하지 않는다면 간단한 언어 표현과 함께 동일한 동작을 다시 모델링하는 추가적인 지원을 제공합니다. 이 과정을 두 번 반복할 수도 있습니다. 각각의 모델링 후에 아이가 부모를 따라하는지 확인해야 합니다. 행동이 모델링 될 때마다 그 행동과 같은 언어 모델을 유지합니다.

▶ 두 번째 모델링 제시 후에도 아이가 부모의 행동을 모방하지 않으면 아이가 행동을 모방하도록 신체적 안내로 촉진합니다.

슬라이드 8

슬라이드의 도표를 사용해 부모에게 촉진과 보상으로 사물 모방하기를 가르치는 방법에 대한 예시를 보여 준다. 부모에게 이 기법에 대해 궁금한 점이 있는지 물어보는 것도 좋은 방법이다.

샘플 스크립트

*모방 촉진하기*를 사용하여 물건을 가지고 놀이 행동을 모방하도록 가르치는 예시를 살펴보겠습니다. 이 슬라이드에서 Jordan은 슬링키(스프링 용수철 장난감)를 위아래로 흔들면서 놀고 있습니다. Jordan의 엄마는 아이와 얼굴을 마주 보고 앉아서 다른 슬링키를 가지고 Jordan의 놀이를 모방함으로써 아이에게 집중하고 의사소통 방법을 조절합니다. 몇 분 후, Jordan의 엄마는 슬링키를 가지고 놀이하는 것을 장난스럽게 방해함으로써 새로운 의사소통 기회를 만듭니다. Jordan이 관심을 가지면 엄마는 "공 넣어."라고 말하고 슬링키 아래로 공을 떨어뜨리는 행동을 보여 줍니다. 그리고 Jordan이 그의 슬링키로 엄마의 행동을 모방하여 반응하기를 기다립니다. Jordan이 반응하지 않으면 다시 "공 넣어."라고 말하며 행동을 보여 주고 기다립니다. Jordan이 반응하지 않으면 다시 한번 더 행동을 모델링합니다. 그래도 Jordan이 반응하지 않으면 Jordan이 따라 하도록 신체적 안내로 촉진합니다. Jordan이 공을 넣으면 엄마는 "잘했어, 공 넣었어*!*"라고 말하고 아이의 놀이를 모방함으로 보상합니다.

슬라이드 9

도표를 사용하여 부모에게 촉진과 보상으로 제스처 모방하기를 가르치는 방법에 대한 예시를 보여 준다. 다시 한번 강조하지만, 이 기법에 대해 궁금한 점이 있는지 부모에게 물어본다.

샘플 스크립트

이 슬라이드는 Jordan의 엄마가 놀이 중에 제스처 모방하기를 가르치는 방법을 보여 줍니다. 엄마는 "공 넣어."라고 말하며 제스처(슬링키 안쪽을 가리키기)를 모델링해 준 다음 공을 넣습니다. 두 번 더 모델링 한 후에도 Jordan이 반응하지 않으면, 엄마는 슬링키를 가리키도록 신체적 안내로 촉진합니다. Jordan이 놀이 행동이 아닌 제스처를 모방하도록 하는데 집중함으로써 한 번에 하나의 기능만 촉구하고 있다는 점에 주목합시다. Jordan이 제스처를 모방하면 엄마는 "잘했어, 공 넣었어*!*"라고 말하고 Jordan의 놀이를 한 번 더 따라합니다.

❖ 비디오 클립 보고 토론하기

슬라이드 10

*모방 촉진하기*의 비디오 사례를 보여 준다. 부모가 촉진을 사용하여 아이에게 놀이 중에 모방하도록 가르치는 세 가지 사례가 있다. 처음 두 클립은 부모가 사물 모방하기를 가르치는 모습을 보여 주고, 세 번째 클립은 부모가 제스처 모방하기를 가르치는 모습을 보여 준다. 다양한 클립에는 행동만 모델링하는 것부터 행동을 모델링한 후 신체적 안내로 촉진하는 것까지 다양한 촉진 세트가 설명되어 있다. 중재하는 아이의 기능 및 목표에 따라 클립 중 일부만 선택해서 보여 주어도 괜찮다. 또한 아이의 *놀이 확장 촉진하기*를 위해 행동 모델링과 신체적 안내를 논의할 때 사물 모방하기 사례를 보여 줄 수도 있다. 각각의 영상을 보여 주기 전에 부모에게 모방을 위한 촉진의 핵심 요소와 아이가 어떻게 반응하는지 관찰하도록 요청한다. 영상이 끝난 후에는 개방형 질문을 통해 부모가 관찰한 내용에 대해 생각해 볼 수 있도록 도와준다. 부모가 상호작용의 중요한 요소를 파악하지 못한다면 좀 더 구체적인 질문을 한다. 클립에서 강조해야 할 중요한 정보는 다음에 설명되어 있다.

샘플 스크립트

지금부터 방금 설명한 특정 촉진을 사용하는 부모의 몇 가지 사례를 살펴보겠습니다.

▶ *(각각의 클립을 보여 주기 전)* 부모가 촉진을 사용하여 아이가 부모를 모방하도록 돕는 방법과 아이의 반응에 대해 어떻게 보상하고 확장하는지 살펴봅시다.

▶ *(각각의 클립을 보여 준 후)* 그 상호작용 중에 어떤 점을 발견했나요? 부모는 어떻게 모방을 가르쳤나요? 부모가 모방을 촉진했을 때 아이는 어떻게 반응했나요? 부모는 아이의 모방에 대해 어떻게 보상했나요?

클립 39: *사물 모방하기, 구어 전 단계*

엄마는 아이가 마법 모래를 가지고 노는 동안 사물을 가지고 하는 행동을 모방하도록 도와준다. 엄마는 요리용 절단기를 모래에 넣고 행동을 설명하기 위해 간단한 언어로 "하나, 둘, 셋, 뭉개"를 사용한다. 아이가 반응하지 않으면 동일한 설명 언어와 함께 놀이 행동을 다시 모델링한다. 세 번째 모델링 후에도 아이가 반응하지 않으면 엄마는 아이가 엄마의 행동을 모방할 수 있도록 신체적 안내로 촉진한다. 엄마는 칭찬과 함께 아이가 원하는 방식으로 모래를 가지고 놀게 함으로써 보상한다.

클립 40: *사물 모방하기, 첫 낱말*

엄마는 아이가 구슬을 가지고 노는 동안 사물을 가지고 하는 행동을 모방하도록 도와준다. 엄마는 아이에게 그물을 보여 준 다음, 다른 그물로 구슬을 퍼내는 행동을 모델링하며 "구슬을 잡아."라고 말한다. 아이는 엄마의 언어("구슬")는 모방하지만 놀이 행동은 모방하지 않았다. 그래서 엄마는 동일한 언어적 설명과 함께 행동을 다시 모델링한다. 아이가 반응하지 않으면 엄마는 몇 번 더 같은 언어적 설명과 함께 그 행동을 모델링한다. 결국 아이는 엄마의 언어("구슬을 잡아.")를 말하고 엄마의 놀이 행동을 모방한다. 엄마는 칭찬과 함께 아이가 원하는 방식으로 놀 수 있도록 하여 보상하고 그리고 한 차례 더 아이의 놀이를 모방하기 시작한다. 다음 기회에는 엄마가 장난감 세면대에서 구슬을 씻는 모습을 모델링한다. 이번에도 아이는 두 번째 모델링에 엄마의 놀이를 모방한다. 다시 엄마는 아이에게 칭찬으로 보상하고 아이의 놀이를 모방하는 것으로 돌아간다. 엄마가 아이를 모방하는 것과 아이가 모방할 행동을 모델링하는 것을 번갈아 가며 하는 것에 주목한다. 이런 식으로 엄마는 서로 모방하는 '사회적 게임'으로 아이에게 모방을 가르친다.

클립 41: *제스처 모방하기, 문장*

아빠는 아이에게 책을 읽는 동안 제스처를 모방하도록 가르친다. 아빠는 아이가 좋아하는 책을 읽어 주며 아이의 주도를 따라간다. 그런 다음 책의 내용과 관련된 제스처(발을 움직이는 행동)와 함께 "Meuven los pies."("발을 움직여.")라는 책의 해당 대사로 아이가 모방할 수 있도록 모델링한다. 아이가 반응하지 않으면 책에 나오는 같은 대사와 함께 다시 행동을 모델링한다. 여전히 반응이 없으면 "너의 pies[발]은 어디 있니?"라고 물으며 지원을 더 한다. 이것은 아이가 아빠의 제스처를 따라 하도록 단서를 준 것이다. 아빠는 칭찬과 긍정적인 애정 표현, 그리고 책을 계속 읽어 주는 것으로 보상한다. 다음 기회에는 책에서 해당 대사를 읽은 후 점프하는 행동을 모델링한다. 이번에는 아이가 바로 아빠의 행동을 따라한다.

슬라이드 11

슬라이드의 '생각해 보세요!' 질문을 통해 부모가 아이에게 놀이 행동과 제스처를 모방하도록 가르칠 수 있는 방법에 대해 이야기 나누도록 한다. 그들에게 1~2분 정도 생각할 시간을 준다. 그런 다음 부모가 2인 1조 또는 전체 그룹에서 각자의 답변에 대해 토론하게 한다. 이 기법이 아이에게 가장 효과적일 수 있는 방법을 생각해 보도록 도와준다. 부모 매뉴얼 제5장의 123쪽에 제시된 '가정에서 해 보기!'를 참조해 다양한 일과 중에 *모방 촉진하기*

를 사용하는 예시를 부모에게 보여 줄 수 있다. 놀이 활동 아이디어(양식 13)의 사본을 나눠 주고 아이가 좋아하는 장난감에 대한 다양한 놀이 활동을 적어 보게 할 수 있다. 이 토론이 끝나면 일반적으로 프레젠테이션에서 잠시 휴식 시간을 갖는 것이 좋다.

샘플 스크립트

이제 *모방 촉진하기*를 어떻게 사용할 수 있을지 논의해 보겠습니다.

▶ 아이가 모방하도록 가르치는 데 효과적으로 동기 부여가 되는 활동에 대해 잠시 생각해 봅시다. 아이가 좋아하는 장난감이나 다른 교구로 어떤 새로운 놀이 행동을 모델링할 수 있을까요? 특정 놀이 기능에 초점을 맞추기보다는 아이가 따라 하고 싶을 만큼 재미있는 행동을 모델로 삼아야 한다는 점을 기억하세요.

▶ 또한 아이의 놀이 또는 다른 행동과 관련된 어떤 제스처를 모델링할 수 있을까요? 이러한 제스처는 감정을 표현하고, 사물과 속성을 설명하거나 행동을 설명할 수 있어야 합니다.

▶ 놀이 활동 아이디어(양식 13)에 아이가 좋아하는 두 가지 장난감에 대한 아이디어를 적어 가정에서 상기할 수 있습니다.

▶ (몇 분 후) 이제 이야기해 보겠습니다.

휴식 시간 갖기

놀이 확장 촉진하기 소개하기

❖ 이론 설명하기

슬라이드 12

*놀이 확장 촉진하기*의 이론적 근거를 소개한다. 이때 그룹 구성원의 아이들에 대한 지식을 바탕으로 이 기법을 사용하여 해결할 수 있는 특정한 놀이 목표의 예시를 제시할 수 있다. 이 기법에 대한 자세한 내용은 부모 매뉴얼을 참조한다.

샘플 스크립트

사회적 의사소통에 어려움이 있는 아이들은 종종 어떻게 놀아야 할지에 대한 새로운 아이디어를 생각해 내는 것이 어렵고, 평범하지 않거나 반복적인 방식으로 장난감을 가지고 놀 수 있습니다. 놀이 기능은 언어와 사회성 발달에 매우 중요합니다. 놀이는 문제 해결력과 상상력을 키울 수 있는 훌륭한 영역입니다. 아이의 놀이 기능이 뛰어날수록 아이가 다른 아이들과 함께 놀이하는 것은 더 쉬울 것입니다. 아이가 새로운 놀이 아이디어를 생각해 내고 부모의 놀이 지시를 따르도록 도와주는 언어적 촉진을 사용하여 아이의 놀이 기능을 확장할 수 있습니다.

▶ 이 전략은 아이가 좋아하는 장난감으로 놀이 행동을 다양하게 확장하고, 새로운 장난감을 가지고 놀며 좀 더 복잡한 방법으로 놀이하도록 도울 수 있습니다. 아이가 더 발달된 놀이 기능을 가지고 있다면 다른 사람과 협동하는 놀이를 가르칠 수도 있습니다.

▶ 이러한 촉진은 주로 언어적이기 때문에 일반적으로 놀이와 언어 능력이 조금 나은 아이에게 사용할 때 좀 더 효과적입니다. 아이가 지시에 반응하는 데 어려움이 있는 경우에는 *모방 촉진하기*를 계속 사용하여 아이의 놀이 기능을 확장하도록 도와야 합니다.

❖ 핵심 요소에 대해 이야기 나누기

슬라이드 13

*놀이 확장 촉진하기*의 사용 순서와 놀이 기능에 따른 적절한 촉진에 대해 이야기 나눈다. 그러면서 부모에게 *촉진* 및 *보상*의 관련 핵심 요소를 상기시킨다. 그룹 구성원의 아이들이 좋아하는 활동과 놀이 기능에 대한 지식을 바탕으로 부모가 촉진할 수 있는 놀이 기능의 구체적인 예시를 제안한다.

샘플 스크립트

이제 *놀이 확장 촉진하기*를 사용하는 방법에 대해 논의하겠습니다.

▶ 아이의 놀이 기능을 확장하려면 먼저 **아이에게 집중하기**와 **의사소통 방법 조절하기**를 사용하여 아이를 놀이에 참여시킵니다. 그런 다음 **새로운 의사소통 기회 만들기** 전략을 사용하여 아이의 관심을 끕니다. 그리고 아이가 장난감을 가지고 새롭거나 약간 더 복잡한 놀이 기능을 사용하도록 촉진합니다. 아이가 새로운 놀이 기능을 사용한 후에는 아이를 칭찬하고 아이가 원하는 방식으로 놀게 함으로써 보상합니다. 아이가 계속 주도권을 유지할 수 있

도록 놀이 시간 중 1/3 정도만 새로운 놀이 기능을 촉진해야 한다는 점을 기억합시다. 나머지 시간에는 아이의 자발적인 놀이에 계속 반응합니다. 이렇게 하면 아이의 놀이 기능의 다양성과 복잡성을 모두 높일 수 있습니다.

▶ 아이 놀이의 다양성을 늘리기 위해 좋아하는 장난감으로 동일한 발달 수준에서 할 수 있는 다른 놀이 행동을 하도록 촉진합니다. 예를 들어, 아이가 블록을 정렬하는 것을 좋아한다면 블록을 쌓거나 다른 용기에 넣는 등 같은 놀이 수준에서 블록으로 할 수 있는 다른 행동을 촉진합니다.

▶ 아이가 좋아하는 활동에 새로운 물건을 도입해 놀이할 수도 있습니다. 예를 들어, 아이가 장난감을 가지고 놀지는 않지만 음식이나 대근육 활동을 즐기는 경우, 아이가 선호하는 활동에 장난감을 포함시켜 아이가 장난감을 가지고 놀도록 가르칩니다. 예시로, 아이가 좋아하는 간식을 '비지박스(busy box)'에 넣어 아이가 꺼낼 수 있도록 하거나 인형을 가지고 그네나 트램펄린에서 아이와 번갈아 가며 태워 놀이하도록 할 수 있습니다.

▶ 아이의 현재 기능보다 약간 더 복잡한 기능을 촉진하여 더 복잡한 방식으로 놀이하도록 가르칠 수도 있습니다. 예시로, 아이가 평소 장난감을 만지거나 두드리거나 떨어뜨리는 방식으로 장난감을 가지고 놀이하는 경우, 좋아하는 장난감을 용기에 넣었다 빼는 방식으로 놀이하도록 가르칩니다. 아이가 관련된 여러 놀이 행동을 할 수 있다면 여러 행동을 함께 연결하여 이야기가 되도록 촉진해 놀이의 복잡성을 높일 수도 있습니다. 예시로, 아이가 아기 인형에게 먹이는 것을 좋아한다면 아이가 아기에게 젖병을 물리고, 트림을 시키고, 아기를 재우도록 촉진합니다. 부모 매뉴얼의 125쪽에 제시된 <표 5-7>에는 아이의 놀이 수준에 따라 어떤 놀이 기능을 촉진해야 하는지에 대한 예시가 나와 있습니다.

슬라이드 14

다양한 유형의 *놀이 확장 촉진하기*에 대해 이야기를 나눈다. 그러면서 그룹 구성원의 아이에게 적합한 놀이 기능을 목표로 다양한 촉진을 사용하는 방법에 대한 예시를 제시한다. 부모 매뉴얼 제5장의 관련 표를 참조하여 각각의 촉진에 대한 더 많은 예를 부모에게 보여 줄 수도 있다. 여기서 세 가지 촉진 규칙을 다시 한번 강조하고, 신체적 안내로 촉진하더라도 최소한의 촉진을 제공한 후 주는 것이 중요하다는 점을 강조한다.

샘플 스크립트

이제 *놀이 확장 촉진하기*로 사용할 수 있는 촉진의 유형에 대해 논의해 보겠습니다. 슬라이드에는 가장 도움의 정도가 적은 촉진에서 도움의 정도가 가장 많은 촉진까지 나열되어 있습니다.

▶ 아이의 활동 진술하기는 가장 도움의 정도가 적은 촉진입니다. 이 유형의 촉진은 수용적인 언어와 일부 상징 놀이는 잘하지만 더 창의적으로 놀이하거나 행동을 서로 연결하는 데 어려움이 있는 아이에게 적합합니다. 아이가 놀이에 참여하면 다음에 무엇을 해야 할지 알려 주는 진술을 명확하게 합니다. 제스처와 함께 사용하면 아이가 반응하는 데 도움이 될 수 있습니다. 예를 들어, 아이가 Elmo 인형을 들고 있다면 "Elmo가 졸려."라고 말하고 담요를 들어 아이가 Elmo를 재우도록 촉진합니다.

▶ 아이가 주도적인 의견을 내는 것이 어려운 경우, 아이에게 장난감으로 새로운 행동을 하도록 질문을 함으로써 약간 더 지원적인 촉진하기를 사용할 수도 있습니다. 예를 들어, "Elmo는 이제 무엇을 해야 할까?" 또는 "기차는 다음에 어디로 가야 할까?"라고 질문합니다. 아이는 놀이 행동을 하거나 부모에게 대답으로 반응할 수 있습니다.

▶ 아이가 개방형 질문에 대답하는 것이 어려운 경우, 두 가지 새로운 놀이 행동 중 선택을 하도록 할 수 있습니다. 예를 들어, "Elmo는 밥을 먹어야 할까 아니면 잠을 자야 할까?"라고 말합니다. 이렇게 하면 아이에게 다른 놀이 방법에 대한 아이디어를 제공하고 놀이 순서나 추가될 놀이 유형을 선택할 수 있게 해 줍니다.

▶ 아이가 장난감으로 무엇을 할 수 있는지에 대해 구어로 지시하면서 아이가 더 창의적으로 놀 수 있도록 가르칠 수 있습니다. 예를 들어, 아이가 기차를 밀고 있다면 아이에게 장난감 호랑이를 주면서 "호랑이를 태워 줘."라고 말합니다. 이때 아이의 주도를 따르고, 아이의 활동을 중심으로 지시를 내립니다. 이 촉진은 덜 지원적인 촉진에 반응하는 것이 어려운 아이에게 도움이 됩니다.

▶ 아이가 언어적 촉진에 반응하지 않는 경우, 방금 배운 촉진을 사용하여 모방을 가르칠 수 있습니다. 아이가 모방할 새로운 놀이 행동을 모델링합니다.

▶ 아이가 반응하지 않으면 신체적 안내를 제공해 아이가 부모의 놀이 행동을 모방하거나 지시에 따르도록 신체적으로 도움을 줍니다.

슬라이드 15

슬라이드의 도표를 사용하여 부모에게 *놀이 확장 촉진하기*를 사용하는 방법에 대한 예시를 설명한다. 이때 부모에게 이 기법에 대해 궁금한 점이 있는지 물어보는 것도 좋은 방법이다.

샘플 스크립트

*놀이 확장 촉진하기*를 사용하는 것이 어떤 모습인지 알아보겠습니다. Tina의 엄마가 아이에게 인형을 가지고 하는 가상 놀이를 가르치고 있습니다. Tina의 엄마는 Tina가 인형을 가지고 놀이하는 동안 Tina와 마주 앉아 아이에게 집중하고 간단한 언어를 사용하여 Tina의 놀이에 대해 진술합니다. Tina의 엄마는 인형과 함께 차례를 주고받으며 새로운 의사소통 기회를 만듭니다. Tina가 관심을 가지면 엄마는 "아기가 배고파."라고 말하고 블록을 보여 줌으로써 Tina가 인형에게 블록을 먹이도록 촉진합니다. Tina가 반응하지 않으면 엄마는 같은 말을 반복하고 질문을 함으로써 좀 더 지원적인 촉진을 사용합니다. 예를 들어, "아기가 배고파. 어떻게 하면 좋을까?"라고 질문합니다. Tina가 반응하지 않으면 엄마는 "아기에게 음식을 줘."라는 지시어를 통해 좀 더 지원적인 촉진을 추가합니다. 그러면 Tina는 블록을 가지고 아기를 먹이는 행동으로 반응합니다. 엄마는 Tina를 칭찬하고 원하는 방법으로 인형을 가지고 놀게 함으로써 보상을 줍니다.

❖ 비디오 클립 보고 토론하기

슬라이드 16

*놀이 확장 촉진하기*의 비디오 사례를 보여 준다. 부모가 특정한 촉진을 단독으로 사용하는 6개의 클립(여러 유형의 촉진 중 하나)과 여러 촉진을 함께 사용하여 아이에게 놀이 기능을 확장하도록 가르치는 4개의 긴 클립이 있다. 특정한 놀이 촉진하기 클립은 도움이 가장 적은 것부터 도움이 가장 많은 것까지 순서대로 나열되어 있다. 클립이 짧기 때문에 부모가 촉진과 보상 순서를 완전히 이해하기 위해 한 클립을 두 번 이상 보는 것이 좋다. 중재하는 아이의 능력에 따라 촉진하기의 예시 중 일부만 보도록 선택할 수 있다. 예를 들어, 구어 전 단계의 아이에게는 모방을 가르치는 것을 포함하여 더 지원적인 촉진하기가 필요한 반면, 언어를 더 많이 사용하는 아이는 덜 지원적인 촉진하기를 선택한다. 특정 놀이 촉진하기 클립을 보여 준 후에 놀이를 확장하도록 가르치는 긴 클립을 보여 줌으로써 부모가 필요에 따라 촉진을 함께 사용하거나 지원을 늘리거나 줄이는 방법을 볼 수 있도록 도와준다. 각각의 클립을 보여 주기 전에 부모에게 *놀이 확장 촉진하기*의 핵심 요소를 살펴보고 아이가 어떻게 반응하는지 주목해 달라고 요청한다. 각각의 클립이 끝난 후에는 개방형 질문을 통해 부모가 관찰한 내용을 되돌아볼 수 있도록 도와준다. 부모가 상호작용의 중요한 요소를 파악하지 못한다면 좀 더 구체적인 질문을 한다. 클립에서 강조해야 할 중요한 정보는 다음에

설명되어 있다.

샘플 스크립트

이제 부모가 특정한 *놀이 확장 촉진하기*를 사용하여 아이가 좀 더 복잡한 놀이 기능을 사용할 수 있도록 도와주는 몇 가지 사례를 살펴보겠습니다.

▶ (*각각의 개별적인 촉진하기 클립을 보여 주기 전*) 부모가 촉진하기를 사용하여 아이가 새롭고 더 복잡한 놀이 기능을 사용하도록 돕는 방법과 부모가 아이의 반응에 대해 어떻게 보상하는지 살펴보세요.

▶ (*각각의 개별적인 촉진하기 클립을 보여 준 후*) 상호작용 중에 무엇을 발견했나요? 부모가 어떤 촉진하기를 사용했나요? 아이는 촉진에 어떻게 반응했나요? 부모는 아이가 놀이를 확장한 것에 대해 어떻게 보상했나요?

클립 42: *아이의 활동 진술하기, 문장*

엄마는 아이가 장난감 음식을 가지고 하는 놀이에 아기 인형을 포함시키도록 돕기 위해 활동 진술하기를 사용한다. 엄마는 "아기가 울고 있어."라고 진술한다. 아이는 우는 흉내를 내며 반응하지만 아기에게 음식을 먹이지는 않는다. 그래서 엄마는 좀 더 구체적으로 "아기가 배고파"라는 말을 하고 젖병을 보여 준다. 아이는 아기에게 젖병을 먹임으로써 반응한다. 엄마는 그 활동을 진술하는 것("아기가 먹어.")으로 반응하고 원래 아이의 놀이로 다시 돌아갈 수 있도록 함으로써 아이에게 보상한다.

클립 43: *질문하기, 문장*

아빠는 아이가 아기 인형으로 놀이 순서를 확장할 수 있도록 도와주기 위해 질문을 한다. 아빠는 아이의 주도에 따라 침실로 가서 아기 인형을 침대에 눕히는 것으로 상호작용을 시작한다. 그런 다음 담요를 들고 "아기에게 뭐가 더 필요할까?"라고 질문한다. 아이는 구어로 "잠옷"이라고 대답하고 놀이에 또 다른 단계를 추가한다. 아이는 아기 인형에 잠옷을 입힌다. 아빠는 아이가 주도하는 놀이에 따라가며 아이가 하는 활동에 대해 진술함으로써 아이에게 보상한다.

클립 44: *선택할 기회 주기, 낱말 조합*

엄마는 아이가 피규어 세트를 가지고 놀이 순서를 확장할 수 있도록 선택할 기회를 준다. 엄마는 놀이에서 아이의 주도를 따르고, 그런 다음에 아이가 캐릭터에게 어떤 놀이 행동("그들은 목욕을 하러 갈까? 아니면 변기로 갈까?")을 할지 선택할 기회를 준다. 아이는 엄마가 제시한 선택지 중 하나를 캐릭터에게 행동함으로써 반응한다. 엄마가 그것을 인정하고 놀이할 수 있도록 허용함으로써 어떻게 보상하는지 주목한다. 다음으로 엄마는 아이가 놀이에서 다른 단계를 추가하도록 돕기 위해 또 다른 선택할 기회 주기를 사용해 "우리는 물을 내릴까? 아니면 씻을까?"라고 질문한다. 이번에는 아이가 놀이 행동과 언어적 선택 둘 다로 반응하고, 엄마는 아이가 원하는 방법으로 놀게 하며 아이가 무엇을 하는지에 대해 진술함으로써 보상한다.

클립 45: *구어로 지시하기, 첫 낱말*

엄마는 아이가 기차를 가지고 놀이하는 척하는 것을 돕기 위해 구어로 지시하기를 사용한다. 엄마는 기차를 가져와 잔디 위에서 기차를 운전하는 아이의 흉내를 내며 놀이에 참여한다. 그런 다음 새로운 놀이 행동(기차가 물속으로 '첨벙 떨어지는' 행동)을 모델링한다. 아이가 반응이 없으면 다시 그 행동을 모델링하고, 구어로 지시한다("Jackson, 기차를 물 쪽으로 운전하고 첨벙 떨어뜨려."). 아이가 반응하도록 돕기 위해 지시어와 함께 제스처를 사용하는 방법에 주목한다. Jackson은 놀이 행동으로 반응한다. 엄마는 아이가 기차를 가지고 원하는 방법으로 놀게 하고 아이의 놀이를 모방하는 것으로 보상한다.

클립 46: *아이가 모방할 수 있는 행동 모델 제시하기, 첫 낱말*

엄마는 아이가 기차를 가지고 하는 놀이 행동의 수를 확장하도록 돕기 위해 아이가 모방할 수 있는 행동을 모델링한다. 엄마는 기차 테이블에서 아이의 놀이에 참여하고 얼굴을 마주한다. 아이의 관심을 끌면 엄마는 기차 위로 공을 굴리고, 자동차를 굴리는 행동을 모델링한다. 아이는 이 행동과 엄마의 언어("충돌")를 모방하여 반응하고, 그 활동에 대해 진술한다("큰 공이 간다."라고 가리키며 말하기). 엄마는 아이의 의사소통에 의미 있는 방법으로 반응한다.

클립 47: *신체적 안내 제공하기, 구어 전 단계*

엄마는 아이가 마법의 모래로 하는 놀이의 복잡성을 증가시키는 것을 돕기 위해 신체적 안내를 제공한다. 엄마는 크레용을 사용해 모래에 얼굴을 그리도록 신체적 안내를 제공한다. 아이가 이렇게 한 후(엄마의 도움으로)에는 아이가 원하는 방식(손가락으로 모래를 떨어뜨리기)으로 모래를 가지고 놀게 해 줌으로써 보상한다. 그다음 기회에는 모래를 찌르려고 크레용을 사용하는 것을 돕기 위해 신체적 안내를 다시 사용한다.

클립 48: *시간 경과에 따라 지원 줄이기, 구어 전 단계*

엄마는 아이가 마법의 모래로 하는 놀이 중 아이의 손가락으로 모래를 탐색하고 만지는 것(탐험 놀이)과 크레용으로 모래를 찌르는 것(조합 놀이)의 복잡성을 증가시킬 수 있도록 여러 차례에 걸쳐 놀이 촉진하기의 지원을 줄인다. 엄마는 크레용으로 모래 찌르기를 돕기 위해 신체적 안내를 사용하는 것으로 시작한다. 아이를 도운 후에 칭찬으로 보상하고, 그가 다시 손가락으로 모래를 탐색하는 것으로 돌아가도록 한다. 다음 기회에 엄마가 크레용을 주자 아이는 혼자서 모래를 찌르기 시작하지만 어려움이 있어 엄마는 신체적 안내를 통해 아이가 시작하도록 돕는다. 결국 아이는 크레용에 손을 뻗고 스스로 모래를 찌른다. 상호작용이 끝날 때쯤, 아이와 엄마는 크레용으로 모래를 찌르며 함께 놀 수 있게 된다. 아이가 원하는 방법으로 놀게 함으로써 엄마가 매번 어떻게 보상을 주는지 주목한다. 결국 아이는 새로운 놀이 방법도 재미있다는 것을 알게 되고 그 자체로 즐거움을 느끼게 된다.

클립 49: *필요한 경우 추가 지원하기, 첫 낱말*

엄마는 아이의 기차놀이 기능의 복잡성을 증가시키기 위해 여러 가지 놀이 촉진하기를 함께 사용한다. 엄마는 아이의 놀이에 참여해 아이의 주도에 따르고 아이를 모방하는 것으로 소통을 시작한다. 그리고 엄마가 자신이 하는 일을 언어로 설명하며 의사소통 방법을 조절한다. 아이의 관심을 끌면 새로운 행동(기차가 물을 마시기)을 모델링하고, 기차에게 물을 마시게 하라고 지시어를 준다. 아이가 새로운 놀이 기능을 사용하면 다시 아이가 놀이를 주도하도록 되돌아간다. 그런 다음 새로운 행동(기차 씻기)을 모델링하여 아이가 놀이를 확장하도록 또 다른 기회를 제공한 다음, 기차를 씻으라고 구어로 지시한다. 아이는 새로운 놀이 행동을 함으로써 반응한다. 엄마는 아이의 참여를 유지하기 위해 아이의 주도를 따르고, 아이가 놀이에 참여할 때 놀이 기능을 확장하기 위한 놀이 촉진하기를 제공하는 패턴을 계속 반복한다. 아이가 놀이를 할 때마다 새로운 놀이 행동을 사용하게 한 다음 아이가 원하는 방법으로 놀게 함으로써 보상하는 방식에 주목한다.

클립 50: *필요한 경우 추가 지원하기, 문장-상징 놀이*

엄마는 아이가 아기 인형을 가지고 확장된 상징 놀이를 할 수 있도록 돕기 위해 여러 가지 놀이 촉진하기를 함께 사용한다. 엄마는 아이의 놀이에 참여하고 아이의 시작과 놀이 아이디어에 반응하는 것으로 상호작용을 시작한다. 그런 다음 ("아기가 울고 있고 배고파.")와 같은 활동 진술하기를 사용하여 아이의 놀이 기능의 복잡성과 다양성을 높인다. 아이는 구두로 반응한다(젖병이 필요하다고 말한다). 엄마가 아이의 언어적 요청에 반응해 주면서 아이가 아기에게 젖병을 먹이는 놀이 행동까지 하도록 유도하는 것에 주목한다. 아이의 놀이가 끝나면 엄마는 아기가 다시 우는 척하지만, 아이는 아기가 울지 않는다고 말하고 엄마는 아이의 언어에 반응한다(아이가 놀이를 주도하게 한다). 그런 다음 ("아기가 추운 것 같아요.")라고 다른 활동 진술하기를 사용하여 다시 놀이를 촉진한다. 아이가 반응하지 않으면 지시를 하고, 아이가 모방할 수 있는 행동(아기에게 담요 덮어 주기)을 모델링한다. 아이가 원하는 행동이 아닐지라도 놀이 촉진하기와 함께 어떻게 놀이를 따라가는지 주목한다. 그런 다음 아이가 놀이에 흥미를 느끼고 아기를 담요로 감싸는 과정을 따라간다.

클립 51: *필요한 경우 추가 지원하기, 문장-상징 놀이*

아빠는 아이가 사물을 다른 것으로 대체(얼음 대신 블록으로 대체하기)하여 확장된 상징 놀이 순서(차 만들기)에 참여하도록 돕기 위해 여러 가지 놀이 촉진하기를 함께 사용한다. 아빠는 아이의 놀이에 참여하여 아이가 무엇을 하고 있는지에 대해 진술하는 것으로 상호작용을 시작한다. 아이는 "차"를 가리키며 "엄청 뜨겁다."라고 말하는 것으로 시작한다. 아빠는 "엄청 뜨겁다"라고 답한 다음 "어떻게 식힐까?"라고 질문하기를 통해 아이의 놀이가 확장되도록 촉진한다. 아이가 대답하지 않으면 "식히기 위해 얼음이 필요하니?"라는 예-아니요 질문으로 지원을 추가한다. 그런 다음 아이에게 얼음으로 사용할 수 있는 물건(상징 놀이)을 보여 주며 더 많은 지원을 추가한다. 아이는 "얼음"을 사용하여 차를 식힌다. 아빠는 아이가 원하는 방법으로 다시 놀 수 있도록 함으로써 보상한다.

슬라이드 17

슬라이드의 '생각해 보세요!' 질문을 통해 부모가 아이와 함께 *놀이 확장 촉진하기*를 사용하는 방법에 대해 이야기 나누도록 한다. 부모에게 1~2분 정도 생각할 시간을 준다. 그런 다음 부모가 2인 1조 또는 전체 그룹에서 각자의 답변에 대해 토론하게 한다. 이 기법을 아이에게 가장 효과적으로 적용할 수 있는 방법에 대해 생각해 보도록 도와준다. 부모 매뉴얼 제5장의 129쪽에 제시된 '가정에서 해 보기!' 표에서 다양한 놀이 루틴 중에 *놀이 확장 촉진하기*를 사용하는 예시를 참조할 수 있다. 아직 작성하지 않았다면, 부모가 놀이 활동 아이디어(양식 13)에 아이가 좋아하는 장난감으로 할 수 있는 다양한 놀이 행동과 제스처를 작성해 보도록 한다.

샘플 스크립트

이제 *놀이 확장 촉진하기*를 어떻게 사용할 수 있을지 논의해 보겠습니다.

▶ 아이가 평소 좋아하는 장난감을 가지고 어떻게 놀이하는지 잠시 생각해 봅시다. 아이가 이 장난감을 가지고 어떤 새로운 놀이 기능을 사용하도록 촉진할 수 있을까요? 아이의 현재 놀이 수준을 반드시 살펴보세요. 아이의 현재 놀이 수준에서 놀이의 다양성을 높이는 데 집중할 수도 있고, 한 단계 더 복잡하게 만들 수도 있다는 것을 기억하세요. 가정에서 상기시키기 위해 놀이 활동 아이디어(양식 13)에 아이디어를 적을 수 있습니다.

▶ 여러 가지 놀이 행동을 생각해 본 후, 아이가 새로운 놀이 기능을 사용하도록 돕기 위해 사용할 수 있는 세 가지 촉진에 대해 생각해 봅시다.

▶ (1~2분 후) 이제 이야기해 보겠습니다.

연습 및 코칭 계획하기

슬라이드 18

부모에게 한 주 동안 어떻게 연습할 것인지에 대한 계획을 세우도록 한다. 부모가 그룹 회기 중에 실천계획표를 완성할 시간을 갖는 것은 매우 중요하다. 부모들은 최소한 그룹 회기가 끝나기 전에 실천계획표에 목표, 활동, 도표를 완성해야 한다. 시간이 부족하다면 그룹 토의 시간을 단축해야 할 수도 있다. 부모에게 몇 분 동안 실천계획표에, (1) 목표로 삼고 싶은 한두 가지 목표, (2) 실행할 놀이 활동과 하루 일과를 작성할 시간을 준다. 그런 다음, 부모에게 아이의 목표를 달성하기 위해 선택한 활동에서 기법 중 하나를 어떻게 사용할 것인지에 대해 도표를 사용하여 긍정적인 예를 적어 보게 한다. 부모 중 한 명에게 그룹 앞에서 함께 도표를 완성해 보도록 요청해 예시를 보여 줄 수 있다. 시간이 있다면 부모들이 2인 1조 또는 전체 그룹에서 실천계획표에 대해 서로 토론하게 한다. 부모가 실천계획표를 완성한 후에는 가정에서 이 기법을 사용할 때 어떤 점이 어려울지 생각해 보도록 요청한다. 시간에 따라 다시 짝을 짓거나 전체 그룹에서 가능한 해결책을 토론하게 할 수도 있다. 일반적인 문제와 잠재적인 해결책은 10회기 마지막에 있는 문제 해결 팁 목록(533쪽)에 설명되어 있다.

샘플 스크립트

여러분 각자가 이번 주에 달성하고 싶은 한 가지 혹은 두 가지 목표를 생각해 보세요. 이러한 목표는 놀이 중 아이의 사물 모방 또는 제스처 모방을 늘리거나 아이의 놀이를 확장하는 것과 관련이 있어야 합니다. 실천계획표에 목표를 작성하세요. 다음으로, 이러한 기법을 연습할 수 있는 놀이 활동과 하루 일과를 생각해 봅시다. 기법을 사용할 시간을 갖기 위해서는 일상생활 루틴에서 몇 분의 시간을 추가해야 한다는 점을 기억하세요. 일과를 결정한 후에는 실천계획표에 작성하세요. 다음으로, 오늘 우리가 **새로운 모방 및 놀이 기능 가르치기**를 위해 이야기한 기법에 대해 생각해 봅시다. 여기에는 *모방 촉진하기*와 *놀이 확장 촉진하기*가 포함됩니다. 특정한 촉진하기를 포함하여 아이가 보다 더 복잡한 모방 또는 놀이 기능을 사용하도록 돕기 위해 사용할 기법을 선택하고, 이를 실천계획표 안의 도표에 작성합니다. 이러한 전략을 하루 15~20분 동안 놀이 시간이나 일상적인 활동 한두 가지에서 연습할 수 있도록 계획해야 합니다. 또한, 실천계획표를 실행할 때 어려운 점이 무엇일지 생각해 보고 가능한 해결책을 브레인스토밍합니다.

슬라이드 19

부모에게 부모 매뉴얼 제5장의 마지막 두 부분을 읽고 다음 한 주 동안 실행해 보도록 상기시킨다. 개별 코칭 회기에서 무엇을 기대해야 하는지 알려 준다.

샘플 스크립트

다음 주에는 여러분 각자가 개별 코칭 회기를 갖게 됩니다.

▶ 부모 매뉴얼 제5장의 나머지 부분인 *모방 촉진하기*와 *놀이 확장 촉진하기*를 아직 읽어 보지 않았다면 반드시 읽어 보세요. 이 부분은 오늘 그룹에서 배운 내용을 다루고 있습니다.

▶ 다음 한 주 동안 가정에서 실천계획표를 실행해 보고 어떻게 진행되었는지 실천계획표 양식의 '되돌아보기' 칸에 적어 주세요. 코칭 회기 중에 실천계획표에 대해 논의할 것입니다. 그때 *모방 촉진하기* 또는 *놀이 확장 촉진하기*에 대해 궁금한 점이 있으면 몇 가지 질문을 가지고 오세요. 또한 아이와 함께 중재하면서 개별적인 피드백과 지원을 받을 수 있는 기회도 있습니다. 실행할 준비를 하세요!

10회기
새로운 모방 및 놀이 기능 가르치기 복습(코칭)

회기 목표

다음을 위해 부모를 돕는다.
- 아이에게 놀이 행동이나 제스처를 모방하도록 가르치기
- 아이 놀이의 복잡성과 다양성을 증가시키기

준비물

- 부모 매뉴얼
- 실천계획표-**새로운 기능 가르치기**(양식 34)
- 부모 매뉴얼의 아동 목표와 부모가 작성한 매일 하는 활동 스케줄(양식 11)
- ImPACT F.A.C.T.S.검토 기록지-새로운 모방 및 놀이 기능 가르치기(양식 17)
- 좋아하는 장난감들
- 다양하고 창의적인 방법으로 사용할 수 있는 장난감
- 몇 가지 장난감 두 세트
- 회기 기록지(양식 12)
- 중재 충실도 체크리스트(양식 4)
- 코칭 충실도 체크리스트(양식 6)

회기 진행목록

- 체크인 및 회기 진행목록 정하기
- 실천계획표 검토하기
- **새로운 모방 및 놀이 기능 가르치기** 복습
- **새로운 모방 및 놀이 기능 가르치기** 시연하기
- 부모의 연습 및 피드백 제공하기
- 부모의 되돌아보기를 돕고 실천계획표 작성하기

체크인 및 회기 진행목록 정하기

❖ 가족 체크인

가족에게 그룹 회기 이후 어떻게 지냈는지 물어보고 필요한 경우 잠시 시간을 내어, 아이를 활동에 참여시키는 시간을 갖는다.

❖ 회기 목표와 진행목록에 대해 설명하기

이 시간에 부모는 코치의 지원과 피드백을 받으며 아이에게 **새로운 모방 및 놀이 기능 가르치기**를 위해 *촉진*과 *보상*을 사용하는 연습 기회를 갖게 될 것이다. 이 전략 세트는 아이가 놀이 행동 및 제스처를 모방하는 능력을 향상시키고, 놀이 기능을 다양하고 복잡하게 확

장하도록 도와줄 수 있다.

부모에게 "오늘 회기에 대해 궁금한 점이 있거나 추가로 다루고 싶은 주제가 있나요?"라고 질문한다. 만약 부모가 고민을 이야기하면 그것을 해결하기 위해 회기 진행목록을 조정해야 할 수도 있다.

실천계획표 검토하기

❖ 그룹 회기에서 작성한 계획표 검토하기

부모에게 가정에서 사용했던 기법에 대해 이야기해 달라고 요청한다. 잘된 점과 어려웠던 점에 대해 논의한다.

❖ 잠재적 문제에 대한 해결 지원하기

가정에서 연습하는 동안 발생한 문제를 부모가 해결할 수 있도록 도와준다. **새로운 모방 및 놀이 기능을 가르치기** 위한 일반적인 문제와 가능한 해결책은 이 회기의 마지막에 있는 문제 해결 팁 목록(533쪽)에 나와 있다.

새로운 모방 및 놀이 기능 가르치기 복습

❖ 이론 및 핵심 요소에 대해 간략하게 검토하기

F.A.C.T.S. 피라미드와 부모 매뉴얼을 사용하여 이전에 배운 전략과 함께 어떻게 사용되는지 설명한다. 가장 효과적일 수 있는 특정한 촉진을 강조한다. 부모가 상기할 수 있도록 ImPACT F.A.C.T.S. 검토 기록지-**새로운 모방 및 놀이 기능 가르치기**(양식 17)에 이러한 내용을 적을 수 있다.

*모방 촉진하기*는 놀이 기능이 매우 제한적이고 제스처를 모방하는 데 어려움을 겪는 아이들에게 유용하다. 설명적인 제스처는 추상적일 수 있어 모방하기가 더 어려울 수 있다. 따라서 부모는 아이가 사물 모방에 어느 정도 기능을 가지고 있을 경우에만 제스처 모방을 목

표로 삼아야 한다. *놀이 확장 촉진하기*는 주로 언어적이기 때문에 일반적으로 더 나은 놀이와 언어 기능을 가진 아이들에게 더 효과적이다.

부모에게 "오늘 모방 또는 놀이를 목표로 무엇을 가르치고 싶으세요?"라고 질문한다. 부모가 목표로 삼고 싶은 적절한 모방 또는 놀이의 목표를 식별할 수 있도록 도와준다. 아이의 목표와 능력에 적합한 특정한 촉진을 검토한다.

❖ 기법 단계 설명하기

부모가 연습하고 싶은 기법을 선택한 후 부모 매뉴얼의 도표를 사용하여 아이의 모방 또는 놀이의 목표를 해결하는 방법을 설명한다. 부모에게 질문할 기회를 준다.

새로운 모방 및 놀이 기능 가르치기 시연하기

❖ 시연 준비하기

모방이나 놀이를 이끌어 내기 위해 어떤 촉진하기로 시작할지, 아이가 반응하지 않을 경우 어떻게 지원을 추가할지를 보여 준다. 부모에게 어떤 촉진이 사용되는지 지켜보고 아이가 어떻게 반응하는지 주목해 달라고 요청한다.

❖ 무엇을 하고 있는지 설명하기

아이와 함께 **새로운 모방 및 놀이 기능 가르치기**를 시연해 보일 때 어떤 유형의 촉진하기를 사용하고, 어떻게 지원을 추가하는지, 아이가 어떻게 반응하는지를 지적한다. 놀이에서는 다음 예시와 같이 촉진 순서를 완료한 다음 설명하는 것이 더 쉬운 경우가 있다.

"Sam이 자동차를 가지고 놀고 있어요. 저는 그의 관심을 끌기 위해 그의 시야로 들어가서 자동차가 움직이는 것을 멈췄어요. Sam이 저를 쳐다봤어요. 저는 '차가 어디로 갈까?'"라고 질문하고 차를 놓아 주었어요. Sam은 반응하지 않았어요. 그래서 저는 다시 차를 멈춰서 그의 관심을 끌고 '차가 주유소로 갈까, 세차장으로 갈까?'라고 선택할 기회를 주었어요. Sam은 세차를 하겠다고 대답했어요. 저는 칭찬("아, 세차했구나!")과 함께 다른 촉진하기를 제공하기 전에 잠시 장난감을 가지고 놀게 함으로써 보상을 주었습니다.

시연이 끝나면 부모에게 "상호작용하는 동안 무엇을 알게 됐나요?"라고 질문한다. 부모가 대답하기 어려운 경우에는 다음과 같이 좀 더 구체적으로 질문한다. "어떤 유형의 촉진이 Brianna의 놀이를 확장하는 데 효과적이었나요?" "제가 놀이 기능을 촉진하기 위해 어떻게 했는지 보셨나요?"

부모의 연습 및 피드백 제공하기

❖ 부모의 연습을 격려하기

부모에게 목표와 아이의 기능 수준에 따라 연습해야 할 특정 촉진하기를 상기시킨다. 상호작용 중에 새로운 놀이 방법을 생각해 내는 것은 어려울 수 있다. 필요한 경우 부모가 연습하기 전에 장난감을 가지고 할 수 있는 놀이 아이디어를 브레인스토밍할 수 있도록 도와준다.

"Sam은 자동차 놀이를 좋아합니다. 부모의 목표는 Sam의 상징 놀이를 확장하는 것입니다. 활동을 진술하는 말('차가 더러워')로 시작하세요. 만약 Sam이 반응하지 않으면 질문하기('차가 더러워졌네. 무엇을 해야 할까?')를 사용하세요. 그래도 아이가 반응하지 않으면 선택할 기회를 주세요('차가 더러워. 걸레로 닦을까, 호스로 세차할까?')."

❖ 물리적 환경 관리하기

부모가 아이를 모방하는 데 사용할 수 있거나 아이가 놀이 아이디어를 떠올리는 데 도움이 되는 장난감을 제공한다. 주의를 산만하게 하는 물건은 주변에서 치운다.

❖ 피드백 제공하기

부모가 아이의 흥미와 능력에 따라 모델링하기 좋은 놀이 행동이나 촉진할 놀이 기능을 찾아내도록 도와준다. 일반적인 문제에 대한 피드백을 제공하기 위한 제안은 이 회기의 마지막에 있는 문제 해결 팁 목록(533쪽)에서 확인할 수 있다.

부모의 되돌아보기를 돕고 실천계획표 작성하기

❖ 부모의 되돌아보기

부모에게 상호작용에 대해 질문한다. 다음과 같이 질문할 수 있는 몇 가지 예시가 있다.

"아이에게 부모를 모방하게 하거나 놀이를 확장하도록 촉진하는 것은 어떤 느낌인가요?"
"가정에서 이렇게 하는 것을 상상할 수 있나요? 만약 그렇지 않다면 어떤 점이 불편하게 느껴졌을까요?"
"어떤 유형의 촉진이 아이가 부모를 모방하거나 아이의 놀이 기능을 확장하는 데 가장 성공적이었나요?"
"어떠한 유형의 놀이 기능을 촉진했나요? 집에 있는 장난감을 가지고 어떻게 할 수 있을까요?"

❖ 부모가 목표와 활동을 선택하도록 돕기

부모 매뉴얼에 있는 아동의 목표와 작성된 매일 하는 활동 스케줄(양식 11)을 사용하여 부모가 회기 사이에 목표와 활동을 선택할 수 있도록 도와준다. 부모가 선택한 내용을 실천계획표에 기록하게 한다.

이 단원에서 좋은 아동 목표에는 놀이의 복잡성을 증가시키는 것(예: 상징 놀이 사용), 놀이에서 사용되는 순서의 수를 증가시키는 것 또는 아이가 가지고 노는 장난감 수를 증가시키는 것 등이 포함될 수 있다. 이 단원에 적합한 활동으로는 좋아하는 장난감을 가지고 놀이하거나 활동적인 놀이, 목욕 시간 그리고 심지어 식사 시간을 포함한다. 부모가 선택한 활동에 따라 가르칠 특정 놀이 유형을 파악할 수 있도록 도와준다. 예를 들어, 부모가 아이에게 자동차 놀이를 가르치기로 선택한 경우, 자동차 놀이의 다양한 방법을 파악할 수 있도록 도와준다. 여기에는 자동차를 주유소까지 밀기, 세차하기, 자동차 부품 고치기 등이 포함될 수 있다. 부모 매뉴얼 제5장의 123쪽과 129쪽의 '가정에서 해 보기!'에는 다양한 활동 중에 모방 및 놀이 기능을 가르치는 방법에 대한 예시가 나와 있다.

❖ 부모의 도표 작성 돕기

부모가 선택한 활동으로 **새로운 모방 및 놀이 기능을 가르치기**의 긍정적인 예시를 들어 부모에게 설명한다. 실천계획표 도표의 관련 칸에 부모가 집중할 핵심 요소를 적게 한다.

부모에게 **아이에게 집중하기**와 **의사소통 방법 조절하기**를 위해 무엇을 해야 할지 질문한다. 부모에게 놀이를 모델링하거나 촉진하기 전 아이의 관심을 끌기 위해 **새로운 의사소통 기회 만들기**의 어떤 기법을 사용할 것인지 물어본다.

다음으로, 부모에게 모방 또는 놀이 기능 중 무엇을 촉진할지, 그리고 아이가 그 기능을 사용하도록 돕기 위해 어떤 세 가지 촉진을 사용할지 질문한다. 촉진의 유형보다는 특정 언어를 사용하도록 요청한다(예를 들어 선행하는 진술보다 "아기는 배가 고파."와 같은 말).

마지막으로 부모에게 아이의 반응에 대해 어떻게 보상하고 확장할 것인지 질문한다. 보상은 아이가 원하는 대로 놀 수 있도록 허용하는 것이어야 한다는 점을 상기시킨다. 새로운 놀이 행동을 모델링하거나 다른 물건을 놀이로 가져와서 확장할 수 있는 방법의 예시를 제안한다.

❖ 잠재적 문제에 대한 해결 지원하기

가정에서 *모방 촉진하기*와 *놀이 확장 촉진하기*를 사용할 때 어떤 점이 어려울지 물어본다. 일반적인 문제와 해결책은 이 회기의 마지막에 있는 문제 해결 팁 목록(533쪽)에 나와 있다.

❖ 부모의 되돌아보기 및 읽기 과제 제시하기

부모에게 가정에서 연습하는 동안 잘된 점과 어려웠던 점을 기록하게 한다. 다음 그룹 회기가 시작될 때 이 내용을 검토할 것이라고 알려 준다. 그리고 다음 그룹 회기 전에 부모 매뉴얼의 제6장 **상호작용 형성하기**와 제7장 **앞으로 나아가기**를 읽도록 과제를 제시한다.

새로운 모방 및 놀이 기능 가르치기 문제 해결 팁

만약 부모가……	코치는……
모델링하거나 촉진하기 적합한 놀이 기능을 식별하기 어려워한다면	• 모방하기 쉽거나 재미있는 행동을 제안한다. • 아이가 가지고 놀이하는 장난감과 놀이를 확장하는 데 추가될 수 있는 새로운 장난감 또는 놀이에서 나올 수 있는 감정과 관련된 좋은 행동을 식별할 수 있도록 도와준다. • 부모에게 "이 장난감으로 할 수 있는 세 가지 다른 것은 무엇일까요?"라고 질문한다. • 부모에게 "이 장난감으로 할 수 있는 세 가지 제스처는 무엇일까요?"라고 질문한다. • 부모가 아이디어를 얻기 위해 다른 아이들이 장난감을 가지고 놀이하는 모습을 관찰하는 시간을 가질 것을 제안한다. • 다음 코칭 회기에 아이가 좋아하는 장난감을 가지고 오도록 제안한다.
촉진하기 전에 아이의 관심을 끄는 것이 어렵다면	• 부모가 모델링을 제시하기 전에 놀이 방해하기를 사용하도록 권장한다. • 행동을 모델링할 수 있는 적합한 시간에 신호를 준다. • 애니메이션처럼 표현하기를 사용하여 부모의 행동을 명확히 하도록 상기시킨다.
명확한 촉진하기를 사용하지 않는다면	• 새로운 놀이 기능을 촉진하기 전에 아이의 관심을 끌어야 한다는 것을 상기시킨다. • 사용할 특정 촉진하기를 제안한다. • 부모가 사용할 수 있는 명확한 촉진하기를 모델링해 준다.
너무 빈번하게 모방 또는 놀이 확장을 촉진한다면	• 아이의 자발적인 놀이 기능에 반응하도록 상기시킨다. • 세 번째 시작할 때마다 더 복잡한 놀이 기능을 촉진하도록 제안한다. • 새로운 기능을 촉진하기 전에 기다리는 시간을 명확하게 준다. (예: 1~2분마다 촉진하기)
아이가 더 복잡한 놀이 기능을 모방하거나 사용하도록 돕기 위해 충분한 지원을 제공하지 않는다면	• 아이가 5초 이내에 모방을 하지 않으면 모델링을 반복할 것을 제안한다. • 부모에게 언제 지원을 더 추가해야 할지 신호를 준다. • 사용할 세 가지 특정 놀이 촉진을 제시한다.
보상을 제공하기 전에 더 복잡한 반응을 요구하지 않는다면	• 아이가 거부하더라도 촉진을 주어 지시에 따르도록 해야 한다는 것을 상기시킨다. • 아이가 조금 좌절해도 괜찮다는 것을 알려 준다.

만약 아이가……	코치는……
모방하기 전에 상호작용을 멈춘다면	• 아이가 거부하거나 상호작용을 멈추더라도 부모의 촉진을 따르게 해야 한다는 것을 상기시킨다. • 부모가 더 빠르게 촉진을 제시하게 한다. • 부모가 장난감을 가지고 아이를 따라가서, 행동을 다시 모델링하도록 격려한다. • 부모가 다시 행동을 모델링할 수 있도록 아이를 상호작용으로 돌아오게 한다.
부모가 놀이를 바꾸려고 할 때 좌절한다면	• 코칭 공간에서 좌절감을 유발하는 장난감을 제거한다. • 이것은 일반적이며, 아이들이 새로운 기대치를 배우면 보통 좌절감이 줄어들 것이다. • 부모는 아이가 성공적으로 반응할 수 있는 촉진으로 시작하고 그런 다음 아이의 방식으로 놀이를 할 수 있도록 제안한다. 루틴이 설정되면 부모가 세 번째마다 지원을 줄이도록 신호를 보낸다.
스스로 모방하지 않는다면	• 아이가 장난감을 가지고 노는 모습을 부모가 지켜보고, 아이가 자발적으로 사용하는 행동을 모델링하도록 제안한다. 일단 아이가 이러한 행동을 모방하기 시작하면, 새롭지만 비슷한 행동을 모델링하도록 부모에게 세 번째마다 신호를 준다. • 부모에게 "아이가 이 장난감으로 하길 좋아하는 세 가지(놀이 행동)에는 무엇이 있을까요?"라고 질문한다.
신체적 안내를 거부한다면	• 부모가 신체적 안내를 신속하고 실제적으로 제공하도록 코칭 한다. • 부모가 관찰할 수 있도록 아이에게 제공하는 신체적 안내를 모델링한다. • 부모가 아이 역할을 하며 함께 연습한다.

6단원

상호작용 형성하기 및 앞으로 나아가기

이 단원의 첫 번째 목표는 부모가 ImPACT 프로젝트 피라미드의 S인 **상호작용 형성하기**를 배우도록 돕는 것이다. 이 전략 세트는 부모가 ImPACT 프로젝트 전략을 함께 사용하여 아이의 참여와 재미를 유지하는 동시에 다양한 가정 및 지역사회 활동에서 새로운 기능을 배우도록 하는 데 도움이 된다. 이 단원의 두 번째 목표는 코칭이 끝난 후에도 각 부모가 ImPACT 프로젝트를 통해 아이의 목표를 업데이트하고 성공을 유지하기 위해 계획할 수 있도록 도와주는 것이다.

- 그룹 회기에서는 **새로운 모방 및 놀이 기능 가르치기**를 위한 실천계획표를 검토할 것이다. 그런 다음 파워포인트 슬라이드를 사용하여 **상호작용 형성하기**를 소개하고 토론한다. 그 후에는 *성공을 유지하기 위해 계획하기*에 대해 토론하고 부모들이 지금까지 이뤄낸 변화와 성과를 함께 돌아보며, 칭찬하고 앞으로도 프로그램에서 배운 전략들을 어떻게 계속 실천할 수 있을지 함께 계획한다. 성과를 그룹에서 인정하고 축하할 수 있도록 지원한다. 그리고 향후 프로그램 성공을 위한 계획을 세울 수 있도록 돕는다. 회기가 끝나면 각각의 부모가 개별 코칭 회기 전에 실행할 실천계획표를 작성하도록 돕는다. 또 한 번 각 비디오 클립의 핵심 요소에 대한 지침이 슬라이드의 참조에 포함되어 있다.
- 코칭 회기에서는 그룹 회기에서 작성된 부모의 실천계획표를 검토할 것이다. 그런 다

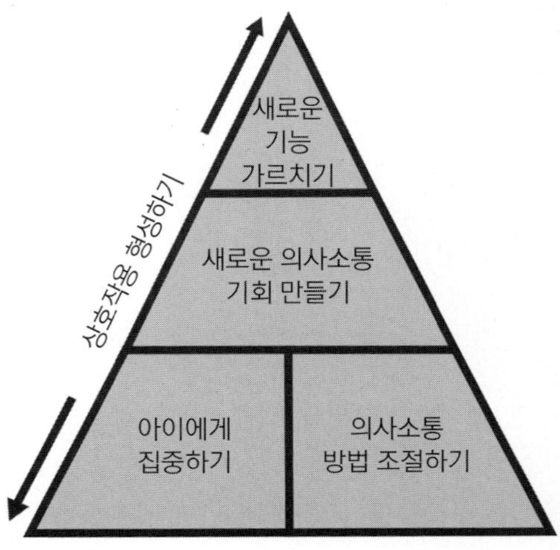

음 코칭 회기의 대부분에서 *상호작용 형성하기*를 간단히 검토하고, 부모에게 시연하고, 연습하도록 할 것이다. 그러나 코칭 회기의 횟수가 제한되어 있고 부모가 그룹 회기에서 배운 기법이 많기 때문에 모든 기법에 대해 코칭을 제공하지 않았을 가능성이 높다. 그러므로 부모-아이의 관계 및 아이의 기능에 가장 긍정적인 영향을 미칠 수 있는 기법을 부모가 더 잘 사용할 수 있도록 개선하는 것에 중점을 둔다. 시간이 있고, 새로운 목표가 필요하다면 부모가 아이의 진행 상황을 검토하고 목표를 업데이트할 수 있도록 도와준다. 시간이 없는 경우에는 부모 보고서와 아이의 기능에 대해 수집한 데이터를 기반으로 회기가 끝난 후에 목표를 업데이트한다. 마지막으로 부모가 *아이의 목표 업데이트하기*를 위한 실천계획표를 작성하도록 도와주면서 회기를 마무리한다. 프로그램이 끝나면 부모와 6개월 동안 매월 또는 필요에 따라 후속 회기 일정을 잡아야 한다. 후속 회기에 대한 절차는 이 단원의 마지막에 제공된다.

11회기
상호작용 형성하기 및 성공을 유지하기 위해 계획하기(그룹)

회기 목표

다음을 위해 부모를 돕는다.

- 아이가 새로운 기능을 배우는 동안 참여와 재미를 유지하기 위해 ImPACT 프로젝트 전략을 함께 사용하기
- 성과를 인정하고 축하하기
- ImPACT 프로젝트를 통해 성공을 유지하기 위해 계획하기

준비물

- 슬라이드/비디오 클립
- 지역사회 활동 스케줄(양식 23)
- 실천계획표-**상호작용 형성하기**(양식 35)
- 사회적 의사소통 체크리스트(부모 버전)(양식 8)
- 화이트보드 또는 큰 종이 한 장
- 그룹 지침
- 그룹 충실도 체크리스트(양식 7)

회기 진행목록

- 체크인 및 회기 진행목록 정하기(슬라이드 1~2)
- 실천계획표 검토하기(슬라이드 3)
- **상호작용 형성하기** 소개하기(슬라이드 4~9)
- *지역사회에서 ImPACT 프로젝트 사용하기* 소개하기(슬라이드 10~13)
- 연습 및 코칭 계획하기(슬라이드 14)
- 휴식 시간 갖기
- *성공을 유지하기 위해 계획하기* 소개하기(슬라이드 15~19)
- 코칭 계획하기(슬라이드 20)

핵심 요소: *상호작용 형성하기*

- 아이의 참여와 학습을 유지하기 위해 F.A.C.T.S. 피라미드의 위, 아래로 이동하기
- 아이의 동기, 기분, 활동에 따라 전략을 선택하기

핵심 요소: *성공을 유지하기 위해 계획하기*

- 가족의 성과를 인식하기
- ImPACT 프로젝트 전략을 사용하며 겪는 문제를 해결하기
- 다른 사람에게 가르치기
- 가족의 요구 사항을 확인하기

체크인 및 회기 진행목록 정하기

슬라이드 1

부모님이 들어오면 따뜻하게 맞이하고, 시작하기 전 서로 인사를 나눌 수 있는 시간을 몇 분 정도 준다. 그런 다음 그날의 그룹 회기 주제를 간략하게 소개한다.

샘플 스크립트

마지막 그룹 회기에 모두 함께 오신 것을 환영합니다! 지난 시간 그룹 회기에서는 **새로운 모방 및 놀이 기능 가르치기**, 즉 F.A.C.T.S. 피라미드의 꼭대기에 있는 **새로운 기능 가르치기** 전략의 두 번째 부분에 초점을 맞췄습니다. 이번 주에는 모든 것을 종합하고 **상호작용 형성하기**를 위한 방법에 대해 이야기하면서 마무리하겠습니다. 이것이 바로 ImPACT 프로젝트의 **S**입니다. 아이와 함께 즐거운 시간을 보내는 것과 아이에게 새로운 기능을 가르치는 것 사이의 균형을 찾는 것이 중요합니다. 이러한 균형을 찾는 방법에 대해 이야기한 후, 프로그램을 진행하면서 가장 성공적이었다고 느낀 점과 가정과 지역사회의 다양한 활동에서 ImPACT 프로젝트를 계속 사용할 수 있는 방법에 대해 논의해 봅시다.

슬라이드 2

회기 진행목록을 간략하게 검토하고 회기의 목표와 구성에 대한 정보를 제공한다. 시간 관계상 이 목록을 조정해야 하는 경우 부모에게 이를 설명한다.

샘플 스크립트

▶ 지난주 실천계획표를 검토하는 것으로 시작하겠습니다.

▶ 그런 다음 **상호작용 형성하기**를 위한 방법에 대해 이야기 나누겠습니다. 첫 번째 부분에서는 일상생활 중에 아이가 재미있게 놀면서 참여를 유지하고, 새로운 기능을 배우는 방법을 배웁니다. 두 번째 부분에서는 다양한 지역사회 활동에서 ImPACT 프로젝트를 활용할 수 있는 방법을 찾아봅시다.

▶ 이후 다음 한 주 동안 어떻게 연습할지 계획할 것입니다.

▶ 마지막으로 그룹 회기에서는 여러분의 성과에 대해 이야기하고, 그룹이 종료된 후에도 ImPACT 프로젝트를 통해 계속해서 성공할 수 있는 방법을 계획하는 것으로 마무리하겠습니다.

실천계획표 검토하기

슬라이드3

화이트보드에 "잘된 점" "어려웠던 점" "가능한 해결책"이라고 표시된 세 개의 열을 그린다. 부모에게 어떤 기법을 연습했고 아이가 어떻게 반응했는지 보고하도록 요청한다. 부모가 보고할 때 화이트보드의 해당하는 곳에 정보를 간략하게 적는다. 부모가 각자의 경험에서 공통점을 찾아낼 수 있도록 돕는다. 부모의 보고가 끝난 후, 부모가 경험한 공통적인 어려움을 하나 이상 파악한다. 그룹에서 잠재적인 해결책을 찾을 수 있도록 질문하고 제안한다. "가능한 해결책" 줄에서 특정 문제 옆에 있는 "무엇이 어려웠나요?"에 각 문제에 대한 최선의 잠재적 해결책을 적는다. 이 주제와 관련된 일반적인 문제와 가능한 해결책은 10회기 마지막에 있는 문제 해결 팁 목록(533쪽)에 설명되어 있다.

샘플 스크립트

지난 한 주 동안 연습이 어떻게 진행되었는지 이야기하는 것으로 시작하겠습니다. 지난주에 개별 코칭 회기에서 코치와 함께 **새로운 모방 및 놀이 기능 가르치기** 연습을 했을 것입니다.

▶ 모두 돌아가면서 각자가 연습한 내용과 아이와 함께 연습했을 때 어떤 것이 잘 맞았는지 그리고 어려웠던 점 한 가지 정도씩 이야기해 봅시다. 그런 다음 여러분이 경험한 몇 가지

일반적인 문제를 해결하는 방법에 대해 브레인스토밍할 것입니다.

▶ (*모든 부모가 연습에 대해 보고한 후*) 이제 이러한 문제에 대한 몇 가지 가능한 해결책에 대해 생각해 봅시다.

상호작용 형성하기 소개하기

슬라이드 4

F.A.C.T.S. 피라미드를 사용하여 **상호작용 형성하기**를 소개한다. 아이가 그 순간에 어떻게 반응하는지에 따라 부모가 전략 사용의 균형을 맞추는 것이 목표임을 강조한다.

샘플 스크립트

상호작용 형성하기에 대해 이야기해 봅시다. 우리는 이 전략 세트에 대해 굳이 이름을 붙이지 않고 이미 이야기를 시작했습니다. **상호작용 형성하기**는 가정과 지역사회에서 아이와의 일상적인 상호작용 중에 언제 어떤 기법을 사용할지를 결정하는 것입니다.

▶ 여러분은 아이가 새로운 기능을 충분히 배우도록 도전하는 동안 잘 참여하고 재미를 느끼면서 아이와 함께 상호작용을 형성하기를 원합니다. 여러분은 아이가 어떻게 반응하는지에 따라 그 순간에 ImPACT 프로젝트 전략들을 조절하여 사용할 수 있습니다. 이는 섬세한 균형 감각이 필요한 과제이며, 잘 이루어졌을 때는 마치 아이와 함께 추는 춤처럼 자연스럽고 조화롭게 보입니다.

▶ F.A.C.T.S. 피라미드를 기억하세요. 이러한 전략은 아이가 부모와 함께 활동에 참여하는 데 도움이 되므로 항상 **아이에게 집중하기**, **의사소통 방법 조절하기**부터 시작하세요. 아이와 상호작용하는 대부분의 시간에 이러한 기법을 사용하세요.

▶ 아이가 피라미드 아래에 위치한 전략에 반응하지 않거나 새로운 기능을 가르치고 싶을 때, 피라미드 위로 올라가 **새로운 의사소통 기회 만들기**를 사용하여 아이가 상호작용을 시작하거나 관심을 가지도록 도울 수 있습니다. 아이가 반응하면 이 행동에 의미 있는 것으로 즉시 응답해 주거나 새로운 기능을 사용하도록 촉진할 수 있습니다.

▶ 아이의 동기가 매우 강하다면 **새로운 기능 가르치기**를 위해 피라미드 위로 올라가기 좋은 때입니다. 하지만 1/3 정도만 중재해야 하고, 정상에서 너무 많은 시간을 보내려고 한다면 아이가 좌절할 수도 있습니다. 만약 아이가 피라미드를 올라가면서 흥미를 잃거나 좌절

감을 느끼는 경우, 다시 아래로 내려가 아이를 참여시키세요. F.A.C.T.S. 피라미드의 위, 아래로 이동하는 방법을 배우는 것은 **상호작용 형성하기**의 첫 번째 부분입니다. 두 번째 부분은 지역사회에서 *ImPACT 프로젝트 사용하기*이며 이 회기의 후반부에 이야기 나눌 것입니다.

❖ 이론 설명하기

슬라이드5

*상호작용 형성하기*를 사용하여 아이가 참여를 유지하고 하루 종일 새로운 사회적 의사소통 기능을 배울 수 있는 근거를 소개한다. 이때 그룹 구성원의 아이들에 대한 지식을 바탕으로 목표로 삼을 만한 특정한 목표의 예시를 제시할 수 있다. 이 기법에 대한 자세한 내용은 부모 매뉴얼을 참조한다.

샘플 스크립트

일단 ImPACT 프로젝트 전략을 사용하는 것이 익숙해지면 아이의 하루 일과 시간 내내 사용할 수 있습니다. 학습의 기회를 만드는 데는 잠깐의 시간이면 됩니다. 일과 중에 아이가 사회적 의사소통 기능을 형성하는 데 도움이 될 기회는 아주 많을 것입니다.

▶ 우리는 하루 일과 시간 내내 아이를 가르치면서 아이가 새로운 상황에서 자신의 기능을 사용할 수 있도록 도울 것입니다. 이것을 *일반화*라고 합니다.

▶ 이 전략을 사용하려면 익숙한 활동에 몇 분을 더 추가해야 합니다.

❖ 핵심 요소에 대해 이야기 나누기

슬라이드6

*상호작용 형성하기*의 핵심 요소에 대해 이야기 나눈다. 그러면서 그룹 구성원의 아이들에 대한 지식을 바탕으로 부모가 이 기법을 어떻게 사용할 수 있을지에 대해 구체적인 예시를 몇 가지 제시한다.

샘플 스크립트

일반적으로 아이의 사회적 의사소통 기능을 향상시키기 위해 여러 중재 전략을 함께 사용하고 싶겠지만 여러 전략 중 일부만 사용하는 것이 더 나은 경우도 있습니다. 이는 아이의 동기와 기분 그리고 부모가 하고 있는 활동에 따라 달라집니다.

▶ 아이가 좋아하는 간식을 먹거나 좋아하는 장난감을 가지고 노는 것처럼 어떤 물건이나 활동에 대한 동기가 매우 높으면, 아이가 열심히 할 가능성이 높기 때문에 새로운 기능을 가르치기에 좋은 때입니다. 아이가 동기를 가졌을 때, 새로운 놀이 또는 의사소통 기능을 사용하도록 촉진하세요. 아이가 옷 입기나 장난감을 치우는 것처럼 물건이나 활동에 동기가 없다면 *아이의 주도 따르기, 아이 모방하기, 애니메이션처럼 표현하기, 모델링하고 의사소통 확장하기* 같은 기법을 사용하여 아이를 참여시키세요.

▶ 안정되고 행복한 아이는 더 많은 기법에 잘 반응할 가능성이 있습니다. 아이의 기분이 좋을 때는 **새로운 의사소통 기회 만들기** 또는 **새로운 기능 가르치기** 전략 중 하나 또는 그 이상을 사용할 수 있습니다. 아이가 심하게 좌절감을 느끼거나, 피곤해하거나, 화가 난 경우, 부모가 원하는 것을 못하게 막거나, 놀이를 방해하거나, 더 복잡한 기능을 사용하도록 촉구하면 참여를 거부하거나 짜증 부림(tantrum)이 나올 수 있습니다. 이럴 때는 *아이의 주도 따르기, 아이 모방하기, 모델링과 의사소통 확장하기*를 사용하여 아이의 좌절감을 줄이고 참여를 도와주세요. 아이가 안정되면 언제든지 **새로운 기능 가르치기**로 돌아갈 수 있습니다.

▶ 아이가 좋아하는 물건을 갖거나 활동에 참여하는 것을 통제할 수 있는 경우, **새로운 의사소통 기회 만들기** 또는 **새로운 기능 가르치기** 전략을 사용할 수 있습니다. 아이가 물건을 갖거나 지시 따르는 것을 통제할 수 없는 경우(예: 운전 중일 때) 또는 접근을 통제하는 것이 아이의 짜증 부림을 유발하지만 원치 않는 행동이라면, *아이의 주도 따르기, 아이 모방하기, 애니메이션처럼 표현하기, 모델링 및 의사소통 확장하기*를 사용해 보세요.

▶ 시간적 여유가 있다면 새로운 기능을 가르치기 위해 촉진을 사용할 수 있습니다. 그러나 부모가 촉진하기를 시작했는데 끝까지 하지 않게 되면 아이는 반응할 필요가 없다는 것을 배울 수 있습니다. 따라서 버스를 타기 위해 집을 나서야 할 때처럼 급하게 서두르는 경우에는 **아이에게 집중하기, 의사소통 방법 조절하기** 또는 **새로운 의사소통 기회 만들기** 전략을 사용하는 것이 더 낫습니다. 아이가 좋아하는 일상과 활동은 일반적으로 **새로운 기능을 가르치기**에 가장 좋습니다. 많은 아이가 놀이 시간, 간식 시간(아이가 먹는 것을 좋아하거나 너무 배고프지 않은 경우), 목욕 시간, 좋아하는 활동으로의 전환(예: 밖으로 나가는 것)에서 가장 효과적이었던 것으로 나타났습니다. 피라미드 하단에 위치한 기법은 보통 동기가 덜한 활동들, 예를 들어 옷 입기, 양치질, 잠자리 준비와 같은 활동에서 더 효과적입니다.

❖ 비디오 클립 보고 토론하기

슬라이드 7

*상호작용 형성하기*의 비디오 사례를 보여 준다. 다양한 활동에서 아이의 참여와 학습을 유지하기 위해 전략을 함께 사용하는 방법을 이해하는 데 도움이 되는 *상호작용 형성하기*의 세 가지 비디오 클립이 있다. 또한 활동과 아이의 동기에 따라 전략의 사용을 조절하는 방법도 보여 준다. 클립 중 하나는 더 길고 여러 가지 다른 활동들이 포함되어 있다(첫 낱말-공원). 이 클립의 경우, 부모가 특정 활동 내에서 사용하는 전략에 대해 논의하는 활동 후에 비디오를 일시 정지할 수 있다. 각각의 영상을 보여 주기 전에 부모에게 상호작용을 형성하는 핵심 요소와 아이가 어떻게 반응하는지 살펴보도록 요청한다. 영상이 끝난 후에는 개방형 질문을 통해 부모가 관찰한 내용에 대해 생각해 볼 수 있도록 도와준다. 부모가 상호작용의 중요한 요소를 파악하지 못한다면 좀 더 구체적인 질문을 한다. 클립에서 강조해야 할 중요한 정보는 다음에 설명되어 있다.

샘플 스크립트

이제 부모가 *상호작용 형성하기*를 사용하여 다양한 활동에서 아이의 참여를 유지하고 학습할 수 있도록 하는 몇 가지 사례를 살펴보겠습니다.

▶ *(각각의 클립을 보여 주기 전)* 부모가 아이의 동기와 반응에 따라 피라미드를 어떻게 위와 아래로 이동하는지 살펴보세요. 또한 활동이 부모가 사용하는 전략에 어떤 영향을 미치는지 생각해 보세요.

▶ *(각각의 클립을 보여 준 후)* 상호작용 중에 무엇을 발견했나요? 부모가 언제 아이에게 집중하고 의사소통 방법을 조절했나요? 부모가 언제 새로운 기능을 가르쳤나요? 활동과 아이의 동기가 부모의 다양한 전략 사용에 어떤 영향을 미쳤나요?

클립 52: *상호작용 형성하기, 첫 낱말-음수대에서 물 마시기*

아빠는 아이가 물을 마시는 동안 전략을 함께 사용한다. 아빠는 아이의 주도에 따라 음수대로 가서 언어를 모델링("물 틀어." "마셔.")하며 의사소통 방법을 조절한다. 그런 다음 그는 *놀이 방해하기*(수도꼭지를 틀고 잠그기)를 사용하여 아이에게 새로운 의사소통 기회를 만든다. 아이가 관심을 가지고 동기가 생기면 아빠는 피라미드 위로 올라가 새로운 기능을 가르친다. 아빠는 *놀이 방해하기* 후 시간 지연을 사용하여 아이가 자발적인 언어를 사용해 요청

("틀어.")을 할 수 있도록 돕는다. 아빠는 즉시 물을 틀어 마시게 함으로써 아이에게 보상한다. 그런 다음 아빠가 다시 피라미드 아래로 이동하여 아이에게 집중하고 아이가 무엇을 하고 있는지("마셔.")를 이야기하며 의사소통 방법을 조절하고 아이의 참여를 유지하는 방법에 주목한다. 그런 다음 다시 *놀이 방해하기*를 사용하여 새로운 의사소통 기회를 만들고 문장 내 빈 부분 채우기("나는 더 …… [물] 원해.")을 사용하여 아이의 언어 능력을 확장한다. 아이가 원하는 물건(물 틀기)을 통제할 수 있을 때 아빠가 어떻게 새로운 기능을 가르치고, 새로운 기능을 사용한 아이에게 즉시 보상을 주는 것에 주목한다.

클립 53: *상호작용 형성하기, 첫 낱말-공원에서*

엄마는 아이와 공원에서 여러 가지 다양한 놀이 활동을 하는 동안 전략을 함께 사용한다. 아이의 동기가 낮고 엄마가 설비(계단 걷기)에 대한 접근을 통제할 수 없는 경우, 엄마가 어떻게 아이에게 집중하고 참여를 격려하기 위해 의사소통 방법을 조절하는지 주목한다. 엄마가 아이가 원하는 것(회전의자 타기, 그네 타기)에 대한 접근을 통제할 수 있는 경우, 엄마는 아이가 시작할 수 있게 **새로운 의사소통 기회 만들기**를 사용할 수 있다. 아이의 동기가 높을 때(놀이기구 사용 시 도움이 필요할 때) 엄마는 아이가 더 많은 의사소통 기능을 사용하도록 촉진하기 위해 피라미드 위로 올라갈 수 있다. 그런 다음 엄마는 참여를 격려하기 위해 다시 피라미드 아래로 내려간다.

클립 54: *상호작용 형성하기, 문장-간식 시간*

엄마는 아이와 간식을 먹는 동안 전략을 함께 사용한다. 피라미드의 하단에 위치한 **아이에게 집중하기**와 **의사소통 방법 조절하기**의 전략을 사용하여 아이가 상호작용에 참여하고 동기가 생기도록 한다. 일단 아이가 참여하면 엄마는 아이가 시작하도록(간식을 들기, 열지 않고 아들에게 건네주기, 건조 과일을 먹는 척하기) 새로운 의사소통 기회를 만든다. 아이가 시작하면 엄마는 피라미드 위로 올라가 새로운 기능을 가르친다. 예를 들어, 아이가 "열어 주세요."라는 낱말을 말하면 엄마는 시간을 지연시키고 질문하기를 사용해 아이가 완전한 문장("엄마, 건조 과일을 열어 주세요.")을 사용할 수 있도록 도와준다. 엄마가 아이의 모든 의사소통에 의미 있게 반응하지만 보상을 제공하기 전, 아이의 언어의 복잡성이 높아질 때까지 기다리는 것에 주목한다.

❖ 매일 하는 활동에서 ImPACT 프로젝트 사용하기 논의하기

슬라이드8

슬라이드의 도표를 사용해 부모에게 여러 가정 활동에서 ImPACT 프로젝트를 사용하는 방법에 대한 예시를 설명한다. 이때 부모에게 궁금한 점이 있는지 물어보는 것도 좋은 방법이다.

샘플 스크립트

일단 ImPACT 프로젝트 전략을 사용하는 것에 익숙해지면, 이러한 전략을 아이의 하루 일과 내내 사용하여 아이의 목표를 달성할 수 있다. 이 슬라이드는 다양한 전략과 기법을 사용하여 아이가 하루 동안 한 낱말을 사용하는 능력을 높이는 데 도움을 주는 엄마의 예를 보여 준다. 엄마가 사용하는 전략은 Jerome이 활동을 얼마나 즐기는지, 그리고 엄마가 아이가 원하는 것에 대한 접근을 얼마나 쉽게 통제할 수 있는지, 그리고 엄마가 촉진하면 아이가 얼마나 쉽게 따라갈 수 있는지에 따라 달라진다. Jerome이 아침에 옷을 입을 때(Jerome이 별로 좋아하지 않는 활동) Jerome의 엄마는 옷을 입힐 때마다 한 낱말을 사용하여 각 옷에 이름을 알려 주는 방식으로 의사소통 방법을 조절한다. Jerome이 많이 좋아하는 활동인 간식 시간에는 한 단어로 도움을 요청하거나 좋아하는 간식 품목을 말하도록 촉진할 수 있다. Jerome은 엄마가 식기세척기에서 그릇을 꺼내는 모습을 보는 것을 좋아하지만 보통 빨리 해야 하는 활동이기 때문에 엄마는 Jerome이 지켜보는 동안 그릇을 꺼낼 때마다 각 식기의 명칭을 말하고 치운다. Jerome은 밖에 나가는 것과 물 트는 것을 좋아하기 때문에 목욕 시간에 Jerome에게 밖에 나가는 것과 물을 틀어 달라고 한 낱말로 요구하도록 촉진한다. 취침 시간에 엄마는 Jerome에게 자장가를 불러 준다. Jerome이 좋아하는 노래의 마지막 부분을 들려주지 않고 아이가 마지막 부분을 채워 부르도록 격려한다.

슬라이드9

슬라이드의 '생각해 보세요!' 질문을 사용해 부모가 다양한 ImPACT 프로젝트 전략을 사용하는 데 가장 좋은 활동에 대해 이야기 나눈다. 부모에게 1~2분 정도 생각할 시간을 준다. 그런 다음 부모가 2인 1조 또는 전체 그룹에서 각자의 대답에 대해 토론하도록 한다. 어떤 활동이 자녀에게 가장 효과적일지 각자가 생각해 볼 수 있도록 도와준다.

샘플 스크립트

이제 잠시 시간을 내어 ImPACT 프로젝트 전략을 사용하는데 가장 적합한 가정에서의 활동을 생각해 보겠습니다.

▶ **새로운 기능 가르치기**에 가장 적합한 일상생활 활동에는 어떤 것이 있을지 잠시 생각해 봅시다.

▶ 이제 **아이에게 집중하기**와 **의사소통 방법 조절하기**에 가장 적합한 활동에는 무엇이 있을지 생각해 봅시다.

▶ (1～2분 후) 이제 이야기해 보겠습니다.

지역사회에서 ImPACT 프로젝트 사용하기 소개하기

❖ 이론 설명하기

슬라이드 10

*지역사회에서 ImPACT 프로젝트 사용하기*에 대한 이론적 근거를 소개한다. 이때 그룹 구성원의 아이들에 대한 지식을 바탕으로 지역사회에서 목표로 삼을 수 있는 특정한 목표의 예시를 제시할 수 있다. 이 기법에 대한 자세한 내용은 부모 매뉴얼을 참조한다.

샘플 스크립트

여러분은 또한 아이가 지역사회에 계속 참여하고, 학습할 수 있도록 지역사회 안에서 많은 ImPACT 프로젝트 전략을 사용할 수 있습니다.

▶ 지역사회에서의 연습은 아이가 새로운 환경에서 더 많은 사람들과 함께 기능을 사용하도록 하는 데 도움이 되므로 중요합니다.

▶ 이러한 전략은 지역사회로 외출할 때 아이의 참여를 유지하고 아이의 지루함과 좌절감을 줄이는 데 도움이 될 것입니다.

❖ 핵심 요소에 대해 이야기 나누기

슬라이드 11

*지역사회에서 ImPACT 프로젝트 사용하기*의 핵심 요소에 대해 이야기 나눈다. 그러면서 그룹 구성원의 아이들에 대한 지식을 바탕으로 부모가 이 기법을 어떻게 사용할 수 있을지 구체적인 예를 몇 가지 제시한다.

샘플 스크립트

*지역사회에서 ImPACT 프로젝트 사용하기*를 성공시키는 데 도움이 될 수 있는 몇 가지 사항이 있습니다.

▶ 지역사회로 외출할 때 아이에게 익숙한 장난감이나 물건을 보여 주는 것은 아이가 부모와 상호작용하고 부모의 지시를 따르는 데 도움이 될 수 있습니다. 외출할 때 친숙하고 좋아하는 장난감을 가져가면 아이가 다른 환경에서 새로운 기능을 사용하는 데 도움이 됩니다. 지역사회에서 지시를 따르는 것에 대한 보상으로 좋아하는 장난감이나 기타 물건을 사용할 수도 있습니다.

▶ 지역사회로 외출한 경우, ImPACT 프로젝트 전략을 사용하여 작지만 의미 있는 학습의 기회를 만들 수도 있습니다. 소소한 학습 기회가 시간이 지남에 따라 쌓이게 되고, 이는 아이의 사회적 의사소통 기능 발달에 도움이 됩니다. 다양한 장소에서 아이를 위한 소소한 학습 기회를 만들어 보세요. 이렇게 하면 아이가 더 많은 사람들과 더 많은 환경에서 더 자주 자신의 기능을 사용하는 데 도움이 될 것입니다. 이러한 전략을 사용할 때, 시간을 많이 소요하거나 오래 걸릴 필요는 없습니다. 예를 들어, 차에 탈 때 부모가 차 문을 열기 전에 아이가 "열어 줘."라고 말하도록 촉진할 수 있습니다. 그런 다음 외출을 계속하세요. 아이의 동기, 기분, 현재의 상황에 따라 적절한 기법을 선택하세요. **아이에게 집중하기, 의사소통 방법 조절하기** 전략은 아이와의 거의 모든 상호작용에 적합하다는 점을 기억하세요. **새로운 의사소통 기회 만들기** 및 **새로운 기능 가르치기** 전략은 지역사회에서 사용하기에는 좀 더 어려울 수 있습니다.

▶ 부모 매뉴얼 제6장의 지역사회 활동 일정표는 아이와 함께 자주 하는 지역사회 활동에 대해 생각해 보는 데 도움이 될 것입니다. 이것은 활동 중 일부에서 중재 전략을 사용해 아이가 더 잘 참여하고 의사소통하도록 도울 수 있는 방법을 생각해 내는 데 도움이 될 수 있습니다.

슬라이드 12

슬라이드의 도표를 사용하여 여러 지역사회 활동에서 ImPACT 프로젝트를 사용하는 방법에 대한 예시를 부모에게 설명한다. 이때 부모에게 궁금한 점이 있는지 물어보는 것이 중요하다.

샘플 스크립트

이 슬라이드는 아빠가 아이에게 가리키는 법을 배우도록 돕기 위해 다양한 지역사회 활동에서 다양한 전략과 기법을 사용하는 예를 보여 준다. 아빠가 사용하는 전략은 Mai가 얼마나 활동을 즐기는지, Mai의 전반적인 기분은 어떤지, Mai가 원하는 물건에 대한 접근을 얼마나 쉽게 통제할 수 있고 지시를 받으면 Mai가 그것을 수행할 수 있는지에 따라 달라진다. Mai는 종종 매장에서 물건을 사고 싶어 하지만 원하는 것을 빨리 얻지 못하면 짜증을 내거나 서둘러 매장을 빠져나가는 경우가 많다. 그래서 아빠는 Mai와 쇼핑을 하는 동안 카트에 물건을 넣을 때마다 물건을 가리키고 각각의 물건의 이름을 말하면서 의사소통을 모델링한다. 그러나 어린이 도서관에서 Mai가 조금 화를 내도 아빠가 부담을 덜 느끼는 이유는 자주 가는 곳이라 익숙하고 또 Mai가 책을 정말 좋아하기 때문이다. 그래서 아빠는 Mai에게 읽고 싶은 책을 가리켜 보라고 촉진한다. Mai의 아빠는 산책 중에 물건에 대한 접근을 통제하기 어렵기 때문에 동네를 산책할 때 Mai가 보고 있는 것들을 가리키고 이름을 말한다. Mai가 공원에서 그네 타기를 좋아하지만 그네를 타려면 도움이 필요하다. 그래서 아빠는 아이를 태워 주기 전에 Mai가 그네를 가리키도록 촉진한다. Mai는 수영장을 좋아하지만 물에 들어가는 데 도움이 필요하기 때문에 아빠는 물에 들어가기 전에 물을 가리키도록 촉진한다. Mai는 학교에서 돌아와 집에 도착하면 차에서 내리는 것에 매우 의욕적이다. 아이가 카시트 안전띠를 푸는 데는 도움이 필요하기 때문에 아빠는 안전띠를 풀기 전에 아이에게 안전띠를 가리키도록 촉진한다.

슬라이드 13

슬라이드의 '생각해 보세요!' 질문을 사용하여 부모가 *지역사회에서 ImPACT 프로젝트 사용하기*에 가장 좋은 활동에 대해 이야기 나누도록 한다. 부모에게 1~2분 정도 생각할 시간을 준다. 그런 다음 부모가 2인 1조 또는 전체 그룹에서 각자의 답변에 대해 토론하도록 한다. 아이에게 가장 적합한 활동은 무엇일지 그리고 그룹 구성원들이 논의한 활동에서 어떻게 전략을 사용할지 생각해 보도록 도와준다.

샘플 스크립트

이제 *지역사회에서 ImPACT 프로젝트 사용하기*를 사용하는 데 가장 적합한 지역사회 활동이 무엇인지 몇 분 정도 시간을 내어 생각해 보겠습니다.

▶ 지역사회에서 아이와 함께하는 활동 중 ImPACT 프로젝트를 사용하면 좋을 만한 활동이 무엇일지 잠시 생각해 봅시다.

▶ 그런 다음 이러한 활동 중에 아이의 목표를 달성하기 위해 어떻게 전략을 사용할 수 있을지 생각해 봅시다. 어떤 전략들은 다른 전략들보다 특정 활동들에서 좀 더 효과적일 수 있으므로 아이의 일반적인 동기와 그리고 기분이 어떤지, 평소에 아이가 원하는 것들에 대한 접근을 통제할 수 있는지, 다양한 지역사회 활동에서 촉진할 경우 지시에 따를 시간이 있는지 등을 생각해 봐야 합니다.

▶ (1~2분 후) 이제 이야기해 보겠습니다.

연습 및 코칭 계획하기

슬라이드 14

부모에게 한 주 동안 어떻게 연습할 것인지에 대한 계획을 세우도록 한다. 부모가 그룹 회기 중에 실천계획표를 완성할 시간을 갖는 것은 매우 중요하다. 부모에게 몇 분 동안 실천계획표에, (1) 목표로 삼고 싶은 한 가지 목표, (2) 실행할 가정 또는 지역사회에서의 활동 여섯 가지를 작성할 시간을 준다. 각 활동에 대해 부모는 하나 이상의 ImPACT 프로젝트 기법을 사용하여 목표를 달성하는 방법을 작성해야 한다. 부모 중 한 명에게 그룹 앞에서 함께 실천계획표를 작성해 달라고 요청할 수 있다. 시간이 있다면 부모들이 2인 1조 또는 전체 그룹에서 실천계획표에 대해 서로 이야기 나누도록 한다. 부모가 실천계획표를 완성한 후에는 가정이나 지역사회에서 계획을 실행할 때 어떤 점이 어려울지 생각해 보도록 요청하고, 가능한 해결책에 대해 이야기 나누도록 한다. 일반적인 문제와 잠재적인 해결책은 12회기 마지막에 있는 문제 해결 팁 목록(562쪽)에 설명되어 있다. 이 토론이 끝나면 일반적으로 잠시 휴식 시간을 갖는 것이 좋다.

샘플 스크립트

여러분 각자가 이번 주에 달성하고 싶은 목표 한 가지를 생각해 봅시다. 그리고 앞서 논의한 가정 및 지역사회 활동 몇 가지에 대해 생각해 보세요. 이번 한 주 동안 목표로 달성할 수 있는 여섯 가지 다양한 활동을 선택하고 실천계획표에 작성하세요. 각 활동에 대해 하나 또는 그 이상의 ImPACT 프로젝트 기법을 사용하여 선택한 목표를 해결하는 방법을 작성합니다. 어떤 기법을 사용하는 것이 가장 좋을지 결정할 때 일상의 일들이 어떻게 구성되었는지 그리고 아이가 일반적으로 참여하는 방식은 어떠한지에 대해 생각해야 한다는 것을 상기하세요. 또한 계획을 실행할 때 무엇이 어려울지 생각해 보세요. 더 쉽게 해결할 수 있는 가능한 해결책에는 어떤 것이 있을까요? 선택한 일상의 일과 또는 활동 중에 짧은 학습 기회를 많이 만들어 하루에 15~20분 동안 놀이 중에 ImPACT 프로젝트를 사용하는 연습을 계속하세요.

휴식 시간 갖기

성공을 유지하기 위해 계획하기 소개하기

슬라이드 15

이번 회기 마지막 부분의 목표는 *성공을 유지하기 위해 계획하기*, 즉 모든 사람들이 추가적인 질문을 하고, 문제를 해결하며, 그룹을 끝낼 수 있는 기회를 갖도록 하는 것이다(*성공을 유지하기 위해 계획하기*는 ImPACT 프로젝트에서 **앞으로 나아가기**의 두 부분 중 하나이며, 다른 부분인 *아이의 목표 업데이트*는 12회기에서 각 부모들과 개별적으로 다룰 예정이다). 프로그램이 끝난 후에도 부모들에게 그룹의 다른 부모들과 관계를 유지하도록 격려한다. 회기가 일찍 종료되는 경우, 부모가 이 시간을 이용하여 서로 도움을 주고받을 수 있게 한다. 여기에는 부모들에게 도움이 되는 지역사회의 다른 서비스에 대한 정보를 공유하도록 권장하거나 부모가 사회적 의사소통에 어려움을 겪는 아이를 양육할 때 직면하는 몇 가지 어려움 중 일부에 대해 논의하도록 하는 것이 포함될 수 있다. 만약, 회기가 후자의 주제로 끝나는 경우, 부모들이 긍정적으로 느낄 수 있게 하는 것으로 그룹을 마무리하는 방법을 마련해야 한다.

샘플 스크립트

오늘 회기의 마지막 부분에서는 이 그룹 과정에서 배운 점과 미래에 필요한 지원이 무엇일지에 대해 논의하는 시간을 가질 예정입니다. 이를 통해 앞으로 ImPACT 프로젝트에서 부모의 성공을 유지하는 방법에 대해 생각해 볼 수 있습니다.

❖ 핵심 요소에 대해 이야기 나누기

슬라이드 16

부모가 아이와 함께하는 일의 긍정적인 영향을 인식하고 가정에서 ImPACT 프로젝트 전략을 사용하려는 그들의 동기를 유지할 수 있도록 돕기 위해 가족의 성과에 대해 이야기 나누도록 한다. 부모와 아이 관계의 긍정적인 변화와 아이의 기능 향상 및 이러한 개선에 부모가 어떤 역할을 했는지 확인할 수 있도록 도와준다. 이러한 성과를 화이트보드에 작성해 부모가 자신과 다른 부모의 노력들을 높이 평가할 수 있도록 돕는다. 성과 목록을 복사하여 마지막 코칭 회기에 부모에게 배포하는 것을 고려해 볼 수 있다.

샘플 스크립트

각 가족의 성과를 인정하고 축하하는 것부터 시작하겠습니다.

▶ 먼저, 여러분 각자가 이 프로그램을 통해 아이가 얻은 긍정적인 결과에 대해 생각해 보도록 하겠습니다. 마지막 코칭 회기에서는 코치와 함께 아이의 진전 상황을 검토하고, 새로운 목표를 설정하는 기회를 가질 것입니다.

▶ 아직 시작을 하지 않았다면 가족이 앞으로 나아가면서 아이의 성공을 어떻게 기록할지 생각해 봅시다. 예를 들어, 사소한 것이라도 매일 매일 아이가 잘한 것을 기록해 보세요. 좌절감이나 중압감을 느낄 때 이러한 작은 성취들을 꺼내 보면 아이가 매일 발전하고 있다는 사실을 상기할 수 있습니다.

▶ 여러분 각자가 아이의 성장에 긍정적인 역할을 했다는 것을 인식하는 것이 중요합니다. 매일매일 아이를 위해 하는 모든 일을 되돌아보고, 아이가 사회적 의사소통 기능을 배우도록 도운 것에 대해 스스로를 인정하세요!

▶ 아이와 부모 자신이 프로그램에서 성취한 것에 대해 잠시 생각해 보고, 그룹에서 논의할 수 있는 시간을 드리겠습니다. 모두가 서로의 성과를 보고 높이 평가할 수 있도록 여기 화이트보드에 그것들을 작성할 것입니다.

▶ (1~2분 후) 이제 이야기해 보겠습니다.

슬라이드 17

아이에게 가장 적합한 전략이 무엇인지 그리고 여전히 사용하기 어려운 전략은 무엇인지 논의할 기회를 준다. 마지막 코칭 회기에서는 코치와 함께 개별적으로 문제를 해결할 수 있음을 알려 준다. 프로그램이 종료된 후에도 전략을 계속 사용하는 방법에 대해 생각할 수 있도록 도와준다.

샘플 스크립트

ImPACT 프로젝트 F.A.C.T.S.에는 많은 전략이 있습니다. 항상 이 모든 전략을 사용할 필요는 없습니다. 목표는 이러한 전략을 주머니 속의 도구로 취급하고, 이미 아이와 함께 하고 있는 일상생활과 활동에서 사용하는 것입니다.

▶ 아이에게 가장 적합한 전략이 무엇인지 생각해 봅시다.

▶ 마지막 코칭 회기에서는 여전히 사용하기 어려운 기법들을 연습하고 문제를 해결할 수 있는 기회를 가질 것입니다. 따라서 무엇이 효과가 있었고, 여전히 어려운 것은 무엇인지 생각해 보는 것이 도움이 됩니다. 이렇게 하면 마지막 코칭 회기에서 코치에게 도움이 필요한 사항을 알릴 수 있습니다.

▶ 후속 회기는 부모의 성공을 유지하고 아이의 발달에 따라 전략 사용 방법을 조절하는 것을 배우는 데 도움이 됩니다. 따라서 필요에 따라 후속 회기를 예약하십시오. 전략이 자연스럽게 몸에 배어 사용 방법을 생각할 필요조차 없게 되기를 바랍니다. 그러나 가끔 더 이상 정기적으로 만나지 않을 때 전략을 사용하는 것에 대한 기억이 떠오르지 않을 수 있습니다. 후속 회기는 ImPACT 프로젝트 기법을 사용하는 데 어려움을 겪고 있다는 사실을 알게 되면 이를 어떻게 해야 할지 계획을 세우는 데 도움이 됩니다.

▶ 잠시 시간을 내어 앞으로 나아가는 과정에서 ImPACT 프로젝트를 사용하는 것을 어렵게 만드는 것은 무엇일지 그리고 어떻게 하면 더 쉽게 사용할 수 있을지 이 두 가지 질문에 대해 생각해 봅시다.

▶ (몇 분 후) 이 질문에 대해 논의해 보겠습니다.

슬라이드 18

부모가 배운 내용을 다른 가족 구성원 또는 아이의 치료 팀과 어떻게 공유할 수 있을지 논의할 기회를 준다. 다른 사람들이 참여하는 방법에 대한 문제 해결을 도와준다.

샘플 스크립트

여러분과 아이를 지원하는 사람들로 구성된 팀에 대해 생각해 봅시다.

▶ 아이와 함께 활동하는 다른 서비스 제공자에게 기법을 공유하여 아이를 중재하는 팀 구성원 모두가 같은 정보를 공유할 수 있습니다.

▶ 파트너, 조부모, 이웃, 주간 보호사 등 모두가 훌륭한 협력자가 될 수 있습니다. 부모가 중재 방법에 대해 익혔으니 이제는 그들 또한 아이의 학습을 도울 수 있도록 부모가 몇 가지 전략을 가르칠 수 있습니다.

▶ 아이의 형제자매에게 **아이에게 집중하기**와 **의사소통 방법 조절하기**에 나오는 몇 가지 기법을 가르쳐 다른 자녀가 아이와 함께 놀 수 있도록 도와줄 수도 있습니다.

▶ 잠시 시간을 내어 몇 가지 ImPACT 프로젝트 전략을 사용하도록 가르칠 수 있는 사람들에 대해 생각해 봅시다.

▶ (1~2분 후) 이제 이야기해 봅시다.

슬라이드 19

시간이 있다면 부모가 앞으로 나아가는 데 필요한 서비스 및 지원 유형에 대해 논의하고, 도움이 된다고 생각한 지역사회의 다른 서비스에 대한 정보를 공유하도록 권장한다. 부모는 긍정적인 마음으로 그룹 코칭을 끝내야 한다. 그래서 특히 부모가 특정 서비스에 접근하거나 이용하는 것에 좌절감을 경험한 적이 있는 경우 그 토론이 부정적으로 흘러가지 않도록 주의한다. 또한 권장 사항이 유해하지 않은지 확인한다.

샘플 스크립트

▶ 앞으로 나아가는 데 아이와 가족에게 필요한 서비스 및 지원의 유형에 대해 생각해 보세요. 이러한 것에는 특정 서비스, 지역사회의 자원 또는 가족과 함께 할 수 있는 좋은 활동이 들어갈 수 있습니다. 코치가 제안과 추천을 통해 도움을 줄 수 있습니다. 이 프로그램에서 다루지 않은 아이를 위한 목표에 대해 생각해 보세요. 가족이나 다른 사람들에게 도움이 될

수 있는 다른 서비스에 대해서도 생각해 보세요.

▶ 이전 그룹에서 부모들은 그룹이 끝난 후에도 서로를 계속 지원할 수 있도록 정보를 교환하기로 결정했습니다. 일부 가족들은 지원 그룹으로 또는 사교적인 목적(예: 아이들을 위한 수영장 파티)으로 정기적인 모임을 이어가고 있습니다. 다른 부모들은 교대로 아이를 돌보면서 각 가족이 아이와 떨어져 휴식을 취하거나 또는 그냥 커피를 마시며 함께 모임을 갖기도 합니다. 다른 가족과 연락을 취하고 싶으시다면 이 시트에 이름과 연락처를 적어 주세요. 복사본을 만들어 다음 주 마지막 코칭 회기에서 각자가 한 장씩 받아 가실 수 있도록 하겠습니다.

▶ 많은 경우에 부모들은 도움이 되는 지역사회 서비스가 무엇인지에 대해 알고 있는 훌륭한 정보원입니다. 저도 몇 가지 제안과 추천을 드릴 수 있으니 잠시 시간을 내어 아이와 가족이 앞으로 나아가는 데 필요한 지원과 서비스가 무엇일지 생각해 봅시다.

▶ (1~2분 후) 이제 이야기해 보겠습니다.

코칭 계획하기

슬라이드 20

부모에게 부모 매뉴얼 제6장과 제7장을 읽고 다음 한 주 동안 실행해 보도록 상기시킨다. 개별 코칭 회기에서 무엇을 기대해야 하는지 알려 준다. 마지막 코칭 회기 전에 부모가 가정에서 작성할 수 있도록 사회적 의사소통 체크리스트(부모 버전, 양식 8)의 복사본을 나눠 준다.

샘플 스크립트

다음 주에는 여러분 각자가 마지막 개별 코칭 회기를 갖게 됩니다.

▶ 부모 매뉴얼 제6장과 제7장을 읽어 보지 않았다면 반드시 읽어 보세요. 오늘 그룹에서 배운 내용을 다루고 있습니다.

▶ 다음 한 주 동안 가정에서 실천계획표를 실행해 보고 어떻게 진행되었는지 실천계획표 양식의 '되돌아보기' 칸에 적어 주세요. 코칭 회기 중에 여러분의 실천계획표에 대해 논의할 것입니다. 그때 **상호작용 형성하기**와 *성공을 유지하기 위해 계획하기*에 대해 궁금한 점이 있으면 몇 가지 질문을 가지고 오세요.

▶ 코치는 또한 아이의 진전 상황를 검토하고 아이의 목표를 업데이트하는 데 도움을 줄 것입니다. 사회적 의사소통 체크리스트의 작성을 완료해 코칭 회기 때 가져다주세요. 이 양식을 작성할 때 아이가 부모의 도움 없이도 각 기능을 얼마나 잘 사용하는지 확실히 해야 한다는 것을 기억하세요. 프로그램의 초기 단계에서 설정한 목표에 따른 아이의 진전 상황에 대해 이야기할 준비를 하세요. 또한 코치와 논의할 아이의 새로운 목표에 대해 생각해 봅시다. 사회적 의사소통 체크리스트에서 아이가 "때때로 사용하지만 일관적이지 않음"이라고 할 수 있는 것들이 가르치기 좋은 기능이라는 것을 기억하세요.

12회기
상호작용 형성하기 및 아이의 목표 업데이트하기 복습(코칭)

회기 목표

다음을 위해 부모를 돕는다.

- 아이의 참여와 재미를 유지하는 동시에 다양한 가정 및 지역사회 활동에서 새로운 기능을 배울 수 있도록 ImPACT 프로젝트 전략 함께 사용하기
- 아이의 목표에 따른 진전 상황을 검토하고 필요에 따라 새로운 목표 개발하기

준비물

- 부모 매뉴얼
- 실천계획표-*아이의 목표 업데이트하기* (양식 36)
- 부모 매뉴얼의 아동 목표와 부모가 작성한 매일 하는 활동 스케줄(양식 11)
- 목표 설정 양식(양식 10)
- 사회적 의사소통 체크리스트(부모 버전)(양식 8)
- 사회적 의사소통 체크리스트(코치 버전)(양식 9)
- ImPACT F.A.C.T.S. 검토 기록지-**상호작용 형성하기**(양식 18)
- 기회를 만들기 위해 사용될 수 있는 좋아하는 장난감 또는 간식과 같은 항목들
- 부모 만족도 조사(양식 24)
- 회기 기록지(양식 12)
- 공동 목표 설정 충실도 체크리스트(양식 5)
- 코칭 충실도 체크리스트(양식 6)

회기 진행목록

- 체크인 및 회기 진행목록을 정하고 검토하기
- 실천계획표 검토하기
- *상호작용 형성하기* 복습
- *상호작용 형성하기* 시연하기
- 부모의 연습 및 피드백 제공하기
- 아이의 목표 업데이트하기(선택 사항)
- 부모의 되돌아보기를 돕고 후속 회기 계획 세우기
- 부모가 종결 조치 완료하기
- 사회적 의사소통 체크리스트(코치 버전) 작성하기

체크인 및 회기 진행목록 정하고 검토하기

❖ 가족 체크인

가족에게 그룹 회기 이후 어떻게 지냈는지 물어보고 필요한 경우 잠시 시간을 내어 아이를 활동에 참여시키는 시간을 갖는다.

❖ 회기 목표와 진행목록에 대해 설명하기

이 시간에 부모는 *상호작용 형성하기*를 사용하여 아이가 계속 참여할 뿐만 아니라 새로운 기능을 배우도록 연습할 수 있는 기회를 갖게 된다. 회기가 끝날 때 시간이 남는다면 부모의 사회적 의사소통 체크리스트(SCC)를 사용하여 아이의 진전 상황을 검토하고 필요에 따라 아이의 목표를 업데이트할 것이다. 시간이 없다면 SCC의 정보와 수집한 다른 데이터를 사용하여 종결 보고서를 제공할 수도 있다.

부모에게 "오늘 회기에 대해 궁금한 점이 있거나 추가로 다루고 싶은 주제가 있나요?"라고 질문한다. 만약 부모가 고민을 이야기하면 회기 진행목록을 조정해야 할 수도 있다.

실천계획표 검토하기

그룹 회기에서 작성된 실천계획표를 검토한다. 부모에게 가정이나 지역사회에서 **상호작용 형상하기**를 어떻게 사용했는지 이야기해 달라고 요청한다. 아이의 반응과 잘된 점, 어려웠던 점에 대해 논의해 본다. 부모가 가정에서 연습하는 동안 발생한 문제를 해결할 수 있도록 도와준다. **상호작용 형성하기**를 위한 촉진의 일반적인 문제와 가능한 해결책은 이 회기의 마지막에 있는 문제 해결 팁 목록(562쪽)에 나와 있다.

상호작용 형성하기 복습

ImPACT F.A.C.T. 검토 기록지-**상호작용 형성하기**(양식 18)는 부모와 아이의 상호작용과 아이의 기능에 가장 크게 긍정적인 영향을 미칠 수 있는 특정한 기법들을 강조하고, 부모가 아이의 참여와 학습을 유지하기 위해 이러한 기법들을 균형 있게 사용하는 방법을 논의한다. 또한 가정뿐만 아니라 지역사회 내의 다양한 활동에 걸쳐 이러한 기법들을 사용하는 방법에 대해 부모와 함께 검토한다.

다음으로, 부모에게 "오늘 어떤 기법을 연습하고 싶으세요?"라고 질문한다. 부모가 아이에게 가장 효과적이고, 가장 편하게 사용할 수 있다고 생각하는 ImPACT 프로젝트 기법에 대해 의견을 말하도록 한다. 부모가 어렵다고 생각하거나 더 연습하고 싶은 기법이 있는지 알려 주도록 권유한다. 부모가 집에 가져갈 수 있도록 검토 기록지의 아래에 '기억해야 할 핵심 요소' 란에 기억해야 할 주요 내용을 적을 수 있다.

상호작용 형성하기 시연하기

❖ 시연 준비하기

부모에게 목표로 삼았으면 하는 특정 목표가 있는지 물어본다. 목표를 달성하기 위해 F.A.C.T.S. 피라미드를 위, 아래로 이동하며 기본적인 *상호작용 형성하기* 전략을 어떻게 시연할 것인지 설명한다. 부모에게 사용되는 ImPACT 프로젝트 기법을 지켜보고 아이가 어떻게 반응하는지 주목해 달라고 요청한다. 코치는 다음과 같이 말할 수 있다.

> "Sam이 두세 단어로 된 문장을 사용할 수 있도록 돕기 위해 어떻게 피라미드의 위, 아래로 이동하는지 지켜보세요. 만약 Sam이 저와 함께 시작하지 않거나 새로운 기능을 가르치고 싶다면 저는 피라미드의 위로 올라갈 것입니다. Sam이 활동에 동기가 매우 높을 때는 두세 단어를 사용하도록 촉진할 것입니다. 아이가 자발적으로 언어를 사용할 수 있는 기회를 주고 아이가 계속 참여를 유지하며 즐거울 수 있도록 저는 다시 피라미드 아래로 내려가 아이의 자발적인 기능에 반응할 것입니다. 또한 아이에게 놀이와 언어 기능을 모델링하겠지만 그것들을 사용하도록 요구하지는 않을 것입니다."

❖ 무엇을 하고 있는지 설명하기

아이와 함께 상호작용 형성하기를 시연할 때 사용하는 기법과 아이의 반응을 지적한다.

"Sam이 자동차를 가지고 놀고 있습니다. 저는 아이의 관심을 끌기 위해 더 많은 자동차를 갖고 있습니다. Sam이 "자동차"라고 단어를 말했어요. Sam이 꽤 동기가 높아 보였기 때문에 저는 Sam의 의사소통을 확장하기 위해 "어떤 차를 원하니?"라고 질문하기로 촉진합니다. Sam은 다시 '자동차'라고 단어로 말합니다. (Sam이 자동차를 잡는다) 저는 문장 내 빈 부분 채우기를 사용하여 "나는 ……을 원해요."라고 좀 더 지원을 추가합니다. 다시 Sam은 "자동차"라고 한 낱말로 말합니다. (Sam이 소란을 피우기 시작한다) 이제 저는 그의 반응을 돕기 위해 좀 더 많은 지원을 추가하여 "빨간 자동차 아니면 검은 자동차?"라고 선택형 질문하기를 사용합니다. Sam은 '빨간 자동차'라고 말했고, 저는 Sam에게 빨간 자동차를 주었습니다. 아이가 조금 좌절감을 느끼고 있어 또 촉진하기 전에 다시 되돌아가 잠깐 동안 자동차를 가지고 아이의 주도에 따라갈 것입니다. 그동안 저는 아이가 말하길 원하는 말을 모델링할 수 있습니다. "빨간 자동차를 운전해." 다음번에 저는 자동차를 들고 그가 어떤 말을 하든 받아들일 것입니다. 아이가 안정되면 두세 단어로 된 다른 문장을 위해 노력할 것입니다.

시연이 끝나면 부모에게 "상호작용을 하는 동안 무엇을 알게 됐나요?"라고 질문한다. 부모가 대답하기 어려운 경우에는 다음과 같이 구체적으로 질문한다.

"**새로운 기능 가르치기**를 위해 촉진하기를 얼마나 자주 사용했나요?"
"그의 자발적인 의사소통에 제가 반응하고 보상했던 순간은 언제였나요?"

부모의 연습 및 피드백 제공하기

❖ 부모의 연습을 격려하기

아이의 기능, 동기, 기분에 따른 구체적인 예를 들어 부모에게 F.A.C.T.S. 피라미드를 상기시킨다. 한 번에 너무 많은 기법을 코칭하지 않고, 두세 개의 기법을 선택하여 부모가 연습을 시작하기 전에 부모에게 그것들을 확인한다. 이때 다음과 같이 말할 수 있다.

> 상호작용 중에 새로운 놀이 방법을 생각하는 것은 어렵다. 필요하다면 연습하기 전에 부모가 장난감을 가지고 놀이할 아이디어를 브레인스토밍하게 한다.

"Brianna가 공놀이를 하고 있습니다. 먼저 공을 가지고 그녀의 놀이에 참여하세요. 아이가 반응하지 않으면 *놀이 방해하기*를 사용하여 아이의 관심을 끕니다. 아이가 반응을 보이면 세 번의 기회 중 두 번째에 '공'이라는 단어를 말하고 공을 가리키는 것을 보여 주며 공을 주는 것으로 아이에게 응답합니다. 세 번째 기회마다 공을 주기 전에 '공'이라는 단어를 말하거나 가리키도록 촉진하세요."

❖ 물리적 환경 관리하기

프로그램의 이 시점에서는 부모가 적은 양의 지원으로 물리적 환경 관리를 시작하는 것이 목표이다. 아이가 어려움을 겪고 있다면 물건들을 치우고 접근을 통제하는 데 도움을 주기보다 그 전략이 왜 효과가 없는지에 대해 생각해 볼 수 있도록 예를 들어 다음과 같이 질문할 수 있다.

"Brianna가 왜 하고 있는 활동에서 다른 활동으로 옮겨 다닌다고 생각하세요?"
"Brianna의 관심을 끌기 위해 무엇을 할 수 있을 것 같나요?"

❖ 피드백 제공하기

프로그램의 이 시점에서는 지시적인 교정 피드백을 덜 사용해야 한다. 상황은 설명하되 부모에게 특정 기법이나 전략 사용은 말하지 않는다. 덜 지시적인 교정 피드백은 질문(예: "왜 Sam이 부모에게 반응하는 것을 어려워한다고 생각하세요?") 또는 진술(예: "Sam이 자동차를 가지고 놀고 있습니다.")의 형태로 제공할 수 있다. 이러한 유형의 피드백은 부모가 독립적으로 나아가는 데 도움이 된다. 일반적인 문제에 대한 피드백을 제공하기 위한 제안은 이 회기의 마지막에 있는 문제 해결 팁 목록(562쪽)에서 확인할 수 있다.

❖ 부모의 되돌아보기

회기 중 연습에 대한 질문을 한다. 이 시간을 활용하여 부모가 아이의 참여와 학습을 유지하기 위해 피라미드의 위, 아래로 이동하는 방법을 이해하고, 동시에 아이에게 새로운 기능을 가르칠 수 있도록 도와준다. 또한 부모가 전략을 사용하는 데 있어 지속적인 어려움을 겪는다면 문제를 해결해 준다. 여기에 부모에게 질문할 수 있는 몇 가지 예시가 있다.

"모든 전략을 함께 사용한 기분은 어떠했나요?"

"아이와 정기적으로 이렇게 상호작용을 하는 것을 상상할 수 있나요? 그렇지 않다면 어떤 점이 불편하게 느껴졌을까요? 어떻게 하면 더 쉬워질 수 있을까요?"

"여러분의 일상생활 활동을 생각해 보세요. 어떤 일상에서 이러한 전략을 사용하는 자신을 볼 수 있을까요? 어떤 전략이 이러한 활동에서 가장 효과적일까요?"

"중재 전략을 사용하는 것이 어려운 가정 또는 지역사회에서의 활동에는 어떤 것이 있나요?"

아이의 목표 업데이트하기(선택 사항)

❖ 아이의 진전 상황 검토하기

부모는 SCC와 수집한 회기 데이터 및 아이의 진전 상황을 평가하는 데 도움이 될 수 있다고 생각하는 다른 모든 평가 자료를 사용한다. 부모가 회기 전에 SCC를 완료하지 않았다면 지금 바로 완성하도록 한다. 시간이 촉박하다면 아이의 기능에 대해 간단히 논의함으로써 SSC 없이 목표를 업데이트할 수 있다.

부모에게 "아이가 목표에 대해 진전을 이루었나요?"라고 질문한다. 프로그램 초기에 설정한 각 목표에 따른 아이의 진전 상황에 대해 부모의 견해를 평가한다. SCC와 회기 데이터 및 추가적인 평가를 기반으로 어떤 목표를 업데이트해야 할지 결정하도록 도와준다. 아이의 진전이 제한적인 경우에는 부모가 나아갈 최선의 방법을 결정할 수 있도록 도와줄 것이라고 알려 준다.

❖ 필요에 따라 아이를 위해 새로운 목표 개발하기

협력적인 접근 방식을 사용하여 부모가 아이의 목표 중 어떤 목표를 업데이트해야 하는지, 새로운 목표가 적절한지 결정할 수 있도록 도와준다. 아이의 진전 상황에 따라 일부 목표는 그대로 유지될 수도 있고, 다른 목표는 변경될 수도 있다.

기능 영역에서 아이를 위한 새로운 목표에 대해 부모에게 의견을 구한다. 예를 들어, 의사소통을 시작하는 경우 부모에게 "아이가 연습했으면 하는 새로운 의사소통 기능이 있습니까?"라고 질문한다. 이 정보를 목표 설정 양식(양식 10)의 사본에 '장기 목표' 아래 빈칸에 기록한다. 이 양식은 프로그램 초기에 목표를 설정할 때 사용했던 양식과 동일하다.

아이의 현재 기능과 SCC 결과를 사용하여 부모가 아이의 현재 기능 수준에서 발달적으로 이어지는 구체적이고 측정 가능한 목표를 세분화할 수 있도록 도와준다. 이 정보를 목표 설정 양식의 '현재 기능' 아래에 기록한다. 부모가 목표를 파악하는 데 어려움을 겪는다면 코치가 제안을 할 수 있다. 코치가 제안한 목표를 부모가 승인하는지 반드시 확인해야 한다. 아동 목표 양식의 "단기 목표" 아래에 새로운 목표를 작성한다. 부모에게 실천계획표-*아이의 목표 업데이트하기*(양식 36)에 새로운 단기 목표를 작성하도록 한다.

부모의 되돌아보기를 돕고 후속 회기 계획 세우기

❖ 부모가 활동과 전략을 파악할 수 있도록 돕기

부모가 각 새로운 목표에 대해 최소한 두 가지 활동을 파악하고, 여러 환경에서 전략을 사용할 수 있도록 도와준다. 활동과 전략에 대해 다음과 같은 개방형 질문을 한다.

> "Brianna가 간식 시간과 놀이 시간에 두 낱말을 사용하여 요청하도록 돕는 것이 목표입니다. 간식 시간에는 어떤 전략을 사용할 수 있을까요? 놀이 시간에도 같은 전략이 효과가 있을까요?"

만약 부모가 어려워하면 기법들을 선택하도록 선택지를 제시하여 더 많은 지원을 제공할 수 있다. 부모가 실천계획표에 활동과 전략을 기록하도록 한다.

❖ 부모의 문제 해결 지원하기-잠재적 문제 해결 지원하기

가정에서 새로운 목표를 달성하는 데 어떤 점이 어려울지 물어본다. 해결책을 브레인스토밍하는 시간을 가진다. 각 기법에 대한 일반적인 문제와 해결책은 각 단원의 개별 코칭 회기 마지막에 있는 문제 해결 팁 목록에 나와 있다.

❖ 후속 회기 예약하기

후속 회기는 6개월 동안 매월 또는 필요에 따라 일정을 정해야 한다. 후속 회기는 가정에서 진행하는 것이 가장 이상적이지만 가정에서의 회기가 불가능한 경우 클리닉에서 진행하는 것이 효과적이다.

❖ 부모의 되돌아보기

부모는 실천계획표의 '되돌아보기' 칸을 작성해야 한다. 이를 통해 부모는 연습이 진행되면서 잘된 점이나 어려운 점, 생각나는 질문을 기록할 수 있다. 이 정보는 첫 번째 후속 회기에서 논의해야 할 중요한 사항을 계속 추적하는 데 도움이 된다. 부모에게 성공 사례를 공유하거나 어려운 일상에 대한 피드백을 받고 싶은 경우 후속 회기에서 상호작용이나 활동의 동영상을 가져올 수 있다고 알려 준다.

부모가 종결 조치 완료하기

회기가 끝날 무렵에 시간을 내어 부모가 부모 만족도 조사(양식 24)와 프로그램 수료와 관련된 추가적인 조치를 완료하도록 한다. 이를 통해 코치는 부모 코칭 기능을 개선하는 방법에 대한 중요한 정보를 얻을 수 있다.

사회적 의사소통 체크리스트(코치 버전) 작성하기

회기가 끝나면 아이의 프로그램 진전 상황을 측정하기 위해 SCC의 코치 버전을 작성한다. 이 정보를 부모의 SCC 및 기타 관련 데이터와 함께 사용하여 아이의 목표를 업데이트(회기에서 완료되지 않은 경우)하고 종결 보고서를 작성한다.

상호작용 형성하기 문제 해결 팁

만약 부모가……	코치는……
전략 사용의 균형을 맞추는 데 어려움이 있다면	• 새로운 기능을 가르치면서 아이의 참여와 동기를 유지하기 위해 피라미드의 위, 아래로 이동하는 목적을 상기시킨다. • 새로운 기능을 가르치기 위한 특정 빈도를 권장한다. 예를 들어, 아이가 기능을 자발적으로 사용하는 것에 두 번 반응하고, 세 번째에는 더 복잡한 특정 기능을 사용하도록 촉진한다. • 부모에게 새로운 기능을 두 번 보여 주고, 그런 다음 그것을 촉진하는 것처럼 따라야 할 명확한 규칙을 제공한다. • 부모와 자녀 간의 상호작용을 간단히 녹화하고, 부모와 함께 비디오를 검토한다. 부모가 자발적인 기능에 반응할 때와 새로운 기능을 가르칠 때를 식별하도록 한다.
특정한 가정 또는 일상생활 루틴 중에 중재가 어렵다면	• 부모가 특히 어려워하는 일상 활동이나 지역사회 외출 중에 방문 일정을 잡는다. • 가정에서의 일과에 대한 동영상을 가져와 다음 회기에 부모와 함께 검토하도록 요청한다. • 새로운 기능을 가르칠 수 가장 적절한 시간대와 반응하고 보상할 수 있는 가장 적절한 시간대에 대해 이야기한다. 특정한 일상 활동에 가장 적합한 기법에 대해 구체적으로 제안한다.
지역사회에서 새로운 기능을 가르치는 것을 주저한다면	• 부모가 자동차 문을 열어 주기 전에 아이에게 "열어 줘."라고 말하도록 신호를 주는 것처럼 부모가 간단하고 반복적으로 상호작용할 수 있음을 상기시킨다. • 부모에게 동기 부여가 기본이라는 것을 상기시킨다. 예를 들어, 만약 아이가 차에서 내리고 싶어 하지 않는다면 이것은 새로운 기능을 가르치기 좋은 시간대가 아니다. • 활동에 대해 이야기하며, 부모에게 아이가 즐기는 대상이나 행동에 대한 접근을 통제하면서 아이가 즐기는 작은 부분을 파악할 수 있도록 도와준다.

후속 회기

회기 목표

다음을 위해 부모를 돕는다.

- 중재 실행 능력 유지하기
- 목표를 검토하고 업데이트하기
- 새로운 목표를 해결하기 위해 ImPACT 프로젝트 전략 사용하기

준비물

- 부모 매뉴얼
- 작성된 실천계획표 사본-*아이의 목표 업데이트하기*(양식 36)
- 실천계획표-*후속 회기*(양식 38)
- 이전 회기 작성된 목표 설정 양식(양식 10)
- 목표 설정 양식(양식 10)
- 사회적 의사소통 체크리스트(부모 버전)(양식 8)
- 사회적 의사소통 체크리스트(코치 버전)(양식 9)
- ImPACT F.A.C.T.S.검토 기록지-**상호작용 형성하기**(양식 18)
- 새로운 의사소통 기회 만들기에 사용할 수 있는 좋아하는 장난감이나 간식 같은 품목들
- 회기 기록지(양식 12)
- 중재 충실도 체크리스트(양식 4)
- 코칭 충실도 체크리스트(양식 6)

회기 진행목록

- 체크인 및 실천계획표를 검토하고 회기 진행목록 정하기
- 아이의 진전 상황 검토하기
- ImPACT 프로젝트 전략들을 복습 및 실천하기
- 부모의 연습 및 피드백 제공하기
- 부모의 되돌아보기를 돕고 실천계획표 작성하기

체크인 및 실천계획표를 검토하고 회기 진행목록 정하기

가족들에게 이전 회기 이후 어떻게 지냈는지 물어본다. 부모와 이야기하기 전에 아이를 활동에 참여시켜 아이와 함께 간단한 상호작용을 하는 것이 도움이 될 수 있다. 이 체크인을 통해 회기 안건에 대한 정보를 얻을 수 있다.

이전 회기에서 작성한 실천계획표를 살펴보고 부모에게 잘된 점과 어려웠던 점에 대해 보고하게 한다. 부모에게 "이번 회기에서 우리에게 가장 도움이 되는 것은 무엇인가요?"라고 질문한다.

부모의 반응에 따라 아이의 목표를 업데이트하기 위해 아이의 진전 상황을 검토하거나 부모 실천계획표에서 ImPACT 프로젝트 전략들을 검토하거나 반복되거나 새로운 문제가 발생한 경우 문제를 해결하는 것으로 시작할 수도 있다. 부모가 검토할 동영상을 가져왔다면 시간을 내어 동영상을 검토하고 질문에 답하며 피드백을 제공한다.

아이의 진전 상황 검토하기

❖ 아이의 진전 상황에 대한 정보 수집하기

최신의 목표 설정 양식(양식 10)과 실천계획표-*아이의 목표 업데이트하기*(양식 36)에 기록된 목표에서 아이의 진전 상황 정보를 수집한다. 자녀의 기능을 이해하기 위해 사전 보고, 부모-아이 상호작용 관찰, 아이와 직접적인 상호작용(필요한 경우)을 통해 아이의 기능을 파악한다. 부모에게 가장 최근 코칭 회기 이후 아이의 목표에 대한 진전 상황을 보고해 달라고 요청한다. 예를 들어 다음과 같이 질문할 수 있다.

> "부모는 아이의 한 낱말 수준으로 늘리기 위해 노력했습니다. 지금은 아이가 어떻게 의사소통을 하고 있나요?"
> "부모는 아이의 기능적 놀이를 확장하기 위해 노력했습니다. 지금은 아이가 어떻게 놀고 있나요?"

코치가 관찰하는 동안 부모가 아이에게 중재 전략을 사용하도록 한다. 이 관찰을 통해 아이의 현재 기능 수준뿐만 아니라 부모가 지속적으로 중재 기법을 사용할 수 있는지에 대한 능력을 파악할 수 있다. 부모가 아이와 상호작용하는 동안 아이가 목표를 향해 진전을 보이고 있는지 그리고 부모의 ImPACT 프로젝트 전략 사용에 대해 기록을 한다(중재 충실도 체크리스트 사용하기, 양식 4). 만약 추가적인 정보가 필요하다고 생각되면 아이의 진전 상황을 평가하기 위해 시간을 내어 코치가 아이와 직접 상호작용을 한다.

❖ 필요에 따라 새로운 목표 개발하기

협력적인 접근 방식을 사용하여 부모가 아이의 목표 중 어떤 목표를 업데이트해야 하는지, 새로운 목표가 적절한지 결정한다. 아이가 목표를 달성하지 못했더라도 부모는 네 가지 핵심 영역 중 하나에서 목표로 삼고자 하는 새로운 목표를 가지고 있을 수 있다. 이 과정에서 부모 의견을 요청한다. 이때 코치는 다음과 같이 말할 수 있다.

> "Brianna가 선택하기를 사용할 때 한 낱말을 사용하기 시작했다는 것은 매우 멋진 일입니다. 이 목표를 유지하며 질문하기나 시간 지연과 같이 덜 지원적인 촉진을 사용하도록 노력

해야 한다고 생각하나요? 아니면 Brianna를 위해 생각하고 있는 다른 의사소통 목표가 있나요?"

현재 목표가 적절하고 부모가 가정에서 계속 그 목표를 달성하기를 원한다면 실천계획표-*후속 회기*(양식 38)에 그것들을 작성한다.

만약, 아이를 위해 새로운 목표를 개발하기로 결정했다면 부모와 함께 네 가지 핵심 영역의 목표를 결정하기 위해 SCC(부모용 양식 8, 코치용 양식 9)를 작성해야 한다. 목표 설정 양식(양식 10) 사본의 빈칸을 사용하여 장기 목표를 확인하거나 재작성하고, 아이의 현재 기능을 파악하며, 구체적이고 측정 가능한 단기 목표를 작성해 목표를 설정하는 과정을 구조화한다. 목표가 개발되면 실천계획표-*후속 회기*(양식 38)에 단기 목표를 작성하여 부모가 집으로 가져갈 수 있게 한다.

ImPACT 프로젝트 전략들을 복습 및 실천하기

❖ ImPACT 프로젝트 전략 검토하기

ImPACT F.A.C.T.S 검토 기록지-상호작용 형성하기(양식 18)를 사용하여 기법의 핵심 요소를 간략하게 검토한다. 부모에게 기법에 대해 궁금한 점이 있거나 가정에서 아이의 목표를 달성하기 위해 기법을 사용하는 방법에 대해 질문할 수 있는 기회를 준다. 이렇게 하면 한 번에 몇 가지 기법만 시연하고 코칭할 수 있다. 부모에게 어렵고 아이가 새로운 기능을 사용하는 데 도움이 되는 기법들을 선택한다.

❖ ImPACT 프로그램 전략 사용 시연하기

부모에게 목표로 삼았으면 하는 구체적인 목표가 있는지 물어본다. 표적된 목표를 달성하기 위해 피라미드를 어떻게 위, 아래로 이동하는지 설명한다.

"제가 어떻게 피라미드의 위, 아래로 이동하며 Brianna가 두 낱말을 사용하여 요청하도록 도와주는지 지켜보세요. 저는 먼저 Brianna에게 집중하는 것으로 시작하고, Brianna가 사용하길 바라는 문구를 모델링하는 것으로 의사소통 방법을 조절합니다. Brianna가 저와 함께 시작하지 않거나 그녀가 새로운 기능을 사용하길 원하면 피라미드 위로 올라갈 것입니다. 아이가 활동에 동기가 높을 때는 두 낱말을 사용하도록 촉진합니다. 아이가 자발적으로 언어를 사용할 수 있는 기회를 주고 아이가 참여를 유지하고, 재미를 느끼도록 수 있도록 피라미드 아래로 다시 내려가서 아이의 자발적인 기능에 반응합니다."

부모가 설정한 새로운 목표 또는 가정에서 어려움을 겪었던 목표를 표적으로 *상호작용 형성하기*를 사용하여 시연하고 코치는 무엇을 실행하고 있는지 설명한다. 코치는 기법들을 사용하면서 아이의 반응을 관찰하고 파악한다. 이것은 부모가 아이의 시작에 어떻게 반응하고 확장할 수 있는지 또는 목표를 달성하기 위해 새로운 기능을 가르치는 방법을 시연하는 데 도움이 될 수 있다. 이러한 설명은 부모가 기법을 계속해서 조화롭게 사용할 수 있도록 돕는다. 부모가 특정 중재 기법이나 전략 사용에 어려움을 호소하는 경우 아이와 함께 시범을 보여 준다. 시연이 끝나면 부모에게 "상호작용하는 동안 무엇을 알게 됐나요?"라고 질문한다.

부모가 대답하기 어려운 경우에는 다음과 같이 구체적으로 질문한다. "우리가 확인한 새로운 기능을 아이가 사용하는 데 어떤 기법이 도움이 될 것 같습니까?" "아이가 좌절했을 때 내가 어떻게 했나요?"

부모의 연습 및 피드백 제공하기

검토 및 시연하기 중에 강조된 기법을 부모에게 연습하도록 한다. 한 번에 너무 많은 기법에 대해 피드백을 제공해서는 안 된다는 점을 기억한다. 부모가 검토하지 않은 특정 기법에 어려움을 겪고 있는 것을 발견하면 이를 메모한 다음 검토하기, 시연하기, 연습하기 단계를 반복한다.

부모의 되돌아보기를 돕고 실천계획표 작성하기

❖ 부모의 되돌아보기

부모가 회기에 대해 생각하는 데 도움이 되는 질문과 아이의 목표를 달성하기 위해 ImPACT 프로젝트 전략을 사용하는 방법에 대해 질문한다. 질문에는 다음이 포함될 수 있다.

"아이의 목표를 달성하는 데 가장 효과적인 기법은 무엇인가요?"
"아이의 의사소통, 놀이, 모방 기능의 복잡성을 높이는 데 가장 효과적인 촉진은 무엇인가요?"
"아직 해결되지 않은 질문이 있나요?"

❖ 부모의 실천계획표 작성 돕기

부모와 함께 실천계획표-*후속 회기*(양식 38)를 완성한다, 이 회기 초반에 부모와 함께 확인했고, 실천계획표에 작성한 목표를 다시 설명한다. 이전 목표와 함께 전략을 검토하고 연습하는 데 시간을 할애했다면 부모에게 같은 목표를 계속할 것인지 아니면 새로운 목표를 세우고 싶은지 물어본다.

부모가 각 목표에 대해 최소 두 가지 이상의 활동을 식별하고 여러 환경에서 전략을 사용할 수 있도록 도와준다. 활동과 전략에 대해 개방형 질문을 한다. 예를 들어, 다음과 같이 질문한다.

"Brianna가 한 낱말을 자발적으로 사용해 요청하는 것을 늘릴 수 있도록 돕는 것이 목표입니다. Brianna가 자발적으로 언어를 사용하도록 돕기 위해 어떤 전략을 사용할 수 있을까요? 어떤 활동이 자발적인 요청을 가르치는 데 가장 효과적이라고 생각하나요?"

부모가 중재할 전략을 선택하는 데 어려움을 겪는 경우 **아이에게 집중하기**, **의사소통 방법 조절하기**, **새로운 의사소통 기회 만들기**, **새로운 기능 가르치기**, **상호작용 형성하기**에서 기법들을 선택해 더 많은 지원을 제공할 수 있다.

❖ 부모의 잠재적 문제 해결 지원하기

가정과 지역사회에서 ImPACT 프로젝트 전략을 사용하는 데 있어 어려운 점이 무엇일지 물어본다. 가능한 해결책에 대해 브레인스토밍하는 시간을 가진다. 기법을 함께 사용하고, 지역사회에서 사용하기 위한 일반적인 어려움과 해결책은 12회기 마지막에 있는 문제 해결 팁 목록(562쪽)에 나와 있다. 특정 기법에 대한 일반적인 문제와 해결책은 관련 개별 코칭 회기 끝에 있는 문제 해결 팁 목록에 나와 있다.

❖ 부모의 되돌아보기

부모에게 잘된 점과 어려웠던 점을 실천계획표에 작성하도록 요청한다. 다음 후속 코칭 회기에서 이 내용을 검토할 것이라고 알려 준다. 부모는 다음 달 중 어느 시점에 상호작용을 동영상으로 녹화하고, 후속 회기에서 상호작용에 대한 피드백을 받을 수 있다.

부록

웹 기반 자료

부록: 웹 기반 자료

이 매뉴얼을 지원하는 웹사이트인 www.guilford.com/ingersoll-materials를 통해 쉽게 접속할 수 있다. 이 사이트에는 그룹 프레젠테이션을 위한 파워포인트 슬라이드와 ImPACT 프로젝트에서 사용되는 모든 양식, 그리고 ImPACT 프로젝트 중재 기법을 보여 주는 비디오 링크가 포함되어 있다. 부모 매뉴얼을 지원하는 웹사이트는 www.guilford.com/ingersoll-parents에서 접속할 수 있다.

양식

ImPACT 프로젝트에서 사용되는 모든 양식은 〈표 A-1〉과 같이 번호별로 정리되어 있다. 이 양식을 다운로드하고 인쇄해 프로그램에서 사용할 수 있다. 코치가 사용하는 일곱 가지 양식은 전자식으로 작성할 수 있다. 본 매뉴얼의 제2부와 제3부에 있는 회기 지침에서는 각 양식을 언제 사용해야 하는지에 대한 정보를 제공하고 있다.

파워포인트 프레젠테이션

파워포인트 슬라이드는 부모 그룹 코칭 모델(제3부 참조)과 함께 사용되며 웹사이트에서 다운로드할 수 있다. 슬라이드는 단원별로 구성되어 있고, 제3부의 단계별 지침과 일치한다. 각 슬라이드에는 코치가 슬라이드를 발표할 때 다루어야 할 중요한 정보를 강조하는 '참조(notes)'가 있고, 각 슬라이드에 대한 샘플 스크립트도 포함되어 있다(이 정보는 해당 슬라이드의 번호와 함께 그룹 회기의 제3부 본문에도 표시된다). 그룹 프로그램에 참여하는 부모는 부모 매뉴얼 복사본을 가지고 있어야 하지만, 각 그룹 회기의 파워포인트 프레젠테이션을 인쇄해 각 그룹 회기에서 부모에게 메모를 할 수 있는 선택적 유인물로 배포할 수도 있다.

중재 기법의 비디오 예시

부모가 아이에게 ImPACT 프로젝트 중재 기법을 사용하는 사례 비디오는 지원된 웹사이트를 통해 확인할 수 있다. 이 비디오 클립을 통해 부모는 중재 기법이 실제로 어떻게 적용되는지 확인할 수 있다. 언어 발달 단계가 서로 다른 아이에게 기법을 사용하는 모습을 보여주기 위해 두 가지 이상의 기법 예시가 제공된 경우가 많다. 부모는 다양한 활동에서 이 기법이 어떻게 사용될 수 있는지, 다양한 기능을 가르치는 데 어떻게 사용될 수 있는지, 그리고 아이들의 반응이 그들의 능력에 따라 어떻게 달라질 수 있는지를 이해하는 데 도움이 될 것이다. 아이가 할 수 있는 언어 발달의 네 단계로 구어 전 단계, 첫 낱말, 낱말 조합, 문장에 따라 클립이 구분되어 있다.

비디오 클립은 그룹 코칭 모델과 함께 사용하도록 설계되었으며 그룹 프레젠테이션 중에 보여줄 수 있다. 제3부의 그룹 회기 지침에는 회기에서 특정 비디오 클립을 언제, 어떻게 사용해야 하는지 자세히 나와 있고, 각 클립에 대한 설명이 있다(이러한 설명은 관련 파워포인트 슬라이드의 '참조' 부분에도 포함되어 있다). 비디오 클립을 미리 보고 현재 그룹에 속한 아이의 능력에 따라 가장 적절한 예시를 선택한다. 예를 들어, 그룹이 영유아의 부모로만 구성된 경우에는 구어 전 아동의 클립만 보도록 선택할 수 있다.

이 비디오 클립은 부모가 중재 기법의 구체적인 예를 보고 도움이 될 경우 또는 원격으로 코칭 하는 경우 개별 모델과 함께 사용할 수 있다. 이러한 클립은 아이가 있을 때 실시간으로 기법을 시연하는 것을 대신해 사용해서는 안 된다. 클립은 클립에 설명된 중재 기법에 대해 논의한 후에 보여 주어야 한다.

〈표 A-2〉는 그룹 프로그램(제3부)에서 기법이 제시된 순서대로 비디오 클립이 나열되어 있다. 각 클립에서 설명하는 기법과 언어 발달 수준도 이 표에 나와 있다.

<표 A-1> ImPACT 프로젝트 양식

다음 양식은 지원된 웹사이트에서 다운로드해 도서 구매자가 자신의 프로그램에서 사용하도록 인쇄할 수 있다. 부모 매뉴얼에도 나와 있는 양식은 별표(*)로 표시되어 있다. 단검 표시(†)가 있는 양식은 인쇄하기 전에 전자적으로 작성할 수도 있다.

양식 1. 실천계획서†
양식 2. 면담지†
양식 3. 초기상담지
양식 4. 중재 충실도 체크리스트
양식 5. 공동 목표 설정 충실도 체크리스트
양식 6. 코칭 충실도 체크리스트
양식 7. 그룹 충실도 체크리스트
양식 8. 사회적 의사소통 체크리스트* (부모 버전)
양식 9. 사회적 의사소통 체크리스트 (코치 버전)†
양식 10. 목표 설정 양식†
양식 11. 매일 하는 활동 스케줄*
양식 12. 회기 기록지†
회기 기록지–사용방법
회기 기록지–예시
양식 13. 놀이 활동 아이디어
양식 14. ImPACT F.A.C.T.S. 검토 기록지–*아이에게 집중하기와 의사소통 방법 조절하기*
양식 15. ImPACT F.A.C.T.S. 검토 기록지–*새로운 의사소통 기회 만들기*
양식 16. ImPACT F.A.C.T.S. 검토 기록지–*새로운 의사소통 기능 가르치기*
양식 17. ImPACT F.A.C.T.S. 검토 기록지–*새로운 모방 및 놀이 기능 가르치기*
양식 18. ImPACT F.A.C.T.S. 검토 기록지–*상호작용 형성하기*
양식 19. 비디오 검토 양식–*아이에게 집중하기와 의사소통 방법 조절하기*
양식 20. 비디오 검토 양식–*새로운 의사소통 기회 만들기*
양식 21. 비디오 검토 양식–*새로운 의사소통 기능 가르치기*
양식 22. 비디오 검토 양식–*새로운 모방 및 놀이 기능 가르치기*
양식 23. 지역사회 활동 스케줄*
양식 24. 부모 만족도 조사
양식 25. 도전 행동 기능 평가 인터뷰†
양식 26. 도전 행동 기록표*
양식 27. 진술 요약서*
양식 28. 행동계획표*†
양식 29. 실천계획표–성공을 위한 가정환경 만들기*
양식 30. 실천계획표–*아이에게 집중하기**
양식 31. 실천계획표–*의사소통 방법 조절하기**
양식 32. 실천계획표–*새로운 의사소통 기회 만들기**
양식 33. 실천계획표–*촉진과 보상**
양식 34. 실천계획표–*새로운 기능 가르치기**
양식 35. 실천계획표–*상호작용 형성하기**
양식 36. 실천계획표–*아이의 목표 업데이트하기**
양식 37. 실천계획표–*성공을 유지하기 위해 계획하기**
양식 38. 실천계획표–*후속 회기*
양식 39. 실천계획표–*아이의 도전 행동 이해하기**
양식 40. 실천계획표–*도전 행동 예방하기**
양식 41. 실천계획표–*결과 변화시키기**
양식 42. 실천계획표–*대체 기능 가르치기**

❖ 사례 비디오 보기

인터넷이 연결되어 있을 때 비디오를 실시간으로 재생할 수 있다. 이 옵션은 개별 비디오 클립을 부모에게 보여 주거나 원격으로 코칭을 하는 경우 가장 적합하다. 초고속 인터넷이 없는 장소에서 비디오를 보여 줄 경우 비디오를 다운로드하여 컴퓨터에 저장하는 것도 좋은 방법이다.

❖ 파워포인트 프레젠테이션에 비디오 클립을 삽입하기

그룹 프레젠테이션 중에 비디오를 보여 줄 수 있도록 사례 비디오를 파워포인트 프레젠테이션에 삽입할 수 있다. 이렇게 하려면 사용하려는 비디오를 다운로드하고 컴퓨터에 저장해 두어야 한다.

보여 주고자 하는 각 비디오에 대해 새 슬라이드를 만드는 것도 좋다. 이 작업을 수행하려면 파워포인트 프레젠테이션에서 관련된 '예시 보기' 슬라이드를 간단하게 복사하기만 하면 된다. 그런 다음 파워포인트의 '동영상 삽입' 기능을 사용하여 컴퓨터의 비디오를 슬라이드에 삽입한다. 도움이 필요한 경우 사용 중인 파워포인트 버전의 '도움말' 기능을 참조한다.

비디오를 삽입한 후 비디오 클립이 프레젠테이션과 동일한 폴더에 있는지 확인해야 한다. 그런 다음 해당 폴더를 USB 드라이브 또는 사용하려는 컴퓨터의 하드 드라이브에 복사하면 프레젠테이션에서 비디오를 계속 사용할 수 있다.

<표 A-2> 기법에 대한 비디오 클립

이 표에는 기법을 설명하는 클립이 나열되어 있다. 이러한 클립은 동반 웹사이트에서 다운로드하거나 스트리밍할 수 있다. 제목은 클립이 사용될 수 있는 제3부 단원 및 그룹 회기를 나타내며 각 회기에서 모든 클립을 사용할 필요는 없다. 언어 발달 수준도 다음 각 클립에 기록되어 있다.

1단원. 시작하기 – 1회기

클립 1: ImPACT 프로젝트 전과 후, 첫 낱말
클립 2: ImPACT 프로젝트 전과 후, 낱말 조합

2단원. 아이에게 집중하기와 의사소통 방법 조절하기 – 3회기

아이에게 집중하기

클립 3: 아이의 주도 따르기, 구어 전 단계
클립 4: 아이의 주도 따르기, 문장
클립 5: 아이 모방하기, 첫 낱말
클립 6: 아이 모방하기, 낱말 조합

의사소통 방법 조절하기

클립 7: 애니메이션처럼 표현하기, 구어 전 단계
클립 8: 애니메이션처럼 표현하기, 문장
클립 9: 모델링과 의사소통 확장하기, 구어 전 단계
클립 10: 모델링과 의사소통 확장하기, 첫 낱말
클립 11: 모델링과 의사소통 확장하기, 문장

3단원. 새로운 의사소통 기회 만들기 – 5회기

놀이 방해하기

클립 12: 놀이 방해하기, 첫 낱말

균형 잡힌 주고받기

클립 13: 균형 잡힌 주고받기, 첫 낱말

의사소통 유혹하기

클립 14: 눈앞에 재미있는 물건을 두되 손이 닿지 않는 곳에 두기, 첫 낱말
클립 15: 아이가 좋아하는 물건을 가지고 있기, 문장
클립 16: 조금씩 주기, 낱말 조합
클립 17: 도움이 필요하도록 물건을 사용하기, 첫 낱말
클립 18: 도움이 필요하도록 물건을 사용하기, 문장
클립 19: 활동이나 물건의 한 부분을 누락하기, 문장
클립 20: 우스운 상황 만들기, 문장

4단원. 새로운 의사소통 기능 가르치기 – 7회기

의사소통 촉진하기

클립 21: 시간 지연 사용하기, 첫 낱말
클립 22: 시간 지연 사용하기, 낱말 조합

클립 23: 질문하기, 구어 전 단계
클립 24: 질문하기, 첫 낱말
클립 25: 문장 내 빈 부분 채우기, 첫 낱말
클립 26: 문장 내 빈 부분 채우기, 문장
클립 27: 선택형 질문하기, 첫 낱말
클립 28: 선택형 질문하기, 낱말 조합
클립 29: 언어 모방을 위한 모델링 제공하기, 첫 낱말
클립 30: 일상적인 언어 표현 사용하기, 첫 낱말
클립 31: 제스처 모방을 위한 모델링 제공하기, 구어 전 단계
클립 32: 신체적 안내 제공하기, 구어 전 단계
클립 33: 시간 경과에 따라 지원 줄이기, 구어 전 단계
클립 34: 시간 경과에 따라 지원 줄이기, 첫 낱말
클립 35: 필요한 경우 추가 지원하기, 문장

의사소통 이해 촉진하기

클립 36: 의사소통 이해하기, 구어 전 단계
클립 37: 의사소통 이해하기, 첫 낱말
클립 38: 의사소통 이해하기, 낱말 조합

5단원. 새로운 모방 및 놀이 기능 가르치기 - 9회기

모방 촉진하기

클립 39: 사물 모방하기, 구어 전 단계
클립 40: 사물 모방하기, 첫 낱말
클립 41: 제스처 모방하기, 문장

놀이 확장 촉진하기

클립 42: 아이의 활동 진술하기, 문장
클립 43: 질문하기, 문장
클립 44: 선택할 기회 주기, 낱말 조합
클립 45: 구어로 지시하기, 낱말 조합
클립 46: 아동이 모방할 수 있는 행동 모델 제시하기, 첫 낱말
클립 47: 신체적 안내 제공하기, 구어 전 단계
클립 48: 시간 경과에 따라 지원 줄이기, 구어 전 단계
클립 49: 필요한 경우 추가 지원하기, 첫 낱말
클립 50: 필요한 경우 추가 지원하기, 문장-가상 놀이
클립 51: 필요한 경우 추가 지원하기, 문장-상징 놀이

6단원. 상호작용 형성하기와 앞으로 나아가기 - 11회기

클립 52: 상호작용 형성하기, 첫 낱말-음수대에서
클립 53: 상호작용 형성하기, 첫 낱말-공원에서
클립 54: 상호작용 형성하기, 문장-간식 먹기

참고문헌

Alexander, J. F., Barton, C., Schiaro, R. S., & Parsons, B. V. (1976). Systems-behavioral intervention with families of delinquents: Therapist characteristics, family behavior, and outcome. *Journal of Consulting and Clinical Psychology, 44*, 656-664.

American Psychiatric Association. (2013). *Diagnostic and statistical manual of mental disorders* (5th ed.). Arlington, VA: Author.

Bartak, L., Rutter, M., & Cox, A. (1975). A comparative study of infantile autism and specific developmental receptive language disorder I: The children. *British Journal of Psychiatry, 126*, 127-145.

Bates, E., Benigni, L., Bretherton, I., Camaioni, L., & Volterra, V. (1979). *The emergence of symbols*. New York: Academic Press.

Bates, E., Bretherton, I., & Snyder, L. (1988). *From first words to grammar: Individual differences and dissociable mechanisms*. New York: Cambridge University Press.

Bearss, K., Burrell, T., Stewart, L., & Scahill, L. (2015). Parent training in autism spectrum disorder: What's in a name? *Clinical Child and Family Psychology Review, 18*(2), 170-182.

Beaudoin, A. J., Sebire, G., & Gouture, M. (2014). Parent training interventions for toddlers with autism spectrum disorder. *Autism Research and Treatment, 2014*, 1-15.

Berk, L. (2002). *Infants, children, and adolescents*. Boston: Allyn & Bacon.

Bitsika, V., & Sharpley, C. F. (2004). Stress, anxiety and depression among parents of children with autism spectrum disorder. *Australian Journal of Guidance and Counselling, 14*, 151-161.

Bitterman, A., Daley, T. C., Misra, S., Carlson, E., & Markowitz, J. (2008). A national sample of preschoolers with autism spectrum disorders: Special education services and parent satisfaction. *Journal of Autism and Developmental Disorders, 38*(8), 1509-1517.

Bloom, L., & Lahey, M. (1978). *Language development and language disorders*. New York: Wiley.

Bornstein, M. H., Tamis-LeMonda, C. S., & Haynes, O. M. (1999). First words in the second year: Continuity, stability, and models of concurrent and predictive correspondence in vocabulary and verbal responsiveness across age and context. *Infant Behavior and Development, 22*(1), 65-85.

Brookman-Frazee, L. (2004). Using parent/clinician partnerships in parent education programs for children with autism. *Journal of Positive Behavior

Interventions, 6, 195–213.

Bruck, M. (1982). Language impaired children's performance in an additive bilingual education program. *Applied Psycholinguistics, 3*, 45–60.

Camarata, S. M., Nelson, K. E., & Camarata, M. N. (1994). Comparison of conversational-recasting and imitative procedures for training grammatical structures in children with specific language impairment. *Journal of Speech and Hearing Research, 37*, 1414–1423.

Carpenter, M., Nagell, K., & Tomasello, M. (1998). Social cognition, joint attention, and communicative competence from 9 to 15 months of age. *Monographs of the Society for Research in Child Development, 63*(4), 1–143.

Carpenter, M., Pennington, B. E., & Rogers, S. J. (2002). Interrelations among social-cognitive skills in young children with autism. *Journal of Autism and Developmental Disorders, 32*, 91–106.

Carroll, C., Patterson, M., Wood, S., Booth, A., Rick, J., & Balain, S. (2007). A conceptual framework for implementation fidelity. *Implementation Science, 2*, 40.

Chadwick, O., Momcilovic, N., Rossiter, R., Stumbles, E., & Taylor, E. (2001). A randomized trial of brief individual versus group parent training for behaviour problems in children with severe learning disabilities. *Behavioural and Cognitive Psychotherapy, 29*, 151–167.

Charlop-Christy, M. H., & Carpenter, M. H. (2000). Modified incidental teaching sessions: A procedure for parents to increase spontaneous speech in their children with autism. *Journal of Positive Behavior Interventions, 2*, 98–112.

Charman, T., & Baird, G. (2002). Practitioner review: Diagnosis of autism spectrum disorder in 2- and 3-year-old children. *Journal of Child Psychology and Psychiatry, 43*, 289–305.

Christensen, D. L., Bilder, D. A., Zahorodny, W., Pettygrove, S., Durkin, M. S., Fitzgerald, R. T., ... Yeargin-Allsopp, M. (2016). Prevalence and characteristics of autism spectrum disorder among 4-year-old children in the Autism and Developmental Disabilities Monitoring Network. *Journal of Developmental and Behavioral Pediatrics, 37*(1), 1–8.

Coolican, J., Smith, I., & Bryson, S. (2010). Brief parent training in pivotal response treatment for preschoolers with autism. *Journal of Child Psychology and Psychiatry, 51*(12), 1321–1330.

Cooper, J. O., Heron, T. E., & Heward, W. L. (2007). *Applied behavior analysis* (2nd ed.). Upper Saddle River, NJ: Pearson.

Curcio, F. (1978). Sensorimotor functioning and communication in mute autistic children. *Journal of Autism and Childhood Schizophrenia, 8*, 281–292.

Damschroder, L. J., Aron, D. C., Keith, R. E., Kirsh, S. R., Alexander, J. A., & Lowery, J. C. (2009). Fostering implementation of health services research findings into practice: A consolidated framework for advancing implementation science. *Implementation Science, 4*(1), 50.

Dawson, G., & Adams, A. (1984). Imitation and social responsiveness in autistic children. *Journal of Abnormal Child Psychology, 12*, 209–225.

Delprato, D. J. (2001). Comparisons of discrete-trial and normalized behavioral intervention for young children with autism. *Journal of Autism and Developmental Disorders, 31*, 315–325.

Elder, J. H., Valcante, G., Yarandi, H., White, D., & Elder, T. H. (2005). Evaluating in-home training for fathers of children with autism using single-subject experimentation and group analysis methods. *Nursing Research, 54*, 22–32.

El-Ghoroury, N. H., & Romanczyk, R. G. (1999). Play interactions of family members towards children with autism. *Journal of Autism and Developmental Disorders, 29*, 249–258.

Estes, A., Vismara, L., Mercado, C., & Fitzpatrick, A. (2014). The impact of parent-delivered intervention on parents of very young children with autism. *Journal of Autism and Developmental Disorders, 44*(2), 353–365.

Feldman, M. A., Ducharme, J. M., & Case, L. (1999). Using self instructional pictorial manuals to teach child-care skills to mothers with intellectual disabilities. *Behavior Modification, 23*, 480–497.

Fiese, B. H. (1990). Playful relationships: A contextual analysis of mother–toddler interaction and symbolic play. *Child Development, 61*, 1648–1656.

Forehand, R., & Kotchick, B. A. (1996). Cultural diversity: A wake-up call for parent training. *Behavior Therapy, 27*, 187–206.

Forehand, R., & Kotchick, B. A. (2002). Behavioral parent training: Current challenges and potential solutions. *Journal of Child and Family Studies, 11*, 377–384.

Gerber, S. (2003). A developmental perspective on language assessment and intervention for children on the autistic spectrum. *Topics in Language Disorders, 23*(2), 74–94.

Greenspan, S. I., Wieder, S., & Simons, R. (1998). *The child with special needs: Encouraging intellectual and emotional growth*. Reading, MA: Addison-Wesley.

Harachi, T. W., Catalano, R. F., & Hawkins, J. D. (1997). Effective recruitment for parenting programs within ethnic minority communities. *Child and Adolescent Social Work Journal, 14*, 23–39.

Hoagwood, K., Bums, B. J., Kiser, L., Ringeisen, H., & Schoenwald, S. K. (2001). Evidence-based practice in child and adolescent mental health services. *Psychiatric Services, 52, 1179–1189*.

Hoff-Ginsberg, E., & Shatz, M. (1982). Linguistic input and the child's acquisition of language. *Psychological Bulletin, 92*, 3–26.

Hume, K., Bellini, S., & Pratt, C. (2005). The usage and perceived outcomes of early intervention and early childhood programs for young children with autism spectrum disorder. *Topics in Early Childhood Special Education, 25*(4), 195–207.

Ingersoll, B. (2008). The social role of imitation in autism: Implication for the treatment of imitation deficits. *Infants and Young Children, 21*(2), 107–119.

Ingersoll, B. (2011). Recent advances in early identification and treatment of autism. *Current Directions in Psychological Science, 20*(5), 335–339.

Ingersoll, B., & Gergans, S. (2007). The effect of a parent-implemented imitation intervention on spontaneous imitation skills in young children with autism. *Research in Developmental Disabilities, 28*, 163–175.

Ingersoll, B., & Schreibman, L. (2006). Teaching reciprocal imitation skills to young children with autism using a naturalistic behavioral approach: Effects on language, pretend play, and joint attention. *Journal of Autism and Developmental Disorders, 36*, 487–505.

Ingersoll, B., & Wainer, A. L. (2013a). Initial efficacy of Project ImPACT: A parent-mediated social communication intervention for young children with ASD. *Journal of Autism and Developmental Disorders, 43*(12), 2943–2952.

Ingersoll, B., & Wainer, A. L. (2013b). Pilot study of a school-based parent training program for preschoolers with ASD. *Autism, 17*(4), 434–448.

Ingersoll, B., Wainer, A. L., Berger, N. I., Pickard, K. E., & Bonter, N. (2016). Comparison of a self-directed and therapist-assisted telehealth parent-mediated intervention for children with ASD: A pilot RCT. *Journal of Autism and Developmental Disorders, 46*(7), 2275–2284.

Ingoldsby, E. M. (2010). Review of interventions to improve family engagement and retention in parent and child mental health programs. *Journal of Child and Family Studies, 19*(5), 629–645.

Jarrold, C., Boucher, J., & Smith, P. (1993). Symbolic play in autism: A review. *Journal of Autism and Developmental Disorders, 23*, 281–307.

Kaiser, A. P., & Hancock, T. B. (2003). Teaching parents new skills to support their young children's development. *Infants and Young Children, 16*, 9–21.

Kaiser, A. P., Hemmeter, M. L., Ostrosky, M. M., Alpert, C. L., & Hancock, T. B. (1995). The effects of group training and individual feedback on parent use of milieu teaching. *Journal of Childhood Communication Disorders, 16*, 39–48.

Kaiser, A. P., Hemmeter, M. L., Ostrosky, M. M., Fischer, R., Yoder, P., & Keefer, M. (1996). The effects of teaching parents to use responsive interaction strategies. *Topics in Early Childhood Special Education, 16*, 375–406.

Kaiser, A. P., Hester, P. P., Alpert, C. L., & Whiteman, B. C. (1995). Preparing parent trainers: An experimental analysis of effects on trainers, parents, and children. *Topics in Early Childhood Special Education, 15*, 385–414.

Kaiser, A. P., Ostrosky, M. M., & Alpert, C. L. (1993). Training teachers to use environmental arrangement and milieu teaching with nonvocal preschool children. *Journal of the Association for Persons with Severe Handicaps, 18*, 188–199.

Kaiser, A. P., Yoder, P. J., & Keetz, A. (1992). Evaluating milieu teaching. In S. F. Warren & J. E. Reichle (Eds.), *Communication and language intervention series: Vol. 1. Causes and effects in communication and language intervention* (pp. 9–47). Baltimore: Brookes.

Karaaslan, O., & Mahoney, G. (2015). Mediational analyses of the effects of responsive teaching on the developmental functioning of preschool children with disabilities. *Journal of Early Intervention, 37*(4), 286–299.

Karst, J., & Van Hecke, A. (2012). Parent and family impact of autism spectrum disorders: A review and proposed model for intervention evaluation. *Clinical Child and Family Psychology Review, 15*(3), 247–277.

Kasari, C., Freeman, S., & Paparella, T. (2006). Joint attention and symbolic play in young children with autism: A randomized controlled intervention study. *Journal of Child Psychology and Psychiatry, 47*(6), 611–620.

Kasari, C., Gulsrud, A., Freeman, S., Paparella, T., & Hellemann, G. (2012). Longitudinal follow-up of children with autism receiving targeted interventions on joint attention and play. *Journal of the American Academy of Child and Adolescent Psychiatry, 51*(5). 487–495.

Kasari, C., Paparella, T., Freeman, S., & Jahromi, L. B. (2008). Language outcome in autism: randomized comparison of joint attention and play interventions. *Journal of Consulting and Clinical Psychology, 76*(1), 125–137.

Klinger, L. G., & Dawson, G. (1992). Facilitating early social and communicative development in children with autism. In S. F. Warren & J. E. Reichle (Eds.), *Communication and language intervention series: Vol. 1. Causes and effects in communication and language intervention* (pp. 157–186). Baltimore: Brookes.

Koegel, R. L., Bimbela, A., & Schreibman, L. (1996). Collateral effects of parent training on family interactions. *Journal of Autism and Developmental Disorders, 26*(3), 347–359.

Koegel, R. L., O'Dell, M. C., & Koegel, L. K. (1987). A natural language teaching paradigm for nonverbal autistic children. *Journal of Autism and Developmental Disorders, 17*, 187–200.

Koegel, R. L., Schreibman, L., Britten, K. R., Burke, J. C., & O'Neill, R. E. (1982). A comparison of parent training to direct child treatment. In R. L. Koegel, A. Rincover, & A. L. Egel (Eds.), *Educating and understanding autistic children* (pp. 260–279). San Diego, CA: College-Hill Press.

Koegel, R. L., Symon, J. B., & Koegel, L. K. (2002). Parent education for families of children with autism living in geographically distant areas. *Journal of Positive Behavior Interventions, 4*, 88–103.

Lang, R., Machalicek, W., & Rispoli, M. (2009). Training parents to implement communication interventions for children with autism spectrum disorders (ASD): A systematic review. *Evidence-Based Communication Assessment and Intervention, 3*(3), 174–190.

Lewis, V., & Boucher, J. (1988). Spontaneous, instructed and elicited play in relatively able autistic children. *British Journal of Developmental Psychology, 6*, 325–339.

Lifter, K., Sulzer-Azaroff, B., Anderson, S. R., & Cowdery, G. E. (1993). Teaching play activities to preschool children with disabilities: The importance of developmental considerations. *Journal of Early Intervention, 17*(2), 139–159.

Lord, C., & Pickles, A. (1996). Language level and nonverbal social-communicative behaviors in autistic and language-delayed children. *Journal of the American Academy of Child and Adolescent Psychiatry, 35*(11), 1542–1550.

Loveland, K. A., & Landry, S. H. (1986). Joint attention and language in autism and developmental language delay. *Journal of Autism and Developmental Disorders, 16*, 335–349.

Maglione, M. A., Gans, D., Das, L., Timbie, J., & Kasari, C. (2012). Nonmedical interventions for children with ASD: Recommended guidelines and further research needs. *Pediatrics, 130*(Suppl. 2), S169–S178.

Mahoney, G., & Filer, J. (1996). How responsive is early intervention to the priorities and needs of families? *Topics in Early Childhood Special Education, 16*(4), 437–457.

Mahoney, G., Finger, I., & Powell, A. (1985). Relationship of maternal behavioral style to the development of organically impaired mentally retarded infants. *American Journal of Mental Deficiency, 90*(3), 296–302.

Mahoney, G., Kaiser, A., Girolametto, L., MacDonald, J., Robinson, C., Safford, P., Spiker, D. (1999). Parent education in early intervention: A call for a renewed focus. *Topics in Early Childhood Special Education, 19*, 131–140.

Mahoney, G., & Solomon, R. (2016). Mechanism of developmental change in the PLAY Project Home Consultation Program: Evidence from a randomized control trial. *Journal of Autism and Developmental Disorders, 46*(5), 1860–1871.

Mandell, D. S., Novak, M. M., & Zubritsky, C. D. (2005). Factors associated with age of diagnosis among children with autism spectrum disorders. *Pediatrics, 116*(6), 1486–1489.

McCollum, J. A. (1999). Parent education: What we mean and what that means. *Topics in Early Childhood Special Education, 19*, 147–149.

McConachie, H., & Diggle, T. (2007). Parent implemented early intervention for young children with autism spectrum disorder: A systematic review. *Journal of Evaluation in Clinical Practice, 13*, 120–129.

McGee, G. G., Krantz, P. J., & McClannahan, L. E. (1985). The facilitative effects of incidental teaching on preposition use by autistic children. *Journal of Applied Behavior Analysis, 18*, 17–31.

McIntyre, L. L., & Zemantic, P. K. (2017). Examining services for young children with autism spectrum disorder: Parent satisfaction and predictors of service utilization. *Early Childhood Education Journal, 45*(6), 727–734.

Meltzoff, A. N., & Moore, M. K. (1977). Imitation of facial and manual gestures by human neonates. *Science, 198*, 75–78.

Merriam, S. (2001). Andragogy and self-directed learning: Pillars of adult learning theory. *New Directions for Adult and Continuing Education, 2001*(89), 3–14.

Miranda-Linné, F., & Melin, L. (1992). Acquisition, generalization, and spontaneous use of color adjectives: A comparison of incidental teaching and traditional discrete-trial procedures for children with autism. *Research in Developmental Disabilities, 13*, 191–210.

National Research Council (NRC). (2001). *Educating children with autism* (Committee on Educational Interventions for Children with Autism, C. Lord & J. P. McGee, Eds.). Washington, DC: National Academy Press.

Özçalşkan, Ş., & Goldin-Meadow, S. (2005). Gesture is at the cutting edge of early language development. *Cognition, 96*(3), B101–B113.

Patterson, S., Smith, V., & Mirenda, P. (2012). A systematic review of training programs for parents of children with autism spectrum disorders: Single subject contributions. *Autism, 16*(5), 498–522.

Paul, R., Chawarska, K., Cicchetti, D., & Volkmar, F. (2008). Language outcomes of toddlers with autism spectrum disorders: A two year follow-up. *Autism Research, 1*(2), 97–107.

Petursdottir, A., & Mellor, J. (2017). Reinforcement contingencies in language acquisition: Implications for language intervention. *Policy Insights from the Behavioral and Brain Sciences, 4*(1), 25–32.

Piaget, J. (1962). *Play, dreams, and imitation in childhood*. New York: Norton.

Pickard, K. E., & Ingersoll, B. R. (2016). Quality versus quantity: The role of socioeconomic status on parent-reported service knowledge, service use, unmet service needs, and barriers to service use. *Autism, 20*(1), 106–115.

Pickard, K. E., Kilgore, A. N., & Ingersoll, B. R. (2016). Using community partnerships to better understand the barriers to using an evidence-based, parent-mediated intervention for autism spectrum disorder in a Medicaid system. *American Journal of Community Psychology, 57*(3–4), 391–

403.

Renty, J., & Roeyers, H. (2006). Satisfaction with formal support and education for children with autism spectrum disorder: The voices of the parents. *Child: Care, Health and Development, 32*, 371–385.

Roberts, M., & Kaiser, A. (2011). The effectiveness of parent-implemented language interventions: A meta-analysis. *American Journal of Speech–Language Pathology, 20*(3), 180–199.

Rogers, S. J., & Bennetto, L. (2000). Intersubjectivity in autism: The roles of imitation and executive function. In A. M. Wetherby & B. M. Prizant (Eds.), *Autism spectrum disorders: A transactional developmental perspective* (pp. 79–107). Baltimore: Brookes.

Rogers, S. J., & Pennington, B. F. (1991). A theoretical approach to the deficits in infantile autism. *Development and Psychopathology, 3*, 137–162.

Saltz, E., Dixon, D., & Johnson, J. (1977). Training disadvantaged preschoolers on various fantasy activities: Effects on cognitive functioning and impulse control. *Child Development, 48*, 367–380.

Schreibman, L. (1988). *Developmental clinical psychology and psychiatry series: Vol. 15. Autism*. Thousand Oaks, CA: SAGE.

Schreibman, L., Dawson, G., Stahmer, A. C., Landa, R., Rogers, S. J., McGee, G. G., ... Halladay, A. (2015). Naturalistic developmental behavioral interventions: Empirically validated treatments for autism spectrum disorder. *Journal of Autism and Developmental Disorders, 45*, 2411–2428.

Schreibman, L., Kaneko, W., & Koegel, R. (1991). Positive affect of parents of autistic children: A comparison across two teaching techniques. *Behavior Therapy, 22*(4), 479–490.

Schwartz, I. S., Anderson, S. R., & Halle, J. W. (1989). Training teachers to use naturalistic time delay: Effects on teacher behavior and on the language use of students. *Journal of the Association for Persons with Severe Handicaps, 14*, 48–57.

Shivers, C. M., & Plavnick, J. B. (2015). Sibling involvement in interventions for individuals with autism spectrum disorders: A systematic review. *Journal of Autism and Developmental Disorders, 45*(3), 685–696.

Shore, C., O'Connell, B., & Bates, E. (1984). First sentences in language and symbolic play. *Developmental Psychology, 20*(5), 872–880.

Sigafoos, J. (2000). Communication development and aberrant behavior in children with developmental disabilities. *Education and Training in Mental Retardation and Developmental Disabilities, 35*, 168–176.

Siller, M., & Sigman, M. (2002). The behaviors of parents of children with autism predict the subsequent development of their children's communication. *Journal of Autism and Developmental Disorders, 32*, 77–89.

Smith, I. M., & Bryson, S. E. (1994). Imitation and action in autism: A critical review. *Psychological Bulletin, 116*, 259–273.

Stadnick, N. A., Stahmer, A., & Brookman-Frazee, L. (2015). Preliminary effectiveness of Project ImPACT: A parent-mediated intervention for children with autism spectrum disorder delivered in a community program. *Journal of Autism and Developmental Disorders, 45*(7), 2092–2104.

Stahmer, A. C. (1995). Teaching symbolic play skills to children with autism using pivotal response training. *Journal of Autism and Developmental Disorders, 25*, 123–141.

Stahmer, A. C. (2007). The basic structure of community early intervention programs for children with autism: Provider descriptions. *Journal of Autism and Developmental Disorders, 37*(7), 1344–1354.

Stahmer, A. C., Brookman-Frazee, L., Rieth, S. R., Stoner, J. T., Feder, J. D., Searcy, K., & Wang, T. (2016). Parent perceptions of an adapted evidence-based practice for toddlers with autism in a community setting. *Autism, 21*(2), 217–230.

Stahmer, A. C., Collings, N. M., & Palinkas, L. A. (2005). Early intervention practices for children with autism: Descriptions from community providers. *Focus on Autism and Other Developmental Disabilities, 20*(2), 66–79.

Stahmer, A. C., & Gist, K. (2001). The effects of an accelerated parent education program on technique mastery and child outcome. *Journal of Positive Behavior Interventions, 3*, 75–82.

Steiner, A., & Koegel, L. (2012). Issues and theoretical constructs regarding parent education for autism spectrum disorders. *Journal of Autism and Developmental Disorders, 42*(6), 1218–1227.

Stone, W. L., Ousley, O. Y., & Littleford, C. D. (1997). Motor imitation in young children with autism: What's the object? *Journal of Abnormal Child Psychology, 25*, 475–485.

Stone, W. L., & Yoder, P. J. (2001). Predicting spoken language level in children with autism spectrum disorders. *Autism, 5*, 341–361.

Sylva, K., Bruner, J. S., & Genova, P. (1976). The role of play in the problem solving of children 3–5 years old. In J. S. Bruner, A. Jolly, & K. Sylva (Eds.), *Play: Its role in development and evolution* (pp. 244–257). New York: Basic Books.

Thomas, K. C., Ellis, A. R., McLaurin, C., Daniels, J., & Morrissey, J. P. (2007). Access to care for autism-related services. *Journal of Autism and Developmental Disorders, 37*(10), 1902–1912.

Thordardottir, E. (2006). Language intervention from a bilingual mindset. *The ASHA Leader, 11*, 6–7, 20–21.

Tsao, L., & Odom, S. L. (2006). Sibling-mediated social interaction intervention for young children with autism. *Topics in Early Childhood Special Education, 26*, 106–123.

Turner-Brown, L., Hume, K., Boyd, B., & Kainz, K.

(2016). Preliminary efficacy of family implemented TEACCH for toddlers: Effects on parents and their toddlers with autism spectrum disorder. *Journal of Autism and Developmental Disorders*. [Epub ahead of print]

Tymchuk, A. J., & Andron, L. (1992). Project parenting: Child interactional training with mothers who are mentally handicapped. *Mental Handicap Research, 5*, 4–32.

Uzgiris, I. C. (1981). Two functions of imitation during infancy. *International Journal of Behavioral Development, 4*, 1–12.

Uzgiris, I. C. (1991). The social context of infant imitation. In M. Lewis & S. Feinman (Eds.), *Social influences and socialization in infancy* (pp. 215–251). New York: Plenum Press.

Van Naarden Braun, K., Christensen, D., Doernberg, N., Schieve, L., Rice, C., Wiggins, L., ... Yeargin-Allsopp, M. (2015). Trends in the prevalence of autism spectrum disorder, cerebral palsy, hearing loss, intellectual disability, and vision impairment, metropolitan Atlanta, 1991–2010. *PLOS ONE, 10*(4), e0124120.

Wainer, A. L., Berger, N. I., & Ingersoll, B. R. (2017). Brief report: The preliminary psychometric properties of the Social Communication Checklist. *Journal of Autism and Developmental Disorders, 47*(4), 1231–1238.

Wainer, A. L., Pickard, K., & Ingersoll, B. R. (2017). Using web-based instruction, brief workshops, and remote consultation to teach community-based providers a parent-mediated intervention. *Journal of Child and Family Studies, 26*(6), 1592–1602.

Wetherby, A. M., & Woods, J. J. (2006). Early Social Interaction Project for children with autism spectrum disorders beginning in the second year of life: A preliminary study. *Topics in Early Childhood Special Education, 26*, 67–82.

Whalen, C., Schreibman, L., & Ingersoll, B. (2006). The collateral effects of joint attention training on social initiations, positive affect, imitation, and spontaneous speech for young children with autism. *Journal of Autism and Developmental Disorders, 36*(5), 655–664.

Whitaker, P. (2002). Supporting families of preschool children with autism: What parents want and what helps. *Autism, 6*(4), 411–426.

Williams, J. H., Whiten, A., & Singh, T. (2004). A systematic review of action imitation in autistic spectrum disorder. *Journal of Autism and Developmental Disorders, 34*(3), 285–299.

Wong, C., Odom, S., Hume, K., Cox, A., & Fettig, A. (2015). Evidence-based practices for children, youth, and young adults with autism spectrum disorder: A comprehensive review. *Journal of Autism and Developmental Disorders, 45*(7), 1951–1966.

Zwaigenbaum, L., Bauman, M., Choueiri, R., & Fein, D. (2015a). Early identification and interventions for autism spectrum disorder: Executive summary.

Pediatrics, 136(Suppl. 1), S1–S9.

Zwaigenbaum, L., Bauman, M., Choueiri, R., & Kasari, C. (2015b). Early intervention for children with autism spectrum disorder under 3 years of age: Recommendations for practice and research. *Pediatrics, 136*, S60–S81.

저자 소개

Brooke Ingersoll(PhD, BCBA-D)은 자폐 연구소의 책임자이며, 미시간 주립대학교의 심리학과 조교수이다. 그녀는 발달, 평가, 자폐 스펙트럼 장애 아동과 그 가족을 위한 사회적 의사소통 중재 방법의 보급에 관한 저서를 발간하였으며, 국내외 전문가를 위한 훈련 프로그램을 제공하고 있다. Anna Dvortcsak과 공동으로 ImPACT(Improving Parents As Communication Teachers) 프로젝트를 개발하였다.

Anna Dvortcsak(MS, CCC-SLP)은 오리건주 포틀랜드에 있는 사설 센터의 언어 병리학자이다. 그녀는 컨설팅, 자폐 스펙트럼 장애와 사회적 의사소통 장애가 있는 아이를 양육하는 가족을 위한 훈련, 개별화된 언어치료 서비스, 국내외 전문가를 위한 훈련 등의 서비스를 제공하고 있다. Dvortcsak은 자폐 스펙트럼 장애 아이를 위한 중재의 효율성에 관한 연구를 진행하였고, 이를 전문가 콘퍼런스, 논문, 저서에 소개하고 있다.

역자 소개

윤나라(Nara Yoon), BCBC, Certified ImPACT Coach

한양대학교 대학원 아동심리치료학과 석사

한양대학교 대학원 아동심리치료학과 박사수료

Florida Institute of Technology BCBA coursework 이수

현 임팩트ABA의사소통연구소 소장

열린사이버대학교 출강

윤지민(Jimin Yun), BCBA, 초등특수교사

공주대학교 대학원 심리행동치료학과 전공 석사

현 구로ABA 아동발달연구소 소장

2025학년 서울특별시교육청 행동중재지원단

차지은(Ji-Eun Cha)

한양대학교 일반대학원 아동심리치료학과 석사

한양대학교 일반대학원 아동심리치료학과 박사

현 한양대학교 일반대학원 아동심리치료학과 겸임교수

너나우리발달심리센터 부센터장

최숲(Soop Choi)

단국대학교 대학원 특수교육학과 청각 · 언어장애아 교육 전공 석사

조선대학교 대학원 언어치료학과 언어병리학 박사

언어재활사 1급

현 서울사이버대학교 특수심리치료학과 대우교수

광운대학교 언어재활치료교육 교육대학원 출강

한효정(Hyo-Jung Han)

단국대학교 대학원 특수교육학과 청각 · 언어장애아 교육 전공 석사

단국대학교 대학원 특수교육학과 청각장애아 교육 전공 박사

언어재활사 1급

현 다온연구소 소장

극동대학교 출강

자폐 및 발달지연 아동을 위한

사회적 의사소통 중재 II

- ImPACT 코치 매뉴얼 -

Teaching Social Communication to Children
with Autism and Other Developmental Delays, Second Edition:
The Project ImPACT Guide to Coaching Parents

2026년 1월 15일 1판 1쇄 인쇄
2026년 1월 20일 1판 1쇄 발행

지은이 • Brooke Ingersoll · Anna Dvortcsak
옮긴이 • 윤나라 · 윤지민 · 차지은 · 최숲 · 한효정
펴낸이 • 김진환
펴낸곳 • (주) 학지사
04031 서울특별시 마포구 양화로 15길 20 마인드월드빌딩
대 표 전 화 • 02)330-5114 팩스 • 02)324-2345
등 록 번 호 • 제313-2006-000265호

홈 페 이 지 • http://www.hakjisa.co.kr
인스타그램 • https://www.instagram.com/hakjisabook

ISBN 978-89-997-3340-6 93180

정가 28,000원

역자와의 협약으로 인지는 생략합니다.
파본은 구입처에서 교환해 드립니다.